Paramahansa Jogananda
(5. januar 1893–7. marec 1952)
Premavatar, ‘utelešenje ljubezni’ (glej opombo na strani 358)

Avtobiografija jogija

Paramahansa Jogananda

S predgovorom
W. Y. Evans-Wentza, M. A., D. Litt., D. Sc.

»Če ne vidite znamenj in čudežev,
ne verujete.« – Jn 4,48

Izvirnik v angleščini izdal
Self-Realization Fellowship, Los Angeles, California:
Autobiography of a Yogi

ISBN: 978-0-87612-083-5

V slovenščino prevedel Self-Realization Fellowship

Avtobiografija jogija je bila izdana v naslednjih jezikih: albanskem, angleškem, arabskem, armenskem, asamskem, bengalskem, bolgarskem, češkem, danskem, estonskem, farsiju, filipinskem, finskem, francoskem, grškem, gudžaratskem, hebrejskem, hindijskem, hrvaškem, indonezijskem, islandskem, italijanskem, japonskem, kanareškem, kazaškem, kitajskem, korejskem, latvijskem, litovskem, madžarskem, malajalskem, maratskem, nemškem, nepalskem, nizozemskem, norveškem, orijskem, pandžabskem, poljskem, portugalskem, romunskem, ruskem, sanskrtu, singalskem, slovenskem, srbskem, španskem, švedskem, tajskem, tamilskem, teluškem, turškem, ukrajinskem, urdujskem in vietnamskem jeziku.

Odobril Svet za mednarodne izdaje
Self-Realization Fellowshipa

Ime in simbol (prikazan zgoraj) Self-Realization Fellowshipa sta na vseh knjigah, posnetkih in drugih izdajah SRF, kar bralcu zagotavlja, da delo izvira iz društva, ki ga je ustanovil Paramahansa Jogananda in natančno posreduje njegovo učenje.

Prva izdaja v slovenščini, 2024
First edition in Slovenian, 2024
Ta natis, 2024
This printing, 2024

ISBN: 978-1-68568-177-7

1138-J7385

DUHOVNA DEDIŠČINA PARAMAHANSE JOGANANDE

Njegova zbrana dela, predavanja in neuradni govori

Paramahansa Jogananda je leta 1920 ustanovil Self-Realization Fellowship* z namenom po vsem svetu širiti svoje nauke ter ohraniti njihovo čistost in celostnost za naslednje generacije. Že od prvih let v Ameriki je bil plodovit pisatelj in predavatelj; ustvaril je priznan in obsežen nabor del o jogijski znanosti meditacije, umetnosti uravnoteženega življenja in temeljni enotnosti vseh velikih religij. Ta edinstvena in daljnosežna duhovna dediščina danes živi naprej in navdihuje milijone iskalcev resnice po vsem svetu.

V skladu z izrecno željo vélikega učitelja Self-Realization Fellowship nadaljuje trajno nalogo izdajanja in zagotavljanja dostopnosti *zbranega dela Paramahanse Joganande.* Med drugim so to končne različice vseh knjig, ki jih je objavil v času svojega življenja, in tudi mnoge druge – dela, ki niso bila objavljena do njegove smrti leta 1952, ali ki so izhajala v nadaljevanjih v nepopolni obliki v reviji društva Self-Realization Fellowship, poleg tega pa še na stotine globoko navdihujočih predavanj in neuradnih govorov, ki so bili zapisani, a ne natisnjeni pred njegovo smrtjo.

Paramahansa Jogananda je osebno izbral in izučil tiste bližnje učence, ki so ustanovili Svet Self-Realization Fellowshipa za tisk, in jim dal podrobna navodila za pripravo in objavo svojega učenja. Člani Sveta SRF za tisk (menihi in nune, ki so se za vse življenje

* Dobesedno 'društvo za samospoznanje'. Paramahansa Jogananda je razložil, da ime Self-Realization Fellowship pomeni »druženje z Bogom skozi samospoznanje ter prijateljstvo z vsemi dušami, ki iščejo resnico«.

zaobljubili odreki in nesebičnemu služenju) jemljejo te smernice kot sveto odgovornost, zato da bo univerzalno sporočilo tega ljubljenega svetovnega učitelja živelo naprej v svoji izvorni moči in pristnosti.

Simbol Self-Realization Fellowshipa (prikazan na prejšnji strani) je Paramahansa Jogananda izbral, da označuje neprofitno organizacijo, ki jo je ustanovil kot pooblaščen vir svojega učenja. Ime in simbol SRF se pojavljata na vseh publikacijah in posnetkih Self-Realization Fellowshipa ter zagotavljata bralcu, da delo izvira iz organizacije, ki jo je ustanovil Paramahansa Jogananda in posreduje njegove nauke tako, kot je želel sam.

– *Self-Realization Fellowship*

Posvečeno spominu na
LUTHRA BURBANKA
‚ameriškega svetnika'

AVTORJEVA ZAHVALA

Veliko zahvalo dolgujem gdč. L. V. Pratt (Tari Mati) za njen dolgotrajni trud pri urejanju rokopisa te knjige. Hvaležen sem tudi g. C. Richardu Wrightu, da mi je dovolil uporabiti izvlečke iz svojega popotniškega dnevnika iz Indije. Dr. W. Y. Evans-Wentzu sem hvaležen za predgovor pa tudi za predloge in spodbudo.

PARAMAHANSA JOGANANDA
28. oktober 1945

KAZALO

ILUSTRACIJE

PREDGOVOR

W. Y. Evans-Wentz, M.A., D.Litt., D.Sc.
Jesus College, Oxford

Avtor in prevajalec številnih klasičnih del o jogi in modrostnih izročilih Vzhoda, med njimi so *Tibetanska joga in tajni nauki, Veliki tibetanski jogi Milarepa* in *Tibetanska knjiga mrtvih.*

Vrednost Joganandove *Avtobiografije* je toliko večja zaradi dejstva, da gre za eno redkih knjig o indijskih modrecih v angleščini, ki je ni napisal novinar ali tujec, ampak nekdo njihovega porekla, ki je bil deležen njihovega šolanja; na kratko – knjiga *o* jogijih, ki jo je *napisal* jogi. Knjiga je kot pripoved iz prve roke o izrednih življenjih in močeh sodobnih hindujskih svetnikov tako aktualna kot tudi brezčasna. Njenemu odličnemu avtorju, ki sem ga imel čast poznati tako v Indiji kot v Ameriki, je bralec lahko hvaležen. Ta dokument o njegovem nenavadnem življenju je gotovo eno najzgovornejših del o globini hindujskega uma in srca ter o duhovnem bogastvu Indije, kar jih je bilo kdaj izdanih na Zahodu.

V čast mi je bilo srečati enega od modrecev, katerih življenjske zgodbe so tukaj opisane – Šri Juktešvarja Girija. Podoba častitljivega svetnika je bila del ilustracije ob naslovnici moje knjige *Tibetanska joga in tajni nauki.** Šri Juktešvarja sem spoznal v Puriju v Orisi ob Bengalskem zalivu. Tedaj je vodil tihi *ašrama* blizu obale in se je ukvarjal predvsem z duhovnim usposabljanjem skupine mladih učencev. Izrazil je veliko zanimanje za blaginjo ljudi v Združenih državah, celotni Ameriki in tudi Angliji, ter me spraševal o dejavnostih, predvsem v Kaliforniji, svojega največjega učenca Paramahanse Joganande, ki ga je zelo ljubil in ki ga je leta 1920 kot svojega odposlanca poslal na Zahod.

* *Tibetan Yoga and Secret Doctrines*, Oxford University Press, 1958.

Šri Juktešvar je bil blage narave in glasu, prijetna družba in vreden čaščenja, ki so mu ga učenci spontano naklanjali. Vsi, ki so ga poznali, naj so bili iz njegove skupnosti ali ne, so ga izjemno spoštovali. Živo se spominjam njegove visoke, zravnane, asketske postave v oblačilih žafranaste barve, v kakršna se oblačijo tisti, ki so se odrekli posvetnim stremljenjem, ko je stal na vhodu v ašram, da bi me sprejel. Imel je dolge, valovite lase in brado. Njegovo telo je bilo mišičasto in čvrsto, a vitko in skladno, njegov korak energičen. Za zemeljski dom si je izbral sveto mesto Puri, kjer množice pobožnih hindujcev iz vseh provinc Indije vsak dan romajo v slavni tempelj Jagannatha, 'Gospoda sveta'. Prav v Puriju je Šri Juktešvar leta 1936 zaprl svoje umrljive oči pred prizori tega prehodnega stanja bivanja ob zavedanju, da je svoje utelešenje pripeljal do zmagoslavnega zaključka.

Resnično sem vesel, da lahko zapišem to pričevanje o izjemnem značaju in svetosti Šri Juktešvarja. Raje je ostajal proč od množic in se v miru popolnoma predal idealnemu življenju, ki ga je njegov učenec Paramahansa Jogananda zdaj zapisal za vse čase.

UVOD

»Srečanje s Paramahanso Jogánando se mi je vtisnilo v spomin kot eden najbolj nepozabnih dogodkov mojega življenja ... Ko sem ga pogledal v obraz, me je skoraj zaslepilo od duhovnega sijaja, ki ga je izžareval. Njegova neskončna nežnost in ljubezniva prijaznost sta me obdali kot topli sončni žarki ... Videl sem, da se njegovo razumevanje in uvid raztezata do najbolj vsakdanjih težav, čeprav je bil človek Duha. V njem sem našel pravega ambasadorja Indije, ki je svetu prinašal in po njem širil bistvo starodavne indijske modrosti.«

– dr. Binaj R. Sen, nekdanji indijski veleposlanik v Združenih državah

Tistim, ki so osebno poznali Paramahanso Joganando, sta bila njegovo življenje in on sam prepričljivo pričanje o moči in pristnosti starodavne modrosti, ki jo je predstavil svetu. Nešteti bralci njegove avtobiografije so potrdili, da lahko na teh straneh najdemo isto luč duhovne avtoritete, ki je žarela iz njega osebno. Ko je bila pred petinsedemdesetimi leti prvič natisnjena, so jo pozdravili kot mojstrovino. Knjiga ne opisuje le zgodbe očitno velikega življenja, ampak je tudi neverjetno zanimiv uvod v duhovno misel Vzhoda, še zlasti njegove edinstvene znanosti neposrednega osebnega stika z Bogom, kar je zahodni javnosti odprlo kraljestvo znanja, ki je bilo do tedaj dostopno le peščici.

Avtobiografija jogija danes po svetu slovi kot klasično delo duhovne literature. V tem uvodu bi radi predstavili del izredne zgodovine te knjige.

Nastanek te knjige je bil napovedan dolgo nazaj. Eden ključnih likov pri preporodu joge v sodobnem času, spoštovani učitelj iz 19. stoletja Lahiri Mahašaja, je izrekel prerokbo: »Približno petdeset let po moji smrti bo zgodba mojega življenja zapisana, ker se bo

na Zahodu pojavilo veliko zanimanje za jogo. Sporočilo joge, ki bo obkrožilo svet, bo pripomoglo k vzpostavljanju bratstva med ljudmi, enotnosti, ki bo temeljila na neposrednem zaznavanju Enega Očeta.«

Mnogo let zatem je Svami Šri Juktešvar, veliki učenec Lahirija Mahašaje, za to napoved povedal Šri Joganandi. »Pri širjenju tega sporočila in pri zapisu tega svetega življenja moraš prispevati svoj delež,« je rekel.

Bilo je leta 1945, natanko petdeset let po smrti Lahirija Mahašaje, ko je Paramahansa Jogananda dokončal svojo *Avtobiografijo jogija*, ki je bogato izpolnila oba gurujeva napotka: bila je prva podrobna predstavitev izrednega življenja Lahirija Mahašaje v angleščini in svetovni javnosti je predstavila pradavno indijsko znanost duše.

Pisanje *Avtobiografije jogija* je bilo projekt, ki mu je Paramahansa Jogananda posvetil vrsto let. Šri Daja Mata, ena njegovih prvih in najtesnejših učenk,* se spominja:

»Ko sem leta 1931 prišla na Mount Washington, je Paramahansadži že začel pisati *Avtobiografijo*. Ko sem nekoč v njegovi delovni sobi opravljala tajniška dela, sem imela privilegij videti eno prvih poglavij, ki jih je napisal – šlo je za poglavje o ‚Tigrovem svamiju'. Prosil me je, naj ga shranim, in mi razložil, da ga bo umestil v knjigo, ki jo piše. Večino knjige je napisal kasneje, med letoma 1937 in 1945.«

Od junija 1935 do oktobra 1936 je bil Šri Jogananda na potovanju v Indijo in nazaj (prek Evrope in Palestine), da bi še zadnjič obiskal svojega guruja, Svamija Šri Juktešvarja. V času svojega bivanja tam je zbral veliko podatkov za *Avtobiografijo* in tudi zgodb o svetnikih in modrecih, ki jih je poznal in katerih življenja je tako nepozabno opisal v knjigi. »Nisem pozabil Šri Juktešvarjeve prošnje, naj zapišem življenje Lahirija Mahašaje,« je napisal kasneje. »Med svojim bivanjem v Indiji sem izkoristil vsako priložnost in navezal

* Šri Daja Mata se je leta 1931 pridružila redovniški skupnosti, ki jo je Paramahansa Jogananda ustanovil na Mount Washingtonu nad Los Angelesom. Kot predsednica Self-Realization Fellowshipa je služila od leta 1955 do svoje smrti leta 2010.

stik z neposrednimi učenci in sorodniki Jogavatarja. Podrobno sem si zapisal njihove besede, preveril podatke in datume ter zbiral fotografije, stara pisma in dokumente.«

Po vrnitvi v Združene države konec leta 1936 je začel veliko časa preživljati v ašramu, ki so ga zgradili zanj v Encinitasu na obali južne Kalifornije v času njegove odsotnosti. Izkazalo se je, da je bil popoln kraj za to, da se je posvetil dokončanju knjige, ki jo je začel pisati že leta pred tem.

»Še vedno imam živo v spominu dni, ki sem jih preživela v tem mirnem obmorskem ašramu,« pripoveduje Šri Daja Mata. »Imel je toliko drugih odgovornosti in obveznosti, da ni mogel vsak dan delati na *Avtobiografiji*, na splošno pa se ji je posvečal ob večerih in vedno, ko je imel kakšen prost trenutek. Leta 1939 ali 1940 se je lahko knjigi popolnoma posvetil. In to dobesedno – od zgodnjega jutra do zgodnjega jutra! Skupinica učenk – Tara Mata, moja sestra Ananda Mata, Šraddha Mata in jaz – smo mu pomagale. Potem ko smo vsak del natipkale, ga je dal Tari Mati, ki je imela vlogo urednice.

Kakšni dragoceni spomini! Med pisanjem je navznoter podoživljal svete dogodke, ki jih je zapisoval. Njegov sveti namen je bil deliti radost in razodetja, ki jih doživiš v družbi svetnikov in velikih učiteljev in ob lastnem spoznanju Boga. Pogosto se je za nekaj časa ustavil, dvignil pogled, njegovo telo je postalo nepremično, zatopil se je v *samadhi*, globoko občestvo z Bogom. Cela soba se je napolnila s silno močnim vzdušjem Božje ljubezni. Za nas učence je bilo dovolj, da smo bili v takih trenutkih zgolj navzoči, pa smo se dvignili v višje stanje zavesti.

Končno je leta 1945 prišel zmagoslavni dan, ko je bila knjiga končana. Paramahansadži je zapisal zadnje besede: „Gospod, temu menihu si dal veliko družino,“ nato pa odložil pisalo in veselo vzkliknil:

„Opravljeno. Dopolnjeno je. Ta knjiga bo spremenila življenja milijonov. Ko bom odšel, bo ta knjiga moja glasnica.“«

Potem je Tara Mata dobila nalogo poiskati založnika. Paramahansa Jogananda je Taro Mato spoznal med vrsto predavanj in tečajev, ki jih je imel leta 1924 v San Franciscu. Imela je redek dar duhovnega razumevanja in je postala del majhnega kroga njegovih najbolj naprednih učencev. Njene uredniške sposobnosti je izjemno cenil in govoril, da je eden najsijajnejših umov, kar jih je v življenju poznal. Cenil je njeno obširno znanje in razumevanje modrosti indijskih svetih spisov ter ob neki priložnosti pripomnil: »Poleg mojega vélikega guruja Šri Juktešvardžija ni človeka, s katerim bi se z večjim veseljem pogovarjal o indijski filozofiji kot z njo.«

Tara Mata je rokopis odnesla v New York, a najti založnika ni bila lahka naloga. Kot se pogosto zgodi, tisti, katerih razmišljanje je bolj običajno, sprva ne prepoznajo veličine izjemnega dela. Čeprav je nova atomska doba razširila kolektivno zavest človeštva z vse večjim razumevanjem subtilne enosti snovi, energije in misli, tedanji založniki niso bili pripravljeni na poglavji, kot sta ‚Materializacija palače v Himalaji' in ‚Svetnik z dvema telesoma'!

Tara Mata je celo leto živela v skromno opremljenem, neogrevanem stanovanju brez tople vode in hodila od ene založbe do druge. Naposled je poslala telegram z veselo novico. Ugleden newyorški založnik, Philosophical Library, je sprejel *Avtobiografijo jogija.* »Nimam besed za to, kar je storila za to knjigo,« je rekel Šri Jogananda. »Če ne bi bilo nje, knjiga sploh ne bi izšla.«

Malo pred božičem leta 1946 so težko pričakovani izvodi prispeli na Mount Washington.

Bralci in svetovni tisk so knjigo pozdravili z velikim navdušenjem in s pohvalami. Columbia University Press je v svojem *Review of Religions* zapisal: »Še nič podobnega ni bilo napisanega v angleščini ali katerem drugem jeziku, kot je ta predstavitev joge.« *New York Times* je knjigo označil za »čudovito pripoved«. *Newsweek* je poročal: »Joganandova knjiga je bolj avtobiografija duše kot telesa … Izjemno zanimiva in z jasnimi opombami opremljena študija verujočega načina življenja, ki je domiselno opisan v bujnem slogu Orienta.«

Ko so knjigo prevedli v druge jezike, se je pojavilo veliko novih recenzij v časopisih in periodičnem tisku po vsem svetu.

Kmalu je bila pripravljena druga izdaja in leta 1951 še tretja. Poleg tega, da je Paramahansa Jogananda spremenil in posodobil dele besedila in izbrisal nekaj odlomkov, ki so opisovali organizacijske dejavnosti in načrte, ki niso bili več aktualni, je dodal še zadnje poglavje – eno najdaljših v knjigi – ki zajema leta od 1940 do 1951. V opombi v novem poglavju je zapisal: »Veliko novega materiala v 49. poglavju sem dodal v tretji izdaji te knjige (1951). Vsled prošenj številnih bralcev prvih dveh izdaj sem v tem poglavju odgovoril na različna vprašanja o Indiji, jogi in vedski filozofiji.«*

* Dodatne spremembe, ki jih je napravil Paramahansa Jogananda, so bile vključene v sedmi izdaji (1956), kot je opisano v opombi založnika k tej izdaji:

»Ta ameriška izdaja iz leta 1956 vsebuje popravke, ki jih je Paramahansa Jogananda vnesel leta 1949 za londonsko izdajo, in dodatne spremembe, ki jih je avtor napravil leta 1951. V opombi k londonski izdaji, datirani s 25. oktobrom 1949, je Paramahansa Jogananda zapisal: „Po dogovoru za londonsko izdajo te knjige imam priložnost vnesti popravke in nekoliko razširiti besedilo. Poleg novega gradiva v zadnjem poglavju sem dodal še številne opombe, v katerih sem odgovoril na vprašanja bralcev ameriške izdaje.“

Kasnejši popravki, ki jih je avtor napravil leta 1951, naj bi bili vključeni v četrti ameriški izdaji (1952). Tedaj je pravice za *Avtobiografijo jogija* imela newyorška založba. Leta 1946 je bila v New Yorku vsaka stran knjige oblikovana v galvanoplastično šablono, kar je pomenilo, da je bilo treba za vsako dodatno vejico kovinsko šablono razdreti in jo znova zvariti z novo vrstico, v kateri je bila dodana vejica. Zaradi stroškov, povezanih z varjenjem mnogih šablon, newyorška založba v četrto izdajo ni vključila avtorjevih popravkov iz leta 1951.

Konec leta 1953 je Self-Realization Fellowship (SRF) od newyorške založbe kupil vse pravice za *Avtobiografijo jogija*. V letih 1954 in 1955 je znova natisnil knjigo (peto in šesto izdajo), a v teh letih so uredniškemu oddelku SRF druge dolžnosti preprečile, da bi se lotil težavne naloge in na galvanoplastične šablone vključil avtorjeve popravke. To delo pa so opravili pred sedmo izdajo.«

Po letu 1956 je bilo vnesenih še nekaj uredniških popravkov v skladu z navodili, ki jih je Tara Mata dobila od Paramahanse Jogananda pred njegovo smrtjo.

Prve izdaje *Avtobiografije jogija* so avtorjev naziv zapisovale kot ‚Paramhansa', kar odseva običajno bengalsko opuščanje tihega ali skoraj tihega *a*-ja pri črkovanju. Da bi se prenesel sveti pomen tega naziva, ki izvira iz Ved, je bilo v kasnejših izdajah uporabljeno standardno sanskrtsko prečrkovanje: ‚Paramahansa', iz *parama*, 'najvišji

»Zelo me je ganilo,« je Šri Jogananda zapisal v avtorjevi opombi k izdaji leta 1951, »ko sem prejel pisma tisočev bralcev. Njihovi komentarji in dejstvo, da je bila knjiga prevedena v veliko jezikov, krepi moje prepričanje, da je Zahod na teh straneh našel pritrdilni odgovor na vprašanje: Ali je starodavna znanost joge lahko koristna v življenju sodobnega človeka?«

Z leti so »tisoči bralcev« postali milijoni, trajna in univerzalna privlačnost *Avtobiografije jogija* pa je postala očitna. Petinsedemdeset let po prvi izdaji se še vedno pojavlja na seznamih najbolje prodajanih knjig s področja metafizike in osebne rasti. Kako redko se to zgodi! Danes je na voljo v številnih jezikih, tudi kot zvočna knjiga (v angleščini jo bere sir Ben Kingsley) in e-knjiga. Uporabljajo jo na kolidžih in univerzah po vsem svetu pri predmetih, ki segajo vse od vzhodne filozofije in religije do angleške literature, psihologije, sociologije, antropologije, zgodovine in celo poslovnega menedžmenta. Leta 2014 je v kinematografe prišel nagrajeni dokumentarni film *Awake: The Life of Yogananda* in občinstvu po vsem svetu prinesel zgodbe iz *Avtobiografije*. Kot je pred več kot stoletjem napovedal Lahiri Mahašaja, sta sporočilo joge in njena starodavna tradicija meditacije obkrožila vso zemeljsko oblo.

»Paramahansa Jogananda, morda najbolj poznan po svoji *Avtobiografiji jogija*, ki je navdihnila milijone ljudi po vsem svetu,« piše revija o metafiziki *New Frontier* (oktober 1986), »je tako kot Gandhi pripeljal duhovnost v večinski tok družbe. Upravičeno bi lahko rekli, da je Jogananda naredil največ za to, da je beseda ‚joga' postala del našega besedišča.« Priznana religiologinja s harvardske univerze Diana L. Eck je v svoji knjigi *A New Religious America* iz 2001 ponovila to opažanje, ko je zapisala: »Jogananova glavna tema – združitev znanosti in religije – je bila Američanom blizu ... Jogananda je jogo v Ameriki napravil prepoznavno.« Phyllis Tickle, nekdanja urednica za verske vsebine pri *Publishers Weekly* in ena

ali vrhovni' in *hansa*, 'labod', ki pomeni nekoga, ki je dosegel najvišje spoznanje svojega božanskega Sebe in enosti tega Sebstva z Duhom.

največjih avtoritet na področju religije v Ameriki do svoje smrti leta 2015, v knjigi *God-Talk in America* (april 1997) piše: »Malo knjig … je imelo večji vpliv na poljudno teologijo kot *Avtobiografija jogija* Paramahanse Joganande.«

Ugledni strokovnjak dr. David Frawley, direktor Ameriškega inštituta za vedske študije, je v reviji *Yoga International* (oktober/november 1996) zapisal: »Lahko bi rekli, da je Jogananda oče joge na Zahodu – ne telesne joge, ki je postala priljubljena, ampak duhovne joge, znanosti samospoznanja, ki je pravi pomen joge.«

Profesor Ašutoš Das z Univerze v Kalkuti je povedal: »*Avtobiografija jogija* velja za upanišado nove dobe … Potešila je duhovno žejo iskalcev resnice po vsem svetu. V Indiji smo se čudili in bili navdušeni ob vse večji priljubljenosti te knjige o indijskih svetnikih in filozofiji. Čutili smo veliko zadovoljstvo in ponos ob tem, da je nesmrtni nektar indijske *sanatana dharme*, večnih zakonov resnice, shranjen v zlati čaši *Avtobiografije jogija*.«

Knjiga je očitno celo v Sovjetski zvezi naredila velik vtis na tiste relativno maloštevilne ljudi, ki so jo dobili v roke pod komunističnim režimom. V. R. Krišna Ajer, nekdanji sodnik na indijskem vrhovnem sodišču, pripoveduje o obisku mesta v bližini Sankt Peterburga (tedanjega Leningrada), kjer je vprašal skupino profesorjev, »ali so kdaj razmišljali o tem, kaj se zgodi po človekovi smrti … Eden od profesorjev je tiho odšel in kmalu prinesel knjigo – *Avtobiografijo jogija*. Presenečen sem bil. V državi, ki ji je vladala Marxova in Leninova materialistična filozofija, mi je funkcionar na državnem inštitutu pokazal knjigo Paramahanse Joganande! „Prosim, vedite, da nam duh Indije ni tuj," je rekel. „Sprejemamo pristnost vsega, kar je zapisano v tej knjigi."«

»Med tisoči knjig, ki jih izdajo vsako leto,« se je zaključil prispevek v *India Journal* (21. april 1995), »so nekatere namenjene razvedrilu, nekatere izobraževanju, nekatere vzgoji. Bralec se ima lahko za srečnega, če najde kakšno, ki vsebuje vse troje. *Avtobiografija jogija* pa je še redkejša – to je knjiga, ki odpira okna uma in duha.«

V zadnjih letih so knjigotržci, kritiki in bralci pozdravljali knjigo kot eno najvplivnejših duhovnih knjig sodobnega časa. Leta 1999 je komisija založbe HarperCollins, sestavljena iz avtorjev in religiologov, *Avtobiografijo jogija* izbrala za eno od ‚100 najboljših duhovnih knjig stoletja'. Tom Butler-Bowdon je v svoji knjigi *50 Spiritual Classics*, ki je izšla leta 2005, napisal, da je knjiga »upravičeno opevana kot ena najbolj zabavnih in razsvetljujočih duhovnih knjig vseh časov«.

V zadnjem poglavju knjige Paramahansa Jogananda piše o trdnem zagotovilu, ki mu pritrjujejo svetniki in modreci vseh svetovnih religij skozi veke:

> »Bog je ljubezen, njegov načrt za stvarstvo je lahko zakoreninjen le v ljubezni. Mar ne prinese ta preprosta misel, bolj kot učeno razmišljanje, tolažbe človeškemu srcu? Vsak svetnik, ki je doumel bistvo Resničnosti, je pričal o tem, da obstaja božanski univerzalni načrt, ki je lep in poln veselja.«

Ko *Avtobiografija jogija* nadaljuje pot skozi svojih drugih petdeset let, gojimo upanje, da se bodo duše vseh bralcev tega navdihujočega dela – tistih, ki se z njim šele spoznavajo, in tistih, ki jim je postalo dolgoletni, cenjeni tovariš na življenjski poti – odprle globlji veri v transcendentalno resnico, ki leži v srcu dozdevnih skrivnosti življenja.

SELF-REALIZATION FELLOWSHIP

Los Angeles, Kalifornija
september 2021

VEČNI ZAKON PRAVIČNOSTI

Zastava na novo neodvisne Indije (1947) ima pasove žafranaste, bele in temno zelene barve. Mornarsko modra *dharma čakra* ('kolo zakona') je reprodukcija detajla s kamnitega stebra v Sarnathu, ki ga je v 3. stoletju pr. Kr. dal postaviti cesar Ašoka.

Kolo je bilo izbrano kot simbol večnega zakona pravičnosti in v spomin na monarha z največjim ugledom. »Njegova štiridesetletna vladavina ni podobna nobeni drugi v zgodovini,« je zapisal angleški zgodovinar H. G. Rawlinson. »Primerjali so ga že z Markom Avrelijem, s svetim Pavlom in s Konstantinom … 250 let pred Kristusom je imel Ašoka pogum izraziti zgroženost in obžalovanje ob posledicah uspešnega vojnega pohoda ter se namenoma odpovedati vojni kot političnemu sredstvu.«

Ašoka je podedoval ozemlje Indije, Nepala, Afganistana in Beludžistana. Kot prvi internacionalist je poslal verske in kulturne misije, skupaj z mnogimi darili, v Burmo, na Cejlon, v Egipt, Sirijo in Makedonijo.

»Ašoka, tretji kralj dinastije Maurjev, je bil eden … od vélikih filozofov vladarjev v zgodovini,« je zapisal orientalist P. Masson-Oursel. »Nihče ni tako kot on združil energičnosti in dobrohotnosti, pravičnosti in dobrodelnosti. Bil je živo utelešenje svojega časa, z našega zornega kota pa dokaj moderen lik. Med dolgotrajnim vladanjem je dosegel tisto, kar se nam zdi zgolj stremljenje vizionarja: sredi največje mogoče materialne moči je snoval mir. Daleč onkraj svojih prostranih ozemelj je uresničil tisto, o čemer sanjajo nekatera verstva – univerzalni red, ki zajema vse človeštvo.«

»Cilj *dharme* (kozmičnega zakona) je sreča vseh bitij.« S svojimi skalnimi edikti in s kamnitimi stebri, ki so se ohranili do danes, Ašoka polaga na srce podanikom svojega obsežnega cesarstva, da je sreča zakoreninjena v moralnosti in pobožnosti.

Sodobna Indija, ki želi obnoviti svoj ugled in blaginjo, ki sta tisočletja spremljala deželo, se je s svojo novo zastavo poklonila spominu na Ašoko, vladarja, »ljubega bogovom«.

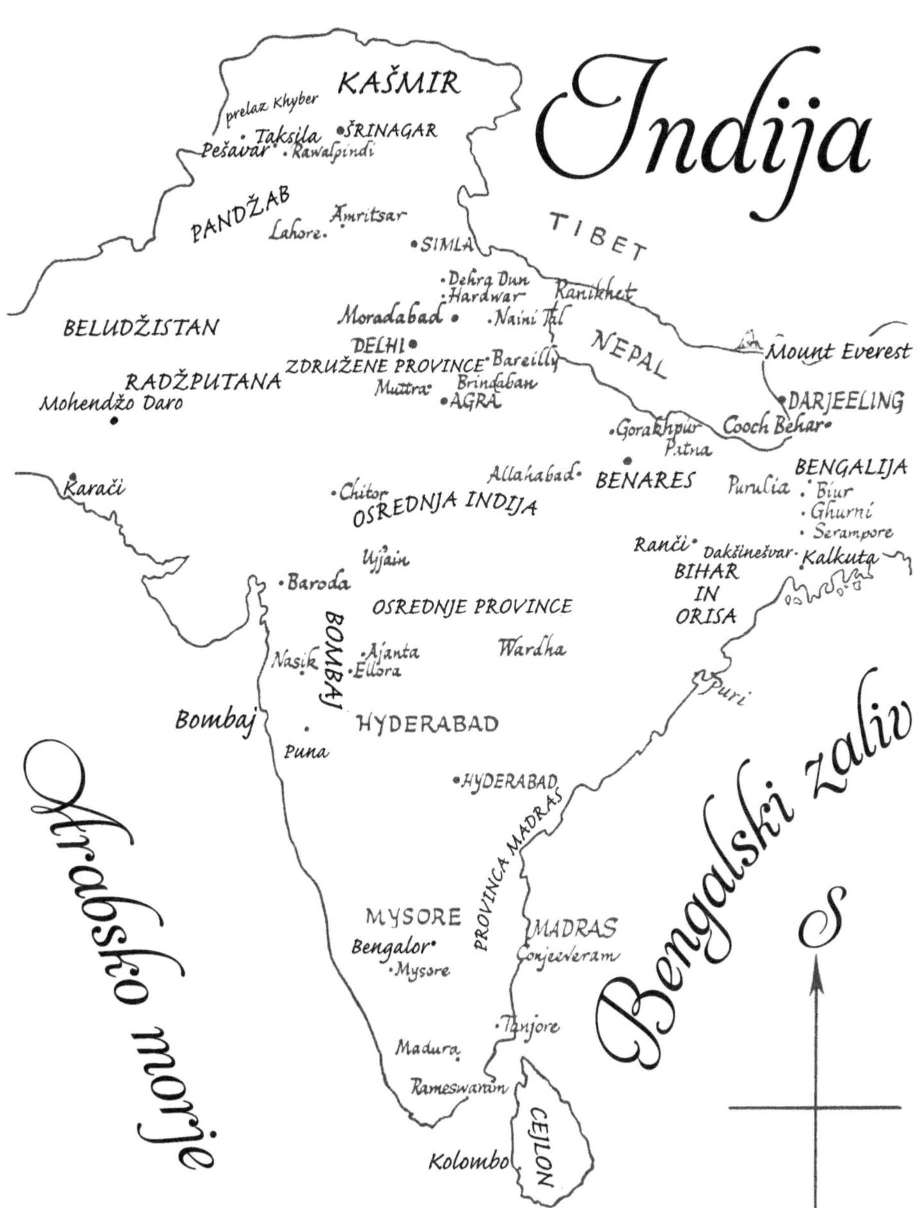

(Pred letom 1947; območja na severozahodu danes spadajo v Pakistan, območja na severovzhodu pa v Bangladeš).

AVTOBIOGRAFIJA JOGIJA

1. POGLAVJE

Starši in otroštvo

Že od nekdaj je za indijsko kulturo značilno iskanje najvišjih resnic ter s tem povezan odnos med gurujem* in njegovim učencem.

Moja pot je vodila k modrecu, ki je spominjal na Kristusa, njegovo lepo življenje je lahko zgled ljudem v prihajajočih stoletjih. Bil je eden velikih učiteljev, ki sodijo med prave zaklade Indije. Ti učitelji so se pojavili v vsaki generaciji in so svojo deželo obranili pred usodo, kakršna je doletela starodavni Egipt in Babilonijo.

Med najzgodnejšimi spomini, ki sem jih ohranil, so tudi spomini na neko prejšnje utelešenje. Jasno sem se spominjal daljnega življenja, v katerem sem kot jogi† živel v himalajskem gorovju. V teh prebliskih preteklosti sem po neki nadnaravni povezavi dobil tudi preblisk prihodnosti.

Še zdaj pomnim, kako nemočen sem bil ob ponižanjih, ki sem jih doživljal v zgodnjem otroštvu. Slabo sem prenašal dejstvo, da nisem mogel hoditi in se svobodno izražati. Ko sem spoznaval svojo telesno nemoč, so v meni začele vreti molitve. Močno čustveno življenje se je v mojih mislih izrazilo v besedah mnogih jezikov. V notranji zmedi jezikov sem sčasoma začel razločevati bengalske zloge svojega ljudstva. Ta očarljivi domet otroškega uma! ki ga odrasli omejujejo samo na igrače in igranje.

Nemir v duši in moje neposlušno telo sta me velikokrat spravila v jok. Spominjam se, kako je moja žalost begala moje domače. Prevevajo pa me tudi bolj veseli spomini: materini objemi, prvi

* Duhovni učitelj. *Guru gita* (17. kitica) dobro opisuje guruja kot »odganjalca teme« (*gu*, 'tema' in *ru*, 'tisto, kar odžene').

† Kdor izvaja jogo, 'združitev', starodavno vedo meditacije, usmerjene k Bogu. (Glej 26. poglavje: *Znanost krija joge.*)

poskusi zlaganja besed v stavke in prvi koraki. Čeprav človek ponavadi hitro pozabi te prve zmage, predstavljajo naravni temelj njegove samozavesti.

Nič edinstvenega ni v teh mojih zelo oddaljenih spominih. Znano je, da je veliko jogijev ohranilo samozavedanje, ki se ob dramatičnem prehodu v ‚življenje', v ‚smrt' in nato znova v ‚življenje' ni prekinilo. Če bi držalo, da je človek le telo, bi bilo z njegovo izgubo konec tudi njegove identitete. A če so preroki preteklih tisočletij govorili resnico, je človek predvsem duša, nesnoven in vsenavzoč.

Čeprav je nenavadno, da se človek popolnoma jasno spominja zgodnjega otroštva, to ni tako redek pojav. Med potovanji po mnogih deželah sem iz ust resnicoljubnih mož in žena na lastna ušesa slišal za zelo zgodnje spomine.

Rodil sem se 5. januarja 1893 v Gorakhpurju v severovzhodni Indiji, v bližini himalajskega gorovja. Tam sem preživel prvih osem let življenja. V naši družini je bilo osem otrok: štirje dečki in štiri deklice. Jaz, Mukunda Lal Ghoš,* sem bil drugi sin in četrti otrok.

Oče in mati sta bila Bengalca iz kaste *kšatrij*.† Oba sta bila blagoslovljena s svetniško naravo. Svoje spokojne in dostojanstvene medsebojne ljubezni nista nikoli lahkomiselno izražala. Popolna starševska harmonija je bila umirjeno središče, okrog katerega se je odvijal direndaj osmih nemirnih mladih življenj.

Oče Bhagabati Čaran Ghoš je bil prijazen, resen, včasih strog. Čeprav smo ga otroci srčno ljubili, smo do njega obdržali tudi določeno spoštljivo razdaljo. Kot izrednega matematika in logika ga je vodil predvsem razum. Mati pa je bila kraljica src in nas je učila le skozi ljubezen. Po njeni smrti je tudi pri očetu v večji meri prišla do izraza njegova notranja nežnost. Tedaj se mi je zdelo, da se je njegov pogled pogosto preobrazil v maminega.

* Ime Jogananda sem dobil leta 1915, ko sem vstopil v starodavni meniški red svamijev. Leta 1935 mi je moj guru podelil še dodatni verski naziv *Paramahansa*. (Glej strani 242 in 438.)

† Druga kasta, izvorno kasta voditeljev in bojevnikov.

Ob materi smo bili otroci že zgodaj deležni grenkosladkega srečanja s svetimi spisi. Mati je iz *Mahabharate* in *Ramajane** domiselno jemala primerne zgodbe, s katerimi nas je disciplinirala; ob teh priložnostih sta šla karanje in učenje z roko v roki.

V znak spoštovanja do očeta nas je mati ob popoldnevih skrbno oblekla, da smo ga pričakali, ko se je vrnil iz službe. V enem od največjih indijskih podjetij, v Bengalsko-nagpurskih železnicah, je imel položaj, podoben podpredsedniškemu. V okviru svojega dela je veliko potoval, zato je naša družina v času mojega otroštva živela v več različnih mestih.

Mati je bila radodarna do ljudi v stiski. Tudi oče je bil temu naklonjen, a njegovo spoštovanje do reda in miru se je raztezalo tudi na denar. Nekoč je mati v štirinajstih dneh za hrano revežem porabila več, kot je znašal očetov mesečni zaslužek.

»Vse, kar prosim, je le to,« je rekel oče, »da svojo dobrodelnost ohraniš v razumnih mejah.« Že blaga graja je bila za mojo mater velika stvar. Ne da bi otrokom namignila na spor, je naročila kočijo.

»Zbogom, odhajam k svoji materi.« Prastari ultimat!

Otroci smo osuplo planili v jok in stok. Kot naročeno je tedaj na obisk prišel ujec. Očetu je zašepetal nasvet, nedvomno staro modrost. Ko je oče izrekel nekaj spravljivih besed, je mati z veseljem odpustila izvoščka. Tako je bilo konec edine težave, ki sem jo kdaj opazil med staršema. Spominjam pa se pogovorov, ki so bili zelo značilni zanju.

»Daj mi, prosim, deset rupij za ubožico, ki je ravno prišla k nam.« Materin nasmešek je bil zelo prepričljiv.

»Zakaj pa deset rupij? Ena je dovolj.« Oče je dodal še razlog: »Ko so mi oče in stari starši nenadoma umrli, sem prvič okusil pomanjkanje. Moj edini zajtrk pred odhodom na dolgo pot v šolo je bila majhna banana. Pozneje, na univerzi, sem bil v takšni stiski, da sem nekega bogatega sodnika prosil za pomoč v višini ene rupije na mesec. Zavrnil me je s pripombo, da mu tudi ena rupija veliko pomeni.«

* Starodavna epa, ki sta zakladnici indijske zgodovine, mitologije in filozofije.

»S kakšno grenkobo se spominjaš tiste zavrnitve!« Materino srce je takoj videlo logiko: »Bi rad, da se tudi ta ženska z bolečino v srcu spominja, da ji nisi dal teh desetih rupij, ki jih nujno potrebuje?«

»Zmagala si!« S pradavno kretnjo poraženega moža je odprl denarnico. »Tukaj je bankovec za deset rupij. Daj ji ga z mojimi dobrimi željami.«

Oče je sprva zavrnil vsak nov predlog. Zadržanost do neznane ženske, ki si je s takšno lahkoto pridobila materino sočutje, je ponazarjala njegovo običajno previdnost. Nenaklonjenost takojšnjemu sprejetju je v resnici le spoštovanje načela ‚potrebnega razmisleka'. Očetove sodbe so se mi vedno zdele razumne in uravnotežene. Če sem lahko svoje številne prošnje podprl z enim ali dvema dobrima razlogoma, sem imel želeni cilj vedno na dosegu roke, naj je bil to počitniški izlet ali nov motor.

Oče je od otrok v otroštvu zahteval strogo disciplino, do sebe pa je bil že naravnost špartanski. Nikoli ni šel, na primer, v gledališče, ampak je razvedrilo našel v različnih duhovnih praksah in v branju Bhagavad gite.* Izogibal se je vsemu razkošju in se oklepal enega starega para čevljev, dokler niso bili res neuporabni. Njegovi sinovi so si kupili avtomobile, potem ko so ti postali priljubljeni, oče pa je bil zadovoljen s tem, da se je v službo vsak dan vozil s tramvajem.

Ni ga zanimalo kopičenje denarja, ki bi mu povečalo vplivnost. Nekoč, potem ko je organiziral vse potrebno za ustanovitev Kalkutske mestne banke, si ni želel pridobiti koristi s posedovanjem njenih delnic. Samo državljansko dolžnost je želel opraviti v prostem času.

Več let po njegovi upokojitvi je iz Anglije v Indijo prišel neki računovodja, da bi pregledal računovodske knjige Bengalsko-nagpurskih železnic. Osupli preiskovalec je odkril, da oče nikoli ni zaprosil za zapadle dodatke.

»Delal je za tri ljudi!« je računovodja povedal v podjetju. »Dolgujejo mu 125.000 rupij (41.250 ameriških dolarjev) nadomestila.«

* Ta veličastna sanskrtska pesnitev, ki je del epa *Mahabharata*, je hindujsko Sveto pismo. Mahatma Gandhi je zapisal: »Tiste, ki bodo premišljevali ob Giti, bo ta vsak dan znova razveseljevala in jim razkrivala nove pomene. Ni duhovnega zapleta, ki se ga z Gito ne bi dalo rešiti.«

Blagajnik mu je poslal ček v tej vrednosti. Moj oče se je tako malo obremenjeval s tem, da je to pozabil omeniti družini. Veliko kasneje ga je o tem povprašal moj najmlajši brat Bišnu, potem ko je na bančnem izpisku opazil velik polog.

»Zakaj bi bil navdušen nad materialnim dobičkom?« mu je odvrnil oče. »Človek, ki se trudi biti umirjen, se ne navdušuje nad dobičkom, niti ni potrt zaradi izgube. Ve, da človek na ta svet ne prinese ničesar in z njega ne odnese niti ene same rupije.«

Moja starša sta v prvih letih zakonskega življenja postala učenca velikega učitelja Lahirija Mahašaje iz Benaresa. Zaradi prijateljstva z njim se je očetov že po naravi asketski značaj še okrepil. Mati je moji starejši sestri Romi nekoč priznala nekaj izjemnega: »S tvojim očetom le enkrat na leto spiva skupaj kot mož in žena – z namenom, da bi spočela otroka.«

Oče je Lahirija Mahašajo spoznal prek Abinaša Babuja,* zaposlenega v podružnici Bengalsko-nagpurskih železnic. V Gorakhpurju je Abinaš Babu polnil moja mlada ušesa z zgodbami mnogih indijskih svetnikov, ki so me popolnoma prevzele. Vedno je zaključil s hvalo še večje odličnosti svojega guruja.

»Že veš, v kakšnih izrednih okoliščinah je tvoj oče postal učenec Lahirija Mahašaje?« To vprašanje mi je nekega lenobnega poletnega popoldneva zastavil Abinaš, ko sva sedela na vrtu našega doma. Odkimal sem in se v pričakovanju nasmehnil.

»Pred mnogo leti, še preden si se rodil, sem svojega nadrejenega, tvojega očeta, prosil za teden dni dopusta, da bi obiskal svojega guruja v Benaresu. Tvoj oče se je norčeval iz mojih načrtov.

„Nameravaš postati verski fanatik?“ me je vprašal. „Če bi rad dosegel kaj več v življenju, se posveti delu v pisarni.“

Ko sem se tistega dne žalosten vračal domov po gozdni poti, sem srečal tvojega očeta v nosilnici. Odslovil je služabnike z nosilnico in se mi pridružil. Da bi me potolažil, je poudaril prednosti prizadevanja za posvetni uspeh. Ravnodušno sem ga poslušal. Moje srce je ponavljalo: „Lahiri Mahašaja! Ne morem živeti, ne da bi te videl!“

* *Babu* (gospod) v bengalščini stoji za imenom.

GURRU (Gjana Prabha) GHOŠ
(1868–1904)
Mati Joganandadžija in učenka Lahirija Mahašaje

Pot naju je peljala do roba mirnega polja, kjer so žarki popoldanskega sonca venčali visoko divjo travo, ki je plapolala v vetru. Od občudovanja sva postala. Na polju, le nekaj metrov naprej, se je tedaj prikazala postava mojega vélikega guruja!* „Bhagabati, pretrd si s svojim uslužbencem!" Njegov glas je odmeval v najinih osuplih ušesih. Skrivnostno, kot se je prikazal, je tudi izginil. Padel sem na kolena in začel vzklikati: „Lahiri Mahašaja! Lahiri Mahašaja!" Tvoj oče je bil tako osupel, da je nekaj trenutkov nepremično stal.

„Abinaš, ne bom dal dopusta le *tebi*, ampak ga bom vzel tudi *zase* in se jutri odpravil proti Benaresu. Moram spoznati tega vélikega Lahirija Mahašajo, ki se lahko po želji utelesi, da bi posredoval zate! S seboj bom vzel tudi ženo in tega učitelja prosil, naj naju vpelje v svojo duhovno pot. Naju boš peljal k njemu?"

„Seveda." Ob tem čudežnem odgovoru na moje molitve in

* Fantastične moči, ki jih imajo veliki učitelji, so razložene v 30. poglavju, *Zakon čudežev.*

BHAGABATI ČARAN GHOŠ
(1853–1942)
Oče Joganandadžija in učenec Lahirija Mahašaje

hitrem, ugodnem razpletu dogodkov me je prevzelo veselje.

Naslednji večer sem se skupaj s tvojimi starši vkrcal na vlak za Benares. Tja smo prispeli naslednji dan in za del poti najeli konjsko vprego, nato pa peš nadaljevali pot po ozkih uličicah do odročnega doma mojega guruja. Ko smo vstopili v majhno sprejemnico, smo se priklonili učitelju, ki je bil v svojem običajnem položaju lotosa. Pomežiknil je s svojimi predirljivimi očmi in pogled uprl v tvojega očeta. „Bhagabati, pretrd si s svojim uslužbencem!“ Izrekel je iste besede kot dva dni prej na travnatem polju. Dodal je še: „Vesel sem, da si dovolil Abinašu, da me obišče in da ga spremljata tudi vidva z ženo.“

Na njuno veselje ju je uvedel v duhovno prakso *krija joge.** S tvojim očetom sva zdaj oba učenca in tesna prijatelja vse od tistega

* Jogijska tehnika, ki jo je učil Lahiri Mahašaja, pri kateri se čutni hrušč umiri, kar omogoči človeku doseči vse večje poistovetenje s kozmično zavestjo. (Glej 26. poglavje.)

nepozabnega dne, ko sva imela videnje. Lahiri Mahašaja se je zelo zanimal za tvoje rojstvo. Tvoje življenje bo nedvomno povezano z njegovim, učiteljev blagoslov nikoli ne razočara.«

Lahiri Mahašaja je zapustil ta svet kmalu potem, ko sem nanj prišel jaz. Njegova podoba v umetelnem okvirju je v različnih mestih, kamor so očeta premestili zaradi službe, vedno krasila naš družinski oltar. Veliko juter in večerov sva z materjo meditirala pred improviziranim oltarjem in nanj polagala rože, pomočene v dišečo pasto iz sandalovine. S kadilom in z miro ter s skupnimi molitvami sva častila božanskost, ki se je v polnosti izrazila v Lahiriju Mahašaji.

Njegova podoba je izjemno močno zaznamovala moje življenje. Ko sem odraščal, je z menoj rasla tudi misel na učitelja. V meditaciji sem pogosto videl, kako se je njegova podoba na fotografiji dvignila iz malega okvirja, oživela in sedla predme. Ko sem se skušal dotakniti stopal na njegovem bleščečem telesu, se je to spremenilo nazaj v podobo na sliki. Ko sem iz otroka zrastel v fanta, se je tudi Lahiri Mahašaja v mojih mislih spremenil iz majhne podobe, ujete v okvirju, v živo, razsvetljujočo navzočnost. V trenutkih preizkušenj ali zmedenosti sem pogosto molil k njemu ter čutil, kako me tolaži in usmerja.

Sprva sem objokoval dejstvo, da ne živi več v telesni obliki. Ko sem začel odkrivati njegovo skrivno vsenavzočnost, pa mi ni bilo več žal. Še za časa življenja je pogosto pisal tistim svojim učencem, ki so si ga preveč močno želeli videti: »Zakaj bi prihajal gledat moje meso in kosti, ko pa sem vedno v dosegu tvoje *kutasthe* (duhovnega vida)?«

Nekako pri osmih letih sem s pomočjo fotografije Lahirija Mahašaje prejel čudovito ozdravljenje. Ta dogodek je le še okrepil mojo ljubezen. Ko smo bili na družinskem posestvu v Ičapurju v Bengaliji, sem zbolel za azijsko kolero. Moje življenje je viselo na nitki in zdravniki mi niso mogli pomagati. Mati, ki je sedela ob mojem vzglavju, mi je vsa iz sebe pomignila, naj pogledam sliko Lahirija Mahašaje na steni nad svojo glavo.

»V mislih se mu prikloni!« Vedela je, da sem prešibak, da bi sploh lahko dvignil roko v pozdrav. »Če mu boš izkazal resnično vdanost in v duhu pokleknil pred njim, boš preživel!«

Strmel sem v njegovo fotografijo in tam zagledal zaslepljujočo svetlobo, ki je ovila moje telo in osvetlila celo sobo. Slabost in drugi neobvladljivi znaki bolezni so izginili. Ozdravel sem. V trenutku sem v sebi začutil moč, se obrnil k materi in se v znak zahvale za njeno neizmerno vero v guruja dotaknil njenih stopal. Mati se je z glavo znova in znova dotikala tiste sličice.

»O, vsenavzoči učitelj, zahvaljujem se ti, da je tvoja svetloba ozdravila mojega sina!«

Spoznal sem, da je tudi ona videla žarečo svetlobo, s pomočjo katere sem v trenutku okreval od običajno usodne bolezni.

Prav ta fotografija je del moje najdragocenejše lastnine. Očetu jo je dal sam Lahiri Mahašaja, v njej pa so svete vibracije. Slika je nastala po čudežu. Zgodbo o tem mi je povedal Kali Kumar Roj, učenec Lahirija Mahašaje.

Zdi se, da se je učitelj nerad fotografiral. Kljub njegovemu nasprotovanju so nekoč posneli fotografijo njega in skupine vernikov, vključno s Kalijem Kumarjem Rojem. Osupli fotograf je odkril, da je na plošči, na kateri so se jasno videli obrisi vseh njegovih učencev, na mestu, kjer je vsekakor pričakoval Lahirija Mahašajo, le prazen prostor. O tem pojavu se je veliko govorilo.

Učenec, ki se je dobro spoznal na fotografiranje, Ganga Dhar Babu, se je pohvalil, da ubežna podoba njemu ne bi ušla. Naslednje jutro, ko je guru sedel v položaju lotosa na leseni klopi z zaslonom za seboj, je prišel Ganga Dhar Babu s svojo opremo. Naredil je vse, da bi mu uspelo, zato je uporabil dvanajst plošč. Kmalu je odkril, da je na vseh le odtis lesene klopi in zaslona, učiteljeva podoba pa je znova manjkala.

V solzah in s prizadetim ponosom je Ganga Dhar Babu poiskal guruja. Šele čez veliko ur je Lahiri Mahašaja spregovoril pomenljive besede:

»Duh sem. Lahko tvoj fotoaparat odseva vsenavzoče Nevidno?«

»Vidim, da ne! Ampak, sveti gospod, na vso moč si želim podobo vašega telesnega templja. Moj pogled je bil ozek. Vse do danes nisem dojel, da v vas v polnosti prebiva Duh.«

»Potem pa pridi jutri zjutraj. Poziral ti bom.«

Fotograf je znova namestil svoj fotoaparat. Tokrat je bila sveta podoba, ki ni bila zakrita s skrivnostno nezaznavnostjo, jasno vidna na plošči. Učitelj ni nikoli več poziral za fotografijo; vsaj jaz nisem videl nobene.

Reprodukcija te fotografije je tudi v tej knjigi.* Svetle, univerzalne poteze Lahirija Mahašaje skorajda ne razkrivajo, kateri rasi je pripadal. V njegovem skrivnostnem nasmešku je pridih veselja nad občestvom z Bogom. Njegove na pol odprte oči, ki označujejo najnujnejše zanimanje za zunanji svet, so tudi na pol zaprte, kar nakazuje njegovo zamaknjenost v notranjo blaženost. Ne da bi se menil za siromašne posvetne čare, se je vsak trenutek v polnosti zavedal duhovnih težav iskalcev, ki so hodili k njemu po njegove darove.

Kmalu potem, ko sem ozdravel skozi moč gurujeve slike, sem imel duhovno vizijo, ki je močno vplivala name. Ko sem nekega jutra sedel na svoji postelji, sem se globoko zasanjal.

»Kaj se skriva za temino zaprtih oči?« To vprašanje je močno prevzelo mojega duha. Z notranjim vidom sem takoj zagledal silovit val svetlobe. Božanske oblike svetnikov, ki so sedeli v meditaciji v gorskih votlinah, so se oblikovale kot majhne filmske sličice na velikem bleščečem platnu v mojem čelu.

»Kdo ste?« sem glasno vprašal.

»Mi smo himalajski jogiji.« Nebeški odgovor je težko opisati, ob njem mi je vzdrhtelo srce.

* Na strani 318. Kopije fotografije so na voljo pri *Self-Realization Fellowshipu*. Glej tudi sliko Lahirija Mahašaje na strani 350. Ko je bil med letoma 1935–36 v Indiji, je Šri Paramahansa Jogananda naročil bengalskemu umetniku, naj ga naslika po izvirni fotografiji, to sliko pa je kasneje določil za uradni portret Lahirija Mahašaje za uporabo v publikacijah SRF. (Ta slika visi v dnevni sobi Paramahanse Jogananade na Mount Washingtonu.) (*Opomba založnika*)

ŠRI JOGANANDA PRI ŠESTIH LETIH

»Ah, kako si želim iti v Himalajo in postati kot vi!« Privid je izginil, a srebrni žarki so se razširili v vse večjih krogih v neskončnost.

»Kaj je ta prečudoviti sij?«

»Jaz sem Išvara.* Jaz sem Luč,« je odgovoril glas, kot bi mrmrali oblaki.

»Rad bi bil eno s teboj!«

Iz počasi pojemajoče božanske ekstaze mi je uspelo rešiti trajno dediščino – navdih za iskanje Boga. »On je večna, vedno nova radost!« Ta spomin je ostal z menoj dolgo po dnevu zamaknjenja.

Še eden mojih zgodnjih spominov izrazito izstopa, in sicer dobesedno, saj imam do današnjega dne brazgotino. S starejšo sestro

* Sanskrtsko ime za Gospoda v njegovem vidiku Vladarja Kozmosa; iz korena *iš*, vladati. Hindujski spisi vsebujejo tisoč imen za Boga, vsako z drugačnim odtenkom filozofskega pomena. Gospod kot Išvara je On, po čigar volji v urejenih ciklih nastajajo in propadajo vsa vesolja.

Umo sva zgodaj zjutraj sedela pod indijsko melijo na našem vrtu v Gorakhpurju. Pomagala mi je pri učenju bengalskega prvega berila, kadar sem lahko odtrgal pogled od papig, ki so v bližini jedle zrele sadeže melije.

Uma se je pritoževala nad turom na nogi in prinesla lonček z mazilom. Nekaj sem si ga namazal na podlaket.

»Zakaj se mažeš po zdravi roki?«

»No, sestrica, čutim, da bom jutri dobil tur. Preizkušam tvoje mazilo na mestu, kjer se bo pojavil.«

»Ti lažnivec mali!«

»Sestrica, ne zmerjaj me z lažnivcem, dokler ne vidiš, kaj se bo zgodilo zjutraj.« Zelo ogorčen sem bil.

Ravnodušna Uma me je še trikrat zbodla. Ko sem ji počasi odgovoril, je bil moj glas nepopustljivo odločen.

»Z močjo volje, ki je v meni, pravim, da bom jutri imel precej velik tur točno na tem mestu na roki in *tvoj* tur bo dvakrat večji od današnjega!«

Zjutraj sem imel na tistem mestu precejšen tur, velikost Uminega tura pa se je podvojila. Sestra je vreščе stekla k materi. »Mukunda je postal zaklinjevalec duhov!« Mati me je resno poučila, da nikoli ne smem uporabljati moči besed, da bi komu škodil. Za vedno sem si zapomnil njen nasvet in se ga držal.

Tur so mi kirurško odstranili. Opazna brazgotina, ki jo je pustil zdravnikov rez, je vidna še danes. Na desni podlakti imam nenehni opomnik tega, kaj zmore človek že zgolj z besedo.

Tiste preproste in na videz neškodljive besede Umi, ki sem jih izgovoril v globoki koncentraciji, so vsebovale dovolj skrite moči, da jih je razneslo kot bombe in so nastale resnične, škodljive posledice. Kasneje sem razumel, da lahko eksplozivno vibracijsko moč govora modro usmerimo v osvoboditev od življenjskih težav in tako deluje brez brazgotin ali graje.*

* Neskončna moč zvoka izvira iz Ustvarjalne Besede *Om*, kozmične vibracijske moči za vsemi atomskimi energijami. Vsaka beseda, izgovorjena z jasnim uvidom in v veliki zbranosti, teži k materializaciji. Glasno ali tiho ponavljanje navdihujočih besed so

Naša družina se je preselila v Lahore v Pandžabu. Tam sem prišel do slike Božanske Matere v podobi boginje Kali.* Postavili smo jo na majhen, preprost oltarček na balkonu našega doma. Obšlo me je trdno prepričanje, da bo uslišana vsaka molitev, ki jo bom izrekel na tistem svetem kraju. Ko sem nekega dne tam stal z Umo, sem opazoval dva dečka, ki sta spuščala zmaja nad strehama dveh zgradb, ki ju je od naše hiše ločevala izjemno ozka ulica.

»Zakaj si tako tiho?« me je Uma igrivo dregnila.

»Razmišljam o tem, kako čudovito je, da mi Božanska Mati da vse, za kar jo prosim.«

»Domnevam, da bi ti dala tista dva zmaja!« se mi je sestra porogljivo zasmejala.

»Zakaj pa ne?« Tiho sem začel moliti, da bi ju dobil.

V Indiji tekmujejo z zmaji, katerih vrvice so prevlečene z lepilom in zdrobljenim steklom. Vsak igralec skuša pretrgati vrvico, ki jo v rokah drži nasprotnik. Osvobojeni zmaj pluje nad strehami, lovljenje je zelo zabavno. Ker sva bila z Umo na balkonu, ki je bil umaknjen pod streho, se je zdelo nemogoče, da bi nama zmaj prišel v roke. Njegova vrvica bi seveda poletela nad streho.

Igralca čez ulico sta začela tekmovati. Eden od igralcev je drugemu prerezal vrvico, zmaj je takoj poletel proti meni. Ker je tedaj veter nenadoma popustil, je zmaj za nekaj trenutkov obmiroval, medtem pa se je vrvica močno zapletla v kaktus na vrhu nasprotne hiše. Naredila se je dolga, popolna zanka, da sem lahko prijel vrvico. Nagrado sem podal Umi.

»To je bilo samo izredno veliko naključje in ne odgovor na tvojo molitev. Če pride k tebi tudi drugi zmaj, tedaj ti bom verjela.« Sestrine temne oči so bile v nasprotju z njenimi besedami polne osuplosti. Še naprej sem goreče molil. Drugi igralec je tedaj močno potegnil vrvico in izgubil svojega zmaja. Ta je poletel proti meni in plesal v vetru. Moj pomočnik, kaktus, je znova ujel vrvico in

---

učinkovito uporabljali v couéizmu in podobnih sistemih psihoterapije; skrivnost je v zviševanju vibracijske ravni uma.

* Kali je simbol Boga v vidiku večne Matere Narave.

naredil potrebno zanko, za katero sem lahko zgrabil zmaja. Drugo trofejo sem izročil Umi.

»Božanska Mati te resnično posluša! Vse to je preveč nerazložljivo zame!« Sestra je zbežala z balkona kot prestrašena srnica.

2. POGLAVJE

Materina smrt in skrivnostni amulet

Materina največja želja je bila, da bi se moj starejši brat poročil. »Ah, ko bom uzrla obraz Anantove žene, bom našla nebesa na zemlji!« Pogosto sem slišal mater, kako je s temi besedami izrazila svoj močni indijski občutek za nadaljevanje družine.

Ko se je Ananta zaročil, sem imel kakšnih enajst let. Mati je bila v Kalkuti, kjer je vsa radostna nadzirala priprave na poroko. Z očetom sva ostala na našem domu v Bareillyju v severni Indiji, kamor so ga premestili po dveh letih v Lahorju.

Že pred tem sem doživel sijajna poročna obreda starejših sester, Rome in Ume, a za Ananto kot najstarejšega sina so bili načrti resnično izpopolnjeni. Mati je sprejemala številne sorodnike, ki so iz dneva v dan od daleč prihajali v Kalkuto. Udobno jih je namestila v veliko, na novo pridobljeno hišo na Amherstovi ulici 50. Vse je bilo v pripravljenosti – slastne jedi za gostijo, sijajen prestol, na katerem naj bi nesli mojega brata na dom njegove neveste, cele vrste barvitih luči, velikanski kartonski sloni in kamele, angleški, škotski in indijski orkestri, komiki, duhovniki za starodavne obrede.

Oče in jaz, oba svečano razpoložena, sva se nameravala pridružiti ostalim domačim pred začetkom slovesnosti. Malo pred velikim dnem pa sem imel zlovešče videnje.

Zgodilo se je opolnoči v Bareillyju. Ko sem spal ob očetu na verandi naše pritlične hišice, me je zbudilo nenavadno plapolanje mreže proti komarjem nad posteljo. Tanke zavese so se razprle in zagledal sem postavo ljubljene matere.

»Zbudi očeta!« Njen glas je bil zgolj šepet. »Pojdita na prvi vlak, ki pelje danes zjutraj ob štirih. Pohitita v Kalkuto, če me želita videti!« Prikazen je izginila.

»Oče, oče! Mati umira!« Zaradi groze v mojem glasu se je v trenutku prebudil. Med hlipanjem sem izdavil usodno novico.

»Pusti te tvoje halucinacije.« Oče je kot vedno zanikal novi položaj. »Tvoja mati je izvrstnega zdravja. Če bova izvedela kakšno slabo novico, bova odšla jutri.«

»Nikoli si ne boš odpustil, če se ne odpraviva zdaj!« Zaradi bolečine v srcu sem še grenko dodal: »Tudi jaz ti nikoli ne bom odpustil!«

Otožno jutro je prišlo skupaj z novico: »Mati hudo bolna. Poroka prestavljena. Takoj pridita.«

Z očetom sva se raztreseno odpravila. Eden od mojih stricev naju je počakal na poti, kjer sva morala prestopiti. Vlak je grmel proti nama, postajal je vse večji. Notranji nemir mi je v tistem trenutku narekoval odločitev, da se vržem na železniške tračnice. Čutil sem, da sem že ostal brez matere, in nisem mogel živeti v svetu, ki je bil nenadoma pust kot puščava. Mater sem ljubil kot najdražjo prijateljico na vsem svetu. Njene črne oči, polne tolažbe, so bile moje zatočišče v drobnih tragedijah otroštva.

»Je še živa?« sem postal in stricu zastavil še zadnje vprašanje.

Hitro je razbral obup na mojem obrazu. »Seveda je še živa!« Nisem mu ravno verjel.

Ko sva prispela na naš dom v Kalkuti, naju je čakala le osupljiva skrivnost smrti. Sesedel sem se in skoraj nisem kazal znakov življenja. Leta je trajalo, da je sprava našla pot v moje srce. Moji klici so hrumeli do samih nebeških vrat in nazadnje doklicali Božansko Mater. Njene besede so končno pozdravile moje gnojne rane:

»Jaz sem ta, ki je pazila nate, življenje za življenjem, v nežnosti mnogih mater. V mojem pogledu lahko vidiš črne oči, te izgubljene zale oči, ki jih iščeš!«

Z očetom sva se vrnila v Bareilly kmalu potem, ko so upepelili žensko, ki sva jo ljubila. Vsako jutro sem v spomin nanjo že navsezgodaj opravil ganljivo romanje k drevesu nočnega jasmina, ki je metalo senco na gladko zlato-zeleno trato pred našo hišo. V poetičnih trenutkih se mi je zdelo, da se beli cvetovi drevesa pobožno posipajo po travnatem oltarju. Moje solze so se mešale z roso in pogosto sem opazil nenavadno nezemsko svetlobo, ki je spremljala zoro. Obhajalo me je boleče hrepenenje po Bogu. Začutil sem silno željo po odhodu v Himalajo.

Eden mojih bratrancev, ki se je ravno vrnil s potovanja po svetem gorovju, naju je obiskal v Bareillyju. Željno sem poslušal njegove pripovedi o visokogorju, kjer so živeli jogiji in svamiji.*

»Zbeživa v Himalajo.« Moj predlog, ki sem ga nekega dne podal Dvarki Prasadu, mlademu sinu našega stanodajalca v Bareillyju, je naletel na gluha ušesa. Načrt je razkril mojemu starejšemu bratu, ki je ravno prispel na obisk k očetu. Namesto da bi se le nasmehnil nad tem neizvedljivim načrtom malega dečka, je Ananta bril norce iz mene.

»Kje imaš oranžno ogrinjalo? Brez njega ne moreš biti svami!«

Njegove besede pa so me nerazložljivo vznemirile. Pred seboj sem zagledal jasno podobo sebe kot meniha, ki hodi po Indiji. Morda so se ob tem v meni vzbudili spomini na kakšno od prejšnjih življenj. Vsekakor pa sem spoznal, s kakšno lahkoto bi nosil opravo starodavnega meniškega reda.

Ko sem nekega dopoldneva klepetal z Dvarko, sem začutil, kako me je kot silovit plaz zajela ljubezen do Boga. Moj prijatelj je bil le deloma pozoren na poplavo besed, ki je sledila, jaz pa sem z vsem srcem poslušal samega sebe.

Tistega popoldneva sem zbežal proti Naini Talu v predgorju Himalaje. Ananta me je odločno zasledoval in žalosten sem se bil prisiljen vrniti v Bareilly. Edino romanje, ki mi je bilo dovoljeno, je bilo tisto običajno k nočnemu jasminu ob zori. Moje srce je objokovalo dve izgubljeni materi: človeško in božansko.

Praznino, ki jo je materina smrt povzročila v naši družini, je bilo nemogoče zapolniti. Oče se v skoraj štiridesetih letih, ki so mu še preostala, ni več poročil. Prevzel je težko vlogo očeta in matere svoji čredici in postal opazno nežnejši, dostopnejši. Mirno in z razumevanjem je reševal različne družinske težave. Po službi

* Sanskrtski koren besede *svami* je 'tisti, ki je eno s svojim Sebstvom (*Sva*)'. (Glej 24. poglavje.)

se je kot puščavnik v celico zaprl v svojo sobo in v prijetnem miru izvajal *krija jogo*. Dolgo po materini smrti sem skušal najeti angleško medicinsko sestro, da bi poskrbela za podrobnosti, ki bi očetu olajšale življenje. Oče je le odkimal.

»Strežba meni se je končala s tvojo materjo.« Iz njegovih oči je še vedno sijala predanost materi. »Ne bom sprejel pomoči druge ženske.«

Štirinajst mesecev po materini smrti sem izvedel, da mi je zapustila pomembno sporočilo. Ananta je bil ob njej, ko je umirala, in je zapisal njene besede. Čeprav je brata prosila, naj mi sporočilo razkrije čez leto dni, je ta odlašal. Kmalu naj bi odšel iz Bareillyja v Kalkuto, kjer naj bi se poročil z dekletom, ki mu ga je izbrala mati.* Nekega večera me je poklical k sebi.

»Mukunda, nisem ti mogel sporočiti nenavadnih vesti.« V Anantovem glasu je bilo čutiti kanček vdanosti v usodo. »Bal sem se, da bom s tem še razvnel tvojo željo po odhodu od doma. A tako in tako si poln božanske gorečnosti. Ko sem te pred kratkim ujel na poti v Himalajo, sem se dokončno odločil. Nič več ne smem odlašati z izpolnitvijo slovesne obljube.« Brat mi je podal škatlico in mi predal materino sporočilo.

»Naj bodo te besede moj zadnji blagoslov, moj ljubljeni sin Mukunda!« je rekla mati. »Prišla je ura, ko ti moram povedati za več izjemnih dogodkov, ki so sledili tvojemu rojstvu. Za pot, ki ti je usojena, sem izvedela, ko si bil še dete v mojem naročju. Tedaj sem te nesla na dom svojega guruja v Benaresu. Skoraj skrita za množico učencev sem komaj videla Lahirija Mahašajo, ki je sedel v globoki meditaciji.

Medtem ko sem te pestovala, sem molila, da bi naju veliki guru opazil in naju blagoslovil. Ko je moja tiha molitev postajala vse bolj goreča, je odprl oči in mi pomignil, naj pridem bliže. Drugi so mi naredili pot, priklonila sem se pred svetimi stopali. Lahiri

* Indijski običaj, po katerem starši izbirajo življenjskega sopotnika svojim otrokom, kljubuje zobu časa. V Indiji beležijo visok odstotek srečnih zakonov.

(*Zgoraj levo*) Joganandadži (*stoji*) kot srednješolec, s starejšim bratom Ananto

(*Zgoraj desno*) Najstarejša sestra Roma (*levo*) in mlajša sestra Nalini s Paramahanso Jogananda pred domom iz otroških let, Kalkuta, 1935

(*Desno*) Joganandadžijeva starejša sestra Uma v otroških letih, Gorakhpur

Mahašaja te je posadil v svoje naročje, ti položil roko na čelo in te duhovno krstil.

„Mala mati, tvoj sin bo jogi. Kot duhovna lokomotiva bo v Božje kraljestvo ponesel mnogo duš."

Srce mi je poskočilo od veselja, ko sem spoznala, da mi je vsevedni guru uresničil skrito željo. Malo pred tvojim rojstvom mi je povedal, da boš šel po njegovih stopinjah.

Kasneje, sin moj, sva s tvojo sestro Romo vedeli za tvoje videnje Velike Luči, ker sva te iz sosednje sobe opazovali negibnega na postelji. Ko si rekel, da boš šel v Himalajo iskat Boga, je bil tvoj obrazek razsvetljen, tvoj glas pa je zazvenel z železno odločenostjo.

Tako, dragi sin, sem spoznala, da je tvoja pot daleč od posvetnih ambicij. Edinstveni dogodek v mojem življenju mi je to še nadalje potrdil – dogodek, ki me na smrtni postelji nagovarja, naj ti pustim sporočilo.

Šlo je za pogovor z modrecem v Pandžabu. Ko smo živeli v Lahorju, je nekega jutra v mojo sobo prišla služabnica. „Gospa, nenavaden sadhu* je tukaj. Na vsak način hoče ‚videti Mukundovo mater'."

Te preproste besede so me zadele v živo. Takoj sem šla pozdravit obiskovalca. Priklonila sem se k njegovim stopalom in začutila, da pred menoj stoji pravi Božji človek.

„Mati," je rekel, „veliki učitelji bi ti radi povedali, da se tvoje bivanje na zemlji končuje. Tvoja naslednja bolezen se bo izkazala tudi za zadnjo."† Sledila je tišina, med katero nisem čutila vznemirjenosti, le vibracije velikega miru. Končno me je znova nagovoril:

„Ti boš varuhinja srebrnega amuleta. Ne boš ga dobila danes. V dokaz, da so moje besede resnične, se bo jutri med meditacijo talisman materializiral v tvojih rokah. Na svoji smrtni postelji moraš naročiti svojemu najstarejšemu sinu Ananti, naj amulet hrani leto dni, nato pa ga preda tvojemu drugorojencu. Mukunda bo razumel

* Puščavnik, ki se posveča askezi in duhovni disciplini.

† Ko sem po teh besedah izvedel, da je mati skrivaj vedela, kako kratko bo njeno življenje, sem prvič razumel, zakaj je vztrajala pri tem, da se Ananta hitro poroči. Čeprav je umrla pred poroko, si je kot mati želela dočakati obrede.

pomen talismana velikih učiteljev. Prejme naj ga nekako takrat, ko se bo odpovedal vsem posvetnim upom in začel s svojim ključnim iskanjem Boga. Ko bo imel amulet že nekaj let in bo ta odslužil svojemu namenu, bo izginil. Tudi če ga bo shranil na najbolj skrivnem mestu, se bo vrnil, od koder je prišel.“

Svetniku sem ponudila vbogajme* in se mu z velikim spoštovanjem priklonila. Ni ga vzel, blagoslovil me je in odšel. Naslednji večer, ko sem meditirala s sklenjenimi rokami, se je srebrni amulet materializiral v mojih dlaneh, tako kot je obljubil sadhu. Zavedela sem se ga, ko sem začutila nekaj hladnega in gladkega. Ljubosumno sem ga hranila več kot dve leti in zdaj ga prepuščam v Anantove roke. Ne žaluj za menoj, ker me je moj veliki guru popeljal v naročje Neskončnega. Zbogom, otrok moj, Kozmična Mati te bo varovala.«

Ko sem v roke dobil amulet, me je zajel plamen svetlobe, v meni so se zdramili mnogi speči spomini. Talisman, okrogel in starinsko privlačen, je bil prekrit s sanskrtskimi črkami. Razumel sem, da prihaja od učiteljev iz prejšnjih življenj, ki so nevidno vodili moje korake. V njem so se skrivali še drugi pomeni, a nikakor ne gre v polnosti razkriti bistva amuleta.†

* Običajna gesta spoštovanja do sadhujev.

† Amulet je bil astralno izdelan predmet. Takšni predmeti imajo neobstojno strukturo in nazadnje izginejo z našega sveta. (Glej 43. poglavje.)

Na talismanu je bila zapisana *mantra* ali sveti odpev. Moči zvoka in *vaka*, človeškega glasu, nikjer niso tako zelo raziskali kot prav v Indiji. Vibracija *Aum – Om*, ki odmeva po vsem vesolju (»Beseda« oziroma »glas mnogih voda« iz Svetega pisma) ima tri manifestacije oziroma *gune:* stvarjenje, ohranjanje in uničenje *(Taittirija upanišada* I,8). Vedno, ko izgovorimo besedo, začne delovati ena od treh lastnosti *Auma.* S tem razlogom so utemeljeni napotki vseh spisov, da mora človek govoriti resnico.

Sanskrtska *mantra* na amuletu je, če je bila pravilno izgovorjena, prinašala duhovno koristno vibracijsko moč. Sanskrtska abeceda, katere zgradba je popolna, je sestavljena iz petdesetih črk, vsaka ima določeno nespremenljivo izgovarjavo. George Bernard Shaw je napisal moder in seveda duhovit esej o fonetični neustreznosti angleške abecede, ki temelji na latinski, in v kateri šestindvajset črk neuspešno nosi breme zvoka. S svojo običajno brezobzirnostjo (»Če nas bo uvajanje angleške abecede za angleški jezik stalo državljanske vojne … tega ne bom zameril.«) Shaw spodbuja sprejetje nove abecede z dvainštiridesetimi črkami (glej njegov uvod v Wilsonovo *The Miraculous Birth of Language*, Philosophical Library, N.Y.). Takšna abeceda bi

Kako je talisman nazadnje izginil v zelo nesrečnih okoliščinah mojega življenja in kako je njegova izguba naznanjala prihod mojega guruja, ne bom pripovedoval v tem poglavju.

A deček, ki so mu preprečili vsak poskus, da bi prišel do Himalaje, je na krilih svojega amuleta vsak dan potoval daleč.

---

bila približek fonetične popolnosti sanskrta, kjer uporaba petdesetih črk preprečuje napačno izgovarjavo.

Zaradi odkritja pečatov v dolini Inda se številni učenjaki nagibajo k opustitvi trenutne teorije, da si je Indija ‚izposodila' sanskrtsko abecedo od semitskih virov. Nedavno izkopani veliki hindujski mesti pri Mohendžu Daru in Harappi sta dokaz za visoko kulturo, ki je imela gotovo »dolgo zgodovino na ozemlju Indije, kar nas ponese v obdobje, o katerem lahko le bežno ugibamo« (sir John Marshall, *Mohenjo--Daro and the Indus Civilization*, 1931).

Če hindujska teorija o izjemno visoki starosti človeške civilizacije na tem planetu drži, si lahko razložimo, zakaj je najbolj *starodavni* jezik na svetu, sanskrt, tudi najbolj *popoln.* (Glej opombo na str. 94.) »Kakršnakoli že je njegova starost,« je zapisal sir William Jones, ustanovitelj *Asiatic Society,* »sanskrt ima čudovito strukturo, popolnejšo od grščine, obširnejšo od latinščine in imenitnejše dovršeno od obeh.«

»Ko so [zahodni učenjaki] odkrili sanskrt v drugi polovici 18. stoletja,« navaja *Encyclopedia Americana*, »je bil to najpomembnejši dogodek v zgodovini kulture od oživitve klasičnega znanja. Jezikoslovna znanost, primerjalna slovnica, primerjalna mitologija, religiologija … vse dolgujejo obstoj odkritju sanskrta ali pa je njegovo raziskovanje nanje močno vplivalo.«

3. POGLAVJE

Svetnik z dvema telesoma

»Oče, če obljubim, da se bom sam vrnil domov, si grem lahko ogledat Benares?«

Oče je redko oviral mojo veliko ljubezen do potovanja. Že kot majhen deček sem tako lahko obiskal mnogo mest in romarskih krajev. Ponavadi me je spremljal eden ali več prijateljev, vsi pa smo udobno potovali v prvem razredu, ker nam je vozovnice priskrbel oče. Njegov položaj uradnika na železnicah je bil nomadom v naši družini v veliko zadovoljstvo.

Oče je obljubil, da bo razmislil o moji prošnji. Naslednji dan me je poklical in mi podal povratno vozovnico od Bareillyja do Benaresa, več bankovcev in dve pismi.

»Za nekega prijatelja iz Benaresa, Kedarja Natha Babuja, imam poslovni predlog. Na žalost sem izgubil njegov naslov. Mislim pa, da mu boš lahko odnesel to pismo s pomočjo najinega skupnega prijatelja, Svamija Pranabanande. Svami, moj brat učenec, je dosegel visoko duhovno raven. Njegova družba ti bo koristila, s tem drugim pismom pa se mu boš predstavil.«

Očetove oči so se zasvetlikale, ko je dodal: »Le glej, da ne boš več bežal od doma!«

Odpravil sem se z vsem žarom, ki sem ga premogel pri dvanajstih (res pa je, da čas ni zmanjšal mojega navdušenja nad novimi prizori in tujimi obrazi). Ko sem prispel v Benares, sem takoj poiskal svamijevo hišo. Vhodna vrata so bila odprta, povzpel sem se v dolgo sobo, podobno hodniku, v prvem nadstropju. Precej čokat mož, oblečen le v opasnik, je na rahlo dvignjenem odru sedel v položaju lotosa. Po glavi in obrazu je bil popolnoma pobrit, na ustnicah mu je igral blažen nasmešek. Pozdravil me je, kot bi bila stara prijatelja, in pregnal mojo misel, da ga motim.

»*Baba anand.« (Blaženost dragemu mojemu.)* Dobrodošlico je izrekel prisrčno in z otroškim glasom. Pokleknil sem in se dotaknil njegovih stopal.

»Ste vi Svami Pranabananda?«

Pokimal je. »Si ti Bhagabatijev sin?« Te besede je izgovoril, še preden sem lahko iz žepa potegnil očetovo pismo. Osuplo sem mu podal predstavitveno pismo, ki se je zdaj zdelo odveč.

»Seveda ti bom pomagal najti Kedarja Natha Babuja.« Svetnik me je znova presenetil s svojo jasnovidnostjo. Preletel je pismo in izrekel nekaj ljubeznivih besed o mojem očetu.

»Veš, prejemam dve pokojnini. Eno po priporočilu tvojega očeta, za katerega sem nekoč delal v pisarni železnic. Drugo po priporočilu Nebeškega Očeta, za katerega sem v življenju vestno opravil svoje zemeljske naloge.«

Ta opazka se mi je zdela zelo nejasna. »Gospod, kakšno pokojnino prejemate od Nebeškega Očeta? Ali vam denar vrže v naročje?«

Zasmejal se je. »V mislih imam pokojnino neskončnega miru – nagrado za mnoga leta globoke meditacije. Zdaj ne hrepenim več po denarju. Za moje majhne materialne potrebe je obilno poskrbljeno. Pomen te druge pokojnine boš razumel kasneje.«

Svetnik je v trenutku postal popolnoma negiben in najin pogovor se je končal, kot bi ga odrezal. Dobil je pridih skrivnostnega. Najprej so se njegove oči lesketale, kot bi opazile nekaj zanimivega, nato pa so lesk izgubile. V zadregi sem bil zaradi njegove redkobesednosti, saj mi še ni povedal, kako naj pridem do očetovega prijatelja. Malenkost nemirno sem pogledal po prazni sobi, v kateri ni bilo nikogar drugega. Prazen pogled sem uprl v njegove lesene sandale, ki so ležale pod odrom.

»Gospodič,* ne skrbi. Človek, s katerim bi se rad dobil, bo prišel čez pol ure.« Jogi mi je bral misli, kar v tistem trenutku ni bilo ravno nekaj težkega!

Znova se je pogreznil v skrivnostno tišino. Ko sem na uri videl, da je trideset minut minilo, se je svami zdramil.

»Mislim, da je Kedar Nath Babu že blizu,« je rekel.

Slišal sem, da se nekdo vzpenja po stopnicah. V trenutku sta me obšli osuplost in zbeganost, misli so mi zmedeno dirjale sem in tja: »Kako je mogoče, da je očetov prijatelj prišel sem, ne da bi ga kdo šel iskat? Svami od mojega prihoda ni govoril z nikomer!«

Nevljudno sem zapustil sobo in stekel po stopnicah. Na pol poti sem srečal vitkega moža, srednje visoke postave in svetle polti. Očitno se mu je mudilo.

»Ste vi Kedar Nath Babu?« sem ga vprašal vznemirjeno.

»Ja. Ti si gotovo Bhagabatijev sin, ki naj bi me tukaj čakal.« Prijazno se je smehljal.

»Gospod, kako to, da ste prišli sem?« Zaradi njegovega nerazložljivega prihoda sem bil zbegan in nekoliko nejevoljen.

»Danes je vse tako skrivnostno! Pred manj kot uro sem se ravno nehal kopati v Gangesu, ko se mi je približal Svami Pranabananda. Nimam pojma, kako je vedel, kje sem.

„Bhagabatijev sin te čaka v mojem stanovanju," je rekel. „Prideš z menoj?" Z veseljem sem pritrdil. Ko sva se z roko v roki bližala njegovemu stanovanju, je bil svami v svojih lesenih sandalih nenavadno hitrejši od mene, čeprav sem imel na sebi te trdne pohodne čevlje.

„Koliko časa potrebuješ do mojega stanovanja?" me je nenadoma vprašal Pranabanandadži ter obstal.

„Okrog pol ure."

„Nekaj moram še postoriti." Skrivnostno me je pogledal. „Pohitel bom naprej. Pridruži se mi v moji hiši, kjer te bo čakal Bhagabatijev sin."

* *Čhoto Mahašaja* je izraz, s katerim me je naslavljalo več indijskih svetnikov. Pomeni pa 'gospodič'.

SVAMI PRANABANANDA
Benareški ‚svetnik z dvema telesoma'

Preden bi lahko ugovarjal, je urno pohitel naprej in izginil v množici. Prišel sem, kolikor hitro sem lahko.«

Ta razlaga je moje začudenje le še okrepila. Vprašal sem ga, kako dolgo že pozna svamija.

»Lani sva se nekajkrat srečala, v zadnjem času se nisva videla. Zelo vesel sem bil, ko sem ga danes zagledal na *ghatu* za kopanje.«

»Ne morem verjeti svojim ušesom! Se mi meša? Ste ga srečali v viziji ali ste ga v resnici videli, se ga dotaknili in slišali zvoke njegovih korakov?«

»Ne vem, na kaj namiguješ!« je zardel od jeze. »Ne lažem. Ne razumeš, da sem lahko le od njega izvedel, da me čakaš tukaj?«

»No, tega človeka, Svamija Pranabanande, nisem izpustil izpred oči od trenutka, ko sem pred uro prispel.« Hitro sem mu povedal celotno zgodbo in mu ponovil pogovor, ki sva ga imela s svamijem.

Široko je razprl oči. »Ali res živiva v tej materialni dobi ali pa le sanjava? Nisem pričakoval, da bom v življenju kdaj priča takšnemu čudežu! Mislil sem, da je ta svami običajen človek, zdaj pa vidim, da zna materializirati še eno telo in skozenj delovati!« Skupaj sva vstopila v svetnikovo sobo. Kedar Nath Babu je pomignil proti obuvalom pod sedežem na ploščadi.

»Glej, prav te sandale je imel na sebi na *ghatu*,« je šepnil. »Oblečen je bil le v opasnik, prav tako, kot ga vidim zdaj.«

Ko se je obiskovalec priklonil svetniku, se je ta obrnil k meni z vprašujočim nasmeškom na obrazu.

»Zakaj te vse to tako preseneča? Očem resničnega jogija subtilna enotnost pojavnega sveta ni skrita. V trenutku lahko vidim svoje učence v Kalkuti in se pogovarjam z njimi. Tudi oni lahko podobno kot jaz po želji presežejo vsako omejitev grobe materije.«

Najbrž je svami skušal v mojem mladem srcu vzbuditi duhovni žar, da mi je blagovolil govoriti o svojih močeh astralnega radia in televizije.* A namesto navdušenja sem občutil le strahospoštovanje. Glede na to, da mi je bilo usojeno stopiti na pot iskanja božjega s pomočjo določenega guruja – Šri Juktešvarja, ki ga tedaj še nisem poznal – nisem čutil nikakršne nagnjenosti do tega, da bi

* Naravoslovna znanost na svoj način potrjuje utemeljenost zakonov, ki so jih jogiji odkrili z duhovno znanostjo. 26. novembra 1934 so na primer na Kraljevi univerzi v Rimu prikazali, da ima človek televizualne moči. »Dr. Giuseppe Calligaris, profesor nevropsihologije, je pritiskal na določene dele telesa testne osebe in ta se je odzivala s podrobnim opisom oseb in predmetov na drugi strani stene. Dr. Calligaris je povedal profesorjem, da ob pritisku na določene predele kože testna oseba dobi nadčutne vtise, ki ji omogočajo, da vidi predmete, ki jih drugače ne bi mogla. Da bi testni osebi omogočil razločevanje stvari na drugi strani stene, je profesor Calligaris petnajst minut pritiskal na točko na desni strani prsnega koša. Dr. Calligaris je povedal, da testne osebe lahko vidijo predmete ne glede na njihovo oddaljenost in ne glede na to, ali so jih že kdaj videle, če pritiskamo na določene točke na njihovem telesu.«

Pranabanando sprejel za svojega učitelja. Nejeverno sem ga gledal in se spraševal, ali je pred menoj on ali njegov dvojnik.

Učitelj me je skušal rešiti nelagodja, zato mi je naklonil pogled, poživljajoč za dušo, in nekaj navdihujočih besed o svojem guruju.

»Lahiri Mahašaja je bil največji jogi, kar sem jih poznal. Bil je Bog sam v telesni obliki.«

Če lahko učenec materializira dodatno telesno pojavo, kadar želi, sem razmišljal, kakšnih čudežev je potem sposoben njegov učitelj?

»Povedal ti bom, kako neprecenljiva je gurujeva pomoč. Pred leti sem vsako noč še z enim učencem meditiral po osem ur. Podnevi sva morala delati v pisarni železnic. S težavo sem opravljal svoje pisarniške dolžnosti, ves čas sem želel posvetiti Bogu. Osem let sem vztrajal in polovico noči meditiral. Rezultati so bili čudoviti, um so mi razsvetljevala neverjetna duhovna videnja. A med menoj in Neskončnim je še naprej ostajala tanka tančica. Kljub nadčloveški gorečnosti mi končna, nepreklicna enost ni bila dana. Nekega večera sem obiskal Lahirija Mahašajo in ga prosil, naj zame posreduje pri Bogu. Vso noč sem ga nadlegoval.

„Angelski guru, moje duhovno trpljenje je tako veliko, da ne morem več prenesti življenja, v katerem se ne bi iz oči v oči srečal z Velikim Ljubljenim!"

„Kaj lahko jaz storim? Tvoja meditacija naj bo še globlja."

„Obračam se nate, o Bog, moj Učitelj! Vidim te tu, materializiranega pred seboj v fizičnem telesu, blagoslovi me, da te bom lahko zaznaval v tvoji neskončni obliki!"

Lahiri Mahašaja je dobrohotno iztegnil roko: „Zdaj lahko greš meditirat. Pri Brahmi* sem posredoval zate."

Neizmerno navdahnjen sem se vrnil domov. Ko sem tiste noči meditiral, sem dosegel tako goreče želeni Cilj svojega življenja. Zdaj nenehno uživam svojo duhovno pokojnino. Od tistega dne se Blaženi Stvarnik ne skriva več pred mojimi očmi za zaveso utvare.«

* Bog v vidiku stvarnika, iz sanskrtskega korena *brih*, razširiti. Ko je leta 1857 Emerson objavil pesem *Brahma* v reviji *Atlantic Monthly*, je bila večina bralcev zmedenih. Emerson se je hahljal. »Povejte jim,« je rekel, »naj rečejo Jahve namesto Brahme, in ne bodo občutili nikakršne zmedenosti več.«

Pranabanandov obraz je bil prežet z božansko lučjo. V moje srce je prišel mir, ki ni bil s tega sveta. Ves moj strah je izginil. Svetnik mi je še nekaj zaupal.

»Nekaj mesecev zatem sem se vrnil k Lahiriju Mahašaji in se mu skušal zahvaliti za neskončni dar. Potem sem omenil še nekaj drugega.

„Božanski guru, ne morem več delati v pisarni. Prosim, osvobodite me. Zaradi Brahme sem nenehno v stanju ekstaze."

„V svojem podjetju zaprosi za pokojnino."

„Kaj naj navedem kot razlog, ko pa še ne delam dovolj dolgo?"

„Povej jim, kaj čutiš."

Naslednji dan sem vložil prošnjo. Zdravnik me je vprašal, s kakšnim razlogom prosim za zgodnjo upokojitev.

„V službi se mi dogaja, da se po moji hrbtenici vzpenja močno, neobvladljivo občutje, ki zajame vse moje telo, tako da ne morem več opravljati svojih dolžnosti."*

Brez nadaljnjega mi je zdravnik napisal izjemno ugodno priporočilo za pokojnino, ki sem jo kmalu začel prejemati. Vem, da je božanska volja Lahirija Mahašaje delovala po zdravniku in uradnikih na železnicah, tudi po tvojem očetu. Samodejno so se podredili duhovnim napotkom vélikega guruja in mi za vse življenje omogočili nerazdružljivo občestvo z Ljubljenim.«

* V stanju globoke meditacije je prvo izkustvo Duha na oltarju hrbtenice in nato v možganih. Poplava blaženosti je neustavljiva, a jogi se nauči, kako nadzorovati njen zunanji izraz.

Ko sva se s Pranabanando spoznala, je bil v resnici v polnosti razsvetljen učitelj. A zadnji dnevi njegovega poslovnega življenja so prišli mnogo let pred tem, tedaj se še ni nepreklicno zasidral v *nirbikalpa samadhiju* (glej str. 261 in op. na str. 454). V tem popolnem in trdnem stanju zavesti jogi brez težav opravlja katerokoli posvetno dolžnost.

Po upokojitvi je Pranabananda napisal *Pranab gito*, prodoren komentar Bhagavad gite, ki je na voljo v hindijščini in bengalščini.

Moč pojavljanja v več kot enem telesu je *siddhi* (jogijska moč), omenjen v Patanjdžalijevih *Sutrah o jogi* (glej op. na str. 249). Skozi zgodovino so pojav bilokacije v svojih življenjih izkazali mnogi svetniki. V *The Story of Therese Neumann* (Bruce Pub. Co.) A. P. Schimberg opisuje več priložnosti, ob katerih se je ta krščanska svetnica prikazala oddaljenim ljudem, ki so potrebovali njeno pomoč in se pogovarjala z njimi.

Po tem izrednem razkritju se je Svami Pranabananda pogreznil v enega od svojih dolgih molkov. Ko sem odhajal in se spoštljivo dotaknil njegovih stopal, me je blagoslovil:

»Tvoje življenje je posvečeno poti odpovedovanja in joge. Znova se bova videla, skupaj s tvojim očetom.« Obe njegovi napovedi sta se v prihodnjih letih uresničili.*

Kedar Nath Babu je hodil ob meni v vse trši temi. Dal sem mu očetovo pismo, ki ga je moj spremljevalec prebral pod ulično svetilko.

»Tvoj oče mi predlaga, naj sprejmem službo v kalkutski pisarni njegove železniške družbe. Kako prijetno bi si bilo obetati vsaj eno od pokojnin, ki jih uživa Svami Pranabananda! Vendar je to nemogoče, ne morem oditi iz Benaresa. Žal še nimam dveh teles!«

* Glej 27. poglavje.

4. POGLAVJE

Neuspeli beg v Himalajo

»Izmisli si kakšen droben izgovor, odidi iz učilnice in vzemi kočijo. Izstopi na ulici, kjer te iz moje hiše ne bo mogel nihče videti.«

To so bili še moji zadnji napotki Amarju Mitterju, prijatelju iz srednje šole, ki me je nameraval spremljati v Himalajo. Za beg sva izbrala naslednji dan. Previdnostni ukrepi so bili potrebni zato, ker je moj brat Ananta budno pazil name. Sumil je, da razmišljam le o pobegu, in bil odločen, da mi prepreči vse načrte zanj. Amulet je kot duhovni kvas tiho deloval v meni. Upal sem, da bom sredi himalajskih snegov našel učitelja, čigar obraz se mi je pogosto prikazoval v videnjih.

Naša družina je zdaj živela v Kalkuti, kamor so za stalno premestili očeta. V skladu s patriarhalnim indijskim običajem je Ananta svojo nevesto pripeljal na naš dom. Tam, v majhni sobici na podstrešju, sem vsak dan meditiral in pripravljal svoj um na iskanje božanskega.

Nepozabno jutro je prineslo dež, ki ni obetal ničesar dobrega. Ko sem na cesti zaslišal kolesa Amarjeve kočije, sem v culo hitro povezal odejo, par sandalov, dva opasnika, vrvico z molilnimi kroglicami, sliko Lahirija Mahašaje in izvod Bhagavad gite. Culo sem vrgel skozi okno iz drugega nadstropja. Stekel sem po stopnicah in mimo strica, ki je pri vratih kupoval ribe.

»Kaj pa se zdaj to dogaja?« me je sumničavo premeril s pogledom.

Zadržano sem se mu nasmehnil in stopil na ulico. Pobral sem svojo culo in se zarotniško previdno pridružil Amarju. Odpeljala sva se do trgovskega središča Chandni Chauk. Dolge mesece sva varčevala pri denarju za kosilo, da sva lahko kupila angleška oblačila.

Ker sem vedel, da bi se moj bistri brat dobro znašel v vlogi detektiva, sva ga nameravala ukaniti z evropsko opravo.

Na poti na postajo sva pobrala še mojega bratranca Džotina Ghoša, ki sem ga klical Džatinda. Na sveže je bil spreobrnjen in si je želel imeti guruja v Himalaji. Nadel si je nova oblačila, ki sva jih imela pripravljena. Upali smo, da smo dobro zamaskirani! Naša srca je napolnjevala močna vznesenost.

»Zdaj potrebujemo le še platnene čevlje.« Tovariša sem vodil v trgovino, kjer je bila razstavljena obutev z gumijastimi podplati. »Usnjeni izdelki, ki jih dobimo iz zaklanih živali, ne spadajo na to sveto romanje.« Postal sem na ulici, da bi odstranil usnjeni ovitek z Bhagavad gite in usnjene paščke s svojega angleškega *sola topija* (čelade).

Na postaji smo kupili vozovnice za Burdwan, kjer smo nameravali presesti na vlak za Hardwar ob vznožju Himalaje. Takoj ko je vlak speljal in se je naš beg začel, sem omenil nekaj svojih veličastnih pričakovanj.

»Samo predstavljajta si!« sem izstrelil. »Učitelji nas bodo posvetili v duhovno pot in izkusili bomo zamaknjenost kozmične zavesti. Naša telesa se bodo napolnila s takšnim magnetizmom, da bodo himalajske divje živali krotke prihajale k nam. Tigri bodo kot pohlevne hišne mačke, ki čakajo, da jih pobožamo!«

Ta pripomba, s katero sem naslikal obete, ki so se mi zdeli čarobni, tako metaforično kot dobesedno, je Amarju na obraz pričarala navdušen nasmešek. Džatinda pa je odvrnil pogled in se zazrl skozi okno v pokrajino, ki je bežala mimo.

»Razdelimo denar na tri dele,« je predlagal Džatinda in tako prekinil dolg molk. »Vsak naj si v Burdwanu sam kupi vozovnico. Tako nikomur na postaji ne bo prišlo na misel, da smo pobegnili skupaj.«

Nič hudega sluteč sem privolil. Ob mraku se je naš vlak ustavil v Burdwanu. Džatinda je šel po vozovnico, z Amarjem pa sva sedela na peronu. Čakala sva ga petnajst minut, nato pa brez uspeha spraševala, če ga je kdo videl. Vse sva preiskala, ga v strahu klicala, a on je izginil neznano kam, v temo, ki je obdajala postajico.

Ves iz sebe sem bil, nenavadno odrevenel od pretresa. Da je Bog dopustil ta moreči dogodek! Romantična priložnost mojega prvega skrbno načrtovanega pobega v iskanju Njega se je kruto skazila.

»Amar, vrniti se morava domov.« Jokal sem kot otrok. »Džatindov trdosrčni odhod je slabo znamenje. To potovanje je obsojeno na neuspeh.«

»Takšna je tvoja ljubezen do Gospoda? Ne moreš prenesti majhnega preizkusa izdajalskega tovariša?«

Ko je Amar omenil Božji preizkus, se je moje srce umirilo. Okrepčala sva se s slavnima burdwanskima slaščicama, s *sitabhogom* (hrano za boginjo) in z *motičurjem* (sladkimi kroglicami). Čez nekaj ur sva se vkrcala na vlak za Hardwar, ki je peljal skozi Bareilly. Ko sva naslednji dan čakala na peronu v Moghul Seraiu, kjer sva morala prestopiti, sva se pogovorila o pomembni stvari.

»Amar, kmalu se lahko zgodi, da naju bodo železniški uslužbenci temeljito izprašali. Ne bom podcenjeval bratove iznajdljivosti! Ne glede na to, kako se bo razpletlo, ne bom govoril neresnice.«

»Prosim te le, Mukunda, da ostaneš pri miru. Ne smej se ali spakuj, ko bom govoril.«

V tistem trenutku me je nagovoril evropski vodja železniške postaje. Pomahal je s telegramom, katerega pomen sem takoj razumel.

»Ali v jezi bežiš od doma?«

»Ne!« Vesel sem bil, da sem zaradi njegove izbire besed lahko odločno odgovoril. Vedel sem, da za moje neobičajno obnašanje ni bila kriva jeza, ampak ,božanska melanholija'.

Uradnik se je nato obrnil k Amarju. Ob duhovitem dvoboju, ki je sledil, sem komaj ohranil resnost, ki mi je bila svetovana.

»Kje je tretji fant?« je mož zelo oblastno vprašal. »Daj, povej po resnici!«

»Gospod, vidim, da nosite očala. Ne vidite, da sva le dva?« Amar se je nesramno smehljal. »Nisem čarodej, ne znam pričarati še tretjega.«

Uradnik, ki se je ob tej predrznosti vidno vznemiril, se ga je lotil drugače. »Kako ti je ime?«

»Pravijo mi Thomas. Sem sin angleške matere in indijskega očeta, spreobrnjenega v krščanstvo.«

»Kako je ime tvojemu prijatelju?«

»Pravim mu Thompson.«

Smeh, ki sem ga zadrževal v sebi, je tedaj dosegel vrhunec. Neolikano sem stopil proti vlaku, ki je kot po naključju zapiskal za odhod. Sledila sta mi Amar in uradnik, ki naju je lahkoverno in ustrežljivo pospremil v evropski kupe. Očitno mu je bilo neprijetno ob misli, da bi dva na pol angleška dečka potovala v delu vlaka, ki je bil namenjen domačinom. Potem ko je uglajeno izstopil, sem legel na sedež in planil v smeh. Amarju se je na obrazu izrisalo razigrano zadovoljstvo nad tem, da je ukanil izkušenega evropskega uradnika.

Ko sva bila še na peronu, mi je uspelo prebrati telegram, ki ga je poslal brat Ananta. V njem je pisalo: »Trije bengalski dečki v angleških oblačilih pobegnili od doma prek Moghul Seraia proti Hardwarju. Prosim, zadržite jih do mojega prihoda. Bogata nagrada za vaš trud.«

»Amar, sem ti rekel, da ne smeš doma puščati označenih voznih redov.« Očitajoče sem ga gledal. »Moj brat je gotovo našel enega pri tebi.«

Moj prijatelj je pohlevno potrdil moje predvidevanje. Na kratko sva postala v Bareillyju, kjer naju je pričakal Dvarka Prasad* z Anantovim telegramom. Odločno naju je skušal zadržati. Prepričal sem ga, da svojega bega ne jemljeva zlahka. Tako kot že prejšnjič, tudi zdaj Dvarka ni sprejel mojega vabila, da bi šel v Himalajo.

Ko je najin vlak tisto noč stal na postaji in sem na pol spal, je Amarja zbudil še en uslužbenec in ga zasliševal. Tudi on je postal žrtev šarma križancev ‚Thomasa' in ‚Thompsona'. Vlak naju je zmagoslavno popeljal naprej in ob zori sva prispela v Hardwar. V daljavi so se veličastne gore vabeče dvigale v nebo. Stekla sva prek postaje in se pomešala v svobodo mestne množice. Najprej sva se preoblekla v indijska oblačila, ker je Ananta nekako spregledal

* Omenjen na strani 19.

našo evropsko preobleko. Obhajala me je močna slutnja, da naju bodo ujeli.

Pametno se nama je zdelo, da takoj zapustiva Hardwar, zato sva kupila vozovnici za sever, proti Rišikešu, katerega tla so od nekdaj posvečevala stopala mnogih učiteljev. Vkrcal sem se že na vlak, Amar pa je zaostajal in je bil še vedno na peronu. Ko je zaslišal klic policista, se je v trenutku ustavil. Nedobrodošli varuh naju je pospremil do policijske postaje in nama vzel denar. Vljudno nama je razložil, da je njegova dolžnost, da naju pridrži do prihoda mojega starejšega brata.

Ko je policist izvedel, da sva ubežnika želela priti v Himalajo, nama je povedal nenavadno zgodbo:

»Vidim, da sta nora na svetnike! Nikoli ne bosta srečala večjega Božjega človeka od tistega, s katerim sem bil še včeraj. S sodelavcem sva ga prvič srečala pred petimi dnevi. Iskala sva nekega morilca, zato sva patruljirala ob Gangesu. Dobila sva navodila, da ga morava ujeti, živega ali mrtvega. Vedela sva, da se predstavlja za sadhuja in ropa romarje. Malo naprej od naju sva opazila postavo, ki je bila podobna opisu zločinca. Mož se ni zmenil za naju, ko sva mu ukazala, naj se ustavi. Stekla sva proti njemu, da bi ga prijela. Prišla sva mu za hrbet in s sekiro sem tako silovito zamahnil, da mu je skoraj popolnoma odtrgalo desno roko.

Osuplo sva gledala neznanca, ki ni zakričal ali pogledal grozne rane, ampak je nadaljeval hitri korak. Ko sva skočila predenj, je tiho spregovoril.

„Nisem morilec, ki ga iščeta.“

Globoko osramočen sem bil, ker sem ranil modreca božjega videza. Vrgel sem se k njegovim nogam, ga rotil za odpuščanje in mu ponudil svoj turban, da bi zaustavil kri, ki mu je brizgala iz rane.

„Sin, popolnoma razumljivo napako si storil.“ Svetnik me je prijazno gledal. „Pojdi in ne očitaj si. Ljubljena Mati skrbi zame.“ Roko, ki mu je bingljala od telesa, je potisnil nazaj v štrcelj in – glej, pritrdila se je, kri pa mu je, ne vem kako, nehala teči.

„Obiščita me čez tri dni pod tistim drevesom in videla bosta, da sem popolnoma ozdravljen. Tako vama ne bo treba ničesar obžalovati.“

Včeraj sva s sodelavcem neučakano šla na tisto mesto. Sadhu je bil tam in nama je dovolil, da sva pogledala njegovo roko. Na njej ni bilo brazgotine ali druge sledi poškodbe!

„Prek Rišikeša odhajam v himalajsko samoto.“ Sadhu naju je blagoslovil in hitro odšel. Čutim, da mi je s svojo svetostjo poživil življenje.«

Policist je s pobožnim vzklikom zaključil pripoved. Ta dogodek ga je očitno globoko zaznamoval. Z nazorno kretnjo mi je podal časopisni izrezek o čudežu. Novinarjeva različica je bila nekoliko pretirana, kot je običajno pri popačenem slogu časopisov senzacionalističnega tipa (ki jih ne manjka niti v Indiji!). V prispevku je pisalo, da je policist sadhuja skoraj obglavil!

Z Amarjem sva obžalovala, da sva zgrešila tega velikega jogija, ki je kot Kristus lahko odpustil svojemu preganjalcu. Čeprav je Indija zadnji dve stoletji materialno revna, ima neizčrpne zaloge duhovnega bogastva, in celo posvetni ljudje, kot je bil ta policist, lahko občasno kar ob poti srečajo duhovne ‚nebotičnike‘.

Policistu sva se zahvalila, da nama je krajšal čas s svojo sijajno zgodbo. S tem nama je najbrž dal vedeti, da ima večjo srečo od naju: brez naprezanja je srečal razsvetljenega svetnika, najino zavzeto iskanje pa se ni končalo ob nogah učitelja, ampak v preprosti policijski postaji!

Ker sva bila tako blizu Himalaje, zaradi ujetništva pa kljub temu tako daleč, sem Amarju povedal, da si še dvakrat bolj želim priti na svobodo.

»Pobegniva, ko se pokaže priložnost. Do svetega Rišikeša lahko pešačiva.« Spodbudno sem se mu nasmehnil.

A moj tovariš je postal črnogled, takoj ko so nama vzeli trdno oporo denarja.

»Če bi se podala na pot čez tako nevarno džunglo, ne bi prišla v mesto svetnikov, ampak v žrela tigrov!«

Ananta in Amarjev brat sta prispela tri dni zatem. Amar je pozdravil svojega brata z velikim olajšanjem. Jaz pa nisem bil pomirjen, brata sem le strogo oštel.

»Saj razumem, kako se počutiš,« je pomirjujoče odvrnil brat. »Prosim te le, da greš z menoj v Benares k nekemu modrecu in nato za nekaj dni v Kalkuto k najinemu žalostnemu očetu. Potem boš lahko spet iskal učitelja od tod, kjer si zdaj.«

Tedaj se je najinemu pogovoru pridružil Amar in rekel, da se nima namena z menoj vrniti v Hardwar. Ugajala mu je družinska toplina, ki je je bil deležen. Jaz pa sem vedel, da nikoli ne bom opustil iskanja guruja.

Naša družba se je vkrcala na vlak za Benares. V mestu sem dobil edinstven in takojšen odgovor na molitev.

Ananta je pripravil domiseln načrt. Preden je prišel pome v Hardwar, se je ustavil v Benaresu in prosil strokovnjaka za svete spise, da se pogovori z menoj. Pandit in njegov sin sta obljubila Ananti, da me bosta skušala odvrniti od tega, da bi postal *sannjasi.**

Ananta me je peljal na njun dom. Na dvorišču me je pozdravil sin, mladenič vedrega značaja. Z njim sem se zapletel v dolgo filozofsko razpravo. Trdil je, da ima jasnovidno znanje o moji prihodnosti in obsojal mojo zamisel, da bi postal menih.

»Če boš opustil običajne dolžnosti, te bo spremljala nenehna nesreča in ne boš mogel najti Boga! Brez posvetnih izkušenj ne moreš odslužiti pretekle karme.«†

V odgovor so mi prišle na misel nesmrtne besede iz Bhagavad gite:‡ »Celo tisti z najslabšo karmo, ki neprestano usmerja misli k meni, se hitro osvobodi posledic preteklih slabih dejanj. Postane plemenito bitje in kmalu doseže trajni mir. Vedi, da vernik, ki zaupa vame, ne bo pogubljen!«

* Dobesedno 'odpovedovalec'; iz sestavnih delov sanskrtskega glagola, ki pomenita 'odvreči'.

† Posledice preteklih dejanj v tem ali prejšnjem življenju; iz sanskrtskega glagola *kri,* 'delati'.

‡ IX. poglavje, kitici 30–31.

Prepričljiva napoved mladeniča pa je vseeno rahlo zamajala mojo samozavest. Z vso gorečnostjo, ki sem jo premogel, sem tiho molil k Bogu:

»Prosim, reši me zbeganosti in mi odgovori, tukaj in zdaj, ali želiš, da izberem pot odpovedi ali posvetno življenje!«

Tik ob vhodu na vrt panditove hiše sem opazil sadhuja plemenitega videza. Očitno je tujec slišal vročo razpravo med samooklicanim jasnovidcem in menoj, kajti poklical me je k sebi. Iz njegovih spokojnih oči je sijala silna moč.

»Sin, ne poslušaj tistega nevedneža. V odgovor na tvojo molitev mi Gospod pravi, naj ti zagotovim, da je tvoja edina pot v tem življenju pot odpovedi.«

Ob tem odločnem sporočilu sem se veselo nasmehnil, osupel in hvaležen obenem.

»Samo stran od tistega človeka!« me je z dvorišča poklical ‚nevednež'. Moj svetniški vodnik je dvignil roko, me blagoslovil in počasi odšel.

»Tisti sadhu je ravno tako nor kot ti,« je očarljivo pripomnil sivolasi pandit. S sinom sta me turobno gledala. »Slišal sem, da je tudi on odšel od doma in se podal na negotovo pot iskanja Boga.«

Obrnil sem se stran. Ananti sem rekel, da se ne bom več pogovarjal z najinima gostiteljema. Moj brat je izgubil voljo in pristal na takojšen odhod. Kmalu sva se vkrcala na vlak za Kalkuto.

»Gospod detektiv, kako si odkril, da sem zbežal še z dvema tovarišema?« sem na poti domov dal duška živahni radovednosti. Nagajivo se je nasmehnil.

»Na vaši šoli sem izvedel, da je Amar odšel iz razreda in se ni več vrnil. Naslednje jutro sem šel k njemu domov in našel označen razpored vlakov. Amarjev oče je ravno tedaj odhajal s kočijo in je govoril s kočijažem.

„Moj sin se danes ne pelje z menoj v šolo, ker je izginil!" je zastokal oče.

„Od drugega kočijaža sem slišal, da so se vaš sin in še dva druga, oblečeni v evropska oblačila, vkrcali na vlak na postaji Howrah," je povedal mož. „Svoja usnjena obuvala so podarili vozniku kočije."

Tako sem imel tri sledi – razpored vlakov, trojico fantov in angleška oblačila.«

Ko sem poslušal Anantova razkritja, sem se obenem zabaval in se jezil. Naša velikodušnost do kočijaža se je izkazala za napako!

»Seveda sem uslužbencem na postajah vseh mest, ki jih je Amar podčrtal na razporedu, hitro poslal telegrame. Označil je Bareilly, zato sem tja poslal sporočilo tvojemu prijatelju Dvarki. Med poizvedovanjem v naši soseski v Kalkuti sem izvedel, da je bratranec Džatinda izginil za eno noč, naslednje jutro pa se je vrnil v evropskih oblačilih. Poiskal sem ga in ga povabil na kosilo. Sprejel je moje vabilo, povsem razorožen ob mojem prijaznem pristopu. Na poti sem ga nič hudega slutečega peljal na policijsko postajo. Tam so ga obkrožili policisti, ki sem jih že vnaprej izbral zaradi njihovega strašljivega videza. Pod njihovimi zastrašujočimi pogledi je Džatinda privolil, da bo pojasnil svoje skrivnostno obnašanje.

„Proti Himalaji sem se odpravil v veselem, duhovnem razpoloženju," je razložil. „Navdihovala me je misel, da bom srečal učitelje. Ko pa je Mukunda rekel: ‚Ko bomo v zamaknjenosti v himalajskih jamah, bodo tigri kot uročeni in bodo sedeli okrog nas kot krotki mucki,' sem otrpnil, kaplje znoja so mi orosile čelo. In kaj potem, sem pomislil. Če se krvoločna narava tigrov ne bo spremenila v moči naše duhovne zamaknjenosti, bodo z nami res ravnali tako prijazno kot hišne mačke? V mislih sem se že videl v želodcu tigra – tja nisem vstopil takoj z vsem telesom, ampak postopoma, po kosih!"«

Zasmejal sem se, moja jeza zaradi izginotja Džatinde je izpuhtela. Smešna pripoved na vlaku je odtehtala vse skrbi, ki mi jih je povzročil. Priznati moram, da sem občutil rahlo zadoščenje: tudi Džatinda namreč ni ušel srečanju s policisti!

»Ananta,* ti si rojen slednik!« V mojem šegavem pogledu je bilo tudi nekaj ogorčenja. »In Džatindi bom povedal, da sem vesel,

* Vedno sem ga klical Ananta-da. *Da* je spoštljiva pripona, ki jo bratje in sestre dodajajo imenu najstarejšega brata.

da nas ni izdal, kot je bilo videti, ampak ga je vodil le preudarni nagon po samoohranitvi!«

Doma v Kalkuti me je oče ganljivo prosil, naj brzdam svoje klateške noge vsaj do konca srednje šole. V moji odsotnosti je ljubeče skoval zaroto. Dogovoril se je, da bo svetniški pandit, Svami Kebalananda, začel redno prihajati k nam na obiske.

»Ta modrec te bo učil sanskrt,« me je oče obvestil prepričano.

Oče je upal, da bo pouk izobraženega filozofa zadostil mojim verskim hrepenenjem. A položaj se je komaj zaznavno zasukal: moj novi učitelj me še zdaleč ni učil intelektualnih suhoparnosti, ampak je podpihoval žerjavico mojega hrepenenja po Bogu. Oče ni vedel, da je Svami Kebalananda pomemben učenec Lahirija Mahašaje. Edinstveni guru je imel na tisoče učencev, ki jih je k njemu tiho vlekel njegov neustavljivi božanski magnetizem. Kasneje sem izvedel, da je Lahiri Mahašaja Kebalanando pogosto označil za rišija oziroma razsvetljenega modreca.*

Čedni obraz mojega učitelja so obrobljali bujni kodri. Njegove temne oči so bile iskrene, odsevale so otroško nedolžnost. Vse gibe njegovega vitkega telesa je zaznamovala spokojna premišljenost. Bil je trdno zasidran v neskončni zavesti, vedno nežen in ljubeč. Mnoge srečne skupne ure sva preživela v globoki *krija* meditaciji.

Kebalananda je bil priznan strokovnjak za starodavne *šastre* ali svete knjige. S svojo razgledanostjo si je prislužil naziv ‚Šastri Mahašaja', in tako so ga ponavadi naslavljali. Toda moj napredek v sanskrtu ni bil omembe vreden. Izkoristil sem vsako priložnost, da sem se izognil pusti slovnici in se z njim pogovarjal o jogi in Lahiriju Mahašaji. Nekega dne mi je moj inštruktor ustregel in mi pripovedoval o svojem življenju z učiteljem.

* V času, ko sva se spoznala, se Kebalananda še ni pridružil redu svamijev in so ga klicali ‚Šastri Mahašaja'. Da bi se izognil zamenjavi z imenoma Lahiri Mahašaja in učitelj Mahašaja (9. poglavje), svojega učitelja sanskrta poimenujem z njegovim kasnejšim meniškim imenom Svami Kebalananda. Njegov življenjepis je pred kratkim izšel v bengalščini. Rojen je bil v okrožju Khulna v Bengaliji leta 1863, svoje telo pa je zapustil pri oseminšestdesetih letih v Benaresu. Njegovo družinsko ime je bilo Ašutoš Čaterdži.

»Redko srečo sem imel, da sem ob Lahiriju Mahašaji preživel deset let. Vsak večer je bil moj romarski cilj njegov dom v Benaresu. Guru je bil vedno v majhnem salonu v pritličju. Na lesenem sedežu brez naslonjala je sedel v položaju lotosa, v polkrogu pa so ga obdajali učenci. Oči so se mu svetile in plesale od božanske radosti. Vedno so bile na pol zaprte in skozi notranje teleskopsko oko zrle v sfero večne blaženosti. Redko je dolgo govoril. Občasno je pogled uprl v učenca, ki je potreboval pomoč, nato pa so se iz njega kot plaz svetlobe usule zdravilne besede.

Ob učiteljevem pogledu je v meni vzcvetel nepopisen mir. Prežet sem bil z njegovo aromo – kot od lotosa neskončnosti. Njegova navzočnost, četudi kdaj več dni nisva izmenjala besede, je bila doživetje, ki me je popolnoma spremenilo. Če se je na poti moje zbranosti pojavila kakšna nevidna ovira, sem meditiral ob gurujevih stopalih. Tam sem z lahkoto dosegal tudi najbolj pretanjena stanja. Takšne zaznave so se mi izmikale v navzočnosti manj razvitih učiteljev. Učitelj je bil živi tempelj Boga, skrivna vrata katerega so bila v čaščenju odprta vsem učencem.

Lahiri Mahašaja ni bil neživljenjski razlagalec svetih spisov. Brez truda se je potopil v ‚božansko knjižnico'. Pena besed in pršenje misli sta drla iz vrelca njegove vsevednosti. Imel je prečudoviti ključ, ki je odklepal globoko filozofsko znanost, ki so jo pred davnimi časi skrili v Vedah.* Če sem ga prosil, naj mi razloži različne ravni zavesti, ki so omenjene v starodavnih besedilih, je smehljaje privolil.

„Izkusil bom ta stanja in ti takoj povedal, kaj sem zaznal." Bil je popolno nasprotje učiteljev, ki si svete spise zapomnijo, nato pa učijo nedoživete abstrakcije.

* Obstaja več kot 100 kanoničnih knjig starodavnih štirih delov Ved. V svojem *Journalu* se je Emerson poklonil vedski misli: »Čudovita je kot vročina in noč in mirni ocean. Vsebuje vsa verska čustva, vso veliko etiko, ki obiskujejo vsak plemeniti poetični um … Tudi ko odložim knjigo – če si zaupam v gozdu ali v čolnu na ribniku, narava v hipu naredi iz mene *brahmina:* večna nujnost, večno nadomestilo, nedojemljiva moč, neprekinjena tišina … To je njena vera. Mir, mi je rekla, in čistost in absolutna predanost – ta čudežna zdravila spokorijo ves greh in te pripeljejo k blagrom osmih bogov.«

„Prosim, razlagaj mi svete kitice, kot se ti bo razodeval njihov pomen.“ Redkobesedni učitelj je pogosto dal takšno navodilo bližnjemu učencu. „Vodil bom tvoje misli, da boš izrekel pravo razlago.“ Tako so zabeležili mnoge zaznave Lahirija Mahašaje, skupaj z obširnimi komentarji različnih učencev.

Učitelj nikoli ni svetoval suženjskih prepričanj. „Besede so le lupine,“ je rekel. „Gotovost o Božji navzočnosti dosezite sami, prek radostnega stika v meditaciji.“

Ne glede na to, kakšna težava je pestila učenca, je guru kot rešitev vedno svetoval *krija jogo.*

„Ključ joge ne bo izgubil učinkovitosti, ko ne bom več navzoč v telesu, da bi vas vodil. Te tehnike se ne da zvezati, jo pospraviti na polico in jo pozabiti, kot se to zgodi s teoretičnimi navdihi. Neutrudno nadaljujte svojo pot k osvoboditvi skozi *krijo*, katere moč leži v izvajanju.“

Zame je *krija* najučinkovitejše orodje odrešenja z lastnim trudom, ki ga je do zdaj našel človek v iskanju Neskončnega.« Kebalananda je sklenil s tem iskrenim pričanjem. »Z njeno uporabo se je vsemogočni Bog, skrit v vseh ljudeh, vidno utelesil v telesu Lahirija Mahašaje in v številnih njegovih učencih.«

V navzočnosti Kebalanande je Lahiri Mahašaja naredil tudi čudež, podoben Kristusovemu. To zgodbo mi je moj svetniški učitelj povedal nekega dne, medtem ko so bile njegove oči uprte daleč proč od sanskrtskega besedila na mizi pred nama.

»Slepi učenec Ramu se mi je silno smilil. Zvesto je služil našemu učitelju, v katerem je Božansko v polnosti sijalo, on pa naj ne bi imel luči v svojih očeh? Nekega jutra sem skušal govoriti z Ramujem, a on je dolgo in potrpežljivo sedel ob guruju in ga pahljal z ročno izdelano *pankho* iz palmovega lista. Ko je učenec končno odšel iz sobe, sem mu sledil.

„Ramu, kako dolgo si že slep?“

„Od rojstva, gospod! Moje oči nikoli niso bile blagoslovljene s tem, da bi uzrle sonce.“

„Naš vsemogočni guru ti lahko pomaga. Prosim, obrni se nanj.“

Naslednji dan je Ramu plašno pristopil k Lahiriju Mahašaji. Učenca je bilo skoraj sram prositi za materialno bogastvo, ker je bil deležen že velikega duhovnega obilja.

„Učitelj, Razsvetljevalec kozmosa je v vas. Prosim vas, pripeljite njegovo luč v moje oči, da bom lahko zaznaval sončev skromnejši sij."

„Ramu, nekdo te je nagovoril, da me postaviš v zelo težak položaj. Nimam moči ozdravljanja."

„Gospod, Neskončni v vas vsekakor lahko ozdravlja."

„To je nekaj popolnoma drugega, Ramu. Bog je brez omejitev! On, ki prižiga zvezde in telesne celice s skrivnostnim žarom življenja, lahko vsekakor vnese sijaj vida v tvoje oči." Učitelj se je dotaknil Ramujevega čela med obrvmi.*

„Osredotočaj se na to mesto in pogosto prepevaj ime preroka Rame† naslednjih sedem dni. Sijaj sonca bo imel zate posebno zoro."

In glej! Čez teden dni se je tako tudi zgodilo. Prvič je Ramu ugledal zali obraz narave. Vsevedni je nezmotljivo usmeril učenca v ponavljanje imena Rame, ki ga je oboževal bolj kot vse druge svetnike. Ramujeva vera je bila z molitvami preorana prst, v kateri je pognalo gurujevo močno seme trajnega ozdravljenja.« Kebalananda je za trenutek obmolknil, nato pa se še enkrat poklonil svojemu guruju.

»V vseh čudežih, ki jih je naredil Lahiri Mahašaja, se je dobro videlo, da načelu ega‡ nikoli ni dovolil, da bi se imelo za vzročno

* Sedež ‚enovitega' oziroma duhovnega očesa. Ob smrti se človekova zavest običajno usmeri v to sveto mesto, kar pojasnjuje dvignjen pogled umrlih.

† Osrednji sveti lik sanskrtskega epa *Ramajana*.

‡ Načelo ega, *ahamkara* (dobesedno 'jaz delam') je temeljni vzrok za dvojnost oziroma navidezno ločitev med človekom in njegovim Stvarnikom. *Ahamkara* pripelje ljudi pod vpliv *maje* (vesoljne utvare), zaradi katere se subjekt (ego) zmotno pojavlja kot objekt; ustvarjena bitja si domišljajo, da so stvarniki. (Glej op. na str. 49, str. 290–91 in op. na str. 300.)

»Ničesar ne počnem jaz sam!«
Tako razmišlja, kdor resnico vseh resnic pozna ...
Vedno prepričan: »To so igre čutnega sveta s čutili.« (V,8–9)
Ko gleda, zares vidi tisti, ki vidi,
da dejanja delo so narave, da ob njih duša vadi.
Deluje, a ni vršilka. (XIII,29)

silo. Z izpopolnitvijo svoje predanosti Najvišji Zdravilni Moči je učitelj tej omogočil, da je prosto tekla skozenj.

Številna telesa, ki so veličastno ozdravela po Lahiriju Mahašaji, so na koncu vseeno morala nahraniti plamene upepelitve, a tiha duhovna prebujenja, ki jih je sprožil, in učenci, podobni Kristusu, ki jih je vzgojil, so njegovi neizbrisni čudeži.«

Nikoli nisem postal strokovnjak za sanskrt, Kebalananda me je poučil o božanski skladnji.

Čeprav sem nerojen, nesmrten, neuničljiv,
Gospod vseh živih bitij, pa vendar –
z majo, svojo čarovnijo, ki jo odtisnem
na plavajoče naravne oblike, prvinsko prostranstvo –
prihajam in odhajam in se vračam. (IV,6)
Težko je predreti božansko tančico podob raznolikih,
ki skrivajo Me. A tisti, ki Me častijo,
predrejo jo in skoznjo preidejo. (VII,14)
– Bhagavad gita *(slovenjeno po Arnoldovem prevodu)*

Dom Paramahanse Joganande v Kalkuti, preden je julija 1915 sprejel zaobljube *sannjasija* (meniha) starodavnega reda svamijev

SVAMI KEBALANANDA
Joganandadžijev ljubljeni učitelj sanskrta

5. POGLAVJE

‚Svetnik dišav' predstavi svoje čudeže

»Vse ima svojo uro, vsako veselje ima svoj čas pod nebom.«* Nisem imel te Salomonove modrosti, da bi me tolažila. Vedno, ko sem se odpravil od doma, sem s pogledom iskal okoli sebe, da bi uzrl obraz meni usojenega guruja. A najini poti sta se prepletli šele tedaj, ko sem končal srednješolsko izobraževanje.

Dve leti sta minili od mojega in Amarjevega bega proti Himalaji do velikega trenutka, ko je Šri Jukteševar stopil v moje življenje. V vmesnem času sem srečal kar nekaj modrecev – ‚Svetnika dišav', ‚Tigrovega svamija', Nagendro Nath Bhadurija, učitelja Mahašajo in slavnega bengalskega znanstvenika Džagadiša Čandro Bosa.

Moje srečanje s ‚Svetnikom dišav' je imelo dva uvoda, prvega harmoničnega in drugega humorističnega.

»Bog je preprost. Vse drugo je zapleteno. Ne išči absolutnih vrednot v relativnem svetu narave.«

Ti filozofski zaključki so nežno vstopili v moja ušesa, ko sem v templju tiho stal pred podobo boginje Kali.† Obrnil sem se in se znašel pred visokim možem, čigar oblačila oziroma pomanjkanje oblačil mi je dalo vedeti, da je potujoči sadhu.

»Vi ste pa zares prodrli v zmedo mojih misli!« sem se mu hvaležno nasmehnil. »Zmeda dobrohotnih in zastrašujočih vidikov v naravi, ki jih simbolizira Kali, je begala že modrejše glave od moje!«

* Pridigar 3,1.

† Kali predstavlja večno načelo v naravi. Običajno jo upodabljajo kot žensko s štirimi rokami, ki stoji na ležečem liku Boga Šive oziroma Neskončnega, kajti dejavnosti narave oziroma pojavnega sveta izvirajo iz mirujočega Duha. Štiri roke so simbol glavnih atributov: dve sta dobrotljivi in dve uničevalni, kar predstavlja osnovno dvojnost materije oziroma stvarstva.

»Malo jih je, ki so doumeli njeno skrivnost! Dobro in zlo sta zahtevna uganka, ki jo življenje kot Sfinga postavlja pred vsak um. Ker večina ljudi ne poskuša poiskati rešitve zanjo, plačajo s svojim življenjem, s kaznijo, ki je danes enaka kot v časih Teb. Sem in tja pa samotna, mogočna osebnost ne prizna poraza. Iz *maje** dvojnosti iztrga nedeljivo resnico enosti.«

»Zelo prepričljivo govorite o tem, gospod.«

»Dolgo sem vadil iskreno samoopazovanje, izredno boleč pristop k modrosti. Preiskovanje samega sebe, neprizanesljivo opazovanje svojih misli, je surova in pretresljiva izkušnja, ki zmelje še tako močan ego. A prava analiza samega sebe proizvaja preroke z matematično natančnostjo. Pot ‚izražanja sebe' in želje po pozornosti pa po drugi strani proizvaja sebičneže, ki so prepričani o tem, da si lahko po svoje razlagajo Boga in vesolje.«

»Resnica se nedvomno umakne pred takšno naduto izvirnostjo.« Užival sem v pogovoru.

»Človek ne more razumeti večnih resnic, dokler se ne osvobodi pretvarjanja. Človeški um, izpostavljen blatu stoletij, je poln odbijajočega življa nebroja posvetnih utvar. Bitke na bojišču tu zbledijo od nepomembnosti, ko se človek prvič spoprime z notranjimi sovražniki! To niso umrljivi sovražniki, ki bi jih lahko premagal z močjo strašnih vojska! Ti vsenavzoči vojaki nevedne sle, ki ne počivajo in zasledujejo človeka celo v spanju in so prefinjeno opremljeni z zastrupljenim orožjem, nas skušajo vse pokončati. Nespameten je človek, ki zakoplje svoje ideale in se vda v skupno usodo. Se nam lahko zdi kaj drugega kot šibek, tog, nečasten?«

»Spoštovani gospod, se vam ne smilijo zmedene množice?«

* Kozmična utvara, dobesedno 'merilec'. *Maja* je čarobna moč v stvarstvu, po kateri so v Neizmerljivem in Neločljivem na videz navzoče omejitve in delitve.

Emerson je zapisal naslednje verze o *maji*:

Utvara deluje nedoumljivo,
plete mrež neštevilo.
Njene barvite podobe se nikoli ne iztečejo,
tančice se na tančicah gnetejo.
Očarljivka je, ki ji verjame
človek, ki si želi ukane.

Modrec je nekaj trenutkov molčal, nato pa mi dal posreden odgovor.

»Ljubiti oba, nevidnega Boga, vir vseh kreposti, in vidnega človeka, ki očitno nima nobene, je precej zagonetno! A iznajdljivost se lahko kosa z zmedo. Notranje raziskovanje kmalu razkrije enotnost vseh človeških umov – močno sorodnost sebičnega motiva. Vsaj v enem smislu se razkriva človeško bratstvo. Temu odkritju enakovrednosti sledita osuplost in ponižnost. Dozorita v sočutje do sočloveka, slepega za zdravilno moč duše, ki čaka, da jo raziščemo.«

»Gospod, svetniki vseh obdobij so do človeških žalosti čutili enako kot vi.«

»Le plitev človek se ne odziva več na gorjé soljudi, ko se pogrezne v omejenost lastnega trpljenja.« Sadhujev strogi obraz se je opazno omehčal. »Kdor se kot kirurg s skalpelom vadi v natančni samoanalizi, bo razvil vesoljno usmiljenje. Osvobodil se bo oglušujočih zahtev svojega jaza. V takšni prsti cveti ljubezen do Boga. Stvaritev se končno obrne k Stvarniku, če ne zaradi drugega, zato, da bi ga v trpljenju prosila: „Zakaj, Gospod, zakaj?“ Sramotni udarci bolečine človeka končno priženejo v navzočnost Neskončnega, kamor bi ga morala zvabiti že njegova lepota.«

Z modrecem sva se pogovarjala v templju Kalighat v Kalkuti, ki sem si ga šel ogledat zaradi njegove slovite lepote. Moj naključni spremljevalec je zamahnil z roko nad njegovo umetelno dostojanstvenostjo.

»Opeke in malta ne oddajajo nam slišne melodije, srce se odpre le človeškemu napevu bitja.«

Sprehodila sva se do vhoda, ki ga je osvetljevalo vabljivo sonce. Skozenj so v tempelj in iz njega drle množice vernikov.

»Mlad si.« Modrec me je pozorno premeril z očmi. »Tudi Indija je mlada. Starodavni rišiji* so izdelali neizbrisne vzorce duhovnega življenja. Njihovi prastari reki so primerni tudi za današnji čas. Ta vzgojna načela niso zastarela in niso primitivna nasproti zvijačam materializma, pač pa še vedno oblikujejo Indijo. V tisočletjih – dlje,

* Rišiji, dobesedno ‘vidci’, so bili avtorji Ved v nedoločeni preteklosti.

kot je uspelo oceniti osramočenim učenjakom! – je dvomljivec Čas potrdil vrednost Ved. Naj bodo tvoja dediščina.«

Ko sem se spoštljivo poslavljal od zgovornega sadhuja, mi je ta jasnovidno napovedal:

»Ko boš danes odšel od tod, boš doživel nekaj nenavadnega.«

Zapustil sem območje templja in brezciljno taval okrog. Ko sem v nekem trenutku zavil okrog vogala, sem naletel na starega znanca – dolgovezneža, čigar govorne sposobnosti se ne zmenijo za čas in se oklepajo večnosti.

»Ne bom te dolgo zadrževal,« mi je obljubil, »če mi poveš, kaj vse se je zgodilo v letih, ko se nisva videla.«

»Kakšen paradoks! Moram iti.«

A prijel me je za roko in iz mene skušal iztisniti informacije. Kot sestradan volk je, sem pomislil in se namuznil. Dlje sem govoril, bolj lakotno je iz mene vlekel novice. V mislih sem prosil boginjo Kali, naj mi pomaga elegantno pobegniti.

Sogovornik me je zapustil, kot bi odrezal. Od olajšanja sem zavzdihnil in pospešil korak, ker sem se bal, da me bo znova zajela vročica njegove klepetavosti. Ko sem za seboj zaslišal hitre korake, sem stopil še hitreje. Nisem se upal ozreti. A mladenič me je dohitel in me veselo počil po rami.

»Pozabil sem ti povedati za Gandha Babo ('Svetnika dišav'), ki prebiva v tisti hiši.« Pokazal je na bližnje domovanje. »Obišči ga, zanimiv je. Morda boš doživel kaj nenavadnega. Zbogom,« je rekel in me dejansko zapustil.

V trenutku sem se spomnil na sadhujevo napoved v templju Kalighat, saj je izrekel podobne besede. Radovedno sem vstopil v tisto hišo in pospremili so me v prostorno sprejemnico. Množica je sedela na debeli oranžni preprogi. Zaslišal sem, kako se je nekdo šepetaje čudil:

»Glej, Gandha Baba na leopardji koži. Cvetlici brez vonja zna podeliti vonj katerekoli rože, ali oživiti oveneli cvet, ali pa človeško kožo napraviti dišečo.«

Pogled sem uprl naravnost v svetnika, ta ga je takoj ujel. Bil je debelušen in bradat, imel je temno polt in velike, lesketajoče se oči.

»Sin, vesel sem, da te vidim. Povej, kaj želiš. Bi dišavo?«

»Zakaj pa?« sem odvrnil, ker se mi je zdela njegova pripomba precej otročja.

»Da boš na čudežen način deležen užitkov dišav.«

»Izrabljate Boga za izdelovanje vonjav?«

»In kaj potem? Bog tako ali tako dela dišave.«

»Ja, ampak On napravi krhke stekleničke cvetnih listov za takojšnjo uporabo, ki jih nato zavržemo. Znate udejanjati rože?«

»Ja, a običajno izdelujem dišave, prijateljček moj.«

»Potem bodo izdelovalci dišav ostali brez dela.«

»Dovolil jim bom ohraniti obrt! Moj namen je pokazati Božjo moč.«

»Gospod, se vam zdi potrebno dokazovati obstoj Boga? Ali ne dela čudežev v vsem, povsod?«

»Ja, a tudi mi moramo izraziti nekaj njegove neskončne ustvarjalne raznolikosti.«

»Kako dolgo ste potrebovali, da ste obvladali to umetnost?«

»Dvanajst let.«

»Za izdelovanje dišav na astralni način! Zdi se mi, moj dragi svetnik, da ste zapravili ducat let za arome, ki jih lahko za nekaj rupij kupite v cvetličarni.«

»Dišave zbledijo skupaj z rožami.«

»Dišave zbledijo s smrtjo. Zakaj bi si želel tega, kar ugaja le telesu?«

»Gospod filozof, ugajaš mojemu umu. Zdaj pa iztegni desno roko.« Napravil je kretnjo blagoslova.

Stal sem kakšen meter od Gandha Babe, nihče drug ni bil tako blizu mene, da bi lahko prišel v stik z mojim telesom. Iztegnil sem roko, ki se je jogi ni dotaknil.

»Katero dišavo bi želel?«

»Vrtnico.«

»Tako bodi.«

Na moje veliko presenečenje je iz sredine moje dlani zavel močan, čudovit vonj vrtnic. Smehljaje sem iz bližnje vaze vzel veliko belo rožo brez vonja.

»Lahko naredite, da bo ta cvet brez vonja dišal po jasminu?«

»Tako bodi.«

Iz cvetnih lističev je takoj zavel duh po jasminu. Zahvalil sem se čudodelniku in sedel k enemu od njegovih učencev. Ta mi je povedal, da je Gandha Babo, čigar pravo ime je bilo Višuddhananda, o mnogih osupljivih skrivnostih joge poučil učitelj v Tibetu. Zagotavljal mi je, da je tisti tibetanski jogi dosegel starost več kot tisoč let.

»Njegov učenec Gandha Baba ne izvaja vedno svojih mojstrovin v preprosti besedni obliki, ki si ji bil pravkar priča,« mi je pripovedoval učenec, ki je bil očitno ponosen na svojega učitelja. »Uporablja zelo raznolike postopke, da se ti ujemajo z različnimi značaji. Čuda dela! Med njegovimi privrženci so tudi mnogi izobraženci iz Kalkute.«

Pri sebi sem se odločil, da se jim ne bom pridružil. Guru, ki je preveč dobesedno ‚delal čuda', ni bil po mojem okusu. Vljudno sem se zahvalil Gandha Babi in odšel. Počasi sem se vračal proti domu in razmišljal o treh različnih srečanjih, ki mi jih je prinesel dan.

Pri vhodnih vratih sem srečal sestro Umo.

»Kako moderen si postal, nadišavil si se!«

Brez besede sem ji pomignil, naj povoha mojo dlan.

»Kako privlačen vonj po vrtnicah! Nenavadno močan je!«

Pomislil sem, da je ‚močno nenavaden', in k njenim nosnicam molče ponesel še astralno odišavljen cvet.

»Oh, obožujem jasmin!« Prijela je rožo. Smešna zmedenost se ji je izrisala na obrazu, ko je vedno znova povonjala jasmin na roži, za katero je dobro vedela, da ne diši. Ob njenih odzivih je izpuhtel moj sum, da je Gandha Baba morda pri meni sprožil avtosugestivno stanje, v katerem bi lahko le jaz zaznal vonjave.

Kasneje mi je prijatelj Alakananda povedal, da ima ‚Svetnik dišav' moč, za katero si želim, da bi jo imeli milijoni stradajočih po svetu.

»Skupaj s še stotimi drugimi gosti sem bil na domu Gandha Babe v Burdwanu,« mi je povedal Alakananda. »Šlo je za svečan dogodek. Ker se je o jogiju govorilo, da je znal iz nič pričarati predmete, sem ga v smehu prosil, naj udejanji mandarine, saj ni bila sezona zanje.

*Lučiji,** ki so bili postreženi na krožnikih iz bananinih listov, so se v trenutku napihnili. Izkazalo se je, da je v vsaki kruhovi ovojnici olupljena mandarina. V svojo sem ugriznil z nekaj strahu, a ugotovil, da je zelo okusna.«

Šele mnogo let kasneje sem skozi notranje spoznanje razumel, kako je Gandha Baba izvršil te materializacije. Njegova metoda pa je na žalost izven dosega lačnih množic sveta.

Različni čutni dražljaji, na katere se odziva človek - tipalni, vidni, okušalni, slušni in vohalni - nastajajo zaradi vibracijskih sprememb v elektronih in protonih. Vibracije pa uravnava *prana*, 'živtroni', subtilne življenjske sile oziroma energije, finejše od atomskih, ki so polne inteligentnega naboja petih čutnih idejnih snovi.

Gandha Baba, ki se je z določenimi jogijskimi vajami uglasil s silo *prane*, je lahko usmerjal živtrone, da so preuredili svojo vibracijsko strukturo in opredmetili želeni rezultat. Njegove dišave, sadje in drugi čudeži so bili dejanska materializacija popolnoma običajnih vibracij in niso bili notranji občutki, ki bi jih dosegel s hipnotiziranjem.

Hipnozo uporabljajo zdravniki pri manjših operacijah kot neke vrste duševni kloroform za ljudi, za katere bi bili anestetiki lahko nevarni. Hipnotično stanje pa je škodljivo za tiste, ki so mu pogosto podvrženi. Negativni psihološki učinek, ki sledi, sčasoma zmoti delovanje možganskih celic. Hipnoza je poseg na področje zavesti drugega.† Njeni začasni pojavi nimajo ničesar skupnega s čudeži, ki jih delajo možje božanskega spoznanja. Pravi svetniki, ki

* Ploščat, okrogel indijski kruh.

† Študije zavesti, ki so jih opravili psihologi na Zahodu, se v glavnem omejujejo na raziskave nezavednega uma in duševnih bolezni, ki se zdravijo s psihiatrijo in psihoanalizo. Ni veliko raziskav, ki bi se ukvarjale z izvorom in s temeljnim izoblikovanjem normalnih mentalnih stanj in z njihovimi čustvenimi in hotenjskimi izrazi – resnično temeljna tema, ki v indijski filozofiji ni zapostavljena. V sistemih *sankhje* in *joge* je narejena klasifikacija različnih povezav v normalnih mentalnih spremembah in značilnih funkcij *buddhija* (razločevalnega intelekta), *ahamkare* (egoističnega načela) in *manasa* (uma ali čutne zavesti).

so prebujeni v Bogu, spreminjajo ta sanjski svet s pomočjo volje, ki je harmonično uglašena z Ustvarjalnim Kozmičnim Sanjalcem.*

Čudeži kot tisti, ki jih je izkazoval ‚Svetnik dišav', so vpadljivi, a duhovno neuporabni. Ker nimajo veliko večjega učinka kot le razvedrilo, predstavljajo odmik od resnega iskanja Boga.

Nastopaško razkazovanje nenavadnih moči učitelji odkrito obsojajo. Perzijski mistik Abu Said se je nekoč posmehoval določenim *fakirjem* (muslimanskim asketom), ki so bili ponosni na svoje čudežne moči nad vodo, zrakom in prostorom.

»Tudi žaba je doma v vodi!« je Abu Said poudaril v blagem porogu. »Vrana in jastreb z lahkoto letita po zraku. Hudič je hkrati navzoč na vzhodu in na zahodu! Pravi mož je tisti, ki prebiva v pravičnosti med ljudmi, ki lahko kupuje in prodaja, a nikoli niti za trenutek ne pozabi na Boga!«† Ob drugi priložnosti je veliki perzijski

* »Vesolje je navzoče v vsakem svojem delcu. Vse je iz ene skrite snovi. Svet se odraža v kapljici rose ... Pravi nauk vsenavzočnosti je ta, da se Bog pojavlja z vsemi svojimi deli v vsakem mahu in pajkovi mreži.« – Emerson, v *Izravnavi* (*Compensation*)

† »Kupovati in prodajati, a nikoli ne pozabiti na Boga!« Ideal je v tem, da roka in srce delujeta v harmoniji. Nekateri zahodni avtorji trdijo, da je cilj hindujcev plah ‚pobeg' – nedejavnost in asocialni umik. Štiridelni vedski načrt za človekovo življenje je dejansko dobro uravnotežen za množice, ker dodeljuje polovico življenja izobraževanju in dolžnostim družinskega življenja, drugo polovico pa kontemplaciji in izvajanju meditacije. (Glej op. na str. 270.)

Samota je potrebna, če se želiš zasidrati v Sebi, a učitelji se potem vrnejo v svet in mu služijo. Celo svetniki, ki se ne udejstvujejo v zunanjem delu, po svojih mislih in svetih vibracijah naklanjajo svetu dragocenejše koristi, kot jih lahko najbolj zavzete humanitarne dejavnosti nerazsvetljenih mož. Véliki, vsak po svoje in pogosto kljub ostremu nasprotovanju, skušajo nesebično navdihniti in poživiti soljudi. Ni hindujskega verskega ali družbenega ideala, ki bi bil zgolj negativen. *Ahimsa*, 'neškodovanje', ki ji *Mahabharata* pravi »vrlost v celoti« (*sakalo dharma*), je pozitivni napotek iz razloga, da tistim, ki jim ne pomagaš, na nek način škoduješ.

Bhagavad gita (III,4–8) poudarja, da je delovanje neločljiv del človeške narave. Lenoba je preprosto ‚napačno delovanje'.

Nihče ne bo dejanju ušel,
če izogiba delovanju se.
In, ne, nihče ne bo prišel
zgolj z odpovedjo k popolnosti.
Nikoli, niti za trenutek, nihče ni nedejaven.
Zakoni njegove narave ga,

učitelj podal svoje poglede na versko življenje takole: »Odložite tisto, kar imate v svoji glavi (sebične želje in ambicije), velikodušno podarite, kar imate v svojih rokah, in nikoli se ne ustrašite udarcev, ki vam jih zadajajo tegobe!«

Niti nepristranski modrec v templju Kalighat niti jogi, ki se je izučil v Tibetu, nista zadovoljila mojega hrepenenja po guruju. Mojega srca ni bilo treba učiti prepoznavanja in je še toliko glasneje in spontano klicalo: Bravo!, ker se je le redko zdramilo iz tišine. Ko sem končno srečal svojega učitelja, me je z žlahtnostjo samega zgleda naučil, kaj pomeni biti pravi mož.

---

tudi če noče, v dejanja prisilijo.
(Saj misel je dejanje v svetu misli).
...
Kdor s krepkim telesom, ki služi umu,
svoje tuzemske moči plemenitemu delu namenja
in ne išče koristi, Ardžuna!
Tak mož je časten. Narêdi, kar veli dolžnost!
(slovenjeno po Arnoldovem prevodu)

6. POGLAVJE

Tigrov svami

»Našel sem naslov Tigrovega svamija. Jutri ga obiščiva.«

Ta dobrodošli predlog je prišel iz ust Čandija, enega od mojih prijateljev s srednje šole. Želel sem si srečati svetnika, ki je v času pred redovniškim življenjem lovil tigre in se z golimi rokami boril z njimi. Moje deško navdušenje nad takšnimi izjemnimi podvigi je bilo silno.

Čeprav je bilo naslednji dan mrzlo kot pozimi, sva se s Čandijem veselo podala na pot. Potem ko sva po Bhowanipurju, predmestju Kalkute, dolgo zaman iskala, sva le prispela na pravi naslov. Na vratih sta visela dva kovinska obroča, s katerima sem predirljivo potrkal. Kljub velikemu hrupu se je služabnik približal vratom z lagodnim korakom. Njegov ironični nasmešek je dal vedeti, da hrupni obiskovalci ne morejo zmotiti miru v svetnikovem domu.

Ob tej nemi graji sva bila s tovarišem vesela, da naju je povabil v sprejemnico. Dolgo čakanje tam pa naju je navdalo s pomisleki. Nepisani indijski zakon za vse iskalce resnice je potrpljenje. Učitelj lahko namenoma preizkuša, kako močno si ga želiš srečati. Na Zahodu to psihološko zvijačo zelo radi uporabljajo zdravniki in zobozdravniki!

Ko naju je s Čandijem služabnik končno poklical, sva vstopila v spalnico. Slavni Svami Sohong* je sedel na postelji. Ob pogledu na njegovo ogromno telo sva se nenavadno odzvala. Debelo sva ga gledala in ostala brez besed. Nisva še videla tako širokih prsi, njegovi bicepsi so bili kot nogometne žoge. Svamijev srditi, a mirni obraz je stal na širokem vratu, krasili so ga valoviti kodri, brada in brki.

* *Sohong* je bilo njegovo meniško ime. Ljudje pa so ga poznali pod imenom ‚Tigrov svami'.

V njegovih temnih očeh si hkrati videl lastnosti grlice in tigra. Na sebi ni imel drugih oblačil kot tigrovo kožo okrog mišičastega pasu.

Ko se nama je s prijateljem spet povrnil dar govora, sva meniha pozdravila in izrazila občudovanje nad njegovim mojstrstvom v nenavadni mačji areni.

»Bi nama, prosim, povedali, kako je mogoče z golimi rokami ukrotiti najbolj krvoločno zver v džungli, kraljevskega bengalskega tigra?«

»Sinova moja, zame ni boj s tigri nič posebnega. To bi lahko storil tudi danes, če bi bilo treba.« Otroško se je zasmejal. »Vidva na tigre gledata kot na tigre, jaz pa jih poznam kot mucke.«

»Svamidži, mislim, da bi lahko v svojo podzavest vtisnil misel, da so tigri muce, kako pa bi o tem prepričal tigre?«

»Seveda je potrebna tudi moč! Ne gre pričakovati, da bi ga premagal otrok, ki si zamišlja, da je tiger hišni maček! Močne roke so zame zadostno orožje.«

Povabil naju je, naj greva z njim na dvorišče, kjer je udaril po robu zidu. Opeka je padla na tla, nebo je smelo pokukalo skozi luknjo. Videti je bilo kot usta, v katerih manjka zob. Osuplo sem se opotekel. Ta človek, ki lahko z enim udarcem iz trdnega zidu izbije z malto pritrjeno opeko, sem pomislil, gotovo lahko izbije zobe tigru!

»Številni možje so ravno tako močni kot jaz, a jim manjka mirne samozavesti. Tisti, ki so telesno, ne pa tudi duševno močni, se lahko onesvestijo že ob pogledu na divjo zver, ki se prosto klati po džungli. Tiger v divjini se s svojo naravno krvoločnostjo močno razlikuje od cirkuške živali, ki jo pitajo z opijem!

Že marsikateri mož s herkulsko močjo je postal ob napadu kraljevskega Bengalca popolnoma nebogljen. Tiger ga je pripravil do tega, da se je počutil kot prestrašen mucek. Človek s precej močnim telesom in z izjemno močno odločenostjo pa lahko obrne položaj in tigru vsili prepričanje, da je nemočen kot mucek. Velikokrat sem storil prav to!«

Popolnoma voljan sem bil verjeti, da velikan, ki stoji pred menoj, lahko spremeni tigra v mucka. Videti je bil razpoložen za učenje in s Čandijem sva ga spoštljivo poslušala.

»Um nadzoruje mišice. Sila udarca kladiva je odvisna od energije, ki jo vanj vložiš. Moč, ki jo pokaže človekovo telesno orodje, pa je odvisna od energičnosti njegove volje in poguma. Um dobesedno ustvarja in ohranja telo. Zaradi pritiska teženj iz preteklih življenj odlike in šibkosti postopoma prodirajo v človeško zavest. Izrazijo se kot navade, te pa se izrazijo kot želeno ali neželeno telo. Zunanja šibkost ima izvor v umu. Če gospodar dovoli, da mu ukazuje služabnik, ta postane avtokrat. Podobno lahko um postane suženj, če se podvrže ukazom telesa.«

Na najino prošnjo je veličastni svami privolil, da nama pove kaj o svojem življenju.

»Že zgodaj sem se želel boriti s tigri. Imel sem mogočno voljo, a moje telo je bilo slabotno.«

Presenečeno sem vzkliknil. Zdelo se mi je nemogoče, da bi ta človek, ki je imel »Atlasova ramena, primerna za nošnjo«, lahko kdaj poznal šibkost.

»Telesno oviro sem prešel tako, da sem z neomajno vztrajnostjo razmišljal o zdravju in moči. Upravičeno lahko hvalim neustavljivo duševno vitalnost, saj se je izkazala za pravo krotilko bengalskih tigrov.«

»Spoštovani svami, mislite, da bi se jaz lahko kdaj boril s tigri?« Nikoli prej ali potem nisem začutil te čudaške želje!

»Ja.« Smehljal se je. »A tigrov je veliko vrst, nekateri od njih se potikajo po džungli človeških želja. Od tega, da zver spraviš v nezavest, ni nikakršne duhovne koristi. Raje zmaguj v boju s tigri, ki preživijo v tvoji notranjosti.«

»Bi nama lahko pripovedovali o tem, gospod, kako ste iz krotilca divjih tigrov postali krotilec divjih strasti?«

Tigrov svami je obmolknil. Njegov pogled je izdajal, da je v spomin klical podobe minulih let. Opazil sem, da nekoliko omahuje ob moji prošnji. Nazadnje se je nasmehnil in privolil.

»Ko je bila moja slava na vrhuncu, sem bil opijanjen od napuha. Sklenil sem, da se ne bom le boril s tigri, ampak bom z njimi izvajal tudi razne trike. Divje tigre sem želel pripraviti do tega, da bi se obnašali kot udomačeni. Svoje mojstrovine sem začel izvajati pred občinstvom in dosegel razveseljiv uspeh.

Nekega večera je moj oče ves zamišljen vstopil v mojo sobo.

„Sin, opozarjam te. Rad bi ti prihranil prihajajočo nesrečo, ki jo prinašajo mlinska kolesa vzroka in posledice."

„Si fatalist, oče? Naj dovolim vraževerju, da skali močne vode mojih dejavnosti?"

„Nikakršen fatalist nisem, sin. Verjamem pa v pravični zakon povračila, kot je zapisan v svetih spisih. V džungelski družini čutim zamero proti tebi, morda boš nekoč izkusil njene posledice."

„Oče, presenečaš me! Dobro veš, kakšni so tigri – lepi, a neusmiljeni! Kdo ve? Morda bom s svojimi udarci v njihove trde buče vnesel nekaj zdrave pameti in obzirnosti. Jaz sem ravnatelj v gozdni šoli, kjer se učijo lepih manir!

Prosim, oče, name glej kot na krotilca tigrov in nikoli kot na morilca tigrov. Kako bi lahko s svojimi dobrimi dejanji nase priklical slabo? Rotim te, ne zahtevaj od mene, da spremenim svoje življenje."«

S Čandijem so naju bila sama ušesa, ker sva razumela, v kakšni zagati je bil. V Indiji otrok dobro premisli, preden nasprotuje željam staršev. Tigrov svami je nadaljeval:

»Oče je mirno poslušal mojo razlago. Nato mi je z resnim glasom nekaj zaupal.

„Sin, čutim se dolžnega, da ti povem za zloveščo napoved, ki jo je izrekel neki svetnik. K meni je pristopil včeraj, ko sem meditiral na verandi.

‚Dragi prijatelj, prihajam s sporočilom za tvojega bojevitega sina. Naj preneha s svojimi okrutnimi dejavnostmi, sicer se bo njegovo naslednje srečanje s tigrom končalo s hudimi ranami, čemur bo sledilo šest mesecev smrtonosne bolezni. Nato bo opustil svoja stara pota in postal menih.'"

Ta zgodba se me ni dotaknila. Očeta sem imel za lahkoverno žrtev zaslepljenega fanatika.«

Tigrov svami je to priznal z nepotrpežljivo kretnjo, kot bi zamahnil nad neko neumnostjo. Nekaj časa je molčal z mrkim izrazom na obrazu, kot bi pozabil na naju. Ko je nadaljeval pretrgano nit svoje pripovedi, je to storil nenadoma in s pridušenim glasom.

»Nedolgo po očetovem opozorilu sem obiskal glavno mesto Cooch Beharja. Slikovita pokrajina mi je bila neznana in pričakoval sem, da se bom odpočil. Kot običajno so mi po ulicah sledili radovedni ljudje. Slišal sem, kako so šepetali:

„To je tisti, ki se bori z divjimi tigri."

„So tisto noge ali drevesna debla?"

„Poglej njegov obraz! Gotovo je utelešenje kralja tigrov!"

Saj vesta, da so vaški dečki kot zadnja izdaja časopisa. In s kakšno hitrostjo šele ženske nosijo sveže novice od vrat do vrat! V nekaj urah je bilo vse mesto na nogah zaradi mojega prihoda.

Zvečer sem se v tišini sproščal, ko sem zaslišal peketanje konj v galopu. Konji so se ustavili pred mojo hišo, vstopilo je več visokih policistov s turbani.

Vzelo mi je sapo. Vse je mogoče, ko gre za može postave, sem pomislil. Zanima me, ali me bodo prijeli, da bi odgovarjal za nekaj, o čemer nimam najmanjšega pojma. A policisti so se mi nenavadno spoštljivo priklonili.

„Spoštovani gospod, prišli smo vam izreči dobrodošlico v imenu princa Cooch Beharja. Želi, da ga jutri zjutraj obiščete v njegovi palači."

Nekaj trenutkov sem razmišljal o tej možnosti. Iz nekega nejasnega razloga sem občutil ostro obžalovanje, ker so prekinili moje mirno potovanje, a proseči policisti so me ganili. Privolil sem.

Naslednji dan sem bil zbegan, ker so me od vrat prav hlapčevsko pospremili v sijajno kočijo, v katero so bili vpreženi štirje konji. Služabnik je nad menoj držal bogato okrašen senčnik, ki me je ščitil pred žgočim soncem. Užival sem v prijetni vožnji skozi mesto in gozdnato predmestje. Na vratih palače me je sprejel sam kraljevi potomec. Ponudil mi je lastni sedež z zlatim brokatom in smehljaje sedel na preprostejši stol.

Vso to vljudnost bom moral nedvomno plačati, sem pomislil vse bolj osupel. Potem ko sva si s princem izmenjala nekaj običajnih besed, mi je povedal, zakaj me je povabil.

„Po mojem mestu krožijo govorice, da se lahko boriš z divjimi tigri zgolj z golimi rokami in z ničimer drugim. Je to res?"

„Res je."

„Težko verjamem! Saj si vendar Bengalec iz Kalkute, ki se je hranil z belim rižem meščanov. Bodi iskren, prosim. Se nisi v resnici boril z živalmi brez hrbtenice, omamljenimi z opijem?" Govoril je glasno, s pridihom sarkazma, njegov naglas je bil podeželski.

Nisem mu odgovoril na žaljivo vprašanje.

„Izzivam te, da se boriš z mojim novim tigrom, Radžo Begumom.* Če se mu boš uspešno zoperstavil, ga vklenil v verige in odšel iz njegove kletke pri zavesti, dobiš tega bengalskega tigra! Podaril ti bom tudi več tisoč rupij in mnoga druga darila. Če se ne boš boril z njim, bom po vsej državi raztrobil, da si slepar!"

Njegove nesramne besede so me zadele kot toča krogel. Jezno sem privolil. Princ, ki je od vznemirjenja že na pol vstal s stola, je tedaj spet sedel in se sadistično nasmehnil. Ob tem sem pomislil na rimske cesarje, ki jim je bilo v užitek pošiljati kristjane v arene z divjimi zvermi. Rekel je:

„Boj bo čez teden dni. Žal ti ne morem dovoliti, da bi tigra videl že pred tem."

Ali se je princ bal, da bi ga morda hipnotiziral ali mu na skrivaj dal opij, tega ne vem.

Ob odhodu iz palače sem se namuznil, ko sem opazil, da nič več nisem dobil kraljevega senčnika in razkošne kočije.

Naslednji teden sem svoj um in telo sistematično pripravljal na prihajajočo preizkušnjo. Služabnik mi je povedal za fantastične zgodbe, ki so krožile med ljudmi. Zlovešča napoved, ki jo je mojemu očetu povedal svetnik, je nekako prišla na dan in se vse bolj napihovala. Mnogi preprosti vaščani so verjeli, da se je zli duh, ki so ga prekleli bogovi, utelesil v tigru, ki je ponoči prevzel različne demonske oblike, čez dan pa je bil progasta žival. Prav ta demonski tiger naj bi mi prinesel ponižanje.

* 'Princ princesa' – ime nakazuje, da je imela ta žival krvoločnost tigra in tigrice skupaj.

Druga domiselna različica je bila, da so bile živalske molitve v tigrova nebesa uslišane, in odgovor nanje je bil Radža Begum. Po njem naj bi doletela kazen mene – predrznega dvonožca, ki je tako zelo žaljiv za celotno vrsto tigrov! Da si človek brez kožuha in čekanov upa izzvati tigra, oboroženega s kremplji in z močnimi okončinami! Sila koncentriranega srda vseh ponižanih tigrov – so govorili vaščani – je zbrala dovolj velik zagon, da je sprožila skrite zakone in bo udejanjila padec ponosnega krotilca tigrov.

Moj služabnik me je seznanil tudi s tem, da je bil princ v svojem elementu kot voditelj dvoboja med človekom in živaljo. Nadzoroval je postavljanje paviljona, ki bi vzdržal nevihto in sprejel tisoče gledalcev. Na sredi je bil Radža Begum v velikanski kovinski kletki, obdani z zunanjim varnostnim prostorom. Ujetnik je nenehno spuščal nize rjovenja, ob katerih je ljudem ledenela kri v žilah. S hrano so zelo skoparili, da bi v njem vzbudili ogorčen tek. Morda je princ pričakoval, da bo za nagrado lahko pojedel mene!

Bobni so naznanjali edinstveni boj in množice iz mesta in predmestja so vneto kupovale vstopnice. Na dan boja so morali zavrniti na stotine ljudi, ker je zmanjkalo sedežev. Mnogi so vdrli skozi odprtine v šotoru ali pa zasedli vse kotičke pod tribunami.«

Ko se je zgodba Tigrovega svamija bližala vrhuncu, se je z njo stopnjevalo tudi moje vznemirjenje. Tudi Čandi je ves prevzet molčal.

»Med predirljivimi zvočnimi eksplozijami, ki jih je spuščal Radža Begum, in hrupom prestrašene množice sem se tiho pojavil v areni. Razen skopo opasanih ledij na sebi nisem imel drugih oblačil. Dvignil sem zapah na vratih varnega prostora in jih mirno zaklenil za seboj. Tiger je zavohal kri. Pripravil mi je divjo dobrodošlico: skočil je in zadel ob rešetke, da je silno zagrmelo. Občinstvo je obnemelo od strahu, pomešanega z usmiljenjem. Videti sem bil kot krotko jagnje pred besnečo zverjo.

Kot bi mignil, sem bil v kletki, a takoj ko sem zaprl vrata, je Radža Begum planil name. Raztrgal mi je desno roko. Človeška kri, največja poslastica, kar jih tiger lahko okusi, mi je lila v potokih. Videti je bilo, da se bo prerokba svetnika uresničila.

Takoj sem si opomogel od šoka prve resne poškodbe, ki sem jo kdaj dobil. Da krvavih prstov ne bi videl, sem jih vtaknil pod pas in z levo roko silovito zamahnil proti tigru. Zverina se je opotekla nazaj, se vrtela po zadnjem delu kletke, nato pa krčevito skočila naprej. S svojim slavnim uničujočim udarcem sem jo začel udarjati po glavi.

A kri, ki jo je Radža Begum okusil, je bila kot prvi požirek vina, ki obnori dolgo prikrajšanega alkoholika. Napadi beštije, ki jih je prekinjalo oglušujoče rjovenje, so bili vse silovitejši. Ob slabi obrambi, le eni roki, sem bil pred njenimi šapami in zobmi zelo ranljiv. A izdatno sem ji vračal. Vsa okrvavljena sva se borila kot na življenje in smrt. Kletka je bila blaznica, kri je brizgala na vse strani, iz grla zveri so prihajali izbruhi bolečine in smrtonosne sle.

„Ustrelite ga! Ubijte tigra!" so se zaslišali klici iz občinstva. Človek in žival sta se tako hitro gibala, da je stražarjeva krogla zgrešila cilj. Zbral sem vso svojo voljo, strašljivo zavpil in mu zadal končni udarec, ki ga je omamil. Tiger se je zrušil in tiho obležal.«

»Kot mačka!« sem vzkliknil.

Svamiju je bila moja pripomba všeč in se je vedro zasmejal, nato pa nadaljeval napeto pripoved.

»Radža Begum je bil končno poražen. Njegov kraljevski ponos sem še bolj ponižal: z razmesarjenimi rokami sem drzno razprl njegove čeljusti. Za trenutek sem dramatično podržal glavo v zevajoči smrtonosni pasti. Pogledal sem, kje je veriga. S kupa na tleh sem potegnil eno in tigra za vrat privezal za rešetke. Zmagoslavno sem odšel proti vratom.

A ta hudič, Radža Begum, je imel vzdržljivost, ki je bila vredna njegovega domnevno demonskega izvora. Z neverjetnim sunkom je strgal verigo in mi skočil na hrbet. S čeljustmi je zagrizel v mojo ramo, da sem silovito padel. Kakor bi mignil, pa sem ga spet stisnil k tlom. Pod neusmiljenimi udarci je zahrbtna žival na pol izgubila zavest. Tokrat sem ga skrbneje zvezal. Počasi sem stopil iz kletke.

Tedaj sem zaslišal novo vpitje, tokrat je bilo to vpitje zadovoljne množice. Zdelo se je, kot bi navdušena množica vzklikala iz enega samega velikanskega grla. Čeprav sem bil grozno razmesarjen, sem izpolnil vse tri pogoje boja – omamil sem tigra, ga zvezal z verigo in odšel iz kletke, ne da bi za to potreboval pomoč. Poleg tega sem tako drastično poškodoval in prestrašil to nasilno zverino, da je rade volje prezrla prikladno nagrado, mojo glavo v svojem gobcu!

Ko so mi oskrbeli rane, so me počastili in mi nadeli venec. Zlatniki so deževali k mojim nogam. Vse mesto je praznovalo. Povsod so v nedogled razpravljali o tem, kako sem premagal enega največjih in najbolj divjih tigrov, kar jih je kdaj bilo. Radžo Beguma so mi podarili, kot mi je bilo obljubljeno, a jaz nisem bil prav nič vzhičen. V moje srce je vstopila duhovna sprememba. Imel sem občutek, da sem, ko sem zadnjič izstopil iz kletke, za seboj zaprl tudi vrata svojim posvetnim željam.

Sledilo je klavrno obdobje. Zaradi zastrupitve krvi sem šest mesecev ležal na smrtni postelji. Takoj ko sem bil dovolj zdrav, da sem lahko zapustil Cooch Behar, sem se vrnil v rodno mesto.

„Zdaj vem, da je moj učitelj sveti mož, ki me je modro posvaril," sem ponižno priznal očetu. „Oh, ko bi ga le lahko našel!" Moje hrepenenje je bilo iskreno, kajti nekega dne je tisti svetnik nenapovedano prišel.

„Dovolj si krotil tigre," je rekel z mirno gotovostjo. „Pridi z menoj, jaz te bom naučil krotiti zveri nevednosti, ki se potikajo po džunglah človeškega uma. Navajen si na občinstvo: naj bo to zdaj množica angelov, ki jih boš zabaval z osupljivim obvladovanjem joge!"

Moj svetniški guru me je uvedel v duhovno pot. Odprl je vrata moje duše, ki so bila zarjavela in so se zatikala, ker dolgo niso bila v uporabi. Z roko v roki sva se kmalu podala na moje usposabljanje v Himalaji.«

S Čandijem sva se priklonila pred svamijevimi stopali, hvaležna za pripoved o njegovem razburkanem življenju. S prijateljem sva bila več kot poplačana za dolgo čakanje v hladni sprejemnici, s katerim naju je preizkušal!

7. POGLAVJE

Lebdeči svetnik

»Sinoči sem na srečanju videl, kako je jogi lebdel meter od tal,« mi je slovesno povedal prijatelj Upendra Mohun Čavdhri.

Navdušeno sem ga pogledal. »Morda lahko uganem njegovo ime. Je bil to Bhaduri Mahašaja z ulice Upper Circular?«

Upendra je pokimal, nekoliko potrt, ker zame to ni bila novica. Moji prijatelji so dobro vedeli, kako vedoželjen sem, ko je šlo za svetnike, zato so mi z velikim veseljem prinašali vesti o njih.

»Zelo blizu mojega doma živi, zato ga pogosto obiščem,« sem povedal Upendri. Ker mu je na obrazu zasijalo zanimanje, sem nadaljeval:

»Videl sem ga početi izjemne stvari. Vešče obvlada različne *pranajame*,* omenjene v starodavni osemčleni jogi, ki jo je opisal Patanjdžali.† Nekoč je vpričo mene izvajal *bhastriko pranajamo* s tako osupljivo močjo, da je bilo videti, kot bi v sobi nastal pravi vihar! Potem je končal z gromkim dihanjem in popolnoma obmiroval v visokem stanju nadzavesti.‡ Še danes se živo spominjam, kako globok mir je po nevihti zavladal v sobi.«

* Metode nadzorovanja življenjske sile (*prane*) z uravnavanjem dihanja. *Bhastrika* ('meh') *pranajama* umiri um.

† Najpomembnejši starodavni zagovornik joge.

‡ Profesor Jules-Bois s francoske Sorbone je leta 1928 povedal, da so francoski psihologi raziskovali in priznali obstoj nadzavesti, ki je v svoji veličini »diametralno nasprotje podzavestnega uma, kot ga je razumel Freud, in ki vsebuje sposobnosti, zaradi katerih je človek res človek in ne le nadžival«. Francoski učenjak je razlagal, da prebujenja višjih stanj zavesti »ne smemo mešati s couéizmom ali s hipnozo. Obstoj nadzavestnega uma so že dolgo priznavali filozofi, in je dejansko nadduša, o kateri je govoril Emerson, znanost pa jo je priznala šele pred nedavnim.« (Glej op. na str. 138.)

»Slišal sem, da nikoli ne stopi iz hiše,« je povedal Upendra z rahlim dvomom.

»To je res! Za zidovi tiste hiše živi že dvajset let. To pravilo, ki si ga je naložil sam, nekoliko prikroji le v času svetih praznikov, ko se sprehodi do pločnika pred hišo! Tam se zberejo berači, ker je znano, da je svetnik Bhaduri mehkega srca.«

»Kako lahko kljubuje zakonu težnosti in ostane v zraku?«

»Jogijevo telo ob izvajanju določenih *pranajam* izgubi grobost. Potem lahko lebdi ali poskakuje kot žaba. Znano je, da lahko lebdijo tudi svetniki, ki ne izvajajo joge, in sicer v stanju močne predanosti Bogu.«

»O tem modrecu bi rad še kaj izvedel. Ali obiskuješ njegova večerna srečanja?« je vprašal Upendra, ki so se mu oči svetile od radovednosti.

»Ja, pogosto. Njegove duhovite modrosti me zelo zabavajo. Včasih s svojim smehom skazim svečanost njegovih srečanj. Svetnika to sicer ne moti, a njegovi učenci me prebadajo s pogledi!«

Tistega popoldneva me je pot iz šole vodila mimo ašrama Bhadurija Mahašaje. Odločil sem se, da ga obiščem. Jogi ni bil na voljo širši javnosti. En sam učenec, ki je živel v pritličju, je varoval učiteljevo zasebnost. Bil je nekoliko težaven; zelo uradno me je vprašal, ali sem »napovedan«. Še pravi čas je prišel njegov guru in me rešil naglega izgona.

»Mukunda lahko pride, kadar želi.« Modrečeve oči so se zaiskrile. »Za samoto se nisem odločil, da bi bilo udobno meni, ampak da bi bilo udobno drugim. Posvetni ljudje ne marajo odkritosrčnosti, ki bi pretresla njihove zablode. Za svetnike ni značilno le, da so redki, ampak tudi da povzročajo vznemirjenje. Celo v svetih spisih ljudi pogosto spravljajo v zadrego!«

V *Nadduši* je Emerson zapisal: »Človek je pročelje templja, v katerem bivata vsa modrost in vse dobro. Tisti, ki ga običajno imenujemo človek, tisti ki jé, pije, sadi, šteje, ne predstavlja njega samega, kot ga poznamo, ampak ga prikazuje napačno. Njega ne spoštujemo. Če bi dovolil duši, katere organ je, da se pojavi v njegovih dejanjih, bi se nam zašibila kolena … Na eni strani ležimo odprti za globine duhovne narave, za vse atribute Boga.«

NAGENDRA NATH BHADURI
'Lebdeči svetnik'

Bhaduriju Mahašaji sem sledil v njegove asketske prostore v zgornjem nadstropju, iz katerih je redko stopil. Učitelji se pogosto ne zmenijo za razgled na hrupni svet, ki nima ostrine, dokler ga ne pogledaš z gledišča stoletij. Sodobniki modreca niso le tisti, ki živijo v njegovi ozki sedanjosti.

»Mahariši,* vi ste prvi jogi, ki ga poznam, da ne hodi iz hiše.«

»Bog svoje svetnike včasih posadi v nepričakovano zemljo, da ne bi mislili, da ga lahko skrčimo na predpis!«

Modrec je s svojim živahnim telesom zavzel položaj lotosa. Pri sedemdesetih letih na njem ni bilo videti neprijetnih znakov

* 'Velik modrec'.

staranja oziroma sedečega načina življenja. Videti je bil popoln v vseh pogledih, krepak in pokončne drže. Njegov obraz je bil obraz rišija, kot ga opisujejo starodavna besedila. Imel je plemenito glavo in bogato brado, vedno je sedel popolnoma vzravnano, njegove umirjene oči pa so bile uprte v Vsenavzočnost.

S svetnikom sva vstopila v stanje meditacije. Uro kasneje me je vzdramil s svojim nežnim glasom.

»Pogosto utoneš v tišino, ampak ali si razvil tudi *anubhavo*?«* Želel me je spomniti, naj ljubim Boga bolj kot meditacijo. »Ne mešaj tehnike s Ciljem.«

Ponudil mi je mango. Z dobrodušno bistroumnostjo, ki se mi je ob njegovi resni naravi zdela očarljiva, je pripomnil: »Na splošno imajo ljudje veliko raje *džala jogo* (enost s hrano) kot pa *dhjana jogo* (enost z Bogom).«

Ob njegovi jogijski besedni igri sem planil v krohot.

»Kakšen smeh!« je vzkliknil in njegove oči so naklonjeno zasijale. Izraz na njegovem obrazu je bil vedno resen, a s pridihom zamaknjenega nasmeška. Njegove velike, lotosove oči so skrivale božanski smeh.

»Tista pisma so iz daljne Amerike.« Modrec je pokazal na več debelih ovojnic na mizi. »Dopisujem si z nekaj društvi, katerih člane zanima joga. Na novo odkrivajo Indijo, z boljšim občutkom za smer kot Kolumb! Z veseljem jim pomagam. Znanje o jogi je – kot dnevna svetloba – na voljo vsem, ki ga želijo prejeti.

Kar je bilo v očeh rišijev bistveno za človekovo odrešenje, ni potrebno razvodeneti za Zahod. Zahod in Vzhod, enaka po duši, čeprav z različnimi zunanjimi izkušnjami, ne bosta napredovala, če ne bosta vadila kakšne od vrst joge.«

Svetnik me je zajel v svoj mirni pogled. Takrat mi je bilo skrito, da so njegove besede predstavljale preroški nasvet. Šele zdaj, ko pišem te vrstice, razumem polni pomen diskretnih znamenj, ki mi jih je pogosto dajal, da bom nekega dne ponesel indijske nauke v Ameriko.

* Dejanska zaznava Boga.

»Mahariši, želim si, da bi v dobro vsega sveta napisali knjigo o jogi.«

»Vzgajam učence. Ti bodo skupaj s svojo vejo učencev služili kot žive knjige, ki jih naravni zob časa in nenaravne razlage kritikov ne bodo načeli.«

Z jogijem sem bil sam vse do večera, ko so prišli njegovi učenci. Bhaduri Mahašaja je imel enega od svojih edinstvenih govorov. Kot poplava miru je odplaknil umsko navlako svojih poslušalcev in jih ponesel k Bogu. Svoje krasne prilike je pripovedoval v brezhibni bengalščini.

Tistega večera je Bhaduri razlagal različne filozofske vidike, povezane z življenjem Mirabai, srednjeveške radžputanske princese, ki se je odpovedala dvornemu življenju in je iskala družbo svetnikov. Nek velik *sannjasi,* Sanatana Gosvami, je ni hotel sprejeti, ker je bila ženska. Njen odziv ga je pripeljal ponižno k njenim stopalom.

»Povejte učitelju,« je rekla, »da nisem vedela, da je v vesolju še kakšen moški razen Boga. Ali nismo vsi ženske pred Njim?« (V skladu s svetimi spisi je Gospod edino pozitivno ustvarjalno počelo, njegovo stvarstvo pa je le pasivna *maja.*)

Mirabai je napisala mnoge pesmi o zamaknjenosti, ki jih v Indiji še vedno zelo cenijo. Tukaj je prevod ene od njih:

Če z dnevno kopeljo bi lahko Boga spoznali,
kmalu kot kit bi plavala v globinah.
Če z uživanjem koreninic in sadja bi lahko ga našli,
z veseljem obliko koze bi izbrala.
Če prebiranje rožnega venca bi razkrilo ga,
svoje molitve ob mamutskih kroglicah bi izrekala.
Če s klanjanjem pred kamnitimi podobami bi lahko ga odstrli,
kremenasto goro ponižno bi častila.
Če s pitjem mleka bi lahko Gospoda vpili,
mnogo telet in otrok bi ga poznalo.
Če z zapuščanjem žena bi lahko Boga priklicali,
ne bi tisoči evnuhi postali?
Mirabai ve, da je pri iskanju Božanskega
nepogrešljiva edino ljubezen.

Več učencev je položilo nekaj rupij v Bhadurijeve copate poleg njega, ko je sedel v položaju lotosa. Ta spoštljivi dar, ki je značilen za Indijo, simbolizira, da učenec polaga svoje materialne dobrine h gurujevim nogam. Hvaležni prijatelji so le Gospod v preobleki, ki skrbi za svoje.

»Učitelj, čudoviti ste!« Učenec, ki je odhajal, je goreče zrl v patriarhalnega modreca. »Odpovedali ste se bogastvu in udobju, da bi iskali Boga in nas učili modrosti!« Splošno znano je bilo, da je Bhaduri Mahašaja v zgodnjem otroštvu, ko je odločno stopil na pot joge, za seboj pustil veliko družinsko premoženje.

»Resnica je ravno nasprotna!« je ugovarjal svetnik in na njegovem obrazu je bilo videti blago grajo. »Za vesoljno kraljestvo neskončne blaženosti sem zapustil nekaj bornih rupij in nekaj nepomembnih užitkov. Čemu sem se torej odrekel? Poznam radost, ko deliš bogastvo z drugimi. Je to mar žrtev? Kratkovidni posvetni ljudje so tisti, ki se v resnici odpovedujejo! Odrečejo se edinstveni božanski lastnini za prgišče ubogih zemeljskih igrač!«

Ob tem paradoksalnem pogledu na odpoved sem se zahihital – pogledu, ki polaga Krezovo krono na vsakega svetniškega berača, hkrati pa vse ponosne milijonarje spreminja v nezavedne mučenike.

»Božanski red ureja našo prihodnost veliko bolj modro kot katerakoli zavarovalnica.« Učiteljeve zaključne besede so bile nazor njegove vere, utemeljen v lastnem spoznanju. »Svet je poln zaskrbljenih vernikov v zunanjo varnost. Njihove grenke misli so kot brazgotine na njihovem čelu. On, ki nam je dal zrak in mleko, ko smo prvič vdihnili, zna iz dneva v dan poskrbeti za svoje predane častilce.«

Po šoli sem še naprej romal k svetnikovim vratom. S tiho zavzetostjo mi je pomagal doseči *anubhavo*. Nekega dne se je iz soseske, kjer sem stanoval, preselil na Ulico Rama Mohana Roja. Ljubeči učenci so mu zgradili novo puščavniško bivališče, ki je bilo znano pod imenom Nagendrov math.*

* Svetnikovo polno ime je bilo Nagendra Nath Bhaduri. *Math* je strogo vzeto samostan, a izraz se pogosto uporablja za *ašram* ali puščavniško bivališče.

Čeprav bom s svojo zgodbo skočil naprej za kar nekaj let, bom tukaj navedel zadnje besede, ki mi jih je izrekel Bhaduri Mahašaja. Malo pred odhodom na Zahod sem ga poiskal in ponižno pokleknil, da me je še zadnjič blagoslovil:

»Sin, pojdi v Ameriko. Naj bo tvoj ščit dostojanstvo prastare Indije. Na tvojem čelu je zapisana zmaga, plemeniti ljudje v daljnih deželah te bodo lepo sprejeli.«

Med ‚lebdečimi svetniki' krščanskega sveta je bil sveti Jožef Kupertinski iz 17. stoletja. Njegove doživljaje je potrdilo zajetno število prič. Sveti Jožef je izkazoval posvetno raztresenost, ki je bila v resnici božanska zbranost. Samostanski bratje mu niso mogli dovoliti, da bi stregel za skupno mizo, ker bi se lahko skupaj s posodo dvignil pod strop. Svetnik je bil na edinstven način nezmožen opravljati zemeljske dolžnosti, ker se ni mogel dolgo obdržati na zemlji! Pogosto je bil dovolj le pogled na svet kip in sveti Jožef se je že dvignil od tal. Po zraku sta potem krožila dva svetnika, eden iz kamna in eden iz mesa.

Sveta Terezija Avilska, ki je bila sama visoko duhovno privzdignjena, se je zaradi telesnega privzdigovanja zelo vznemirjala. Naložene so ji bile težke organizacijske naloge, in zaman je skušala preprečiti te ‚podvige'. »A majhni previdnostni ukrepi ne pomagajo,« je zapisala, »ko Gospod hoče drugače.« Telo svete Terezije, ki leži v cerkvi v Albi v Španiji, je že štiri stoletja nestrohnjeno, spremlja pa ga vonj rož. Na tistem mestu se je zgodilo že nešteto čudežev.

8. POGLAVJE

Veliki indijski znanstvenik D. Č. Bos

»Brezžični izumi Džagadiša Čandre Bosa so nastali pred Marconijevimi.«

Ko sem slišal to drzno izjavo, sem stopil bliže k skupini profesorjev, ki so med znanstveno razpravo stali na pločniku. Če sem se jim pridružil zaradi nacionalnega ponosa, to obžalujem. Ne morem zanikati, da sem si srčno želel dokazov za to, da lahko Indija igra vodilno vlogo tudi v fiziki in ne le metafiziki.

»Kaj želite reči, gospod?«

Profesor mi je ustrežljivo razložil: »Indijski znanstvenik Bos je bil prvi, ki je izumil brezžični sprejemnik in inštrument za merjenje loma električnih valov, a svojih izumov ni uporabil v komercialne namene. Kmalu je svojo pozornost namesto anorganskemu posvetil organskemu svetu. Kot rastlinski fiziolog niza še pomembnejša odkritja, kot jih je v fiziki.«

Vljudno sem se mu zahvalil za razlago. Dodal je: »Ta veliki znanstvenik je moj sodelavec na Presidency Collegeu.«

Naslednji dan sem modreca obiskal na domu, stanoval je v moji bližini. Že dolgo sem ga spoštljivo občudoval od daleč. Resni, zadržani botanik me je prijazno pozdravil. Bil je čeden, krepak mož v petdesetih z gostimi lasmi, visokim čelom in odsotnimi očmi sanjača. Natančnost v njegovem govoru je razkrivala, da je že dolgo znanstvenik.

»Pred kratkim sem obiskal nekaj znanstvenih društev na Zahodu. Njihovi člani so pokazali veliko zanimanja za občutljive instrumente, ki sem jih izumil in ki dokazujejo neločljivo enovitost vsega življenja.* Bosov kreskograf lahko stvari poveča desetmilijonkrat. Že mikroskop, ki poveča le nekaj tisočkrat, je biologiji prinesel izjemen zagon. Kreskograf odpira neskončne možnosti.«

»Gospod, z neosebnimi rokami znanosti ste veliko storili za objem Vzhoda in Zahoda.«

»Izobraževal sem se v Cambridgeu. Zahodna metoda, pri kateri podvržemo teorijo zelo natančnemu preverjanju s poskusi, je občudovanja vredna! Ta empirični postopek je šel z roko v roki z introspekcijo, ki pa je moja vzhodnjaška dediščina. Skupaj sta mi omogočila, da sem vstopil v tihi svet naravnih kraljestev, ki so bila dolgo nedostopna. Diagrami na mojem kreskografu† tudi največjim dvomljivcem dokažejo, da imajo rastline občutljiv živčni sistem in raznoliko čustveno življenje. Ljubezen, sovraštvo, veselje, strah, zadovoljstvo, bolečina, vzdražljivost, otrplost in nešteti drugi ustrezni odzivi na dražljaje so ravno tako univerzalni pri rastlinah, kot so pri živalih.«

»Edinstveni utrip življenja v vsem stvarstvu se je pred vašim prihodom zdel le poetična metafora, profesor! Svetnik, ki sem ga nekoč poznal, nikoli ni trgal rož. „Naj oropam rožni grm lepote, s katero se ponaša? Naj z grobo plenitvijo žalim njegovo dostojanstvo?“ Vi ste s svojimi odkritji dobesedno potrdili pravilnost njegovih sočutnih besed.«

»Pesnik ima zaupen odnos z resnico, znanstvenik pa se ji nerodno približuje. Pridi si kdaj v moj laboratorij pogledat nedvoumno pričevanje kreskografa.«

Hvaležno sem sprejel povabilo in odšel. Kasneje sem slišal, da je botanik zapustil Presidency College in začel načrtovati gradnjo raziskovalnega središča v Kalkuti.

Ko so odprli Bosov inštitut, sem se udeležil slovesnosti. Po inštitutu se je sprehajalo več sto navdušenih obiskovalcev. Očarala sta me umetelnost in duhovni simbolizem novega doma znanosti.

* »Vsa znanost mora biti presežna, sicer premine. Botanika zdaj privzema pravo teorijo – Brahmovi avatarji bodo zelo kmalu učbeniki prirodoslovja.« – *Emerson.*

† Iz latinskega glagola *crescere*, povečati se. Za kreskograf in druge izume je Bos leta 1917 prejel viteški naslov.

Vhodna vrata so bila stoletja stara ostalina iz oddaljenega svetišča. Kip ženske z baklo za ribnikom z lotosi* je ponazarjal spoštovanje Indijcev do žensk kot nesmrtnih nosilk luči. Majhen tempelj na vrtu je bil posvečen Presežnemu, ki se skriva onkraj pojavnega. Odsotnost kakršnekoli oltarne podobe je nakazovala idejo Božje breztelesnosti.

Bosov govor ob tej pomembni priložnosti bi lahko prišel tudi z ustnic katerega od navdihnjenih starodavnih rišijev.

»Danes tega inštituta ne odpiram zgolj kot laboratorij, ampak kot tempelj.« Njegov spoštljiv in slovesen ton je prežel nabito polno dvorano. »V raziskovanju me je pot nezavedno vodila na mejno območje med fiziko in fiziologijo. Osuplo sem spoznal, da meje izginjajo in da se začenjajo pojavljati stične točke med živim in neživim svetom. Opazil sem, da je anorganska snov vse kaj drugega kot nedejavna, drhti pod vplivom raznolikih sil.

Videti je bilo, da zaradi univerzalnega odziva za kovine, rastline in živali veljajo enaki zakoni. Pri vseh je bilo opaziti enake pojave utrujenosti in depresije ter možnost okrevanja in vznesenosti, prav tako pa tudi trajno neodzivnost, ki jo povezujemo s smrtjo. Očaran nad tem osupljivo splošnim odzivom sem z velikimi upi Kraljevemu društvu razkril svoje rezultate, ki sem jih dokazal s poskusi. A navzoči fiziologi so mi svetovali, naj se pri raziskovanju omejim na fiziko, v kateri je bil moj uspeh zagotovljen, in naj ne posegam na njihovo področje delovanja. Nehote sem zašel na področje neznanega kastnega sistema in prekršil njegov kodeks.

Prisoten je bil tudi teološki predsodek, ki enači nevednost z vero. Pogosto pozabljamo, da je On, ki nas je obdal z nenehno razvijajočo se skrivnostjo stvarstva, v nas položil tudi željo po spraševanju in razumevanju. Potem ko sem bil mnogo let deležen nerazumevanja, sem spoznal, da je življenje človeka, ki se je posvetil znanosti, vedno polno neskončnih bojev. Svoje življenje mora imeti za žrtveni dar ter na pridobljeno korist in izgubo, uspeh in poraz, gledati enako.

* Lotosov cvet je v Indiji starodavni simbol božanskega. Njegovi razpirajoči se cvetni lističi predstavljajo razširjanje duše, rast njegove čiste lepote iz blatne podlage vsebuje dobrohoten duhovni obet.

Sčasoma so vodilna znanstvena združenja po vsem svetu sprejela moje teorije in rezultate ter priznala pomembnost indijskega prispevka k znanosti.* Lahko karkoli majhnega ali omejenega zadovolji indijski um? Z neprekinjeno živo tradicijo in vitalno močjo pomlajevanja se je ta dežela prilagajala z neštetimi preobrazbami. Vedno se je našel kakšen Indijec, ki je zavrgel takojšnjo, privlačno nagrado tistega trenutka in si je prizadeval uresničiti najvišje ideale v življenju – ne z nedejavnim odrekanjem, ampak z dejavnim prizadevanjem. Slabič, ki se izogne boju in ničesar ne pridobi, se nima čemu odreči. Le tisti, ki se trudi in uspe, lahko obogati svet s sadovi svoje zmage.

Delo, ki je že bilo opravljeno v Bosovem laboratoriju v zvezi z odzivanjem materije, in nepričakovana odkritja v življenju rastlin, so odprli zelo obširna področja preučevanja v fiziki, fiziologiji, medicini, kmetijstvu in celo v psihologiji. Problemi, ki so doslej veljali za nerešljive, so postali predmet eksperimentalnega raziskovanja.

A velikega uspeha ni mogoče doseči brez stroge natančnosti. Zato sem zasnoval množico izjemno občutljivih instrumentov in naprav, ki danes stojijo pred vami v zabojih v avli. Pričajo o dolgotrajnem trudu, da bi prišel do še neodkrite resničnosti onkraj varljive navideznosti, o nenehnem trdem delu, vztrajnosti in iznajdljivosti, ki so potrebni, da premostimo človeške omejitve. Vsi ustvarjalni znanstveniki vedo, da je pravi laboratorij um, v katerem za iluzijami razkrivajo zakone resnice.

Predavanja, ki se bodo odvijala tukaj, ne bodo le golo ponavljanje znanja iz druge roke. Na njih bomo sporočali nova odkritja, prvič predstavljena v teh dvoranah. Z rednim objavljanjem dela na inštitutu bo ta prispevek Indije dosegel ves svet. Postal bo javna last. Ničesar ne

* »Menimo … da noben oddelek na večji univerzi, še zlasti v humanističnih vedah, ne more biti popolnoma opremljen, če nima ustrezno usposobljenega specialista za indijsko razumevanje svoje stroke. Menimo tudi, da mora imeti vsaka fakulteta, katere cilj je pripraviti svoje študente za inteligentno delo v svetu, ki bo nekoč njihov, med uslužbenci učenjaka, ki pozna indijsko civilizacijo.« – Odlomek iz prispevka profesorja W. Normana Browna z Univerze v Pensilvaniji, ki je bil objavljen maja 1939 v *Biltenu* združenja American Council of Learned Societies, v Washingtonu, D. C.

bomo patentirali. Duh naše nacionalne kulture zahteva, da se nikoli ne omadežujemo s tem, da bi uporabili znanje samo za osebno korist.

Hkrati želim, da bi bili prostori tega inštituta na voljo, kolikor je le mogoče, delavcem iz vseh dežel. S tem skušam nadaljevati izročilo svoje dežele. Že pred davnimi dva tisoč petsto leti je Indija na starodavnih univerzah v Nalandi in Taksili sprejemala učenjake z vseh koncev sveta.

Čeprav znanost ne pripada Vzhodu ali Zahodu, ampak je v svoji univerzalnosti mednarodna, je Indija posebej usposobljena za to, da veliko prispeva.* Živo indijsko domišljijo, ki lahko iz množice na videz nasprotujočih si dejstev iztrga nov red, obvladuje navada koncentracije. Ta omejitev daje moč, usmeriti um v iskanje resnice z neskončno potrpežljivostjo.«

Ob njegovih zadnjih besedah sem imel v očeh solze. Ali ni ‚potrpežljivost' sopomenka za Indijo, ki preseneča tako Čas kot zgodovinarje?

* Stari hindujci so dobro poznali atomsko zgradbo snovi. Eden od šestih sistemov indijske filozofije je *vaišešika,* iz sanskrtske besede *višeša*, 'atomska individualnost'. Eden najodličnejših razlagalcev *vaišešike* je bil Avlukja, znan tudi pod imenom Kanada, 'jedec atomov', ki se je rodil pred približno 2800 leti.

V prispevku Tare Mate v *East-Westu* aprila 1934 je tudi povzetek znanstvenega znanja iz *vaišešike*: »Čeprav moderna ‚teorija atoma' na splošno velja za nov znanstveni dosežek, jo je dolgo nazaj sijajno razložil že Kanada, 'jedec atomov'. Sanskrtski *anus* lahko pravilno prevedemo kot 'atom' v njegovem dobesednem grškem pomenu 'nerazrezan' oziroma nedeljiv. Druge znanstvene razlage v razpravah *vaišešike* iz obdobja pred Kr. vključujejo (1) gibanje igel k magnetom, (2) kroženje vode v rastlinah, (3) *akaš* ali eter, nedejaven in brez strukture, kot osnova za prenos subtilnih sil, (4) sončni ogenj kot vzrok vseh drugih oblik toplote, (5) toplota kot vzrok molekularnih sprememb, (6) zakon težnosti kot posledica lastnosti, ki jo imajo zemeljski atomi, lastnosti, ki jim daje moč privlačnosti oziroma vleka navzdol, (7) kinetična narava vse energije; vzročnost, ki vedno izvira iz porabe energije ali iz prerazporeditve gibanja, (8) univerzalni razkroj z razpadom atomov, (9) sevanje toplote in svetlobnih žarkov, neskončno majhnih delcev, ki brzijo v vse smeri z nedojemljivo hitrostjo (moderna teorija ‚kozmičnih žarkov'), (10) relativnost časa in prostora.

Vaišešika pripisuje izvor sveta atomom, večnim po naravi, t. j. njihovim temeljnim posebnostim. Uči, da ti atomi nenehno vibrirajo … Nedavno odkritje, da je atom miniaturni sončni sistem, ne bi bilo novost za stare filozofe *vaišešike,* ki so tudi čas zreducirali do njegove skrajne matematične predstavitve s tem, ko so opisali najmanjšo enoto časa (*kale*) kot obdobje, ki ga potrebuje atom, da prečka prostor, ki ga sam zaseda.«

Raziskovalno središče sem kmalu po odprtju znova obiskal. Veliki botanik, ki ni pozabil na dano obljubo, me je peljal v svoj tihi laboratorij.

»Kreskograf bom pritrdil na to praprot, ki bo izjemno močno povečana. Če bi lezenje polža ravno tolikokrat povečali, bi bilo videti, kot da potuje s hitrostjo ekspresnega vlaka!«

Pogled sem željno uprl v zaslon, na katerem je bila vidna povečana senca praproti. Drobni premiki so se zdaj jasno videli, prevzet sem opazoval, kako je praprot zelo počasi rasla pred mojimi očmi. Znanstvenik se je s kovinsko paličico dotaknil konice praproti. Pantomima rasti je v hipu obstala, svoj zgovorni ritem pa je nadaljevala takoj, ko je botanik paličico umaknil.

»Videl si, da vsako najmanjše zunanje vmešavanje škoduje občutljivim tkivom,« je pripomnil Bos. »Glej, zdaj bom nanjo nanesel kloroform, nato pa protistrup zanj.«

Učinkovanje kloroforma je popolnoma zaustavilo rast praproti, protistrup pa je rastlino poživil. Razvojni gibi na zaslonu so me prevzeli bolj kot kakšen filmski zaplet. Profesor (tu v vlogi negativca) je nato skozi praprot potisnil oster predmet. Bolečina se je pokazala v obliki krčevitega utripanja. Ko je z rezilom zarezal v steblo, se je senca silovito zatresla, nato pa obmirovala, ko je nastopila smrt.

»Ko sem neko veliko drevo omamil s kloroformom, mi ga je uspelo presaditi. Običajno takšni gozdni velikani propadejo kmalu potem, ko jih prestavijo.« Džagadiš se je veselo nasmehnil, ko mi je pripovedoval o reševanju drevesa. »Grafi z moje občutljive naprave so dokazali, da imajo drevesa obtočni sistem. Gibanje drevesnega soka ustreza krvnemu tlaku v živalskih telesih. Dviganja drevesnega soka se ne da razložiti po mehanski poti, kot običajno poskušajo, na primer s kapilarnostjo. Kreskograf je razkril, da gre pri tem pojavu za dejavnost živih celic. Iz valjaste cevke, ki se razteza po drevesu navzdol in služi dejansko kot srce, prihajajo peristaltični valovi! Globlje ko sežejo naše zaznave, bolj jasni postajajo dokazi, da vse oblike v večplastni naravi povezuje enoten načrt.«

Veliki znanstvenik mi je pokazal še enega od svojih instrumentov.

»Prikazal ti bom nekaj poskusov na kosu kositra. Življenjska sila v kovinah se na dražljaje odziva neugodno ali pa ugodno. Črnilo bo zabeležilo različne odzive.«

Globoko zatopljen sem opazoval graf, ki je beležil značilno valovanje atomske zgradbe. Ko je profesor na kositer nanesel kloroform, so se zapisi vibracij končali. Ti so se znova nadaljevali, ko je kovina počasi prihajala v normalno stanje. Bos je uporabil strupeno kemikalijo. Hkrati z drgetavim koncem kositrnega koščka je igla na graf dramatično zabeležila smrt. Znanstvenik je rekel:

»Bosovi instrumenti so pokazali, da so kovine, kot je jeklo, ki ga uporabljajo za škarje in stroje, podvržene utrujenosti, z občasnim počitkom pa se jim učinkovitost povrne. Življenjski utrip v kovinah je resno ogrožen ali celo ugasne, če kovine podvržemo električnemu toku ali močnemu pritisku.«

Pogledal sem po sobi, v kateri so številni izumi jasno pričali o njegovi neutrudni iznajdljivosti.

»Gospod, škoda je, da vaši sijajni mehanizmi ne pospešujejo vsesplošnega razvoja kmetijstva. Ne bi bilo preprosto katerega od njih uporabiti v hitrih laboratorijskih poskusih in z njimi pokazati vpliv različnih vrst gnojil na rast rastlin?«

»Prav imaš. Prihodnje generacije bodo Bosove instrumente uporabljale za nešteto stvari. Znanstvenik pa je redko nagrajen še v času svojega življenja. Dovolj mu je veselje ob ustvarjalnem služenju.«

Neutrudnemu modrecu sem se iskreno zahvalil in se poslovil od njega. »Bi osupljivo rodovitnost njegovega genija sploh lahko kdaj izčrpali?« sem pomislil.

Z leti Bosova ustvarjalnost ni pojenjala. Ko je izumil zapleten instrument ‚resonančni kardiograf', je nadaljeval z izčrpnimi raziskavami na brezštevilnih indijskih rastlinah. Odkril je velikansko, nesluteno farmakopejo koristnih zdravil. Kardiograf je zgrajen za nezgrešljivo natančnost, ki mu omogoča, da na graf beleži v razmiku stotinke sekunde. Resonančni zapisi merijo neznatne utripe v rastlinskih, živalskih in človeških tkivih. Veliki botanik je napovedal, da bo uporaba njegovega kardiografa vodila k vivisekciji rastlin namesto živali.

DŽAGADIŠ ČANDRA BOS
Veliki indijski fizik, botanik in izumitelj kreskografa

»Vzporedni zapisi učinkov zdravil, ki so bila hkrati dana rastlini in živali, so pokazali izredno skladnost v rezultatih,« je poudaril. »Vse v človeku je bilo nakazano že v rastlini. Poskusi na rastlinah bodo prispevali k manjšemu trpljenju živali in ljudi.«

Veliko let zatem so Bosova odkritja o rastlinah potrdili še drugi znanstveniki. O raziskavah, opravljenih leta 1938 na Univerzi Kolumbija, je poročal *New York Times*:

> V preteklih nekaj letih je bilo ugotovljeno, da pri prenašanju sporočil po živcih med možgani in drugimi deli telesa nastajajo majceni električni sunki. Ti sunki so bili izmerjeni z občutljivimi galvanometri in z moderno ojačevalno napravo milijonkrat povečani. Do zdaj ni bilo zadovoljive metode, s katero bi lahko preučevali prehajanje sunkov po živčnih vlaknih v živih živalih oziroma v človeku zaradi velike hitrosti, s katero ti impulzi potujejo.

Dr. K. S. Cole in dr. H. J. Curtis sta poročala o odkritju, da so dolge posamične celice sladkovodne alge *Nitelle*, ki se pogosto uporablja v posodah za zlate ribice, skoraj identične posamičnemu živčnemu vlaknu. Vrh tega sta odkrila, da se po vlaknih *Nitelle*, ko jih vzdražiš, širijo električni valovi, ki so v vseh pogledih, razen v hitrosti, podobni tistim v živčnih vlaknih pri živalih in človeku. Električni živčni impulzi v rastlini so se izkazali za veliko počasnejše kot pri živalih. Tega odkritja so se oklenili raziskovalci na Kolumbiji kot sredstva za snemanje prehajanja električnih impulzov v živcih v počasnem posnetku.

Nitella lahko tako postane nekakšen ključ za reševanje dobro varovanih skrivnosti prav na meji med umom in snovjo.

Pesnik Rabindranath Tagor je bil zvest prijatelj idealističnega indijskega znanstvenika. Njemu je blagi bengalski pevec namenil naslednje vrstice:

O, puščavnik, s pristnimi besedami
tiste stare hvalnice *Same* kliči »Vstani! Zbudi se!«
Pokliči tistega, ki se ponaša s poznavanjem šaster.
Od praznih, pikolovskih razprav brez koristi
pokliči tega nespametnega bahača, naj se prikaže
na obličju narave, te prostrane Zemlje.
Pošlji ta klic svojim učenjakom.
Skupaj, okrog tvoje ognjene daritve, naj se zberejo vsi.
Da bi se naša Indija, naša starodavna dežela, vrnila k sami sebi,
o, znova vrnila k stanovitnemu delu,
k dolžnostim in predanosti, k zamaknjenosti iskrene meditacije.
Naj znova mirno sede, nepohlepna, blaga, čista,
o, znova na ta vzvišeni sedež in oder, učiteljica vseh dežel.*

* Pesem R. Tagorja je slovenjena po angleškem prevodu Manmohana Ghoša iz bengalščine, v *The Visvabharati Quarterly*, Šantiniketan, Indija.

»Hvalnica *Sama*«, omenjena v Tagorjevi pesmi, je eden od štirih delov Ved. Drugi trije so še Rig veda, Jadžur veda in Atharva veda. Sveti spisi razlagajo naravo Brahme, Boga Stvarnika, čigar izraz v posameznem človeku se imenuje *atma*, duša. Glagolski koren besede Brahma je *brih*, 'razširiti se', ki prenaša vedski koncept božanske moči spontane rasti, izbruha ustvarjalne dejavnosti. Kozmos naj bi se kot pajkova mreža razvijal (*vikurute*) iz Njegovega bitja. Lahko rečemo, da je zavestna združitev *atme* z Brahmo, duše z Duhom, ves pomen Ved.

Vedanta, povzetki v Vedah, so navdihnili številne velike zahodne mislece. Francoski zgodovinar Victor Cousin je rekel: »Ko pozorno beremo filozofske spomenike Orienta - predvsem Indije - v njih najdemo tako globoke resnice … da smo prisiljeni poklekniti pred filozofijo Vzhoda in v tej zibki človeške rase videti domovino najvišje filozofije.« Schlegel je zapisal: »Celo najbolj vzvišena filozofija Evropejcev, idealizem uma, kakor so ga zastavili grški filozofi, se zdi - v primerjavi z bogatim življenjem in vitalnostjo orientalskega idealizma - kot slabotna Prometejeva iskrica proti bleščeči sončni svetlobi.«

V izjemno obsežni indijski literaturi so Vede (koren *vid*, vedeti) edina besedila, ki jih ne pripisujejo nobenemu avtorju. Rig veda (X:90,9) pripisuje hvalnicam božanski izvor in nam pove (III:39,2), da so prišle iz »starih časov«, v novem jeziku. Vede je rišijem, 'vidcem', skozi veke razodeval Bog in naj bi posedovale *nitjatvo*, 'brezčasno zaključenost'.

Vede so bile razodete zvočno, rišiji so jih 'neposredno slišali' (*šruti*). V bistvu gre za literaturo petja in recitacij. 100.000 vedskih distihov torej tisočletja niso zapisali, ampak so jih duhovniki *brahmini* prenašali ustno. Papir in kamen sta podvržena zobu časa. Vede so se ohranjale iz veka v vek, ker so rišiji razumeli, da je um ustreznejše sredstvo za prenos kot snov. Kaj lahko prekosi ‚tablice srca'?

Z opazovanjem določenega reda (*anupurvija*), v katerem se pojavljajo besede Ved, s pomočjo fonoloških pravil za kombinacije zvokov (*sandhija*) in za odnos med črkami (*sanatane*) ter z določenimi matematičnimi načini dokazovanja točnosti besedil, ki so si jih zapomnili, so *brahmini* na edinstven način od davne preteklosti ohranili izvorno čistost Ved. Vsak zlog (*akšara)* v Vedah ima svoj pomen in učinek. (Glej str. 355.)

9. POGLAVJE

Blaženi častilec in njegova kozmična ljubezen

»Gospodič, sedi, prosim. Pogovarjam se z Božansko Materjo.«

Ves prevzet sem tiho vstopil v sobo. Angelski videz učitelja Mahašaje me je močno presunil. S svileno belo brado in z velikimi, lesketajočimi se očmi se mi je zdel kot utelešenje čistosti. Po dvignjeni glavi in sklenjenih rokah sem razpoznal, da sem ga s prvim obiskom zmotil sredi pobožnosti.

Njegov preprosti pozdrav je v meni izzval silno bolečino, kakršne v življenju še nisem izkusil. Grenko ločitev ob mamini smrti sem imel za največje možno trpljenje. Ko sem v tistem trenutku spoznal, da sem ločen tudi od svoje Božanske Matere, pa je bilo to za moj duh nepopisna muka. Zastokal sem in padel po tleh.

»Gospodič, umiri se!« je sočutno rekel pretreseni svetnik.

Oklenil sem se njegovih nog, kot bi bil zapuščen v nekakšni oceanski pušči in bi bil on moj rešilni splav.

»Sveti gospod, vaša priprošnja! Vprašajte Božansko Mater, ali mi je naklonjena!«

Sveta obljuba priprošnje je nekaj, kar se ne izreče zlahka; učitelj je bil primoran molčati.

Brez sence dvoma sem vedel, da se je učitelj Mahašaja zaupno pogovarjal z Vesoljno Materjo. Globoko sem bil ponižan ob spoznanju, da so moje oči slepe zanjo, ki je bila prav v tistem trenutku vidna popolnemu pogledu svetnika. Brez sramu sem se oklepal njegovih stopal, gluh za njegove nežne ugovore, ter ga vedno znova rotil za milost njegove priprošnje.

»Tvojo prošnjo bom posredoval Ljubljeni,« se je učitelj vdal ter se počasi in sočutno nasmehnil.

Kako močne so bile te besede, da sem bil po njih osvobojen nevihtnega izgnanstva!

»Gospod, ne pozabite na svojo obljubo! Kmalu se bom vrnil po Njeno sporočilo.« V mojem glasu, ki je bil še pred nekaj trenutki ihteč od žalosti, je odmevalo veselo pričakovanje.

Ko sem se spuščal po dolgem stopnišču, so me prevzeli spomini. V tej hiši v Kalkuti, na Amherstovi ulici 50, kjer je zdaj prebival učitelj Mahašaja, je bil nekoč moj družinski dom, v katerem je umrla mati. Tu je zaradi izgube matere počilo moje človeško srce. In prav tu se je danes moj duh počutil, kot bi bil križan zaradi odsotnosti Božanske Matere. Ti sveti zidovi so bili tiha priča mojega velikega trpljenja in končnega ozdravljenja.

Na poti domov sem neučakano ubiral korake. Poiskal sem samoto svoje podstrešne sobice in meditiral do desetih. Tedaj je temo tople indijske noči nenadoma razsvetlila čudežna pojava.

Pred menoj je, obdana s sijajem, stala Božanska Mati. Njen obraz, ki se je nežno smehljal, je bil podoba lepote.

»Vedno sem ljubila te! Vedno bom ljubila te!«

Nebeški glas je še odzvanjal v zraku, ko je že izginila.

Naslednje jutro je sonce prišlo komaj tako visoko na nebo, da je bilo spodobno iti na obisk, ko sem drugič obiskal učitelja Mahašajo. Povzpel sem se po stopnicah hiše, prežete s spomini, in prišel do njegove sobe v tretjem nadstropju. Kljuka na zaprtih vratih je bila ovita s krpo, čutil sem, da to pomeni, da bi bil svetnik rad sam. Ko sem neodločno stal na podestu, je sam učitelj prijazno odprl vrata. Pokleknil sem k njegovim svetim stopalom. Igrivo razpoložen sem si na obraz nadel svečan izraz in skril božansko vzhičenje.

»Gospod, prišel sem – zelo zgodaj, priznam! – po vaše sporočilo. Ali je Ljubljena Mati rekla kaj o meni?«

»Ti nabriti gospodič!«

Ničesar več ni pripomnil. Očitno s svojo narejeno resnostjo nanj nisem napravil vtisa.

»Zakaj ste tako skrivnostni, se izmikate? Ali svetniki nikoli ne govorijo jasno?« sem ga vprašal morda malce razdraženo.

»Me res moraš preizkušati?« Njegove mirne oči so bile polne razumevanja. »Lahko še kaj dodam zagotovilu, ki si ga sinoči ob desetih prejel od Čudovite Matere osebno?«

Učitelj Mahašaja je imel nadzor nad zapornicami moje duše: znova sem se mu vrgel k nogam, a tokrat so tekle solze neznanske blaženosti, ne neznanske bolečine.

»Misliš, da tvoja pobožnost ni ganila Neskončnega Usmiljenja? Božansko Materinstvo, ki si ga častil v obeh oblikah, človeški in božanski, nikoli ne bi preslišalo tvojega obupanega klica.«

Kdo je bil ta preprosti svetnik, čigar že najmanjša prošnja Vesoljnemu Duhu je bila deležna sladke privolitve? Njegova vloga v svetu je bila skromna, kot se je spodobilo za največjega moža ponižnosti, kar sem jih kdaj poznal. V tej hiši na Amherstovi ulici je učitelj Mahašaja* vodil majhno srednjo šolo za dečke. Iz njegovih ust ni prišla beseda graje, ni bilo pravil ali palice, s katerimi bi vzdrževal disciplino. V teh skromnih učilnicah so res poučevali višjo matematiko in kemijo ljubezni, ki je ni v učbenikih.

Svojo modrost je raje širil z duhovnim vplivom kot s togimi pravili. Prežet je bil s preprosto gorečnostjo do Božanske Matere in ni zahteval nič več zunanjih oblik spoštovanja, kot bi jih otrok.

»Nisem tvoj guru, on bo prišel nekoliko kasneje,« mi je povedal. »Pod njegovim vodstvom bodo tvoja izkustva Božanskega v jeziku ljubezni in predanosti prevedena v njegov jezik neizmerne modrosti.«

Vsak dan pozno popoldne sem šel na Amherstovo ulico. Iskal sem božansko čašo učitelja Mahašaje, tako polno, da so kapljice iz nje vsak dan preplavljale moje bitje. Nikoli do tedaj se še nisem tako spoštljivo priklonil, zdaj pa sem občutil kot neizmeren privilegij že, da sem lahko hodil po tleh, ki so jih posvečevale stopinje učitelja Mahašaje.

* To sta spoštljiva naziva, s katerima so ga po navadi naslavljali. Ime mu je bilo Mahendra Nath Gupta; svoja literarna dela je podpisoval preprosto z »M«.

»Gospod, prosim, nadenite si ta venec iz magnolij, ki sem ga izdelal posebej za vas.« Nekega večera sem prišel k njemu s kito iz cvetlic, on pa se je sramežljivo odmaknil in večkrat odklonil to čast. Ko je videl, da me je to prizadelo, se je nazadnje nasmehnil in privolil.

»Ker sva oba Materina častilca, lahko položiš venec na ta telesni tempelj kot daritev Njej, ki biva v njem.« V njegovi prostrani naravi ni bilo prostora za egocentričnost.

»Pojdiva jutri v Dakšinešvar v tempelj boginje Kali, ki ga je moj guru za vedno posvetil.« Svetnik je imel Kristusu podobnega učitelja, Šri Ramakrišno Paramahanso.

Naslednjega jutra sva po Gangesu s čolnom preplula dobrih šest kilometrov dolgo pot. Vstopila sva v tempelj Kali z devetimi kupolami, kjer sta kipa Božanske Matere in Šive počivala na zloščenem srebrnem lotosu s tisočerimi umetelno oblikovanimi cvetnimi lističi. Učitelj Mahašaja je žarel od navdušenja. Zatopljen je bil v svojo neizčrpno ljubezen z Ljubljeno. Ko je popeval njeno ime, se mi je zdelo, da se je moje očarano srce kot lotos razletelo na tisoč koščkov.

Kasneje sva se sprehajala po območju templja in se ustavila v nasadu tamarisk. Mana, ki jo izloča to drevo, je simbolizirala nebeško hrano, ki jo je dajal učitelj Mahašaja. Še naprej se je obračal k Bogu. Negibno sem sedel na travi med rožnatimi peresastimi cvetovi tamariske. Za nekaj časa sem zapustil svoje telo in se dvignil v nadnaravni obisk.

To je bilo prvo od mnogih romanj v Dakšinešvar s svetim učiteljem. Ob njem sem spoznal, kako ljubezniv je Bog v podobi Matere oziroma Božjega usmiljenja. Očetovska podoba oziroma Božja pravičnost temu otroškemu svetniku ni bila posebno privlačna. Stroga, nepopustljiva, matematična sodba je bila tuja njegovi nežni naravi.

»Lahko bi služil kot zemeljski model za nebeške angele!« sem ljubeče pomislil, ko sem ga nekega dne opazoval pri molitvi. Ko je motril svet, v njegovih očeh, ki so že dolgo poznale Prvotno Čistost, ni bilo niti sledu graje ali kritike. Svoje telo, um, govor in dejanja je zlahka usklajeval s preprostostjo svoje duše.

UČITELJ MAHAŠAJA
‚Blaženi častilec'

»To mi je povedal učitelj,« se je svetnik običajno poklonil na koncu modrega nasveta in se izognil temu, da bi si pripisal osebne zasluge. Njegovo poistovetenje s Šri Ramakrišno je bilo tako globoko, da svojih misli ni imel več za svoje.

Z roko v roki sva s svetnikom nekega večera hodila po ulici, kjer je imel šolo. Moje veselje je zbledelo, ko se nama je pridružil domišljavi znanec. Obremenil naju je z dolgoveznim govorjenjem.

»Vidim, da ti ta človek ni všeč,« mi je zašepetal svetnik, tako da ga egocentrik, zatopljen v svoj samogovor, ni slišal. »O tem sem govoril z Božansko Materjo. Pozna najino zadrego. Obljubila mi je, da ga bo spomnila na nujnejše opravke, takoj ko pridemo do tiste rdeče hiše.«

Oči sem upiral v kraj rešitve. Ko smo prispeli do rdečih vrat, se je tisti človek iz neznanega razloga obrnil in sredi stavka odšel, ne da bi se poslovil. Nad vznemirjenim ozračjem je ponovno zavladal spokoj.

Nekega dne sem se sam sprehajal v bližini železniške postaje v Howrahu. Nekaj trenutkov sem postal pri templju in v mislih kritiziral skupinico mož z bobnom in cimbalami, ki je divje popevala pesem.

»Kako nepobožno in mehanično ponavljajo Gospodovo sveto ime,« sem razmišljal. Tedaj sem presenečen opazil, da se mi hitro približuje učitelj Mahašaja.

»Gospod, kako da ste tukaj?«

Svetnik se ni zmenil za moje vprašanje, se je pa odzval na moje misli. »Ali ni res, gospodič, da ime Ljubljene prijetno zveni iz vseh ust, nevednih in modrih?« Z roko me je ljubeče objel in me na svoji čarobni preprogi ponesel k Usmiljeni Navzočnosti.

»Bi si šel ogledat bioskop?« To vprašanje, ki mi ga je nekega popoldneva zastavil puščavniški učitelj Mahašaja, me je zmedlo. Ta izraz so tedaj v Indiji uporabljali za filme. Privolil sem, ker sem bil rad v njegovi družbi, ne glede na to, kaj sva počela. Po živahnem sprehodu sva prispela na vrt, ki je ležal pred Univerzo v Kalkuti. Moj spremljevalec mi je pokazal klop blizu *goldighija* ali ribnika.

»Sediva sem za trenutek. Učitelj mi je rekel, naj vedno, ko uzrem vodno površino, meditiram. Tukaj naju njena spokojnost spominja na neskončni Božji mir. Tako kot lahko vsaka stvar odseva v vodi, tako se tudi vse vesolje zrcali v jezeru Kozmičnega Uma. Tako je pogosto rekel moj *gurudeva*.«*

Kmalu zatem sva vstopila v univerzitetno predavalnico, kjer se je odvijalo predavanje. Izkazalo se je za strašno dolgočasno, čeprav

* 'Božanski učitelj', običajni sanskrtski izraz za duhovnega učitelja. *Deva* ('bog') skupaj z besedo *guru* ('razsvetljeni učitelj') izraža globoko spoštovanje. Prevedemo ga lahko preprosto kot 'učitelj'.

BOŽANSKA MATI
Božanska Mati je tisti vidik Boga, ki je dejaven pri stvarjenju: *šakti* ali moč transcendentnega Gospoda. Zaradi različnih lastnosti, ki jih izraža, jo poznajo pod mnogimi imeni. Njena dvignjena roka tu pomeni vesoljni blagoslov, v drugih simbolično drži molitvene kroglice (pobožna predanost), liste svetega spisa (učenje in modrost) in vrč svete vode (očiščevanje).

sem in tja popestreno z ilustracijo na lanternski prosojnici, kar pa je bilo enako nezanimivo.

»A takšen bioskop mi je torej želel pokazati učitelj!« sem nepotrpežljivo pomislil, čeprav svetnika nisem želel užaliti s tem, da bi se mi dolgčas izrisal na obrazu. On pa se je zaupno nagnil k meni.

»Gospodič, vidim, da ti ta bioskop ni všeč. To sem omenil Božji Materi. Popolnoma naju razume. Zdaj mi je povedala, da bodo električne luči ugasnile in se bodo ponovno prižgale šele, ko bova zapustila sobo.«

Ko je umolknil, je predavalnica utonila v temo. Profesor, čigar rezki glas je za trenutek od presenečenja obmolknil, je rekel: »Očitno je električni sistem v tej predavalnici v okvari.« V tistem trenutku sva z učiteljem že prestopila prag predavalnice. Ozrl sem se in videl, da je predavalnica znova osvetljena.

»Gospodič, tisti bioskop te je razočaral, mislim pa, da ti bo všeč tale drugi.« S svetnikom sva stala na pločniku pred univerzitetno zgradbo. Nežno me je lopnil po prsih v višini srca.

Sledila je preobražujoča tišina. Kot se moderni zvočni filmi spremenijo v neme, ko se pokvarijo zvočniki, tako je Božja roka po nekakšnem nenavadnem čudežu zadušila zemeljski vrvež. Pešci, skupaj s tramvaji, avtomobili, volovskimi vpregami in izvoščki z železnimi kolesi, so neslišno hodili oziroma vozili mimo naju. Kot bi imel vsenavzoče oko, sem opazoval prizore, ki so se odvijali za menoj in na obeh straneh s takšno lahkoto, kot bi vse imel pred seboj. Celotno dogajanje v tistem delčku Kalkute se je pred menoj odvijalo brez zvoka. Moj panoramski pogled je prežemalo blago svetlikanje, tako kot pod tanko plastjo pepela žari žerjavica.

Občutek sem imel, da je moje telo zgolj ena od mnogih senc, čeprav je bila negibna, medtem ko so druge nemo brzele sem in tja. Več fantov, mojih prijateljev, se nama je približalo in nadaljevalo pot. Čeprav so gledali naravnost vame, me niso prepoznali.

Ta edinstvena pantomima me je popeljala v nepopisno ekstazo. Globoko sem se odžejal pri nekem izviru blaženosti. Tedaj me je učitelj Mahašaja znova nežno počil po prsih. Kaos sveta je udaril na moja nepripravljena ušesa. Opotekel sem se, kot bi me grobo zbudili iz koprenastih sanj. Presežno vino mi ni bilo več dosegljivo.

»Gospodič, vidim, da ti je bil drugi bioskop* všeč.« Svetnik se je smehljal. Hotel sem poklekniti pred njim v znak hvaležnosti. »Tega pa zdaj ne moreš narediti,« je rekel. »Saj veš, da je Bog tudi v

* V slovarju angleškega jezika Webster's New International (1934) je kot redka zapisana ta definicija besede ‚bioscope': »Pogled na življenje; tisto, kar daje tak pogled.« Izbira besede učitelja Mahašaje je bila tako nenavadno utemeljena.

tvojem templju! Ne bom dovolil, da bi se Božanska Mati dotaknila mojih stopal s tvojimi rokami!«

Če je kdo opazoval skromnega učitelja in mene, ko sva počasi stopila s polnega pločnika, je gotovo mislil, da sva vinjena. Zdelo se mi je, da so bile padajoče sence tistega večera sočutno pijane od Boga.

Ko skušam z ubogimi besedami opisati njegovo milino, se sprašujem, ali so učitelj Mahašaja in drugi svetniki, katerih pot je prekrižala mojo, vedeli, da bom leta kasneje v zahodni deželi pisal o njihovih življenjih častilcev Božanskega. Ne bi me presenetilo, če bi že vedeli za to, prav tako pa ne, upam, mojih bralcev, ki so prišli tako daleč z menoj.

Svetniki vseh verstev so prišli do spoznanja Boga s preprostim pojmom Kozmične Ljubljene. Ker je Absolutno *nirguna,* 'brez lastnosti', in *ačintja*, 'nepojmljivo', sta ga človeška misel in hrepenenje poosebila v Vesoljno Mater. Kombinacija osebnega teizma in filozofije Absolutnega je starodavni dosežek hindujske misli, razložen v Vedah in Bhagavad giti. Ta ‚sprava nasprotij' zadovolji srce in glavo; *bhakti* (ljubeča predanost) in *gjana* (modrost) sta v bistvu eno. *Prapatti,* 'iskati zatočišče' v Bogu, in *šaranagati,* 'vreči se v Božje sočutje', sta v resnici poti najvišjega znanja.

Ponižnost učitelja Mahašaje in ponižnost vseh drugih svetnikov izvira iz spoznanja njihove popolne odvisnosti (*sešatve*) od Gospoda kot edinega Življenja in Sodnika. Ker je Božja narava blaženost, človek, ki je uglašen z Njim, doživlja prirojeno brezmejno radost. »Najpomembnejša od strasti duše in volje je radost.«*

Verujoči vseh dob, ki pristopajo k Materi z otroškim duhom, pričajo o tem, da je vedno v igri z njimi. V življenju učitelja Mahašaje

* Sveti Janez od Križa. Telo tega priljubljenega krščanskega svetnika, ki je umrl leta 1591, so leta 1859 izkopali in odkrili, da je nestrohnjeno.

Sir Francis Younghusband (*Atlantic Monthly*, december 1936) je pripovedoval o izkušnji kozmičnega veselja: »Obšlo me je nekaj, kar je bilo veliko več kot vzhičenost ali vznesenost; ves iz sebe sem bil od močne radosti in s to nepopisno in skoraj neznosno radostjo je prišlo razodetje osnovne dobrote sveta. Prepričan sem bil onkraj vsake sence dvoma, da so ljudje po srcu dobri, da je zlo v njihovih srcih površinsko.«

so se izrazi Božje igre pojavljali ob pomembnih in nepomembnih priložnostih. V Božjih očeh ni nič veliko ali majhno. Če ne bi bilo njegove popolne natančnosti pri gradnji malega atoma, bi lahko nebo nosilo ponosne strukture Vege in Arkturja? Razlikovanje med ‚pomembnim' in ‚nepomembnim' je Gospodu gotovo neznano, sicer bi se zaradi manjkajoče podrobnosti zrušilo vse vesolje!

10. POGLAVJE

Spoznam svojega učitelja, Šri Juktešvarja

»Z vero v Boga lahko dosežete vsak čudež, razen enega – da bi naredili izpit brez učenja.« Z odporom sem zaprl knjigo ‚navdihov', ki sem jo prijel v roke v trenutku brezdelja.

»Izjema, ki jo omenja avtor, razkriva, da nima nikakršne vere,« sem pomislil. »Ubožec, gotovo ima veliko spoštovanje do učenja pozno v noč!«

Očetu sem obljubil, da bom končal srednjo šolo. Ne morem se pretvarjati, da sem bil marljiv. Meseci so minevali, jaz pa sem bil v učilnici redkeje kot pa v odmaknjenih kotičkih po kalkutskih kopalnih *ghatih*. Predeli za upepeljevanje ob njih so ponoči še zlasti grozljivi in izredno privlačni za jogije. Tistega, ki bi rad našel Nesmrtno Bistvo, ne sme iztiriti že pogled na preprosto lobanjo. Človeška nezadostnost postane v mračnem domovanju različnih kosti zelo očitna. Noči sem torej preživljal popolnoma drugače kot učenjaki.

Teden zaključnih izpitov na srednji šoli Hindu se je hitro bližal. To obdobje spraševanja dijakom vliva dobro znani strah – enako kot prostor za pogrebe. Kljub temu sem bil miren. Na nabrežjih sem pridobival znanje, ki ga ne dobiš v predavalnicah. Manjkala pa mi je umetnost Svamija Pranabanande, ki se je z lahkoto pojavljal na dveh krajih hkrati. Moje razmišljanje je bilo (čeprav se mnogim to ne zdi logično), da bo Gospod opazil mojo zagato in me rešil iz nje. Neracionalnost vernika izvira iz tisoč nerazložljivih primerov Božjega posredovanja v težavah.

»Živijo, Mukunda! Te dni te še komaj kaj vidim!« me je nekega popoldneva na ulici Garpar nagovoril sošolec.

»Živijo, Nantu! Dejstvo, da sem bil v šoli neviden, me je tam spravilo v močno neprijeten položaj,« sem se mu zaupal, ko me je prijazno gledal.

Nantu, ki je bil odličen študent, se je iz srca zasmejal, na moji težavi je bilo tudi nekaj komičnega.

»Popolnoma nepripravljen si za izpite!« je rekel. »Najbrž je zdaj na meni, da ti pomagam!«

Preproste besede so bile božanska obljuba mojim ušesom. Navdušeno sem šel na prijateljev dom. V glavnih potezah mi je prijazno opisal rešitve za različne probleme, za katere je bilo po njegovo veliko možnosti, da jih bodo zastavili učitelji.

»Ta vprašanja so vaba, na katero se bodo mnogi zaupljivi učenci ujeli v izpitno past. Zapomni si moje odgovore in uspelo se ti bo izmazati.«

Z njegovega doma sem odšel, ko se je že zdavnaj zdanilo. Pokal sem od neutrjene učenosti in pobožno sem molil, da bi ostala z menoj še nekaj odločilnih dni. Nantu me je poučil o različnih predmetih, a v časovni stiski je pozabil na sanskrt. Boga sem goreče spomnil na to dejstvo.

Naslednje jutro sem šel na sprehod, v ritmu zibajočih se korakov sem utrjeval novo znanje. Ko sem po bližnjici prečkal zaraščen kos zemlje na vogalu, se mi je pogled ustavil na listih potiskanega papirja, ki so ležali na tleh. Zmagovito sem jih zgrabil. V rokah sem imel verze v sanskrtu! Poiskal sem učenjaka, da bi mi pomagal pri njihovi razlagi. Njegov žametni glas je napolnil zrak z milozvočno, sladko lepoto starodavnega jezika.*

»Te neobičajne vrstice ti nikakor ne bodo pomagale pri izpitu iz sanskrta.« Učenjak jih je v dvomu zavrnil.

A ravno poznavanje te pesmi mi je naslednji dan pomagalo, da sem opravil izpit iz sanskrta. Zaradi Nantujeve uvidevnosti in

* *Sanskrta*, 'izpiljen, popoln'. Sanskrt je starejši brat vseh indoevropskih jezikov. Njegov črkovni zapis je *devanagari*, dobesedno 'bivališče božanstva'. »Kdor pozna mojo slovnico, pozna Boga!« Panini, veliki filolog starodavne Indije, se je s temi besedami poklonil matematični in psihološki popolnosti sanskrta. Kdor bo jeziku sledil do njegovega izvora, bo resnično dosegel vsevednost.

pomoči sem z najnižjo pozitivno oceno opravil tudi vse druge predmete.

Oče je bil zadovoljen, da sem držal besedo in zaključil srednješolsko izobraževanje. Zahvaljeval sem se Gospodu, ki me je – tako sem čutil – sam vodil, da sem obiskal Nantuja in izbral neobičajno pot, na kateri je bilo polno smeti. Še pravočasno mi je dvakrat igrivo priskočil na pomoč.

Naletel sem na odvrženo knjigo, katere pisec je zanikal primat Boga v izpitnih dvoranah. Nisem si mogel kaj, da se ne bi zahihital ob svoji tihi pripombi:

»Ta človek bi bil še bolj zmeden, če bi mu povedal, da je bližnjica do srednješolskega spričevala božanska meditacija med trupli!«

Zdaj sem poln novega dostojanstva odkrito načrtoval odhod od doma. Odločil sem se, da bom z mladim prijateljem Džitendro Mazumdarjem* šel v Šri Bharat Dharma Mahamandal, duhovno središče v Benaresu,† da bi tam prejel duhovno vzgojo.

Ob misli, da se bom ločil od svoje družine, me je nekega dne zajel obup. Po materini smrti sem se še posebej navezal na mlajša brata, Sanando in Bišnuja, in na najmlajšo sestrico Thamu. Stekel sem v svoje zatočišče, majhno podstrešje, ki je bilo priča tolikim prizorom moje razburkane *sadhane*.‡ Potem ko sem dve uri točil solze, sem se počutil nenavadno prerojenega, kot bi me očistili z alkimističnim čistilom. Vse moje navezanosti§ so odpadle, odločenost, da iščem Boga kot Prijatelja vseh prijateljev, se je trdno zasidrala v meni.

* To ni bil Džatinda (Džotin Ghoš), ki se ga bomo spominjali po njegovem odporu do tigrov.

† Po indijski neodvisnosti so Indijci mnogim besedam, ki so jih Britanci poangležili, vrnili prvotni zapis. Tako se Benares zdaj običajno piše Varanasi, oziroma se zanj uporablja še starejše ime, Kaši.

‡ Pot oziroma priprava na pot k Bogu.

§ Hindujski sveti spisi učijo, da je navezanost na družino varljiva, če verniku preprečuje iskanje Njega, ki podeljuje vse blagoslove, vključno z ljubečimi sorodniki, da ne govorimo o življenju samem. Jezus je podobno učil: »Kdor ima rajši očeta ali mater kakor mene, ni mene vreden.« – Mt 10,37.

»Še enkrat te prosim,« je rekel zaskrbljeni oče, ko sem stal pred njim, da bi me blagoslovil. »Ne zapusti mene ter užaloščenih bratov in sester.«

»Spoštovani oče, ne morem opisati ljubezni, ki jo čutim do tebe. Še večja pa je moja ljubezen do Nebeškega Očeta, ki me je obdaril s popolnim očetom na zemlji. Dovoli mi oditi, da se bom lahko nekega dne vrnil s še večjim, božanskim razumevanjem.«

Oče je nerad privolil v moj odhod. Odšel sem, da bi se pridružil Džitendri, ki je že bil v duhovnem središču v Benaresu. Ob prihodu me je prisrčno sprejel mladi Dajananda, glavni svami. Bil je visok in vitek, s preudarno držo. Name je naredil dober vtis. Njegov svetli obraz je v obvladanosti spominjal na Budovega.

Razveselilo me je dejstvo, da ima moj novi dom podstrešje, kjer sem lahko preživljal čas ob zori in jutranje ure. Člani ašrama, ki niso vedeli veliko o izvajanju meditacije, so menili, da bi moral čas posvečati izključno organizacijskim dolžnostim. Pohvalili so me za popoldansko delo v njihovi pisarni.

»Ne poskušaj prehitro ujeti Boga!« se mi je posmehnil eden od stanovalcev, ko sem se nekoč v zgodnjih urah odpravljal na podstrešje. Šel sem k Dajanandi, ki je pridno delal v svojem malem kabinetu z razgledom na Ganges.

»Svamidži,* ne razumem, kaj se pričakuje od mene. Želim si neposredno dojemati Boga. Brez njega ne morem biti zadovoljen s pripadnostjo organizaciji, z nazori ali opravljanjem dobrih del.«

V oranžno oblačilo odet duhovnik me je ljubeče potrepljal. Zaigral je grajanje in okaral nekaj bližnjih učencev. »Ne nadlegujte Mukunde. Se bo že privadil našega življenja.«

Vljudno sem skril svoj dvom. Učenci so odšli iz sobe, ne da bi bili kaj vidno pobiti zaradi graje. Dajananda mi je povedal še nekaj.

»Mukunda, vidim, da ti oče redno pošilja denar. Prosim, vrni mu ga, tukaj ga ne potrebuješ. Drugi napotek za tvoje obnašanje pa je povezan s hrano. Tudi, če čutiš lakoto, tega ne omenjaj.«

* *Dži* je običajna spoštljiva pripona, ki se še zlasti uporablja v neposrednem naslavljanju; zato se v besedilu pojavljajo ‚svamidži', ‚gurudži', ‚Šri Juktešvardži'.

Nisem vedel, ali mi je v očeh pisalo, da sem sestradan. Še predobro pa sem vedel, da sem lačen. Prvi obrok v ašramu je bil vedno opoldne, doma pa sem si vsako jutro privoščil obilen zajtrk ob devetih.

To triurno razliko sem vsak dan težje prenašal. Daleč so bila leta v Kalkuti, ko sem lahko kuharja oštel, če je zamudil deset minut. Zdaj sem skušal nadzorovati svoj tek. Opravil sem štiriindvajseturni post. Še toliko bolj željno sem pričakoval opoldanski obrok naslednjega dne.

»Dajanandadžijev vlak zamuja. Ne bomo jedli, dokler se ne vrne,« mi je Džitendra povedal usodno novico. V znak dobrodošlice svamiju, ki je bil dva tedna odsoten, so pripravili mnogo slastnih jedi. Vabljive vonjave so napolnjevale zrak. Ničesar ni bilo, da bi dal v usta, pogoltnil sem lahko le svoj ponos nad opravljenim postom dan prej.

»Gospod, pospeši vlak!« Pomislil sem, da Nebeški Skrbnik gotovo ni mogel sodelovati pri prepovedi, s katero me je utišal Dajananda. Božja pozornost pa je bila drugje, kazalci ure so se vrteli naprej. Ko je naš voditelj stopil skozi vrata, se je že spuščal mrak. Ko sem ga pozdravil, sem kar sijal od veselja.

»Preden bomo postregli hrano, se bo Dajanandadži še okopal in meditiral,« je Džitendra znova stopil k meni kot ptič, ki naznanja nesrečo.

Skoraj me je pobralo. Moj mladi želodec, ki mu je bilo pomanjkanje nekaj novega, je ugovarjal z morečo odločnostjo. Pred oči so mi zdaj kot prikazni prihajali posnetki žrtev lakote.

»Do naslednje smrti zaradi lakote bo v Benaresu prišlo vsak trenutek v tej stavbi,« sem pomislil. Preteča poguba se je odvrnila od mene ob devetih. Naposled – božanski klic! Še vedno imam živ spomin na tisto večerjo kot na eno najpopolnejših ur mojega življenja.

Kljub močni zatopljenosti sem opazil, da je bil Dajananda med jedjo zamišljen. Očitno ni tako užival v hrani kot jaz.

»Svamidži, niste bili lačni?« Veselo sem se najedel in sem bil zdaj sam z voditeljem v njegovi delovni sobi.

»O, ja!« je odvrnil. »Zadnje štiri dni sem preživel brez hrane in pijače. Nikoli ne jem na vlakih, ki so polni različnih vibracij posvetnih ljudi. Strogo upoštevam šastrska* pravila za menihe mojega reda. Mučijo me določene organizacijske težave. Nocoj doma večerji nisem namenil prave pozornosti. Saj se ne mudi. Si bom pa jutri privoščil dober obrok.« Veselo se je zasmejal.

Od sramu, ki me je zajel, me je začelo dušiti. A trpljenja preteklega dne nisem mogel zlahka pozabiti. Drznil sem si še nekaj pripomniti.

»Svamidži, zbegan sem glede spoštovanja pravil. Kaj če nikoli več ne bi prosil za hrano in mi je nihče ne bi dal? Umrl bi od lakote.«

»Potem pa umri!« je prerezal zrak strah vzbujajoči nasvet. »Umri, če moraš, Mukunda! Nikoli ne verjemi, da živiš v moči hrane in ne v moči Boga! On, ki je ustvaril vse oblike hranil, on, ki nam je naklonil tek, bo vedno pazil, da bo za njegovega častilca poskrbljeno. Ne misli, da te pri življenju ohranja riž, niti tega, da te vzdržujeta denar ali ljudje. Bi ti lahko to pomagalo, če bi ti Gospod odvzel življenjski dih? To so zgolj njegova orodja. Si ti zaslužen za to, da se hrana v tvojem trebuhu prebavlja? Uporabi meč svojega razločevanja, Mukunda! Presekaj verige vzročnosti in razumi Edini Vzrok!«

Njegove prodorne besede so našle pot globoko v moje srce. Znebil sem se stare zmote, zaradi katere telesne potrebe ukanijo dušo. V tistem trenutku in na tistem mestu sem okusil vsezadostnost Duha. V koliko neznanih mestih kasneje v življenju, ko sem nenehno potoval, mi je prišel prav ta praktični nauk iz ašrama v Benaresu!

Edini zaklad iz Kalkute, ki sem ga vzel s seboj, je bil sadhujev srebrni amulet, ki mi ga je zapustila mati. Dolga leta sem ga

* Nanašajoč se na *šastre,* dobesedno 'svete knjige', ki vsebujejo štiri razrede spisov: *šruti, smriti, purana* in *tantra.* Te obširne razprave zajemajo vse vidike verskega in družbenega življenja, in področja prava, medicine, arhitekture, umetnosti itn. *Šruti* so 'neposredno slišani' oziroma 'razodeti' spisi, Vede. *Smriti* oziroma 'zapomnjeno' izročilo so v daljni preteklosti nazadnje zapisali kot najdaljša epa na svetu, *Mahabharato* in *Ramajano. Purane*, ki jih je osemnajst, so dobesedno 'starodavne' alegorije. *Tantra* dobesedno pomeni 'obredje' oziroma 'rituali'; te razprave prinašajo pod tančico podrobnega simbolizma globoke resnice.

Šri Jogananda in Svami Gjananánda, guru Svamija Dajanande, ašram Mahamandal, Benares, 7. februar 1936. V tradicionalni gesti spoštovanja je Joganandadži sedel k nogam Gjananandadžija, duhovnega vodje tega ašrama. Tu se je Joganandadži duhovno usposabljal kot deček, še preden je našel svojega guruja Svamija Šri Juktešvarja leta 1910.

varoval in ga zdaj skrbno skril v svoji sobi v ašramu. Da bi se znova poveselil pričevanja talismana, sem nekega dne odprl zaklenjeno škatlo. Čeprav je bila zalepljena ovojnica nedotaknjena, amuleta ni bilo več v njej! Žalostno sem raztrgal ovoj in se prepričal, da ga res ni več. Izginil je nazaj v eter, kot je napovedal sadhu, ki ga je od tam priklical.

Moj odnos z Dajanandovimi učenci se je iz dneva v dan slabšal. Sostanovalci so se odtujili od mene, prizadeti zaradi moje odločne zadržanosti. Moja stroga zavezanost meditaciji k Idealu, zaradi katerega sem odšel od doma in pustil za seboj vse posvetne ambicije, je vzbujala plehko kritiko z vseh strani.

Razklan od duhovnega trpljenja sem nekega dne ob zori prišel na podstrešje, odločen, da bom molil, dokler ne prejmem odgovora.

»Usmiljena Mati Vesolja, poučuj me s svojim prikazovanjem ali pa mi pošlji guruja!«

Ure so minevale, odgovora na moje ihteče prošnje ni bilo. Nenadoma pa se mi je zazdelo, da se je moje telo dvignilo v območje neomejenega.

»Danes pride tvoj učitelj!« je z vseh koncev in hkrati od nikoder prišel božanski ženski glas.

Nadnaravno doživetje je pretrgal klic, ki je nedvomno prihajal iz točno določenega mesta. Mladi duhovnik, ki smo ga klicali Habu, me je poklical iz kuhinje pod menoj.

»Mukunda, dovolj meditacije! Potrebujem te, da greva po opravkih.«

Kdaj drugič bi nepotrpežljivo odgovoril, zdaj pa sem si obrisal od joka zaripli obraz in se ubogljivo odzval. S Habujem sva se odpravila na oddaljeno tržnico v bengalski četrti Benaresa. Žgoče indijsko sonce še ni bilo v zenitu, ko sva že opravila nakupe na bazarjih. Utirala sva si pot skozi barvito gnečo gospodinj, vodičev, duhovnikov, preprosto oblečenih vdov, dostojanstvenih *brahminov* in povsod navzočih svetih bikov. V nekem trenutku sem med hojo zasukal glavo in pogled uprl v ozko, nevpadljivo ulico.

Na koncu ulice je negibno stal mož, podoben Kristusu, v oker oblačilih, značilnih za svamije. Zazdelo se mi je, da ga poznam že od nekdaj. Nekaj trenutkov sem ga vpijal s pogledom, nato me je obšel dvom.

»Tega potujočega meniha si zamešal za kakega znanca,« sem pomislil. »Pojdi naprej, sanjač.«

Čez deset minut sem v nogah začutil veliko otrplost. Kot bi se mi spremenile v kamen, me niso več nesle naprej. Ko sem se s težavo obrnil, sem spet lahko normalno hodil. Ko sem se spet obrnil v nasprotno smer, so moje noge znova postale težke.

Svetnik me kot magnet vleče k sebi! Ob tej misli sem Habuju v naročje potisnil svoje zavitke. Ta je osuplo opazoval moje prestopanje, zdaj pa je planil v smeh.

»Kaj te muči? Si nor?«

Preveč sem bil vznemirjen, da bi mu lahko odgovoril. Molče sem stekel nazaj.

Kot na krilih vetra sem se vračal po isti poti in prispel do tiste ozke ulice. Hitro sem pogledal vanjo in odkril tiho pojavo, ki je še vedno gledala v mojo smer. Hlastno sem naredil nekaj korakov in že sem bil pri njegovih stopalih.

»Gurudeva!« Njegov božanski obraz je bil prav tisti, ki sem ga v videnjih uzrl že tisočkrat. Te spokojne oči na levji glavi s koničasto brado in z obilnimi kodri so pogosto kukale skozi mrak mojih nočnih sanjarjenj z obljubo, ki je nisem v polnosti razumel.

»Oh, najdražji moj, prišel si k meni!« Moj guru je v bengalščini znova in znova ponavljal te besede, z glasom, ki je drhtel od veselja. »Koliko let sem te čakal!«

Nato sva kot eden umolknila. Besede so se nama zdele popolnoma nepotrebne. Iz srca učitelja je v nemi pesmi tekla poplava besed v srce učenca. S tipalkami zanesljivega uvida sem začutil, da moj guru pozna Boga in da me bo vodil k njemu. Temine tega življenja so izginile ob krhki zori spominov izpred mojega rojstva. Kako dramatičen je čas! Preteklost, sedanjost in prihodnost so njegovi menjajoči se prizori. To ni bilo prvo sonce, ki me je našlo ob teh svetih stopalih!

Guru me je prijel za roko in me peljal v svoje začasno bivališče v delu mesta, ki se je imenoval Rana Mahal. Njegova športna postava se je premikala z odločnim korakom. Bil je visok, pokončne drže, star okrog petinpetdeset let, dejaven in čil kot mladenič. Njegove velike, temne oči je krasila lepota globoke modrosti. Rahlo valoviti lasje so mehčali njegov obraz, ki je izžareval osupljivo moč. Trdnost se je nežno prepletala z blagostjo.

Ko sva si utirala pot do kamnitega balkona hiše, ki je bila obrnjena proti Gangesu, je ljubeče rekel:

»Dal ti bom svoje ašrame in vse, kar premorem.«

»Gospod, prišel sem po modrost in spoznanje Boga. To sta vaša zaklada, ki ju iščem!«

Preden je učitelj znova spregovoril, je nagli indijski mrak že na pol spustil svojo zaveso. Iz njegovih oči je sijala nedoumljiva nežnost.

ŠRI JUKTEŠVAR (1855–1936)
Gjanavatar, 'utelešenje modrosti'
Učenec Lahirija Mahašaje, guru Šri Joganande
Paramguru vseh *krija jogijev* SRF-YSS

Meditacijski tempelj Svamija Šri Juktešvarja, posvečen leta 1977, na zemljišču njegovega ašrama v Seramporju. Arhitektura templja je oblikovana po predlogi Paramahanse Joganande.

Joganandadži leta 1915, na zadnjem sedežu motorja, ki mu ga je podaril oče. »Povsod sem se vozil z njim,« je rekel, »še zlasti na obiske k svojemu učitelju Šri Juktešvarju v njegov ašram v Seramporju.«

»Brezpogojno te bom ljubil.«

Dragocene besede! Četrt stoletja je preteklo, preden sem iz njegovih ust znova dobil dokaz njegove ljubezni. Njegove ustnice niso bile vajene žara, tišina je bolj ustrezala njegovemu velikanskemu srcu.

»Boš tudi ti mene brezpogojno ljubil?« me je vprašal in me gledal z otroškim zaupanjem.

»Večno vas bom ljubil, gurudeva!«

»Ljubezen je običajno sebična, mračno zakoreninjena v željah in zadovoljstvih. Božanska ljubezen pa ne postavlja pogojev, nima meje in se ne spreminja. Spremenljivo človeško srce se ob dotiku čiste ljubezni ustali.« Ponižno je dodal: »Če boš kdaj opazil, da nisem več v stanju spoznanja Boga, mi, prosim, obljubi, da boš dal mojo glavo v svoje naročje in mi pomagal, da se vrnem k Vesoljnemu Ljubljenemu, ki ga oba častiva.«

Vse bolj se je spuščala tema. Vstal je in me peljal v notranjo sobo. Ko sva jedla mange in slaščice iz mandljev, je v pogovor nevsiljivo vtkal podrobno védenje o moji naravi. Ob veličini njegove modrosti, ki se je izvrstno skladala z njegovo ponižnostjo, sem ostal brez besed.

»Ne žaluj za svojim amuletom. Odslužil je svojemu namenu.« Kot božansko ogledalo je moj guru očitno ujel odsev mojega celotnega življenja.

»Živa resničnost vaše navzočnosti, učitelj, me razveseljuje močneje kot kakršnokoli znamenje.«

»Glede na to, da nisi zadovoljen z življenjem v ašramu, je čas za spremembo.«

Ničesar mu nisem povedal o svojem življenju, kar je bilo zdaj tako ali tako odveč! Po tem, kako naravno in nepoudarjeno je govoril, sem razumel, da si ne želi osuplih odzivov na svojo jasnovidnost.

»Vrniti bi se moral v Kalkuto. Zakaj bi ljubil celotno človeštvo, ne pa svojih sorodnikov?«

Njegov predlog me je potrl. Moji domači so napovedovali mojo vrnitev, čeprav se nisem odzval na njihove številne pisemske prošnje. »Naj mladi ptič poleti v metafizično nebo,« je pripomnil Ananta. »V težkem ozračju se bodo njegova krila utrudila. Videli bomo, kako se bo z višine spustil proti domu, zložil peruti in se ponižno spočil v družinskem gnezdu.« Ker sem imel to prispodobo še vedno sveže v spominu, sem bil odločen, da ne bom ‚švignil' proti Kalkuti.

»Gospod, ne bom se vrnil domov. Za vami pa bom šel kamorkoli. Prosim, povejte mi svoj naslov in svoje ime.«

»Svami Šri Juktešvar Giri. Moj glavni ašram je v Seramporju na Ulici ghata Rai. Tukaj sem le za nekaj dni na obisku pri materi.«

Čudil sem se zapleteni igri Boga s svojimi verniki. Serampor je od Kalkute oddaljen le slabih 20 kilometrov, a v tistih krajih nikoli nisem ugledal svojega guruja. Da sva se srečala, sva morala potovati v starodavno mesto Kaši (Benares), ki so ga posvečevali spomini na Lahirija Mahašajo. Tukaj so s svojimi stopinjami tla blagoslovili tudi Buda, Šankaračarja* in mnogi drugi jogi-Kristusi.

* Šankaračarja (Šankara), največji indijski filozof, je bil učenec Govinde Džatija in njegovega guruja Gaudapade. Napisal je slavni komentar k razpravi *Mandukja karika*, katere avtor je bil Gaudapada. Šankara je vedantsko filozofijo z neovrgljivo logiko v očarljivem in elegantnem slogu razlagal v duhu stroge *advaite* (nedualistično, monistično). Veliki monist je tudi zlagal pesmi o pobožni ljubezni. Njegova *Molitev k Božanski Materi za odpuščanje grehov* vsebuje refren: »Čeprav mnogo slabih je sinov, nikoli še bilo ni slabe matere.«

Sanandana, Šankarov učenec, je napisal komentar *Brahma sutre* (vedantska filozofija). Rokopis je pogoltnil ogenj, a Šankara (ki ga je enkrat preletel) ga je besedo za besedo ponovil svojemu učencu. Besedilo, znano pod imenom *Pančapadika*, še danes preučujejo učenjaki.

Čela Sanandana je po nekem čudovitem pripetljaju dobil novo ime. Nekega dne je sedel na rečnem nabrežju in slišal, kako ga z nasprotnega brega kliče Šankara. Sanandana je nemudoma stopil v vodo. Njegova vera in njegova stopala so nemudoma dobila oporo, saj je Šankara na vrtinčasti reki materializiral vrsto lotosovih cvetov. Učenca so od tedaj klicali Padmapada, 'lotosovo stopalo'.

Padmapada se v *Pančapadiki* mnogokrat ljubeče pokloni svojemu guruju. Sam Šankara je napisal naslednje lepe vrstice: »Za pravega guruja v treh svetovih ni znanih primerjav. Če vzamemo, da kamen modrosti obstaja, lahko spremeni železo le v zlato, ne pa v drug kamen modrosti. Spoštovan učitelj pa po drugi strani ustvari enakost s samim seboj v učencu, ki se zateče k njegovim stopalom. Guru je torej brez primere, ne, transcendentalen je.« (*Stotnija kitic,*1.)

Gospod Šankara je bil redka kombinacija svetnika, učenjaka in človeka dejanj. Čeprav je živel le dvaintrideset let, je številna od njih preživel na napornih potovanjih na vse konce Indije med širjenjem svojega nauka *advaite*. Milijoni so se zavzeto zbirali, da bi slišali tolažbo v modrih besedah bosonogega mladega meniha.

»K meni boš prišel čez štiri tedne,« je tedaj Šri Juktešvar prvič strogo spregovoril. »Zdaj, ko sem ti povedal, da ti bom za vedno naklonjen in ti dal vedeti, kako srečen sem ob tem, da sem te našel, ti ne upoštevaš moje prošnje. Ko se naslednjič srečava, boš moral znova vzbuditi moje zanimanje. Ne bom te zlahka sprejel za svojega učenca: pokorno se moraš popolnoma predati mojemu strogemu usposabljanju.«

Trmasto sem molčal. Moj guru je hitro razumel, v čem je težava.

»Misliš, da se ti bodo sorodniki smejali?«

»Ne bom se vrnil.«

»Vrnil se boš čez trideset dni.«

»Nikoli.«

Napetost zaradi nesoglasja še ni popustila, ko sem se spoštljivo priklonil pred njegovimi stopali in odšel. Ko sem se v polnočni temi vračal v ašram, sem se spraševal, zakaj se je čudežno srečanje končalo s tako neharmoničnim priokusom. Ah, ta dvojna tehtnica *maje*, ki vsako veselje uravnovesi z žalostjo! Moje mlado srce se še ni pustilo gnesti preobražujočim prstom mojega guruja.

Naslednje jutro sem opazil še večjo sovražnost v odnosu drugih prebivalcev ašrama. Moje dneve so napolnjevali s stalno osornostjo. Minili so trije tedni. Tedaj je Dajananda zapustil ašram, da bi se udeležil konference v Bombaju. Nad mojo nesrečno glavo je izbruhnil pekel.

»Mukunda je zajedavec, sprejema gostoljubje ašrama, ne da bi prispeval svoj delež.« Ko sem slišal to pripombo, mi je bilo prvič

Šankarova reformna vnema je vključevala tudi reorganizacijo starodavnega meniškega reda svamijev (glej op. na str. 243 in stran 243). Ustanovil je tudi *mathe* (samostanska izobraževalna središča), in sicer v štirih krajih – v Sringeriju na jugu, v Puriju na vzhodu, v Dwarki na zahodu in v Badrinathu na himalajskem severu.

V štirih *mathih* vélikega monista, ki so ga bogato obdarovali princi in običajni ljudje, so brezplačno poučevali sanskrtsko slovnico, logiko in vedantsko filozofijo. Šankarov cilj pri ustanavljanju svojih *mathov* na štirih koncih Indije je bil spodbujanje verske in nacionalne enotnosti po vsej prostrani deželi. Tako lahko tudi danes pobožen hindujec brezplačno dobi sobo in hrano v *čoltrijih* in *satramih* (počivališčih vzdolž romarskih poti), ki jih vzdržujejo javni dobrotniki.

žal, da sem se uklonil prošnji, naj očetu vrnem denar. S težkim srcem sem poiskal edinega prijatelja, Džitendro.

»Odhajam. Prosim, prenesi moje spoštovanje in obžalovanje Dajanandadžiju, ko se vrne.«

»Tudi jaz grem! Mojim poskusom, da bi tukaj meditiral, niso nič bolj naklonjeni kot tvojim,« je odločno povedal Džitendra.

»Srečal sem svetnika, podobnega Kristusu. Obiščiva ga v Seramporju.«

In tako se je ‚ptič' pripravljal, da se bo ‚spustil' nevarno blizu Kalkute!

11. POGLAVJE

Dečka brez prebite pare v Brindabanu

»Zaslužil bi si, da bi te oče razdedinil, Mukunda! Kako nespametno zapravljaš svoje življenje!« Moja ušesa je napadala pridiga starejšega brata.

Z Džitendro sva vsa prašna ravno prispela z vlaka na dom Anante, ki se je pred kratkim iz Kalkute preselil v starodavno mesto Agra. Brat je bil nadzorni računovodja na vladnem uradu za javna gradbena dela.

»Dobro veš, Ananta, da iščem svojo dediščino pri Nebeškem Očetu.«

»Najprej denar, Bog lahko pride kasneje! Kdo ve? Življenje je lahko predolgo.«

»Bog najprej, denar je njegov suženj! Kdo bi vedel? Življenje je lahko prekratko,« sem se čutil dolžnega odgovoriti, a v tem ni bilo nikakršne slutnje. (Žal je Ananta v resnici doživel prezgodnji konec.)*

»Modrosti iz ašrama, predvidevam! A vidim, da si zapustil Benares.« Anantove oči so se svetile od zadovoljstva, še vedno je upal, da bodo moje peruti ostale v družinskem gnezdu.

»Moje bivanje v Benaresu ni bilo zaman! Tam sem našel vse, po čemer je hrepenelo moje srce. Prepričan si lahko, da to nista bila tvoj pandit in njegov sin!«

Skupaj sva se zasmejala spominu na tisti dogodek. Moral je priznati, da je bil ‚jasnovidec' iz Benaresa, ki ga je izbral, precej kratkoviden.

»Kakšne načrte imaš, moj potepuški brat?«

* Glej 25. poglavje.

»Džitendra me je prepričal, da sem prišel z njim v Agro. Tu si bova ogledala lepote Tadž Mahala,«* sem mu razložil. »Potem greva k mojemu pravkar odkritemu guruju, ki ima ašram v Seramporju.«

Ananta je gostoljubno poskrbel za najino udobje. Tisti večer sem večkrat opazil, kako zamišljeno upira pogled vame.

»Ta pogled poznam,« sem pomislil. »Zarota se pripravlja!«

Vse se je razjasnilo med našim zgodnjim zajtrkom.

»Torej se ti zdi, da nisi več odvisen od očetovega premoženja,« me je nedolžno pogledal Ananta in nadaljeval zbadanje prejšnjega dne.

»Zavedam se svoje odvisnosti od Boga.«

»Ti kar govôri! Življenje te je do zdaj varovalo. Kaj pa bi storil, če bi moral Nevidno Roko prositi za hrano in zatočišče! Kmalu bi prosjačil po ulicah.«

»Nikoli! Vere nikoli ne bi polagal raje v mimoidoče kot v Boga! On si lahko poleg posodice za prosjačenje za vernika izmisli še tisoč drugih virov.«

»To je spet le govorjenje! Kaj, če bi predlagal, da bi svojo opevano filozofijo preizkusil v tem oprijemljivem svetu?«

»S tem bi se strinjal. Ali Boga omejuješ zgolj na spekulativni svet?«

»Bova videla. Danes boš imel priložnost razširiti moje poglede ali jih potrditi.« Ananta je bil nekaj dramatičnih trenutkov tiho, nato pa počasi in resno spregovoril.

»Predlagam, da bi šla ti in tvoj prijatelj Džitendra danes v bližnji Brindaban. Ne smeta vzeti niti ene same rupije, ne smeta prosjačiti za hrano ali denar, nikomur ne smeta razkriti svoje zadrege. Brindabana ne smeta zapustiti, ne da bi tam jedla in ne smeta ostati tam. Če se bosta v mojo hišo vrnila pred polnočjo, ne da bi prekršila katero od pravil tega preizkusa, bom najbolj osupel človek v Agri!«

»Sprejmem izziv.« V mojih besedah in v mojem srcu ni bilo oklevanja. S hvaležnostjo sem se spomnil na takojšnjo Božjo dobrotljivost: na ozdravitev od smrtonosne kolere po prošnji k sliki

* Svetovno znani mavzolej.

Lahirija Mahašaje, na igrivo darilo, dva zmaja na strehi v Lahorju, na amulet ob pravem času med malodušjem v Bareillyju, na odločilno sporočilo, ki mi ga je predal sadhu ob panditovi hiši v Benaresu, na videnje Božanske Matere in njene veličastne besede ljubezni, na njeno hitro posredovanje po učitelju Mahašaji ob moji nepomembni zadregi, na pomoč v zadnjem trenutku, ki je bila zaslužna za mojo srednješolsko diplomo, in še na največji blagoslov, na mojega živega učitelja, o katerem sem sanjal vse življenje. Nikoli ne bi priznal, da moja ‚filozofija' ni kos kakršnemukoli grobemu preizkušanju na poligonu sveta!

»Pripravljenost ti štejem v dobro. Takoj vaju bom spremil na vlak,« je rekel Ananta.

Obrnil se je k Džitendri, ki ga je gledal z odprtimi usti. »Ti moraš z njim – kot priča in zelo verjetno kot še ena žrtev!«

Pol ure kasneje sva imela z Džitendro v rokah enosmerni vozovnici za pot. V odmaknjenem delu postaje sva dovolila, da naju je Ananta preiskal. Hitro se je prepričal, da nimava na sebi skritih zalog, najina preprosta *dhotija** nista skrivala nič več, kot je bilo treba.

Ko je vera vdrla na resno področje financ, je moj prijatelj ugovarjal. »Ananta, daj mi kakšno rupijo za vsak primer. Tako ti bom lahko poslal telegram, če ne bova imela sreče.«

»Džitendra!« sem očitajoče izbruhnil na to pobudo. »Ne bom izpeljal preizkusa, če boš vzel denar za izhod v sili.«

»Na zvenu kovancev je nekaj pomirjujočega,« je dodal Džitendra, a umolknil, ko sem ga grdo pogledal.

»Mukunda, nisem brezsrčen.« V Anantov glas se je prikradel kanček ponižnosti. Lahko da ga je zapekla vest: morda zaradi tega, ker je dva fanta brez denarja poslal v tuje mesto, morda zaradi svojega verskega dvoma. »Če bosta imela srečo ali bosta deležna milosti in bosta uspešno prestala preizkušnjo v Brindabanu, te bom prosil, da me sprejmeš za svojega učenca.«

Njegova obljuba je bila nekoliko nenavadna, tako kot je bila neobičajna priložnost. Najstarejši brat v indijski družini se redko

* *Dhoti* je oblačilo, ki ga zavežeš okrog pasu in prekriva noge.

uklanja mlajšim. Deležen je spoštovanja in ubogljivosti in je takoj za očetom. Nisem mu imel več časa odgovoriti, kajti najin vlak je že zapuščal postajo.

Džitendra je žalosten molčal, medtem ko je vlak premagoval kilometer za kilometrom. Nazadnje je le oživel, se nagnil k meni in me uščipnil na občutljivo mesto, da me je zabolelo.

»Ne vidim znamenja, da nama bo Bog priskrbel naslednji obrok!«

»Bodi tiho, nejeverni Tomaž, Gospod je z nama.«

»Mu lahko rečeš še, naj pohiti? Sestradan sem že ob misli na to, kar naju čaka. Iz Benaresa sem šel, da bi si ogledal mavzolej Tadž, in ne, da bi me položili v mojega lastnega!«

»Glavo pokonci, Džitendra! Ali ne bova prvič uzrla svetih čudes Brindabana?* Ob misli, da bova hodila po zemlji, ki so jo posvečevala stopala Gospoda Krišne, me preveva globoko veselje.«

Vrata v najin kupe so se odprla. K nama sta sedla moža. Naslednje postajališče je bilo zadnje.

»Mladeniča, imata prijatelje v Brindabanu?« me je z vprašanjem presenetil tujec, ki je sedel nasproti mene.

»To se vas ne tiče!« sem mu zabrusil in odvrnil pogled.

»Najbrž bežita od družin, ker vaju je uročil Tat Src.† Tudi jaz sem po naravi zelo pobožen. Moja dolžnost bo, da bosta prejela hrano in zavetje pred to neznosno vročino.«

»Ne, gospod, pustite naju pri miru. Zelo ste prijazni, a se motite, če mislite, da sva pobegnila od doma.«

Pogovor je tedaj zamrl in vlak se je ustavil. Ko sva z Džitendro stopila na peron, sta naju naključna sopotnika prijela pod roko in poklicala konjsko kočijo.

Izstopili smo pred veličastnim ašramom, ki je stal sredi zimzelenih dreves na lepo urejenem zemljišču. Najina dobrotnika sta bila tukaj očitno dobro poznana, smehljajoči fant nas je brez besed

* Brindaban ob reki Jamuni je hindujski Jeruzalem. Tam je avatar Gospod Krišna prikazal svojo slavo v dobro človeštva.

† Hari, ljubeče poimenovanje, pod katerim je Šri Krišna poznan svojim častilcem.

vodil v sprejemnico. Kmalu se nam je pridružila starejša ženska z dostojanstveno držo.

»Gauri Ma, princa nista mogla priti.« Eden od mož je nagovoril gostiteljico v ašramu. »V zadnjem trenutku so se jima načrti izjalovili in izražata globoko obžalovanje. Pripeljala pa sva dva druga gosta. Takoj, ko sva ju srečala na vlaku, sta me pritegnila, ker sem čutil, da sta častilca Gospoda Krišne.«

»Zbogom, mlada prijatelja,« sta se od naju poslovila znanca in stopila k vratom. »Če bo Božja volja, se bomo znova srečali.«

»Tukaj sta dobrodošla,« se nama je materinsko nasmehnila Gauri Ma. »Ne bi mogla priti ob primernejšem dnevu. Pričakovala sem dva kraljevska pokrovitelja tega ašrama. Kakšna škoda bi bila, če nihče ne bi mogel uživati v moji kuhi!«

Prijazne besede so imele presenetljiv učinek na Džitendro: planil je v jok. Izkazalo se je, da je bilo »to, kar naju čaka«, ki se ga je bal, prava kraljevska pogostitev, kar je bilo preveč zanj. Najina gostiteljica ga je radovedno pogledala, a ni ničesar rekla. Morda je poznala najstniške muhe.

Najavili so kosilo. Gauri Ma naju je peljala na teraso, kjer je omamno dišalo od dobrot, ona pa je izginila v bližnjo kuhinjo.

Čakal sem na ta trenutek. Izbral sem primerno mesto na Džitendrovem telesu in ga ravno tako boleče uščipnil, kot je on mene na vlaku.

»Nejeverni Tomaž, Gospod nama pomaga – in to hitro!«

Gostiteljica se je vrnila s *pankho*. Medtem ko sva sedela na oblazinjenih sediščih, naju je enakomerno pahljala, kot to počnejo na Vzhodu. Učenci ašrama so iz kuhinje prinesli kakšnih trideset jedi. »Obroku« bi veliko bolj ustrezal opis ‚razkošna pojedina'. Od trenutka, ko sva z Džitendro prišla na ta planet, še nisva okusila takšnih poslastic.

»Jedi, primerne za prince, častitljiva mati! Ne morem si misliti, kaj sta vaša kraljevska pokrovitelja lahko imela nujnejšega od te gostije. Tega se bova spominjala vse življenje!«

Zaradi Anantove zahteve tej mili gospe nisva mogla razložiti, da ima najina hvaležnost dvojni pomen. Vsaj najina iskrenost pa je bila očitna. Odšla sva z njenim blagoslovom in z mamljivim vabilom, naj ašram še kdaj obiščeva.

Zunaj je v naju znova udarila neusmiljena vročina. S prijateljem sva krenila proti senci imenitne kadambe, ki je stala pri vratih ašrama. Iz Džitendre so se usule ostre besede, znova so ga namreč obhajale zle slutnje.

»V lepo kašo si me spravil! Najino kosilo je bilo le srečno naključje! Kako si bova ogledala znamenitosti tega mesta, ko pa sva brez prebite pare? In kako neki me boš spravil nazaj v Anantovo hišo?«

»Kako hitro si pozabil na Boga, zdaj, ko imaš poln želodec,« sem mu odvrnil obtožujoče, vendar ne jezno. Kako kratek je človeški spomin za Božje usluge! Ni človeka na tem svetu, ki mu ne bi bila uslišana vsaj kakšna molitev.

»Ne bom zlahka pozabil norosti, da sem tvegal iti na pot s takšnim prismojencem, kot si ti!«

»Tiho bodi, Džitendra! Isti Gospod, ki naju je nahranil, nama bo razkazal Brindaban in naju peljal nazaj v Agro.«

Tedaj se nama je s hitrim korakom približal droben mladenič prijetnega videza. Ustavil se je pod najinim drevesom in se mi priklonil.

»Dragi prijatelj, vidva s tovarišem sta tukaj gotovo tujca. Dovolita mi, da sem vajin gostitelj in vodič.«

Indijec skoraj ne more prebledeti, a Džitendrov obraz je bil nenadoma videti bolehen. Vljudno sem zavrnil ponudbo.

»Gotovo me ne bosta zavrnila?« V drugačnih okoliščinah bi bil tujčev strah komičen.

»Zakaj pa ne?«

»Vi ste moj guru,« je odvrnil in njegove oči, polne zaupanja, so poiskale moje. »Med opoldanskimi molitvami se mi je prikazal blaženi Gospod Krišna. Pokazal mi je dve zapuščeni postavi pod točno tem drevesom. Eden od obrazov je bil vaš, moj učitelj! Pogosto ga vidim med meditacijo. Kako bom srečen, če mi boste dovolili, da vam ponižno služim!«

»Tudi jaz sem vesel, da si me našel. Nista naju zapustila niti Bog niti človek!« Čeprav se nisem premaknil in sem se smehljal

BHAGAVAN (GOSPOD) KRIŠNA
Ljubljeni indijski avatar

navdušenemu obrazu pred seboj, sem se v duhu vrgel pred Božja stopala.

»Draga prijatelja, me bosta počastila s svojim obiskom?«

»Zelo si prijazen, a ta načrt ni izvedljiv, ker sva že gosta mojega brata v Agri.«

»Potem pa mi vsaj naklonita spomine skupnega ogleda Brindabana.«

Z veseljem sem sprejel. Mladenič, ki se nama je predstavil kot Pratap Čaterdži, je poklical konjsko kočijo. Obiskali smo tempelj Madanamohana in druga Krišnova svetišča. Noč se je spustila, še preden smo končali z molitvami v templju.

»Oprostita mi za trenutek, po *sandeš** grem.« Pratap je vstopil v trgovino blizu železniške postaje. Z Džitendro sva postopala po široki ulici, ki je bila zdaj polna ljudi, ker se je že dovolj ohladilo. Najinega prijatelja kar nekaj časa ni bilo, končno pa se je vrnil s številnimi slaščicami.

»Prosim, dovolita mi, da si pridobim to versko zaslugo.« Pratap se je proseče nasmehnil in mi pomolil šop bankovcev in dve vozovnici za Agro, ki ju je ravnokar kupil.

Sprejel sem dar in se v duhu zahvalil Nevidni Roki. Čeprav se ji je Ananta posmehoval, mar ni njena radodarnost daleč presegla najinih potreb?

Poiskali smo samotni kotiček blizu postaje.

»Pratap, poučil te bom o *kriji* Lahirija Mahašaje, največjega jogija sodobnega časa. Njegova tehnika bo tvoj guru.«

Posvetitev je bila zaključena čez pol ure. »*Krija* je tvoj *čintamani,*†« sem povedal novemu učencu. »Ta tehnika, ki je, kot vidiš, preprosta, predstavlja umetnost pospešitve duhovnega razvoja človeka. Hindujski sveti spisi učijo, da utelešeni ego potrebuje milijon let, da se osvobodi *maje*. Ta naravni razpon precej skrajša *krija joga*. Tako kot lahko pospešimo rast rastlin daleč nad običajno hitrost, kot je pokazal Džagadiš Čandra Bos, lahko z znanstvenimi sredstvi pospešimo tudi človekov psihološki razvoj. Zvesto jo izvajaj in približal se boš Guruju vseh gurujev.«

»Presrečen sem, da sem odkril ta jogijski ključ, ki sem ga dolgo iskal!« je preudarno povedal Pratap. »Z njim se bom osvobodil čutnih okovov in stopil v višje sfere. Današnja vizija Gospoda Krišne lahko zame pomeni le najvišje dobro.«

Ob tej misli smo še nekaj časa tiho sedeli, nato pa počasi stopili proti postaji. Ko sva se vkrcala na vlak, me je napolnjevalo veselje, za Džitendro pa je bil ta dan namenjen solzam. Prisrčno slovo od Pratapa je spremljalo pridušeno ihtenje obeh mojih tovarišev.

* Indijska slaščica.

† Mitološki dragulj, ki je imel moč uslišati želje; tudi ime za Boga.

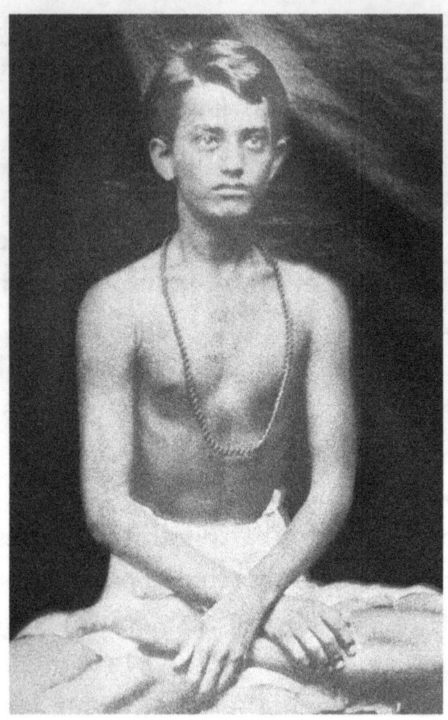

Džitendra Mazumdar, Joganandadžijev tovariš
v ‚preizkusu brez prebite pare' v Brindabanu

Džitendro je med vožnjo ponovno prevzela žalost. Tokrat ne, ker bi bil v skrbeh zase, temveč žalost nad samim seboj.

»Kako plitvo je moje zaupanje, moje srce je bilo trdo kot kamen! Nikoli več ne bom dvomil o Božjem varstvu.«

Polnoč se je približevala. Dve ‚Pepelki', ki so ju poslali na pot brez denarja, sta vstopili v Anantovo sobo. Kot je mimogrede napovedal, je bil njegov obraz podoba osuplosti. Tiho sem na mizo spustil bankovce.

»Džitendra, povej po pravici!« je Ananta šaljivo vzkliknil. »Ali je ta mladenič uprizoril roparski napad?«

Ko pa sva bratu razkrila najino zgodbo, se je umiril in nato zresnil.

»Zakon ponudbe in povpraševanja sega v skrivnostnejše sfere, kot sem domneval,« je spregovoril z duhovnim navdušenjem, kakršnega pred tem pri njem nisem zaznal. »Zdaj prvič razumem tvoje nezanimanje za zakladnice in kupe dobrin tega sveta.«

Čeprav je bilo zelo pozno, je moj brat vztrajal, da prejme *dikšo** v *krija jogo*. ‚Guru' Mukunda je moral v enem večeru prevzeti odgovornost za dva nepričakovana ‚učenca'.

Naslednje jutro smo zajtrk pojedli v harmoniji, ki je prejšnje jutro ni bilo.

Nasmehnil sem se Džitendri. »Ne boš ostal brez Tadža. Pojdiva si ga ogledat, preden se odpraviva v Serampor.«

S prijateljem sva se poslovila od Anante in kmalu sva stala pred veličastjem Agre, Tadž Mahalom. Z belim marmorjem, ki se sveti v soncu, je slika čiste simetrije. Njegovo lepoto dopolnjujejo temne ciprese, bleščeče zelenice in mirne lagune. Izbrana notranjost je polna filigranskih rezbarij, v katere so vstavljeni poldragi kamni. Nežni venci in spiralasto okrasje se v zapletenih vzorcih dvigajo iz rjavega in vijoličastega marmorja. Svetloba iz kupole pada na spominski grobnici vladarja Šaha Džehana in Mumtaz-i-Mahal, kraljice njegovega kraljestva in njegovega srca.

Dovolj ogledov! Hrepenel sem po svojem guruju. Z Džitendro sva kmalu potovala proti jugu, na vlaku za Bengalijo.

»Mukunda, že več mesecev nisem videl domačih. Premislil sem si. Morda bom tvojega učitelja v Seramporju obiskal kasneje.«

Moj prijatelj, ki je bil – milo rečeno – spremenljive narave, me je zapustil v Kalkuti. Z lokalnim vlakom sem kmalu prispel v Serampor, ki leži dvajset kilometrov proti severu.

Zadrhtel sem od čudenja, ko sem spoznal, da je minilo osemindvajset dni, odkar sem se v Benaresu srečal s svojim gurujem. »K meni boš prišel čez štiri tedne!« Res sem bil tukaj, s srcem, ki mi je razbijalo, na njegovem dvorišču na tihi Ulici ghata Rai. Prvič sem stopil v ašram, kjer sem nato z indijskim *gjanavatarjem*, 'utelešenjem modrosti', preživel večino naslednjega desetletja.

* Duhovna posvetitev. Iz sanskrtskega glagolskega korena *dikš*, 'posvetíti se'.

12. POGLAVJE

Leta v ašramu mojega učitelja

»Prišel si,« me je Šri Jukteševar pozdravil s tigrove kože, ki je ležala na tleh dnevne sobe z balkonom. Njegov glas je bil hladen, njegovo obnašanje ni razkrivalo čustev.

»Da, dragi učitelj, prišel sem, da vam bom sledil.« Pokleknil sem in se dotaknil njegovih stopal.

»Kako je to mogoče? Saj se ne zmeniš za moje želje.«

»Nič več, gurudži! Vaše želje bodo moj ukaz.«

»To je pa že bolje! Zdaj lahko prevzamem odgovornost za tvoje življenje.«

»Rade volje vam predam breme, učitelj.«

»Potem pa bi te za začetek prosil, da se vrneš domov k družini. Rad bi, da se vpišeš na kolidž v Kalkuti. Moraš nadaljevati izobraževanje.«

»Prav, gospod,« sem odvrnil, ne da bi mu pokazal svojo zaprepadenost. Me bodo te nadležne knjige še naprej preganjale? Najprej oče, zdaj pa še Šri Jukteševar!

»Nekoč boš šel na Zahod. Tamkajšnji ljudje bodo lažje sprejeli starodavno indijsko modrost, če bo imel nenavadni hindujski učitelj univerzitetno diplomo.«

»Vi že veste, gurudži,« sem odvrnil, pobitost je izginila. Omemba Zahoda se mi je zdela nejasna, oddaljena; dragocena priložnost ustreči učitelju z ubogljivostjo pa je bila tukaj in zdaj.

»Kalkuta je blizu, pridi, kadar boš lahko.«

»Če bo mogoče, bom prišel vsak dan, učitelj! Hvaležno sprejemam vašo avtoriteto v vsaki podrobnosti svojega življenja – pod enim pogojem.«

»Ja?«

»Če mi obljubite, da mi boste razkrili Boga!«

Sledilo je enourno prerekanje. Učitelj mora izpolniti svojo obljubo, zato je ne da zlahka. Takšno zagotovilo razpre prostrana metafizična obzorja. Guru mora biti res zelo blizu Stvarniku, preden ga lahko obveže, da se bo prikazal! Čutil sem, da je Šri Juktešvar eno z Bogom, zato sem se odločil, da bom izkoristil svojo prednost kot njegov učenec.

»Zahteven si,« je rekel učitelj, nato pa sočutno dokončno privolil: »Naj bo tvoja želja tudi moja.«

Z mojega srca se je dvignila senca, prisotna že vse življenje, negotovega iskanja in tavanja je bilo konec. Našel sem večno zatočišče v pravem guruju.

»Pridi, ti bom razkazal ašram,« je rekel učitelj in vstal s tigrove kože. Ozrl sem se okrog sebe in na steni opazil sliko, ki so jo krasile vejice jasmina.

»Lahiri Mahašaja!« sem osuplo vzkliknil.

»Da, moj božanski guru,« je spoštljivo izrekel Šri Juktešvar. »Kot človek in kot jogi je bil večji od vseh učiteljev, kar sem jih odkril med svojim raziskovanjem.«

Tiho sem se priklonil pred znano podobo in moja duša se je poklonila edinstvenemu učitelju, ki je blagoslovil moje otroštvo in vodil moje korake k temu trenutku.

Guru me je peljal okrog po hiši in po posestvu, ki jo je obdajalo. Velik, star in dobro grajen ašram z masivnimi stebri je obdajal dvorišče. Zunanje zidovje je prekrival mah, golobi so prhutali po ravni sivi strehi in si brezobzirno prilaščali prostore ašrama. Vrt za ašramom je bil prijeten, poln dreves nangke, mangovcev in bananovcev. Ograjeni balkoni v zgornjih sobah enonadstropne stavbe so s treh strani obkrožali dvorišče. Učitelj mi je povedal, da so prostorno dvorano z visokim stropom in s stebriščem, ki je bila v pritličju, uporabljali predvsem za vsakoletno praznovanje *durgapudže.** Ozko stopnišče je vodilo v dnevno sobo Šri Juktešvarja,

* 'Čaščenje Durge'. To je najpomembnejši praznik bengalskega leta in v večini krajev traja devet dni v mesecu ašvinu (v septembru in oktobru). Durga dobesedno pomeni

katere mali balkon je gledal na ulico. Ašram je bil enostavno opremljen, vse je bilo preprosto, čisto in uporabno. Opazil sem nekaj zahodnjaških stolov, klopi in miz.

Učitelj me je povabil, naj prenočim. Dva mlada učenca, ki sta se usposabljala v ašramu, sta nam za večerjo postregla zelenjavni kari.

»Gurudži, prosim, povejte mi kaj o svojem življenju.« Čepel sem na slamnati podlogi blizu njegove tigrove kože. Zdelo se mi je, da so zvezde nad balkonom, ki so me prijazno gledale, zelo blizu.

»Moje družinsko ime je Prija Nath Karar. Rodil* sem se tukaj v Seramporju, kjer je bil moj oče bogat poslovnež. Zapustil mi je to vilo prednikov, ki je zdaj moj ašram. Formalnega šolanja sem prejel zelo malo, zdelo se mi je počasno in površinsko. Kot mlad mož sem prevzel odgovornosti gospodarja, imam hčer, ki je že poročena. Osrednja leta mojega življenja so bila blagoslovljena z vodstvom Lahirija Mahašaje. Ko mi je umrla žena, sem se pridružil redu svamijev in prejel ime Šri Juktešvar Giri.† Takšna je moja preprosta zgodovina.«

Učitelj se je nasmehnil moji vedoželjnosti. Kot vsi biografski orisi so tudi njegove besede podale zunanja dejstva, ne da bi razkrile človekovo notranjost.

»Gurudži, rad bi slišal kakšno zgodbo iz vašega otroštva.«

»Povedal ti jih bom nekaj – vsaka bo imela nauk!« Šri Juktešvarjeve oči so se svareče zasvetlikale. »Moja mama me je nekoč skušala prestrašiti s srhljivo zgodbo o duhu v temni sobi. Takoj sem šel tja in bil razočaran, ker duha ni bilo več tam. Mati mi ni nikoli več govorila strašljivih zgodb. Nauk: strahu poglej v oči in ne bo te več mučil.

Prav tako v zgodnjem otroštvu sem si želel imeti grdega sosedovega psa. Več tednov sem starše pregovarjal, da bi mi dovolili

---

'nedostopna', in je vidik Božanske Matere Šakti, poosebljene ženske ustvarjalne sile. Po izročilu je uničevalka vsega zla.

* Šri Juktešvar se je rodil 10. maja 1855.

† *Juktešvar* pomeni 'združen z Išvaro' (ime za Boga). *Giri* je klasifikacijska oznaka za eno od desetih starodavnih vej svamijev. *Šri* pomeni 'sveti', ne gre za ime, ampak za spoštljiv naziv.

imeti tistega psa. Niti slišati nisem hotel za to, ko so mi ponujali druge ljubljenčke z veliko bolj očarljivim videzom. Nauk: navezanost zaslepi človeka, želenemu predmetu da navidezni sijaj privlačnosti.

Tretja zgodba opisuje, kako dovzeten je mlad um. Občasno sem mater slišal reči: „Človek, ki pod nekom sprejme službo, je suženj." Tisti vtis se je tako neizbrisno zapisal vame, da sem celo po poroki zavračal vsa delovna mesta. Stroške sem kril s tem, da sem družinska sredstva vlagal v zemljo. Nauk: občutljiva otroška ušesa morajo polniti dobre in pozitivne misli. Stvari, ki jih slišimo kot majhni otroci, se močno zarežejo v nas.«

Učitelj je tedaj spokojno obmolknil. Okrog polnoči me je peljal k ozkemu zložljivemu ležalniku. Prvo noč pod gurujevo streho sem sladko in trdno spal.

Šri Juktešvar me je naslednje jutro sklenil posvetiti v *krija jogo*, v tehniko, ki sem jo prejel že od dveh učencev Lahirija Mahašaje – očeta in svojega inštruktorja, Svamija Kebalanande. A učitelj je posedoval preobražujočo moč, ob njegovem dotiku je moje bitje prevzela močna svetloba – kot veličastje tisočerih sonc. Nepopisna blaženost je preplavila vse kotičke mojega srca.

Šele pozno popoldne naslednji dan sem se lahko pripravil do tega, da sem zapustil ašram.

»Vrnil se boš čez trideset dni.« Ko sem vstopil skozi vrata svojega domovanja v Kalkuti, me je prešinilo, da se je izpolnila učiteljeva napoved. Nihče od mojih domačih ni imel pikrih pripomb, ki sem se jih bal glede vrnitve ‚ptice, ki visoko leta'.

Povzpel sem se na svoje malo podstrešje in ga naklonjeno gledal, kot bi šlo za živo bitje. »Priča si bilo mojim meditacijam, solzam in nevihtam moje *sadhane*. Zdaj sem priplul v zaliv svojega božanskega učitelja.«

»Sin, vesel sem za oba.« Z očetom sva sedela v večerni tišini. »Našel si svojega guruja, kot sem ga nekoč čudežno našel jaz. Sveta roka Lahirija Mahašaje varuje naša življenja. Izkazalo se je, da tvoj učitelj ni svetnik v nedostopni Himalaji, ampak živi v bližini. Moje molitve so bile uslišane: v svojem iskanju Boga nisi za vedno odšel od mene.«

Oče je bil tudi zadovoljen, da bom nadaljeval formalno izobraževanje, in je uredil vse potrebno za to. Naslednji dan sem bil že vpisan na bližnji Scottish Church College v Kalkuti.

Minevali so veseli meseci. Moji bralci so brez dvoma bistroumno uganili, da me v predavalnicah kolidža ni bilo veliko videti. Nezadržno me je privlačil ašram v Seramporju. Učitelj je brez pripomb sprejel mojo nenehno navzočnost. Odleglo mi je, ker je le redko omenil moj študij. Čeprav je bilo vsem jasno, da ne bom zrasel v učenjaka, mi je uspelo sem in tja dobiti kakšno pozitivno oceno.

Vsakodnevno življenje v ašramu je potekalo gladko, brez večjih sprememb. Moj guru se je vedno zbudil pred zoro. Leže, včasih pa tudi sede na postelji, je vstopil v stanje *samadhija*.* Preprosto je bilo ugotoviti, kdaj se je učitelj zbudil: grozno smrčanje je nenadoma utihnilo.† Zavzdihnil je, se morda nekoliko premaknil. Nato je prešel v neslišno stanje brez dihanja in globoko jogijsko radost.

Potem ni sledil zajtrk, ampak dolg sprehod ob Gangesu. Tiste jutranje sprehode s svojim gurujem imam še vedno živo pred očmi! Pogosto si jih prikličem v spomin in se znajdem ob njem. Zgodnje sonce greje reko, zazveni njegov glas, poln pristne modrosti.

Okopali smo se, nato smo pojedli kosilo, ki so ga po učiteljevih vsakodnevnih navodilih skrbno pripravili mladi učenci. Moj guru je bil vegetarijanec. Preden je postal menih, pa je jedel jajca in ribe. Svojim učencem je svetoval preprosto prehrano, primerno za posameznikovo telesno stanje.

Učitelj je jedel malo, pogosto je bil to riž, obarvan s kurkumo ali s pesinim ali špinačnim sokom, in rahlo pokapan s prečiščenim bivoljim *ghijem* ali topljenim maslom. Kdaj drugič je jedel lečin *dal* ali *čhanin*‡ kari z zelenjavo. Za sladico je imel mango ali pomaranče z riževim pudingom, ali sok iz nangke.

* Dobesedno – 'usmeriti skupaj'. *Samadhi* je blaženo nadzavestno stanje, v katerem jogi začuti istovetnost individualizirane duše in Kozmičnega Duha.

† Fiziologi pravijo, da je smrčanje znak popolne sprostitve.

‡ *Dal* je gosta juha iz grahovih polovičk ali drugih stročnic. *Čhana* je sir iz svežega sesirjenega mleka, pogosto je narezana na kocke in pripravljena v kariju s krompirjem.

Ob popoldnevih so prihajali obiskovalci. Iz sveta so se v mirni ašram nenehno zgrinjali ljudje. Moj guru je z vsemi gosti ravnal spoštljivo in prijazno. Učitelju, ki je spoznal samega sebe kot vsenavzočo dušo, ne telo ali ego, se vsi ljudje zdijo osupljivo podobni. Nepristranskost svetnikov je zakoreninjena v modrosti. Nanje nič več ne vplivajo izmenjujoči se obrazi *maje*, nič več niso podvrženi všečnemu in nevšečnemu, kar zamegli presojo nevednih ljudi. Šri Juktešvar ni nič drugače obravnaval tistih, ki so bili vplivni, bogati ali izobraženi, niti ni bil podcenjujoč do revnih in nepismenih. Spoštljivo je prisluhnil besedam resnice iz ust otroka in občasno odkrito prezrl domišljavega pandita.

Ob osmih zvečer je bil čas za večerjo, in čeprav je bil včasih tedaj v hiši še kakšen obiskovalec, moj guru ni odšel, da bi jedel v samoti. Iz njegovega ašrama nihče ni odšel lačen ali nezadovoljen. Šri Juktešvar ni bil nikoli v zadregi, nikoli ga niso neprijetno presenetili nepričakovani obiskovalci, pod njegovimi iznajdljivimi napotki učencem je iz skromnih sestavin nastala pojedina. Obenem je bil gospodaren, s svojimi skromnimi sredstvi je segel daleč. »Naj ti bo prijetno znotraj svojega proračuna,« je pogosto rekel. »Potratnost ti bo prinesla neprijetnosti.« Učitelj je vedno dokazoval, kako izvirnega, ustvarjalnega duha je, naj je to bilo povezano s podrobnostmi glede pogostitev v ašramu, gradnje in popravil, ali drugih praktičnih zadev.

Tihe večerne ure so pogosto prinesle razpravo mojega guruja – neprecenljiv zaklad. Vsako njegovo izjavo je izklesala modrost. Njegov način izražanja je zaznamovala čudovita samozavest: bil je edinstven. Govoril je tako, kot še nikogar nisem slišal govoriti. Preden je svojim mislim dovolil, da si nadenejo zunanje oblačilo govora, jih je pretehtal z občutljivo tehtnico razločevanja. Kakor da bi njegova duša oddajala prijetno aromo, tako je iz njega prihajalo bistvo resnice. Ta je vseprežemajoča in ima celo fiziološki vidik. V vsakem trenutku sem se zavedal, da sem v navzočnosti živega uresničenja Boga. Zaradi teže njegove božanskosti sem v njegovi bližini samodejno sklonil glavo.

Če so gostje zaznali, da Šri Juktešvar postaja prevzet od Neskončnega, jih je hitro zapletel v pogovor. Ni znal pozirati ali se ponašati z umikom vase. Ker je bil vedno eno z Gospodom, ni potreboval dodatnega časa za občestvo z njim. Učitelj, ki je dosegel samospoznanje, je že pustil za seboj odskočno desko meditacije. »Cvet odpade, ko se pojavi plod.« A svetniki se pogosto oklepajo duhovnih običajev, da bi bili za zgled učencem.

Ko se je približala polnoč, je znal moj guru zaspati z otroško naravnostjo. S posteljnino se ni ukvarjal. Pogosto je celo brez blazine legel na ozek kavč, ki je stal za njegovim običajnim sediščem iz tigrove kože.

Celonočna filozofska razprava ni bila redkost, sprožil jo je lahko vsak učenec, če ga je nekaj močno zanimalo. Tedaj nisem občutil nikakršne utrujenosti, nisem si želel spanca, učiteljeve žive besede so mi zadoščale. »Oh, zora je že! Sprehodimo se ob Gangesu.« S temi besedami so se dostikrat končale moje nočne učne ure.

Vrhunec mojih prvih mesecev pri Šri Juktešvarju je bila koristna lekcija: kako ukaniti komarja. Moji domači so ponoči vedno uporabljali zaščitne mreže. Neprijetno sem bil presenečen, ko sem odkril, da se v ašramu v Seramporju tega ne držijo. Komarjev pa je mrgolelo in so me opikali od nog do glave. Guruju sem se zasmilil.

»Kupi si mrežo in kupi še eno zame.« Zasmejal se je in dodal: »Če jo boš kupil le zase, bodo vsi komarji napadli mene!«

Z velikim veseljem sem mu ustregel. Vsako noč, ki sem jo preživel v Seramporju, me je guru prosil, naj namestim nočne mreže.

Nekega večera, ko naju je obdal oblak komarjev, mi učitelj ni dal običajnih navodil. Živčno sem poslušal pričakujoče brenčanje žuželk. Zlezel sem v posteljo in proti njim poslal spravno molitev. Pol ure kasneje sem narejeno zakašljal, da bi pritegnil gurujevo pozornost. Mislil sem, da se mi bo zmešalo od pikov, predvsem pa od zvoka komarjev, ki so praznovali krvoločne obrede.

Ker se učitelj ni odzval, sem se mu pazljivo približal. Ni dihal. Tedaj sem ga prvič od blizu opazoval v jogijski zamaknjenosti in obšel me je strah.

»Gotovo mu je odpovedalo srce!« Pod nos sem mu podstavil ogledalo, sapa ga ni orosila. Da bi se popolnoma prepričal, sem mu za več minut s prsti zaprl usta in nosnice. Njegovo telo je bilo mrzlo in negibno. Omotično sem se obrnil proti vratom, da bi priklical pomoč.

»Tako! Nadobudni eksperimentator! Moj ubogi nos!« Učiteljev glas se je tresel od smeha. »Zakaj ne greš v posteljo? Se bo ves svet spremenil zate? Spremeni sebe: pozabi na komarje.«

Pohlevno sem se vrnil v posteljo. Niti en komar se mi ni več približal. Spoznal sem, da je moj guru privolil v mreže le zato, da bi mi ustregel. Sam se komarjev ni bal. Z jogijsko močjo je lahko preprečil, da bi ga pikali, oziroma je, če je hotel, ušel v notranjo neranljivost.

»Z zgledom mi je pokazal,« sem pomislil. »Za takšno jogijsko stanje si moram prizadevati.« Pravi jogi lahko preide v nadzavestno stanje in ga ohranja, ne glede na mnogotere motnje, ki so vedno navzoče na tem svetu – brenčanje žuželk! Bleščanje sončne svetlobe! V prvem stanju *samadhija* (*sabikalpa*) vernik izklopi vsakršno čutno pričevanje zunanjega sveta. Tedaj je nagrajen z zvoki in prizori notranjih kraljestev, ki so lepša kot neokrnjeni Eden.*

Poučni komarji so služili za še eno zgodnjo lekcijo v ašramu. Spuščal se je mrak. Moj guru je bil sredi edinstvene razlage starodavnih besedil. Popolnoma umirjen sem bil ob njegovih nogah. V to idilo je vstopil nesramni komar in skušal dobiti mojo pozornost. Ko je svojo strupeno ‚hipodermično iglo' zapičil v moje stegno, sem samodejno dvignil roko, da bi se mu maščeval. Prizanesi s pretečo usmrtitvijo! Spomnil sem se na Patanjdžalijev aforizem o *ahimsi* (neškodovanju).†

»Zakaj nisi zamahnil?«

* Vsenavzoče moči jogija, po katerih vidi, okuša, vonja, se dotika in sliši, ne da bi uporabljal zunanja čutila, so opisane v *Taittiriji aranjaki* takole: »Slepi je preluknjal biser, tisti brez prstov je skozenj potegnil nit, tisti brez vratu ga je nosil in tisti brez jezika ga je hvalil.«

† »V navzočnosti človeka, ki je izpopolnjen v *ahimsi* (nenasilju), se [v nobenem bitju] ne pojavi sovražnost.« – *Sutre o jogi* II,35.

»Učitelj! Ali zagovarjate jemanje življenja?«

»Ne, a v svojih mislih si že zadal smrtni udarec.«

»Ne razumem.«

»Z *ahimso* je imel Patanjdžali v mislih odstranitev *želje* po ubijanju.« Šri Jukteševarju so bili moji miselni procesi kot odprta knjiga. »Ta svet ni primeren za dobesedno izvajanje *ahimse*. Ljudje včasih morajo zatreti škodljiva bitja. Niso pa pod vplivom podobne prisile čutiti jezo ali sovražnost. Vse oblike življenja imajo enako pravico do zraka *maje*. Svetnik, ki odkrije skrivnost stvarjenja, bo v harmoniji z neštetimi begajočimi izrazi narave. Vsi ljudje lahko razumejo to resnico s tem, da premagajo strast do uničevanja.«

»Gurudži, bi se moral človek ponuditi v žrtev, namesto da bi ubil divjo žival?«

»Ne, človekovo telo je dragoceno. Zaradi edinstvenih možganskih in hrbteničnih centrov ima najvišjo evolucijsko vrednost. Ti omogočajo naprednemu verniku, da v polnosti dojame in izrazi najplemenitejše vidike božanskega. Nobena nižja oblika ni tako opremljena. Res je, da si človek nakoplje manjši greh, če je prisiljen ubiti žival ali kakšno drugo živo bitje. A svete *šastre* učijo, da je namerna izguba človeškega telesa resna kršitev zakona karme.«

Od olajšanja sem zavzdihnil, svete knjige ne podpirajo vedno človeških instinktov.

Vsaj kolikor vem, se učitelj nikoli ni na štiri oči srečal z leopardom ali s tigrom. Nekoč pa se je soočil s kobro in jo premagal s svojo ljubeznijo. Do srečanja je prišlo v Puriju, kjer je imel obmorski ašram. Navzoč je bil Prafulla, mlad učenec iz Šri Jukteševarjevih kasnejših let.

»Sedeli smo zunaj, zraven ašrama,« mi je pripovedoval Prafulla. »V bližini se je pojavila kobra, več kot meter čiste groze. Jezno je razpirala svojo oglavnico in drvela proti nam. Učitelj se ji je prijazno zahihital, kot bi zagledal otroka. Zaprepaščen sem bil, ko je Šri Juktešvar začel v ritmu ploskati.* Zabaval je grozljivo obiskovalko!

* Kobra hitro napade katerikoli premikajoči se predmet v svojem dosegu. V večini primerov je človekovo edino upanje, da ostane popolnoma negiben.

V Indiji, kjer vsako leto povzroči približno pet tisoč smrti, se kobre zelo bojijo.

Popolnoma tiho sem bil in v mislih goreče molil. Kača, ki je bila zelo blizu učitelja, je negibno obstala, očitno jo je očaral s svojim dobrikanjem. Strašljiva oglavnica se je postopoma skrčila, kača je zdrsnila med nogami Šri Juktešvarja in izginila v grmovju.

Zakaj je učitelj ploskal in zakaj kobra ni napadla, tedaj nisem mogel razumeti,« je zaključil Prafulla. »Čez čas sem spoznal, da se našemu božanskemu guruju ni treba bati napada nobenega bitja.«

Nekega popoldneva v mojih prvih mesecih v ašramu sem se zavedel, da me Šri Juktešvar prebada s pogledom.

»Presuh si, Mukunda.«

Njegova pripomba me je zadela v živo, moje udrte oči in shiran videz mi namreč niso bili všeč. Že od otroštva me je mučila kronična dispepsija. Na polici v moji domači sobi je stalo mnogo steklenic tonikov, a nobeden mi ni pomagal. Občasno sem se žalostno vprašal, ali je sploh vredno živeti v tako nezdravem telesu.

»Zdravila imajo omejitve, božanska stvariteljska življenjska sila pa jih nima. Če boš to verjel, boš zdrav in močan.«

Učitelj me je takoj prepričal, da lahko resnico njegovih besed uspešno uporabim v svojem življenju. Noben drug zdravilec (preizkusil sem jih veliko) ni zmogel v meni vzbuditi tako globoke vere.

Iz dneva v dan sem napredoval v zdravju in moči. Po tajnem blagoslovu Šri Juktešvarja sem v dveh tednih pridobil težo, ki sem jo zaman skušal pridobiti v preteklosti. Moje želodčne tegobe so izginile za vedno.

Kasneje sem imel večkrat čast biti poleg, ko je moj guru božansko ozdravljal ljudi, ki so trpeli za sladkorno boleznijo, epilepsijo, tuberkulozo in paralizo.

»Pred leti sem se tudi sam želel zrediti,« mi je učitelj povedal kmalu zatem, ko me je ozdravil. »Med okrevanjem po težki bolezni sem v Benaresu obiskal Lahirija Mahašajo.

„Gospod," sem mu rekel, „zelo bolan sem bil in sem močno shujšal."

„Vidim, Juktešvar,* priklical si si bolezen, zdaj pa misliš, da si presuh."

Ta odgovor je bil daleč od tistega, ki sem ga pričakoval, moj guru pa je kljub temu spodbudno dodal:

„Naj vidim, prepričan sem, da bi se že jutri moral počutiti bolje."

Moj dojemljivi um je vzel njegove besede kot namig, da me skrivoma zdravi. Naslednje jutro sem ga poiskal in zavriskal od veselja: "Danes se počutim veliko bolje."

„Seveda! Danes poživljaš samega sebe."

„Ne, učitelj!" sem ugovarjal. "Vi ste mi pomagali, da imam danes po več tednih spet energijo."

„Oh, da! Tvoja bolezen je bila kar resna. Tvoje telo je še šibko, kdo ve, kako bo jutri?"

Ob misli na morebitno vrnitev slabotnosti me je stresel mraz. Naslednje jutro sem se komaj privlekel do doma Lahirija Mahašaje.

„Učitelj, znova boleham."

Moj guru me je vprašujoče pogledal. „Tako torej! Znova si si priklical slabo počutje."

S potrpljenjem sem bil pri kraju. „Gurudeva," sem rekel. "Zdaj vidim, da ste se mi iz dneva v dan posmehovali. Ne razumem, zakaj ne verjamete v resničnost mojih besed."

„V resnici si zaradi svojih misli enkrat šibek in drugič močan." Moj guru me je ljubeče pogledal. „Videl si, kako je tvoje zdravje natančno sledilo tvojim podzavestnim pričakovanjem. Misel je sila, celo tako močna kot elektrika ali težnost. Človeški um je iskrica vsemogočne Božje zavesti. Lahko bi ti pokazal, da se tisto, kar tvoj mogočni um zelo močno verjame, v trenutku uresniči."

Ker sem vedel, da Lahiri Mahašaja nikoli ni govoril tja v tri dni, sem ga nagovoril z velikim strahospoštovanjem in s hvaležnostjo: „Učitelj, če mislim, da sem zdrav in da sem nazaj pridobil nekdanjo težo, se bo to uresničilo?"

* Lahiri Mahašaja je v resnici rekel »Prija« (učiteljevo rojstno ime), ne »Juktešvar« (meniško ime, ki ga moj guru za časa življenja Lahirija Mahašaje še ni prevzel). (Glej str. 120.) »Juktešvar« se tukaj in na še nekaj drugih mestih v tej knjigi pojavlja zato, da ne bi prišlo do zmešnjave glede imen.

„Že zdaj je tako, v tem trenutku.“ Moj guru je resno spregovoril, svoj pogled je upiral naravnost v moje oči.

V tistem trenutku sem začutil večjo moč in tudi težo. Lahiri Mahašaja se je zavil v tišino. Po nekaj urah ob njegovih nogah sem se vrnil v materino hišo, kjer sem bival ob obiskih v Benaresu.

„Sin moj! Kaj je narobe? Ali si zabuhel zaradi vodenice?“ Mati je komaj verjela svojim očem. Moje telo je bilo zdaj tako polno in krepko kot pred boleznijo.

Stehtal sem se in ugotovil, da sem v enem dnevu pridobil petindvajset kilogramov. Obdržal sem jih za vedno. Prijatelji in znanci, ki so videli, kako suh sem bil prej, so bili popolnoma osupli. Številni so zaradi tega čudeža spremenili svoje življenje in postali učenci Lahirija Mahašaje.

Moj guru, ki je bil prebujen v Bogu, je vedel, da ta svet ni nič drugega kot objektivizirane sanje Stvarnika. Ker se je Lahiri Mahašaja popolnoma zavedal svoje enosti z Božanskim Sanjalcem, je lahko materializiral, dematerializiral ali kako drugače po svoji želji spreminjal sanjske atome pojavnega sveta.*

Vse stvarstvo ureja zakon,« je sklenil Šri Juktešvar. »Načela, ki delujejo v zunanjem vesolju in jih odkrivajo znanstveniki, se imenujejo naravni zakoni. Obstajajo pa tudi komaj zaznavni zakoni, ki urejajo skrite duhovne ravni in notranji svet zavesti; ta načela lahko spoznamo z znanostjo joge. Prave narave snovi ne razume fizik, ampak učitelj s samospoznanjem. S takšnim znanjem je lahko Kristus pozdravil služabnikovo uho, ko ga je odsekal eden od njegovih učencev.«†

Moj guru je bil razlagalec svetih spisov brez primere. Mnogo mojih najlepših spominov je vezanih na njegove razprave. Biserov

* »Za vse, kar molite in prosite, verjemite, da ste že prejeli, in se vam bo zgodilo.« – Mr 11,24. Z Bogom združeni učitelji so sposobni v polnosti prenesti svoja božanska spoznanja na napredne učence, kot je Lahiri Mahašaja ob tej priložnosti storil za Šri Juktešvarja.

† »In eden izmed njih je udaril po služabniku vélikega duhovnika in mu odsekal desno uho. Jezus je odgovoril: „Nehajte! Dovolj je!“ In dotaknil se je ušesa ter ga ozdravil.« – Lk 22,50–51.

svojih misli pa ni metal v pepel ravnodušja ali nespameti. Že en sam nemiren gib telesa ali rahla zamišljenost sta bili dovolj, da je učitelj v hipu naredil konec svoji razlagi.

»Nisi tukaj.« Šri Juktešvar je nekega popoldneva prekinil samega sebe s to opazko. Kot ponavadi je neizprosno spremljal mojo pozornost.

»Gurudži!« sem ugovarjal. »Niti premaknil se nisem, niti trenil nisem z vekami. Ponovim lahko vsako besedo, ki ste jo izrekli!«

»Vseeno nisi bil popolnoma tukaj. Zdaj, ko mi ugovarjaš, ti bom povedal, da si v ozadju svojih misli postavljal tri ustanove. Ena je bila podeželska rezidenca na ravnici, ena na vrhu hriba, še ena pa ob morju.«

Dejansko so bile take nejasne misli skoraj podzavestno navzoče pri meni. Opravičujoče sem ga pogledal.

»Kaj lahko storim ob takšnem učitelju, ki lahko prodre v moje naključne misli?«

»Sam si mi dal to pravico. Pretanjenih resnic, ki jih razlagam, ne moreš razumeti brez popolne koncentracije. Če ni treba, ne vdiram v zasebnost tujega uma. Človek ima naravni privilegij, da se skrivoma potika po svojih mislih. Nepovabljeni Gospod ne vstopa vanje, niti si tja ne drznem vdirati jaz.«

»Vedno ste dobrodošli, učitelj!«

»Tvoje arhitekturne sanje se bodo uresničile kasneje. Zdaj pa je čas za učenje!«

Tako mi je slučajno, na svoj preprosti način, guru razkril, da ve za prihod treh pomembnih dogodkov v mojem življenju. Že od zgodnje mladosti sem imel skrivnostne prebliske o treh zgradbah, vsaka je stala v drugačnem okolju. V točno takšnem zaporedju, kot je Šri Juktešvar nakazal, so se ti prividi nazadnje tudi udejanjili. Najprej sem ustanovil šolo joge za dečke v Rančiju, potem ameriški sedež na hribu v Los Angelesu, nazadnje pa ašram v Encinitasu v Kaliforniji, ob prostranem Tihem oceanu.

Učitelj ni nikoli ošabno rekel: »Prerokujem, da se bo zgodilo to in to!« Raje je namignil: »Se ti ne zdi, da bi se lahko to zgodilo?« A njegove preproste besede so skrivale moč napovedovanja. Nikoli mu ni bilo potrebno ničesar preklicati in njegove nekoliko zakrite napovedi so se vedno izkazale za pravilne.

Šri Juktešvar je bil zadržan in stvaren. Niti malo ni spominjal na nejasnega ali prismojenega vizionarja. Z nogami je stal trdno na tleh, njegova glava pa je bila v zavetju nebes. Praktični ljudje so vzbudili njegovo občudovanje. »Svetništvo ne pomeni neumnosti! Božanske zaznave človeka ne onesposobijo!« je govoril. »Dejavno izražanje kreposti prinaša največjo bistrost.«

Moj guru ni rad razpravljal o nefizičnih svetovih. Edina ‚čarobnost', ki jo je izžareval, je bila popolna preprostost. Med pogovorom ni želel omenjati presenetljivih stvari, z dejanji pa se je svobodno izražal. Mnogi učitelji so govorili o čudežih, a niso mogli uresničiti ničesar. Šri Juktešvar je redko omenjal subtilne zakone, a jih je po želji tajno uporabljal.

»Človek spoznanja ne izvaja čudežev, dokler ne prejme notranje potrditve,« je razložil učitelj. »Bog ne želi, da bi se skrivnosti njegovega stvarstva razkrivale vsepovprek.* Prav tako ima vsak človek na tem svetu neodtujljivo pravico do svobodne volje. Svetnik ne bo posegal v to neodvisnost.«

Molk, ki je bil običajen za Šri Juktešvarja, je bil posledica njegovega globokega dojemanja Neskončnega. Ni bilo časa za neprestana ‚razodetja', ki zapolnjujejo dneve učiteljev, ki niso dosegli samospoznanja. Rek iz hindujskih svetih spisov pravi: »V plitvem človeku ribe malih misli povzročijo velik direndaj. V oceanskih umih kiti navdiha komaj vznemirijo gladino.«

Zaradi gurujeve preprostosti ga je le nekaj sodobnikov prepoznalo kot nadčloveka. S pregovorom »Neumnež je, kdor ne more skriti svoje modrosti,« nikoli ne bi mogli označiti mojega globokega in tihega učitelja.

Čeprav je bil po rojstvu smrtnik kot drugi, je Šri Juktešvar dosegel enost z Vladarjem časa in prostora. Pri združevanju človeškega in božanskega ni naletel na oviro, ki bi bila nepremostljiva. Spoznal

* »Svetega ne dajajte psom, in svojih biserov ne mečite svinjam, da jih ne pomendrajo z nogami in se nato obrnejo ter vas raztrgajo.« – Mt 7,6.

sem, da takšna ovira sploh ne obstaja, razen kot pomanjkanje želje po duhovnih podvigih.

Dotik Šri Juktešvarjevih svetih stopal me je vedno vzradostil. Učenec se duhovno namagneti ob spoštljivem stiku z učiteljem, nastane komaj zaznavni tok. Za neželene mehanizme navad v možganih učenca pogosto velja, da so kot izžgani. Ustaljene tirnice njegovih posvetnih stremljenj se dobrodejno prekinejo. Vsaj za trenutek se skrivne tančice *maje* dvignejo in uzre resnično blaženost. Vse moje telo je osvobajajoče zažarelo, ko sem po indijsko pokleknil pred svojega guruja.

»Tudi tedaj, ko je Lahiri Mahašaja molčal,« mi je povedal učitelj, »ali kadar je govoril o čem, kar ni bilo strogo verske narave, sem spoznal, da je name vseeno prenesel neizrekljivo znanje.«

Podobno je name vplival Šri Juktešvar. Če sem v ašram vstopil zaskrbljen ali ravnodušen, se je moje razpoloženje neopazno spremenilo. Zdravilni mir se je name spustil že ob pogledu na mojega guruja. Vsak dan z njim je prinašal novo veselje, mir in modrost. Nikoli ga nisem videl zaslepljenega oziroma čustveno zastrupljenega s pohlepom, jezo ali človeško navezanostjo.

»Temà *maje* se tiho približuje. Pohitimo domov v notranjost.« S temi svarilnimi besedami je učitelj nenehno opominjal učence, kako potrebna je *krija joga*. Kakšen nov učenec je občasno podvomil o tem, ali je vreden izvajati jogo.

»Pozabi na preteklost,« ga je potolažil Šri Juktešvar. »Minula življenja vseh ljudi so temna od sramotnih trenutkov. Človeško obnašanje ostaja nezanesljivo, dokler se človek ne zasidra v Božanskem. Vse v prihodnosti se bo izboljšalo, če se za duhovni napredek trudiš zdaj.«

Učitelj je imel v svojem ašramu vedno mlade *čele* (učence). Vse življenje je posvetil njihovemu intelektualnemu in duhovnemu izobraževanju. Še tik preden je preminil, je v ašram sprejel dva šestletna dečka in šestnajstletnega mladeniča. Skrbno je usposabljal vse, za katere je bil odgovoren. Besede ‚učenec' in ‚to naj ti bo v poduk' so etimološko in praktično povezane.

Prebivalci ašrama so svojega guruja ljubili in cenili. Že nežen plosk z dlanmi je bil dovolj, da so vneto pristopili k njemu. Ko je bil molčeč in umaknjen vase, si nihče ni drznil spregovoriti; ko je njegov smeh prešerno odzvanjal, so otroci nanj gledali kot na tovariša.

Šri Juktešvar je redko prosil za osebno uslugo, niti ni sprejel pomoči kakšnega *čele*, razen če mu jo je ta z veseljem ponudil. Sam si je opral oblačila, če so njegovi učenci pozabili na to častno dolžnost.

Njegova običajna obleka je bila tradicionalna okrasta halja svamija. V hiši je nosil čevlje brez vezalk, ki so bili v skladu z jogijskimi običaji izdelani iz tigrovega ali jelenjega usnja.

Šri Juktešvar je tekoče govoril angleško, francosko, bengalsko in hindijsko. Njegov sanskrt je bil dober. Svoje mlade učence je potrpežljivo učil prek določenih bližnjic, ki jih je domiselno izdelal za učenje angleščine in sanskrta.

Učitelj ni bil močno navezan na svoje telo, je pa pazljivo skrbel zanj. Poudarjal je, da se Božansko dobro uresničuje skozi telesno in duševno zdravje. Ni odobraval skrajnosti. Učencu, ki se je želel dolgo postiti, je smeje rekel: »Zakaj psu ne bi vrgel kosti?«*

Zdravje Šri Juktešvarja je bilo izjemno dobro; nikoli ga nisem videl bolnega.† V znak spoštovanja posvetnega običaja je svojim učencem dovolil, da so se po želji posvetovali z zdravnikom. »Zdravniki,« je rekel, »naj nadaljujejo zdravljenje po Božjih zakonih, ki se nanašajo na snov.« Je pa hvalil večvrednost mentalne terapije in pogosto ponovil: »Modrost je največja očiščevalka.« Svojim *čelam* je govoril:

»Telo je izdajalski prijatelj. Dajte mu le tisto, kar mu pripada, nič več. Bolečina in užitek sta prehodna, vse dvojnosti mirno zdržite in se hkrati poskušajte umakniti njihovi moči. Domišljija so vrata, skozi katera prihajata bolezen in ozdravitev. Ne verjemite v resničnost bolezni, tudi ko ste bolni, in neopaženi obiskovalec bo zbežal!«

* Moj guru je odobraval postenje kot idealno naravno čistilno metodo, a tisti učenec se je pretirano obremenjeval s svojim telesom.

† Nekoč je zbolel v Kašmirju, ko me ni bilo ob njem (glej str. 221).

Med učiteljevimi učenci so bili mnogi zdravniki. »Tisti, ki so študirali fiziologijo, bi morali iti še naprej in raziskati znanost duše,« jim je govoril. »Komaj zaznavna duhovna zgradba je skrita tik za telesnim mehanizmom.«*

Šri Jukteśvar je svojim učencem svetoval, naj bodo živa vez zahodnih in vzhodnih kreposti. Sam je bil po navadah zahodnjak, navznoter pa je bil poduhovljen vzhodnjak. Hvalil je naprednost, domiselnost in higieničnost Zahoda ter verske ideale, ki Vzhodu dajejo pradavni sij.

Red mi ni bil tuj. Oče je bil doma strog, Ananta pa pogosto celo neprizanesljiv. Usposabljanje Šri Jukteśvarja pa bi lahko opisal le z eno besedo: drastično. Kot perfekcionist je bil moj guru izjemno kritičen do svojih učencev, naj je šlo za pomembne zadeve ali komaj zaznavne odtenke običajnega obnašanja.

»Lepe manire brez iskrenosti so kot lepa, a mrtva ženska,« je pripomnil ob neki priložnosti. »Neposrednost brez vljudnosti je kot kirurgov nož, učinkovita, a neprijetna. Obzirna odkritosrčnost je koristna in občudovanja vredna.«

Učitelj je bil očitno zadovoljen z mojim duhovnim napredkom, saj ga je le redko omenjal. V drugih zadevah pa so moja ušesa pogosto slišala grajo. Moje glavne napake so bile zamišljenost, občasno predajanje žalostnemu razpoloženju, neupoštevanje določenih pravil obnašanja in občasna nesistematičnost.

»Opazuj, kako zna tvoj oče Bhagabati dobro organizirati in uravnotežiti dejavnosti,« je poudaril moj guru. Učenca Lahirija

* Pogumni zdravnik Charles Robert Richet, ki je dobil Nobelovo nagrado za fiziologijo, je zapisal: »Metafizika še ni uradna znanost, ni priznana kot taka. Ampak do tega bo prišlo … V Edinburgu sem imel priložnost pred 100 fiziologi potrditi, da naših pet čutov ni edini vir podatkov in da delček resničnosti včasih pride do intelekta na druge načine … Ker je neko dejstvo redko, to še ne pomeni, da ne obstaja. Ker je področje študija težko, je to lahko razlog, da ga ne skušamo razumeti? … Tisti, ki udrihajo po metafiziki kot okultni znanosti, bodo tako osramočeni kot tisti, ki so udrihali po kemiji na podlagi dejstva, da je bilo iskanje kamna modrosti zavajajoče … Kar pa se tiče načel, moramo slediti tistim od Lavoisierja, Clauda Bernarda in Pasteurja – *eksperimentalni* pristop vedno in povsod. Torej pozdravimo novo znanost, ki bo spremenila smer človeške misli.«

Mahašaje sta se srečala kmalu po mojem prvem obisku ašrama v Seramporju. Povezalo ju je globoko medsebojno spoštovanje. Čudovito notranje življenje obeh je bilo zgrajeno na temeljih duhovnega granita, ki jih zob časa ne more načeti.

Od začasnega učitelja v zgodnjem delu svojega življenja sem posrkal nekaj zmotnih naukov. Rečeno mi je bilo, da se učenec ne sme preveč obremenjevati s posvetnimi dolžnostmi. Ko sem zanemarjal ali brezbrižno opravljal svoje naloge, nisem bil kaznovan. Človeška narava takšne napotke z lahkoto sprejme. Pod učiteljevo neusmiljeno palico pa sem si kmalu opomogel od prijetnih zablod neodgovornosti.

»Tisti, ki so predobri za ta svet, krasijo kakšnega drugega,« je Šri Juktešvar pripomnil nekega dne. »Dokler pa dihaš brezplačni zrak na zemlji, si dolžan v hvaležnosti služiti. Le tisti, ki v polnosti obvladuje stanje brez diha,* je osvobojen vesoljnih nujnosti.« Suho je še dodal: »Brez dvoma ti bom povedal, ko boš dosegel končno popolnost.«

Mojega guruja se ni dalo podkupiti, niti z ljubeznijo ne. Popuščal ni nikomur, ki se je, kot jaz, sam ponudil za učenca. Ne glede na to, ali so naju obkrožali drugi njegovi učenci ali tujci, ali pa sem bil sam z njim, je vedno govoril odkrito in me ostro oštevał. Niti en neznaten zdrs v plitvost ali nedoslednost ni ušel njegovi graji. To prakso udarcev ob ego je bilo težko prenašati, a nisem spremenil svoje odločitve, da bom Šri Juktešvarju dovolil, da zgladi vse moje psihološke hibe. Ko je garal ob tej velikanski preobrazbi, sem se mnogokrat stresel pod težo njegovega disciplinskega kladiva.

»Če ti ni všeč, kar govorim, lahko kadarkoli svobodno odideš,« mi je zagotavljal učitelj. »Od tebe nočem ničesar drugega, kot da postaneš boljši. Ostani le, če čutiš, da ti to koristi.«

Neizmerno hvaležen sem za udarce, ki jih je zadal moji nečimrnosti, in ki so me napravili ponižnejšega. Včasih sem se počutil, kot da je, v prenesenem pomenu, odkril vsak oboleli zob v mojih ustih in ga izruval. Trdovratno egocentričnost je težko odstraniti

* *Samadhi,* nadzavest.

drugače kot zgrda. Ko je ni več, ima Božansko končno na voljo pretočen kanal. Zaman pa skuša pronicati skozi kamnita, sebična srca.

Intuicija Šri Juktešvarja je bila tako prodorna, da je pogosto odgovoril na neizražene misli človeka, ne glede na to, kaj je ta povedal. Besede, ki jih nekdo izreka, in dejanske misli, ki stojijo za njimi, so lahko svetove narazen. »Preko umirjenosti,« je rekel moj guru, »skušajte začutiti misli, ki se skrivajo za zmedo človekove gostobesednosti.«

Razkritja božanskega uvida so pogosto boleča za posvetna ušesa, zato učitelj ni bil priljubljen pri plitkih učencih. Modri, ki jih je bilo vedno malo, pa so ga globoko cenili.

Upam si reči, da bi bil Šri Juktešvar najbolj iskan guru v Indiji, če ne bi govoril tako iskreno in kritično.

»Zahteven sem do tistih, ki se pridejo učit k meni,« mi je priznal. »To je moj način. Vzemi ali pusti, nikoli ne sklepam kompromisov. A ti boš s svojimi učenci veliko prijaznejši, to je tvoj način. Jaz skušam učence očistiti le z ognjem strogosti, ki žge onkraj povprečne sposobnosti prenašanja. Nežen pristop ljubezni prav tako preobraža. Toge in popustljive metode so enako učinkovite, če jih uporabljaš modro.« Dodal je še: »Šel boš v tuje dežele, kjer ljudje ne marajo neposrednih udarcev ob ego. Na Zahodu učitelj ne bi mogel širiti sporočila Indije brez velike prilagodljivosti, potrpežljivosti in prizanesljivosti.« (Ne bom povedal, kolikokrat sem se v Ameriki spomnil na te učiteljeve besede!)

Čeprav zaradi odkritega načina govora moj guru v svojih letih na zemlji ni imel veliko privržencev, njegov duh živi naprej v današnjem svetu v vse večjem številu iskrenih preučevalcev njegovih naukov. Bojevniki, kot je bil Aleksander Veliki, skušajo vzpostaviti suverenost nad ozemljem, učitelji, kot je bil Šri Juktešvar, pa osvojijo veliko večjo domeno v človeških dušah.

Učitelj je imel navado, da je s tonom velike resnosti izpostavil preproste, neznatne hibe svojih učencev. Nekega dne je moj oče prišel na obisk v Serampor k Šri Juktešvarju. Zelo verjetno je pričakoval, da bo slišal kakšno pohvalo na moj račun. Osupel je bil, ko je prejel dolg opis mojih nepopolnosti. Pohitel je k meni.

»Po besedah tvojega guruja bi mislil, da si prava razvalina!« je rekel oče in ni vedel, ali naj se smeji ali joče.

V tistem obdobju je bil edini razlog za nezadovoljstvo Šri Juktešvarja nad menoj dejstvo, da sem skušal nekega človeka spraviti na duhovno pot, čeprav mi je to narahlo odsvetoval.

Ogorčen sem pohitel h guruju. Sprejel me je s povešenimi očmi, kot bi se čutil krivega. Bilo je edinkrat, da sem božanskega leva videl krotkega pred seboj. Edinstveni trenutek sem užil v polni meri.

»Učitelj, zakaj ste me tako neusmiljeno sodili pred osuplim očetom? Je bilo to upravičeno?«

»To se ne bo več ponovilo.« Šri Juktešvarjev ton je bil v duhu obžalovanja.

V trenutku me je razorožil. Kako voljno je veliki mož priznal svojo napako! Čeprav učitelj nikoli več ni razburkal očetovega dušnega miru, me je še naprej analiziral, kadarkoli in kjerkoli je to hotel.

Novi učenci so se pogosto pridružili učiteljevemu podrobnemu kritiziranju drugih. Modri kot guru! Vzori brezhibnega razločevanja! A tisti, ki napada, ne bi smel biti brez obrambe. Nergavi učenci so jo sami popihali takoj, ko je učitelj v njihovo smer javno izstrelil nekaj puščic iz svojega analitičnega tulca.

»Občutljive notranje slabosti, ki se upirajo že ob kančku graje, so kot oboleli deli telesa, ki trznejo tudi ob pazljivem dotiku,« je zabavno pripomnil Šri Juktešvar o lahkomiselnih učencih.

Mnogi učenci si vnaprej ustvarijo podobo guruja, po kateri nato sodijo njegove besede in dejanja. Takšni ljudje so se pogosto pritoževali, da Šri Juktešvarja ne razumejo.

»Tudi Boga ne razumeš!« sem nekomu vrnil ob neki priložnosti. »Če bi razumel svetnika, bi bila eno!« Lahko med milijoni skrivnosti, ki vsako sekundo dihajo nerazložljivi zrak, res zahtevaš, da takoj dojameš nedoumljivo naravo učitelja?

Učenci so prihajali in ponavadi tudi odhajali. Tisti, ki so hrepeneli po lahki poti – po poti takojšnje simpatije in tolažečih priznanj lastnih odlik – je v ašramu niso našli. Učitelj je svojim učencem nudil večno zatočišče in vodenje, a mnogi so zahtevali tudi balzam za svoj ego. Odšli so in tako namesto ponižnosti izbrali brezštevilna ponižanja v življenju. Žgoči žarki Šri Juktešvarja, neposredna, prodorna svetloba njegove modrosti, so bili premočni za njihovo duhovno bolezen. Poiskali so kakšnega slabšega učitelja, ki jih je zagrnil z laskanjem in jim omogočil nestanovitni spanec nevednosti.

V prvih mesecih z učiteljem sem imel občutljiv strah pred njegovo grajo. Kmalu sem ugotovil, da s svojimi besedami secira le tiste, ki so ga tako kot jaz prosili, naj jih uri. Če je kak trpeči učenec ugovarjal, Šri Juktešvar ni bil užaljen, le utonil je v molk. Nikoli ni izrekel jeznih besed, temveč so bile te vedno polne neosebne modrosti.

Učitelj ni nikoli grajal običajnih obiskovalcev, redko je kaj pripomnil o njihovih napakah, tudi če so bile vpadljive. Do učencev pa, ki so želeli njegovega nasveta, je Šri Juktešvar čutil veliko odgovornost. Resnično pogumen je guru, ki se odloči, da bo preobrazil surovo rudo človeštva, prežetega z egom! Svetnikov pogum ima temelje v njegovem sočutju do ljudi, zmedenih od *maje*, opotekajočih se slepcev sveta.

Potem ko sem opustil prikrite zamere, sem spoznal, da me guru občutno manj kara. Komaj opazno je postal učitelj do mene sorazmerno usmiljen. Sčasoma sem podrl vse zidove racionalizacije in podzavestnih* zadržkov, za katerimi se običajno skriva človekova osebnost. Nagrada je bila naravna harmonija z mojim gurujem. Tedaj sem odkril, da je zaupljiv, uvideven in potihoma ljubeč. Ker pa je bil zadržan, svoje naklonjenosti ni izrazil z besedami.

Po značaju sem v prvi vrsti nagnjen k pobožni predanosti. Sprva me je vznemirilo, ko sem videl, da se moj guru, prežet z *gjano*, a na videz brez *bhaktija,*† izraža predvsem s hladno duhovno matematiko. A ko sem se uglasil z njegovo naravo, sem ugotovil, da moj

* »Naše zavestno in podzavestno bitje je kronano z nadzavestnim,« je poudaril rabin Israel H. Levinthal na predavanju v New Yorku. »Pred mnogimi leti je angleški psiholog F. W. H. Myers trdil, da „skrit v globinah našega bitja stoji kup smeti, hkrati pa hiša zakladov“. V nasprotju s psihologijo, ki postavlja v središče vseh svojih raziskav podzavestno v človekovi naravi, nova psihologija nadzavestnega v središče pozornosti postavlja hišico zakladov – edino področje, ki lahko razloži velika, nesebična, junaška dejanja človeka.«

† *Gjana*, modrost; in *bhakti*, ljubeča predanost: dve od glavnih poti do Boga.

vdani pristop k Bogu ni oslabel, ampak se je le še okrepil. Učitelj s samospoznanjem je popolnoma zmožen voditi svoje raznolike učence v skladu z njihovimi naravnimi nagnjenji.

Čeprav je bil moj odnos s Šri Juktešvarjem nekako neizrečen, je vseboval tudi skrito zgovornost. Pogosto sem njegov tihi podpis našel na svojih mislih in je bilo govorjenje odveč. Ko sem tiho sedel ob njem, sem čutil, kako njegovo obilje mirno preveva moje bitje.

Učiteljeva nepristranska pravičnost se je jasno izrazila med poletnimi počitnicami po mojem prvem letniku na kolidžu. Veselil sem se, da bom v Seramporju nepretrgoma bival v družbi svojega guruja.

»Lahko prevzameš odgovornost za ašram.« Šri Juktešvar je bil zadovoljen, ker sem prišel s takšnim navdušenjem. »Tvoji dolžnosti bosta sprejemanje gostov in nadzor nad delom drugih učencev.«

Štirinajst dni kasneje je bil na usposabljanje v ašramu sprejet Kumar, mlad vaščan iz vzhodne Bengalije. Bil je izjemno bister, zato je hitro dobil učiteljevo naklonjenost. Iz nekega nerazumljivega razloga je Šri Juktešvar do novega stanovalca zavzel nekritičen odnos.

»Mukunda, naj Kumar prevzame tvoje dolžnosti. Ti pa svoj čas porabi za pometanje in kuhanje.« Učitelj mi je to naročil, ko je bil novi fant z nami mesec dni.

Ko je bil Kumar povišan na vodilno mesto, je začel v hiši izvajati brezobzirno tiranijo. V tihem uporu so se drugi učenci za dnevne napotke še naprej obračali name. Tako se je nadaljevalo tri tedne, potem pa sem po naključju slišal pogovor med Kumarjem in učiteljem.

»Mukunda je nemogoč!« je rekel fant. »Postavili ste me za nadzornika, drugi pa hodijo k njemu in ubogajo njega.«

»Zato sem ga določil za delo v kuhinji in tebe za sprejemnico – da bi spoznal, da ima dober voditelj željo po tem, da bi služil, ne gospodoval.« Uničujoč ton Šri Juktešvarja je bil za Kumarja nekaj novega. »Hotel si imeti Mukundov položaj, a mu nisi bil kos. Zdaj pa se vrni k prejšnjemu delu pomočnika kuharja.«

Po tem ponižujočem pripetljaju je bil učitelj do Kumarja znova nenavadno prizanesljiv kot prej. Kdo bi lahko razvozlal skrivnost privlačnosti? Naš guru je v Kumarju odkril izvir očarljivosti, iz katerega pa drugi učenci niso mogli piti. Čeprav je bil novi fant očitno ljubljenec Šri Juktešvarja, nisem čutil potrtosti. Osebne posebnosti, ki jih imajo celo učitelji, dajejo vzorcu življenja bogato raznolikost. Redko me zmotijo malenkosti in od Šri Juktešvarja sem pričakoval višje dobro od zunanje hvale.

Kumar me je nekega dne brez razloga napadel s strupenimi besedami, kar me je globoko prizadelo.

»Tako si domišljav, da se boš razpočil!« sem mu odvrnil in ga še opozoril, ker sem intuitivno čutil, da to drži: »Če se ne boš popravil, te bodo nekega dne prosili, da zapustiš ašram.«

Kumar se je sarkastično zasmejal in našemu guruju, ki je ravno vstopil v sobo, ponovil mojo pripombo. Pričakoval sem, da bom kregan in sem se plaho umaknil v kot.

»Morda pa ima Mukunda prav,« je učitelj nenavadno hladno odgovoril fantu.

Leto kasneje se je Kumar odpravil na obisk svojega domačega kraja iz otroštva. Ni se zmenil za tiho neodobravanje Šri Juktešvarja, ki učencem nikoli ni prepovedoval, da bi kam šli. Ko se je fant čez nekaj mesecev vrnil v Serampor, je bilo neprijetno očitno, da se je spremenil. Nič več ni bil dostojanstveni Kumar z obrazom, ki je spokojno žarel. Pred nami je stal običajen kmet, ki je v zadnjem času pridobil številne škodljive navade.

Učitelj me je poklical k sebi in mi s strtim srcem povedal, da fant ni več primeren za meniško življenje v ašramu.

»Mukunda, tebi bom prepustil, da naročiš Kumarju, naj jutri zapusti ašram, jaz ne morem!« Šri Juktešvarju so solze zalile oči, a se je hitro obvladal. »Fant ne bi padel v te globine, če bi me poslušal in ne bi odšel ter zapadel v slabo družbo. Odklonil je mojo zaščito, trdosrčni svet mora biti zdaj njegov guru.«

Kumarjev odhod mi ni prinesel veselja; žalostno sem se spraševal, kako se je lahko nekdo, ki je imel moč, da si je pridobil učiteljevo ljubezen, s takšno lahkoto odzival na posvetne čare. Uživanje v vinu in spolnosti je zakoreninjeno v naravi človeka. Da sta mu všeč, ne potrebuje sposobnosti tankočutnega zaznavanja. Čutne zvijače so primerljive z zimzelenim oleandrom, katerega rožnati cvetovi lepo dišijo, vsi deli rastline pa so strupeni.* Dežela ozdravljenja leži v duši in žari od sreče, ki jo ljudje slepo iščejo v tisoč smereh zunanjega sveta.

»Velika inteligenca je dvorezen meč,« je učitelj nekoč pripomnil v zvezi s Kumarjevim sijajnim umom. »Lahko jo uporabiš ustvarjalno ali uničevalno, kot nož, s katerim lahko prerežeš tur nevednosti, ali pa se z njim obglaviš. Inteligenca je pravilno vodena šele tedaj, ko um prizna neizbežnost duhovnega zakona.«

Moj guru se je prosto družil z učenci in učenkami, vse je imel za svoje otroke. Zanj so imeli enake duše, zato med njimi ni delal razlik in ni bil pristranski.

»V spanju ne veste, ali ste moški ali ženska,« je rekel. »Tako kot moški, ki se izdaja za žensko, to ne postane, tako duša, ki se izdaja za oba, za moškega in za žensko, ostaja nespremenjena. Duša je nespremenljiva, čista podoba Boga.«

Šri Juktešvar se nikoli ni izogibal ženskam ali jih krivil za ‚padec človeka'. Poudarjal je, da se morajo tudi ženske soočiti s skušnjavo nasprotnega spola. Nekoč sem vprašal učitelja, zakaj je velik starodavni svetnik ženskam rekel »vrata v pekel«.

»Kakšno dekle mu je v njegovi mladosti gotovo zelo skalilo dušni mir,« je moj guru odgovoril jedko, »sicer ne bi obsodil žensk, ampak kakšno od nepopolnosti v svojem samonadzoru.«

Če si je kateri od obiskovalcev ašrama drznil povedati opolzko zgodbo, se je učitelj odzval z molkom. »Ne dovolite, da vas mlati izzivalni bič lepega obraza,« je povedal učencem. »Kako lahko sužnji čutov uživajo v svetu? Njegovi komaj zaznavni odtenki jim uidejo, medtem ko bredejo po prvobitnem blatu. Vse prijetno razločevanje je izgubljeno za človeka, ki se predaja prvinski sli.«

* »Človek se v stanju budnosti močno trudi, da bi izkusil čutne užitke. Ko so vsa čutila utrujena, pozabi celo na užitek, ki mu je na dosegu roke in gre spat, da bi užil počitek v duši, svoji lastni naravi,« je zapisal Šankara, veliki zagovornik *vedante*. »Nadčutno blaženost je tako zelo lahko doseči in je daleč boljša od čutnih užitkov, ki se vedno končajo z gnusom.«

Učenci, ki so skušali pobegniti pred spolnimi utvarami, ki jih povzroča *maja*, so od Šri Juktešvarja prejeli potrpežljiv in razumevajoč nasvet.

»Tako kot ima lakota upravičen namen, požrešnost pa ne, tako je tudi spolni nagon narava vgradila v človeka izključno za razmnoževanje vrste, ne za vzbujanje nenasitnih hrepenenj,« je rekel. »Uničite napačne želje zdaj, sicer vam bodo sledile tudi, ko se bo vaše astralno telo ločilo od fizičnega ohišja. Tudi ko je meso šibko, mora biti um neuklonljiv. Če vas skušnjava napade s kruto močjo, jo premagajte z neosebno analizo in neomajno voljo. Človek lahko obvlada vsako naravno strast.

Prihranite svoje moči. Bodite kot prostrano morje, tiho srkajte rečne pritoke čutov. Dnevno obnovljena čutna hrepenenja izčrpavajo vaš notranji mir, so kot odprtine v rezervoarju, skozi katere se nujno potrebna voda izgubi v puščavski pesek materializma. Siloviti vzgib napačnih želja je največji sovražnik človeške sreče. Klatite se po svetu kot lev samonadzora, ne dovolite žabam čutnih slabosti, da bi pometale z vami!«

Pravi vernik se nazadnje osvobodi vseh prisil nagonskega. Svojo potrebo po človeški naklonjenosti pretvori le v stremljenje k Bogu – ljubezni, ki je ena sama, ker je vsenavzoča.

Mati Šri Juktešvarja je živela v predelu Rana Mahal v Benaresu, kjer sem prvič obiskal svojega guruja. Čeprav je bila prijazna in ljubezniva, je imela zelo odločna stališča. Nekega dne sem stal na njenem balkonu in opazoval njo in njenega sina med pogovorom. Učitelj jo je mirno in razumno skušal o nečem prepričati. Očitno mu to ni uspelo, ker je zelo zavzeto odkimala.

»Ne, ne, sin moj, pojdi zdaj! Tvoje modre besede niso zame! Nisem tvoja učenka!«

Šri Juktešvar se je brez nadaljnjega umaknil kot otrok, ki ga oštevaš. Ganilo me je njegovo veliko spoštovanje do matere tudi tedaj, ko se je obnašala nespametno. V njem je videla le svojega fantka, ne modreca. V tem pripetljaju je bilo nekaj očarljivega, osvetlil je neobičajno naravo mojega guruja, ki je bil v sebi ponižen in navzven nepopustljiv.

Redovniška pravila ne dovoljujejo, da bi svami po njihovi uradni prekinitvi ohranjal posvetne vezi. Ne sme opravljati slavnostnih družinskih obredov, ki so obvezni za laika. Šankara, reorganizator starodavnega reda svamijev, pa kljub temu ni spoštoval prepovedi. Ko mu je umrla ljubljena mati, je njeno telo sežgal z nebeškim ognjem, ki je bruhnil iz njegove dvignjene roke.

Tudi Šri Juktešvar se ni zmenil za omejitve – čeprav veliko manj slikovito. Ko je njegova mati umrla, je uredil vse potrebno za obred sežiga ob svetem Gangesu v Benaresu in v skladu z običaji nahranil mnoge *brahmine.*

Prepovedi *šaster* svamijem pomagajo pri premagovanju omejenih poistovetenj. Šankara in Šri Juktešvar sta v celoti združila svoje bitje z Neosebnim Duhom, zato nista potrebovala pomoči pravil. Včasih se učitelj tudi namenoma ne zmeni za pravilo, da bi potrdil, da je načelo pravila nad pravilom samim in neodvisno od njega. Tako je Jezus učencem dovolil smukati klasje na dan počitka. Nepogrešljivim kritikom je rekel: »Sobota je ustvarjena zaradi človeka in ne človek zaradi sobote.«*

Z izjemo svetih spisov je Šri Juktešvar zelo malo bral. Kljub temu pa je bil vedno seznanjen z zadnjimi znanstvenimi odkritji in z drugim napredkom v človeškem znanju.† Bil je sijajen sogovornik in je užival v izmenjavi mnenj o neštetih temah s svojimi gosti. Njegova duhovitost in razposajeni smeh sta poživila vsako razpravo. Pogosto je bil resen, a nikoli mrk. »V iskanju Gospoda človeku ni treba „kaziti svojega obraza“,« je govoril s svetopisemskimi besedami.‡ »Ne pozabite, da bodo, ko boste našli Boga, vse žalosti pokopane.«

Med filozofi, profesorji, odvetniki in znanstveniki, ki so prihajali v ašram, so številni ob prvem obisku pričakovali, da bodo srečali pravovernega pobožnjakarja. Občasen vzvišen nasmešek

* Mr 2,27.

† Ko je želel, se je učitelj lahko v trenutku uglasil z umom kateregakoli človeka (jogijska moč, omenjena v Patanjdžalijevih *Sutrah o jogi* III,19). Njegove moči človeka-radia in narava misli so razloženi na straneh 168–69.

‡ Mt 6,16.

ali hudomušna strpnost na obrazu sta izdajala, da obiskovalec ni pričakoval drugega kot nekaj pobožnih plehkosti. Potem pa, ko je govoril s Šri Juktešvarjem in odkril, da ima natančen uvid v področje, na katerem je obiskovalec strokovnjak, je le nerad odšel.

Moj guru je bil do gostov običajno blag in ljubezniv, dobrodošlico jim je izrekal z očarljivo prisrčnostjo. Zakrknjeni egocentriki pa so bili včasih deležni poživljajočega šoka. Učitelj se jim je po robu postavil s hladno brezbrižnostjo ali z odločnim nasprotovanjem – z ledom ali železom!

Znani kemik se je nekoč udaril s Šri Juktešvarjem. Obiskovalec ni hotel priznati obstoja Boga, ker znanost še ni odkrila načina, kako ga zaznati.

»Torej iz neznanih razlogov ne morete izolirati Najvišje Moči v svojih epruvetah!« mu je rekel učitelj in ga strogo gledal. »Priporočam vam nov poskus: opazujte svoje misli neprekinjeno štiriindvajset ur. Potem se nič več ne boste čudili Božji odsotnosti.«

Nek slavni učenjak je bil deležen podobnega pretresa. Bilo je med njegovim prvim obiskom v ašramu. Od tramov je odmevalo, ko je gost navajal odlomke iz *Mahabharate*, *Upanišad** in iz Šankarovih *bhašij* (komentarjev).

»Čakam, da vas slišim,« je Šri Juktešvar rekel vprašujoče, kot da gost ne bi ničesar povedal. Pandit je bil zmeden.

»Navedkov je bilo več kot dovolj.« Ob učiteljevih besedah sem se zvijal od smeha, ko sem čepel v svojem kotičku na spoštljivi razdalji od obiskovalca. »A kakšen izvirni komentar nam lahko poveste iz svojega edinstvenega življenja? Katero sveto besedilo ste vsrkali in vzeli za svoje? Kako so te brezčasne resnice prenovile vašo naravo? Ste zadovoljni s tem, da kot pokvarjen gramofon ponavljate besede drugih mož?«

* *Upanišade* oziroma *Vedanta* (dobesedno, 'konec Ved'), ki se pojavljajo na določenih mestih štiridelnih Ved, so bistveni povzetki, ki predstavljajo doktrinarni temelj hindujske religije. Schopenhauer je hvalil njihove »globoke, izvirne in vzvišene misli«, in rekel: »Dostop do Ved [prek zahodnih prevodov *Upanišad*] je v mojih očeh največja prednost, ki jo ima to stoletje pred vsemi prejšnjimi stoletji.«

»Vdam se!« Učenjakova zadrega je bila komična. »Nimam notranjih spoznanj.«

Morda je prvič razumel, da prefinjeno postavljanje pik ne odtehta dejstva, da nimaš v sebi niti pike poduhovljenosti.

»Ti medli pedantneži preveč časa porabijo za preučevanje knjig,« je moj guru pripomnil po odhodu človeka, ki ga je okaral. »Filozofijo imajo za lahkotno intelektualno vadbo. Skrbno pazijo, da svojih vzvišenih misli ne bi povezali s preproščino zunanjih dejanj ali s strogo notranjo disciplino!«

Učitelj je tudi ob drugih priložnostih poudarjal nesmiselnost učenja zgolj iz knjig.

»Ne zamenjujte razumevanja z bogatim besednjakom,« je pripomnil. »Sveti spisi so koristni za spodbujanje želje po notranjem spoznanju, če počasi srkamo kitico za kitico, sicer lahko nenehni intelektualni študij vodi v nečimrnost, lažno zadovoljstvo in neprebavljeno znanje.«

Šri Juktešvar nam je navedel eno od lastnih izkušenj iz izobraževanja o svetih spisih. Prizorišče je bilo gozdno puščavniško bivališče v vzhodni Bengaliji, kjer je spremljal postopek uglednega učitelja, Dabruja Ballava. Njegova metoda, hkrati preprosta in težka, je bila v starodavni Indiji zelo pogosta.

Dabru Ballav je v samoti gozda okrog sebe zbral učence. Pred seboj so imeli odprto sveto Bhagavad gito. Pol ure so pozorno zrli v en sam odlomek, nato so zaprli oči. Minilo je še pol ure. Učitelj je povedal kratek komentar. Negibno so znova meditirali eno uro. Naposled je guru spregovoril.

»Zdaj razumete to kitico?«

»Da, gospod,« si je drznil trditi eden od učencev v skupini.

»Ne, ne v polnosti. Iščite duhovno vitalnost, ki je tem besedam dala moč, da že stoletja oživljajo Indijo.« Minila je še ena ura v tišini. Učitelj je nato odpustil učence in se obrnil k Šri Juktešvarju.

»Poznaš Bhagavad gito?«

»Ne, gospod, ne dobro, čeprav sem jo z očmi in umom že mnogokrat prebral.«

»Na stotine ljudi mi je dalo drugačen odgovor!« Veliki modrec je učitelju naklonil nasmešek. »Če si človek da opraviti z zunanjim razkazovanjem obširnega znanja o svetih spisih, koliko časa mu sploh še ostane za tiho notranje potapljanje za dragocenimi biseri?«

Šri Juktešvar je poučeval svoje učence z enako, intenzivno metodo popolne osredotočenosti. »Modrosti ne vsrkaš z očmi, ampak z atomi,« je rekel. »Ko tvoje prepričanje o resnici ni zgolj v tvojih možganih, ampak v tvojem bitju, lahko zadržano jamčiš za njen pomen.« Učence je odvračal od prepričanja, da je znanje iz knjig potreben korak k duhovnemu spoznanju.

»Rišiji so v enem stavku zapisali tako globoke misli, da so jih učenjaki komentirali več generacij,« je rekel. »Nenehne literarne polemike so za lene ume. Kaj je bolj hitro osvobajajoče kot misel „Bog je“ ali kar „Bog“?«

A človek se ne vrne zlahka k preprostosti. Intelektualist redko misli le na »Boga«, zanj so pomembnejše naučene nabuhlosti. Njegov ego je zadovoljen, da lahko dojame takšno učenost.

Pogosto se je zgodilo, da so ljudje, ki so bili zelo ponosni na svoje bogastvo ali na položaj v svetu, v učiteljevi navzočnosti k svojemu premoženju dodali še ponižnost. Ob neki priložnosti je lokalni sodnik prosil za pogovor v obmorskem ašramu v Puriju. Človek, ki se ga je držal sloves neprizanesljivosti, je bil tako vpliven, da bi nas z lahkoto izgnal iz ašrama. To dejstvo sem omenil svojemu guruju. On pa se je z neuklonljivo naravnanostjo usedel in ni vstal, da bi pozdravil obiskovalca.

Nekoliko živčen sem počepnil v bližini vrat. Šri Juktešvar me ni prosil, naj grem po stol za sodnika, zato se je ta moral zadovoljiti z lesenim zabojem. Njegovo očitno pričakovanje, da bomo njegovo pomembnost slovesno zaznamovali, se ni izpolnilo.

Začela sta se pogovarjati o metafiziki. Gost je govoril grobe neumnosti, ker si je napačno razlagal svete spise. Njegove izjave so imele vse manj smisla, njegova jeza pa je naraščala.

»Ali veste, da sem bil najboljši na magistrskem študiju?« Razum ga je zapustil, še vedno pa je lahko kričal.

»Gospod sodnik, pozabljate, da to ni vaša sodna dvorana,« mu je učitelj odgovoril umirjeno. »Iz vaših otroških pripomb bi lahko sklepal, da je bila vaša univerzitetna kariera povprečna. Sploh pa univerzitetna diploma ni povezana z vedskim spoznanjem. Svetniki ne nastajajo serijsko tako kot računovodje.«

Obiskovalec je nekaj časa osuplo molčal, nato pa se iz srca zasmejal.

»To je moje prvo srečanje z nebeškim uradnikom,« je rekel. Kasneje je uradno zaprosil, v zavitem pravnem jeziku, ki je bil očitno sestavni del njegove narave, za sprejem za ‚poskusnega učenca'.

Ob več priložnostih je Šri Juktešvar, tako kot Lahiri Mahašaja, odvračal ‚nezrele' učence od vstopa v red svamijev. »Če človek, ki mu manjka spoznanja o Bogu, nosi oker haljo, je to zavajajoče za družbo,« sta govorila oba učitelja. »Pozabite na zunanje simbole odpovedi, ki v vas lahko povzročijo lažni ponos in vam tako škodujejo. Nič ni pomembno razen stalnega, vsakodnevnega duhovnega napredka, za to pa uporabite *krija jogo.*«

Pri ocenjevanju vrednosti človeka svetnik uporablja nespremenljiv kriterij, ki je popolnoma drugačen od spreminjajočih se meril sveta. Učitelj vidi človeštvo – tako raznoliko v lastnih očeh! – razdeljeno na le dva razreda: nevedneži, ki ne iščejo Boga, in modri ljudje, ki ga iščejo.

Moj guru je osebno skrbel za podrobnosti v povezavi z upravljanjem svojih posesti. Brezvestneži so si večkrat poskušali prilastiti učiteljevo zemljo, ki jo je podedoval od prednikov. Z odločenostjo in celo s tožbami je Šri Juktešvar ukanil vsakega nasprotnika. Te boleče izkušnje je prestajal zaradi želje, da nikoli ne bi bil guru, ki bi prosjačil ali bil v breme svojim učencem.

Njegova finančna neodvisnost je bila eden od razlogov, zakaj se moj zastrašujoče odkriti učitelj ni zatekal k diplomatskim zvijačam. Za razliko od učiteljev, ki morajo laskati svojim podpornikom, je bil moj guru gluh za odkrite ali prikrite vplive tujega bogastva. Nikoli ga nisem slišal prositi niti namigniti za denar. Vsi njegovi učenci so se v njegovem ašramu lahko usposabljali brezplačno.

Nekega dne je v ašram prišel sodni uradnik, da bi mu vročil sodni poziv. Skupaj z učencem po imenu Kanai sva ga hitro peljala k učitelju.

Uradnik je bil do Šri Jukteševarja žaljiv. »Dobro vam bo delo, da boste zapustili sence svojega ašrama in zadihali pošteni zrak sodne dvorane,« je rekel zaničljivo.

Nisem se mogel zadržati. »Še eno predrzno besedo, pa boste na tleh!« sem vzkliknil in grozeče stopil proti njemu.

Tudi Kanai je začel kričati na uradnika: »Podlež, kako si upaš priti v ta sveti ašram s takšnimi bogokletnimi besedami?«

A učitelj je zaščitniško stopil pred človeka, ki ga je žalil: »Ne razburjajta se za prazen nič. Ta človek le opravlja svojo zakonito dolžnost.«

Uradnik, zbegan zaradi različnih sprejemov, se je spoštljivo opravičil in odhitel.

Neverjetno je bilo videti, kako je bil lahko učitelj s tako ognjevito voljo v sebi tako miren. Ustrezal je vedskemu opisu Božjega človeka: »Nežnejši od cvetlice, ko gre za prijaznost, silovitejši od groma, ko so ogrožena načela.«

Na tem svetu bodo vedno živeli ljudje, ki po Browningovih besedah »ne prenesejo svetlobe, ker so sami mračni«. Občasno je kakšen obstranec grajal Šri Jukteševarja zaradi namišljenih krivic. Moj hladnokrvni guru ga je vljudno poslušal in analiziral samega sebe, ali je v obsojanju kaj resnice. Ob takšnih prizorih sem se spomnil na učiteljevo enkratno opazko: »Nekateri ljudje skušajo zrasti tako, da drugim odsekajo glavo!«

Svetnikova neomajna obvladanost nagovarja bolj kot vsaka pridiga. »Potrpežljiv človek je boljši kakor junak, gospodar nad svojim duhom boljši kakor osvajalec mesta.«*

Pogosto sem razmišljal, da bi bil moj sijajni učitelj z lahkoto cesar ali bojevnik, ki bi pretresel svet, če bi svoj um usmeril v slavo ali v posvetne dosežke. Namesto tega se je odločil, da bo zavzel tiste notranje utrdbe besa in egocentričnosti, katerih padec je vrhunec človeka.

* Prg 16,32.

13. POGLAVJE

Svetnik brez sna

»Prosim, dovolite mi, da grem v Himalajo. Upam, da bom v nepretrgani samoti dosegel trajno duhovno povezanost z Bogom.«

S temi nehvaležnimi besedami sem nekoč dejansko nagovoril svojega učitelja. Ker sem bil ujet v eno od nepredvidljivih slepil, ki včasih popadejo predanega častilca, so mi postajale dolžnosti v ašramu in študij na kolidžu vse bolj odveč. Res pa je, kar je šibka olajševalna okoliščina, da sem tedaj Šri Juktešvarja poznal zgolj šest mesecev in še nisem v polnosti razumel njegove veličine.

»Veliko hribovcev živi v Himalaji, a ne zaznavajo Boga,« mi je guru odvrnil počasi in preprosto. »Modrost raje išči pri človeku s spoznanjem kot pri speči gori.«

Ne da bi se zmenil za njegov jasni namig, da je moj učitelj on in ne hrib, sem ponovil svojo prošnjo. Šri Juktešvar ni odgovoril. Njegov molk sem vzel za privolitev, kar je bila vprašljiva, a prikladna razlaga.

Tistega večera sem se na svojem domu v Kalkuti mrzlično pripravljal na potovanje. Ko sem v odejo zavezoval nekaj stvari, sem se spomnil na podoben sveženj, ki sem ga skrivoma vrgel skozi okno svoje podstrešne sobice nekaj let poprej. Spraševal sem se, ali je tudi ta beg v Himalajo obsojen na neuspeh. Prvikrat sem bil poln duhovne vznesenosti, zdaj pa me je ob misli, da zapuščam svojega guruja, pekla vest.

Naslednje jutro sem poiskal pandita Beharija, ki je bil moj profesor sanskrta na Scottish Church Collegeu.

»Gospod profesor, povedali ste mi, da prijateljujete z velikim učencem Lahirija Mahašaje. Prosim, povejte mi njegov naslov.«

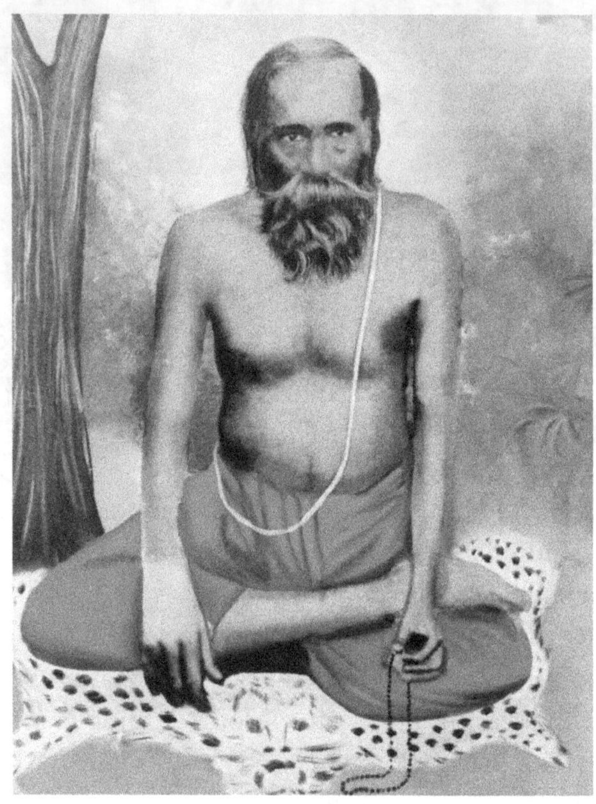

RAM GOPAL MUZUMDAR
'Svetnik brez sna'

»Mislite Rama Gopala Muzumdarja. Pravim mu 'svetnik brez sna'. V svoji zamaknjeni zavesti je ves čas buden. Živi v Ranbadžpurju, blizu Tarakešvarja.«

Zahvalil sem se panditu in se nemudoma vkrcal na vlak za Tarakešvar. Upal sem, da bom utišal svoje pomisleke, ko mi bo 'svetnik brez sna' dovolil meditirati v samoti Himalaje. Pandit Behari mi je povedal, da je Ram Gopal prejel razsvetljenje, potem ko je mnogo let izvajal *krija jogo* v samotnih votlinah Bengalije.

V Tarakešvarju sem šel v slavno svetišče. Za hindujce je to kraj čaščenja, kakršen je Lurd v Franciji za katolike. V Tarakešvarju se dogajajo nešteta čudežna ozdravljenja, tam je ozdravel tudi eden od članov moje družine.

»V templju sem sedela teden dni,« mi je nekoč povedala najstarejša teta. »Ob popolnem postu sem molila za ozdravljenje tvojega strica Sarade, ki ga je pestila kronična bolezen. Sedmega dne se je v moji dlani materializirala zel! Iz njenih listov sem naredila poparek, ki sem ga dala tvojemu stricu. Njegova bolezen je v trenutku izginila in se nikoli več ni vrnila.«

Vstopil sem v svetišče v Tarakešvarju. Na njegovem oltarju je le preprost okrogel kamen. Njegov obod, ki nima začetka in konca, dobro nakazuje Neskončno. V Indiji kozmične ideje razume celo nepismeni kmet, pravzaprav ga zahodnjaki včasih celo obtožijo, da živi le od idej!

V tistem trenutku sem bil tako strogega razpoloženja, da sem čutil odpor do tega, da bi se priklonil kamnitemu simbolu. Boga bi morali iskati le v duši, sem pomislil.

Tempelj sem zapustil, ne da bi pokleknil, in urno stopil proti odmaknjeni vasici Ranbadžpur. Nisem poznal poti. Ko sem nekega mimoidočega vprašal za smer, je moral močno pomisliti.

»Ko prideš do križišča, zavij desno in nadaljuj po tisti poti,« je nazadnje navdihnjeno dejal.

Sledil sem njegovim napotkom in počasi ubiral pot po obrežju kanala. Spustila se je tema. Mežikajoče kresničke in zavijanje šakalov v bližini so oživljali obrobje džungelske vasi. Mesečina je bila prešibka, da bi lahko dobro videl, kje hodim, zato sem se naslednji dve uri pri hoji opotekal.

Dobrodošlo cingljanje kravjega zvonca! Večkrat sem poklical v temo in nazadnje je k meni le prišel neki kmet.

»Iščem Rama Gopala Babuja.«

»V naši vasi ne živi nihče s tem imenom,« je osorno odvrnil mož. »Najbrž si lažnivi detektiv.«

V upanju, da bom pomiril njegova politična sumničenja, sem mu ganljivo razložil svojo zadrego. Peljal me je na svoj dom in mi ponudil gostoljubje.

»Do Ranbadžpurja je zelo daleč,« je pripomnil. »Na tistem križišču bi moral zaviti levo, ne desno.«

Tisti človek, ki mi je dal napotke, sem žalostno pomislil, je prava pokora za popotnike. Po okusni večerji, neoluščenem rižu, lečinem *dalu* in krompirjevem kariju s surovimi bananami sem se umaknil v kočico, ki je stala na dvorišču. V daljavi so vaščani peli ob glasni spremljavi *mridang** in cimbal. Tisto noč nisem veliko spal, goreče sem molil, da bi me Bog vodil k odmaknjenemu jogiju Ramu Gopalu.

Ko so prvi žarki sončne svetlobe prodrli skozi špranje v moji koči, sem se odpravil proti Ranbadžpurju. Med prečkanjem neprijaznih riževih polj sem se prebijal čez bodeča strnišča in mimo kupov suhe gline. Občasno sem naletel na kakšnega kmeta, ki mi je vedno povedal, da je moj cilj oddaljen »le še *krošo*« (tri kilometre). V šestih urah je sonce zmagoslavno prepotovalo pot od obzorja do zenita, meni pa se je začelo dozdevati, da nikoli ne bom prišel do Ranbadžpurja.

Sredi popoldneva je bil moj svet še vedno neskončno riževo polje. Zaradi vročine, ki je neizogibno pripekala z neba, sem bil že blizu kolapsa. Tedaj sem zagledal moža, ki se mi je bližal z lagodnim korakom. Nisem si upal zastaviti običajnega vprašanja, da ne bi znova slišal enoličnega odgovora »samo še *krošo*«.

Tujec se je ustavil ob meni. S svojo majhno in vitko postavo ni bil nič posebnega, močno pa so na njem izstopale njegove prebadajoče temne oči.

»Nameraval sem zapustiti Ranbadžpur, a ker si prišel z dobrim namenom, sem te počakal.« S prstom mi je požugal proti osuplemu obrazu. »Le kako ti je prišlo na misel, da bi se nenajavljen pojavil na mojih vratih? Tisti profesor Behari ti ni imel pravice dati mojega naslova.«

Glede na to, da se v navzočnosti tega učitelja ne bi imelo smisla predstavljati, sem obstal brez besed, nekoliko užaljen nad njegovim sprejemom. Nato me je odrezavo vprašal:

»Povej mi, kje misliš, da je Bog?«

* Bobni, na katere se igra z roko, ki jih pogosto uporabljajo za spremljanje nabožnega petja (*kirtana*) med verskimi obredi in procesijami.

»No, v meni je in povsod,« sem odgovoril in bil gotovo videti ravno tako zbegan, kot sem se počutil.

»Vsenavzoč je, kaj?« se je svetnik zahahljal. »Zakaj pa se potem, mladi gospod, včeraj nisi priklonil pred Neskončnim v kamnitem simbolu v templju v Tarakešvarju?* Zaradi ponosa te je mimoidoči, ki se ni obremenjeval z drobno razliko med desno in levo, kaznoval z napačnimi napotki. Tudi danes ti je bilo zaradi tega zelo neprijetno!«

Iskreno sem se strinjal z njim, osupel nad tem, da se je v drobcenem telesu, ki je stalo pred menoj, skrivalo vsenavzoče oko. Iz jogija je vela zdravilna moč, ki me je na žgočem polju takoj poživila.

»Verujoči se nagiblje k misli, da je njegova pot k Bogu edini način,« je rekel. »Joga, s katero najdemo božansko v sebi, je nedvomno najvišja pot, kakor nam je povedal Lahiri Mahašaja. A ko odkrijemo Gospoda v sebi, ga kmalu zaznamo tudi zunaj sebe. Svetišča v Tarakešvarju in drugje ljudje upravičeno častijo kot prava jedrska središča duhovne moči.«

Kritična naravnanost v svetniku je izginila. Sočutno me je pogledal in me potrepljal po rami.

»Mladi jogi, vidim, da bežiš od svojega učitelja. On ima vse, kar potrebuješ, moral bi se vrniti k njemu.« Dodal je še: »Gore ne morejo biti tvoj guru,« enako misel, kot jo je dva dni nazaj izrazil Šri Juktešvar.

»Učitelji niso pod kozmično prisilo, da morajo živeti le v gorah.« Moj sogovornik me je vprašujoče pogledal. »Himalaja v Indiji ali Tibetu nima monopola nad svetniki. Česar nekdo ne želi iskati v sebi, ne bo odkril tako, da se bo selil sem ter tja. Takoj pa, ko je iskalec *pripravljen* iti na konec sveta za duhovno razsvetljenje, se njegov guru pojavi ob njem.«

Molče sem se strinjal z njim, ko sem se spomnil svoje molitve v ašramu v Benaresu, ki ji je sledilo srečanje s Šri Juktešvarjem na prometni ulici.

»Imaš sobico, v kateri lahko zapreš vrata in si sam?«

* »Človek, ki se pred ničimer ne pristoni, ne bo mogel nositi bremena samega sebe.« – Dostojevski, *Besi*.

»Ja.« Pomislil sem, kako vznemirljivo hitro je svetnik prehajal od splošnega k določnemu.

»To je tvoja votlina.« Jogi mi je naklonil razsvetljeni pogled, ki ga nisem pozabil. »To je tvoja sveta gora. Tam boš našel Božje kraljestvo.«

S preprostimi besedami je v trenutku izničil mojo življenjsko obsedenost s Himalajo. Na žgočem riževem polju sem se prebudil iz sanj o gorah in večnem snegu.

»Mladi gospod, tvoja žeja po Bogu je hvalevredna. Do tebe čutim veliko ljubezen.« Ram Gopal me je prijel za roko in me peljal v očarljivo staromodno vasico na čistini sredi džungle. Ilovnate hiše so bile prekrite s kokosovimi listi, njihovi vhodi pa so bili okrašeni v kmečkem slogu s svežimi tropskimi cvetovi.

Svetnik me je posedel na zasenčeno bambusovo teraso svoje male koče. Potem ko mi je dal sladkan limetin sok in koščtek sladkorne paličice, sva šla na notranje dvorišče in sedla v lotosov položaj. Po štirih urah meditacije sem odprl oči in videl, da je bila z mesečino osvetljena postava jogija še vedno negibna. Ko sem strogo okaral svoj želodec, da človek ne živi samo od kruha, je Ram Gopal vstal.

»Vidim, da si sestradan,« je rekel. »Takoj bom pripravil nekaj za pod zob.«

Pod glineno pečico na dvorišču je zanetil ogenj. Kmalu sva jedla riž in *dal*, ki ju je postregel na velikih listih bananovca. Gostitelj me je uglajeno zavrnil, ko sem mu ponudil pomoč pri kuhi. Gost je Bog, pravi hindujski pregovor, ki ga v Indiji spoštujejo že od nekdaj. Na svojih kasnejših potovanjih sem navdušen opazil, da v mnogih deželah po svetu na podeželju podobno spoštujejo obiskovalce. Pri mestnem prebivalcu pa se ostrina gostoljubnosti skrha zaradi prevelike množice tujih obrazov.

Človeška mravljišča so se mi zdela skoraj nepredstavljivo daleč, ko sem čepel ob tem jogiju v osami male džungelske vasice. Sobo v koči je skrivnostno osvetljevala mehka svetloba. Ram Gopal je na tla razprl nekaj strganih odej za moje ležišče, sam pa je sedel na svojo slamnato podlogo. Prevzet od njegove duhovne privlačnosti sem si upal izreči prošnjo.

»Gospod, bi mi naklonili *samadhi*?«

»Dragi moj, z veseljem bi ti posredoval Božji stik, ampak to ni moja naloga.« Svetnik me je pogledal s priprtimi očmi. »Tvoj učitelj ti bo v kratkem podelil to izkušnjo. Tvoje telo še ni uglašeno. Kot bi majhno žarnico razneslo ob preveliki napetosti, tako bi tudi tvoji živci ne prenesli vesoljnega toka. Če bi ti zdaj dal neskončno ekstazo, bi gorel, kot da se ti je vžgala vsaka celica posebej.

Mene prosiš za razsvetljenje,« je jogi nadaljeval zamišljeno, »medtem ko se sam sprašujem, nepomemben, kot sem, in s tako malo meditacije, kot jo imam za seboj, če mi je uspelo ustreči Bogu in kakšno vrednost bom našel v njegovih očeh ob končni sodbi.«

»Ali ne iščete Boga že dolgo z vsem srcem?«

»Nisem veliko naredil. Behari ti je gotovo pripovedoval o mojem življenju. Dvajset let sem živel v skrivni votlini in meditiral osemnajst ur na dan. Potem sem se preselil v še bolj nedostopno votlino in tam prebival petindvajset let ter vztrajal v jogijski enosti dvajset ur na dan. Nisem potreboval spanja, ker sem bil vedno z Bogom. Moje telo je bilo bolj spočito od popolne tišine nadzavesti, kot bi se lahko spočilo v nepopolnem miru običajnega podzavestnega stanja.

Med spanjem se sprostijo mišice, a srce, pljuča in obtočila delajo naprej, ne morejo počivati. V nadzavesti vsi notranji organi preidejo v stanje otrplosti, elektrificirani so od vesoljne energije. Tako mi več let ni bilo treba spati.« Dodal je še: »Prišel bo čas, ko tudi ti ne boš več potreboval spanca.«

»Ojoj, tako dolgo ste meditirali, pa še vedno niste prepričani o tem, ali vam je Bog naklonjen!« sem pripomnil osuplo. »In kaj naj potem rečemo mi, ubogi smrtniki?«

»No, mar ne vidiš, moj dragi fant, da je Bog Večnost sama? Precej nerazumno bi bilo pričakovati, da ga boš zato, ker si meditiral petinštirideset let, poznal v polnosti. Babadži pa nam zagotavlja, da nas celo malo meditacije rešuje pred velikim strahom glede smrti in posmrtnih stanj. Za svoj duhovni ideal si ne izbiraj nizkih gora, temveč zvezdo popolne duhovne izpolnitve. Če boš trdo delal, boš prišel tja.«

Očaran nad to mislijo sem ga prosil, naj mi pove še kaj razsvetljujočega. Povedal mi je čudovito zgodbo o tem, kako je spoznal guruja

Lahirija Mahašaje, Babadžija.* Okrog polnoči je Ram Gopal utonil v tišino, jaz pa sem legel na svoje odeje. Zaprl sem oči in zagledal bliskanje strel, prostrani prostor v meni je bil kot dvorana staljene svetlobe. Odprl sem oči in videl isto bleščeče žarenje. Soba je postala del neskončnega svoda, ki sem ga zrl z duhovnimi očmi.

Jogi je rekel: »Zakaj ne zaspiš?«

»Kako naj spim, ko okrog mene žarijo strele, pa naj imam zaprte ali odprte oči?«

»Ta izkušnja je velik blagoslov. Duhovnega žarenja ni enostavno videti.« Svetnik je izrekel še nekaj besed naklonjenosti.

Ob zori mi je dal nekaj sladkornih palčk in rekel, da moram oditi. Tako nerad sem se poslovil od njega, da so mi po licih tekle solze.

»Ne bom te pustil oditi praznih rok,« je jogi rekel nežno. »Nekaj bom storil zate.«

Nasmehnil se je in neomajno uprl svoj pogled vame. Postal sem negiben, kot bi me prikoval na tla. Preplavile so me vibracije miru, ki so prihajale iz svetnika. V trenutku je izginila bolečina v mojem hrbtu, ki me je občasno mučila že več let.

Prenovljen, okopan v morju sijajne radosti nisem nič več jokal. Potem, ko sem se dotaknil Ram Gopalovih stopal, sem stopil v džunglo. Prebijal sem se skozi njeno tropsko zavozlanost in prek mnogih riževih polj, dokler nisem prišel v Tarakešvar.

Tam sem še drugič poromal v slavni tempelj in se pred oltarjem ulegel z obrazom proti tlom. Okrogli kamen se je pred mojimi duhovnimi očmi začel povečevati in je naposled zavzel obliko vesoljnih krogel: obroč v obroču, območje za območjem, vsa obdarjena z božanskostjo.

Uro kasneje sem se veselo vkrcal na vlak za Kalkuto. Mojega potovanja ni bilo konec pred mogočnimi gorami, ampak pred himalajsko osebnostjo, mojim učiteljem.

* Glej strani 327–30.

14. POGLAVJE

Izkustvo kozmične zavesti

»Tukaj sem, gurudži,« sem rekel, a osramočenost na mojem obrazu je bila zgovornejša od mene.

»Pojdiva v kuhinjo in poiščiva kaj za pod zob,« je predlagal Šri Juktešvar, ki se je obnašal, kot bi se nazadnje videla pred nekaj urami in ne nekaj dnevi.

»Učitelj, gotovo sem vas razočaral, ko sem tako nenadoma odšel od svojih tukajšnjih dolžnosti. Verjetno ste jezni name.«

»Ne, seveda ne! Srd izvira le iz neizpolnjenih želja. Od drugih ničesar ne pričakujem, zato njihova dejanja ne morejo biti v nasprotju z mojimi željami. Ne bi te izkoristil za dosego svojih ciljev. Srečen sem le, če si resnično srečen tudi ti.«

»Gurudži, o božanski ljubezni se nejasno govori, danes pa sem našel zgled zanjo v vaši angelski osebi! V svetu celo oče zlahka ne oprosti sinu, če ta brez opozorila zapusti starševo podjetje. Vi pa se niti malo ne vznemirjate, čeprav ste bili gotovo v zelo neprijetnem položaju zaradi mnogih nedokončanih nalog, ki sem jih pustil za seboj.«

Zazrla sva si v oči, v katerih so se lesketale solze. Zajel me je val blaženosti. Vedel sem, da Gospod v podobi mojega guruja širi omejeno gorečnost mojega srca v prostrana področja vesoljne ljubezni.

Nekaj dni kasneje sem šel v učiteljevo prazno dnevno sobo. Nameraval sem meditirati, a hvalevredni cilj so mi preprečile neubogljive misli. Razpršile so se kot ptice pred lovcem.

»Mukunda!« je zazvenel Šri Juktešvarjev glas z oddaljenega balkona.

Razpoložen sem bil ravno tako uporno kot moje misli. »Učitelj me vedno spodbuja k meditaciji,« sem si zamrmral v brado. »Ne bi me smel motiti, ko pa ve, zakaj sem prišel v njegovo sobo.«

Znova me je poklical, jaz pa sem trmasto molčal. Tretjič je bilo v njegovem glasu že zaznati grajo.

»Učitelj, meditiram,« sem zaklical v ugovor.

»Vem, kako meditiraš,« je zaklical moj guru, »tvoj um je raztresen kot listje v nevihti! Pridi k meni.«

S prekrižanimi načrti in razgaljen sem šel žalostno k njemu. »Ubožec, gore ti ne morejo dati tega, kar si želiš,« me je učitelj ljubeče potolažil. Njegov mirni pogled je bil nedoumljiv. »Tvoja srčna želja se bo izpolnila.«

Šri Juktešvar je le redko govoril v ugankah, bil sem zbegan. Nežno me je udaril po prsih v višini srca.

Moje telo je obstalo kot prikovano, zdelo se mi je, kot da mi je nekakšen velikanski magnet iz pljuč potegnil ves zrak. Duša in duh sta se v trenutku osvobodila telesnih spon in se izlila iz telesa kot utekočinjena svetloba. Moje meso je bilo kot mrtvo, hkrati pa sem se močno zavedal, da še nikoli nisem bil tako popolnoma živ. Nič več se nisem ozko istovetil le s telesom, ampak z vsemi atomi, ki so me obdajali. Ljudje na oddaljenih ulicah so se mehko premikali po mojem oddaljenem obrobju. Korenine rastlin in dreves so se mi kazale skozi zatemnjeno prosojnost zemlje, razločil sem, kako se po njih pretaka sok.

Vsa okolica je razgaljena ležala pred menoj. Nisem več gledal le naprej kot običajno, ampak je bil moj pogled prostran, hkrati sem videl vse, okrog in okrog. Skozi zadnji del glave sem videl ljudi, ki so se sprehajali daleč po Ulici ghata Rai in hkrati opazil tudi belo kravo, ki se je počasi približevala. Ko je prišla do odprtih vrat ašrama, sem jo opazoval, kot bi jo gledal s telesnimi očmi. Jasno sem jo videl tudi še tedaj, ko je stopila za opečnati zid.

Vsi predmeti v mojem panoramskem pogledu so trepetali in vibrirali kot hitre filmske slike. Moje telo, učiteljevo telo, dvorišče s stebri, pohištvo in tla, drevesa in sončna svetloba so se sem in tja močno stresli, dokler se ni vse stopilo v svetlikajoče se morje, tako kot se kristali sladkorja, ki jih vržeš v kozarec vode, raztopijo, ko jih streseš. Združujoča svetloba se je izmenjevala z materializacijo oblik, preobrazbe so razkrivale zakon vzroka in posledice v stvarstvu.

Po mirnih, neskončnih obalah moje duše se je razlila neizmerna radost. Spoznal sem, da je Božji Duh neizčrpna blaženost. Njegovo telo so nešteta vlakna luči. Naraščajoči bliščč v meni je začel ovijati mesta, celine, Zemljo, sončne in zvezdne sisteme, prosojne meglice in lebdeča osvetja. Celotno vesolje, ki je nežno žarelo, kot žari oddaljeno mesto ponoči, se je svetlikalo v brezmejnosti mojega bitja. Bleščeča svetloba onkraj ostro izrisanih obrisov vesolja je nekoliko oslabela na najbolj oddaljenih robovih. Tam sem zagledal blag sij, ki se ni več zmanjšal. Bil je nepopisno nežen, podobe planetov pa so bile oblikovane iz bolj grobe svetlobe.*

Božanski žarki so prihajali iz Večnega Vira, sijali so v galaksije, preobražene z nepopisnimi avrami. Znova in znova sem videl, kako so se stvariteljski žarki zgostili v ozvezdja, nato pa se raztopili v plasti prosojnega ognja. Trilijarde svetov so se ritmično vračale v prozoren sijaj, nato je ogenj postal nebesni svod.

Spoznal sem, da je središče neba točka intuitivne zaznave v mojem srcu. Iz mojega jedra je na vsak delček vesoljne zgradbe žarel sijaj. Blažena *amrita*, nektar nesmrtnosti, me je prežemala, kot bi bila živo srebro. Stvariteljski glas Boga sem slišal kot doneči *Om*,† vibracijo Kozmičnega Motorja.

Nenadoma se je dih vrnil v moja pljuča in s skoraj neznosnim razočaranjem sem spoznal, da moje neskončne ogromnosti ni več. Znova sem bil omejen na ponižujočo kletko telesa, ki se ji Duh le stežka prilagodi. Kot izgubljeni sin sem zapustil svoj makrokozmični dom in se dal zapreti v ozki mikrokozmos.

Moj guru je negiben stal ob meni. V znak hvaležnosti sem se spustil k njegovim svetim stopalom, podelil mi je namreč tisto izkustvo kozmične zavesti, ki sem ga tako dolgo goreče iskal. Pomagal mi je vstati in tiho rekel:

* Svetloba kot bistvo stvarjenja je razložena v 30. poglavju.

† »V začetku je bila Beseda in Beseda je bila pri Bogu in Beseda je bila Bog.« – Jn 1,1.

»Ne smeš se preveč opijaniti z zamaknjenostjo. Na svetu te čaka še veliko dela. Pridi, pometiva balkon, potem bova šla na sprehod ob Gangesu.«

Šel sem po metlo, razumel sem, da me uči skrivnosti uravnoteženega življenja. Duša se mora razprostreti prek kozmogoničnih prepadov, medtem ko telo opravlja dnevne dolžnosti.

Ko sva se s Šri Juktešvarjem kasneje odpravila na sprehod, sem bil še vedno prevzet od neizrekljive zamaknjenosti. Najini telesi sem videl kot dve astralni sliki, ki hodita po cesti ob reki, katere bistvo je čista luč.

»Božji Duh dejavno ohranja vsako obliko in silo v vesolju, hkrati pa je presežen in vzvišen v blaženi neustvarjeni praznini onkraj svetov vibracijskih pojavov,«* mi je razložil učitelj. »Tisti, ki dosežejo samospoznanje na zemlji, bivajo na podoben dvojen način. Vestno opravljajo svoje delo v svetu, hkrati pa so potopljeni v notranjo lepoto.

Gospod je vse ljudi ustvaril iz neskončne radosti svojega bitja. Čeprav jih boleče ovirajo njihova telesa, Bog pričakuje, da se bodo ljudje, ki jih je ustvaril po svoji podobi, nazadnje dvignili nad svoje čute in se ponovno združili z njim.«

Kozmično videnje mi je dalo mnogo trajnih naukov. S tem, ko sem vsak dan umiril svoje misli, sem se lahko osvobodil zavajajočega

* »Kajti Oče nikogar ne sodi, ampak je dal vso sodbo Sinu.« – Jn 5,22. »Boga ni nikoli nihče videl; edinorojeni Sin, ki biva v Očetovem naročju, je pripovedoval o njem.« – Jn 1,18. »Bog … je vse reči ustvaril po Jezusu Kristusu.« – Ef 3,9. »Kdor veruje vame, bo dela, ki jih jaz opravljam, tudi sam opravljal, in še večja kot ta bo opravljal, ker grem jaz k Očetu.« –Jn 14,12. »Tolažnik pa, Sveti Duh, ki ga bo Oče poslal v mojem imenu, on vas bo učil vsega in spomnil vsega, kar sem vam povedal.« – Jn 14,26.

Te svetopisemske besede se nanašajo na trojno naravo Boga kot Očeta, Sina in Svetega Duha (*Sat, Tat, Om* v hindujskih svetih spisih). Bog Oče je Absolutno, Nemanifestirano, ki obstaja *onkraj* vibracijskega stvarjenja. Bog Sin je Kristusova Zavest (Brahma ali *Kutastha Čaitanja*), ki obstaja *v* vibracijskem stvarjenju. Ta Kristusova Zavest je »edinorojena« oziroma edini odsev Neustvarjene Neskončnosti. Zunanja manifestacija vsenavzoče Kristusove Zavesti, njena »priča« (Raz 3,14) je *Om*, Beseda oziroma Sveti Duh – nevidna Božja moč, edini vršilec, edina vzročna in ustvarjalna sila, ki z vibracijami ohranja vse stvarstvo. *Om,* blaženega Tolažnika, vernik posluša med meditacijo, razkrije mu poslednjo Resnico, s čimer ga »bo … spomnil vsega«.

prepričanja, da je moje telo kup mesa in kosti, ki hodi po trdi grudi. Razumel sem, da sta dih in nemirni um kot nevihti, ki bičata ocean luči v valove materialnih oblik – zemljo, nebo, ljudi, živali, ptice, drevesa. Neskončnega kot Ene Luči ne moreš zaznati po drugi poti, kot da umiriš ti dve nevihti.

Vedno, ko sem utišal obe naravni vrsti hrupa, sem uzrl raznolike valove stvarjenja, kako se stapljajo v eno svetleče morje, ravno tako kot se morski valovi po koncu viharja umirijo in potonejo v enost.

Učitelj božansko izkustvo kozmične zavesti učencu podeli šele tedaj, ko ta z meditacijo okrepi svoj um do te mere, da mu prostrana obzorja ne morejo škoditi. Zgolj intelektualna pripravljenost učenca oziroma odprtost duha ni dovolj. Na sprejem osvobajajočega sunka vsenavzočnosti ga lahko ustrezno pripravi le razširitev zavesti, do katere pride z izvajanjem joge in s predanim *bhaktijem*.

Ta izkušnja Božanskega je za iskrenega vernika neizbežna, ker začne njegovo silno hrepenenje z neustavljivo močjo vleči Boga k njemu. Ta privlačna gorečnost pritegne Gospoda kot Kozmično Videnje v zavest iskalca.

V kasnejših letih sem napisal naslednjo pesem z naslovom *Samadhi*, ki skuša odstreti delček njegovega sijaja:

Izginili so pajčolani svetlobe in sence,
se dvignile meglice bridkosti,
odplule vse zore minljivih radosti,
ni več temačnih čutnih utvar.
Odšle so lažne sence na zaslonu dvojnosti:
ljubezen, sovraštvo, zdravje, bolezen, življenje, smrt.
Čarobna paličica globoke intuicije
je pomirila nevihto *maje*.
Nič več sedanjosti, preteklosti, prihodnosti zame,
le večno sedanji jaz, jaz, ki vse preplavlja.
Planete, zvezde, zvezdni prah, Zemljo,
vulkanske izbruhe uničevalnih kataklizem,
talilnico stvarstva,
ledenike nemih rentgenskih žarkov, reke gorečih elektronov,
misli vseh ljudi, umrlih, sedanjih in prihodnjih,
vsako travno bilko, sebe, človeštvo,

vsak drobec vesoljnega prahu,
jezo, pohlep, dobro, slabo, odrešenje, poželenje
sem pogoltnil, pretvoril
v prostrano morje krvi lastnega bitja.
Tleče veselje, pogosto razpihano z meditacijo,
zaslepi moje solzne oči, ko
izbruhne v nesmrtne plamene blaženosti,
použije moje solze, telo, moje vse.
Ti si jaz, jaz sem Ti,
spoznavanje, spoznavajoči, spoznano, kot eno!
Spokojna, neprekinjena slast, večno živ, vedno nov mir.
Blaženost *samadhija*, prijetnejša od vseh pričakovanj!
Samadhi ni nezavedno stanje
ali duševna omama brez namerne vrnitve,
temveč razširja moj svet zavednega
onkraj meja umrljivega telesa,
do najbolj oddaljenih meja večnosti,
kjer jaz, Vesoljno Morje,
opazujem mali jaz, kako plava v meni.
Slišim mrmranje premikajočih se atomov,
temna zemlja, gore, doline: glej, utekočinjeni!
Valovita morja postajajo hlapi meglic!
Om piha na meglice in čudovito razpira njihove tančice,
morja razkrita izžarevajo elektrone,
dokler ob zadnjem udarcu vesoljnega bobna*
grobe luči ne izginejo v večne žarke
vseprežemajoče blaženosti.
Iz radosti sem prišel, za radost živim, v sveti radosti se stopim.
Ocean uma sem, ki pijem vse valove stvarstva.
Štirje pajčolani trdnega, tekočine, pare, luči
se dvignejo.
Jaz, v vsem, vstopim v Velikega Sebe.
Izginejo za vedno: nemirne, migetajoče sence spominov smrtnika.
Brezmadežno je nebo mojega uma – spodaj, spredaj in visoko nad menoj.
Večnost in jaz, en sam žarek.
Prej mehurček smeha,
postanem Morje Veselja.

* *Om*, ustvarjalna vibracija, ki pozunanji vse stvarstvo.

Šri Juktešvar me je naučil, kako po želji priklicati blagoslovljeno izkustvo in tudi kako ga posredovati drugim,* ko razvijejo svoje intuitivne kanale.

Po tem prvem izkustvu sem več mesecev vstopal v stanje ekstatične enosti in iz dneva v dan spoznaval, zakaj v *Upanišadah* piše, da je Bog *rasa*, 'najslajši'. Nekega jutra pa sem učitelju povedal za težavo.

»Učitelj, rad bi vedel, kdaj bom našel Boga?«

»Saj si ga našel.«

»O, ne, mislim, da ne!«

Moj guru se je smehljal. »Prepričan sem, da ne pričakuješ častitljive osebe, ki bi krasila nek prestol v sterilnem kotu vesolja! Vidim pa, da misliš, da je posest čudežnih moči dokaz, da je človek našel Boga. Ne. Nekdo lahko dobi moč nadzorovati celotno vesolje – pa se mu bo Bog še vedno izmikal. Duhovnega napredka ne smemo

* Kozmično vizijo sem prenesel številnim *krija jogijem* na Vzhodu in Zahodu. Eden od njih, James J. Lynn, je prikazan v stanju *samadhija* na sliki na strani 268.

OBMORSKI AŠRAM ŠRI JUKTEŠVARJA V PURIJU V ORISI
Ob Bengalskem zalivu (glej tudi sliko na strani 451)

meriti s tem, kakšne moči nekdo pokaže na zunaj, ampak zgolj z globino njegove blaženosti v meditaciji.

Bog je vedno nova radost. Neizčrpen je. Ko boš v prihodnjih letih meditiral, te bo očaral s svojo neskončno domiselnostjo. Vernikom, kot si ti, ki so našli pot do Boga, niti na misel ne pride, da bi ga zamenjali za druge vrste srečo. Z njegovo mikavnostjo se ne more kosati prav nič.

Kako hitro se naveličamo zemeljskih užitkov! Želja po materialnih dobrinah je neskončna, človek nikoli ni popolnoma zadovoljen in se žene za vedno novimi cilji. ‚Tisto drugo', kar išče, pa je Gospod, ki lahko edini nakloni trajno radost.

SVAMI ŠRI JUKTEŠVAR V LOTOSOVEM POLOŽAJU

Zunanja hrepenenja nas ženejo iz notranjega Edena, nam nudijo lažne užitke, ki zgolj posnemajo dušno srečo. Izgubljeni raj si lahko hitro povrnemo z božansko meditacijo. Ker je Bog nepredvidljiva Večna Novost, se ga nikoli ne naveličamo. Bi se lahko preobjedli blaženosti, ki se očarljivo spreminja skozi večnost?«

»Zdaj razumem, učitelj, zakaj svetniki o Gospodu pravijo, da je nedoumljiv. Tudi večno življenje ne bi zadoščalo za to, da bi ga zaobjeli v celoti.«

»To drži, je pa tudi blizu in nam je drag. Ko se um očisti čutnih ovir s *krija jogo*, vernik v meditaciji dobi dvojni dokaz za Boga. Vedno nova radost je dokaz za njegov obstoj, ki prepriča vsak naš atom. V meditaciji pa človek dobi tudi njegovo takojšnje vodstvo in ustrezen odgovor na vsako težavo.«

»Razumem, gurudži, rešili ste moj problem.« Hvaležno sem se mu nasmehnil. »Zdaj vem, da sem res našel Boga, kajti vedno, ko se je radost meditacije podzavestno vrnila v času aktivnosti, me je Bog komaj zaznavno vodil, da sem hodil po pravi poti v vsem, celo v majhnih podrobnostih.«

»Človeško življenje pesti žalost, dokler ne spoznamo, kako se uglasiti z Božjo voljo. Njena ‚prava smer' je za egocentrični intelekt pogosto nerazumljiva,« je rekel učitelj.

»Le Bog daje nezmotljiv nasvet, kdo drug kot on nosi breme vesolja!«

15. POGLAVJE

Kraja cvetače

»Učitelj, darilo za vas! Teh šest velikih cvetač sem sam posadil. Ljubeče sem skrbel za njihovo rast, kot mati skrbi za svojega otroka,« sem povedal Šri Juktešvarju in mu slovesno predal košaro z zelenjavo.

»Hvala lepa!« je odvrnil Šri Juktešvar in se mi toplo nasmehnil. »Prosim, odnesi jih v svojo sobo, potreboval jih bom jutri za posebno večerjo.«

Malo pred tem sem prispel v gurujev obmorski ašram v Puriju,* da bi tam z njim preživel poletne počitnice. Prijetno enonadstropno bivališče, ki ga je zgradil učitelj skupaj z učenci, je gledalo na Bengalski zaliv.

Naslednji dan sem vstal zgodaj, poživili so me slani morski vetrovi in tiha očarljivost ašrama. Zaslišal sem melodični gurujev klic. Pogledal sem svoje dragocene cvetače in jih skrbno pospravil pod posteljo.

»Pridite, pojdimo na plažo,« je rekel učitelj in šel naprej. Sledila mu je razpršena skupina mladih učencev. Guru nas je nekoliko očitajoče pogledal.

»Ko naši zahodni bratje hodijo, ponavadi to radi počnejo usklajeno. Zdaj pa, prosim, hodite v dveh vrstah, ritmično uskladite korak drug z drugim.« Šri Juktešvar nas je gledal, kako smo sledili njegovemu navodilu. Zapel je: »Dečki hodijo sem in tja, v vrsti po dva in dva.« Nisem si mogel kaj, da ne bi občudoval, s kakšno lahkoto je sledil živahnemu koraku svojih mladih učencev.

* Mesto Puri, ki leži petsto kilometrov južno od Kalkute, je znano romarsko središče, v katerem se zbirajo častilci Krišne. Ti ga vsako leto počastijo z dvema imenitnima praznikoma, *snanajatro* in *rathajatro*.

»Stop!« je tedaj vzkliknil guru in me pogledal. »Si zaklenil zadnja vrata ašrama?«

»Mislim, da sem.«

Šri Juktešvar je nekaj minut molčal in skušal skriti nasmešek. »Ne, pozabil si,« je končno rekel. »Kontemplacija Boga ne sme biti izgovor za materialno brezbrižnost. Zanemaril si svojo dolžnost varovanja ašrama, dobiti moraš kazen.«

Mislil sem, da se šali, ko je dodal: »Od tvojih šestih cvetač jih bo kmalu ostalo le še pet.«

Na učiteljev ukaz smo se obrnili in odkorakali nazaj. Bili smo že blizu ašrama.

»Malo počivajte. Mukunda, poglej prek posestva na naši levi, opazuj cesto. Neki človek se bo kmalu pojavil tam, po njem boš kaznovan.«

Skril sem svoje vznemirjenje ob njegovih nerazumljivih besedah. Kmalu se je na tisti cesti pojavil neki kmet. Nenavadno je poplesaval in divje krilil z rokami. Skoraj otrpel od radovednosti sem nepremično gledal smešni prizor. Ko je tisti človek prišel do točke na cesti, kjer bi izginil izpred naših oči, je Šri Juktešvar rekel: »Zdaj se bo vrnil.«

Kmet je naenkrat spremenil smer in se podal proti zadnjemu delu ašrama. Prečkal je peščeni predel in vstopil v hišo skozi zadnja vrata. Nisem jih zaklenil, tako kot je rekel moj guru. Mož se je kmalu spet prikazal in v rokah je nesel eno od mojih dragocenih cvetač. Zdaj je hodil spodobno, navdan z dostojanstvom lastnine.

Farsa, ki se je odvijala pred našimi očmi, in v kateri sem igral vlogo osuple žrtve, me ni toliko zmedla, da ne bi ogorčeno stekel za tatom. Bil sem že na pol poti do ceste, ko me je učitelj poklical nazaj. Zvijal se je od smeha.

»Tisti ubogi norec je hrepenel po cvetači,« mu je uspelo razložiti med salvami smeha. »Zdelo se mi je primerno, da dobi eno tvojih, ki si jih tako slabo varoval!«

Pohitel sem v svojo sobo, kjer sem odkril, da je tat, ki je bil očitno obseden z zelenjavo, pustil nedotaknjene moje zlate prstane, uro in denar, ki so prosto ležali na postelji. Raje je zlezel pod posteljo, kjer je košara s cvetačo, ki je bila popolnoma skrita pred naključnim pogledom, izpolnila njegovo iskreno željo.

Šri Juktešvarja sem tisti večer prosil, naj mi razloži pripetljaj (ki je imel, tako sem menil, nekaj nerazumljivih vidikov).

Moj guru je počasi odkimal. »Nekega dne ga boš razumel. Znanost bo kmalu odkrila več teh skritih zakonov.«

Ko so se nekaj let kasneje pojavila čudesa radia in osupnila svet, sem se spomnil učiteljeve napovedi. Stara pojmovanja časa in prostora so bila izničena. Noben dom ni bil tako majhen, da vanj ne bi mogla vstopiti London ali Kalkuta! Še tako omejena pamet je razširila svoje meje pred nespornim dokazom enega vidika človekove vsenavzočnosti.

‚Zaplet' komedije o cvetači najbolje razloži analogija z radiem.* Moj guru je bil popoln človeški radio. Misli niso nič drugega kot komaj zaznavne vibracije, ki se premikajo po etru. Ravno tako kot pravilno naravnan radio sprejema želeno popevko izmed tisočev drugih programov iz vseh smeri, tako je bil Šri Juktešvar občutljiv na sprejemanje določene misli (tistega omejenega človeka, ki je hrepenel po cvetači) izmed neštetih misli, ki so jih oddajali vsi človeški umi na svetu. Ko je učitelj med potjo proti obali zaznal

* Radijski mikroskop, izdelan leta 1939, je razkril nov svet do tedaj neznanih žarkov. »Človek sam, tako kot vse vrste negibne snovi, nenehno oddaja žarke, ki jih ta instrument ‚vidi',« je poročal *Associated Press.* »Tisti, ki verjamejo v telepatijo, drugi vid in jasnovidnost, imajo v tej objavi prvi znanstveni dokaz obstoja nevidnih žarkov, ki resnično potujejo od enega človeka k drugemu. Ta radijska naprava je v resnici spektroskop za radijske frekvence. Za hladno, nesijočo snov naredi to, kar naredi spektroskop, ko razkriva, iz kakšnih atomov so zgrajene zvezde … Znanstveniki so že veliko pred tem predvidevali obstoj takšnih žarkov, ki izvirajo iz človeka in iz vseh živih bitij. Danes je bil prvič eksperimentalno dokazan njihov obstoj. Odkritje kaže na to, da je vsak atom in vsaka molekula v naravi nenehni radijski oddajnik … Tako celo po smrti snov, ki je bila človek, še naprej oddaja svoje subtilne žarke. Valovne dolžine teh žarkov segajo vse od krajših, kot se jih zdaj uporablja v radiodifuziji, do najdaljših vrst radijskih valov. Zmešnjava teh valov je skoraj neverjetna. Na milijone jih je. Ena sama zelo velika molekula lahko oddaja milijon različnih valovnih dolžin hkrati. Daljše valovne dolžine te vrste lahko potujejo z lahkoto in hitrostjo radijskih valov … Med novimi radijskimi valovi in običajnimi žarki, kot je svetloba, obstaja ena sijajna razlika. To je dolžina časa, ki lahko znaša celo tisoče let, v kateri ti radijski valovi še naprej izhajajo iz nedotaknjene snovi.«

kmetovo preprosto hrepenenje, ga je bil pripravljen takoj izpolniti. Njegovo božansko oko je odkrilo moža, ki je plesal po ulici, še preden smo ga zagledali učenci. Ker sem pozabil zakleniti ašram, je imel učitelj prikladen izgovor, da mi je odvzel eno od mojih imenitnih zelenjadnic.

Potem ko je deloval kot sprejemnik, je Šri Juktešvar s svojo močno voljo deloval kot oddajnik ali instrument za pošiljanje* in uspešno usmeril kmeta, da se je obrnil in šel v točno določeno sobo po eno samo cvetačo.

Intuicija je vodstvo duše, ki se samodejno pojavi v človeku tedaj, ko je njegov um miren. Skoraj vsakdo je že imel izkustvo nerazložljivo pravilne slutnje ali pa je natančno prenesel svoje misli drugemu človeku.

Človeški um, osvobojen motenj oziroma ‚šuma' nemira, postane zmožen izvajati vse funkcije zapletenih radijskih mehanizmov – misli pošilja in sprejema ter nezaželene izloči. Tako kot moč radijskega oddajnika ureja količina električnega toka, ki ga lahko uporabi, tako je učinkovitost človeškega radia odvisna od moči volje posameznika.

Vse misli večno vibrirajo v kozmosu. Z globoko koncentracijo lahko učitelj zazna misli kateregakoli človeka, živega ali mrtvega. Misli so univerzalne in ne individualne. Resnice ne moreš ustvariti, lahko jo le zaznaš. Vsaka človekova zmotna misel je posledica nepopolnosti, velike ali majhne, v njegovem razločevanju. Cilj znanosti joge je umiriti um, da lahko brez motenj sliši nezmotljivi svèt Notranjega Glasu.

Radio in televizija sta prinesla takojšnji zvok in sliko oddaljenih oseb v domove milijonov: prvi majhni znanstveni pokazatelj, da je človek vseprežemajoči duh. Čeprav ego na najbolj barbarske načine kuje zaroto, da bi ga zasužnjil, človek ni telo, ki bi bilo omejeno na točko v prostoru, ampak je v svojem bistvu vsenavzoča duša.

> »Lahko se zgodi, da pridejo na dan zelo nenavadni, čudoviti, na videz nemogoči pojavi, ki se jim ne bomo, ko bodo enkrat potrjeni, čudili nič bolj, kot se zdaj čudimo vsemu, kar nas je naučila

* Glej opombo na strani 280.

> znanost v zadnjem stoletju,« je izjavil Charles Robert Richet*, Nobelov nagrajenec za fiziologijo. »Predpostavlja se, da se znanim pojavom ne čudimo zato, ker jih razumemo. Vendar ni tako. Razlog, da nas ne presenečajo, je, da so nam domači, in ne to, da jih razumemo. Če bi nas moralo presenečati tisto, česar ne razumemo, bi nas moralo presenečati vse – padec kamna, ki ga vržemo v zrak, želod, ki zraste v hrast, živo srebro, ki se razširi, ko ga segrevamo, železo, ki ga privlači magnet.
>
> Današnja znanost je lahkotna tema ... Tiste sijajne resnice, ki jih bodo odkrivali naši potomci, so že zdaj okrog nas, nam tako rekoč zrejo v oči, pa jih ne vidimo. Ni pa dovolj reči, da jih ne vidimo. Ne želimo jih videti, kajti takoj ko se pojavi nepričakovano dejstvo, ki nam ni znano, ga skušamo stlačiti v okvir običajnega sprejetega znanja in smo ogorčeni, če si kdo drzne raziskovati naprej.«

Nekaj dni potem, ko so mi tako neverjetno ukradli cvetačo, se je zgodilo nekaj zabavnega. Nisem mogel najti neke petrolejke. Ker sem bil ravno priča gurujevemu vsevednemu uvidu, sem mislil, da bo z lahkoto našel tisto svetilko.

Učitelj je zaznal moje pričakovanje. Pretirano resno je o svetilki izpraševal vse prebivalce ašrama. Mlad učenec je priznal, da je svetilko uporabil, ko je šel k vodnjaku na dvorišču za hišo.

Šri Juktešvar je resnobno svetoval: »Svetilko iščite v bližini vodnjaka.«

Pohitel sem tja, a svetilke ni bilo tam! Potrt sem se vrnil h guruju, ki se je zdaj iz srca smejal, ne da bi se oziral na moje razočaranje.

»Škoda, ker te nisem mogel usmeriti k izginuli svetilki, nisem namreč vedeževalec!« Z iskrico v očeh je dodal: »Še sprejemljiv Sherlock Holmes nisem!«

Spoznal sem, da učitelj ni bil pripravljen pokazati svojih moči, če je bil izzvan, ali zaradi nepomembnih stvari.

Čudoviti tedni so minevali drug za drugim. Šri Juktešvar je začel načrtovati versko procesijo. Prosil me je, naj vodim učence po mestu in po plaži Purija. Prišel je praznični dan (poletni solsticij) in s seboj prinesel hudo vročino.

* Avtor knjige *Our Sixth Sense* (London: Rider & Co.).

»Gurudži, kako naj peljem bosonoge učence po pekočem pesku?« sem ga vprašal obupano.

»Povedal ti bom skrivnost,« je odvrnil učitelj. »Gospod bo poslal senčnik iz oblakov in brez težav boste hodili.«

Z veseljem sem organiziral procesijo. Naša skupina je krenila iz ašrama s praporjem Satsange,* ki ga je zasnoval Šri Juktešvar. Na njem je bil simbol enovitega očesa,† daljnosežnega pogleda intuicije.

Takoj ko smo zapustili ašram, so nebo kot po čarovniji prekrili oblaki. Osuple vzklike opazovalcev je pospremila še blaga ploha, ki je ohladila mestne ulice in žgočo obalo.

Blagodejne kaplje so padale z neba celi dve uri parade. V trenutku pa, ko se je naša skupina vrnila v ašram, so izginili oblaki in dež z njimi.

»Vidiš, kako Bog skrbi za nas,« je odgovoril učitelj, ko sem mu izrazil svojo hvaležnost. »Gospod se odzove vsem in deluje za vse. Tako kot je poslal dež na mojo prošnjo, izpolni vsako iskreno željo vernika. Ljudje se ne zavedajo dobro, kako pogosto Bog upošteva njihove molitve. Ne deluje pristransko le za nekatere, ampak posluša vse, ki se mu zaupno približajo. Njegovi otroci bi vedno morali imeti brezpogojno vero v ljubečo prijaznost svojega vsenavzočega Očeta.«‡

Šri Juktešvar je bil pokrovitelj štirih praznikov v letu, ob enakonočjih in solsticijih, ko so se zbrali njegovi učenci od blizu in daleč. Praznovanje ob zimskem solsticiju se je odvijalo v Seramporju. Prvo, ki sem se ga udeležil, mi je zapustilo trajni blagoslov.

Praznovanje se je začelo zjutraj, ko smo bosonogi šli v procesiji po ulicah. Iz ust stoterice učencev so prihajale mile nabožne pesmi. Nekaj glasbenikov je igralo na flavte in *khol kartal* (bobne in

* *Sat* je dobesedno 'biti', torej 'bistvo, resnica, resničnost'. *Sanga* pomeni 'zveza'. Šri Juktešvar je imenoval svojo ašramsko organizacijo *Satsanga*, 'druženje z resnico'.

† »Svetilka telesa je oko. Če je torej tvoje oko enovito, bo svetlo vse tvoje telo« (Mt 6,22). Med globoko meditacijo enovito oziroma duhovno oko postane vidno v osrednjem delu čela. To vsevedno oko različno imenujejo v svetih spisih kot tretje oko, zvezda vzhoda, notranje oko, golob, ki se spušča z neba, Šivovo oko, oko intuicije in tako naprej.

‡ »Ta, ki je zasadil uho, da bi ne slišal? Ta, ki je ustvaril oko, da bi ne videl? … tisti, ki uči človeka spoznanja?« – Ps 94,9–10.

cimbale). Navdušeni meščani so po poti potresali rože, veseli, da so se lahko ob donečem slavljenju Gospodovega blaženega imena odtrgali od vsakdanjih opravil. Dolga pot se je končala na dvorišču ašrama. Tam smo obkrožili svojega guruja, učenci na gornjem balkonu pa so nas posipali z ognjičevimi cvetovi.

Mnogo gostov je šlo v prvo nadstropje, kjer so dobili puding iz *čhane* in pomaranč. Prebil sem se do skupine svojih bratov učencev, ki so ta dan služili kot kuharji. Hrano za tako veliko množico je bilo treba kuhati na prostem v velikih kotlih. Čeprav se je iz improviziranih opečnatih štedilnikov na drva valil dim, da so se nam solzile oči, ni manjkalo veselja in smeha. V Indiji verskih praznikov nikoli nimajo za sitnost. Vsak vernik z veseljem prispeva svoj delež, priskrbi denar ali riž in zelenjavo ali osebno priskoči na pomoč.

Učitelj je kmalu prišel v našo sredo in nadzoroval podrobnosti gostije. Ves čas je bil dejaven in je držal korak z najbolj energičnimi mladimi učenci.

Sankirtan (skupinsko petje), ki so ga spremljali harmonij in indijski bobni, ki se jih igra na roke, se je odvijal v prvem nadstropju. Šri Juktešvar je zadovoljno poslušal, njegov čut za glasbo je bil popoln.

»Razglašeni so!« je vzkliknil učitelj, zapustil kuharje in se pridružil glasbenikom. Melodija se je znova zaslišala, tokrat pravilno odigrana.

Sama veda vsebuje najstarejše zapise o glasboslovju na svetu. V Indiji veljajo glasba, slikarstvo in dramatika za božansko umetnost. Brahma, Višnu in Šiva, Večna Trojica, so bili prvi glasbeniki. Šiva je v svoji podobi Nataradže, kozmičnega plesalca, v svetih spisih predstavljen kot oblikovalec neskončnih ritmičnih vzorcev v procesu vesoljnega ustvarjanja, ohranjanja in uničevanja, medtem ko Brahma in Višnu dajeta takt – Brahma udarja po cimbalah, Višnu pa po *mridangi* oziroma svetem bobnu.

Sarasvati, boginja modrosti, je upodobljena med igranjem na *vino,* mater vseh strunskih glasbil. Krišna, utelešenje Višnuja, je v hindujski umetnosti prikazan s flavto, na katero igra očarljivo pesem, s katero nazaj v njihov pravi dom kliče duše, ki tavajo v svetu *maje.*

Temelj hindujske glasbe je *raga* ali določena melodična lestvica. Šest osnovnih *rag* se deli v 126 *raginijev* (žena) in *puter* (sinov). Vsaka *raga* ima najmanj pet tonov: vodilni ton (*vadija* ali kralja), drugi ton (*samavadija* ali prvega ministra), pomožne tone (*anuvadije* ali dvorjane) in disonančni ton (*vivadija* ali sovražnika).

Vsaka od osnovnih *rag* ima naravno ustreznico v določenem delu dneva, letnem času in v vodilnem božanstvu, ki podeli posebno moč: 1. *Raga hindol*, ki pričara vzdušje vesoljne ljubezni, se sliši le ob zori spomladi. 2. *Raga dipaka* se igra ob večerih poleti, z njo se vzbuja sočutje. 3. *Raga megha* je melodija za opoldneve v deževni dobi, z njo se kliče pogum. 4. *Raga bhairava* se igra ob jutrih avgusta, septembra in oktobra, z njo pridemo do spokojnosti. 5. *Raga šri* je pridržana za jesenski somrak, za doseganje čiste ljubezni. 6. *Raga malkounsa* se sliši opolnoči pozimi, primerna je za vzbujanje junaštva.

Te zakone zvočne povezanosti narave in človeka so odkrili starodavni rišiji. Ker je narava popredmetenje *Oma*, prvotnega zvoka oziroma Vibracijske Besede, lahko človek z uporabo določenih *manter* ali pétih besed* dobi nadzor nad vsemi naravnimi pojavi. Zgodovinski dokumenti pripovedujejo o izjemnih močeh, ki jih je imel Mijan Tan Sen, dvorni glasbenik Akbarja Velikega iz 16. stoletja. Cesar mu je ukazal, naj zapoje nočno *rago*, ko je bilo sonce še vedno visoko na nebu, zato je Tan Sen zapel *mantro*, ki je v trenutku povzročila, da je vso okolico palače objela tema.

Indijska glasba oktavo deli na dvaindvajset *šrutijev* ali četrttonov. Ti mikrotonski intervali omogočajo drobne odtenke v glasbenem

* Folklora vsakega naroda vsebuje omembe zaklinjanj, ki imajo moč nad naravo. Indijanci so razvili učinkovite zvočne obrede za dež in veter. Tan Sen, veliki hindujski glasbenik, je znal pogasiti ogenj z močjo svojega petja.

Charles Kellogg, kalifornijski naravoslovec, je leta 1926 pred skupino newyorških gasilcev prikazal učinek tonskih vibracij na ogenj. »Nekakšen povečan violinski lok je naglo potegnil prek aluminijastih uglaševalnih vilic, da je zaškripalo, kot bi šlo za močan radijski šum. V trenutku je rumen plamen plina, visok pol metra, ki je gorel v votli stekleni cevi, pojenjal na velikost petnajstih centimetrov in se spremenil v prasketajoč moder plamen. Še en poteg z lokom in ponovno hreščanje vibracij je ogenj pogasilo.«

izrazu, ki jih z zahodno kromatično lestvico dvanajstih poltonov ni mogoče doseči. Vsak od sedmih osnovnih tonov oktave je v hindujski mitologiji povezan z določeno barvo in z naravnim oglašanjem določene živali – *DO* z zeleno in s pavom, *RE* z rdečo in s škrjancem, *MI* z zlato in s kozo, *FA* z rumenkasto belo in s čapljo, *SOL* s črno in s slavcem, *LA* z rumeno in s konjem, *SI* s kombinacijo vseh barv in s slonom.

Indijska glasba pozna dvainsedemdeset *thatov* ali lestvic. Glasbenik ima možnost neskončne improvizacije na določeno tradicionalno melodijo ali *rago*. Usmeri se na občutje oziroma vzdušje osnovne teme in jo okrasi do skrajnih meja lastne izvirnosti. Hindujski glasbenik ne bere vnaprej določenih not. Pri vsakem igranju na novo obleče golo ogrodje *rage* in se pogosto omeji na eno melodično zaporedje in s ponavljanjem poudari njegove komaj zaznavne mikrotonalne in ritmične variacije.

Med zahodnimi skladatelji je bil Bach tisti, ki je razumel očarljivost in moč ponavljajočega se zvoka, ki se rahlo razlikuje na sto zapletenih načinov.

Sanskrtska literatura opisuje 120 *tal* ali časovnih mer. Tradicionalni utemeljitelj hindujske glasbe, Bharata, naj bi v škrjančevem petju ločil dvaintrideset vrst *tal*. Izvor *tale* oziroma ritma je zakoreninjen v človeškem gibanju – dvojni čas hoje in trojni čas dihanja med spanjem, ko je vdih dvakrat daljši od izdiha.

V Indiji človeški glas že od nekdaj velja za najpopolnejši glasbeni instrument, zato se hindujska glasba večinoma omeji na glasovni obseg treh oktav. Iz istega razloga je poudarek na melodiji (odnosu med zaporednimi toni) in ne toliko na harmoniji (odnosu med sočasnimi toni).

Hindujska glasba je subjektivna, duhovna in individualistična umetnost, katere cilj ni simfonična odličnost, ampak osebna harmonija z Naddušo. Vse znamenite indijske pesmi so zložili častilci Božanskega. Sanskrtska beseda za glasbenika je *bhagavathar,* 'tisti, ki poje Bogu slavo'.

Sankirtani ali glasbeni shodi so učinkovita oblika joge oziroma duhovne discipline, saj narekujejo veliko zbranost in intenzivno zatopljenost v ključno misel in zvok. Ker je človek sam izraz Stvariteljske Besede, ima zvok nanj močan in takojšen učinek. Človek začuti radost ob poslušanju velike verske glasbe Vzhoda in Zahoda zato, ker ta povzroči začasno vibracijsko prebujenje enega od njegovih hrbtenjačnih središč.* V tistih blaženih trenutkih ga obide nejasen spomin na njegov božanski izvor.

Sankirtan, ki je na dan praznika prihajal iz Šri Jukteševarjeve dnevne sobe v prvem nadstropju, je navdihoval tudi kuharje sredi loncev. S sobrati sem radostno pel odpeve in ploskal v ritmu.

Do sončnega zahoda smo s *khičurijem* (rižem in lečo), z zelenjavnim karijem in riževim pudingom postregli na stotine obiskovalcev. Po dvorišču smo razprostrli bombažne odeje in kmalu so gostje sedeli pod zvezdnim nebom in tiho poslušali modrosti iz Šri Jukteševarjevih ust. V javnih govorih je poudarjal pomembnost *krija joge* ter življenja v samospoštovanju, umirjenosti in odločenosti, ob preprosti hrani in redni telesni vadbi.

Skupina zelo mladih učencev je nato zapela nekaj svetih pesmi. Srečanje se je zaključilo z gorečnim *sankirtanom*. Od desetih zvečer

* Prebujenje skritih možganskih in hrbtenjačnih središč (*čaker*, astralnih lotosov) je sveti cilj jogijev. Zahodni razlagalci niso razumeli, da novozavezna knjiga Razodetja vsebuje simbolično predstavitev jogijske znanosti, o kateri je Gospod Jezus poučil Janeza in druge najbližje učence. Janez omenja (Raz 1,20) »skrivnost sedmih zvezd« in »sedem cerkva«. Ta simbola se nanašata na sedem lotosov luči, ki so opisani v razpravah o jogi kot sedem »loput« v cerebrospinalni osi. Skozi te ‚izhode', ki jih je zasnoval Bog, jogi z znanstveno meditacijo uide iz telesnega zapora in se vrne k svoji pravi identiteti Duha. (Glej 26. poglavje.)

Sedmo središče, ‚lotos s tisoč lističi' v možganih, je prestol Neskončne Zavesti. V stanju božanskega razsvetljenja naj bi jogi zaznaval Brahmo ali Boga Stvarnika kot Padmadžo, ‘njega, ki se je rodil iz lotosa’.

‚Položaj lotosa' se tako imenuje zato, ker v tem tradicionalnem položaju jogi vidi raznobarvne lotose (*padme*) cerebrospinalnih središč. Vsak lotos ima značilno število cvetnih lističev oziroma žarkov, sestavljenih iz *prane* (življenjske sile). *Padme* so znane tudi pod imenom *čakre* ali kolesa.

Položaj lotosa (*padmasana*) drži hrbtenico pokonci in telo dobro zavaruje pred padcem naprej ali nazaj med zamaknjenjem (*sabikalpa samadhijem*), zato je to najljubši položaj jogijev pri meditaciji. Za začetnika pa je *padmasana* lahko težavna in je ne gre poskušati brez vodstva izvedenca v *hatha jogi*.

do polnoči smo prebivalci ašrama pomivali posodo in pospravljali dvorišče. Guru me je poklical k sebi.

»Zadovoljen sem, s kakšnim veseljem si delal danes in v preteklem tednu, ko smo se pripravljali na praznovanje. Rad bi, da si z menoj, danes lahko spiš v moji postelji.«

To je bil privilegij, za katerega si nikoli nisem mislil, da ga bom doživel. Nekaj časa sva sedela v stanju močnega božanskega miru. Kakšnih deset minut potem, ko sva legla k spanju, je učitelj vstal in se začel oblačiti.

»Kaj je narobe?« Veselje, da spim ob guruju, je nenadoma dobilo pridih nestvarnosti.

»Mislim, da bodo kmalu tukaj učenci, ki so zamudili vlak pri prestopanju. Pripraviva jim hrano.«

»Gurudži, ob enih ponoči ne bo nikogar!«

»Ti kar ostani v postelji, trdo si delal. Jaz grem pa kuhat.«

Ob njegovih odločnih besedah sem skočil pokonci in mu sledil v majhno kuhinjo za dnevno rabo v prvem nadstropju, ki je stala ob balkonu na notranje dvorišče. Kmalu sta se kuhala *dal* in riž.

Guru se mi je ljubeče smehljal. »Danes si premagal utrujenost in strah pred trdim delom. V prihodnosti te ne bosta nikoli več nadlegovala.«

Ko je izrekel te besede, s katerimi me je blagoslovil za vse življenje, so se na dvorišču zaslišali koraki. Stekel sem v pritličje in sprejel skupino učencev.

»Dragi brat,« je rekel eden od njih, »zelo neradi motimo učitelja ob tej uri! Ušteli smo se glede odhoda vlaka, vendar se ne bi mogli vrniti domov, ne da bi vsaj uzrli našega guruja.«

»Pričakuje vas in vam ta hip pripravlja hrano.«

Zaslišal se je gostoljubni Šri Juktešvarjev glas; presenečene obiskovalce sem peljal v kuhinjo. Učitelj se je obrnil k meni s šegavim pogledom.

»Zdaj, ko ste se pomenili, najbrž le verjameš, da so najini gostje v resnici zamudili vlak!«

Pol ure zatem sem mu sledil v spalnico, vesel časti, da lahko spim ob božanskem guruju.

16. POGLAVJE

Kako ukaniti zvezde

»Mukunda, zakaj si ne kupiš astrološke zapestnice?«

»Bi si jo moral, učitelj? Ne verjamem v astrologijo.«

»Ne gre za to, ali *verjameš*. Človek bi moral zavzeti znanstveno držo do vsega in se vprašati, ali je zadeva *resnična*. Zakon težnosti je bil pred Newtonom enako učinkovit kot po njem. V vesolju bi vladala zmeda, če bi njegovi zakoni za delovanje potrebovali človeško prepričanje.

Starodavno zvezdoslovje je danes na slabem glasu, za kar imajo zasluge sleparji. Astrologija je z matematičnega* in s filozofskega vidika tako obširna, da jo pravilno zaobjamejo zgolj posamezniki z

* Iz astronomskih zapisov v starodavni hindujski literaturi so lahko strokovnjaki določili datume piscev. Znanstveno vedenje rišijev je bilo zelo veliko. V *Kaušitaki brahmani* najdemo natančne astronomske odstavke, ki nakazujejo, da so 3100 pr. Kr. hindujci posedovali visoko razvito astronomijo, ki je imela praktično vrednost pri določanju ugodnih trenutkov za astrološke obrede. Članek Tare Mate v *East-Westu* februarja 1934 govori o *Džjotišu* ali zbirki vedskih astronomskih razprav: »Vsebuje znanstveno znanje, zaradi katerega je bila Indija pred vsemi starodavnimi narodi in zaradi katerega je bila meka iskalcev znanja. *Brahmagupta*, eno od del *Džjotiša*, je astronomska razprava, ki govori o takšnih temah, kot so heliocentrično gibanje planetov v našem sončnem sistemu; kót med ravnino Zemljine orbite okrog Sonca in ravnino nebesnega ekvatorja; okrogla oblika Zemlje; svetloba, ki se odbija od Lune; dnevno vrtenje Zemlje okoli svoje osi; navzočnost nepremičnih zvezd na Mlečni cesti; zakon težnosti in druga znanstvena dejstva, ki niso vzniknila v zahodnem svetu vse do Kopernika in Newtona.«

Tako imenovane ‚arabske številke', ki so bile neprecenljive za razvoj zahodne matematike, so prišle v Evropo v 9. stoletju prek Arabcev iz Indije, kjer so imeli ta sistem zapisa že iz starega veka. Nadalje so prostrano indijsko znanstveno dediščino osvetlili sir P. Č. Roj s svojo *History of Hindu Chemistry*, B. N. Šil s svojo *Positive Sciences of the Ancient Hindus,* B. K. Šarkar s svojima *Hindu Achievements in Exact Science* in *The Positive Background of Hindu Sociology*, ter U. Č. Dat s svojo *Materia Medica of the Hindus.*

globokim razumevanjem. V nepopolnem svetu je moč pričakovati, da bodo nevedneži narobe razlagali nebesno knjigo in namesto rokopisa v njej videli čačke. Človek pa skupaj z ‚modreci' ne bi smel zavrniti modrosti.

Vsi deli stvarstva so med seboj povezani in vplivajo drug na drugega. Uravnoteženi ritem vesolja je zakoreninjen v vzajemnosti,« je nadaljeval moj guru. »Človek se mora v svoji človeškosti spopadati z dvema vrstama sil: prva je notranji nemir, ki ga povzroča mešanje prvin zemlje, vode, ognja, zraka in etra, druga pa so razkrajajoče sile narave. Dokler se človek bori s svojo smrtnostjo, nanj vplivajo neštete spremembe na nebu in na zemlji.

Astrologija je veda o človekovem odzivanju na dražljaje planetov. Zvezde niso zavestno dobrohotne ali sovražne, ampak zgolj oddajajo pozitivno in negativno sevanje, ki človeštvu ne pomaga ali škoduje, temveč mu nudi ustrezen kanal za zunanje delovanje ravnovesij med vzrokom in posledico, ki jih je vsak človek sprožil v preteklosti.

Otrok se rodi točno tistega dne in tisto uro, ko so nebesni žarki v matematični harmoniji z njegovo osebno karmo. Njegov horoskop je izzivalen portret, ki razkriva njegovo nespremenljivo preteklost in posledice, ki jih bo ta najverjetneje imela za prihodnost. Rojstno karto lahko pravilno razlagajo le ljudje, ki imajo modrost intuicije, ti pa so redki.

Sporočilo, ki se v trenutku rojstva jasno izpiše prek neba, nima namena poudarjati usode, ki je posledica dobrega in slabega v preteklosti, ampak v človeku vzbuditi željo po tem, da bi se osvobodil vesoljnega ujetništva. Kar je nekoč napravil, lahko zdaj popravi. Prav on sam je sprožil vzroke, katerih posledice zdaj prevladujejo v njegovem življenju. Vse omejitve lahko premaga, ker jih je tako in tako ustvaril s svojimi dejanji in ker ima v sebi duhovne vire, ki niso podvrženi vplivom planetov.

Vraževerno občudovanje astrologije lahko človeka spremeni v avtomat, ki se slepo zanaša na mehanično vodenje. Moder človek premaga svoje planete oziroma svojo preteklost tako, da ni več zvest stvarstvu, ampak Stvarniku. Bolj ko spoznava, da je eno z

Duhom, manj moči ima snov nad njim. Duša je vedno svobodna in je nesmrtna, ker ni bila rojena. Zvezde nad njo nimajo moči.

Človek *je* duša, in *ima* telo. Ko spozna svojo pravo identiteto, za seboj pusti vse prisilne vzorce. Dokler pa ostaja v zmedi običajnega stanja duhovne pozabe, bo ujet v komaj opazne okove zakonov okolja.

Bog je harmonija in dejanja vernika, ki se uglasi z njim, bodo vedno pravilna. Njegove dejavnosti bodo pravilno in naravno časovno usklajene z zakonom astrologije. Po globoki molitvi in meditaciji je v stiku s svojo božansko zavestjo. Ni večje moči, kot je ta notranja zaščita.«

»Zakaj bi potem, dragi učitelj, radi videli, da nosim astrološko zapestnico?« sem vprašal po dolgi tišini. Skušal sem vsrkati učiteljevo plemenito razlago, ki je vsebovala nekatere meni popolnoma nove misli.

»Popotnik lahko odvrže zemljevid šele tedaj, ko pride na cilj. Med potovanjem pa izkoristi vsako priročno bližnjico. Starodavni rišiji so odkrili mnogo načinov, kako skrajšati obdobje človekovega izgnanstva v utvari. V zakonu karme je nekaj mehanskih značilnosti, ki jih lahko prsti modrosti spretno naravnajo.

Vsaka človeška tegoba izvira iz neke kršitve univerzalnega zakona. Sveti spisi poudarjajo, da mora človek zadostiti zakonom narave in hkrati ne dvomiti o Božji vsemogočnosti. Moral bi reči: „Gospod, zaupam vate in vem, da mi lahko pomagaš, a tudi jaz se bom po najboljših močeh potrudil, da bom popravil napake, ki sem jih storil." Z več sredstvi – z molitvijo, z močjo volje, z jogijsko meditacijo, s posvetovanjem s svetniki, z uporabo astroloških zapestnic – lahko zmanjšamo ali izničimo škodljive posledice preteklih zmot.

Tako kot lahko na hišo namestimo bakren vodnik, ki sprejme udar strele, tako lahko na določene načine zavarujemo tudi telesni tempelj.

V vesolju nenehno krožijo električna in magnetna sevanja, ki dobro in slabo vplivajo na človekovo telo. Pred davnimi časi so rišiji razmišljali o tem, kako bi se lahko borili proti škodljivim učinkom subtilnih kozmičnih vplivov. Odkrili so, da čiste kovine oddajajo astralno svetlobo, ki močno izničuje negativni vlek planetov.

Ugotovili so tudi, da so v pomoč določene kombinacije rastlin. Najbolj učinkoviti pa so brezhibni dragulji z dvema karatoma ali več.

Zunaj Indije so le redki resno preučevali praktično zaščitno uporabo astrologije. Malo poznano dejstvo je, da so ustrezni dragulji, kovine in rastlinski pripravki brez vrednosti, če ni zagotovljena primerna teža in če zdravilne učinkovine ne nosimo ob koži.«

»Učitelj, seveda bom sprejel vaš nasvet in si kupil zapestnico. Misel, da lahko ukanim planet, me je popolnoma očarala!«

»Za splošne namene svetujem uporabo zapestnice iz zlata, srebra in bakra. Zaradi posebnih okoliščin pa si kupi takšno iz srebra in svinca.« Šri Juktešvar je dodal podrobna navodila.

»Gurudži, kakšne ‚posebne okoliščine' imate v mislih?«

»Zvezde se bodo kmalu začele ‚neprijazno' zanimati zate, Mukunda. Ne boj se, zaščiten boš. Čez kakšen mesec ti bodo jetra začela povzročati veliko težav. Bolezen bi morala trajati šest mesecev, ker pa boš uporabljal astrološko zapestnico, se bo to obdobje skrajšalo na štiriindvajset dni.«

Naslednji dan sem poiskal draguljarja in kmalu sem imel na sebi zapestnico. Bil sem izvrstnega zdravja in sem na učiteljevo napoved pozabil. Iz Seramporja je odšel na obisk v Benares. Trideset dni po najinem pogovoru sem v jetrih nenadoma začutil bolečino. Naslednji tedni so bili nočna mora groznih bolečin. Toda guruja nisem želel motiti, svojo preizkušnjo sem sklenil pogumno prestati kar sam.

A triindvajset dni mučenja je mojo odločenost oslabilo. Napotil sem se v Benares. Tam me je Šri Juktešvar sprejel nenavadno toplo, a mi ni dal priložnosti, da bi mu zaupal svoje gorje na samem. Tistega dne ga je obiskalo mnogo vernikov, prišli so po *daršan*.* Bolan sem sedel v kotu, ne da bi se kdo zmenil zame. Šele po večerji so vsi gostje odšli. Guru me je poklical na osmerokotni balkon hiše.

»Gotovo si prišel zaradi svojih obolelih jeter,« je rekel Šri Juktešvar, ne da bi me pogledal. Hodil je sem in tja in občasno prestregel mesečino. »Poglejva, bolehaš že štiriindvajset dni, kajne?«

»Ja.«

* Blagoslov, ki ga vernik dobi zgolj ob pogledu na svetnika.

»Prosim, naredi vajo za trebuh, ki sem ti jo pokazal.«

»Če bi vedeli, kako trpim, učitelj, me tega ne bi prosili,« sem odvrnil, a ga vseeno slabotno poskušal ubogati.

»Praviš, da te boli, jaz pa pravim, da te ne. Kako je možno takšno protislovje?« me je guru vprašujoče pogledal.

Onemel sem, nato pa me je prevzelo radostno olajšanje. Nič več nisem bil v mukah, zaradi katerih več tednov skoraj nisem spal. Ob Šri Juktešvarjevih besedah so neznosne bolečine izginile, kot bi jih nikoli ne bilo.

V znak hvaležnosti sem hotel poklekniti k njegovim stopalom, a mi je to hitro preprečil.

»Ne bodi otročji. Vstani in uživaj v lepoti lune nad Gangesom,« je rekel in njegove oči so se veselo svetlikale, ko sem stal ob njem v tišini. Razumel sem, da mi želi povedati, da me ni ozdravil on, ampak Bog.

Še danes nosim težko srebrno in svinčeno zapestnico, spominek na tisti dan, dolgo nazaj, ki se ga bom vedno z ljubeznijo spominjal. Tistega dne sem znova spoznal, da živim z osebo, ki je naravnost nadčloveška. Ob kasnejših priložnostih, ko sem k Šri Juktešvarju vodil prijatelje, da bi jih ozdravil, je vedno priporočil dragulje ali zapestnico,* in hvalil njihovo uporabo kot dejanje astrološke modrosti.

Že od otroštva sem imel predsodke do astrologije, deloma zato, ker sem opazil, da so bili mnogi suženjsko odvisni od nje, in deloma zaradi napovedi, ki jo je izrekel naš družinski astrolog: »Trikrat se boš poročil, dvakrat boš ovdovel.« Zadevo sem precej premleval in kot žrtveni kozel čakal na žrtvovanje pred templjem trojnega zakona.

»Kar sprijazni se s svojo usodo,« je pripomnil brat Ananta. »Tvoj horoskop je pravilno napovedal, da boš v otroštvu pobegnil od doma proti Himalaji, a te bomo prisilno vrnili nazaj. Napoved glede porok se bo gotovo izkazala za resnično.«

Neke noči mi je intuitivno postalo jasno, da je napoved popolnoma napačna. Zažgal sem zvitek z zapisanim horoskopom in njegov pepel dal v papirnato vrečko, na katero sem napisal: »Semena

* Glej op. na str. 256.

pretekle karme ne morejo vzkliti, če jih prepražimo v ognju božanske modrosti.« Vrečko sem dal na vidno mesto. Ananta je takoj prebral mojo kljubovalno pripombo.

»Resnice ne moreš tako zlahka uničiti, kot si sežgal ta papirnati zvitek,« se mi je porogljivo zasmejal.

Drži, da so me domači trikrat skušali zaročiti, preden sem odrasel. Vedno sem zavrnil njihove načrte,* ker sem vedel, da je moja ljubezen do Boga veliko globlja od astrološkega prigovarjanja iz preteklosti.

»Globlje kot je človekovo samospoznanje, bolj vpliva na celotno vesolje s svojimi subtilnimi duhovnimi vibracijami in manj vplivajo pojavne spremembe na njega samega.« Teh navdihujočih učiteljevih besed sem se pogosto spominjal.

Občasno sem rekel kakšnemu astrologu, naj mi pove najslabše obdobje glede na to, kaj so pokazali planeti, jaz pa sem tedaj še vedno dosegel vse, kar sem si zastavil. Res je, da so mojim uspehom v takih obdobjih botrovale velike težave, a vedno se je upravičilo moje prepričanje: vera v Božje varstvo in pravilna uporaba volje, ki nam jo je dal Bog, sta mogočnejši sili od vplivov z neba.

Spoznal sem, da pri zvezdnem zapisu ob rojstvu ne gre za to, da bi bil človek lutka svoje preteklosti, ampak je njegovo sporočilo zbodljaj človekovemu ponosu. Nebo skuša vzbuditi človekovo odločenost, da se osvobodi vsake omejitve. Bog je ustvaril človeka kot dušo, mu dal doto individualnosti in s tem je postal ključen za vesoljno zgradbo, naj bo v začasni vlogi stebra ali zajedavca. Njegova svoboda je dokončna in takojšnja, če tako želi. Odvisna ni od zunanjih, ampak od notranjih zmag.

Šri Juktešvar je odkril, kako 24.000-letni enakonočni krog matematično uporabiti za našo sedanjo dobo.† Krog je razdeljen na vzpenjajoči se lok in padajoči lok, vsak traja 12.000 let. V vsakem

* Ena od deklic, ki so mi jih domači izbrali za morebitne neveste, se je kasneje poročila z mojim bratrancem Prabhasom Čandro Ghošem (glej fotografijo na str. 235). [Šri Ghoš je bil podpredsednik Yogoda Satsanga Society of India (glej str. 417) od 1936 do svoje smrti leta 1975. – *Opomba založnika*]

† Ti cikli so podrobno razloženi v prvem delu Šri Juktešvarjeve knjige *The Holy Science* (izšla pri Self-Realization Fellowshipu).

loku so štiri *juge* ali dobe, ki se imenujejo *kali, dvapara, treta* in *satja,* in ustrezajo grškim železni, bronasti, srebrni in zlati dobi.

Moj guru je po različnih izračunih ugotovil, da se je zadnja *kali juga* ali železna doba vzpenjajočega loka začela okrog leta 500 po Kr. Železna doba, ki traja 1200 let, je obdobje materializma. Končala se je okrog 1700 po Kr. Tisto leto je pomenilo začetek *dvapara juge*, 2400-letnega obdobja razvoja na področju elektrike in atomske energije: obdobja telegrafije, radia, letal in drugih iznajdb, ki izničujejo prostorsko oddaljenost.

3600-letno obdobje *treta juge* se bo začelo leta 4100 po Kr. To obdobje bo zaznamovalo splošno poznavanje telepatske komunikacije in drugih pojavov, ki izničujejo časovno oddaljenost. V 4800 letih *satja juge*, zadnjega obdobja v vzpenjajočem se loku, se bo človeška inteligenca izjemno razvila, človek bo deloval v skladu z Božjim načrtom.

Leta 12.500 po Kr. se bo nato na svetu začel 12.000-letni padajoči lok, ki ga bo uvedlo 4800 let padajoče zlate dobe, v katerem bo človek počasi utonil v nevednost. Ti krogi so večna zaporedja *maje*, nasprotij in relativnosti pojavnega vesolja.* Ljudje se eden po eden rešijo iz ječe dvojnosti stvarstva, ko se zavejo svoje neločljive božanske povezanosti s Stvarnikom.

Učitelj je poglobil tako moje razumevanje astrologije kot tudi svetih spisov z vsega sveta. Postavil jih je na brezmadežno mizo

* Hindujski sveti spisi postavljajo sedanjo svetovno dobo v *kali jugo* veliko daljšega vesoljnega kroga, kot je preprosti 24.000-letni enakonočni krog, s katerim se je ukvarjal Šri Juktešvar. Vesoljni krog svetih spisov je dolg 4.300.560.000 let in odmerja dan stvarjenja. To veliko število temelji na odnosu med dolžino sončnega leta in večkratnikom pi (3,1416, razmerja med obsegom in premerom kroga).

Življenjska doba celotnega vesolja je po besedah starodavnih vidcev 314.159.000.000.000 sončnih let ali »eno obdobje Brahme«.

V hindujskih svetih spisih beremo, da Zemlja, kot je naša, razpade zaradi enega od dveh razlogov: prebivalci kot celota postanejo popolnoma dobri ali popolnoma slabi. Svetovni um s tem proizvede moč, ki sprosti ujete atome, ki skupaj tvorijo Zemljo.

Občasno so objavljene strašne napovedi glede bližajočega se ‚konca sveta'. A planetarni krogi se odvijajo v skladu z urejenim Božjim načrtom. Razpada Zemlje ni na vidiku, za naš planet v njegovi sedanji obliki je na zalogi še mnogo vzpenjajočih se in padajočih enakonočnih krogov.

svojega uma in jih razčlenjeval s skalpelom intuitivnega razmišljanja. Ločeval je napake in dodatke učenjakov od resnic, kot so jih prvotno izrazili preroki.

»Pogled naj usmeri v konec nosu.« Učitelj se je vedno šalil iz te netočne razlage vrstice iz Bhagavad gite,* ki jo splošno sprejemajo vzhodni panditi in zahodni prevajalci.

»Jogijeva pot je že tako ali tako dovolj edinstvena,« je pripomnil. »Zakaj bi mu svetovali, da mora še škiliti? Pravi pomen besede *nasikagram* je 'začetek nosu' in ne 'konec nosu'. Nos se začenja v točki med obrvema, kjer je sedež duhovnega vida.«†

Neki aforizem iz *sankhje*‡ gre takole: »*Išvar asiddhe*« ('o Gospodu Stvarstva ne moremo sklepati' oziroma 'Boga ne moremo dokazati').§ Predvsem na podlagi te povedi ima večina učenjakov celotno filozofijo za ateistično.

»Ta vrstica ni ateistična,« je razložil Šri Juktešvar. »Pomeni le, da za nerazsvetljenega človeka, ki se mora pri končnih sodbah zanesti na svoje čute, dokaz Boga ostaja neznan in zato neobstoječ. Tisti, ki se v resnici ravnajo po *sankhji* in imajo neomajni uvid, ki izvira iz meditacije, razumejo, da Bog obstaja in da ga je mogoče spoznati.«

Učitelj je krščansko Sveto pismo razlagal s prekrasno jasnostjo. Prav preko svojega hindujskega guruja, ki nikoli ni bil pripadnik kakšne krščanske cerkve, sem začel dojemati nesmrtno bistvo Svetega pisma in razumeti resnico v Kristusovih besedah, gotovo najbolj navdušujoče brezkompromisnih, kar jih je bilo kdaj izrečenih: »Nebo in zemlja bosta prešla, moje besede pa nikakor ne bodo prešle.«¶

Veliki indijski učitelji oblikujejo svoja življenja po enakih božanskih idealih, kot so vodili Jezusa. Oni so njegovi sorodniki:

* Poglavje VI,13.

† »Svetilka telesa je tvoje oko. Kadar je tvoje oko enovito, je svetlo tudi vse tvoje telo, če pa je pokvarjeno, je tudi tvoje telo temačno. Glej torej, ali ni morda luč, ki je v tebi, tema!« – Lk 11,34–35.

‡ Eden od šestih sistemov hindujske filozofije. *Sankhja* uči dokončno osvoboditev s poznavanjem petindvajsetih načel, prvo je *prakriti* ali narava, zadnje pa *puruša* ali duša.

§ *Izreki o sankhji*, 1,92.

¶ Mt 24,35.

»Kdorkoli namreč uresničuje voljo mojega Očeta, ki je v nebesih, ta je moj brat, sestra in mati.«* »Če ostanete v moji besedi,« je poudaril Jezus, »ste resnično moji učenci. In spoznali boste resnico in resnica vas bo osvobodila.«† Jogi-Kristusi v Indiji, vsi svobodnjaki, gospodarji samih sebe, so del nesmrtnega bratstva – tistih, ki pridobijo osvobajajoče znanje o Enem Očetu.

»Ne razumem zgodbe o Adamu in Evi!« sem precej gorko vzkliknil nekega dne, ko sem se šele začenjal spoprijemati z alegorijo. »Zakaj je Bog kaznoval tudi nedolžne nerojene generacije ljudi, ne pa samo oba krivca?«

Učitelj se je ob mojem vprašanju zabaval, bolj zaradi moje ognjevitosti kot nevednosti. »Geneza je globoko simbolična pripoved in je ne moremo razumeti z dobesednim razlaganjem,« mi je pojasnil. »„Drevo življenja“ je človeško telo. Hrbtenjača je kot narobe obrnjeno drevo, človekovi lasje so njegove korenine, dovodni in odvodni živci pa veje. Drevo živčnega sistema prinaša mnoge prijetne sadeže ali zaznave svetlobe, zvoka, vonja, okusa in dotika. V njih lahko človek z vso pravico uživa, prepovedana pa mu je bila izkušnja spolnosti, „jabolka“ sredi telesa („sredi vrta“).‡

„Kača“ predstavlja zvijajočo se hrbtenjačno energijo, ki stimulira spolno živčevje. „Adam“ je razum, „Eva“ pa je občutek. Ko čustvo ali Evino zavest v človeku prevzame spolni impulz, podleže tudi njegov razum ali Adam.§

Bog je ustvaril človeško vrsto tako, da je materializiral telesi moškega in ženske z močjo svoje volje. Novi vrsti je dal moč ustvarjanja otrok na podoben ‚brezmadežni‘ oziroma božanski način.¶

* Mt 12,50.

† Jn 8,31–32. Sveti Janez je pričeval: »Tistim pa, ki so jo sprejeli, je dala moč, da postanejo Božji otroci, vsem, ki verujejo v njeno ime (vsem, ki so dosegli vsenavzočo Kristusovo Zavest).« – Jn 1,12.

‡ »Od sadu drevja v vrtu jeva, „le z drevesa sredi vrta“, je rekel Bog, „ne jejta sadu, tudi dotikajta se ga ne, sicer bosta umrla!“« – 1 Mz 3,2–3.

§ »Žena, ki si mi jo dal, mi je dala z drevesa in sem jedel. … Žena je odgovorila: „Kača me je zapeljala in sem jedla.“« – 1 Mz 3,12–13.

¶ »Bog je ustvaril človeka po svoji podobi, po Božji podobi ga je ustvaril, moškega in žensko je ustvaril. Bog ju je blagoslovil in Bog jima je rekel: Bodita rodovitna in

Ker je bilo njegovo izražanje v posamezni duši do tedaj omejeno na živali, vezane na nagone in brez možnosti celostnega razuma, je Bog ustvaril prvi človeški telesi, simbolično poimenovani Adam in Eva. Za koristen razvoj na višjo raven je vanju prenesel duši oziroma božansko bistvo dveh živali.* V možu Adamu je prevladoval razum, v ženski Evi pa je bilo močnejše čustvo. S tem se je izrazila dvojnost oziroma polarnost, ki je osnova pojavnih svetov. Razum in čustvo ostajata v nebesih radostnega sodelovanja, dokler človeškega uma ne preslepi kačja energija živalskih nagnjenj.

Človeško telo torej ni bilo izključno posledica evolucije iz živali, ampak je nastalo v posebnem stvarjenju Boga. Živalske oblike so bile preveč preproste, da bi lahko v polnosti izrazile božanskost. Človeku je bil posebej dan potencialno vsevedni ‚tisočlistni lotos' v možganih, hkrati pa tudi popolnoma prebujena skrivnostna središča v hrbtenjači.

Bog oziroma Božanska Zavest, ki je bila navzoča v prvem ustvarjenem paru, jima je svetovala, naj uživata v vseh človeških občutjih z eno izjemo: spolnih občutjih.† Ta so bila prepovedana, da se človeštvo ne bi zapletlo v nižji, živalski način razmnoževanja. Opozorila, naj ne oživljata podzavestno navzočih spominov na živalskost, nista upoštevala. Ker sta Adam in Eva nadaljevala z živalskim porajanjem, sta padla iz stanja nebeške radosti, ki je bila prirojena izvornemu popolnemu človeku. Ko sta „spoznala, da sta naga", sta izgubila zavest nesmrtnosti, kakor ju je Bog posvaril. Postavila sta se pod fizični zakon, po katerem mora telesnemu rojstvu slediti telesna smrt.

Poznavanje „dobrega in hudega", ki ga je Evi obljubila „kača", se nanaša na dualistična in nasprotujoča si izkustva, ki jih morajo prestati umrljivi ljudje pod vplivom *maje*. Ko je zaradi zlorabe svojih občutij in razuma oziroma Evine in Adamove zavesti zapadel v

---

množita se, napolnita zemljo in si jo podvrzita.« – 1 Mz 1,27–28.

* »Gospod Bog je iz zemeljskega prahu izoblikoval človeka, v njegove nosnice je dahnil življenjski dih in tako je človek postal živa duša.« – 1 Mz 2,7.

† »Kača (spolni nagon) pa je bila bolj prekanjena kakor vse živali na polju (drugi čuti v telesu).« – 1 Mz 3,1.

slepilo, se je človek odpovedal pravici do vstopa v nebeški vrt božanske samozadostnosti.* Osebna odgovornost vsakega človeškega bitja je povrniti svojim ‚staršem' oziroma dvojni naravi združeno harmonijo Edena.«

Ko je Šri Juktešvar končal svoj pouk, sem pogledal strani Geneze z novim spoštovanjem.

»Dragi učitelj,« sem rekel, »prvič sem začutil pravo sinovsko dolžnost do Adama in Eve!«†

* »Gospod Bog je zasadil vrt proti vzhodu v Edenu in je tja postavil človeka, katerega je bil izoblikoval.« – 1 Mz 2,8. »In Gospod Bog je odpravil človeka iz edenskega vrta obdelovat zemljo, iz katere je bil vzet.« – 1 Mz 3,23. Božanski človek, ki ga je ustvaril Bog najprej, je imel svojo zavest usmerjeno v vsemogočno enojno oko v čelu (proti vzhodu). Vse-ustvarjalne moči njegove volje, ki je bila osredotočena na to mesto, so bile zanj izgubljene, ko je začel »obdelovati zemljo« svoje telesne narave.

† Hindujska zgodba o ‚Adamu in Evi' je zapisana v starodavni *purani, Šrimad bhagavati.* Prvi moški in njegova žena (bitji v telesni obliki) se imenujeta Svajambhuva Manu ('človek, rojen iz Stvarnika') in Šatarupa ('ki ima sto podob ali oblik'). Njunih pet otrok se je poročilo s *pradžapatiji* (s popolnimi bitji, ki so prevzela telesno obliko). Iz teh prvih božanskih družin se je rodila človeška rasa.

Niti na Vzhodu niti na Zahodu nisem slišal koga razlagati krščanskih svetih spisov s tako globokim duhovnim uvidom, kot ga je imel Šri Juktešvar. »Teologi narobe razlagajo Kristusove besede,« je rekel učitelj, »v takšnih vrsticah, kot je „Jaz sem pot, resnica in življenje. Nihče ne pride k Očetu drugače kot po meni" (Jn 14,6), Jezus s tem ni mislil, da je edini Božji sin, ampak da lahko dosežeš popolno Absolutno, transcendentnega Očeta *onkraj* stvarstva šele, ko izkažeš „Sina" ali aktivno Kristusovo Zavest *znotraj* stvarstva. Jezus, ki je dosegel polno enost s to Kristusovo Zavestjo, se je poistovetil z njo, glede na to, da je bil njegov ego že dolgo nazaj razgrajen.« (Glej op. na str. 160.)

Ko je Pavel pisal o »Bogu, ki je vse reči ustvaril po Jezusu Kristusu« (Ef 3,9) in je Jezus rekel: »Preden se je Abraham rodil, jaz sem« (Jn 8,58), je čisto bistvo besed neosebnost.

Mnogo posvetnih ljudi zaradi vrste duhovne bojazljivosti udobno verjame, da je bil le en človek Božji sin. »Kristus je bil edinstveno ustvarjen,« razmišljajo, »kako naj ga torej posnemam jaz, ki sem zgolj smrtnik?« A vsi ljudje so ustvarjeni od Boga in morajo nekega dne spoštovati Kristusov ukaz: »Bodite torej popolni, kakor je popoln vaš nebeški Oče« (Mt 5,48). »Poglejte, kakšno ljubezen nam je podaril Oče: Božji otroci se imenujemo in to tudi smo« (1 Jn 3,1).

Razumevanje zakona karme in njegove posledice, reinkarnacije (glej op. na str. 282, str. 346–47 in 43. poglavje), se kaže v mnogih svetopisemskih odlomkih. Na primer: »Če kdo prelije človeško kri, bo človek prelil njegovo kri« (1 Mz 9,6). Če bi moral biti vsak morilec ubit od »človeka«, bi to očitno zahtevalo v mnogih primerih več kot eno življenje. Sodobna policija ni dovolj hitra za kaj takega!

Zgodnja krščanska Cerkev je sprejemala nauk reinkarnacije. Poučevali so ga gnostiki in številni cerkveni očetje, med drugim Klemen Aleksandrijski, slavni Origen (oba iz 3. stoletja) in sveti Jeromen (5. stoletje). Nauk so na Drugem koncilu v Carigradu leta 553 po Kr. prvič označili za krivoverstvo. Tedaj so mnogi kristjani menili, da daje nauk o reinkarnaciji človeku na voljo preobširno prizorišče časa in prostora, da bi ga spodbudil k prizadevanju za takojšnje odrešenje. A zatrte resnice žal vodijo v množico zmot. Milijoni niso izkoristili ‚enega življenja' za iskanje Boga, ampak za uživanje tega sveta, ki so ga tako edinstveno dobili in ki ga bodo kmalu za vedno izgubili! Resnica je, da se človek znova in znova uteleša na zemlji, dokler si zavestno ne povrne statusa Božjega sina.

17. POGLAVJE

Saši in trije safirji

»Ker imata z mojim sinom Svamija Šri Juktešvarja tako v čislih, si ga bom ogledal,« je rekel dr. Narajan Čunder Roj z glasom, ki je namigoval, da bo ustregel dvema tepčkoma. V najboljši tradiciji spreobračevalcev sem skril svoje ogorčenje.

Moj sogovornik, veterinarski kirurg, je bil zaprisežen agnostik. Njegov mladi sin Santoš me je prosil, naj si vzamem čas za njegovega očeta. Zaenkrat se moja neprecenljiva pomoč ni kaj posebno opazila.

Dr. Roj me je naslednji dan spremil v ašram v Seramporju. Potem ko mu je učitelj naklonil kratek pogovor, ki ga je v veliki meri zaznamovala stoična tišina na obeh straneh, je obiskovalec nenadoma odšel.

»Zakaj si mi v ašram pripeljal mrtveca?« me je vprašal Šri Juktešvar in me vprašujoče pogledal, takoj ko so se za skeptikom iz Kalkute zaprla vrata.

»Učitelj! Doktor je še kako živ!«

»A kmalu bo mrtev.«

Osuplo sem ga pogledal. »To bo grozen udarec za njegovega sina. Santoš upa, da bo imel še dovolj časa, da bo spremenil njegove materialistične poglede. Prosim vas, učitelj, pomagajte temu človeku.«

»Dobro, naj ti bo,« je brezizrazno odvrnil guru. »Ponosni konjski zdravnik ima sladkorno bolezen v zadnjem stadiju, čeprav tega ne ve. Čez petnajst dni bo obležal. Zdravniki mu ne bodo mogli pomagati. Njegov naravni odhod s tega sveta bi moral biti čez šest tednov. Ker pa si ti posredoval zanj, bo tistega dne okreval. Ampak pod enim pogojem: pripraviti ga moraš do tega, da bo nosil astrološko zapestnico. Brez dvoma se bo upiral tako silovito kot njegovi konji pred operacijo,« se je zahahljal učitelj.

Po nekaj trenutkih tišine, med katerimi sem se spraševal, kako bi lahko s Santošem pri doktorju najbolje uporabila umetnost prigovarjanja, mi je Šri Juktešvar razodel še nekaj stvari.

»Takoj ko bo ozdravel, mu svetuj, naj ne jé mesa. Tega nasveta pa ne bo upošteval. Čez šest mesecev, ravno tedaj, ko se bo najbolje počutil, se bo zgrudil mrtev,« je še dodal guru. »Šest mesecev dlje bo živel le zaradi tvoje prošnje.«

Naslednji dan sem predlagal Santošu, naj pri draguljarju naroči zapestnico. Narejena je bila čez teden dni, a dr. Roj si je ni hotel nadeti.

»Odličnega zdravja sem. Nikoli me ne boš prepričal v ta astrološka vraževerja,« je odvrnil doktor in me sovražno pogledal.

Zabavalo me je, ko sem se spomnil, da je učitelj tega človeka upravičeno primerjal s trmastim konjem. Minilo je še sedem dni, in ko je doktor nenadoma zbolel, je pohlevno privolil v to, da bo nosil zapestnico. Dva tedna zatem mi je njegov zdravnik povedal, da je stanje njegovega bolnika brezupno. Zaupal mi je strašljive podrobnosti o tem, kako je sladkorna bolezen prizadela njegovo telo.

Zmajal sem z glavo. »Moj guru je rekel, da bo dr. Roj po enomesečni bolezni ozdravel.«

Zdravnik me je nejeverno pogledal. Štirinajst dni zatem pa me je poiskal, videti je bil skesan.

»Dr. Roj je popolnoma okreval!« je vzkliknil. »To je najbolj neverjeten primer v moji karieri. Nisem še videl, da bi umirajoči človek tako nerazložljivo ozdravel. Tvoj guru je gotovo prerok, ki ozdravlja!«

Potem, ko sem se z dr. Rojem še enkrat pogovoril in mu ponovil Šri Juktešvarjev nasvet glede brezmesne prehrane, ga nisem videl šest mesecev. Nekega večera, ko sem sedel na verandi pred hišo svojih domačih, se je ustavil pri meni na klepetu.

»Reci svojemu učitelju, da sem si z rednim uživanjem mesa popolnoma opomogel. Njegove znanstveno nedokazane ideje o prehrani niso vplivale name.« Res je bilo, da je bil dr. Roj podoba zdravja.

Naslednji dan pa je Santoš, ki je živel v sosednji ulici, pritekel k meni: »Danes zjutraj se je oče zgrudil mrtev!«

Ta primer je bil eden od mojih najbolj nenavadnih doživetij z učiteljem. Uporniškega veterinarskega kirurga je ozdravil kljub njegovi neveri in mu za šest mesecev podaljšal naravno bivanje na zemlji le zato, ker sem ga iz srca prosil. Prijaznost Šri Juktešvarja ni imela meja, ko se je odzival na nujno prošnjo vernika.

Najbolj pa me je navdajalo s ponosom, da sem lahko svoje prijatelje s kolidža predstavil svojemu guruju. Mnogi od njih so – vsaj v ašramu – odložili modne akademske plašče verskega skepticizma.

Eden od mojih prijateljev, Saši, je v Seramporju preživel veliko srečnih koncev tedna. Učitelj ga je imel zelo rad in je obžaloval, da je bilo njegovo zasebno življenje divje in neurejeno.

»Saši, če se ne poboljšaš, boš čez leto dni nevarno zbolel.« Šri Juktešvar je ljubeče in hkrati obupano gledal mojega prijatelja. »Mukunda mi je priča, da mi ne boš potem rekel, da te nisem posvaril.«

Saši se je zasmejal. »Učitelj, vam prepuščam, da vzbudite zanimanje sladke dobrotljivosti vesolja, da posreduje v mojem žalostnem primeru! Moj duh je voljan, a moja volja je šibka. Vi ste moj edini odrešenik na zemlji. V nič drugega ne verjamem.«

»Moral bi vsaj nositi dvokaratni modri safir. Pomagal ti bo.«

»Ne morem si ga privoščiti. Sploh pa, dragi gurudži, če bodo prišle težave, popolnoma verjamem, da me boste vi obvarovali.«

»Čez leto dni mi boš prinesel tri safirje,« mu je odvrnil Šri Juktešvar, »a takrat ti ne bodo več pomagali.«

Pogosto je bilo med njima slišati podobne pogovore. »Ne morem se poboljšati!« je Saši šaljivo obupoval. »In moje zaupanje v vas, učitelj, mi je dragocenejše kot kakšen kamen!«

Minilo je leto dni. Nekega dne sem obiskal guruja na domu njegovega učenca Narena Babuja v Kalkuti. Okrog desetih zjutraj, ko sva s Šri Juktešvarjem sedela v sprejemnici v prvem nadstropju, sem zaslišal, da so se odprla vhodna vrata. Učitelj se je zravnal in otrpnil.

»Tisti Saši je prišel,« je pripomnil resno. »Leto je minilo, obe pljučni krili ima uničeni. Ni se zmenil za moj nasvet, reci mu, da ga nočem videti.«

Onemel nad strogostjo Šri Juktešvarja sem stekel po stopnicah. Po njih se je vzpenjal Saši.

»O, Mukunda! Upam, da je učitelj tukaj. Zdelo se mi je, da bi moral biti.«

»Ja, ampak ne želi, da ga kdo moti.«

Saši je planil v jok in se zrinil mimo mene. Vrgel se je k Šri Juktešvarjevim nogam in na tla položil tri prekrasne safirje.

»Vsevedni guru, zdravniki pravijo, da imam pljučno tuberkulozo. Dali so mi le še tri mesece življenja! Ponižno vas prosim za pomoč. Vem, da me lahko ozdravite!«

»Ni malo pozno, da te zdaj skrbi za življenje? Odidi s svojimi dragulji, nič več ti ne morejo pomagati.« Učitelj je nato kot sfinga vztrajal v tišini, ki jo je prekinjalo fantovo hlipanje za milost.

Prevzelo me je intuitivno prepričanje, da Šri Juktešvar le preizkuša, kako globoka je Sašijeva vera v božanske zdravilne moči. Nisem bil presenečen, ko se je po napeti uri učitelj s sočutnim pogledom obrnil k mojemu prijatelju, ki je ležal na tleh.

»Vstani, Saši, kakšen kraval zganjaš po hišah drugih ljudi! Vrni safirje draguljarju. Zdaj so popolnoma nepotreben strošek. Kupi pa si astrološko zapestnico in jo nosi. Ne boj se, čez nekaj tednov boš spet zdrav.«

Sašijev objokani obraz je razsvetlil nasmešek, kot bi nenadoma sonce obsijalo mokro pokrajino. »Ljubljeni guru, naj jemljem zdravila, ki so mi jih predpisali zdravniki?«

»Kot želiš, popij jih ali pa jih zavrzi, ni pomembno. Nemogoče je, da bi umrl za tuberkulozo, kot je nemogoče, da bi sonce in luna zamenjala položaja.« Šri Juktešvar je odrezavo dodal: »Pojdi zdaj, preden si premislim!«

Moj prijatelj se je razburjeno priklonil in urno odšel. V naslednjih tednih sem ga večkrat obiskal in zgrožen ugotavljal, da se njegovo zdravje še naprej slabša.

»Saši ne bo dočakal jutra,« je povedal njegov zdravnik. Ob pogledu na prijatelja, ki sta ga bila tedaj le še kost in koža, sem v naglici odpotoval v Serampor. Guru me je hladno poslušal, ko sem mu v solzah poročal o prijatelju.

»Zakaj me prihajaš motit? Saj si me že slišal reči, da bo Saši okreval.«

Z velikim spoštovanjem sem se mu priklonil in šel nazaj k vratom. Šri Juktešvar v slovo ni rekel ničesar, le zavil se je v molk, njegove na pol odprte nepremične oči so se zazrle v neki drugi svet.

Takoj sem se vrnil na Sašijev dom v Kalkuti. Osuplo sem odkril, da moj prijatelj sedi na postelji in pije mleko.

»O, Mukunda! Kakšen čudež! Pred štirimi urami sem začutil, da je v sobi navzoč učitelj. Moji grozni simptomi so v trenutku izginili. Čutim, da sem po njegovi milosti ozdravel.«

Čez nekaj tednov je bil Saši močnejši in boljšega zdravja kot kadarkoli prej.* A njegov odziv na ozdravitev je zaznamovala nehvaležnost: od takrat je redko prišel obiskat Šri Juktešvarja. Nekega dne mi je povedal, da tako globoko obžaluje svoj prejšnji način življenja, da ga je sram stopiti pred učitelja.

Lahko sem le sklenil, da je imela Sašijeva bolezen kontrasten učinek. Ojačala je njegovo voljo in poslabšala njegove manire.

Prvi dve leti mojega študija na Scottish Church Collegeu sta se končevali. Na predavanjih sem bil le občasno. Študiral sem le toliko, da so me domači pustili pri miru. Moja dva zasebna učitelja sta redno prihajala k meni domov. Redno sem manjkal – vsaj to je bilo redno v moji akademski karieri!

V Indiji po dveh uspešnih letih kolidža dobiš diplomo prve stopnje. Študent se lahko po njej usmeri v novi dve leti in v končno diplomo.

Zaključni izpiti prve stopnje so se zloveščče bližali. Zbežal sem v Puri, kjer je moj guru preživljal nekaj tednov. Ko sem mu povedal, da na zaključne izpite nisem pripravljen, sem nekako upal, da mi bo rekel, da se mi jih ni treba udeležiti.

* Leta 1936 sem od nekega prijatelja izvedel, da je Saši še vedno odličnega zdravja.

Šri Juktešvar se je v tolažbo nasmehnil. »Z vsem srcem si opravljal duhovne dolžnosti in nisi si mogel pomagati, da ne bi zanemarjal svojega študija. V naslednjih tednih se marljivo loti knjig in to preizkušnjo boš uspešno prestal.«

Vrnil sem se v Kalkuto in odločno zatiral upravičene dvome, ki so me občasno obšli. Opazoval sem goro knjig na svoji mizi in se počutil kot popotnik, izgubljen v divjini.

Po dolgi meditaciji sem dobil navdih, ki mi je prihranil veliko dela. Vsako od knjig sem odprl na naključnem mestu in preštudiral

ŠRI JOGANANDA PRI ŠESTNAJSTIH LETIH

le razprte strani. Potem ko sem ves teden tako počel osemnajst ur na dan, sem se imel že za strokovnjaka v umetnosti kampanjskega učenja.

V naslednjih dneh se je na izpitih moj na videz neurejen postopek učenja izkazal za pravilnega. Opravil sem vse preizkuse, čeprav za las. Čestitke mojih prijateljev in domačih so se smešno mešale s presenečenimi vzkliki.

Po vrnitvi iz Purija me je Šri Juktešvar prijetno presenetil.

»Tvojega študija v Kalkuti je zdaj konec,« je rekel. »Poskrbel bom, da boš zadnji dve leti univerzitetnega programa opravil tukaj v Seramporju.«

Njegove besede so me zmedle. »Ampak v tem mestu ne morem dobiti univerzitetne diplome druge stopnje.« Kolidž v Seramporju, ki je bil edina institucija za višjo izobrazbo, je nudil le dveletno izobraževanje za diplomo prve stopnje.

Učitelj se je navihano nasmehnil. »Prestar sem, da bi hodil okrog in zbiral donacije za ustanovitev polnega dodiplomskega študija zate. Najbrž bom moral to urediti preko nekoga drugega.«

Dva meseca kasneje je profesor Howells, predsednik kolidža v Seramporju, javno oznanil, da mu je uspelo zbrati dovolj sredstev, da lahko ponudijo štiriletni študij. Kolidž v Seramporju je postal pridruženi član Univerze v Kalkuti. Jaz sem bil eden prvih študentov, ki se je vpisal na ta študij.

»Gurudži, kako prijazni ste do mene! Hrepenel sem po tem, da bi zapustil Kalkuto in bil ves čas ob vas v Seramporju. Profesorju Howellsu se niti sanja ne, koliko dolguje vaši tihi pomoči!«

Šri Juktešvar me je gledal z zaigrano strogostjo. »Zdaj ti ne bo treba toliko časa preživeti na vlaku. Koliko prostega časa za študij! Morda se boš iz kampanjca v zadnjem trenutku spremenil v boljšega študenta.«

Ni bil preveč prepričljiv.*

* Šri Juktešvar je kot mnogi drugi modreci obžaloval materialistični trend modernega izobraževanja. Malo je šol, ki poučujejo duhovne zakone za srečo ali učijo, da je modrost v tem, da živiš v ‚božjem strahu' oziroma v spoštovanju Stvarnika.

Mladi, ki danes v srednjih šolah in na kolidžih poslušajo o tem, da je človek le ‚višja žival', pogosto postanejo ateisti. Ne skušajo raziskati svoje duše in ne vidijo samih sebe v svojem bistvu kot ‚podob Boga'. Emerson je zapisal: »Le to, kar imamo v sebi, lahko vidimo zunaj. Če ne srečamo bogov, je to zato, ker v sebi nimamo nobenega.« Tisti, ki si domišlja, da je njegova živalska narava edina resničnost, je odrezan od stremljenja k Bogu.

Izobraževalni sistem, ki ne predstavi Duha kot osrednjega dejstva človekovega bivanja, nudi *avidjo* ali lažno znanje. »Praviš: premožen sem, obogatel sem in ničesar ne potrebujem. Ne zavedaš se, da si siromak in bednež, ubog, slep in nag« (Raz 3,17).

Izobraževanje mladih v starodavni Indiji je bilo idealno. Pri devetih letih so učenca sprejeli ‚kot sina' v *gurukulo* (gurujev družinski dom, ki je bil sedež učenja). »Moderni deček preživi v šoli [na leto] osmino svojega časa, indijski deček pa je tam preživljal ves svoj čas,« je zapisal profesor S. V. Venkateševara v *Indian Culture Through the Ages* (Vol. I.; Longmans, Green and Co.). »Tam je bil navzoč zdrav občutek solidarnosti in odgovornosti in veliko priložnosti za vajo v samostojnosti in individualnosti. Prisotni so bili visoki standardi kulture, prostovoljna samodisciplina in strogo oziranje na dolžnost, nesebično dejavnost in na žrtvovanje, skupaj s samospoštovanjem in spoštovanjem do drugih, visok standard akademskega dostojanstva in občutek … plemenitosti in velikega namena človeškega življenja.«

18. POGLAVJE

Mohamedanski čudodelec

»Pred leti je prav v tej sobi, v kateri zdaj stanuješ ti, mohamedanski čudodelec pred mojimi očmi naredil štiri čudeže!«

Šri Juktešvar mi je to povedal, ko me je prvič obiskal na mojem novem domu. Takoj potem, ko sem se vpisal na seramporski kolidž, sem najel sobo v bližnjem internatu, imenovanem Panthi.* To je bilo staromodno poslopje iz opeke, ki je gledalo na reko Ganges.

»Učitelj, kakšno naključje! So ti na novo prepleskani zidovi res polni spominov?« Z novim zanimanjem sem pogledal po preprosto opremljeni sobi.

»To je dolga zgodba,« se je guru nasmehnil ob spominih. »*Fakirju*† je bilo ime Afzal Khan. Izredne moči je dobil prek naključnega srečanja s hindujskim jogijem.

„Sin, žejen sem. Prinesi mi vode," je s prahom prekriti *sannjasi* nekega dne prosil Afzala, ko je bil ta še deček v vasici na vzhodu Bengalije.

„Učitelj, mohamedanec sem. Kako bi lahko vi, ki ste hindujec, sprejeli vodo iz mojih rok?"

„Tvoja iskrenost mi je všeč, otrok. Ne upoštevam pravil izobčevanja, ki jih zapoveduje brezbožno sektaštvo. Pojdi in mi hitro prinesi vode."

Ker ga je Afzal spoštljivo ubogal, ga je jogi ljubeče pogledal. „Tvoja karma iz prejšnjih življenj je dobra," je povedal slovesno. „Naučil te bom jogijske metode, s katero boš lahko nadzoroval enega od nevidnih svetov. Velike moči, ki bodo tvoje, moraš uporabljati

* Prebivališče za študente. Iz *pantha*, popotnik, iskalec znanja.

† Muslimanski jogi, iz arabskega *fakir*, ubog. Sprva so tako imenovali derviše, ki so se zaobljubili uboštvu.

s plemenitimi nameni, nikoli se jih ne poslužuj sebično! Vidim pa tudi, da si iz svoje preteklosti prinesel nekaj semen uničevalnih teženj. Ne dovoli jim, da bi vzklila, ne zalivaj jih z novimi zlimi dejanji. Zapletenost tvoje pretekle karme je takšna, da moraš v tem življenju jogijske dosežke združiti z najvišjimi človekoljubnimi cilji."

Potem ko je učitelj osuplega dečka poučil o zapleteni tehniki, je izginil.

Afzal je dvajset let redno izvajal jogijsko vajo. Njegovi čudežni dosežki so začeli vzbujati veliko pozornost. Kaže, da ga je vedno spremljal neutelešen duh, ki ga je imenoval ‚Hazrat'. To nevidno bitje je *fakirju* lahko izpolnilo vsako najmanjšo željo.

Afzal ni več upošteval učiteljevega opozorila, da svojih moči ne sme zlorabiti. Vsak predmet, ki ga je vzel v roke in ga nato vrnil, je kmalu izginil brez sledu. Zaradi tega vznemirjujočega dejstva je bil mohamedanec običajno nezaželen gost!

Od časa do časa je šel v kakšno veliko draguljarno v Kalkuti in se predstavljal za morebitnega kupca. Vsak dragulj, ki ga je prijel v roke, je izginil kmalu potem, ko je zapustil trgovino.

Afzala je pogosto obdajalo na stotine učencev, ki so se želeli naučiti njegovih skrivnosti. *Fakir* jih je občasno povabil s seboj na potovanje. Na železniški postaji se mu je uspelo dotakniti zvitka vozovnic. Nato jih je potisnil nazaj proti uslužbencu za okencem in pripomnil: „Premislil sem si, ne bom jih kupil zdaj." A ko se je s svojim spremstvom vkrcal na vlak, so bile želene vozovnice že njegove.*

Njegovi podvigi so povzročili veliko ogorčenost. Bengalski draguljarji in prodajalci vozovnic so eden za drugim doživljali živčne zlome! Policija, ki je skušala prijeti Afzala, je bila nemočna. *Fakir* je z lahkoto odstranil obremenilne dokaze, le rekel je: „Hazrat, odnesi tole."«

* Oče mi je kasneje povedal, da je bilo njegovo podjetje, Bengalsko-nagpurske železnice, ena od žrtev Afzala Khana.

Šri Jukteševar je vstal in stopil k balkonu moje sobe, ki je gledala na Ganges. Sledil sem mu v želji, slišati še več o neverjetnem srečelovu mohamedanca.

»Ta hiša je bila včasih last mojega prijatelja. Spoznal se je z Afzalom in ga povabil sem. Ta prijatelj je povabil še kakšnih dvajset sosedov, tudi mene. Tedaj sem bil še mladenič in razvpiti *fakir* je vzbudil moje zanimanje.« Učitelj se je zasmejal. »Seveda nisem imel na sebi ničesar dragocenega! Afzal me je radovedno pogledal, nato pa rekel:

„Močne roke imaš. Pojdi na vrt, najdi gladek kamen in nanj s kredo napiši svoje ime. Nato kamen vrzi v Ganges, kolikor daleč mogoče."

Ubogal sem ga. Takoj ko je kamen izginil v oddaljene valove, me je mohamedanec znova nagovoril:

„Napolni posodo z vodo iz Gangesa blizu hiše."

Potem ko sem se vrnil s posodo z vodo, je *fakir* vzkliknil: „Hazrat, daj kamen v posodo!"

Kamen se je takoj pojavil. Vzel sem ga iz posode in na njem našel svoj podpis, ravno tako čitljiv kot prej.

Babu*, eden od mojih prijateljev, ki je bil v sobi, je imel na sebi težko starinsko zlato uro in verižico. *Fakir* ju je preučil s skrb vzbujajočim zanimanjem. Kmalu sta izginili!

„Afzal, prosim, vrnite mi dragoceno dediščino!" je Babu skoraj zajokal.

Mohamedanec je nekaj trenutkov stoično molčal, potem pa rekel: „V kovinskem sefu imaš petsto rupij. Prinesi mi jih in povedal ti bom, kje lahko najdeš svojo uro."

Pretreseni Babu se je takoj odpravil domov. Kmalu se je vrnil in Afzalu predal želeno vsoto.

„Pojdi do mostička v bližini svoje hiše," mu je naročil *fakir*. „Pokliči Hazrata in mu reci, naj ti vrne uro in verižico."

* Ne spomnim se imena Šri Jukteševarjevega prijatelja, zato ga moram omeniti zgolj kot ‚Babuja' (gospoda).

Babu je odhitel tja. Ko se je vrnil, se je olajšano smehljal, na sebi pa ni imel več nobenega nakita.

„Ko sem ukazal Hazratu, ko ste mi naročili," je povedal, „mi je ura z neba padla v desno roko! Prepričani ste lahko, da sem jo zaklenil v sef, preden sem se vrnil sem!"

Babujevi prijatelji, ki so bili priče tragikomični odkupnini za uro, so zamerljivo gledali Afzala. Zdaj je ta pomirljivo spregovoril.

„Prosim, imenujte katerokoli pijačo. Hazrat jo bo takoj pripravil."

Nekaj jih je prosilo za mleko, drugi za sadne sokove. Nisem bil preveč presenečen, ko je vznemirjeni Babu prosil za viski! Mohamedanec je dal ukaz in ustrežljivi Hazrat je poslal zaprte posode, ki so priletele navzdol in glasno padle na tla. Vsakdo je dobil željeno pijačo.

Ko je Afzal povedal, kateri bo četrti spektakularni podvig tistega dne, se je naš gostitelj nedvomno razveselil: Afzal je ponudil, da nam v trenutku priskrbi kosilo!

„Naročimo najdražje jedi," je pobito predlagal Babu. „Za svojih petsto rupij bi rad razkošno hrano. Vse naj bo na zlatih krožnikih!"

Takoj ko je vsak od navzočih izrazil svoje želje, je *fakir* nagovoril neizčrpnega Hazrata. Zaslišali smo velik ropot. Ob nogah so nam pristali zlati pladnji, polni zapletenih karijev, vročih *lučijev* in nesezonskega sadja. Vsa hrana je bila izvrstna. Potem ko smo se eno uro gostili, smo začeli odhajati iz sobe. Ob groznem hrupu, ki je bil slišati, kot da nekdo pospravlja posodo, smo se obrnili. In glej! O svetlečih pladnjih ali ostankih hrane ni bilo več ne duha ne sluha.«

»Gurudži,« sem ga prekinil, »če je lahko Afzal z lahkoto dobil takšne stvari, kot so zlate posode, zakaj je hlepel po imetju drugih?«

»Duhovno *fakir* ni bil visoko razvit,« mi je razložil Šri Juktešvar. »Ker je obvladal določeno jogijsko tehniko, je imel dostop do astralne ravni, na kateri se vsaka želja takoj uresniči. Po posredovanju astralnega bitja, Hazrata, je lahko mohamedanec z močno voljo priklical atome kateregakoli predmeta iz energije etra. A zgradba takšnih astralno izdelanih predmetov je kratkotrajne narave, ne moreš jih dolgo zadržati.* Afzal je še vedno hrepenel po posvetnem bogastvu, ki se ga sicer težje zasluži, a ima bolj zanesljivo trajnost.«

Zasmejal sem se. »Tudi to včasih izgine iz neznanega razloga!«

»Afzal ni bil človek z Božjim spoznanjem,« je nadaljeval učitelj. »Čudeže trajne in dobrodejne narave izvajajo pravi svetniki, ker so se uglasili z vsemogočnim Stvarnikom. Afzal je bil zgolj običajen človek, ki mu je bila dana neobičajna moč, prodreti v subtilen svet, v katerega smrtniki ponavadi vstopijo šele po smrti.«

»Zdaj razumem, gurudži. Onostranstvo ima očitno nekaj očarljivih lastnosti.«

Učitelj se je strinjal. »Po tistem Afzala nisem videl nikoli več, a nekaj let kasneje je Babu prišel k meni domov in mi pokazal časopisni prispevek o javnem priznanju mohamedanca. Iz članka sem izvedel dejstva, ki sem ti jih pravkar povedal o tem, kako je hindujski guru uvedel Afzala v jogo.«

Bistvo zadnjega dela objavljenega dokumenta, kot se ga je spominjal Šri Juktešvar, je bilo sledeče: »Jaz, Afzal Khan, pišem te besede kot dejanje pokore in kot opozorilo tistim, ki iščejo čudežne moči. Leta in leta sem zlorabljal čudežne sposobnosti, ki mi jih je po Božji milosti posredoval učitelj. Opijanil sem se s sebičnostjo in se počutil, kot da sem nad običajnimi moralnimi zakoni. Nazadnje je prišel dan, ko sem to moral plačati.

Pred kratkim sem na cesti izven Kalkute srečal nekega starca, ki je v bolečinah šepal. Pri sebi je imel svetleč predmet, ki je bil videti kot zlato. S pohlepom v srcu sem ga nagovoril.

„Sem Afzal Khan, veliki *fakir*. Kaj imate tam?"

„Ta zlata krogla je moje edino materialno bogastvo. *Fakirju* gotovo ni zanimiva. Rotim vas, gospod, ozdravite me šepanja."

Dotaknil sem se krogle in brez odgovora odšel. Starec je krevsal za menoj. Kmalu zatem je zakričal: „Mojega zlata ni več!"

Nisem se zmenil zanj, on pa je nenadoma spregovoril z gromkim glasom, ki se ni skladal z njegovim krhkim telesom:

* Tako, kot je s tega sveta izginil tudi moj srebrni amulet, ki je bil astralno izdelan. (Astralni svet je opisan v 43. poglavju.)

„Me ne prepoznaš?"

Brez besed sem obstal, zgrožen nad spoznanjem, da tisti nevpadljivi, pohabljeni starček ni bil nihče drug kot veliki svetnik, ki me je pred dolgimi, dolgimi leti uvedel v jogo. Zravnal se je, njegovo telo je bilo v trenutku močno in mladostno.

„Tako!" je rekel guru z ognjevitim pogledom. „Na lastne oči vidim, da svojih moči ne uporabljaš za to, da bi pomagal trpečemu človeštvu, ampak da prežiš nanj kot navaden tat! Jemljem ti okultne darove, Hazrata zdaj pošiljam proč. Nič več ne boš strah in trepet Bengalije!"

Obupano sem poklical Hazrata, a tokrat se prvič ni prikazal mojim notranjim očem. Dvignila pa se je temna zavesa in jasno sem uzrl bogokletnost svojega življenja.

„Moj guru, hvala, ker ste prišli in pregnali mojo dolgoletno iluzijo." Ihtel sem ob njegovih stopalih. „Obljubim, da bom opustil svoje posvetne ambicije. Umaknil se bom v gore, kjer bom v samoti meditiral k Bogu in upal, da se bom lahko spokoril za preteklo zlo."

Učitelj me je molče, sočutno pogledal. „Čutim, da si iskren," je rekel naposled. „Ker si se v prvih letih dosledno držal mojih navodil in ker si se zdaj pokesal, ti bom naklonil eno ugodnost. Tvoje druge moči so zdaj preteklost, a ko bodo potrebni hrana in oblačila, boš še vedno lahko uspešno priklical Hazrata, ki ti jih bo priskrbel. Z vsem srcem se posveti božanskemu razumevanju v gorski samoti."

Guru je potem izginil in me prepustil solzam in razmišljanju. Zbogom, svet! Iskat grem odpuščanje Kozmičnega Ljubljenega.«

19. POGLAVJE

Moj učitelj se pojavi v Seramporju, ko je v Kalkuti

»Pogosto me obhajajo ateistični dvomi. Kljub temu me včasih preganja mučna domneva: ali morda ne obstajajo neizkoriščene možnosti duše? Ali človek zgreši pravo usodo, če ne razišče teh možnosti?«

Tako je razmišljal Didžen Babu, sostanovalec v Panthiju, ko sem ga povabil, naj spozna mojega guruja.

»Šri Juktešvar te bo uvedel v *krija jogo*,« sem odvrnil, »ki z božansko notranjo gotovostjo pomiri dualistični nemir.«

Tistega večera me je Didžen pospremil v ašram. V učiteljevi navzočnosti je moj prijatelj prejel tolikšen duhovni mir, da je kmalu postal stalen obiskovalec.

Navadni opravki vsakodnevnega življenja ne zadovoljujejo naših najglobljih potreb. Človek ima prirojeno tudi hrepenenje po modrosti. Besede Šri Juktešvarja so Didžena navdihnile, da je skušal v sebi najti jaz, ki je bolj resničen od plitvega ega prehodne inkarnacije.

Ker sva z Didženom skupaj hodila na predavanja na kolidžu v Seramporju, nama je prišlo v navado, da sva takoj po koncu skupaj odšla proti ašramu. Pogosto sva na balkonu v prvem nadstropju zagledala Šri Juktešvarja, ki nama je zaželel dobrodošlico z nasmehom.

Nekega popoldneva naju je pri vratih sprejel Kanai, mladi prebivalec ašrama, in naju razočaral z novico.

»Učitelja ni tukaj. Dobil je nujno sporočilo in odšel v Kalkuto.«

Naslednji dan sem od guruja prejel dopisnico. »Kalkuto bom zapustil v sredo zjutraj,« je zapisal. »Z Didženom me ob devetih čakajta na postaji v Seramporju.«

V sredo okrog pol devetih zjutraj mi je v mislih vztrajno začelo odmevati telepatsko sporočilo Šri Juktešvarja. »Zamujam, ne čakajta me ob devetih.«

Zadnja navodila sem prenesel Didženu, ki je bil že oblečen za odhod.

»Ti in tvoja intuicija!« je moj prijatelj vzkliknil prezirljivo. »Raje zaupam učiteljevim pisanim besedam.«

Tiho sem skomignil z rameni in neomajno obsedel. Didžen je nekaj jezno zamomljal, šel k vratom in jih glasno zaprl za seboj.

Ker je bilo v sobi precej temno, sem se presedel bliže k oknu, ki je gledalo na ulico. Pičla svetloba je nenadoma postala tako močan sijaj, da je okno s kovinskimi rešetkami popolnoma izginilo. Pred bleščečim ozadjem se je pojavila jasno materializirana podoba Šri Juktešvarja!

Zmeden in v šoku sem vstal s stola in pokleknil predenj. Z običajnim spoštljivim pozdravom ob njegovih stopalih sem se dotaknil njegovih čevljev. Ti so mi bili še zlasti znani, iz oranžno pobarvanega platna in s podplati iz vrvi. Dotaknilo se me je njegovo oker svamijevo oblačilo. Razločno sem začutil ne le teksturo njegovega ogrinjala, ampak tudi hrapavo površino čevljev in pritisk prstov v njih. Preveč osupel, da bi lahko izdavil besedo, sem vstal in ga vprašujoče pogledal.

»Vesel sem bil, da si prejel moje telepatsko sporočilo,« je učitelj rekel mirno in popolnoma običajno. »Zdaj sem končal opravke v Kalkuti in se bom ob desetih z vlakom vrnil v Serampor.«

Ker sem še vedno nemo zrl vanj, je nadaljeval: »To ni privid, ampak moje meso in kri. Dobil sem Božji ukaz, naj ti naklonim to izkustvo, ki je na zemlji zelo redko. Počakaj me na postaji. Z Didženom me bosta zagledala, kako prihajam proti vama. Oblečen bom tako kot zdaj. Pred menoj bo hodil moj sopotnik – deček s srebrnim vrčem v roki.«

Guru mi je obe roki položil na glavo in zamrmral blagoslov. Ko je zaključil z besedami: »*Tabe aši,*«* sem zaslišal nenavadno

* Bengalski 'na svidenje'. Dobesedno gre za obetajoč paradoks: 'Potem pa pridem.'

hrumenje.* Njegovo telo se je začelo postopoma stapljati s predirljivo svetlobo. Najprej so izginila njegova stopala in noge, nato njegov trup in glava, kot bi zmotal zvitek. Do zadnjega sem čutil njegove prste, ki so nežno počivali na mojih laseh. Sijaj je zbledel, pred menoj sta bila znova le rešetkasto okno in bleda sončna svetloba.

Kot omamljen sem se spraševal, ali nisem bil žrtev halucinacije. Kmalu zatem je v sobo stopil razočarani Didžen.

»Učitelj ni prišel z vlakom ob devetih niti s tistim ob pol desetih,« je rekel nekoliko opravičujoče.

»Pridi, vem, da bo prišel ob desetih,« sem rekel Didženu, ga prijel za roko in ga hitro potegnil za seboj, ne meneč se za njegove ugovore. Čez kakšnih deset minut sva stopila na postajo, kjer je vlak že ustavljal.

»Celoten vlak žari od učiteljeve avre! Tam je!« sem vzkliknil veselo.

»Ti to sanjaš?« Didžen se je porogljivo zasmejal.

»Počakajva tukaj.« Prijatelju sem povedal podrobnosti o tem, kako bo učitelj prišel do naju. Ko sem končal svoj opis, sva zagledala Šri Juktešvarja, ki je imel na sebi ista oblačila, kot sem jih videl nekoliko prej. Hodil je počasi, pred njim je hodil deček in v roki nosil srebrn vrč.

Ker je bilo to izkustvo tako izredno nenavadno, me je za trenutek prešinil hladen strah. Zdelo se mi je, da nisem več v materialističnem dvajsetem stoletju. Sem se vrnil v čas, ko se je Jezus prikazal Petru na jezeru?

Ko se je Šri Juktešvar, sodobni jogi-Kristus, približal mestu, kjer sva brez besed stala z Didženom, se je učitelj nasmehnil mojemu prijatelju in mu rekel:

»Tudi tebi sem poslal sporočilo, a ga nisi mogel prejeti.«

Didžen je molčal in me sumničavo pogledal. Potem ko sva pospremila guruja v njegov ašram, sva se s prijateljem odpravila proti kolidžu. Didžen se je ustavil na ulici, iz njega je vrelo ogorčenje.

* Zvok, ki je značilen za dematerializiranje telesnih atomov.

»Tako torej! Učitelj mi je poslal sporočilo! Ti pa si mi ga prikril! Zahtevam razlago!«

»Kako naj pomagam, če ogledalo tvojega uma niha s takšnim nemirom, da ne moreš zaznati navodil najinega guruja!« sem odvrnil.

Jeza je izginila z njegovega obraza. »Razumem,« je rekel skesano. »Ampak, prosim, razloži mi, kako si lahko vedel za otroka z vrčem.«

Ko sem dokončal izjemno zgodbo o tem, kako se mi je tistega jutra učitelj prikazal v internatu, sva s prijateljem že prispela do seramporskega kolidža.

»Kar si mi ravnokar povedal o močeh najinega guruja,« je rekel Didžen, »me navdaja z občutkom, da je vsaka univerza na tem svetu zgolj otroški vrtec.«*

* »Takšne stvari so mi bile razodete, da se mi zdaj vse, kar sem napisal, ne zdi nič vrednejše od slame.«

Tako je zapisal sv. Tomaž Akvinski, ‚kralj sholastikov', v odgovor svojemu tajniku, ki ga je nestrpno priganjal, naj zaključi *Summo theologiae.* Sv. Tomaž je imel nekega dne leta 1273 med mašo v neapeljski cerkvi globoko mistično doživetje. Veličastje Božjega védenja ga je tako prevzelo, da se potlej ni več zanimal za intelektualnost.

Prim. Sokratove besede (v Platonovem *Fajdrosu*): »Kar se mene tiče, je vse, kar vem, to, da nič ne vem.«

20. POGLAVJE

Ne obiščemo Kašmirja

»Oče, učitelja in štiri prijatelje bi med poletnimi počitnicami rad povabil, da me spremljajo k vznožju Himalaje. Bi lahko dobil šest vozovnic za vlak do Kašmirja in dovolj denarja za potovanje?«

Kot sem pričakoval, se je oče iz srca zasmejal. »Tokrat si mi že tretjič povedal isto za lase privlečeno zgodbo. Me nisi že prejšnje poletje prosil nekaj podobnega, in tudi leto poprej? V zadnjem trenutku Šri Juktešvar noče odpotovati.«

»Res je, oče. Ne vem, zakaj mi guru ne da dokončnega odgovora glede Kašmirja.* Če pa mu povem, da sem si pri tebi že zagotovil vozovnice, se mi zdi, da bo tokrat privolil v pot.«

Čeprav očeta v tistem trenutku nisem prepričal, mi je naslednji dan po nekaj dobrodušnih zbadljivkah podal šest vozovnic in zvitek bankovcev po deset rupij.

»Mislim, da za svoje teoretično potovanje ne potrebuješ takšnih praktičnih pripomočkov,« je pripomnil, »a tukaj so.«

Tistega popoldneva sem svoj plen predstavil Šri Juktešvarju. Čeprav se je nasmehnil mojemu navdušenju, je zadržano rekel: »Rad bi šel. Bomo videli.« Ničesar ni odvrnil, ko sem njegovega malega učenca Kanaia prosil, naj gre zraven. Povabil sem tudi tri druge prijatelje, Radžendro Nath Mitro, Džotina Oddija in še enega fanta. Za dan odhoda je bil določen naslednji ponedeljek.

V soboto in nedeljo sem ostal v Kalkuti, ker smo pri nas doma praznovali bratrančevo poroko. Zgodaj zjutraj v ponedeljek sem s

* Čeprav mi učitelj tega ni razložil, je njegov odpor do obiska Kašmirja v tistih dveh poletjih morda bil slutnja, da še ni čas za njegovo bolezen tam (glej str. 221 in nasl. str.).

svojo prtljago prispel v Serampor. Radžendra me je pričakal pri vratih ašrama.

»Učitelj je šel na sprehod. Noče iti z nami.«

Bil sem žalosten, a neomajen. »Očetu ne bom dovolil, da bi se že tretjič posmehoval mojim utopičnim načrtom za Kašmir. Vseeno bi ostali morali iti.«

Radžendra se je strinjal. Poiskat sem šel služabnika. Vedel sem, da Kanai ne bo šel na pot brez učitelja, zato smo potrebovali nekoga, ki bi skrbel za prtljago. Spomnil sem se na Beharija, ki je prej delal pri nas doma, zdaj pa je bil njegov delodajalec profesor v Seramporju. Med živahno hojo sem pred krščansko cerkvijo blizu sodišča v Seramporju srečal učitelja.

»Kam pa greš?« me je Šri Juktešvar vprašal resnobno. »Gurudži, slišal sem, da vidva s Kanaiem ne gresta na pot, ki smo jo načrtovali, zato iščem Beharija. Če se spomnite, si je lani tako zelo želel videti Kašmir, da se nam je ponudil v službo brez plačila.«

»Spomnim se. Vseeno pa mislim, da ne bo želel iti.«

To me je vznejevoljilo. »Saj je vendar željno čakal to priložnost!«

Moj guru je brez besed nadaljeval svojo pot. Kmalu sem prispel do hiše profesorja. Behari, ki je bil na dvorišču, me je toplo pozdravil, ko pa sem mu omenil Kašmir, je bilo njegove prijaznosti v trenutku konec. Nekaj je zamrmral v opravičilo in šel v delodajalčevo hišo. Čakal sem ga pol ure in si živčno prigovarjal, da se pripravlja na pot. Nazadnje sem potrkal na vhodna vrata.

»Behari je pred približno tridesetimi minutami odšel skozi zadnji vhod,« mi je povedal mož. Na ustnicah mu je igral rahel nasmešek.

Žalostno sem odšel in se spraševal, ali sem Beharija preveč silil ali pa je na delu nevidni vpliv mojega učitelja. Ko sem šel mimo krščanske cerkve, sem znova zagledal guruja, ki se mi je počasi bližal. Ne da bi počakal, da mu povem, kaj se je zgodilo, je vzkliknil:

»Behari torej ni hotel iti! Kaj načrtuješ zdaj?«

Počutil sem se kot trmast otrok, ki je odločen, da bo kljuboval svojemu avtoritativnemu očetu. »Svojega strica bom prosil, naj mi posodi svojega služabnika, Lala Dharija.«

»Kar pojdi k svojemu stricu,« je odvrnil Šri Juktešvar in se zahahljal. »Mislim pa, da ti obisk ne bo všeč.«

Guruja sem zapustil zaskrbljeno, a uporno razpoložen, in vstopil na seramporsko sodišče. Moj stric po očetu, Sarada Ghoš, pravnik za javnoupravne zadeve, me je prisrčno sprejel.

»Danes s prijatelji odhajam v Kašmir,« sem mu povedal. »Že več let se veselim tega potovanja v Himalajo.«

»Vesel sem zate, Mukunda. Ti lahko kako pomagam, da bo tvoje potovanje udobnejše?«

Te prijazne besede so mi bile v spodbudo. »Dragi stric,« sem rekel, »bi mi morda lahko posodil služabnika Lala Dharija?«

Moja preprosta prošnja je povzročila pravi potres. Stric je tako silno skočil pokonci, da se mu je stol prevrnil, papirji na pisalni mizi so poleteli na vse strani in njegova dolga vodna pipa iz kokosa je padla na tla, da je močno zaropotalo.

»Ti sebični mladenič,« je zavpil in se od besa tresel, »kako absurdna ideja! Kdo bo skrbel zame, če boš mojega služabnika vzel na enega od svojih uživaških izletov?«

Ob misli, da je nenadna sprememba v razpoloženju ljubeznivega strica le še ena uganka v dnevu, posvečenem nerazumljivosti, sem skril svoje presenečenje. S sodišča sem se umaknil prej urno kot dostojanstveno.

Vrnil sem se v ašram, kjer so se že zbrali moji prijatelji, polni pričakovanja. V meni je raslo prepričanje, da za učiteljevim odnosom stoji nek zadosten, čeprav meni skrajno nerazumljiv razlog. Obšlo me je obžalovanje, ker sem skušal preprečiti učiteljevo voljo.

»Mukunda, ne bi še malo ostal z menoj?« me je vprašal Šri Juktešvar. »Radžendra in drugi lahko gredo naprej in te počakajo v Kalkuti. Dovolj časa boš imel, da boš ujel zadnji večerni vlak iz Kalkute v Kašmir.«

»Nočem iti brez vas,« sem odvrnil žalostno.

Moji prijatelji se niso niti malo zmenili za moje besede. Poklicali so kočijo in odšli z vso prtljago. S Kanaiem sva tiho sedela ob gurujevih nogah. Po polurnem molku je učitelj vstal in stopil proti jedilnici na balkonu.

»Kanai, prosim, postrezi Mukundi hrano. Njegov vlak bo kmalu odpeljal.«

Potem ko sem se dvignil z odeje, na kateri sem sedel, sem se nenadoma opotekel od slabosti in strašnih bolečin v trebuhu. Prebadajoča bolečina je bila tako močna, da se mi je zdelo, kot bi me v trenutku vrgli v nek grozni pekel. Z rokami sem segel proti guruju in se zgrudil pred njim. Kazal sem vse znake strah vzbujajoče azijske kolere. Šri Juktešvar in Kanai sta me odnesla v dnevno sobo.

V agoniji sem zaklical: »Učitelj, svoje življenje polagam v vaše roke,« kajti prepričan sem bil, da se hitro umika z obal mojega telesa.

Šri Juktešvar mi je položil glavo v svoje naročje in me po čelu božal z angelsko nežnostjo.

»Zdaj vidiš, kaj bi se zgodilo, če bi bil na postaji s prijatelji,« je rekel. »Moral sem poskrbeti zate na ta čudni način, ker si se odločil, da glede današnjega odhoda ne boš zaupal moji presoji.«

Tedaj sem končno razumel. Ker se velikim učiteljem redko zdi primerno odkrito razkazovati moč, bi se običajnemu opazovalcu dogodki tega dne zdeli popolnoma naravni. Posredovanje mojega guruja je bilo preveč neopazno, da bi ga lahko kdo zaznal. Nevpadljivo je vplival na Beharija in mojega strica in na Radžendro in druge. Najbrž so se dogodki vsem razen meni zdeli logični in normalni.

Ker je Šri Juktešvar vedno spoštoval družbene dolžnosti, je naročil Kanaiu, naj pokliče zdravnika in obvesti mojega strica.

»Učitelj,« sem ugovarjal, »le vi me lahko ozdravite. Bolezen je napredovala že predaleč za zdravnika.«

»Otrok, varuje te Božja milost. Ne skrbi za zdravnika, ne bo te več našel takšnega. Si že ozdravljen.«

Ob teh gurujevih besedah me je neznosno trpljenje zapustilo. Šibko sem sedel. Kmalu je prišel zdravnik in me skrbno pregledal.

»Videti je, da si skozi najhujše,« je rekel. »Vzel bom nekaj vzorcev za laboratorijske teste.«

Naslednje jutro je zdravnik prišel v naglici. Sedel sem na postelji in bil dobro razpoložen.

»Glej ga no, tukaj sediš, se smehljaš in klepetaš, kot da ne bi doživel bližnjega srečanja s smrtjo.« Nežno me je potrepljal po roki. »Nisem pričakoval, da te bom našel živega, potem ko sem v vzorcih odkril, da imaš azijsko kolero. Srečo imaš, mladenič, da imaš guruja z božanskimi zdravilnimi močmi! O tem sem prepričan!«

Z vsem srcem sem se strinjal z njim. Ko se je zdravnik počasi odpravljal, sta se na vratih pojavila Radžendra in Oddi. Zamera na njunih obrazih se je spremenila v sočutje, ko sta zagledala zdravnika in nato še mojo nekoliko bledo pojavo.

»Jezni smo bili, ker se nisi prikazal na vlaku v Kalkuti, kot smo se dogovorili. Si bolan?«

»Ja.« Nisem si mogel kaj, da se ne bi zasmejal, ko sta moja prijatelja postavila prtljago v prav tisti kot, v katerem je stala prejšnji dan. Parafraziral sem:

»Nekoč je bila ladja, ki je proti Španiji odrinila, a ni še prispela, že se je vrnila!«

V sobo je stopil učitelj. Kot bolnik med okrevanjem sem si ga dovolil ljubeče ujeti za dlan.

»Gurudži,« sem rekel, »že od dvanajstega leta neuspešno poskušam priti v Himalajo. Zdaj sem končno prepričan, da me boginja Parvati* ne bo sprejela brez vašega blagoslova!«

* Dobesedno, 'od gora'. Parvati je v mitologiji hči kralja Himalaje (dobesedno, 'domovanje snega'), čigar dom je vrh na meji s Tibetom. Presenečeni popotniki, ki gredo mimo pod tistim nedostopnim vrhom, od daleč gledajo velikansko gmoto snega, ki spominja na palačo z ledenimi kupolami in stolpiči.

Parvati, Kali, Durga, Uma in druge boginje so vidiki Jaganmatri, 'Božanske Matere Sveta', z različnimi imeni, ki sporočajo posamezne vloge. Bog ali Šiva (glej op. na str. 319) je v svojem *para* ali presežnem vidiku nedejaven v stvarstvu. Njegova *šakti* (energija, sila aktivacije) je dodeljena njegovim ‚spremljevalkam', rodovitnim ‚ženskim' močem, ki omogočijo neskončen razvoj v kozmosu.

Mitološke zgodbe v *Puranah* opisujejo Himalajo kot prebivališče Šive. Boginja Ganga je prišla z neba, da bi bila krovno božanstvo reke z izvirom v Himalaji. Reka Ganges naj bi torej, pesniško rečeno, iz nebes tekla na zemljo skozi lase Šive, ‚kralja jogijev' in Uničevalca-Prenovitelja iz Trojice. Kalidasa, ‚indijski Shakespeare', je opisoval Himalajo kot »nagrmadeni smeh Šive«. »Bralec si morda lahko predstavlja tisti pas velikih belih zob,« je zapisal F. W. Thomas v *The Legacy of India* (Oxford), »toda celotna zamisel mu še vedno lahko uide, če ne razume podobe vélikega asketa, ki

GOSPOD ŠIVA
Utelešenje duha askeze, Gospod Šiva, predstavlja uničevalno-prenoviteljski vidik troedine Božje narave (Stvarnik, Ohranjevalec, Uničevalec). Šiva je upodobljen v blaženosti *samadhija* v Himalaji, kar simbolizira njegovo transcendentno naravo. Ovratnik iz kač (*naga kundala*) in kačje zapestnice ponazarjajo njegovo obvladovanje utvare in njegovo ustvarjalno silo.

---

večno sedi na prestolu v mogočnem gorskem svetu, kjer Ganges med svojim sestopanjem z nebes steče skozi njegove prepletene kodre, luna pa je njihov okrasni dragulj.«

V hindujski umetnosti je Šiva pogosto prikazan v oblačilih iz kože antilope žametno črne barve, kar simbolizira temo in skrivnost noči – edinega oblačila njega, ki je *digambara*, 'ogrnjen z nebom'. Nekatere Šivove ločine ne nosijo oblačil v čast Gospodu, ki nima ničesar – in ima hkrati vse.

Ena od svetniških zavetnikov Kašmirja, Lalla Jogišvari ('vrhovna učiteljica joge') iz 14. stoletja, je bila ‚z nebom ogrnjena' častilka Šive. Neki ogorčeni sodobnik je vprašal svetnico, zakaj spoštuje pravilo golote. »Zakaj pa ne?« je Lalla odvrnila pikro. »Nobenega moškega ne vidim v bližini.« Po Lallinem nekoliko drastičnem razmišljanju si tisti, ki mu manjka Božjega spoznanja, ne zasluži poimenovanja ‚moški'. Izvajala je tehniko, ki je bila tesno povezana s *krija jogo*, in njeno osvobajajočo učinkovitost slavila v mnogih štirivrstičnicah. Eno od njih navajam tu:

Katere jedke žalosti nisem še pila?
Nešteti moji krogi rojstva in smrti.
A glej! V moji čaši le nektar,
ki z umetnostjo diha na dušek ga spijem.

Svetnica ni doživela smrti umrljivega človeka, ampak se je dematerializirala v ognju. Kasneje se je pojavila pred žalujočimi someščani v živi podobi, oviti v zlata oblačila. Končno popolnoma oblečena!

21. POGLAVJE

Obiščemo Kašmir

»Zdaj si dovolj krepak za potovanje. Šel bom s teboj v Kašmir,« mi je povedal Šri Juktešvar dva dni po tistem, ko sem čudežno ozdravel od azijske kolere.

Tistega večera se nas je šest vkrcalo na vlak proti severu. Prvi postanek na naših počitnicah je bil v Simli, kraljevskem mestu, ki je počivalo na prestolu himalajskega hribovja. Sprehajali smo se po strmih ulicah in občudovali veličastne razglede.

»Angleške jagode naprodaj,« je klicala starka, ki je čepela na slikoviti odprti tržnici.

Majhno, nenavadno rdeče sadje je vzbudilo učiteljevo radovednost. Kupil jih je veliko košaro in jih ponudil nama s Kanaiem, ki sva stala nedaleč stran. Poskusil sem eno jagodo, a jo urno izpljunil na tla.

»Kako kislo sadje! Jagod nikoli ne bi mogel vzljubiti!«

Guru se je zasmejal. »O, pa jih boš – v Ameriki. Na neki večerji ti jih bo gostiteljica postregla s sladkorjem in smetano. Najprej bo jagode zmečkala z vilicami, ko pa jih boš poskusil, boš rekel: „Kako okusne jagode!“ Tedaj se boš spomnil tega dne v Simli.«

(Napoved Šri Juktešvarja mi je popolnoma ušla iz spomina, nanjo sem se spomnil šele mnogo let kasneje, kmalu po prihodu v Ameriko. Bil sem gost na večerji na domu Alice T. Hasey – sestre Jogmate – v West Somervillu v Massachusettsu. Ko so na mizo postregli jagode za poobedek, je gostiteljica vzela vilice, zmečkala moje jagode ter jim dodala smetano in sladkor. »Jagode so precej kisle. Mislim, da vam bodo bolj všeč tako pripravljene,« je pripomnila. V usta sem dal grižljaj. »Kako okusne jagode!« sem vzkliknil. V trenutku je iz brezdanje votline mojega spomina prišla na dan gurujeva napoved v Simli. Popolnoma prevzet sem spoznal, da je pred mnogo leti njegov um, uglašen z Bogom, zaznal program karmičnih dogodkov, ki so tavali po etru prihodnosti.)

Iz Simle smo kmalu odšli in se vkrcali na vlak za Rawalpindi. Tam smo najeli pokrito kočijo, ki sta jo vlekla dva konja, in se podali na sedemdnevno pot v Šrinagar, glavno mesto Kašmirja. Drugi dan našega potovanja proti severu smo zagledali pravo himalajsko prostranost. Ko so železna kolesa naše kočije škripala po vročem, kamnitem cestišču, smo očarani opazovali spreminjajoče se podobe gorskega veličastja.

»Gospod,« je Oddi rekel učitelju, »zelo uživam v teh sijajnih prizorih v vaši sveti družbi.«

Ob Oddijevih besedah sem zadrhtel od navdušenja, kajti bil sem gostitelj tega potovanja. Šri Juktešvar je ujel mojo misel. Obrnil se je k meni in mi zašepetal:

»Ne laskaj si. Oddi niti približno ni toliko prevzet nad pokrajino, kot je nad mislijo, da bi odšel od nas za toliko časa, da bi pokadil cigareto.«*

Osupel sem bil. »Gurudži,« sem rekel pridušeno, »prosim, ne uničite naše harmonije z neprijetnimi besedami. Težko verjamem, da bi Oddi hrepenel po kajenju.« Zaskrbljeno sem pogledal svojega ponavadi neustavljivega guruja.

»V redu, tega Oddiju ne bom omenjal,« se je zahahljal učitelj. »Saj boš videl, ko se bo kočija ustavila, bo hitro izkoristil priložnost.«

Kočija je pripeljala v majhen karavanseraj. Ko so naša konja peljali k napajanju, je Oddi vprašal: »Svamidži, se lahko nekaj časa peljem z voznikom? Rad bi se malo naužil svežega zraka.«

Šri Juktešvar mu je dovolil, meni pa je rekel: »Želi si svežega dima, ne svežega zraka.«

Kočija je nadaljevala svojo hrupno pot po prašnih cestah. Učiteljeve oči so se svetlikale, ko mi je naročil: »Iztegni vrat skozi vrata kočije in poglej, kaj Oddi počne z zrakom.«

* V Indiji je znak nespoštovanja, če kadiš v navzočnosti starejših ali nadrejenih.

Upravna zgradba mednarodnega sedeža Self-Realization Fellowshipa (Yogoda Satsanga Society of India), ki ga je Šri Jogananda vzpostavil leta 1925 na Mount Washingtonu v Los Angelesu v Kaliforniji

Ubogal sem ga in zazijal od presenečenja, ko sem zagledal, kako Oddi puha obročke cigaretnega dima. Skesano sem pogledal Šri Juktešvarja.

»Kot vedno imate prav, učitelj. Oddi uživa tako v kajenju kot v panorami.« Domneval sem, da je mojemu prijatelju cigareto podaril voznik kočije, kajti iz Kalkute jih ni prinesel.

Nadaljevali smo po zaviti poti in uživali v pogledih na reke, doline, strme pečine in na številne gorske verige. Vsak večer smo se ustavili v podeželskem gostišču in si skuhali večerjo. Šri Juktešvar je zelo pazil na to, kaj jem. Vztrajal je, da pri vsakem obroku spijem limetin sok. Še vedno sem bil slaboten, a vsak dan krepkejši, čeprav je bila kočija zasnovana strogo z namenom, da bi bilo popotnikom neudobno.

Veselo pričakovanje je napolnjevalo naša srca, ko smo se bližali osrednjemu Kašmirju: rajski deželi z lotosovimi jezeri, s plavajočimi vrtovi, z bivalnimi čolni z živahnimi baldahini, z reko Jhelum z mnogimi mostovi in s pašniki, polnimi rož, ki jih je vse obdajala Himalaja.

Šrinagarju smo se približali po aveniji visokih, gostoljubnih dreves. V enonadstropnem gostišču z razgledom na imenitno hribovje smo najeli sobe. Tekoče vode ni bilo, zato smo morali ponjo v bližnji vodnjak. Poletno vreme je bilo popolno: topli dnevi in nekoliko hladne noči.

Poromali smo v starodavno svetišče v Šrinagarju, posvečeno Svamiju Šankari. Ko sem zrl v hram na gorskem vrhu, izrazit na ozadju neba, sem padel v zamaknjenje. Na vrhu hriba v daljni deželi se mi je prikazala vizija dvorca. Dvignjeni tempelj Šankare v Šrinagarju se je spremenil v zgradbo, v kateri sem veliko let kasneje ustanovil sedež Self-Realization Fellowshipa v Ameriki. (Ko sem prvič prišel v Los Angeles in zagledal veliko zgradbo na grebenu hriba Mount Washington, sem jo takoj prepoznal iz svojih preteklih vizij v Kašmirju in drugje.)

Nekaj dni smo preživeli v Šrinagarju, nato smo šli naprej v Gulmarg (‘gorske rožnate poti’), ki leži na dva tisoč petsto metrih. Tam sem prvič jezdil na velikem konju. Radžendra se je povzpel

UČENCI PARAMAHANSE JOGANANDE IZ ČASA NJEGOVEGA ŽIVLJENJA, KI SO GA NASLEDILI KOT DUHOVNI VODJE SRF/YSS

(*Od leve proti desni*) Šri Radžarši Džanakananda, duhovni vodja in predsednik Self-Realization Fellowshipa/Yogoda Satsanga Society of India v letih 1952–1955. Februarja 1955 je Radžaršija Džanakanando nasledila Šri Daja Mata in v teh vlogah služila več kot petinpetdeset let do smrti leta 2010. Šri Mrinalini Mata, še ena od bližnjih učencev vélikega učitelja, ki jih je ta izbral in usposobil za vodenje svojega dela po svoji smrti, je ti dve nalogi izpolnjevala od zgodaj v letu 2011 do svoje smrti leta 2017.

Trenutni predsednik in duhovni vodja SRF/YSS je brat Čidananda, ki je menih SRF/YSS že več kot štirideset let. Za več informacij o duhovni liniji SRF/YSS prosimo obiščite naše spletno mesto yogananda.org.

na majhnega kasača, ki ga je bila sama hitrost. Podali smo se na zelo strm Khilanmarg. Pot nas je vodila skozi gost gozd, v katerem je mrgolelo drevesnih gob, po stezah, ki jih je obdajala megla in so bile pogosto nevarne. A Radžendrova živalca mojemu velikanskemu žrebcu ni dovolila počivati, niti na najnevarnejših zavojih ne. Radžendrov konj je neutrudno rinil naprej, ne da bi se zmenil za kaj drugega kot za radost tekmovanja.

Nagrada za našo naporno dirko je bil dih jemajoč razgled. Prvič v tem življenju sem lahko zrl v vse smeri po prečudoviti Himalaji, prekriti s snegom, ki je plast za plastjo ležala kot silhuete velikanskih severnih medvedov. Moje oči so se zmagoslavno gostile na zaledenelih gorah brez konca, postavljenih pod sončno, modro nebo.

Z mladimi tovariši smo se, vsi oblečeni v plašče, veselo kotalili po svetlikajočih se belih pobočjih. Ko smo se vračali, smo v daljavi zagledali prostrano zaplato rumenih rož, ki so popolnoma spremenile pusto hribovje.

Naš naslednji izlet je bil v slavne ‚vrtove užitka' cesarja Džehangirja v Šalimarju in Nishat Baghu. Starodavna palača v Nishat Baghu je zgrajena neposredno nad naravnim slapom. Tok, ki je hitel z gora, so domiselno uredili tako, da teče prek slikovitih teras in brizga iz fontan sredi sijajnih cvetličnih gredic. Potok prav tako teče skozi več sob v palači in se nazadnje kot v pravljici steka v jezero pod njo. Prostrani vrtovi so živopisnih barv – vrtnice, jasmin, lilije, odolin, mačehe, sivka, mak. S smaragdno barvo jih simetrično obdajajo vrste *činarjev,** cipres in češenj, za njimi pa se dviga asketska belina Himalaje.

Tako imenovano kašmirsko grozdje velja v Kalkuti za redko poslastico. Radžendra, ki je govoril o grozdni pojedini, ki naj bi nas čakala v Kašmirju, je razočaran odkril, da nikjer ni velikih vinogradov. Zaradi neutemeljenega pričakovanja sem ga sem in tja podražil.

»Oh, tako sem se najedel grozdja, da ne morem hoditi!« sem mu govoril. »To nevidno grozdje vre v meni!« Kasneje smo izvedeli,

* Orientalske platane.

da sladko grozdje v izobilju raste v Kabulu, zahodno od Kašmirja. Potolažili smo se s sladoledom iz *rabrija* (močno kondenziranega mleka), v katerem so bile cele pistacije.

Večkrat smo se podali na izlet v *šikarah,* čolničih z rdeče izvezenimi baldahini, s katerimi smo pluli po zapletenih kanalih jezera Dal, po prepletu plovnih poti, ki spominja na pajkovo mrežo. Številni plavajoči vrtovi, ki so bili preprosto narejeni iz debel in prsti, so nas osupnili, tako nenavaden je bil namreč pogled na zelenjavo in melone, ki so rasle sredi prostranih voda. Občasno smo videli kakšnega kmeta, ki je v preziru do ‚priklenjenosti na zemljo' vlekel svoj kvadratni kos ‚zemlje' na novo lokacijo v jezeru z mnogimi zatoki.

V tej sloviti dolini najdemo vse zemeljske lepote. Kašmirska dama je kronana z gorami, ima venec iz jezer in je obuta v cvetlice. V kasnejših letih, potem ko sem prepotoval mnogo dežel, sem razumel, zakaj Kašmirju pogosto pravijo najslikovitejši kotiček na svetu. V njem najdemo očarljivost švicarskih Alp, škotskega Loch Lomonda in čudovitih angleških jezer. Ameriški popotnik v Kašmirju najde veliko podobnosti z robato veličino Aljaske in vrha Pikes v bližini Denverja.

Če bi imeli tekmovanje v najlepših pokrajinah, bi prvo mesto prisodil bodisi pravljičnemu razgledu v Xochimilcu v Mehiki, kjer se nebo, gore in topoli zrcalijo v neštetih vodnih poteh, skupaj z igrivimi ribami; ali kašmirskim jezerom, ki jih kot prekrasne deklice pazljivo varuje himalajsko gorovje. Ta dva kraja sta mi ostala v spominu kot najlepša kotička na svetu.

Prav tako pa so me prevzela čuda narodnega parka Yellowstone, Velikega kanjona v Koloradu in Aljaske. Yellowstone je najbrž edini kraj na zemlji, kjer lahko vidimo številne gejzirje, ki bruhajo vodo visoko v zrak skoraj kot ura točno. Na tem ognjeniškem področju je narava zapustila primerek zgodnejšega stvarjenja: vroče žveplove izvire, bazenčke v barvi opala in safirja, silovite gejzirje in prostoživeče medvede, volkove, bizone in druge divje živali. Ko sem se vozil po cestah Wyominga do ‚Devil's Paint Pota', kjer brbota vroče blato, ter opazoval klokotajoče izvire, brizgajoče gejzirje in parne fontane, sem menil, da si Yellowstone zasluži posebno nagrado za edinstvenost.

V Yosemitskem parku v Kaliforniji so starodavne veličastne sekvoje, ki visoko proti nebu iztegujejo velikanske stebre, kot zelene naravne katedrale, zasnovane z božansko spretnostjo. Čeprav ima Orient čudovite slapove, se nobeden od njih ne more primerjati z lepoto Niagare v državi New York na meji s Kanado. Mamutska jama v Kentuckyju in votline Carlsbada v Novi Mehiki so kot nenavadne vilinske dežele. Dolgi stalaktiti, ki visijo s stropa jam in se zrcalijo v podzemnih vodah, predstavljajo preblisk drugih svetov, kot si jih zamišlja človek.

Številni od Kašmircev, svetovno znanih po svoji lepoti, so tako svetle polti kot Evropejci in imajo podobne telesne značilnosti in zgradbo kosti. Mnogi so modrooki in svetlolasi. Oblečeni v zahodnjaška oblačila so videti kot Američani. Hlad Himalaje nudi Kašmircem olajšanje pred soparnim soncem in jim ohranja svetlo barvo. Če človek potuje proti jugu, proti indijskim tropskim širinam, ugotovi, da so ljudje vse temnejši in temnejši.

Po srečnih tednih, ki smo jih preživeli v Kašmirju, sem se moral hočeš nočeš pripraviti na vrnitev v Bengalijo za jesenski semester na kolidžu v Seramporju. Šri Juktešvar, Kanai in Oddi so nameravali ostati v Šrinagarju še nekoliko dlje. Malo pred mojim odhodom mi je učitelj namignil, da bo njegovo telo v Kašmirju podvrženo bolezni.

»Učitelj, videti ste zdravi kot dren,« sem ugovarjal.

»Možno je, da bom celo zapustil ta svet.«

»Gurudži!« sem vzkliknil in mu roteče padel k stopalom. »Prosim, obljubite mi, da ne boste še zapustili svojega telesa. Popolnoma nepripravljen sem na življenje brez vas.«

Šri Juktešvar je molčal, a se mi je tako sočutno nasmehnil, da sem bil potolažen. Nerad sem odšel od njega.

»Učitelj nevarno zbolel,« je pisalo v Oddijevem telegramu, ki sem ga prejel kmalu po vrnitvi v Serampor.

»Učitelj,« sem mrzlično brzojavil svojemu guruju, »prosil sem vas, da me ne zapuščate. Prosim, obdržite svoje telo, sicer bom umrl tudi jaz.«

»Naj bo, kot želiš,« mi je učitelj odgovoril iz Kašmirja.

Čez nekaj dni sem dobil Oddijevo pismo, v katerem je pisalo, da si je učitelj opomogel. Ko se je čez štirinajst dni vrnil v Serampor, sem žalosten opazil, da je popolnoma shujšan.

Šri Juktešvar je v dobro svojih učencev mnogo njihovih grehov sežgal v ognju nevarne vročice v Kašmirju. Zelo napredni jogiji poznajo metafizično metodo telesnega prenosa bolezni. Močan človek lahko pomaga slabotnemu s tem, da mu pomaga nositi težko breme. Duhovni supermen pa lahko zmanjša telesne in mentalne težave svojih učencev s tem, da prevzame del njihovih karmičnih bremen. Ravno tako kot bogataš odstopi nekaj denarja, ko odplača velik dolg svojega razsipnega sina in ga tako reši hudih posledic njegove nespameti, tako učitelj rade volje žrtvuje del svojega telesnega bogastva in olajša bedo svojih učencev.*

S tajno jogijsko metodo svetnik združi svoj um in astralno telo s tistima, ki pripadata trpečemu posamezniku. Bolezen se prenese v celoti ali delno na jogijevo telesno obliko. Ker je na telesnem polju požel Boga, se učitelj ne obremenjuje več s svojim telesom. Čeprav dovoli, da se na telo razširi bolezen, da bi razbremenil druge, njegov um, ki ne more biti omadeževan, ni prizadet. Vesel je, ker lahko nudi takšno pomoč. Zares, doseči končno odrešitev v Gospodu pomeni spoznati, da je človeško telo popolnoma izpolnilo svoj namen. Učitelj ga potem uporabi, kakor se mu zdi primerno.

Gurujevo delo na svetu je zmanjšati gorje človeštva, naj bo po duhovnih sredstvih, intelektualnem svetovanju, moči volje ali telesnem prenosu bolezni. S pobegom v nadzavest, če si to želi, lahko učitelj odmisli telesno bolezen, včasih pa za zgled svojim učencem izbere stoično prenašanje telesne bolečine. Ko si jogi oprta zdravstvene težave drugih, lahko namesto njih zadosti karmičnemu zakonu vzroka in posledice. Zakon deluje mehanično oziroma matematično, v njegovo delovanje pa lahko znanstveno posežejo posamezniki z božansko modrostjo.

* Mnogi krščanski svetniki, tudi Terezija Neumann (glej str. 399), poznajo metafizični prenos bolezni.

Duhovni zakon ne terja, da bi učitelj zbolel, ko zdravi drugega. Zdravljenje se običajno odvija preko svetnikovega poznavanja različnih metod takojšnje ozdravitve, ki ne škodujejo duhovnemu zdravilcu. Ob redkih priložnostih pa lahko učitelj, ki želi zelo pospešiti razvoj učencev, prostovoljno na svojem telesu razreši velik del njihove neželene karme.

Jezus se je predstavil kot odkupnina za grehe mnogih. Kristusa z njegovimi božanskimi močmi* nikoli ne bi mogli podvreči smrti s križanjem, če ne bi prostovoljno sodeloval s komaj zaznavnim kozmičnim zakonom vzroka in posledice. Tako je nase prevzel posledice karme drugih, še zlasti karme svojih učencev. S tem so bili temeljito očiščeni in pripravljeni sprejeti vsenavzočo zavest Svetega Duha, ki je nadnje prišel kasneje.†

Le učitelj s samospoznanjem lahko prenese svojo življenjsko silo oziroma prenese v lastno telo bolezni drugih. Običajni človek ne more uporabljati te jogijske metode zdravljenja, niti ni zaželeno, da bi to počel, kajti nezdrav telesni instrument je ovira za globoko meditacijo. Hindujski sveti spisi učijo, da je nujna človekova dolžnost ohranjati telo v dobrem stanju, sicer se njegov um ne more popolnoma posvetiti pobožni koncentraciji.

Zelo močan um pa lahko preseže vse fizične težave in doseže Božje spoznanje. Mnogi svetniki se niso zmenili za bolezen in so uspeli v svojem iskanju Boga. Sveti Frančišek Asiški, ki so ga močno pestila obolenja, je zdravil druge ljudi in celo obujal od mrtvih.

Nekoč sem poznal indijskega svetnika, čigar telo je bilo v zgodnejših letih do polovice prekrito z ranami. Imel je tako hudo sladkorno bolezen, da ni mogel sedeti na mestu več kot petnajst minut. A njegovo duhovno stremljenje je bilo neomajno. »Gospod,« je molil, »pridi v moj strti tempelj.« Z nenehnimi ukazi volje je svetniku postopoma uspelo doseči, da je lahko sedel v lotosovem položaju osemnajst ur na dan, zatopljen v zamaknjenje. »In,« mi

* Tik preden so Kristusa odpeljali, da bi ga križali, je rekel: »Ali misliš, da ne morem prositi svojega Očeta in bi mi takoj dal na voljo več kot dvanajst legij angelov, toda kako naj se potem izpolnijo Pisma, da se mora tako zgoditi?« – Mt 26,53–54.

† Apd 1,8; 2,1–4.

je povedal, »po treh letih je v meni žarela Neskončna Luč. Veselil sem se njenega sijaja in pozabil na telo. Kasneje sem videl, da je ozdravelo po Božjem usmiljenju.«

V zgodovino se je z ozdravljenjem zapisal tudi kralj Babar (1483–1530), ustanovitelj mogulskega cesarstva v Indiji. Njegov sin Humajun* je na smrt zbolel. Oče je obupan odločno molil, naj bolezen preide nanj in naj bo njegovemu sinu prizaneseno. Humajun je okreval, Babar pa je nemudoma zbolel in umrl zaradi iste bolezni, kot je zadela njegovega sina.

Mnogi verjamejo, da mora imeti velik učitelj zdravje in moč Sandowa.† Ta predpostavka je neutemeljena. Bolehno telo ne pomeni, da guruju manjka božanskih moči, tako kot dolgotrajno zdravje ne naznanja notranjega razsvetljenja. Razpoznavne sposobnosti učitelja niso telesne, ampak duhovne.

Številni zmedeni iskalci na Zahodu zmotno mislijo, da je nekdo, ki je dober govorec ali piše o metafizičnih temah, učitelj. A dokaza, da je nekdo učitelj, sta le sposobnost, po želji vstopiti v stanje brez diha (*sabikalpa samadhi*) in pridobitev nespremenljive blaženosti (*nirbikalpa samadhija*).‡ Rišiji so poudarjali, da lahko le s tema dosežkoma človek pokaže, da je obvladal *majo*, dualistično kozmično iluzijo. Samo on lahko iz globin spoznanja reče: »*Ekam sat*« ('Le Eden obstaja').

> »Ko zaradi nevednosti pride do dvojnosti, človek vidi vse ločeno od Jaza,« je zapisal veliki monist Šankara. »Ko vse dojemamo kot Jaz, niti za en sam atom ne čutimo, da bi bil karkoli drugega kot Jaz … Takoj ko vznikne zavedanje Resničnosti, človek zaradi nestvarnosti

* Humajun je postal oče Akbarja Velikega. Z islamsko gorečnostjo je Akbar sprva preganjal hindujce. »Ko sem razširil svoja obzorja, me je prevzel sram,« je rekel kasneje. »Čudeži se dogajajo v templjih vseh ver.« Naročil je prevod Bhagavad gite v perzijščino in na svoj dvor povabil več jezuitov iz Rima. Akbar je zmotno, a ljubeče, pripisal Kristusu rek, ki je v napisu na slavoloku zmage v njegovem novem mestu Fatehpurju Sikriju: »Jezus, sin Marije (naj bo mir z njim), je rekel: *Svet je most, prečkaj ga, vendar na njem ne gradi hiše.*«

† Nemški športnik (umrl 1925), znan kot ‚najmočnejši človek na svetu'.

‡ Glej str. 261 in op. na str. 454.

telesa ne more več izkusiti sadov preteklih dejanj, ravno tako kot ne more sanjati, potem ko se je zbudil.«

Le veliki guruji lahko prevzamejo karmo svojih učencev. Šri Juktešvar ne bi trpel v Šrinagarju*, če mu Duh v njem ne bi dal dovoljenja, da lahko tako nenavadno pomaga svojim učencem. Malo svetnikov je bilo, ki so lahko tako tankočutno in modro izpolnjevali Božje ukaze kot moj, z Bogom uglašeni učitelj.

Ko sem izrekel nekaj sočutnih besed v zvezi z njegovim shiranim telesom, mi je guru veselo odvrnil:

»Shujšanost ima tudi dobre strani. Zdaj se lahko spravim v manjše *gandžije* (spodnje majice), ki jih nisem nosil že leta!«

Ob poslušanju učiteljevega vedrega smeha so mi na misel prišle besede svetega Frančiška Saleškega: »Svetnik, ki je žalosten, je bolj žalosten svetnik!«

* Šrinagar, glavno mesto Kašmirja, je v 3. stoletju pr. Kr. ustanovil cesar Ašoka. Tam je zgradil petsto samostanov, od katerih jih je sto še stalo, ko je kitajski romar Šuendzang obiskal Kašmir tisoč let kasneje. Drugi kitajski pisec, Fašien (5. st.), je po ogledu ruševin Ašokove prostrane palače v Pataliputri (današnja Patna) zapisal, da sta arhitektura in okrasno kiparstvo zgradbe tako neverjetno lepa, da »ne bi mogla biti delo smrtnikov«.

22. POGLAVJE

Srce kamnite podobe

»Kot zvesta hindujska žena se ne želim pritoževati nad možem. Hrepenim pa po tem, da bi se odvrnil od materialističnih pogledov. Rad se dela norca iz podob svetnikov v moji sobi za meditacijo. Dragi brat, globoko verjamem, da mu ti lahko pomagaš. Boš?«

Najstarejša sestra Roma me je proseče gledala. Bil sem na kratkem obisku na njenem domu v Kalkuti na Ulici Giriša Vidjaratne. Njena prošnja me je ganila, kajti v mojem otroštvu je globoko duhovno vplivala name in ljubeče skušala zapolniti praznino, ki je v naši družini nastala po materini smrti.

»Draga sestra, seveda bom naredil vse, kar lahko.« Nasmehnil sem se ji, dvigniti sem jo želel iz pobitosti, ki se ji je jasno odražala na obrazu, običajno mirnem in veselem.

Z Romo sva nekaj časa tiho sedela in molila za nasvet. Leto prej me je prosila, naj jo posvetim v *krija jogo*, v kateri je opazno napredovala.

Dobil sem navdih. »Jutri,« sem ji rekel, »grem v tempelj Kali v Dakšinešvarju. Prosim, pojdi z menoj in prepričaj moža, da gre z nama. Čutim, da se bo v vibracijah tistega svetega kraja Božanska Mati dotaknila njegovega srca. Ne povej pa mu, zakaj želiva, da gre z nama.«

Sestra je upajoče privolila. Razveselil sem se, ko sem zelo zgodaj naslednjega jutra našel Romo in njenega moža pripravljena za odhod. Ko je naša kočija ropotala po cesti Upper Circular proti Dakšinešvarju, se je moj svak, Satiš Čandra Bos, kratkočasil z zasmehovanjem pomena gurujev. Opazil sem, da Roma tiho joče.

»Sestra, pogum!« sem ji šepnil. »Ne daj možu zadoščenja s tem, da resno jemlješ njegovo norčevanje.«

»Mukunda, kako lahko občuduješ ničvredne prevarante?« me je vprašal Satiš. »Že sama pojava sadhujev je odvratna. Če ni suh kot okostnjak, je pa brezbožno debel kot slon!«

Stresel sem se od smeha, kar je Satiša vznejevoljilo. Zlovoljno je umolknil. Ko je naša kočija zapeljala na območje templja v Dakšinešvarju, se je sarkastično nasmehnil.

»Ta izlet sta najbrž načrtovala, da bi me spreobrnila?«

Ko sem se molče obrnil stran, me je ujel za roko. »Mladi gospod menih,« je rekel, »ne pozabi pri upravi templja urediti vse potrebno za naše kosilo.« Satiš se je želel izogniti pogovoru z duhovniki.

»Zdaj bom meditiral. Ne skrbi za kosilo,« sem mu odvrnil ostro. »Božanska Mati bo poskrbela zanj.«

»Ne verjamem, da bo Božanska Mati karkoli naredila zame. Za mojo hrano pa si odgovoren ti.« Satišev ton je bil grozeč.

Sam sem stopil k stebrišču, ki stoji pred velikim templjem Kali (Boga v vidiku Matere Narave). Poiskal sem senčnat kotiček v bližini enega od stebrov in sedel v lotosov položaj. Čeprav je bila ura šele sedem, sem vedel, da bo kmalu začelo žgati jutranje sonce.

Svet se je oddaljil od mene, ko sem vstopil v pobožno zamaknjenost. Moj um je bil osredotočen na boginjo Kali, katere kip prav v tem templju v Dakšinešvarju je še zlasti častil veliki učitelj Šri Ramakrišna Paramahansa. V odgovor na njegove neutolažljive prošnje je kamnita podoba pogosto oživela in se z njim pogovarjala.

»Molčeča, kamnita mati,« sem molil, »ti, ki si se na prošnjo svojega ljubljenega častilca Ramakrišne obudila v življenje, bi se ozrla tudi na tožbe tega koprnečega sina?«

Moje hrepenenje in gorečnost, ki ju je spremljal božanski mir, sta brezmejno narasla. Ko pa je minilo pet ur in mi boginja, ki sem si jo vizualiziral, ni odgovorila, sem bil rahlo pobit. Včasih nas Bog preizkuša tako, da ne izpolni molitve takoj. A na koncu se vztrajnemu verniku prikaže v obliki, ki mu je najdražja. Pobožen kristjan vidi Jezusa, hindujec zagleda Krišno ali boginjo Kali, ali pa razširjajočo se Svetlobo, če je njegovo čaščenje neosebne narave.

Nerad sem odprl oči in zagledal duhovnika, ki je v skladu z opoldanskim običajem že zaklepal vrata templja. Iz svojega odmaknjenega kotička pod stebri sem stopil na dvorišče. Njegova kamnita tla so v opoldanskem soncu gorela, vročina me je žgala v bose noge.

»Božanska Mati,« sem se v duhu pritožil, »nisi me obiskala v videnju in zdaj si skrita za zaprtimi vrati templja. Želel sem ti darovati posebno molitev za svojega svaka.«

Moja tiha prošnja je bila takoj uslišana. Najprej je prek mojega hrbta in proti stopalom zavel prijeten hladen val in pregnal neudobje. Nato se je na moje začudenje tempelj močno povečal. Njegova velika vrata so se počasi odprla, za njimi pa je stala kamnita podoba boginje Kali. Kip se je počasi spremenil v živo človeško obliko, ki se mi je smehljala, mi pokimala v pozdrav in me navdala z nepopisno radostjo. Iz pljuč mi je skrivnostno posrkalo dih, moje telo je postalo zelo umirjeno, a ne nepremično.

Sledila je ekstatična razširitev zavesti. Popolnoma jasno sem videl več kilometrov prek Gangesa na levi in onkraj templja po celotnem območju Dakšineševarja. Zidovi zgradb so se prosojno svetlikali in skoznje sem opazoval ljudi, ki so v daljavi hodili sem in tja.

Čeprav sem bil brez diha in čeprav je bilo moje telo v nenavadno mirnem stanju, sem lahko prosto premikal roke in noge. Nekaj minut sem preverjal, kako vidim z odprtimi in zaprtimi očmi, in v obeh primerih sem razločno videl celotno panoramo Dakšineševarja.

Duhovni vid, podobno kot rentgenski žarki, prodre v vsako snov. Božansko oko je osredotočeno povsod, ne pozna obrobja vidnega polja. Ko sem stal na tistem sončnem dvorišču, sem znova spoznal, da si človek povrne večno Božje kraljestvo, ko neha biti izgubljeni Božji sin, zatopljen v fizični svet, ki je v resnici sen, brez temeljev kot mehurček. Če je eskapizem potreba človeka, stisnjenega v svojo ozko osebnost, se lahko katerikoli drug beg primerja z begom v vsenavzočnost?

V mojem svetem doživetju v Dakšineševarju sta bila edina predmeta, ki sta se izredno povečala, tempelj in podoba boginje. Vse ostalo se je prikazovalo v običajnih dimenzijah, čeprav je bilo prekrito z nežnim sijem svetlobe – bele, modre in pastelnih mavričnih odtenkov. Moje telo je bilo kot iz eterične snovi, pripravljeno za lebdenje. V polnosti sem se zavedal svojega materialnega okolja, lahko sem gledal okrog sebe in naredil nekaj korakov, ne da bi prekinil blaženo videnje.

Zdaj sem za tempeljskimi zidovi zagledal svaka, ki je sedel pod bodičastimi vejami svetega drevesa *bel.* Brez truda sem razločil tok njegovih misli. Čeprav je bil nekoliko navdahnjen zaradi svetega vpliva Dakšinešvarja, so mu po glavi še vedno rojile neprijazne misli o meni. Obrnil sem se k ljubeznivi podobi boginje.

»Božanska Mati,« sem molil, »bi duhovno spremenila moža moje sestre?«

Zala podoba, ki je do tedaj molčala, je končno spregovorila: »Tvoja želja se bo izpolnila!«

Veselo sem pogledal Satiša. Kot bi nagonsko čutil, da je na delu neka duhovna sila, je užaljeno vstal s svojega sedišča na tleh. Videl sem ga, kako je tekel za templjem, nato pa se mi je približal in mahal s pestjo.

Vseobsegajoče videnje je izginilo. Nič več nisem videl sijajne boginje, tempelj je izgubil svojo prosojnost in vrnile so se mu običajne dimenzije. Moje telo se je pod žgočimi sončnimi žarki znova potilo. Skočil sem v zavetje stebrišča, kamor mi je Satiš jezno sledil. Pogledal sem na svojo uro. Kazala je eno, božanska vizija je trajala eno uro.

»Ti neumnež mali,« je bleknil moj svak, »več ur si sedel tukaj s prekrižanimi nogami in škilavim pogledom. Hodil sem te gledat. Kje je naša hrana? Tempelj so zdaj zaprli. Nisi obvestil pristojnih, da smo tukaj, zdaj pa je prepozno, da bi prišli do kosila!«

Vznesenost, ki sem jo občutil ob navzočnosti boginje, je še ostajala z menoj. Vzkliknil sem: »Božanska Mati nas bo nahranila!«

»Zadnjič ti rečem,« je zakričal Satiš, »rad bi videl tvojo Božansko Mater, kako nam da hrano, ne da bi se zanjo dogovorili!«

Komaj je izgovoril te besede, je tempeljski duhovnik prečkal dvorišče in se nama pridružil.

»Sin,« me je nagovoril, »opazoval sem tvoj obraz, ki je spokojno sijal med urami meditacije. Zjutraj sem opazil vaš prihod in začutil, da moram na stran dati obilno količino hrane za vaše kosilo. Tempeljska pravila nam prepovedujejo nahraniti tiste, ki za hrano ne prosijo vnaprej, za vas pa sem naredil izjemo.«

Zahvalil sem se mu in se zazrl naravnost v Satiševe oči. Zardel je od zadrege in pobesil pogled v tihem obžalovanju. Ko so nam postregli z razkošnim obedom, med drugim plodove manga, za katerega tedaj ni bila sezona, sem opazil, da moj svak nima pretiranega teka. Bil je zbegan, zatopljen globoko v svoje misli.

Ko smo se vračali v Kalkuto, me je Satiš sem in tja z blagim pogledom proseče pogledal; od trenutka, ko se je duhovnik kot v odgovor na njegov izziv pojavil pred nama in nas povabil na kosilo, pa ni spregovoril niti besede.

Naslednji popoldan sem obiskal sestro na njenem domu. Ljubeče me je pozdravila.

»Dragi brat,« je vzkliknila, »kakšen čudež! Sinoči je moj mož odkrito jokal pred menoj.

„Ljubljena Devi,"* je rekel, „neizmerno sem srečen, da je ta načrt poboljšanja, ki ga je pripravil tvoj brat, uspel. Popravil bom vse krivice, ki sem ti jih storil. Od danes bomo za čaščenje uporabljali najino veliko spalnico. Tvojo sobico za meditacijo pa bova spremenila v prostor za spanje. Iskreno mi je žal, da sem se norčeval iz tvojega brata. Ker sem se tako sramotno obnašal, se bom kaznoval tako, da ne bom govoril z Mukundo, vse dokler ne bom napredoval na duhovni poti. Od zdaj bom zavzeto iskal Božansko Mater, nekega dne jo bom gotovo našel!"«

Leta kasneje (1936) sem Satiša obiskal v Delhiju. Navdušen sem bil, ko sem zaznal, da je močno napredoval v samospoznanju in da ga je Božanska Mati blagoslovila s svojim prikazovanjem. Med bivanjem z njim sem opazil, da je večino vsake noči na skrivaj prebil v globoki meditaciji, čeprav je trpel za resno boleznijo in je čez dan delal v pisarni.

Prešinila me je misel, da moj svak pred seboj nima dolgega življenja. Roma mi je najbrž prebrala misli.

* Boginja, dobesedno 'svetleča'; iz sanskrtskega glagolskega korena *div*, sijati.

»Dragi brat,« je rekla. »Jaz sem dobro, moj mož pa je bolan. Kljub temu pa ti moram povedati, da bom kot predana hindujska žena jaz umrla prva.* Ne bo dolgo, ko se bom poslovila.«

Njene zlovešče besede so me osupnile, a v njih sem prepoznal bolečo resnico. Ko je sestra približno osemnajst mesecev po tej napovedi umrla, sem bil v Ameriki. Moj najmlajši brat Bišnu mi je kasneje povedal podrobnosti.

»Roma in Satiš sta bila v Kalkuti, ko je umrla,« mi je povedal. »Tistega jutra se je oblekla v poročna oblačila.

„Zakaj si se tako oblekla?" jo je vprašal Satiš.

„To je moj zadnji dan služenja tebi na zemlji," mu je odgovorila Roma. Kmalu zatem je doživela srčni infarkt. Ko je njen sin hotel steči ven po pomoč, mu je rekla:

„Sin, ne zapuščaj me. Nima smisla, umrla bom, še preden bo prišel zdravnik." Deset minut kasneje je, medtem ko je spoštljivo držala stopala svojega moža, srečna in brez bolečin pri polni zavesti zapustila svoje telo.

Satiš je po ženini smrti postal precej samotarski,« je nadaljeval Bišnu. »Nekega dne sva gledala fotografijo smehljajoče se Rome.

„Zakaj se smehljaš?" je nenadoma vzkliknil Satiš, kot bi bila njegova žena ob nama. „Misliš, da si pametna, ker si šla pred menoj. Dokazal ti bom, da ne moreš biti dolgo proč od mene, kmalu se ti bom pridružil."

Čeprav je tedaj Satiš že popolnoma okreval od bolezni in je bil odličnega zdravja, je brez očitnega vzroka umrl kmalu po tistem, ko je izgovoril te nenavadne besede.«

Tako sta preroško preminila moja ljubljena sestra Roma in njen mož Satiš, ki se je v Dakšinešvarju preobrazil iz običajnega posvetnega človeka v tihega svetnika.

* Hindujska žena verjame, da je znamenje duhovnega napredka, če umre pred svojim možem, kot dokaz, da mu je zvesto služila, oziroma, da je ‚umrla v jarmu'.

23. POGLAVJE

Prejmem univerzitetno diplomo

»Pri filozofiji ne bereš predpisanih besedil. Nedvomno se zanašaš na to, da boš izpite opravil s svojo ‚intuicijo', za katero ne potrebuješ naporov. A če se študija ne boš lotil bolj akademsko, bom poskrbel za to, da tega predmeta ne boš opravil.«

Tako strogo me je nagovoril profesor D. Č. Ghošal s kolidža v Seramporju. Če mi ne bi uspelo opraviti njegovega zadnjega pisnega preizkusa, ne bi smel opravljati diplomskih izpitov. Te izpite pa pripravi učiteljski zbor Univerze v Kalkuti, katere podružnica je kolidž v Seramporju. Na indijskih univerzah velja, da morajo študentje, ki na diplomskih izpitih enega predmeta ne opravijo, naslednje leto znova opravljati izpite pri *vseh* predmetih.

Predavatelji na seramporskem kolidžu so bili običajno do mene prijazni in se pri tem nekoliko muzali. »Mukunda se malo preveč opija z vero.« Potem ko so me tako ocenili, so mi taktno prizanesli s sramoto, ki bi me doletela, če bi moral odgovarjati na vprašanja v predavalnicah. Zanašali so se na to, da me bodo končni pisni preizkusi izločili s seznama diplomskih kandidatov. Sošolci so povedali svoje mnenje o meni z vzdevkom, ki so mi ga dali, ‚Nori menih'.

Domislil sem se bistroumnega načrta, s katerim sem profesorju Ghošalu preprečil, da bi me vrgel pri filozofiji. Ko naj bi bili rezultati končnega preizkusa objavljeni, sem prosil sošolca, naj me pospremi v profesorjev kabinet.

»Pojdi z menoj, rad bi imel pričo,« sem rekel svojemu spremljevalcu. »Zelo bom razočaran, če mi ne bo uspelo ukaniti predavatelja.«

Ko sem profesorja Ghošala vprašal, kako je ocenil moj izdelek, je zmajal z glavo.

»Nisi med tistimi, ki so opravili preizkus,« je rekel zmagoslavno. Prebrskal je kup papirjev na svoji pisalni mizi. »Tvoje izpitne pole sploh ni tukaj. Ker se nisi pojavil na izpitu, preizkusa nisi opravil.«

Zasmejal sem se: »Gospod profesor, bil sem tam. Lahko sam pregledam kup?«

Profesor mi je to mirno dovolil. Hitro sem našel svojo izpitno polo, na katero namenoma nisem napisal svojega imena, le svojo vpisno številko. Ker profesor pri ocenjevanju na moji poli ni videl mojega imena, je moje odgovore visoko ocenil, čeprav jih nisem opremil z navedki iz literature.*

Ko je dojel, kako sem ga pretental, je zagrmel: »Srečo si imel!« Upajoče je dodal: »Gotovo boš padel na diplomskih izpitih.«

Za preizkuse pri drugih predmetih sem imel nekaj pomoči, še zlasti mi je pomagal dragi prijatelj in bratranec, Prabhas Čandra Ghoš, sin strica Sarade. Le stežka sem se prebil skozi vse preizkuse, a vendar uspešno, z najnižjimi pozitivnimi ocenami.

Po štirih letih kolidža sem tako imel priložnost opravljati diplomske izpite, čeprav nisem pričakoval, da bom izkoristil ta privilegij. Končni preizkusi na seramporskem kolidžu so bili otroška igra v primerjavi s težavnimi diplomskimi izpiti, ki jih je pripravljala Univerza v Kalkuti. Ker sem skoraj vsak dan obiskoval Šri Juktešvarja, mi je ostajalo malo časa za obisk predavalnic. Moji sošolci so presenečeno vzkliknili ob moji prisotnosti, ne ob odsotnosti.

Moja običajna dnevna rutina se je začela ob pol desetih zjutraj, ko sem sedel na kolo. V eni roki sem imel darilo za guruja, nekaj rož z vrta internata. Učitelj me je prisrčno pozdravil, nato pa me povabil na kosilo. Povabilo sem vedno navdušeno sprejel, vesel, da sem lahko za tisti dan pozabil na kolidž. Potem ko sem več ur poslušal Šri Juktešvarjev edinstveni tok modrosti ali pomagal pri delih v ašramu, sem se okrog polnoči nerad vrnil v Panthi. Občasno sem

* Do profesorja Ghošala moram biti pravičen in priznati, da za napete odnose med nama ni bil kriv on, ampak izključno moja pomanjkljiva udeležba na predavanjih. Profesor Ghošal je izjemen govornik z bogatim poznavanjem filozofije. V kasnejših letih sva se dobro razumela.

vso noč ostal s svojim gurujem, tako srečno zatopljen v pogovor z njim, da sem komaj opazil, kdaj je tema postala zora.

Nekega večera okrog enajstih sem si obuval čevlje,* da bi se s kolesom odpeljal v internat, ko me je učitelj resno vprašal:

»Kdaj se začnejo diplomski izpiti?«

»Čez pet dni.«

»Upam, da si pripravljen nanje.«

Ohromljen od vznemirjenja sem čevelj podržal v zraku. »Učitelj,« sem ugovarjal, »saj veste, da sem svoje dneve preživljal v vaši družbi in ne v družbi profesorjev. Popolnoma neresno bi se bilo pojaviti na tistih težkih izpitih.«

Šri Juktešvar me je prebadal s pogledom. »Moraš se prikazati tam,« je rekel hladno in odločno. »Tvojemu očetu in drugim sorodnikom ne smeva dati razloga za to, da bi kritizirali tvojo privrženost ašramskemu življenju. Obljubi mi, da boš šel na izpite in po najboljših močeh odgovarjal na vprašanja.«

Po licih so mi nenadzorovano lile solze. Zdelo se mi je, da je učiteljev ukaz nerazumen in da se je milo rečeno pozno vpletel.

»Če tako želite, bom šel na izpite,« sem rekel med ihtenjem, »a ni več časa, da bi se nanje dobro pripravil.« V brado sem si zamrmral: »V odgovor na vprašanja bom papirne pole popisal z vašim naukom!«

Ko sem naslednji dan ob običajni uri stopil v ašram, sem Šri Juktešvarju žalosten podal šopek rož. Zasmejal se je mojemu skrušenemu videzu.

»Mukunda, ali te je Gospod kdaj pustil na cedilu, na izpitu ali drugje?«

»Ne,« sem mu odvrnil toplo. Preplavili so me hvaležni spomini in me poživili.

»Ni lenoba kriva, da nisi iskal univerzitetnih časti, ampak gorečnost do Boga,« mi je guru rekel prijazno. Za trenutek je premolknil, nato pa citiral: »Iščite najprej Božje kraljestvo in njegovo pravičnost in vse to vam bo navrženo.«†

* Učenec se vedno sezuje, ko vstopi v indijski ašram.

† Mt 6,33.

Prabhas Čandra Ghoš in Paramahansa Jogananda, Kalkuta, december 1919. Šri Ghoš, bratranec in skozi vse življenje prijatelj Šri Joganande ter njegov učenec, je bil podpredsednik Yogoda Satsanga Society of India skoraj štirideset let do svoje smrti leta 1975.

Tedaj mi je v navzočnosti učitelja kot že neštetokrat prej padlo breme z ramen. Ko sva pojedla zgodnje kosilo, je predlagal, naj se vrnem v Panthi.

»Ali tvoj prijatelj Romeš Čandra Dat še vedno živi v tvojem internatu?«

»Ja, še.«

»Poišči ga. Gospod ga bo navdihnil, da ti bo pomagal pri izpitih.«

»Prav, a Romeš je zelo zaposlen. Študira za diplomo višje ravni zahtevnosti in hodi na več predavanj kot drugi v našem letniku.«

Učitelj je ob mojih pomislekih zamahnil z roko. »Romeš bo našel čas zate. Zdaj pa pojdi.«

Odkolesaril sem v Panthi. Prvi človek, ki sem ga srečal v internatu, je bil učenjaški Romeš. Kot bi v tistih dneh ničesar ne imel početi, je ustrežljivo privolil v mojo plaho prošnjo.

»Seveda! Na uslugo sem ti.« Mnogo ur tistega dne in vsakega od naslednjih dni me je poučeval v različnih predmetih.

»Mislim, da bo mnogo vprašanj na izpitu iz angleške literature povezanih s potjo, ki jo je ubral Childe Harold,« mi je povedal. »Takoj morava priti do atlasa.«

Pohitel sem k stricu Saradi domov in si izposodil atlas. Romeš je na zemljevidu Evrope označil mesta, ki jih je obiskal Byronov romantični popotnik.

Nekaj sošolcev se je nabralo okrog naju, da bi poslušali. »Romeš ti narobe svetuje,« je nekdo od njih pripomnil na koncu seanse. »Ponavadi je le petdeset odstotkov vprašanj o knjigah, druga polovica pa je o življenjepisu pisateljev.«

Ko sem prišel na izpit iz angleške literature, so mi ob prvem pogledu na vprašanja po licih začele polzeti solze hvaležnosti in zmočile papir. Nadzornik izpita je prišel k moji mizi in sočutno vprašal, kaj mi je.

»Moj veliki guru je napovedal, da mi bo Romeš pomagal,« sem mu razložil. »Glejte, prav vprašanja, ki mi jih je predlagal Romeš, so na izpitni poli!« Dodal sem še: »Na mojo srečo je letos zelo malo vprašanj o britanskih pisateljih, katerih življenja so ovita v globoko skrivnost, vsaj kar se mene tiče.«

Ko sem se vrnil v internat, je v njem vladalo veliko vznemirjenje. Fantje, ki so se norčevali iz mene, ker sem verjel v Romeševe napotke, so me zdaj skoraj oglušili s svojimi čestitkami. Med izpitnim tednom sem čas še naprej v največji možni meri preživljal z Romešem, ki je oblikoval vprašanja, za katera se mu je zdelo, da jih bodo zastavili profesorji. Iz dneva v dan so se Romeševa vprašanja skoraj dobesedno pojavljala na izpitnih polah.

Po kolidžu se je razširila novica, da se dogaja nekaj čudežu podobnega in da bo zamišljenemu ‚Noremu menihu' najbrž uspelo opraviti izpite. V ničemer nisem skušal skriti dejstev. Lokalni profesorji niso mogli spremeniti vprašanj, ki jih je pripravil učiteljski zbor na Univerzi v Kalkuti.

Ko sem nekega jutra razmišljal o izpitu iz angleške literature, sem spoznal, da sem naredil resno napako. Določene naloge so bile razdeljene na dva dela: A ali B ter C ali D. Namesto da bi izbral po eno nalogo v vsakem delu, sem rešil *obe* nalogi v prvem delu in nepazljivo spregledal drugi del.

Najboljši rezultat, ki bi ga lahko dosegel pri tem testu, bi bil 33 točk, tri manj, kot je bilo potrebno za pozitivno oceno, za katero bi moral doseči 36 točk.

Pohitel sem k učitelju in mu zaupal svoje skrbi.

»Gurudži, naredil sem neodpustljivo neumnost. Ne zaslužim si božanskega blagoslova po Romešu. Nisem ga vreden.«

»Glavo pokonci, Mukunda,« mi je odvrnil Šri Juktešvar lahkotno in brezskrbno. Pokazal je proti modremu nebesnemu svodu. »Bolj verjetno je, da bosta sonce in luna zamenjala svoji mesti v vesolju, kot pa da tebi ne bi uspelo dobiti diplome!«

Ašram sem zapustil mirnejši, čeprav se mi je zdelo matematično nemogoče, da bi lahko naredil izpit. Enkrat ali dvakrat sem strahoma pogledal proti nebu. Gospodar dneva je bil varno utirjen v svoji običajni orbiti.

Ko sem prišel v Panthi, sem slišal nekega sošolca reči: »Ravno sem izvedel, da so letos prvič spustili spodnjo mejo pri angleški literaturi.«

V sobo tistega fanta sem stopil tako urno, da me je preplašeno pogledal. Brž sem ga izprašal.

»Dolgolasi menih,« je odvrnil smeje, »zakaj se zdaj nenadoma zanimaš za študijske zadeve? Zakaj bi se vznemirjal v zadnjem trenutku? Res pa je, da so spodnjo mejo za pozitivno oceno ravnokar spustili na 33 točk.«

Od veselja sem bil v nekaj skokih v svoji sobi, kjer sem padel na kolena in slavil matematično popolnost Božanskega Očeta.

Vsak dan sem bil ves vznesen, ker sem se dobro zavedal Duhovne Navzočnosti, ki me je vodila po Romešu. V povezavi z mojim izpitom iz bengalskega jezika se je zgodil pomemben pripetljaj. Nekega jutra sem ravno odhajal iz internata na izpit, ko me je poklical Romeš. V tem predmetu me ni inštruiral.

»Romeš te kliče,« mi je nepotrpežljivo povedal sošolec. »Ne hodi nazaj, zamudila bova na izpit.«

Nisem se zmenil za njegov nasvet in sem stekel nazaj v hišo.

»Ponavadi naši bengalski fantje z lahkoto opravijo izpit iz bengalščine,« je rekel Romeš, »vendar pa me je pravkar obšla slutnja, da letos profesorji načrtujejo ‚pokol' študentov z vprašanji iz obveznega čtiva.« Nato mi je orisal dve zgodbi iz življenja Vidjasagarja, uglednega bengalskega človekoljuba iz 19. stoletja.

Zahvalil sem se mu in se hitro s kolesom odpeljal na izpit. Tam sem odkril, da je izpitna pola bengalščine razdeljena na dva dela. Prvo navodilo se je glasilo: »Opišite dva primera Vidjasagarjeve človekoljubnosti.«* Ko sem na papir prenašal znanje, ki sem ga pridobil tako nedavno, sem se šepetaje zahvaljeval, da sem upošteval Romešev klic v zadnjem trenutku. Če ne bi poznal Vidjasagarjevih dobrih del (ki so zdaj vključevala tudi eno zame), ne bi opravil izpita iz bengalščine.

Drugo navodilo na poli je bilo naslednje: »Napišite spis v bengalščini o človeku, ki vas je najbolj navdihnil.« Dragi bralec, ni mi treba govoriti, katerega človeka sem izbral za svojo temo. Ko sem stran za stranjo pisal hvalo svojemu guruju, sem se z nasmeškom zavedel, da se uresničuje moja zamrmrana napoved: »Papirne pole bom popisal z vašim naukom!«

Ni se mi zdelo potrebno, da bi Romeša spraševal o predmetu, posvečenem filozofiji. Ker sem zaupal v svoje dolgo usposabljanje pod Šri Juktešvarjem, sem mirno prezrl razlage iz učbenika. Od

* Pozabil sem točne besede, spomnim pa se, da je navodilo zadevalo zgodbi o Vidjasagarju, ki mi ju je ravno pred tem povedal Romeš.

Zaradi svoje razgledanosti je pandit Išvar Čandra postal v Bengaliji splošno znan zgolj pod nazivom *Vidjasagar* ('Morje znanja').

vseh predmetov sem najvišjo oceno dobil ravno pri testu iz filozofije. Pri vseh ostalih predmetih je bila ocena pozitivna zgolj za las.

Z veseljem poročam, da je moj nesebični prijatelj Romeš prejel diplomo s pohvalo.

Oče je ob tem, ko sem diplomiral, kar sijal od sreče. »Nisem si mislil, da ti bo uspelo, Mukunda,« mi je priznal. »Toliko časa preživiš s svojim gurujem.« Učitelj je pravilno zaznal neizgovorjeno kritiko mojega očeta.

Več let nisem bil prepričan, da bom dočakal dan, ko bom za svojim imenom lahko imel naziv diplomiranca. Naziv redko uporabljam, ne da bi se pri tem spomnil na to, da predstavlja Božji dar, ki sem ga bil deležen iz ne popolnoma jasnih razlogov. Včasih slišim kakšnega diplomiranca reči, da mu je po diplomi zelo malo nadudlanega znanja ostalo v glavi. Takšno priznanje mi je ob mojih nespornih akademskih hibah nekoliko v uteho.

Tistega junijskega dne leta 1915, ko sem prejel diplomo Univerze v Kalkuti, sem pokleknil k stopalom svojega guruja in se mu zahvalil za vse blagoslove, ki so se iz njegovega življenja* stekali v mojega.

* Moč vplivanja na um drugega in na potek dogodkov je *vibhuti* (jogijska moč), omenjen v III,24 Patanjdžalijevih *Suter o jogi*, ki ga razloži kot posledico »vesoljnega sočutja«. [Dve akademski deli o *Sutrah* sta *Yoga-System of Patanjali* (Vol. 17, Oriental Series, Harvard Univ.) in Dasguptova *Yoga Philosophy* (Trubner's, London).]

Vse svete knjige oznanjajo, da je Gospod ustvaril človeka po svoji vsemogočni podobi. Obvladovanje vesolja se zdi nekaj nadnaravnega, a v resnici je takšna moč naraven del vsakogar, ki doseže ‚pravilno spominjanje' svojega božanskega izvora. Ljudje z Božjim spoznanjem kot Šri Jukteševar nimajo egoističnega načela (*ahamkare*) in njegovih izbruhov osebnih želja. Dejanja resničnih učiteljev so zlahka skladna z *rito*, naravno pravičnostjo. V besedah Emersona vsi veliki »niso vrli, ampak so vrlina. Takrat napoči konec stvarjenja in je Bog zadovoljen.«

Vsakdo z božanskim spoznanjem bi lahko izvajal čudeže, saj tako kot Kristus razume subtilne zakone stvarstva. A vsi učitelji se ne odločijo za uporabo izjemnih moči. (Glej op. na str. 249.) Vsak svetnik na svoj način odseva Boga. V svetu, v katerem niti dve zrni peska nista popolnoma enaki, je izražanje individualnosti nekaj temeljnega.

Od Boga razsvetljenih svetnikov se ne da spraviti v okvir absolutnih pravil. Nekateri izvajajo čudeže, drugi jih ne. Nekateri niso aktivni, medtem ko se drugi (kot kralj Džanaka starodavne Indije ali sv. Terezija Avilska) posvečajo obsežnim dejavnostim. Nekateri poučujejo, potujejo in sprejemajo učence, drugi pa preživijo svoja življenja

»Vstani, Mukunda,« je rekel blago. »Gospodu se je preprosto zdelo bolj prikladno, da ti je dal diplomo, kot pa da bi zamenjal sonce in luno!«

---

tiho in nevpadljivo kot senca. Posvetni kritiki ne morejo prebrati skrivnega zvitka karme (preteklih dejanj), ki za vsakega svetnika razvije drugačen načrt.

24. POGLAVJE

Postanem menih reda svamijev

»Učitelj, moj oče bi rad, da sprejmem vodstveni položaj v Bengalsko-nagpurskih železnicah. Vendar sem to jasno zavrnil.« Upajoče sem dodal: »Me boste sprejeli v red svamijev?« Proseče sem ga pogledal. V preteklih letih je že zavrnil to prošnjo, da bi preizkusil mojo odločenost. Zdaj pa se je ljubeznivo nasmehnil.

»Dobro, jutri te bom posvetil v svamija.« Tiho je nadaljeval: »Vesel sem, da si vztrajal v svoji želji, da postaneš menih. Lahiri Mahašaja je pogosto rekel: „Če ne povabiš Boga za svojega poletnega gosta, ne bo prišel niti v zimi tvojega življenja.“«

»Dragi učitelj, nikoli se ne bi mogel odpovedati želji, da bi pripadal redu svamijev, kakor mu pripada vaša častita oseba.« Nasmehnil sem se mu z neizmerno naklonjenostjo.

»Kdor ni oženjen, skrbi za to, kar je Gospodovo, kako bi ugajal Gospodu, kdor pa je oženjen, skrbi za to, kar je posvetno, kako bi ugajal ženi.«* Razčlenil sem življenja mnogih svojih prijateljev, ki so se po določenem duhovnem urjenju poročili. Ko so zapluli na morje posvetnih odgovornosti, so pozabili na sklepe, da se bodo posvečali globoki meditaciji.

Zame je nepojmljivo postaviti Gospoda v življenju na drugo mesto.† On je Edini Lastnik vesolja, ki ljudi iz enega življenja v drugega tiho zasipa z darovi. Človek mu v zameno lahko ponudi le en dar – svojo ljubezen, za katero ima moč, da mu jo odreče ali pa nakloni.

Ko je Stvarnik z neskončnim trudom zavil v skrivnost svojo navzočnost v atomih stvarstva, je lahko imel ob tem le en motiv,

* 1 Kor 7,32-33.

† »Kdor Boga postavi na drugo mesto, mu mesta sploh ne da.« – *Ruskin.*

eno občutljivo željo: da bi ga človek iskal izključno po svobodni volji. Ali ni z žametno rokavico največje ponižnosti zakril svoje železne roke vsemogočnosti?

Naslednji dan je bil eden od najbolj nepozabnih v mojem življenju. Spominjam se, da je bil sončen četrtek, julija 1915, nekaj tednov potem, ko sem diplomiral na kolidžu. Na notranjem balkonu ašrama v Seramporju je učitelj nov kos bele svile namočil v oker barvilo, ki je svili dalo tradicionalno barvo reda svamijev. Ko se je blago posušilo, mi ga je guru ovil okrog telesa kot ogrinjalo asketa.

»Nekega dne boš šel na Zahod, kjer imajo raje svilo,« je rekel. »Kot simbol sem zate izbral ta svileni material namesto običajnega bombaža.«

V Indiji, kjer menihi sledijo idealu uboštva, le redko vidiš svamija, oblečenega v svilo. Mnogi jogiji pa kljub temu nosijo oblačila iz svile, ker ta določene subtilne telesne tokove ohranja bolje od bombaža.

»Nisem privrženec slovesnosti,« je pripomnil Šri Juktešvar. »V svamija te bom posvetil na *bidvat* (neobreden) način.«

Bibidisa ali razdelana posvetitev v red svamijev vključuje obred z ognjem, med katerim se opravi simbolična pogrebna slovesnost. Fizično telo učenca naj bi bilo mrtvo, upepeljeno v ognju modrosti. Novemu svamiju nato podelijo mantro, kot je: »Ta *atma* je Brahma«* ali »Ti si To« ali »Jaz sem On«. Šri Juktešvar pa je v svoji ljubezni do preprostega obšel vse te formalne obrede in me le prosil, naj si izberem novo ime.

»Dovolim ti, da si ga izbereš sam,« je rekel smehljaje.

»Jogananda,«† sem odvrnil po kratkem premisleku. To ime pomeni 'blaženost (*ananda*) skozi združitev z Bogom (*joga*)'.

»Naj bo tako. S tem se odpoveduješ družinskemu imenu Mukunda Lal Ghoš in boš od zdaj naprej znan kot Jogananda iz veje Giri reda svamijev.«

* Dobesedno: 'Ta duša je Duh.' Najvišji Duh, Neustvarjeni, je v celoti nepogojen (*neti, neti*, ne to, ne ono), a se ga v *vedanti* pogosto omenja kot *Sat-Čit-Anando*, to je, Obstoj-Zavest-Blaženost.

† Jogananda je dokaj pogosto ime med svamiji.

Ko sem pokleknil pred Šri Juktešvarja in ga prvič slišal izgovoriti svoje novo ime, je moje srce preplavila hvaležnost. Kako ljubeče in neutrudno je delal za to, da bi deček Mukunda nekega dne postal menih Jogananda! Radostno sem zapel nekaj vrstic iz dolge pesmi gospoda Šankare* v sanskrtu:

Nisem um, razum, ego ali čustvo,
niti nebo, zemlja ali kovina nisem.
On sem, On sem, Blaženi Duh, On sem!
Ne rojstva ne smrti ne kaste nimam,
matere, očeta nobenega.
On sem, On sem, Blaženi Duh, On sem!
Nepojmljiv sem, brez oblike,
prežemam ude vsega življenja,
vezi se ne bojim, prost sem, večno prost,
On sem, On sem, Blaženi Duh, On sem!

Svami pripada meniškemu redu, ki je v Indiji spoštovan že od nekdaj. Pred več stoletji ga je v današnjo obliko reorganiziral Šankaračarja, od takrat pa ga je vodila neprekinjena vrsta častivrednih učiteljev (vsak od njih je zaporedno nosil naziv džagadguru šri šankaračarja). Red svamijev ima ogromno menihov, morda milijon. Zahteva za vstop v red je, da te vanj uvedejo osebe, ki so

* Šankaro pogosto imenujejo tudi Šankaračarja, *ačarja* pomeni 'verski učitelj'. Glede tega, kdaj je živel, si učenjaki niso enotni. Nekaj zapisov nakazuje, da je edinstveni monist živel v 6. stoletju pr. Kr., modrec Anandagiri pravi, da je živel od leta 44 do 12 pr. Kr., zahodni zgodovinarji ga postavljajo v 8. ali zgodnje 9. stoletje po Kr. Naklonjenost številnim dobam!

Pokojni džagadguru šri šankaračarja iz starodavnega Govardhan matha v Puriju, njegova svetost Bharati Krišna Tirtha, je leta 1958 za tri mesece prišel na obisk v Ameriko. To je bilo prvič, da je kdo od šankaračarjev potoval na Zahod. Pokrovitelj njegovega zgodovinskega gostovanja je bil *Self-Realization Fellowship*. Džagadguru je govoril na vodilnih ameriških univerzah in sodeloval v razpravi o svetovnem miru z uglednim zgodovinarjem dr. Arnoldom Toynbeejem.

Leta 1959 je purijski šri šankaračarja sprejel povabilo tedanje predsednice Šri Daje Mate, naj bo predstavnik gurujev Self-Realization Fellowshipa/Yogoda Satsanga Society of India pri posvetitvi dveh menihov Jogode Satsange v red svamijev. Slovesnost je opravil v templju Šri Juktešvarja v ašramu Jogode Satsange v Puriju. *(Opomba založnika)*

že svamiji. Vsi menihi reda svamijev lahko tako sledijo svojemu duhovnemu poreklu vse do skupnega guruja, Adija ('prvega') Šankaračarja. Menihi naredijo zaobljube uboštva (nenavezanosti na lastnino), čistosti in pokorščine vodilnemu oziroma duhovni avtoriteti. Katoliški meniški redovi so v mnogih pogledih podobni veliko starejšemu redu svamijev.

Svami svojemu novemu imenu doda še besedo, ki označuje njegovo formalno povezanost z enim od desetih pododdelkov reda svamijev. Med temi *dašanamiji* oziroma pridevki je tudi *Giri* (gora), ki mu pripada Svami Šri Juktešvar Giri in tako tudi jaz. Med drugimi vejami so še *Sagara* (morje), *Bharati* (dežela), *Puri* (območje), *Sarasvati* (modrost narave), *Tirtha* (romarski kraj) in *Aranja* (gozd).

Svamijevo redovniško ime, ki se po navadi konča z *ananda* (največja blaženost), nakazuje njegovo prizadevanje za dosego osvoboditve po določeni poti, stanju oziroma božanski lastnosti – ljubezni, modrosti, razločevanju, vdanosti, služenju, jogi. Njegov pridevek ponazarja harmonijo z naravo.

Zaradi ideala nesebičnega služenja vsemu človeštvu in odpovedi osebnim vezem in ambicijam se večina svamijev dejavno udejstvuje v človekoljubnem in vzgojnem delu v Indiji in občasno tudi v tujih deželah. Svami zavrže predsodke glede kaste, vere, razreda, barve, spola in rase ter sledi načelom človeškega bratstva. Njegov cilj je popolna enost z Duhom. Svojo zavest ponoči in podnevi prepaja z mislijo: »Jaz sem On,« in hodi zadovoljen po svetu, vendar ni od tega sveta. Le tako upraviči svoj naziv *svami*: nekdo, ki želi doseči enost s *Sva* ali s Seboj.

Šri Juktešvar je bil oboje, svami in jogi. Svami, ki je formalno gledano menih po svoji povezanosti s častitljivim redom, ni vedno jogi. Jogi je vsak, ki uporablja znanstveno tehniko za doseganje božanskega spoznanja. Lahko je poročen ali neporočen, lahko ima posvetne dolžnosti ali pa uradne verske vezi.

Svami morda sledi le poti golega razuma, hladnemu odpovedovanju, jogi pa se udejstvuje v jasno začrtanem postopku, s katerim disciplinira telo in um ter postopoma osvobodi dušo. Jogi ničesar ne sprejme za resnično na temelju čustev ali verjetja, ampak izvaja

ŠRI ŠANKARAČARJA NA SEDEŽU SRF-YSS

Šri Džagadguru Šankaračarja Bharati Krišna Tirtha iz Purija v Indiji na mednarodnem sedežu Self-Realization Fellowshipa v Los Angelesu (ki ga je leta 1925 vzpostavil Paramahansa Jogananda). Leta 1958 je Džagadguru, vodilni reda svamijev, prišel na trimesečni obisk v Ameriko pod pokroviteljstvom Self-Realization Fellowshipa. Bilo je prvič v zgodovini starodavnega reda svamijev, da je šankaračarja potoval na Zahod. (Glej op. na str. 243.)

temeljito preizkušene vaje, ki so jih začrtali že starodavni rišiji. V vseh obdobjih Indije je joga ustvarila ljudi, ki so postali resnično svobodni, pravi jogi-Kristusi.

Jogo lahko tako kot katerokoli drugo znanost uporabijo ljudje po vsem svetu in v vsaki dobi. Teorija, ki so jo razvili nekateri nevedni pisci, da je joga ‚nevarna' ali ‚neprimerna' za zahodnjake, je popolnoma zmotna in je na žalost odvrnila mnoge iskrene učence od iskanja njenih mnogoterih blagoslovov.

Joga je metoda za obvladovanje naravne razburkanosti misli, ki ljudem vseh dežel nepristransko preprečuje, da bi uzrli svojo pravo naravo Duha. Tako kot zdravilna svetloba sonca je tudi joga blagodejna za vse, vzhodnjake in zahodnjake. Misli večine ljudi so nemirne in nestalne. Obstaja jasna potreba po jogi – znanosti nadzorovanja uma.

Starodavni riši Patanjdžali* je opredelil jogo kot »nevtralizacijo izmeničnih valov v zavesti«.† Njegova kratka mojstrovina, *Sutre o jogi*, predstavlja enega od šestih sistemov hindujske filozofije. Za razliko od zahodnih filozofij vseh šest hindujskih sistemov‡ poleg teoretičnih naukov vsebuje tudi praktične. Po preučevanju vseh

* Ni znano, kdaj je Patanjdžali živel, mnogi učenjaki pa mu pripisujejo 2. stoletje pr. Kr. Rišiji so pisali razprave o številnih temah s tako velikim uvidom, da tudi v kasnejših dobah niso zastarale. A na poznejšo grozo zgodovinarjev se ti modreci niso niti malo potrudili svojim literarnim delom dodati svojih letnic in osebnega pečata. Vedeli so, da so njihova kratka življenja pomembna le začasno kot pobliski velikega neskončnega Življenja, in da je resnica brezčasna in je ni mogoče avtorsko zaščititi ali vzeti za svojo last.

† »*Čitta vritti nirodha*« (*Sutre o jogi* I,2), kar lahko prevajamo tudi s 'konec spreminjanja zadev duševnega'. *Čitta* je krovni izraz za mišljenje, ki ga sestavljajo pranične življenjske sile, *manas* (um oziroma čutna zavest), *ahamkara* (jaz), in *buddhi* (intuitivna inteligenca). *Vritti* (dobesedno 'vrtinec') se nanaša na valove misli in čustev, ki v človekovi zavesti nenehno nastajajo in izginevajo. *Nirodha* pomeni nevtralizacijo, prenehanje, nadzor.

‡ Šest ortodoksnih (na Vedah utemeljenih) sistemov je: *sankhja, joga, vedanta, mimamsa, njaja* in *vaišešika*. Bralci, ki jim je blizu učenost, bodo navdušeni nad pretanjenostjo in širokim razponom teh starodavnih formulacij, ki so povzete v angleščini v *A History of Indian Philosophy,* Vol. I, profesorja Surendranatha Dasgupte (Cambridge Univ. Press).

mogočih ontoloških vprašanj hindujski sistemi izoblikujejo šest določnih načrtov vadbe, katerih cilj je trajna odstranitev trpljenja in pridobitev brezčasne blaženosti.

Kasnejše *upanišade* trdijo, da so izmed šestih sistemov *Sutre o jogi* tiste, ki vsebujejo najučinkovitejše metode za doseganje neposredne zaznave resnice. S praktičnimi jogijskimi tehnikami človek za vedno pusti za sabo puščobni svet ugibanj in v izkustvu spozna resnično Bistvo.

Patanjdžalijev sistem *joge* je znan pod imenom osemčlena pot.* Prva koraka sta (1) *jama* (moralno ravnanje) in (2) *nijama* (verske dejavnosti). *Jama* vključuje nenasilje do drugih, resnicoljubnost, odpoved kraji, vzdržnost in odsotnost pohlepa. *Nijama* predpisuje čistost telesa in duha, zadovoljstvo v vseh situacijah, samodisciplino, preučevanje sebe (kontemplacijo) in predanost Bogu in guruju.

Naslednji koraki so (3) *asana* (pravilna drža), hrbtenica mora biti zravnana in telo čvrsto v udobnem položaju za meditacijo, (4) *pranajama* (nadzor *prane*, subtilnih življenjskih tokov) in (5) *pratjahara* (umik čutov z zunanjih predmetov).

Zadnji koraki so oblike joge v njenem ožjem pomenu: (6) *dharana* (koncentracija), usmerjanje uma na eno misel, (7) *dhjana* (meditacija) in (8) *samadhi* (nadzavestna izkušnja). Ta osemčlena pot joge vodi h končnemu cilju, imenovanem *kaivalja* (absolutnost), v katerem jogi spozna Resnico, ki je onkraj vsakršnega intelektualnega dojemanja.

»Kdo je večji,« se lahko vprašamo, »svami ali jogi?« Če in ko nekdo doseže enost z Bogom, razlike med različnimi potmi izginejo. Bhagavad gita pa poudarja, da so jogijske metode namenjene vsem. Njene tehnike niso mišljene le za določene tipe ljudi in značaje, na primer za tiste redke osebe, ki se nagibajo k redovniškemu življenju. Joga ne zahteva formalne pripadnosti. Ker jogijska znanost zadovoljuje univerzalno potrebo, ima tudi naravno univerzalno privlačnost.

* Ne smemo ga zamenjevati s ‚plemenito osemčleno potjo' budizma, ki je vodič za človekovo ravnanje: (1) pravilni ideali, (2) pravilen nagib, (3) pravilen govor, (4) pravilno delovanje, (5) pravilen način preživljanja, (6) pravilen trud, (7) pravilno spominjanje (samega Sebe) in (8) pravilno spoznanje (*samadhi*).

Pravi jogi lahko vestno živi sredi sveta; je kot maslo na vodi, za razliko od nepinjenega mleka nediscipliniranega človeštva, ki zlahka razvodeni. Ni treba, da bi izpolnjevanje zemeljskih odgovornosti ločevalo človeka od Boga, pod pogojem, da se duševno ne zapleta z egocentričnimi željami in v življenju igra vlogo voljnega Božjega orodja.

Danes v Ameriki, Evropi in drugih nehindujskih deželah živijo številni veliki ljudje, ki morda še niso slišali besed *jogi* ali *svami*, pa so pravi zgled teh pojmov. Tisti, ki nesebično služijo človeštvu ali mojstrsko obvladujejo svoje strasti in misli ali z vsem srcem ljubijo Boga ali imajo veliko moč koncentracije, so v nekem smislu jogiji. Zastavili so si cilj joge – samonadzor. Ti ljudje bi se lahko dvignili v še večje višave, če bi se poučili o jasno opredeljeni znanosti joge, ki omogoča bolj zavestno usmeritev lastnega uma in življenja.

Nekateri zahodni pisci so jogo razumeli površno in napačno, a tisti, ki so jo kritizirali, je nikoli niso izvajali. Med mnogimi, ki so jogi dali priznanje, naj omenim dr. C. G. Junga, slavnega švicarskega psihologa.

»Ko se verska metoda priporoča kot ‚znanstvena', ste lahko prepričani, da bo na Zahodu deležna pozornosti. Joga izpolnjuje to pričakovanje,« je zapisal dr. Jung.* »Poleg očarljivosti novega in privlačnosti slabo razumljenega obstaja zelo dober razlog, da ima joga mnoge privržence. Nudi možnost nadzorovanega izkustva in tako zadovoljuje znanstveno potrebo po ‚dejstvih', poleg tega pa zaradi širine in globine, častitljive starosti ter nauka in metode, ki vključujeta vse stopnje v življenju, obljublja nepredstavljive možnosti.

Vsaka verska ali filozofska praksa predstavlja psihološko disciplino, to je metodo umske higiene. Raznovrstni, zgolj telesni postopki joge,† so tudi fiziološka higiena, ki je več kot običajna telovadba in dihalne vaje, glede na to, da ni zgolj mehanska in

* Dr. Jung se je leta 1937 udeležil Indijskega znanstvenega kongresa in prejel častni naziv Univerze v Kalkuti.

† Dr. Jung tukaj govori o *hatha jogi*, posebni veji telesnih položajev in tehnik za zdravje in dolgoživost. *Hatha* je koristna in vodi do izjemnih telesnih rezultatov, a jogiji, katerih cilj je duhovna osvoboditev, to vejo joge le malo uporabljajo.

znanstvena, ampak tudi filozofska. S tem, ko uri dele telesa, jih združuje s celim duhom, kot je dokaj jasno na primer pri vajah *pranajame*, kjer je *prana* oboje, dih in univerzalna dinamika vesolja …

Izvajanje joge … bi bilo neučinkovito brez zasnove, na kateri temelji joga, in ki na izredno popoln način združuje telesno in duhovno.

Na Vzhodu, kjer so se te ideje in vaje razvile, in kjer so se v več tisoč letih neprekinjenega izročila izoblikovali potrebni duhovni temelji, je joga, kar rade volje verjamem, popolna in ustrezna metoda združevanja telesa in uma, da tvorita enost, o kateri ne moremo dvomiti. Ta enovitost ustvarja psihološko stanje, ki omogoča uvide, ki presegajo zavest.«

Blizu je dan, ko bodo zahodnjaki spoznali, da je notranja znanost samonadzora ravno tako potrebna kot zunanje osvajanje narave. V atomskem veku se bo človeški um streznil in razširil ob zdaj že znanstveno neizpodbitni resnici, da je materija dejansko zgoščena energija. Človeški um lahko in mora v sebi osvoboditi energijo, ki je večja od energije v kamnih in kovinah, sicer se bo pravkar izpuščeni materialni atomski velikan obrnil proti svetu v brezglavem uničenju. Posredna korist skrbi človeštva glede atomskih bomb bo morda povečano zanimanje za praktično uporabo znanosti joge,* resničnega ‚zaklonišča pred bombami'.

* Mnogo nepoučenih ljudi govori o jogi kot o *hatha jogi* ali pa menijo, da je joga ‚magija', temni in skrivnostni obredi za dosego izjemnih moči. Ko pa učenjaki govorijo o jogi, govorijo o sistemu, ki je razložen v *Sutrah o jogi* (znanih tudi kot *Patanjdžalijevi aforizmi)* – o *radža* ('kraljevski') *jogi*. Ta razprava vključuje tako veličastne filozofske ideje, da je navdihnila komentarje nekaterih največjih indijskih mislecev, med drugim razsvetljenega učitelja Sadašivendre (glej op. na str. 429).

Tako kot drugih pet ortodoksnih (na Vedah osnovanih) filozofskih sistemov imajo tudi *Sutre o jogi* ‚magijo' moralne čistosti (‚deset zapovedi' *jame* in *nijame*) za nepogrešljivo pripravo na verodostojno filozofsko raziskovanje. Ta osebna zahteva, pri kateri ne vztrajajo na Zahodu, je šestim indijskim disciplinam dala trajno vitalnost. Kozmični red (*rita*), ki ohranja vesolje, ni drugačen od moralnega reda, ki vodi človekovo usodo. Kdor ni pripravljen spoštovati univerzalnih moralnih načel, se ni resno odločil iskati resnice.

V tretjem delu *Suter o jogi* so omenjene različne jogijske čudežne moči (*vibhutiji* in *siddhiji*). Pravo védenje je vedno moč. Pot joge se deli na štiri stopnje, vsaka ima svoj *vibhuti*. Ko jogi doseže določeno moč, ve, da je uspešno prestal preizkuse ene od štirih stopenj. Pojav značilnih moči je dokaz za znanstveno strukturo sistema joge, v katerem varljive domneve glede lastnega ‚duhovnega napredka' izginejo, ker se zahteva dokaz!

Patanjdžali opozarja vernika, da naj bo edini cilj enost z Duhom, ne pa posedovanje *vibhutijev*, ki so zgolj stranski cvetovi ob sveti poti. Iskati je treba Večnega Darovalca, ne pa njegovih izrednih darov! Bog se ne razkrije iskalcu, ki je zadovoljen z manjšim dosežkom. Prizadevni jogi torej skrbno pazi, da ne bi izkazoval svojih izjemnih moči, saj bi lahko vzbudile napuh in ga odvrnile od vstopa v najvišje stanje *kaivalje*.

Ko jogi doseže svoj Neskončni Cilj, *vibhutije* po želji uporablja ali pa se tega vzdrži. Vsa njegova dejanja, čudežna ali druga, so potem opravljena brez karmične vpletenosti. Železne ostružke karme pritegne le tja, kjer še vedno obstaja magnet osebnega jaza.

25. POGLAVJE

Brat Ananta in sestra Nalini

»Ananta ne more več živeti, pesek njegove karme za to življenje se je iztekel.«

Te neizprosne besede so dosegle mojo notranjo zavest, ko sem nekega jutra sedel v globoki meditaciji. Kmalu potem, ko sem vstopil v red svamijev, sem šel na povabilo starejšega brata Anante na obisk v svoj rodni kraj Gorakhpur. Ko ga je nenadna bolezen priklenila na posteljo, sem ga ljubeče negoval.

To turobno notranje naznanilo me je napolnilo z žalostjo. Zdelo se mi je, da ne morem več ostati v Gorakhpurju, da bi gledal, kako bo brat vzet pred mojimi nemočnimi očmi. Sredi nerazumevanja in kritike sorodnikov sem odšel iz Indije, vkrcal sem se na prvo ladjo, ki je bila na voljo. Križarila je vzdolž Burme in Kitajskega morja do Japonske. Izkrcal sem se v Kobeju, kjer sem preživel le nekaj dni. Pretežko mi je bilo pri srcu, da bi se razgledoval naokoli.

Ob vračanju v Indijo se je ladja zasidrala v Šanghaju. Tam me je ladijski zdravnik dr. Misra napotil v več trgovin s spominki, kjer sem izbral različna darila za Šri Juktešvarja, za domače in prijatelje. Za Ananto sem kupil veliko umetnino, izrezljano iz bambusa. Takoj ko mi je kitajski prodajalec podal izdelek, sem ga spustil na tla in vzkliknil: »To sem kupil za ljubega, mrtvega brata!«

Prevzelo me je jasno spoznanje, da se je njegova duša ravno osvobodila in odšla v Neskončnost. Ob padcu na tla je spominek simbolično počil. Ihte sem na bambus napisal: »Za mojega ljubega Ananto, ki je odšel.«

Moj tovariš zdravnik me je opazoval s sardoničnim nasmeškom na obrazu.

»Prihranite si solze,« je pripomnil. »Zakaj bi jih točili, dokler niste prepričani, da je res mrtev?«

Ko smo pripluli do Kalkute, me je dr. Misra znova pospremil na kopno. Na pomolu me je pričakal najmlajši brat Bišnu.

»Vem, da je Ananta odšel s tega sveta,« sem mu rekel, še preden je spregovoril. »Prosim, povej meni in gospodu zdravniku, kdaj je umrl.«

Bišnu je navedel prav tisti dan, ko sem v Šanghaju kupoval spominke.

»Poslušajta!« je vzkliknil dr. Misra. »Nikar ne govorita tega okrog! Profesorji bodo študiju medicine, ki je že tako dolg, dodali še eno leto za program mentalne telepatije!«

Ko sem stopil v naš dom, me je oče toplo objel. »Prišel si,« je rekel nežno. Po licu sta mu spolzeli dve veliki solzi. Običajno je bil zadržan in mi do takrat še ni pokazal teh zunanjih znakov naklonjenosti. Na zunaj resni oče je v sebi nosil mehko srce matere. V vseh družinskih zadevah je igral vlogo obeh staršev.

Kmalu po Anantovi smrti je božanska ozdravitev rešila življenje moji mlajši sestri Nalini. Preden podam podrobnosti, bom omenil dogajanje v najinem zgodnjem življenju.

V otroštvu najin odnos ni bil najbolj vesele narave. Jaz sem bil zelo suh, ona pa še bolj. Po nezavednem nagibu, ki ga bodo psihologi brez dvoma z lahkoto prepoznali, sem sestro pogosto dražil zaradi njenega videza. Tudi njeni odgovori so bili prežeti z neusmiljeno odkritosrčnostjo otroka. Včasih je morala vmes poseči mama, okrog ušes mi je prisolila rahlo zaušnico (ker sem bil starejši) in tako za nekaj časa naredila konec najinim otročjim prepirom.

Ko je bilo sestrinih šolskih let konec, se je zaročila z dr. Pančanonom Bosom, simpatičnim mladim zdravnikom iz Kalkute. Čez čas smo razkošno praznovali njuno poroko. Na poročno noč sem se pridružil veliki, veselo razpoloženi skupini sorodnikov v dnevni sobi našega doma v Kalkuti. Ženin je slonel na velikanski blazini iz zlatega brokata, Nalini pa je bila ob njem. Niti prekrasni svileni vijoličasti *sari** ni mogel povsem skriti njene koščenosti. Poiskal sem si zavetje za blazino novega svaka in se mu prijateljsko nasmehnil. Do dneva poročne slovesnosti ni Nalini še nikoli videl, in je šele zdaj odkril, kaj je dobil na poročni loteriji.

Dr. Bos je začutil, da sočustvujem z njim, neopazno je pomignil proti Nalini in mi šepnil v uho: »No, kaj pa je to?«

»No, doktor,« sem mu odvrnil, »to je okostnjak, ki ga boste lahko preučevali!«

Leta so minevala in dr. Bosa je naša družina vzljubila ter ga vedno poklicala, kadar je kdo zbolel. Postala sva tesna prijatelja, pogosto sva skupaj zbijala šale, ponavadi na Nalinin račun.

»Tvoja suha sestra je pravo medicinsko čudo,« je moj svak pripomnil nekega dne. »Na njej sem poskusil vse – ribje olje, maslo, slad, med, ribe, meso, jajca, tonike, a zredila se ni niti za gram.«

Nekaj dni kasneje sem obiskal Bosa na njegovem domu. Opravek, ki sem ga imel tam, je trajal le nekaj minut, in ob odhodu sem mislil, da me Nalini ni opazila. Ko sem prišel do vhodnih vrat, sem zaslišal njen glas. Nagovorila me je prijazno, a odločno.

»Brat, pridi sem. Tokrat se mi ne boš izmuznil. Rada bi govorila s teboj.«

Po stopnicah sem se povzpel v njeno sobo. Na moje presenečenje je jokala.

»Dragi brat,« je rekla, »zakopljiva bojno sekiro. Vidim, da si zdaj trdno na duhovni poti. V vseh pogledih bi rada postala kot ti.« Upajoče je dodala: »Zdaj si telesno krepak, boš pomagal tudi meni? Moj mož se mi sploh ne približa, jaz pa ga tako zelo ljubim! A moja največja želja je napredovati v Božjem spoznanju, tudi če bom morala še naprej biti suha† in neprivlačna.«

S svojo prošnjo me je ganila v dno srca. Najino novo prijateljstvo je od tedaj postopoma raslo in nekega dne me je prosila, naj jo sprejmem za učenko.

* Elegantno ogrnjena obleka Indijk.

† Ker je večina ljudi v Indiji suhih, je zaželena zmerna polnost.

»Uči me, kakor želiš. Zaupam v Boga in ne v tonike.« Zbrala je celo naročje zdravil in jih zlila v odtok zunaj okna.

Da bi preizkusil njeno vero, sem jo prosil, naj iz svoje prehrane umakne vse ribe, meso in jajca.

Po več mesecih, med katerimi je Nalini dosledno upoštevala različna pravila, ki sem jih začrtal in se je kljub mnogim težavam držala vegetarijanske prehrane, sem jo obiskal.

»Sestrica, natančno si izvajala duhovne napotke, tvoja nagrada je blizu.« Navihano sem se nasmehnil. »Kako okrogla bi bila rada? Tako debela kot najina teta, ki že dolgo let ni videla svojih stopal?«

»Ne! A rada bi bila tako krepka, kot si ti.«

Svečano sem ji odgovoril: »Po Božji milosti, kakor sem vedno govoril resnico, jo govorim tudi zdaj.* Po Božjem blagoslovu se bo tvoje telo z današnjim dnem začelo spreminjati. V enem mesecu bo imelo enako težo kot moje.«

Te besede, ki so prišle naravnost iz mojega srca, so se izpolnile. V tridesetih dneh je Nalini dosegla mojo težo. Nova zaobljenost jo je polepšala, njen mož se je močno zaljubil vanjo. Njun zakon, ki se je začel tako neobetavno, se je izkazal za izredno srečnega.

Po vrnitvi z Japonske sem izvedel, da je Nalini med mojo odsotnostjo zbolela za trebušnim tifusom. Pohitel sem na njen dom in z grozo odkril, da je močno shujšala. Bila je v komi.

Svak mi je povedal: »Preden ji je bolezen zameglila um, je pogosto govorila: „Če bi bil tukaj brat Mukunda, se to ne bi zgodilo.“« V solzah je še dodal: »Zdravniki ne vidimo niti žarka upanja več. Po dolgem obdobju trebušnega tifusa je nastopila še krvava griža.«

* Hindujski sveti spisi oznanjajo, da tisti, ki stalno govorijo resnico, razvijejo moč, da materializirajo svoje besede. Kar ukažejo iz srca, to se uresniči. (*Sutre o jogi* II,36.)

Ker so svetovi zgrajeni na resnici, jo vsi sveti spisi slavijo kot krepost, po kateri lahko človek uglasi svoje življenje z Neskončnim. Mahatma Gandhi je pogosto rekel: »Resnica je Bog.« Vse življenje si je prizadeval za popolno resnico v mislih, besedah in dejanjih. Ideal *satje* (resnice) že dolga tisočletja prežema hindujsko družbo. Marko Polo je zapisal, da *brahmini* »niso želeli izreči laži za nič na svetu«. Angleški sodnik v Indiji, William Sleeman, je v svojem *Journey Through Oudh in 1849–50* zapisal: »Za menoj je na stotine primerov, v katerih so bili človekova lastnina, svoboda ali življenje odvisni od tega, ali se bo zlagal, pa tega ni bil pripravljen storiti.«

Na vso moč sem molil. Pripeljal sem angloindijsko negovalko, ki mi je bila v veliko pomoč. Na sestri sem izvajal različne jogijske metode zdravljenja. Krvava griža je izginila.

Dr. Bos je kljub temu žalostno zmajal z glavo. »Sploh nima več krvi, da bi jo lahko izgubljala.«

»Okrevala bo,« sem odvrnil odločno. »Čez sedem dni bo njene vročine konec.«

Teden kasneje sem bil navdušen, ko je Nalini odprla oči in se ljubeče zazrla vame, ko me je prepoznala. Po tistem dnevu je hitro okrevala. Čeprav je znova pridobila običajno težo, ji je ostala žalostna posledica skoraj smrtonosne bolezni: ohromljene noge. Tako indijski kot angleški specialisti so povedali, da bo invalidna do konca življenja.

Nenehen boj za njeno življenje, ki sem ga bíl z molitvami, me je izčrpal. Za pomoč sem šel v Serampor prosit Šri Juktešvarja. Ko sem mu povedal za Nalinijino stisko, se je v njegovih očeh zrcalilo globoko sočutje.

»Po preteku enega meseca bodo noge tvoje sestre spet zdrave.« Dodal je še: »Naj na koži nosi trak z nepreluknjanim dvokaratnim biserom, pritrjenim s sponko.«

Radostno in z olajšanjem sem se spustil k njegovim stopalom.

»Učitelj ste, vaše zagotovilo, da bo ozdravela, mi zadošča. A če vztrajate, ji bom takoj prinesel biser.«

Moj guru je pokimal. »Ja, naredi tako.« Nato je točno opisal telesne in duševne značilnosti Nalini, ki je še nikoli ni videl.

»Gurudži,« sem ga vprašal, »je to astrološka analiza? Saj ne veste, katerega dne in katero uro se je rodila.«

Šri Juktešvar se je nasmehnil. »Obstaja tudi globlja astrologija, ki ni odvisna od koledarjev in ur. Vsak človek je del Stvarnika oziroma Kozmičnega Človeka. Poleg zemeljskega ima tudi nebeško telo. Človeško oko vidi telesno obliko, notranje oko pa prodre veliko globlje, celo v univerzalni vzorec, katerega sestavni in posamični del je vsak človek.«

Vrnil sem se v Kalkuto in kupil biser* za Nalini. V mesecu dni so se njene ohromljene noge popolnoma pozdravile.

Sestra me je prosila, naj njeno iskreno hvaležnost prenesem guruju. Molče je poslušal njeno sporočilo. Ko sem odhajal, pa me je pospremil s plodno mislijo:

»Zdravniki so tvoji sestri rekli, da nikoli ne bo mogla imeti otrok. Zagotovi ji, da bo v nekaj letih rodila dve hčeri.«

Nekaj let kasneje je presrečna Nalini povila deklico in nekaj let zatem še eno.

* Biseri in drugi dragulji, prav tako pa kovine in rastline, ki jih položimo neposredno na kožo, imajo elektromagnetni vpliv na telesne celice. Človeško telo vsebuje ogljik in različne kovinske elemente, ki so navzoči tudi v rastlinah, kovinah in draguljih. Odkritja rišijev na teh področjih bodo fiziologi nekega dne nedvomno potrdili. Človekovo občutljivo telo s svojimi električnimi življenjskimi tokovi je še polno neraziskanih skrivnosti.

Čeprav imajo dragi kamni in kovinske zapestnice zdravilne učinke na telo, je imel Šri Juktešvar še nek drug razlog za to, da jih je priporočal. Učitelji nikoli ne želijo, da bi jih drugi videli kot velike zdravilce – Bog je edini zdravilec. Svetniki zato pogosto zavijejo moči, ki so jih ponižno prejeli od Gospoda, v različne preobleke. Človek običajno verjame oprijemljivim stvarem. Ko so ljudje prihajali k mojemu guruju, da bi jih ozdravil, jim je svetoval, naj nosijo zapestnico ali dragulj, da bi vzbudil njihovo vero in hkrati preusmeril pozornost od sebe. Zapestnice in dragulji so imeli poleg lastnih elektromagnetnih zdravilnih moči tudi učiteljev skriti duhovni blagoslov.

ŠRI DAJA MATA V OBČESTVU Z BOGOM

Šri Daja Mata, tretja predsednica Self-Realization Fellowshipa/Yogoda Satsanga Society of India, zatopljena v meditacijo med obiskom v Indiji leta 1968. »Paramahansa Jogananda nam je pokazal pot,« je zapisala, »ne le z besedami in z božanskim zgledom, ampak tudi s tem, da nam je dal znanstvene metode SRF za meditacijo. Žejo duše je nemogoče zadovoljiti le z branjem o resnici. Piti je treba globoko iz Izvira Resnice – Boga. Samospoznanje pomeni ravno to: neposredno izkušnjo Boga.« Bila je prava 'mati sočutja', kot nakazuje njeno ime Daja Mata, in je svoje življenje posvetila ljubezni do Boga in deljenju njegove ljubezni z drugimi.

26. POGLAVJE

Znanost krija joge

Znanost *krija joge*, ki jo tako pogosto omenjam na teh straneh, je v moderni Indiji postala širše znana preko delovanja Lahirija Mahašaje, guruja mojega guruja. Koren sanskrtske besede *krija* je *kri*, 'početi', 'delovati in odzivati se'. Isti koren najdemo v besedi *karma*, naravnem načelu vzroka in posledice. *Krija joga* je tako 'združitev (*joga*) z Neskončnim s pomočjo določenega dejanja ali obreda (*krija*)'. Jogi, ki redno izvaja to tehniko, se postopoma osvobodi karme oziroma predpisane verige ravnovesij med vzrokom in posledico.

Zaradi določenih starodavnih prepovedi ne smem podati celotne razlage *krija joge* v knjigi, ki je namenjena splošni javnosti. Tehnike same se je treba naučiti od *krijabana* (*krija jogija)*, ki ga je pooblastil Self-Realization Fellowship (Yogoda Satsanga Society of India).* Tukaj bo moral zadoščati okviren opis.

Krija joga je preprosta psihofiziološka metoda, ki človeško kri očisti ogljikovega dioksida in jo znova napolni s kisikom. Atomi tega dodatnega kisika se pretvorijo v življenjski tok, ki poživi možgane in središča v hrbtenjači. S tem ko ustavi nabiranje venske krvi, jogi zmanjša oziroma celo prepreči propadanje tkiv. Zelo razvit jogi svoje celice spremeni v energijo. Elija, Jezus, Kabir in drugi preroki so

* Paramahansa Jogananda je tiste, ki ga bodo nasledili kot predsedniki in duhovni vodje njegovega društva (Self-Realization Fellowship/Yogoda Satsanga Society of India), pooblastil, da o *krija jogi* poučijo in vanjo posvetijo primerne učence ali za ta namen imenujejo posvečenega duhovnika SRF/YSS. Za trajno razširjanje znanosti *krija joge* je poskrbel tudi prek svojih *Lekcij Self-Realization Fellowshipa (Jogode)*, ki so na voljo po pošti z mednarodnega sedeža SRF v Los Angelesu (glej str. 548). (*Opomba založnika)*

obvladali *krijo* ali podobno tehniko, s katero so lahko svoja telesa po želji materializirali in dematerializirali.

Krija je starodavna znanost. Lahiri Mahašaja jo je prejel od svojega velikega guruja, Babadžija, ki je ponovno odkril in pojasnil to tehniko potem, ko se je izgubila v temnem veku. Babadži ji je dal novo, preprosto ime *krija joga*.

»*Krija joga*, ki jo v 19. stoletju dajem svetu po tebi,« je Babadži povedal Lahiriju Mahašaji, »je ponovna oživitev iste znanosti, ki jo je Krišna pred tisočletji dal Ardžuni in ki sta jo kasneje poznala Patanjdžali in Kristus ter sveti Janez, sveti Pavel in drugi učenci.«

Krija jogo v Bhagavad giti dvakrat omeni tudi Gospod Krišna, največji indijski prerok. Ena kitica pravi: »Z darovanjem vdiha v izdih in z darovanjem izdiha v vdih jogi ustavi oba diha. S tem sprosti *prano* iz srca in dobi nadzor nad življenjsko silo.«* To pomeni: »Jogi utiša delovanje pljuč in srca ter s tem zagotovi dodatno zalogo *prane* (življenjske sile), kar ustavi razpadne procese v telesu. Ustavi tudi rastne spremembe v telesu s tem, da nadzoruje *apano* (tok izločanja). Tako jogi nevtralizira razkroj in rast in se nauči nadzorovati življenjsko silo.«

Na drugem mestu v Giti piše: »Večno svoboden postane tisti mojster meditacije (*muni*), ki se ob iskanju Najvišjega Cilja umakne od zunanjih pojavov tako, da upre pogled v točko med obrvema in zaustavi enakomerna tokova *prane* in *apane* [ki tečeta] znotraj nosnic in pljuč; in ki ima nadzor nad čutnim umom in razumom; in ki odpravi željo, strah in jezo.«†

Krišna tudi pove,‡ da je v prejšnjem utelešenju posredoval neuničljivo jogo starodavnemu razsvetljencu Vivasvatu, ki jo je prenesel Manuju, vélikemu zakonodajalcu.§ Ta je nato o njej poučil

* Bhagavad gita IV,29.

† Bhagavad gita V,27–28. Za nadaljnjo razlago o znanosti diha glej str. 534 in 536–37.

‡ Bhagavad gita IV,1–2.

§ Predzgodovinski pisec *Manava dharma šastre* oziroma *Manujevih zakonov*. Te določbe kanoniziranega občega prava so v veljavi še v današnji Indiji.

Ikšvakuja, ustanovitelja indijske sončne dinastije bojevnikov. Kraljeva joga je tako prehajala od enega do drugega, rišiji so jo varovali vse do prihoda materialistične dobe.* Tedaj je zaradi duhovniške tajinstvenosti in človeške brezbrižnosti sveto izročilo postopoma postalo nedostopno.

Krija jogo je dvakrat omenil starodavni modrec Patanjdžali, najpomembnejši zagovornik joge, ki je napisal: »*Krija jogo* sestavljajo telesna disciplina, nadzor uma in meditacija na *Om*.«† Patanjdžali je govoril o Bogu kot o dejanskem kozmičnem zvoku *Om*, ki se ga sliši v meditaciji.‡ *Om* je Ustvarjalna Beseda, brnenje vibracijskega motorja, priča§ Božje navzočnosti. Celo začetnik v jogi lahko kmalu zasliši čudežni zvok *Om*. Ta blažena duhovna spodbuda ga prepriča, da je povezan z višjimi svetovi.

Patanjdžali drugič omenja tehniko *krija* oziroma nadzor življenjske sile z besedami: »Do osvoboditve je mogoče priti s tisto *pranajamo*, ki se doseže z razdružitvijo vdiha in izdiha.«¶

Sveti Pavel je poznal *krija jogo* oziroma podobno tehniko, s katero je lahko življenjske tokove vodil v čute ali jih odklopil od čutov. Zato je lahko rekel: »Pri naši hvali, ki jo imam v Kristusu

* Začetek materialistične dobe je bil po oceni hindujskih svetih knjig leta 3102 pr. Kr. Tistega leta je bil začetek zadnje padajoče *dvapara juge* v enakonočnem krogu in tudi začetek *kali juge* v vesoljnem krogu (glej str. 182–83). Večina antropologov meni, da je človeštvo pred deset tisoč leti živelo v barbarski kameni dobi, splošno razširjeno izročilo o zelo starodavnih civilizacijah Lemurije, Atlantide, Indije, Kitajske, Japonske, Egipta, Mehike in mnogih drugih dežel pa na kratko zavrnejo kot ‚mite'.

† *Sutre o jogi* II,1. Pri uporabi besedne zveze *krija joga* je imel Patanjdžali v mislih tehniko, ki jo je kasneje učil Babadži, ali njej zelo podobno tehniko. Da je Patanjdžali omenjal določeno tehniko nadzora življenjske sile, dokazuje njegov aforizem II,49 v *Sutrah o jogi* (navedek na tej strani).

‡ *Sutre o jogi* I,27.

§ »Tole govori Amen, zvesta in resnična *priča*, začetek Božjega stvarjenja.« – Raz 3,14. »V začetku je bila Beseda in Beseda je bila pri Bogu in Beseda je bila Bog. … Vse je nastalo po njej in brez nje ni nastalo nič, kar je nastalo.« – Jn 1,1-3. *Aum* iz Ved je postal sveta beseda *hum* Tibetancev, *amin* muslimanov in *amen* Egipčanov, Grkov, Rimljanov, Judov in kristjanov. Njen pomen v hebrejščini je *gotov, zanesljiv, zvest*.

¶ *Sutre o jogi* II,49.

Jezusu, *jaz vsak dan umrem.*«* Z metodo usmerjanja celotne telesne življenjske sile navznoter (običajno usmerjene navzven v svet čutil, kar mu daje navidezno veljavnost) je bil sveti Pavel redno deležen prave jogijske združitve s »hvalo« (blaženostjo) Kristusove Zavesti. V tem srečnem stanju se je zavedal, da je ‚mrtev' za čutne iluzije, za svet *maje*, oziroma je osvobojen od njega.

V začetnih stanjih občestva z Bogom (*sabikalpa samadhiju*) se vernikova zavest združi s Kozmičnim Duhom. Njegova življenjska sila se umakne iz telesa, ki se zdi ‚mrtvo', ker je negibno in otrplo. Jogi se popolnoma zaveda stanja telesa brez znakov življenja. Ko napreduje v višja duhovna stanja (*nirbikalpa samadhi*), pa je v občestvu z Bogom brez telesne omrtvelosti in sredi običajne budne zavesti, celo sredi težkih posvetnih dolžnosti.†

»*Krija joga* je orodje, s katerim lahko pospešimo človeško evolucijo,« je Šri Juktešvar razložil svojim učencem. »Starodavni jogiji so odkrili, da je skrivnost kozmične zavesti tesno povezana z obvladovanjem diha. To je edinstveni in nesmrtni indijski prispevek k svetovni zakladnici védenja. Življenjsko silo, ki je običajno zaposlena z ohranjanjem delovanja srca, je treba osvoboditi za višje dejavnosti z metodo umirjanja in ustavljanja nenehnih zahtev dihanja.«

Krija jogi mentalno usmerja svojo življenjsko energijo, da kroži, navzgor in navzdol, okrog šestih središč v hrbtenici (podaljšana hrbtenjača, vratni, hrbtni, ledveni, križnični in trtični pletež), ki ustrezajo dvanajstim nebesnim znamenjem zodiaka, simboličnega kozmičnega človeka. Pol minute kroženja energije po občutljivi hrbtenjači človeka povzroči rahel napredek v njegovi evoluciji. Tiste pol minute *krije* ustreza enemu letu naravnega duhovnega razvoja.

Astralni sistem človeškega bitja s šestimi (dvanajstimi zaradi polarnosti) notranjimi ozvezdji, ki krožijo okrog sonca vsevednega

* 1 Kor 15,31. »Naša hvala« je točnejši prevod od »ponos nad vami«, kot se tudi prevaja. Sveti Pavel je imel v mislih *univerzalnost* Kristusove Zavesti.

† Sanskrtska beseda *bikalpa* pomeni 'različnost, neenakost'. *Sabikalpa* je stanje *samadhija* 'z različnostjo', *nirbikalpa* je stanje, kjer 'ni različnosti'. Oziroma v *sabikalpa samadhiju* vernik ohrani rahlo občutenje ločenosti od Boga, v *nirbikalpa samadhiju* pa v polnosti spozna svojo istovetnost kot Duh.

duhovnega očesa, je povezan s fizičnim soncem in z dvanajstimi zodiakalnimi znamenji. Tako na vse ljudi vpliva notranje in zunanje vesolje. Starodavni rišiji so odkrili, da zemeljsko in nebesno okolje v nizu dvanajstletnih krogov človeka potiska naprej na njegovi naravni poti. Sveti spisi trdijo, da človek potrebuje milijon let običajne evolucije, brez bolezni, da izpopolni svoje možgane in doseže kozmično zavest.

Jogi pa, ki v osmih urah in pol izvede tisoč *krij*, v enem dnevu doseže za tisoč let naravne evolucije: 365.000 let evolucije v enem letu. *Krija jogi* lahko tako v treh letih z inteligentnim trudom doseže enak rezultat, kot bi ga dala narava v milijon letih. Seveda lahko to bližnjico uberejo le zelo razviti jogiji. Ob vodstvu guruja so takšni jogiji skrbno pripravili svoje telo in možgane, da prenesejo moč, ki jo proizvede intenzivno izvajanje *krija joge*.

Začetnik v *krija jogi* uporablja svojo jogijsko tehniko le štirinajst- do štiriindvajsetkrat, in sicer dvakrat dnevno. Številni jogiji dosežejo osvoboditev v šestih, dvanajstih, štiriindvajsetih ali oseminštiridesetih letih. Jogi, ki umre, preden je dosegel popolno spoznanje, nese s seboj dobro karmo preteklega prizadevanja v *krija jogi*. V njegovem novem življenju ga samodejno žene naprej proti Neskončnemu Cilju.

Telo povprečnega človeka je kot petdesetvatna žarnica, ki ne more sprejeti milijarde vatov moči, ki jo prebudi pretirano izvajanje *krije*. S postopnim in rednim povečevanjem preprostih in zanesljivih metod *krije* se človeško telo iz dneva v dan astralno spreminja in je na koncu sposobno izraziti neskončne potenciale kozmične energije, ki je prvi materialno dejavni izraz Duha.

Krija joga nima ničesar skupnega z neznanstvenimi dihalnimi vajami, ki jih poučujejo številni zavedeni zagreteži. Poskusi na silo zadrževati dih v pljučih so nenaravni in skrajno neprijetni. Izvajanje *krije* pa po drugi strani že od samega začetka spremljajo občutki miru in blagodejne oživitve v hrbtenici.

Starodavna jogijska tehnika preobrazi dihanje v duševni pojav. Z duhovnim napredkom lahko človek prepozna dih kot mentalni koncept, dejanje uma – sanjski dih.

Na mnogo načinov lahko ponazorimo matematično zvezo med hitrostjo človekovega dihanja in različnimi stanji njegove zavesti. Človek, ki je popolnoma zatopljen v poslušanje neke zapletene intelektualne razprave ali skuša izvesti kakšen natančen ali težak telesni podvig, samodejno diha zelo počasi. Osredotočenost pozornosti temelji na počasnem dihanju, hitro ali neenakomerno dihanje pa je neizogiben spremljevalec škodljivih čustvenih stanj: strahu, poželenja, jeze. Nemirna opica vdihne 32-krat na minuto, človek pa v povprečju 18-krat na minuto. Slon, želva, kača in druge živali, ki so znane po svoji dolgoživosti, dihajo počasneje od človeka. Orjaška želva, na primer, ki lahko doseže starost tristo let, vdihne le štirikrat na minuto.

Poživljajoči učinki spanca nastanejo zato, ker se človek začasno ne zaveda svojega telesa in dihanja. Speči človek postane jogi, vsako noč nezavedno izvaja jogijski obred, ne istoveti se več s telesom, in življenjsko silo združi z zdravilnimi tokovi v glavnem območju možganov in v šestih pod-dinamskih središčih v hrbtenici. Spečega človeka tako nevede napolni kozmična energija, ki ohranja življenje v celoti.

Jogi izvaja preprost, naravni proces zavestno, v nasprotju s spečim človekom, ki to počne nezavedno in napreduje počasi. *Krija jogi* uporabi svojo tehniko, da z neusahljivo svetlobo nasičuje in hrani vse svoje telesne celice in jih tako ohranja v duhovno namagnetenem stanju. Na znanstven način doseže, da dihanje ni več potrebno in (v času izvajanja) ne prehaja v negativna stanja spanja, nezavesti ali smrti.

V ljudeh, ki so pod vplivom *maje* oziroma naravnega zakona, življenjska energija odteka v zunanji svet, zapravijo in zlorabijo jo čuti. Med izvajanjem *krije* se ta tok obrne, življenjsko silo mentalno usmerimo v notranje vesolje, kjer se znova združi s subtilnimi energijami hrbtenjače. Ob takšni okrepitvi z življenjsko silo se jogijevo telo in možganske celice prenovijo z duhovnim napojem.

Ob ustrezni hrani, sončni svetlobi in harmoničnih mislih dosežejo ljudje, ki jih vodita le narava in njen božanski načrt, samospoznanje v milijon letih. Za najmanjšo izboljšavo v možganski zgradbi je potrebnih dvanajst let normalnega zdravega življenja. Milijon sončevih obratov se zahteva, da se možgani tako temeljito prečistijo, da se v njih manifestira kozmična zavest. *Krija jogiju* pa zaradi uporabe duhovne znanosti ni treba dolgo in skrbno spoštovati naravnih zakonov.

Ker *krija joga* razveže vez diha, ki povezuje dušo s telesom, podaljša življenje in razširi zavest v neskončnost. Tehnika joge premaga boj med umom in čuti, ki so vpleteni v snovno razsežnost, in osvobodi privrženca, da ponovno pridobi svoje večno kraljestvo. Tedaj ve, da njegova prava bit ni vklenjena niti s telesom niti z dihom – simbolom človekove sužnosti zraku, sužnosti osnovnim prisilam narave.

Krija jogi, ki obvladuje svoje telo in um, naposled doseže zmago nad »zadnjim sovražnikom«,* smrtjo.

> Smrt tvoja hrana bo, ki hrani se z ljudmi;
> in ko še smrt umre, umiranja več ni.†

Samoopazovanje oziroma ‚sedenje v tišini' je neznanstvena pot ločevanja uma in čutov, povezanih med seboj z življenjsko silo. Kontemplativni um, ki se skuša vrniti k božanskemu, življenjski tokovi nenehno vlečejo nazaj k čutom. *Krija*, ki preko življenjske sile *neposredno* nadzoruje um, je najlažja, najučinkovitejša in najbolj znanstvena pot k Neskončnemu. V primerjavi s počasno, negotovo ‚volovsko vprego' teološke poti k Bogu, lahko *krija jogo* upravičeno imenujemo ‚letalska povezava'.

Jogijska znanost temelji na empiričnem obravnavanju vseh tehnik koncentracije in meditacije. Joga svojemu privržencu omogoča,

* »Kot zadnji sovražnik bo uničena smrt.« (1 Kor 15,26). Ko telo Paramahanse Joganande po njegovi smrti ni strohnelo (glej str. 545), smo dobili dokaz, da je bil izpopolnjen *krija jogi*. Odsotnosti telesnega razkroja po smrti pa ne izkazujejo vsi veliki učitelji. (Glej op. na str. 330). Takšni čudeži se zgodijo, nam povedo hindujski sveti spisi, le s posebnim namenom. V primeru Paramahansadžija je ‚posebni namen' nedvomno prepričati Zahod o vrednosti joge. Babadži in Šri Juktešvardži sta Joganandadžiju naročila, naj služi Zahodu. Paramahansadži je izpolnil to zaupanje tako v svojem življenju kot v svoji smrti. *(Opomba založnika)*

† Shakespeare: *Sonet 146*.

da po želji izklopi ali vklopi življenjski tok k petim telefonom čutil vida, sluha, voha, okusa in tipa. Jogi, ki dobi moč izklapljanja čutov, po želji združi svoj um z božanskimi kraljestvi ali s snovnim svetom. Proti njegovi volji ga življenjska sila nič več ne more povleči nazaj v vsakdanjo sfero hrupnih občutkov in nemirnih misli.

Posledice preteklih dejanj nimajo več vpliva na življenje naprednega *krija jogija*, ampak ga vodi le duša. Vernik se tako izogne počasnemu evolucijskemu pouku v obliki dobrih in slabih egocentričnih dejanj običajnega življenja, tako okornemu in polžjemu za sokolja srca.

Boljša metoda dušnega življenja osvobodi jogija, ki stopi iz zapora ega in zadiha sveži zrak vsenavzočnosti. V primerjavi s tem je tlačanstvo naravnega življenja ponižujoče počasno. Človek, ki življenje prilagodi zgolj evolucijskemu redu, od narave ne more pričakovati, da bo zaradi njega pohitela. Čeprav ne krši nobenega od zakonov, ki urejajo njegovo telo in um, še vedno potrebuje milijon let zamaskiranih utelešenj, da doseže končno osvoboditev.

Daljnosežne metode jogija, ki si namesto telesnih in duševnih istovetenj izbere individualnost duše, se torej priporočajo ljudem, ki z odporom gledajo na tisočkrat tisoč let. To številčno obzorje se še oddalji za običajnega človeka, ki ne živi v harmoniji niti z naravo, kaj šele s svojo dušo, temveč išče nenaravne zaplete ter v mislih in telesu žali zdravo razumnost narave. Zanj bi za osvoboditev komaj zadoščala dva milijona let.

Navaden človek se redko ali nikoli ne zave, da je njegovo telo kraljestvo, ki mu vlada kraljica duša na prestolu lobanje, njeni pomožni regenti pa so šestero hrbteničnih središč oziroma področij zavesti. Ta teokracija se razteza na množico ubogljivih podložnikov: sedemindvajset tisoč milijard celic (obdarjenih z dejansko, čeprav na videz samodejno inteligenco, s katero izvajajo vse dolžnosti telesne rasti, preobražanja in razgradnje) in petdeset milijonov nevidnih misli, čustev in različic izmenjujočih se faz v zavesti človeka, ki v povprečju živi šestdeset let.

Vsak navidezen upor človekovega telesa ali uma proti kraljici duši v obliki bolezni ali nerazumnosti se ne zgodi zaradi nezvestobe med ponižnimi podložniki, ampak izvira iz pretekle ali trenutne človekove zlorabe individualnosti oziroma svobodne volje, ki jo je nepreklicno dobil hkrati z dušo.

Človeku, ki se poistoveti s plitvim egom, je samoumevno, da sam misli, hoče, čuti, prebavlja hrano in se ohranja pri življenju ter nikoli po razmisleku (zadoščalo bi ga že malo) ne prizna, da je v svojem običajnem življenju le lutka preteklih dejanj (karme) in narave oziroma okolja. Človekovi individualni razumski odzivi, občutki, razpoloženja in navade so le posledice preteklih vzrokov v tem življenju ali v prejšnjem. Visoko nad temi vplivi pa je njegova kraljevska duša. *Krija jogi* zavrne prehodne resnice in svoboščine ter preide onkraj vseh razočaranj v svojo neomejeno Bit. Sveta besedila vsega sveta razglašajo, da človek ni uničljivo telo, ampak živa duša. *Krija joga* je metoda, s katero lahko človek potrdi besede svetih spisov.

»Zunanji obred ne more uničiti nevednosti, ker si med seboj ne nasprotujeta,« je zapisal Šankara v svoji slavni *Stotniji kitic*. »Le znanje samospoznanja uničuje nevednost … Znanje ne more vzniknitі z ničimer drugim kot le s poizvedovanjem. Kdo sem jaz? Kako je nastalo vesolje? Kdo ga je ustvaril? Kakšen je njegov materialni vzrok? O takšnem poizvedovanju govorim.« Ker intelekt nima odgovora na ta vprašanja, so rišiji razvili jogo kot tehniko duhovnega poizvedovanja.

Pravi jogi prepreči, da bi se njegove misli, volja in čustva lažno identificirali s telesnimi željami, ter združi svoj um z nadzavestnimi silami v hrbteničnih svetiščih in tako živi v svetu, kakor je načrtoval Bog. Ne vodijo ga ne vzgibi iz preteklosti niti nove pobude človeške nespameti. Prejema izpolnitev Najvišje Želje in varno biva v dokončnem zatočišču neizčrpno blaženega Duha.

Zanesljivo in metodično učinkovitost joge je opisoval Krišna, ko je z naslednjimi besedami hvalil tehnološkega jogija: »Jogi je večji od asketov, ki disciplinirajo telo, večji celo od tistih, ki sledijo poti modrosti (*gjana jogi*) ali poti delovanja (*karma jogi*). O, učenec Ardžuna, postani jogi!«*

Krija joga je resnični »ognjeni obred«, ki ga pogosto poveličuje Gita. Jogi odvrže svoja človeška hrepenenja v monoteistični ogenj, posvečen neprimerljivemu Bogu. To je v resnici prava jogijska ognjena slovesnost, v kateri so vse pretekle in sedanje želje gorivo, ki ga použije Božja ljubezen. Najvišji Ogenj prejme žrtev človeške norosti in človek se očisti vse navlake. Z njegovih metaforičnih kosti je odstranjeno vse meso želja, njegovega karmičnega okostnjaka obeli razkužilno sonce modrosti, neoporečen pred človekom in Stvarnikom je naposled čist.

* Bhagavad gita VI,46.

Moderna znanost začenja odkrivati resnično izjemne zdravilne in obnavljalne učinke nedihanja na telo in um. Dr. Alvan L. Barach s Kolidža zdravnikov in kirurgov v New Yorku je razvil lokalno terapijo, v kateri pljuča počivajo, in s tem povrnil zdravje mnogim obolelim za tuberkulozo. Uporaba komore za izenačevanje tlaka omogoča bolnikom, da nehajo dihati. *New York Times* 1. februarja 1947 navaja dr. Baracha: »Učinek prenehanja dihanja na osrednji živčni sistem je zelo zanimiv. Težnja po premikanju mišic pod zavestnim nadzorom v okončinah se osupljivo zmanjša. Bolnik lahko leži v komori ure in ure, ne da bi premaknil roke ali spremenil svojo lego. Želja po kajenju izgine, ko preneha hoteno dihanje, celo pri bolnikih, ki so imeli navado pokaditi dve škatlici cigaret na dan. V mnogih primerih je sprostitev takšne narave, da bolnik ne potrebuje razvedrila.« Leta 1951 je dr. Barach javno potrdil vrednost zdravljenja, za katerega je rekel, da »ne pomaga počivati le pljučem, ampak celotnemu telesu in, zdi se, tudi umu. Srce je na primer za tretjino manj obremenjeno. Naše testne osebe je prenehalo skrbeti. Nobena se ne dolgočasi.«

Iz teh dejstev človek začne razumeti, kako je mogoče, da jogiji negibno sedijo dolge ure, ne da bi čutili umsko ali telesno potrebo po nemirni aktivnosti. Le skozi takšen mir lahko duša najde pot nazaj k Bogu. Čeprav morajo običajni ljudje biti v komori za izenačevanje tlaka, da so deležni določenih prednosti nedihanja, jogi potrebuje le tehniko *krija joge*, da prejme koristi v telesu in umu ter v zavedanju duše.

ZAHODNJAK V SAMADHIJU
Radžarši Džanakananda (James J. Lynn)
Na odmaknjeni plaži v Encinitasu v Kaliforniji je januarja leta 1937 po petih letih vsakodnevnega izvajanja *krija joge* g. Lynn v *samadhiju* (nadzavesti) prejel blaženo videnje: Neskončni Gospod kot Notranja Slava.

»Uravnoteženo življenje g. Lynna lahko služi kot navdih za vse ljudi,« je rekel Jogananda. Skrbno je opravljal dolžnosti posvetnega življenja, hkrati pa je vsak dan našel čas za globoko meditacijo k Bogu. Uspešni poslovnež je postal razsvetljen *krija jogi*. (Glej strani 394, 517–19.)

Paramahansadži je o njem ljubeče govoril kot o 'svetem Lynnu' in mu leta 1951 podelil redovniško ime Radžarši Džanakananda (po duhovno izpopolnjenem kralju Džanaki v starodavni Indiji). Naziv *radžarši*, dobesedno 'kraljevi riši', je izpeljan iz *radža* ('kralj') + *rši* (ali *riši*, 'velik svetnik').

27. POGLAVJE

Ustanovim šolo joge v Rančiju

»Zakaj si proti organizacijskemu delu?«

Ob tem učiteljevem vprašanju me je nekoliko streslo. V tistem času sem res gojil prepričanje, da so organizacije ‚osja gnezda'.

»To je nehvaležna naloga,« sem mu odvrnil. »Ne glede na to, kaj voditelj naredi ali česa ne naredi, ga ljudje kritizirajo.«

»Bi rad vso božansko *čhano* (skuto) le zase?« me je vprašal guru in me strogo gledal. »Bi lahko ti ali kdo drug dosegel občestvo z Bogom po jogi, če cela vrsta velikodušnih učiteljev ne bi bila pripravljena prenesti svojega znanja na druge?« Dodal je še: »Bog je med, organizacije so panji, oboje je potrebno. Vsakršna *oblika* je brez duha seveda neuporabna, a zakaj ne bi zgradil živahnih panjev, polnih duhovnega nektarja?«

Njegov nasvet me je globoko ganil. Čeprav nisem ničesar rekel, se je v mojem srcu porodila trdna odločitev: z drugimi bom, kolikor bo v moji moči, delil osvobajajoče resnice, ki sem se jih naučil ob svojem guruju. »Gospod,« sem molil, »naj tvoja ljubezen vedno sije na svetišče moje predanosti in naj zmorem prebuditi tvojo ljubezen v vseh srcih.«

Nekoč, preden sem se pridružil meniškemu redu, je Šri Juktešvar pripomnil nekaj nadvse nepričakovanega.

»V starosti boš zelo pogrešal družbo žene!« je rekel. »Se ne strinjaš, da družinski mož, ki opravlja koristno delo za vzdrževanje žene in otrok, s tem igra dragoceno vlogo v Božjih očeh?«

»Gurudži,« sem ugovarjal ves presenečen, »saj veste, da v tem življenju hrepenim le po Kozmičnem Ljubljenem.«

Učitelj se je tako veselo zasmejal, da sem vedel, da me s svojimi besedami le preizkuša.

»Ne pozabi,« je rekel počasi, »da lahko tisti, ki zavrne običajne posvetne dolžnosti, to upraviči le s tem, da prevzame neko obliko odgovornosti za veliko večjo družino.«

Ideal prave izobrazbe za mlade mi je bil vedno ljub. Jasno sem videl jalove rezultate običajnega poučevanja, katerega cilj je bil le razvoj telesa in uma. Moralne in duhovne vrednote, brez spoštovanja katerih se ne more nihče približati sreči, so v uradnem učnem načrtu kljub temu manjkale. Odločil sem se, da bom ustanovil šolo, kjer se bodo dečki lahko razvili v prave može. Prvi korak v to smer sem naredil s sedmimi otroki v Dihiki, majhnem, podeželskem kraju v Bengaliji.

Leto kasneje, leta 1918, sem lahko zaradi velikodušnosti sira Manindre Čandre Nandija, maharadže iz Kasimbazarja, hitro naraščajočo skupino preselil v Ranči. To mesto v Biharju, kakšnih tristo kilometrov od Kalkute, ima enega od najbolj zdravih podnebij v Indiji. Palača Kasimbazar v Rančiju je postala glavna zgradba nove šole, ki sem jo poimenoval ‚Jogoda Satsanga Brahmačarja Vidjalaja'.*

Pripravil sem tako osnovnošolski kot srednješolski program, ki vključuje kmetijske, industrijske, komercialne in akademske predmete. Sledil sem izobraževalnim idealom rišijev (katerih gozdni ašrami so bili starodavni sedeži učenosti, tako posvetne kot božanske, za mlade v Indiji) in poskrbel, da večina pouka poteka na prostem.

Učenci v Rančiju se učijo o jogijski meditaciji in edinstvenem sistemu za zdravje in razvoj telesa, *jogodi*, katere načela sem odkril leta 1916.

* *Vidjalaja*, šola. *Brahmačarja* se tukaj nanaša na eno od štirih obdobij iz vedskega načrta za človekovo življenje, ki ga sestavljajo (1) učenec v celibatu (*brahmačari*); (2) poročen človek s posvetnimi dolžnostmi (*grihastha*); (3) puščavnik (*vanaprastha*); (4) prebivalec gozda oziroma popotnik brez posvetnih skrbi (*sannjasi*). Ta idealni načrt za življenje, ki se ga v moderni Indiji večinoma sicer ne držijo, ima še vedno mnogo gorečih privržencev. Štiri faze se skrbno izvajajo pod vseživljenjskim vodstvom guruja.

Nadaljnje informacije o šoli Jogode Satsange v Rančiju so v 40. poglavju.

[Ranči se zdaj nahaja v državi Džharkhand, ki so jo ustanovili leta 2000 na ozemlju južnega dela Biharja. Ranči je glavno mesto Džharkhanda. – *Opomba založnika*]

Ob spoznanju, da je človeško telo kot električna baterija, sem sklepal, da ga lahko z neposrednim delovanjem človeške volje napolnimo z energijo. Ker ni dejanja, ki bi bilo mogoče brez *hotenja*, si lahko človek pomaga z osnovnim gibalom, voljo, da brez težavnih pripomočkov ali mehanskih vaj obnovi svoje moči. S preprostimi tehnikami jogode lahko človek svojo življenjsko silo (katere središče je v podaljšani hrbtenjači) v trenutku zavestno napolni iz neomejene zaloge kozmične energije.

Dečki v Rančiju so se dobro odzvali na usposabljanje v jogodi in so uspeli razviti izredno sposobnost prenosa življenjske sile z enega dela telesa na drugega in sedeti v popolni drži v zahtevnih *asanah* (telesnih položajih).* Izvajali so podvige v moči in vzdržljivosti, ki jim niso bili kos mnogi močni odrasli.

V šolo v Rančiju se je vpisal tudi moj najmlajši brat, Bišnu Čaran Ghoš. Kasneje je postal znan na področju telesne kulture. Z enim od svojih učencev je v letih 1938–1939 potoval na Zahod, kjer je prirejal demonstracije moči in nadzora nad mišicami. Profesorji na Univerzi Kolumbija v New Yorku in na mnogih drugih univerzah po Ameriki in Evropi so bili osupli ob prikazu moči uma nad telesom.†

Konec prvega šolskega leta v Rančiju se je število prijav za vpis povzpelo na dva tisoč. A šola, ki je bila tedaj namenjena zgolj v njej nastanjenim učencem, je imela le sto mest. Kmalu smo v šolo sprejeli tudi učence, ki niso stanovali v njej.

V Vidjalaji sem moral otrokom biti oče in mati in se ubadati z organizacijskimi težavami. Pogosto sem se spomnil na Kristusove besede: »Nikogar ni, ki bi zaradi mene in zaradi evangelija zapustil hišo ali brate ali sestre ali mater ali očeta ali otroke ali njive in ne bi zdaj, v tem času, skupaj s preganjanji, prejel stokrat toliko hiš, bratov, sester, mater, otrok in njiv, v prihodnjem veku pa večno življenje.«‡

* Kot odraz vse večjega zanimanja za *asane* (jogijske položaje) na Zahodu je izšlo več ilustriranih knjig s to tematiko.

† Bišnu Čaran Ghoš je umrl 9. julija 1970 v Kalkuti. *(Opomba založnika)*

‡ Mr 10,29–30.

Šri Juktešvar je te besede razlagal tako: »Vernik, ki se odreče običajnemu življenju, zakonu in vzgoji družine, da bi sprejel več odgovornosti za družbo na splošno („stokrat toliko hiš, bratov“), opravlja delo, ki ga pogosto spremlja preganjanje sveta, ki tega ne razume. A takšno širše istovetenje pomaga verniku premagati sebičnost in mu prinese božansko nagrado.«

Nekega dne je v Ranči prišel moj oče, da bi mi dal očetovski blagoslov, ki mi ga je dolgo odklanjal, ker sem ga prizadel z zavrnitvijo njegove ponudbe, da bi delal za Bengalsko-nagpurske železnice.

»Sin,« je rekel, »zdaj sem pomirjen s tvojo življenjsko izbiro. Srečen sem, ko te gledam med temi veselimi, zavzetimi mladimi. Sem spadaš, ne pa med puste številke železniških urnikov.« Ozrl se je proti ducatu malih, ki so mi bili za petami. »Jaz sem imel le osem otrok,« je pripomnil z iskrico v očeh, »vendar vem, kako se počutiš!«

Ker smo imeli na razpolago deset rodovitnih hektarjev zemlje, smo učenci, učitelji in jaz vsak dan uživali v vrtnarjenju in drugem delu na prostem. Imeli smo veliko hišnih ljubljenčkov, med drugim tudi mladega srnjaka, ki so ga otroci oboževali. Tudi jaz sem imel srnjačka tako rad, da sem mu dovolil spati v svoji sobi. Ob prvi dnevni svetlobi je živalca stopila k moji postelji, da bi se pocrkljala.

Nekega dne sem živalco nahranil bolj zgodaj kot ponavadi, ker sem moral po opravkih v mesto. Dečkom sem rekel, naj srnjačka ne hranijo, dokler se ne vrnem. Nekdo od njih me ni ubogal in mu je dal piti veliko mleka. Ko sem se zvečer vrnil, me je pozdravila žalostna novica: »Srnjaček je skoraj mrtev, ker je zaužil preveč hrane.«

V solzah sem živalco, ki ni več kazala znakov življenja, vzel v svoje naročje. Tožeče sem molil k Bogu, da bi ji prizanesel. Nekaj ur kasneje je malo bitje odprlo oči, vstalo in začelo majavo hoditi. Celotna šola je vzklikala od veselja.

A tiste noči sem prejel globlji nauk, ki ga nikoli ne bom pozabil. Do dveh sem bedel s srnjačkom, potem pa sem zaspal. Srnjaček se mi je prikazal v sanjah in me nagovoril:

»Zadržuješ me tukaj. Prosim, dovoli mi oditi. Dovoli mi oditi!«

»Prav,« sem odvrnil v sanjah.

V trenutku sem se zbudil in vzkliknil: »Dečki, srnjaček umira!« Otroci so pohiteli k meni.

Stekel sem v kot sobe, kamor sem bil položil živalco. Še zadnjič je skušala vstati, se opotekla proti meni, nato pa mrtva padla k mojim nogam.

V skladu s skupinsko karmo, ki vodi in ureja usode živali, je bilo srnjakovega življenja konec in je bil pripravljen napredovati v višjo obliko. A moja globoka navezanost, ki sem jo kasneje prepoznal kot sebično, in goreča molitev sta ga zadrževali v omejeni živalski obliki, ki se je je duša skušala osvoboditi. Duša srnjaka me je v sanjah prosila zato, ker brez moje ljubeče privolitve bodisi ni želela bodisi ni mogla oditi. Takoj ko sem privolil, je odšla.

Nič več nisem bil žalosten. Znova sem spoznal, da Bog hoče, da bi njegovi otroci vse ljubili kot del Njega in se ne bi zavajali, da je s smrtjo vsega konec. Nevednež vidi le nepremagljiv zid smrti, ki njegovim očem na videz za vedno skrije ljubljene prijatelje. A človek, ki ni navezan in druge ljubi kot izraz Gospoda, razume, da se njegovi dragi ob smrti le vrnejo k Bogu in se oddahnejo v njegovi radosti.

Šola v Rančiju je iz majhnih in preprostih začetkov zrasla v ustanovo, ki je zdaj dobro poznana v Biharju in v Bengaliji. Mnoge oddelke šole podpirajo prostovoljni prispevki tistih, ki želijo ohranjati izobraževalne ideale rišijev. Uspešne podružnice šole smo ustanovili v Midnaporju in Lakhanpurju.

Sedež šole ima medicinski oddelek, kjer revni iz lokalne skupnosti zastonj dobijo zdravila in zdravstvene storitve. Tam zdravijo več kot 18.000 bolnikov na leto. Vidjalaja je svoj pečat pustila tudi v tekmovalnih športih in na akademskem področju, na katerem so se mnogi učenci, ki so končali šolo v Rančiju, izkazali kasneje v univerzitetnem življenju.

V preteklih treh desetletjih je šolo v Rančiju z obiskom počastilo mnogo uglednih mož in žena z Vzhoda in Zahoda. Svami Pranabananda, benareški ‚svetnik z dvema telesoma', je prišel leta 1918 za nekaj dni v Ranči. Ko je veliki učitelj videl slikovite razrede pod drevesi in dečke, ki so zvečer več ur negibno sedeli v jogijski meditaciji, je bil zelo ganjen.

»Pri srcu mi je toplo,« je rekel, »ko vidim, da v tej ustanovi uresničujete ideale Lahirija Mahašaje za ustrezno usposabljanje mladih. Naj jo spremlja blagoslov mojega guruja.«

Mladenič ob meni je vélikemu jogiju zastavil vprašanje.

»Gospod,« je rekel, »naj postanem menih? Je moje življenje namenjeno le Bogu?«

Čeprav se je Svami Pranabananda nežno nasmehnil, so njegove oči motrile prihodnost.

»Otrok,« mu je odvrnil, »ko boš odrastel, te čaka prekrasna nevesta.« (Deček se je nazadnje res poročil, potem ko je dolga leta nameraval vstopiti v red svamijev.)

Nekoliko zatem, ko je Svami Pranabananda obiskal Ranči, sem očeta pospremil v hišo v Kalkuti, v kateri je jogi začasno prebival. Pred oči mi je stopila napoved Pranabanande, ki jo je izrekel pred mnogimi leti: »Znova se bova videla, skupaj s tvojim očetom.«

Ko je oče vstopil v svamijevo sobo, je veliki jogi vstal in ga z ljubečim spoštovanjem objel.

»Bhagabati,« je rekel, »kaj počneš s seboj? Ali ne vidiš, kako tvoj sin drvi proti Neskončnemu?« Zardel sem, ko sem slišal, kako me hvali pred očetom. Nadaljeval je: »Se spomniš, kako pogosto je naš blaženi guru govoril: *„Banat, banat, ban džai.“** Zato brez prestanka vztrajaj v *krija jogi* in se hitro približaj nebeškim vratom.«

Telo Pranabanande, ki se je med mojim neverjetnim prvim obiskom v Benaresu zdelo tako zdravo in močno, je zdaj kazalo očitne znake staranja, čeprav je bila njegova drža še vedno občudovanja vredno pokončna.

»Svamidži,« sem ga vprašal in ga pogledal naravnost v oči, »prosim, povejte mi: ali občutite breme let? Ali kaj manj zaznavate Boga, ko vaše telo slabi?«

* Eno najljubših rekel Lahirija Mahašaje, s katerim je spodbujal svoje učence k vztrajanju pri meditaciji. Dobesedno te besede pomenijo: ‘Delamo, delamo, nekega dne narejeno.’ To misel lahko prosto prevedemo kot: ‘Trudimo se, trudimo, nekega dne pa – glej – Božanski Cilj!’

Angelsko se je nasmehnil. »Ljubljeni je zdaj bolj z menoj kot kadarkoli prej,« je rekel tako prepričljivo, da me je popolnoma prevzelo. Nadaljeval je: »Še vedno uživam v dveh pokojninah – eni od Bhagabatija tukaj in eni od zgoraj.« S prstom je pokazal proti nebu in se za nekaj trenutkov zamaknil v ekstazo, obraz mu je zažarel od božanskega sijaja. Kako bogato mi je odgovoril na vprašanje!

Opazil sem, da je v Pranabanandovi sobi veliko rastlin in paketkov s semeni. Vprašal sem ga, kaj namerava z njimi.

»Za vedno sem odšel iz Benaresa,« je odvrnil. »Pot me zdaj vodi v Himalajo. Tam bom odprl ašram za svoje učence. Iz teh semen bo zrasla špinača in še nekaj druge zelenjave, moji dragi bodo živeli preprosto, čas bodo preživljali v blaženi enosti z Bogom. Nič drugega ne potrebujejo.«

Oče je vprašal brata učenca, kdaj se bo vrnil v Kalkuto.

»Nikoli več,« je odvrnil svetnik. »V tem letu, tako mi je povedal Lahiri Mahašaja, bom za vedno zapustil ljubljeni Benares in odšel v Himalajo, kjer bom odvrgel umrljivo telo.«

Ob njegovih besedah so mi oči zalile solze, svami pa se je mirno nasmehnil. Spominjal me je na nebeškega otročiča, ki varno sedi v naročju Božanske Matere. Breme let ne ovira velíkega jogija pri obvladovanju najvišjih duhovnih moči. Po želji lahko prenovi svoje telo, a včasih mu ni do tega, da bi upočasnil proces staranja. Dovoli, da se njegova karma odsluži na telesni ravni in tako uporabi trenutno telo za prihranek časa – izključi možnost, da bi preostanke karme moral odslužiti v novi inkarnaciji.

Več mesecev kasneje sem srečal starega prijatelja Sanandana, ki je bil eden od Pranabanandovih najbližjih učencev.

»Mojega čudovitega guruja ni več,« mi je povedal ihte. »V bližini Rišikeša je ustanovil ašram in nas z ljubeznijo usposabljal. Ko smo se že kar dobro namestili in v njegovi družbi hitro duhovno napredovali, je nekega dne predlagal, naj nahranimo veliko množico iz Rišikeša. Vprašal sem ga, zakaj mora biti tako velika množica.

„To je moje zadnje slovesno praznovanje,“ je odvrnil, a takrat nisem razumel polnega pomena njegovih besed.

Pranabanandadži je pomagal pri kuhanju velikih količin hrane. Nahranili smo približno dva tisoč gostov. Po praznovanju je sedel na visok oder in nas navdihnil s pridigo o Neskončnem. Na koncu se je pred očmi tisočev ljudi obrnil k meni, ki sem sedel ob njem na govorniškem odru in z nenavadno močnim glasom spregovoril: „Sanandana, pripravi se, odvrgel bom ohišje."*

Potem ko sem za nekaj trenutkov od osuplosti onemel, sem glasno zaklical: „Učitelj, ne! Prosim, prosim, ne storite tega!" Množica je molčala in se spraševala, kaj vendar govorim. Pranabanandadži se mi je smehljal, a njegove oči so že zrle v Večnost.

„Ne bodi sebičen," je rekel, „niti ne žaluj za menoj. Dolgo sem vedro služil vam vsem, zdaj pa bodi vesel zame in mi zaželi srečno pot. Srečal se bom s Kozmičnim Ljubljenim." Šepetaje je Pranabanandadži še dodal: „V kratkem se bom znova rodil. Potem ko bom užil kratko obdobje Neskončne Blaženosti, se bom vrnil na zemljo in se pridružil Babadžiju.† Kmalu boš izvedel, kdaj in kje bo moja duša prišla v novo telo."

Znova je vzkliknil: „Sanandan, zdaj z drugo *krija jogo* odlagam ohišje."‡

Pogledal je na morje obrazov pred seboj in jih blagoslovil. Pogled je usmeril navznoter v duhovno oko in obmiroval. Zbegana množica je mislila, da je v zamaknjenju in meditira, on pa je že zapustil tabernakelj mesa in svojo dušo potopil v vesoljno prostranost. Učenci

* To je, se odpovedal telesu.

† Še vedno živeči guru Lahirija Mahašaje. (Glej 33. poglavje.)

‡ Tehniko, ki jo je uporabil Pranabananda, poznajo višji posvečenci v *krija jogo* poti Self-Realization Fellowshipa kot tretjo posvetitev *krija joge*. Ko jo je Lahiri Mahašaja dal Pranabanandi, je bila to »druga« *krija*, ki jo je prejel od Jogavatarja. Ta *krija* omogoča verniku, ki jo obvlada, da zavestno zapusti telo in se vanj vrne, kadar želi. Napredni jogiji uporabljajo to tehniko *krije* med zadnjim odhodom iz telesa, v trenutku smrti, za katerega vedno vedo vnaprej.

Veliki jogiji gredo »noter in ven« iz duhovnega očesa, »vrat« odrešenja v obliki pranične zvezde. Kristus je rekel: »Jaz sem vrata. Kdor stopi skozme, se bo rešil; hodil bo noter in ven in bo našel pašo. Tat (*maja* ali utvara) prihaja samo zato, da krade, kolje in uničuje. Jaz (Kristusova Zavest) sem prišel, da bi imeli življenje in ga imeli v obilju« (Jn 10,9–10).

PODRUŽNIČNI MATH JOGODE SATSANGE
Podružnični math in ašram Yogoda Satsanga Society of India v Rančiju je ustanovil Paramahansa Jogananda, ko je leta 1918 tja preselil šolo za dečke. Danes podružnični math služi članom YSS in širi Paramahansadžijev nauk *krija joge* po vsej Indiji. Ob duhovnih dejavnostih ta center upravlja več vzgojnih institucij in brezplačno ambulanto.

so se dotaknili njegovega telesa, ki je sedelo v položaju lotosa, a ni bilo več toplo. Ostalo je le otrdelo ohišje, njegov stanovalec je pobegnil na obale nesmrtnosti.«

Ko je Sanandan končal svojo pripoved, sem pomislil: »Blaženi ‚svetnik z dvema telesoma' je bil dramatičen tako v svojem življenju kot v svoji smrti!«

Vprašal sem ga, kje naj bi se Pranabananda znova rodil.

»To je svet in zaupen podatek,« mi je odgovoril Sanandan. »Ne bi bilo prav, da komu povem. Morda boš to izvedel kako drugače.«

Več let kasneje sem od Svamija Kešabanande* izvedel, da je Pranabananda nekaj let po svojem rojstvu v novem telesu šel v Badrinarajan v Himalaji in se tam pridružil skupini svetnikov, zbrani ob vélikem Babadžiju.

* Moje srečanje s Kešabanando je opisano na straneh 444–47.

28. POGLAVJE

Odkrijem Kašija, ki se je znova rodil

»Prosim, ne hodite v vodo. Okopajmo se s pomočjo veder.«

Tako sem nagovoril mlade učence iz Rančija, ki so me spremljali na trinajstkilometrskem pohodu na bližnji hrib. Ribnik pred nami se je zdel vabljiv, a nekaj na njem mi ni bilo všeč. Večina fantov je začela vanj potapljati vedra, a nekaj jih je zapeljala skušnjava hladne vode. Takoj ko so zaplavali, so se okoli njih začele viti velike vodne kače. Kako so kričali in čofotali! Kako so bili smešni, ko so hiteli iz ribnika!

Ko smo prispeli na cilj, smo imeli piknik. Sedel sem pod drevesom, dečki so posedli okrog mene. Ker so videli, da sem navdahnjeno razpoložen, so me zasuli z vprašanji.

»Prosim, povejte mi,« je vprašal mladec, »ali bom vedno ostal z vami na poti odpovedi.«

»Ah, ne,« sem mu odgovoril, »na silo te bodo odvedli domov in kasneje se boš poročil.«

Temu ni verjel in je odločno protestiral. »Samo mrtvega me lahko odpeljejo domov.« (Nekaj mesecev zatem so njegovi starši v resnici prišli in ga odpeljali domov, čeprav se je v solzah upiral. Čez nekaj let se je res poročil.)

Ko sem odgovoril že na mnoga vprašanja, me je nagovoril deček z imenom Kaši. Sijajnega učenca, ki jih je imel kakšnih dvanajst, so imeli vsi radi.

»Svamidži,« je rekel, »kakšna bo moja usoda?«

»Kmalu boš umrl.« Bilo je, kot da bi neustavljiva moč spravila te besede z mojih ustnic.

To razkritje je pretreslo in užalostilo tako mene kot vse druge. V duhu sem se oštel kot *enfant terrible* in nisem več želel odgovarjati na vprašanja.

Ob vrnitvi v šolo je Kaši prišel k meni v sobo.

»Če bom umrl, ali me boste poiskali v mojem novem telesu in me znova popeljali na duhovno pot?« me je vprašal ihte.

Čutil sem se primoranega, da zavrnem takšno težko, okultno odgovornost. A več tednov zatem me je Kaši še vedno vztrajno prepričeval. Ko sem videl, da je na koncu z živci, sem ga nazadnje le potolažil.

»Ja,« sem mu obljubil. »Če mi bo Nebeški Oče ponudil pomoč, te bom skušal najti.«

Med poletnimi počitnicami sem se odpravil na kratko pot. Žal Kašija nisem mogel vzeti s seboj, zato sem ga pred odhodom poklical v svojo sobo in mu skrbno naročil, naj za nobeno ceno ne zapušča duhovnih vibracij šole. Zdelo se mi je, da se lahko izogne bližajoči se katastrofi, če ne bo šel domov.

Takoj po mojem odhodu je v Ranči prišel Kašijev oče. Petnajst dni je skušal zlomiti voljo svojega sina, rekoč, da naj gre samo za štiri dni v Kalkuto obiskat svojo mater, potem pa se bo lahko vrnil. Kaši je to možnost vztrajno zavračal. Oče je nazadnje rekel, da bo dečka odpeljal s pomočjo policije. Grožnja je vznemirila Kašija, ki ni želel negativno vplivati na ugled šole. Ni videl druge možnosti, kot da gre.

V Ranči sem se vrnil nekaj dni kasneje. Ko sem slišal, kako so Kašija odpeljali, sem se takoj vkrcal na vlak za Kalkuto. Tam sem najel kočijo. Na moje presenečenje so bile prve osebe, ki sem jih zagledal po prečkanju mostu čez Ganges pri Howrahu, Kašijev oče in drugi sorodniki v žalnih oblačilih. Kočijažu sem zaklical, naj ustavi, skočil s kočije in se zazrl v nesrečnega očeta.

»Gospod morilec,« sem vzkliknil nekoliko nerazumno, »ubili ste mojega dečka!«

Oče se je že zavedel, da je storil napako, ko je Kašija na silo privedel v Kalkuto. V tistih nekaj dneh, ko je bil deček tam, je jedel okuženo hrano, zbolel za kolero in umrl.

Moja ljubezen do Kašija in zaobljuba, da ga poiščem po smrti, sta me preganjali noč in dan. Kamor sem šel, sem pred seboj vedno znova zagledal njegov obraz. Podal sem se na nepozabno iskanje, podobno, kot sem dolgo nazaj iskal izgubljeno mater.

Čutil sem, da moram uporabiti razum, ki mi ga je podaril Bog, napeti vse svoje moči in odkriti subtilne zakone, po katerih bi lahko prišel do astralne lokacije dečka. Zavedel sem se, da je duša, ki vibrira z neizpolnjenimi željami – masa svetlobe nekje med milijoni svetlečih duš v astralnih sferah. Kako naj se uglasim z njim, ko pa je bilo toliko drugih duš, ki so prav tako vibrirale?

Uporabil sem tajno jogijsko tehniko in oddajal svojo ljubezen Kašijevi duši skozi ‚mikrofon' duhovnega očesa, notranje točke med obrvmi.* Intuitivno sem čutil, da se bo Kaši kmalu vrnil na zemljo in da se bo njegova duša odzvala, če mu bom nenehno oddajal svoj klic. Vedel sem, da bi že vsak najmanjši dražljaj, ki bi mi ga poslal Kaši, začutil v živcih prstov, rok in hrbtenice.

Dvignjene roke sem uporabljal kot antene, ter se pogosto obračal okrog in okrog, da bi odkril smer kraja, v katerem se je, tako sem verjel, že utelesil kot zarodek. Upal sem, da bom prejel njegov odziv v ‚radiu' svojega srca, uglašenem s koncentracijo.

To jogijsko metodo sem z nezmanjšano gorečnostjo enakomerno izvajal kakšnih šest mesecev po Kašijevi smrti. Ko sem se nekega jutra s prijatelji sprehajal med množico v kalkutski četrti Bowbazar, sem kot običajno dvignil roke. Prvič sem začutil odgovor. Presrečen sem bil, ko sem zaznal, kako mi po prstih in dlaneh tečejo električni dražljaji. Ti tokovi so se prevedli v močno misel, ki je prišla iz globin moje zavesti: »Jaz sem Kaši, jaz sem Kaši, pridi k meni!«

Ko sem usmerjal pozornost na radio svojega srca, je ta misel postala skoraj slišna. V značilnem, rahlo hripavem šepetu, s

* Volja, ki izvira iz točke med obrvmi, je *oddajni* aparat misli. Človekovo čutenje oziroma čustvena moč, ki jo umirjeno osredotoča na srce, temu omogoči, da deluje kot duševni radio, ki *sprejema* sporočila drugih ljudi, naj bodo daleč ali blizu. Pri telepatiji se drobne vibracije misli v človekovem umu prenašajo po pretanjenih vibracijah astralnega etra in nato po bolj grobem zemeljskem etru ter tako ustvarijo električno valovanje, ki se potem spremeni v miselne valove v umu drugega človeka.

KAŠI
Učenec na šoli v Rančiju

kakršnim je bil govoril Kaši,* sem znova in znova slišal, kako me kliče. Enega od svojih tovarišev, Prokaša Dasa, sem zgrabil za roko in se mu veselo nasmehnil.

»Mislim, da sem našel Kašija!«

Začel sem se obračati naokrog, kar je zabavalo prijatelje in mimoidočo množico. Električni dražljaji so mi migotali po prstih le, ko sem gledal bližnjo ulico, ki se je priložnosti primerno imenovala ‚Zavita pot'. Če sem se obrnil drugam, so astralni tokovi izginili.

»Ah,« sem vzkliknil, »Kašijeva duša gotovo živi v trebuhu kakšne matere, ki je doma v tej ulici.«

S tovariši smo se približali Zaviti poti. Vibracije v mojih dvignjenih rokah so se okrepile, postale so izrazitejše. Bilo je, kot da bi

* Vsaka duša je v svojem čistem stanju vsevedna. Kašijeva duša se je spominjala vseh značilnosti Kašija, dečka, in tako posnemala njegov hripavi glas, da bi spodbudila mojo prepoznavo.

me magnet vlekel na desno stran ceste. Ko smo prišli do vhoda v neko hišo, sem osupel ugotovil, da sem prikovan k tlom. Močno vznemirjen in z zadržanim dihom sem potrkal na vrata. Čutil sem, da je moje dolgo in neobičajno iskanje uspešno končano.

Vrata je odprla služabnica, ki mi je povedala, da je gospodar doma. Ta je prišel po stopnicah iz zgornjega nadstropja in se mi vprašujoče nasmehnil. Nisem vedel, kako naj mu zastavim vprašanje, ki je bilo hkrati umestno in neumestno.

»Prosim, povejte mi, gospod, ali z ženo pričakujeta otroka že kakšnih šest mesecev?«*

»Da, tako je.« Ker je videl, da sem svami, asket, oblečen v tradicionalno oranžno oblačilo, je olikano dodal: »Prosim, povejte mi, kako to veste.«

Ko je osupli mož izvedel za Kašija in obljubo, ki sem mu jo dal, mi je verjel.

»Rodil se vam bo deček svetle polti,« sem mu povedal. »Imel bo širok obraz s štrlečim pramenom na vrhu čela. Izrazito duhovne narave bo.« Prepričan sem bil, da bo prihajajoči otrok po teh plateh podoben Kašiju.

Kasneje sem obiskal otroka, ki so mu starši dali staro ime Kaši. Že v zgodnjem otroštvu je bil na videz izjemno podoben mojemu

* Čeprav mnogo ljudi po telesni smrti ostane v astralnem svetu petsto ali tisoč let, ni nespremenljivega pravila o času, ki preteče med utelešenji. (Glej 43. poglavje.) Dolžina človekovega fizičnega in astralnega utelešenja je vnaprej določena s karmo.

Smrt in tudi spanec, ‚mala smrt', sta nujnosti smrtnikov, ki nerazsvetljene ljudi začasno osvobodita okovov čutov. Ker je človekova osnovna narava Duh, prejme v spanju in v smrti določene oživljajoče opomnike o svoji netelesnosti.

Karmični zakon uravnovešanja, kot je razložen v hindujskih svetih knjigah, je zakon akcije in reakcije, vzroka in posledice, sejanja in žetve. V teku naravne pravičnosti (*rite*) vsak človek z mislimi in dejanji postane krojač svoje usode. Vse vesoljne energije, ki jih je, modro ali nespametno, spravil v tek, se morajo vrniti k njemu kot izhodiščni točki, kot krog, ki se neizogibno zaključi. »Svet je videti kot matematična enačba, ki se uredi, ne glede na to, kako jo obračaš. Vsaka skrivnost se razkrije, vsak zločin se kaznuje, vsaka krepost nagradi, vsaka krivica popravi, v tišini in z gotovostjo.« –*Emerson, Izravnava (Compensation).* Razumevanje karme kot zakona pravičnosti, ki je temelj življenjskih neenakosti, osvobodi človeški um zamer do Boga in človeka. (Glej op. na str. 188.)

dragemu učencu iz Rančija. Otrok mi je izkazal takojšnjo naklonjenost, privlačnost iz preteklosti se je prebudila s podvojeno močjo.

Leta kasneje mi je kot najstnik pisal, ko sem bil v Ameriki. Razložil mi je svoje globoko hrepenenje po tem, da bi sledil poti askeze. Usmeril sem ga k himalajskemu učitelju, ki je ponovno rojenega Kašija sprejel za učenca.

29. POGLAVJE

Z Rabindranathom Tagorjem primerjava šoli

»Rabindranath Tagor nas je kot naravno obliko izražanja učil peti lahkotno kot ptice.«

To mi je razložil Bhola Nath, bister štirinajstletni deček, ki je obiskoval šolo v Rančiju, potem ko sem nekega jutra pohvalil njegove melodične erupcije. Naj si ga spodbujal k temu ali ne, je iz dečka prihajal blagozvočni val. Pred tem je obiskoval slavno Tagorjevo šolo Šantiniketan (Prebivališče miru) v Bolpurju.

»Rabindranathove pesmi imam na ustnicah vse od zgodnje mladosti,« sem povedal fantu. »Vsi Bengalci, celo nepismeni kmetje, uživajo v njegovih plemenitih verzih.«

Bhola in jaz sva skupaj zapela nekaj odpevov Tagorja, ki je uglasbil na tisoče indijskih pesmi: nekaj svojih in veliko tistih starodavnega izvora.

»Rabindranatha sem spoznal kmalu po tistem, ko je prejel Nobelovo nagrado za literaturo,« sem povedal, potem ko sva odpela. »Vleklo me je, da bi ga obiskal, ker sem občudoval njegov nediplomatski pogum pri tem, kako je opravil z literarnimi kritiki.« Zahihital sem se.

Bhola me je radovedno povprašal o zgodbi.

»Učenjaki so močno kritizirali Tagorja, ker je v bengalsko poezijo vnesel nov slog,« sem začel pripovedovati. »Združil je pogovorne in klasične izraze in se ni zmenil za predpisane omejitve, ki so bile pri srcu panditom. Njegove pesmi utelešajo globoko filozofsko resnico v čustveno privlačnih izrazih in malo upoštevajo ustaljene literarne oblike.

RABINDRANATH TAGOR
Navdihnjen bengalski pesnik in Nobelov nagrajenec za literaturo

Vplivni kritik je zlonamerno govoril o Rabindranathu kot o „golobjem pesniku, ki prodaja svoje natisnjeno gruljenje za rupijo". A kmalu je sledilo Tagorjevo maščevanje. Celoten zahodni literarni svet se mu je poklonil kmalu potem, ko je prevedel v angleščino svojo *Gitandžali* ('Darovanjke'). Cel vlak panditov, vključno z njegovimi nekdanjimi kritiki, se je odpeljal v Šantiniketan, da bi mu čestitali.

Rabindranath je sprejel goste šele potem, ko jih je namenoma pustil čakati, nato pa je hladnokrvno in molče poslušal njihovo hvalo. Nazadnje je proti njim obrnil njihovo lastno orožje stalne kritike.

„Gospodje," je rekel, „dišeče časti, ki mi jih naklanjate, so protislovno pomešane s postanimi vonjavami vašega preteklega zaničevanja. Je morda kakšna povezava med mojo Nobelovo nagrado in tem, da me nenadoma tako močno cenite? Še vedno sem isti pesnik, ki vam ni ugajal, ko je na oltarju Bengalije prvič ponudil svoje ponižne cvetlice."

Časopisi so objavili zapis o drzni Tagorjevi graji. Občudoval sem odkrite besede človeka, ki ga ni prevzelo laskanje,« sem nadaljeval.

»Rabindranatha mi je v Kalkuti predstavil njegov tajnik C. F. Andrews*, ki je bil preprosto oblečen v bengalski *dhoti*. Tagorja je ljubeče imenoval ‚Gurudeva'.

Rabindranath me je ljubeznivo sprejel. Izžareval je avro očarljivosti, omikanosti in uglajenosti. Ko sem ga povprašal o njegovem literarnem ozadju, mi je povedal, da so nanj vplivali predvsem naši verski epi in dela Vidjapatija, priljubljenega pesnika iz 14. stoletja.«

Ti spomini so me navdihnili, da sem začel peti Tagorjevo različico stare bengalske pesmi ‚Prižgi luč Svoje ljubezni'. Z Bholo sva se sprehodila po posestvu Vidjalaje in medtem veselo prepevala.

Dve leti po ustanovitvi šole v Rančiju me je Rabindranath povabil na obisk v Šantiniketan na pogovor o vzgojnih idealih. Z veseljem sem ga obiskal. Ko sem vstopil, je pesnik sedel v svojem kabinetu. Pomislil sem, tako kot ob najinem prvem srečanju, da bi vsak slikar želel imeti pred seboj tako izjemen primer možatosti. Njegov prekrasno izklesan obraz, plemiških potez, so uokvirjali dolgi lasje in valovita brada. Imel je velike, blage oči, angelski nasmešek in glas, ki je spominjal na zvok flavte in te je dobesedno začaral. Močan, visok in resen je združeval skoraj ženstveno nežnost z očarljivo spontanostjo otroka. Težko bi našli popolnejše utelešenje ideala pesnika, kot je bil ta blagi pevec.

S Tagorjem sva bila kmalu zatopljena v primerjavo najinih šol, ki sta temeljili na neortodoksnih načelih. Odkrila sva mnogo skupnih značilnosti – učenje na prostem, preprostost, veliko možnosti za ustvarjalnega duha otrok. Ob tem pa je Rabindranath precej pozornosti posvetil tudi študiju literature in poezije ter izražanju z glasbo in s pesmijo, kar sem opazil že pri Bholi. Otroci so imeli na Šantiniketanu tudi obdobja molka, niso pa jih usposabljali v jogi.

Pesnik me je posebno pozorno poslušal, ko sem opisoval poživljajoče vaje jogode in jogijske tehnike za koncentracijo, ki so se jih učili vsi učenci v Rančiju.

* Angleški pisatelj in publicist, tesni prijatelj Mahatme Gandhija. Andrewsa v Indiji zelo spoštujejo zaradi mnogih zaslug za svojo drugo domovino.

Tagor mi je pripovedoval, kakšne težave je imel s šolanjem v otroštvu. »Po petem razredu sem ušel iz šole,« je rekel smeje. Z lahkoto sem razumel, da je bilo mrko, disciplinirano vzdušje učilnice žalitev za njegovo prirojeno pesniško rahločutnost.

»Zato sem odprl Šantiniketan pod senčnimi drevesi in veličastjem neba.« Z zgovorno kretnjo je pokazal na skupinico, ki se je učila na prekrasnem vrtu. »Otrok je med rožami in pticami pevkami v svojem naravnem okolju. Tam lažje izrazi skrito bogastvo svojih naravnih darov. Prava izobrazba ni nekaj, kar iz zunanjih virov natrpamo v glavo, ampak pomoč, da na površje spravimo neskončno zalogo modrosti, ki je v človeku.«*

Strinjal sem se z njim in dodal: »Idealistične instinkte mladih, ki želijo slediti junakom, v običajnih šolah stradajo na dieti izključno statističnih in kronoloških podatkov.«

Pesnik je ljubeče govoril o svojem očetu, Devendranathu, ki je bil njegov navdih za ustanovitev Šantiniketana.

»Oče mi je podaril to rodovitno zemljo, kjer je že zgradil hišo za goste in tempelj,« mi je povedal Rabindranath. »Tukaj sem 1901 začel svoj vzgojni poskus z le desetimi dečki. Osem tisoč funtov, ki sem jih dobil z Nobelovo nagrado, je šlo za vzdrževanje šole.«

Starejši Tagor, Devendranath, ki je bil daleč okrog poznan kot ‚Mahariši' (‘velik modrec'), je bil izjemen mož, kot lahko odkrijemo v njegovi *Avtobiografiji.* Kot odrasel je dve leti preživel v meditaciji v Himalaji. Tudi njegovega očeta, Dvarkanatha Tagorja, so po Bengaliji častili zaradi njegovih radodarnih javnih donacij. Iz tega uglednega drevesa je zrasla družina genijev. Ne le Rabindranath, vsi njegovi sorodniki so se odlikovali v ustvarjalnem izrazu. Njegova nečaka, Gogonendra in Abanindra, sta med najbolj slavnimi indijskimi slikarji.† Rabindranathov brat Dvidžendra je bil filozof velike globine, ki so ga oboževale celo ptice in gozdne živali.

* »Duša se pogosto rodi, oziroma, kot pravijo hindujci, „potuje po poti bivanja skozi tisoč rojstev" … ničesar ni, o čemer ne bi že imela znanja. Nič čudnega, da se lahko spomni … kar je že nekoč vedela … Saj raziskovanje in učenje je vse zgolj spominjanje.« – *Emerson, Predstavniki (Representative men).*

† Tudi Rabindranath se je po svojem šestdesetem letu začel resno posvečati slikarstvu. Njegova dela so bila pred leti razstavljena po evropskih glavnih mestih in v New Yorku.

Rabindranath me je povabil, naj prespim v hiši za goste. Slikovit prizor pesnika in učencev, ki sem mu bil priča zvečer na dvorišču, me je očaral. Čas se je zavrtel nazaj: prizor pred menoj je bil kot prizor v kakšnem starodavnem ašramu – vzneseni pevec, obdan s svojimi privrženci, vsi oviti v božansko ljubezen. Tagor je vsako prijateljsko vez stkal z nitmi harmonije. Nikoli ni bil oblasten, srca je privabljal in jih osvajal z neustavljivim magnetizmom. Redki cvet poezije, ki je rasel na Gospodovem vrtu, in druge privlačil z naravno aromo!

S svojim melodičnim glasom nam je Rabindranath prebral nekaj svojih novih, izbranih pesmi. Večino svojih spevov in iger, ki jih je pisal, da bi razveseljeval svoje učence, je zložil v Šantiniketanu. Lepota njegovih vrstic zame leži v tem, da zna govoriti o Bogu v skoraj vsaki vrstici, čeprav redko omeni njegovo sveto ime. »Opijanjen z blaženim petjem,« je zapisal, »pozabim nase in ti pravim prijatelj, ki si moj Gospod.«

Naslednji dan sem se po kosilu nerad poslovil od pesnika. Vesel sem, da je njegova mala šola zdaj zrasla v mednarodno univerzo, Višvo-Bharati,* na kateri učenjaki iz mnogih dežel najdejo idealno okolje.

»Kjer je duh brez strahu in glava pokonci,
kjer je spoznanje svobodno,
kjer svet ni razrušen v drobce tesnih domačih zidov,
kjer besede prihajajo iz globočin resnice,
kjer neutrudno prizadevanje izteza roke po popolnosti,
kjer jasni tok razuma ni zašel s poti na peščeno pustinjo mrtvega
običaja,
kjer vodiš duha k širno razvijajočim se mislim in dejanjem –
v tak raj svobode, Oče moj, naj se prebudi moja domovina.«†

RABINDRANATH TAGOR

* Čeprav je priljubljeni pesnik umrl leta 1941, njegova ustanova Višva-Bharati še vedno dobro uspeva. Januarja 1950 je petinšestdeset učiteljev in učencev iz Šantiniketana prišlo na desetdnevni obisk na šolo Jogode Satsange v Rančiju. Skupino je vodil Šri S. N. Ghošal, rektor šolskega oddelka Višve-Bharati. Gostje so navdušili učence z dramsko izvedbo Rabindranathove prekrasne pesmi *Pudžarini*.

† *Gitandžali*. Poglobljeno študijo pesnika najdemo v *The Philosophy of Rabindranath Tagore*, ki jo je napisal slavni učenjak, sir S. Radhakrišnan (Macmillan, 1918).

30. POGLAVJE

Zakon čudežev

Veliki romanopisec Lev Tolstoj* je napisal čudovito zgodbo *Trije puščavniki.* Njegov prijatelj Nikolaj Rerih jo je povzel takole:

»Na otoku so živeli trije stari puščavniki, ki so bili tako preprosti, da je bila njihova edina molitev: „Troje Vas, troje nas – usmili se nas!" Med njihovo preprosto molitvijo so se dogajali veliki čudeži.

Krajevnemu škofu† je prišla na uho nedopustna molitev treh puščavnikov, zato jih je sklenil obiskati in jih naučiti pravovernih molitev. Prispel je na otok, povedal puščavnikom, da je njihova prošnja nebesom premalo dostojanstvena, in jih naučil mnogo običajnih molitev. Nato je z ladjo odplul. Kmalu je za ladjo zagledal močno svetlobo. Ko se je ta približala ladji, je uzrl tri puščavnike, ki so se držali za roke in po valovih tekli za ladjo, da bi jo dohiteli.

„Pozabili smo molitve, ki ste nas jih učili," so zaklicali, ko so pritekli do škofa, „zato smo pohiteli za vami, da bi nam jih znova povedali." Osupli škof je zmajal z glavo.

„Dragi moji," je odvrnil ponižno, „vi kar molite staro molitev!"«

Kako so lahko trije svetniki hodili po vodi?

Kako je lahko Kristusovo križano telo vstalo od mrtvih?

Kako sta lahko Lahiri Mahašaja in Šri Juktešvar delala čudeže?

Moderna znanost na ta vprašanja še nima odgovora, čeprav se je domet svetovnega uma s prihodom atomskega veka močno

* Tolstoj in Mahatma Gandhi sta imela veliko skupnih idealov; na temo nenasilja sta si dopisovala. Po Tolstojevem mnenju je bil osrednji nauk Jezusa Kristusa: »Ne upirajte se hudobnežu [z zlom]« (Mt 5,39). Zlu bi se morali ‚upreti' le z njegovim logično učinkovitim nasprotjem: dobroto oziroma ljubeznijo.

† Zgodba ima očitno zgodovinsko osnovo, ker v opombi urednika izvemo, da je škof srečal tiste tri puščavnike v ustju reke Dvine, ko je plul iz Arhangelska v solovеški samostan.

povečal. Beseda ‚nemogoče' v človeškem besedišču nima več tako velikega pomena.

V svetih Vedah piše, da fizični svet deluje v skladu s temeljnim zakonom *maje*, načelom relativnosti in dvojnosti. Bog, Edino Življenje, je absolutna enost. Da se pojavi v obliki ločenih in raznolikih izrazov v stvarstvu, nosi lažno ali neresnično tančico. Ta zmotna tančica dvojnosti je *maja*.* Mnogo velikih znanstvenih odkritij modernega časa je potrdilo to preprosto trditev starodavnih rišijev.

Newtonov zakon gibanja je zakon *maje*: »Za vsako akcijo obstaja enaka in obrnjena reakcija. Vzajemno delovanje dveh teles je vedno enako in nasprotno usmerjeno.« Akcija in reakcija sta si torej popolnoma enaki. »Ni mogoče imeti ene same sile. Vedno morata biti, in vedno tudi sta, dve enaki, nasprotni si sili.«

Vsi temeljni naravni procesi razkrivajo, da izvirajo iz *maje*. Tako je elektrika pojav odboja in privlačnosti. Njeni elektroni in protoni so si električno nasprotni. Drugi primer je atom oziroma najmanjši delec snovi, ki je podobno kot Zemlja magnet s pozitivnim in negativnim polom. Celotni pojavni svet je pod neizogibnim vplivom polarnosti. V fiziki, kemiji ali katerikoli drugi znanosti ni zakona, ki ne bi vseboval nasprotnih si oziroma kontrastnih načel.

Fizika tako ne more izoblikovati zakonov izven *maje*, ki je tkivo in ustroj stvarstva. Narava sama je *maja*: naravoslovje se zato nujno ukvarja z njenim neizbežnim bistvom. Na svojem področju je večna in neizčrpna. Bodoči znanstveniki ne morejo drugega kot raziskovati enega vidika njene raznolike brezmejnosti za drugim. Znanost tako za vedno ostaja spremenljiva, ne da bi kdaj dosegla dokončnost. Dobro je opremljena za odkrivanje zakonov že obstoječega in delujočega kozmosa, a nemočna pri zaznavanju njegovega Zakonodajalca in Upravljavca. Veličastne manifestacije težnosti in elektrike so zdaj znane, a kaj težnost in elektrika sta, tega ne ve noben smrtnik.†

* Glej op. na str. 45 in 49.

† Marconi, veliki izumitelj, je priznal nebogljenost znanosti pred poslednjimi stvarmi: »Nezmožnost znanosti, da bi razvozlala življenje, je absolutna. To dejstvo bi bilo resnično strašljivo, če ne bi bilo vere. Skrivnost življenja je gotovo najbolj trdovratna težava, ki je bila položena pred mislečega človeka.«

Premagati *majo* je naloga, ki jo človeški rasi že tisočletja nalagajo preroki. Dvigniti se nad dvojnost stvarstva in zaznati enost Stvarnika je bilo razumljeno kot človekov najvišji cilj. Tisti, ki se oklepajo kozmične utvare, morajo sprejeti njen osnovni zakon polarnosti: plimo in oseko, vzpone in padce, dan in noč, užitke in bolečino, dobro in zlo, rojevanje in umiranje. Ko gre človek skozi nekaj tisoč človeških rojstev, postane ta ciklični vzorec neznosno monoton. Takrat začne pogled upajoče upirati onkraj prisil *maje.*

Odstreti tančico *maje* pomeni odkriti skrivnost stvarstva. Kdor tako razgali vesolje, je edini resnični monoteist. Vsi drugi častijo poganske podobe. Dokler je človek podložen dvojnim slepilom narave, je njegova boginja *Maja* z dvema obrazoma in ne more spoznati edinega pravega Boga.

Svetovna utvara, *maja*, se v ljudeh izraža kot *avidja*, dobesedno 'ne-vednost', neznanje, zabloda. *Maje* oziroma *avidje* ne moremo izničiti z intelektualnim prepričanjem ali analiziranjem, ampak izključno z doseganjem notranjega stanja *nirbikalpa samadhija.* Starozavezni preroki in vidci vseh dežel in časov so govorili iz tega stanja zavesti.

Ezekiel je dejal:* »Nato me je peljal k vratom, vratom, ki so gledala proti vzhodu. Zagledal sem veličastvo Izraelovega Boga, ki je prihajalo z vzhoda. Njegovo bučanje je bilo kakor bučanje velikih voda in zemlja je žarela od njegovega veličastva.« Skozi Božje oko v čelu (vzhod) jogi svojo zavest pošlje v vsenavzočnost in sliši Besedo ali *Om*, Božji zvok ‚velikih voda' – vibracij svetlobe, ki so edina resničnost stvarstva.

Med milijardami skrivnosti vesolja je najbolj izjemna prav svetloba. Za razliko od zvočnih valov, ki za prenos potrebujejo zrak ali kakšen drug materialni medij, svetlobni valovi prosto prehajajo skozi vakuum medzvezdnega prostora. Celo hipotetični eter, ki je v valovni teoriji veljal za medplanetarni medij svetlobe, lahko zavržemo na temelju Einsteinove ugotovitve, da zaradi geometričnih lastnosti prostora teorija o etru ni več potrebna. Po obeh teorijah

* Ezk 43,1–2.

svetloba ostaja najbolj subtilna od vseh naravnih pojavov, najbolj neodvisna od materialnega.

V velikanskih Einsteinovih idejah celotno teorijo relativnosti obvladuje hitrost svetlobe, ki je 300.000 km/s; Einstein je matematično dokazal, da je hitrost svetlobe, vsaj kar se tiče človekovega omejenega uma, edina konstanta v spreminjajočem se vesolju. Od enega ‚absoluta', svetlobne hitrosti, so odvisna vsa človeška merila časa in prostora. Donedavno je veljalo, da sta čas in prostor abstraktno večna, vendar sta relativna in končna dejavnika. Pogojno merilno zanesljiva sta le ob sklicevanju na merilo svetlobne hitrosti.

Ko se je čas pridružil prostoru kot še ena relativna količina, se je pokazala njegova resnična narava: čisto bistvo nedorečenosti. V nekaj potezah peresa je Einstein s svojimi enačbami iz vesolja pregnal vsako trdno resničnost – razen svetlobe.

Véliki fizik je kasneje razvijal enotno teorijo polja in skušal z eno matematično formulo zajeti zakone težnosti in elektromagnetizma. Ob tem, ko zgradbo vesolja zvede na različice enega samega zakona, seže tisočletja nazaj k rišijem, ki so za edini ustroj stvarstva razglašali spremenljivo *majo.**

Prelomna teorija relativnosti je dala podlago za matematično raziskovanje osnovnega atoma. Veliki znanstveniki zdaj drzno trdijo, da je atom energija in ne snov, in ne le to, ampak tudi, da je atomska energija v svojem bistvu miselni pojav.

»Odkrito spoznanje, da se fizika ukvarja s svetom senc, je zelo velik napredek,« je zapisal sir Arthur Stanley Eddington v *Naravi fizičnega sveta.*† »V svetu fizike vidimo dramo nam domačega življenja kot predstavo senc. Senca moj komolec počiva na mizi senci, ko črnilo senca drsi po papirju senci. Vse je simbolično in fizik to pusti kot simbol. Potem pride alkimist Um, ki simbole spremeni … Preprosto rečeno: stvari v tem svetu so miselne narave.«

* Einstein je bil prepričan, da bi lahko povezavo med zakoni elektromagnetizma in težnosti izrazil z matematično formulo (enotno teorijo polja) in je delal na njej v času, ko je nastajala ta knjiga. Čeprav je umrl, preden je zaključil delo, mnogi današnji fiziki verjamejo, da bo nekega dne ta vez odkrita. (*Opomba založnika*)

† *The Nature of the Physical World*, Macmillan Company.

Z nedavno izdelavo elektronskega mikroskopa je prišel trden dokaz o svetlobnem bistvu atomov in o neizbežni dvojnosti narave. *New York Times* je leta 1937 poročal o predstavitvi mikroskopa na srečanju Ameriške zveze za napredek znanosti:

> »Kristalna struktura volframa, ki smo jo doslej poznali le posredno s pomočjo rentgenskih žarkov, se je zelo jasno zarisala na svetlečem zaslonu, in pojavilo se je devet atomov na pravih položajih v prostorski mreži, kocki, z enim atomom v vsakem kotu in enim v središču. Atomi v kristalni mreži volframa so se pojavili na fluorescentnem zaslonu kot točke svetlobe, urejeni v geometričnem vzorcu. Ob to kristalno kocko svetlobe so se zaletavale molekule zraka kot plešoče točke svetlobe, podobne majcenim pobliskom sonca na tekoči vodi …
>
> Princip delovanja elektronskega mikroskopa sta leta 1927 odkrila dr. Clinton J. Davisson in dr. Lester H. Germer iz podjetja Bell Telephone Laboratories v mestu New York. Odkrila sta, da ima elektron dvojno naravo in je zaznamovan z lastnostmi tako delca kot valovanja.* Valovna narava je elektronu dala značilnosti svetlobe, zato se je začelo izdelovanje naprave, ki bi 'zbrala' elektrone podobno, kot z lečo zberemo svetlobo.
>
> Za odkritje dveh različnih narav elektrona, ki … je pokazalo, da ima celoten svet fizične narave razdvojeno osebnost, je dr. Davisson prejel Nobelovo nagrado za fiziko.«

»Tok znanja,« je sir James Jeans zapisal v *Skrivnostnem vesolju,*† »gre proti nemehanični resničnosti, vesolje je vse manj podobno velikemu stroju in vse bolj veliki misli.«

Znanost dvajsetega stoletja tako zveni vse bolj kot stran iz starodavnih Ved.

Če torej mora biti tako, naj se človek od znanosti nauči filozofske resnice, da materialnega vesolja ni. Njegova osnova je *maja*, iluzija. Pod analizo se vsi njeni prividi resničnosti razkrojijo. Ko se drug za drugim pod njim sesujejo pomirjujoči stebri fizičnega vesolja,

* Torej tako materije kot energije.

† *The Mysterious Universe,* Cambridge University Press.

človek nejasno zazna svojo malikovalsko odvisnost, svoje kršenje Božje zapovedi: »Ne imej drugih bogov poleg mene.«*

S svojo slavno enačbo, ki ponazori enakost mase in energije, je Einstein dokazal, da je energija vsakega delca snovi enaka njegovi masi oziroma teži, pomnoženi s kvadratom svetlobne hitrosti. Atomska energija se začne sproščati, ko začnejo razpadati materialni delci. ‚Smrt' materije je prinesla rojstvo atomske dobe.

Svetlobna hitrost ni matematično merilo oziroma konstanta zato, ker bi imelo 300.000 kilometrov na sekundo absolutno vrednost, ampak ker nobeno materialno telo, katerega masa narašča z njegovo hitrostjo, ne more doseči svetlobne hitrosti. Z drugimi besedami: le materialno telo, katerega masa je neskončna, bi lahko doseglo svetlobno hitrost.

Tako pridemo do zakona čudežev.

Učitelji, ki lahko materializirajo in dematerializirajo svoja telesa in druge predmete, in se gibljejo s svetlobno hitrostjo in s stvariteljskimi svetlobnimi žarki naredijo vidno katerokoli fizično pojavno obliko, so izpolnili potrebni pogoj: njihova masa je neskončna.

Zavest izpopolnjenega jogija je brez napora poistovetena z vesoljnim ustrojem, ne z omejenim telesom. Težnost, naj bo to Newtonova ‚sila' ali Einsteinov ‚izraz vztrajnosti', ne more *prisiliti* učitelja, da bi izkazal lastnost teže, značilnega gravitacijskega stanja vseh materialnih predmetov. Tisti, ki sebe spozna za vsenavzočega Duha, ni več podvržen togosti telesa v času in prostoru. Omejujoči ‚neprehodni obroči' izginejo, ko spozna: *Jaz sem On.*

»Bodi svetloba! In nastala je svetloba.«† Pri stvarjenju vesolja je prvi Božji ukaz napravil ključni del zgradbe: svetlobo. Na nosilcih tega nematerialnega medija so nastale vse Božje manifestacije. Verniki vseh dob so priče prikazovanju Boga v plamenih in svetlobi. »Njegove oči so bile kakor ognjen plamen,« nam pove sveti Janez, »njegovo obličje pa je bilo kakor sonce, kadar žari v vsej svoji môči.«‡

* 2 Mz 20,3.

† 1 Mz 1,3.

‡ Raz 1,14–16.

Jogi, ki je v popolni meditaciji združil svojo zavest s Stvarnikom, kot bistvo vesolja zaznava svetlobo (vibracije življenjske energije). Zanj ni razlike med svetlobnimi žarki, ki sestavljajo vodo, in svetlobnimi žarki, ki sestavljajo kopno. Učitelj, ki je osvobojen snovne zavesti, treh dimenzij prostora in četrte dimenzije časa, svoje svetlobno telo prenese z enako lahkoto prek svetlobnih žarkov zemlje, vode, ognja ali zraka kot tudi skoznje.

»Če je torej tvoje oko enovito, bo *svetlo* vse tvoje telo.«* Dolga koncentracija na osvobajajoče duhovno oko je jogiju omogočila, da je uničil vse utvare glede snovi in njene gravitacijske teže. Od tedaj vidi vesolje, kakor ga je ustvaril Gospod: v osnovi nediferencirano maso svetlobe.

»Optične podobe,« je povedal dr. L. T. Troland s Harvarda, »so grajene po enakem načelu kot navadni ‚poltonski' rastri. Narejene so iz drobcenih pik, ki so daleč premajhne, da bi jih lahko zaznali s prostim očesom ... Občutljivost mrežnice je tako velika, da lahko že relativno malo svetlobnih kvantov prave vrste ustvari vidno zaznavo.«

Zakon čudežev lahko uporablja vsakdo, ki spozna, da je bistvo stvarjenja svetloba. Učitelj lahko uporabi svoje božansko razumevanje svetlobnih pojavov in vsenavzoče svetlobne atome v trenutku projicira v zaznavno obliko. Dejanska oblika projekcije (karkoli že to je – drevo, zdravilo, človeško telo) je odvisna od jogijevih želja ter od moči volje in vizualizacije.

Ko človek ponoči vstopi v sanjsko zavest, ubeži lažnim egoističnim omejitvam, ki ga utesnjujejo ves dan. V spanju vedno znova doživlja prikaz vsemogočnosti svojega uma. In – glej! V sanjah se pojavijo njegovi že davno umrli prijatelji, najbolj oddaljene celine, pred njegovimi očmi oživijo prizori iz otroštva.

Takšna svobodna in nepogojena zavest, ki jo vsi ljudje za kratek čas doživijo v določenih sanjah, pa je pri učitelju, ki je uglašen z Bogom, trajno stanje. Jogi, ki je prost vseh osebnih nagibov, uporabi

* Mt 6,22.

ustvarjalno voljo, ki mu jo je podelil Stvarnik, in preuredi atome svetlobe, da uresniči vsakršno iskreno prošnjo vernika.

»Bog je rekel: „Naredimo človeka po svoji podobi, kot svojo podobnost! Gospoduje naj ribam morja in pticam neba, živini in vsej zemlji ter vsej laznini, ki se plazi po zemlji!"«*

S tem namenom sta nastala človek in stvarstvo: da bi človek vstal kot gospodar *maje* in se zavedal svoje oblasti nad vesoljem.

Leta 1915, kmalu potem, ko sem vstopil v red svamijev, sem imel nenavadno videnje. Po njem sem razumel relativnost človeške zavesti in jasno zaznal enost Večne Luči za bolečimi dvojnostmi *maje*. Videnje sem doživel, ko sem nekega jutra sedel v svoji podstrešni sobici na očetovem domu na ulici Garpar. Tedaj je v Evropi že več mesecev divjala 1. svetovna vojna. Žalostno sem premišljeval o velikem smrtnem davku.

Ko sem zaprl oči, da bi meditiral, se je moja zavest nenadoma prenesla v telo poveljnika bojne ladje. Kanonada je parala zrak, ko je potekalo obstreljevanje med obalnimi baterijami in topovi na ladji. Velikanski izstrelek je zadel skladišče smodnika na moji ladji in jo razklal. Skupaj še s peščico mornarjev, ki so preživeli eksplozijo, sem skočil v vodo.

Srce mi je razbijalo, ko sem varno priplaval na obalo. Tedaj pa, ojoj!, me je v prsi zadela zablodela krogla. Ječe sem se zgrudil na tla. Moje telo je bilo ohromljeno, kljub temu pa sem se ga zavedal, podobno kot tedaj, ko ti zaspi noga.

Končno me je ujel skrivnostni korak smrti, sem pomislil. Še zadnjikrat sem zavzdihnil, preden bi omedlel, tedaj pa sem se znova znašel v svojem telesu v lotosovem položaju v sobici na ulici Garpar.

Nezadržno sem planil v jok in se od veselja pogladil po telesu ter se uščipnil v vrnjeno lastnino. Na prsih nisem imel niti sledu strelne rane. Zibal sem se sem in tja, vdihoval in izdihoval, da bi se prepričal o tem, da sem živ. Medtem ko sem se veselil svojega telesa, se je moja zavest znova preselila v poveljnikovo mrtvo telo na okrvavljeno obalo. Popolnoma sem bil zmeden.

* 1 Mz 1,26.

»Gospod,« sem molil, »sem mrtev ali živ?«

Obzorje je popolnoma zapolnila igra slepeče svetlobe. Nežna hrumeča vibracija se je izoblikovala v besede:

»Kaj imata življenje in smrt opraviti z lučjo? Po podobi svoje luči sem te ustvaril. Relativnosti življenja in smrti spadajo k vesoljnim sanjam. Uzri svoje bitje brez sna! Zbudi se, otrok moj, zbudi se!«

Gospod navdihne znanstvenike, da v pravem trenutku in na pravem mestu odkrivajo skrivnosti njegovega stvarstva, in tako človek počasi hodi po poti prebujanja. Veliko sodobnih odkritij pomaga človeku razumeti vesolje kot raznolik izraz ene moči – luči, ki jo vodi Božji razum. Čudesa gibljivih slik, radia, televizije, radarja, fotoelektrične celice – sijajnega ‚električnega očesa' in atomskih energij temeljijo na elektromagnetnem pojavu svetlobe.

Filmska umetnost lahko prikaže vsak čudež. Ni čuda, ki ga fotografski triki ne bi mogli upodobiti na prepričljiv način. Lahko prikažejo človeka kot prosojno astralno telo, ki se dviga iz svoje grobe fizične oblike, človeka, kako hodi po vodi, obuja od mrtvih, zavrti razvoj dogodkov nazaj ali obrne na glavo čas in prostor. Strokovnjak lahko sestavi fotografije, kakor želi, in doseže optična čudesa, podobna tistim, ki jih pravi učitelj doseže z dejanskimi svetlobnimi žarki.

Filmske slike in njihov realizem ponazarjajo veliko resnic o stvarstvu. Vesoljni Režiser je napisal scenarije in sklical mogočno igralsko zasedbo za razkošno predstavo stoletij. Iz temne operaterske kabine večnosti pošilja svoje žarke skozi filme minevajočih dob in projicira podobe na ozadje prostora.

Prav tako, kot se zdijo resnične filmske podobe, a so le kombinacije svetlobe in sence, je tudi vesoljna raznolikost varljiva in navidezna. Planetarne sfere s svojimi neštetimi oblikami življenja niso nič drugega kot liki v vesoljnem filmu. Prehodni prizori, ki jih neskončni ustvarjalni žarek projicira na zaslon človekove zavesti, so za človekovih pet čutov začasno resnični.

Filmsko občinstvo lahko dvigne pogled in vidi, da se vse podobe na zaslonu pojavijo le zaradi enega samega svetlobnega žarka brez podob. Podobno tudi barvita vesoljna drama izhaja iz ene same bele svetlobe Vesoljnega Vira. Bog z nedoumljivo domiselnostjo uprizarja orjaško zabavo za svoje otroke, ki so v njegovem planetarnem gledališču hkrati igralci in občinstvo.

Nekoč sem šel v kinodvorano, da bi si ogledal filmske novice o evropskih bojiščih. Na Zahodu se je še vedno odvijala 1. svetovna vojna. V filmskih novicah je bilo klanje tako realistično predstavljeno, da sem kinodvorano zapustil vznemirjen.

»Gospod,« sem molil, »zakaj dopuščaš takšno trpljenje?«

Bil sem silno presenečen, ko sem dobil takojšen odgovor v obliki videnja dejanskih evropskih bojišč. Prizori, polni trupel in umirajočih, so bili še precej bolj krvoločni, kot so jih prikazali v filmskih novicah.

»Pozorno glej!« je spregovoril nežen glas v moji notranji zavesti. »Videl boš, da prizori, ki se zdaj odvijajo v Franciji, niso drugega kot igra svetlobe in sence. To je vesoljni film, tako resničen in hkrati tako neresničen kot filmske novice, ki si jih ravno videl – predstavo v predstavi.«

Moje srce se še vedno ni pomirilo. Božji glas je nadaljeval: »Stvarjenje je svetloba in tema, brez obeh ni slike. Dobro in zlo *maje* si morata vedno izmenjevati nadvlado. Če bi na tem svetu vladalo nenehno veselje, bi si človek sploh želel drugega? Brez trpljenja se komaj kdaj spomni, da je zapustil svoj večni dom. Bolečina ga spodbudi k spominjanju. Ubeži ji lahko z modrostjo. Tragedija smrti je neresnična, tisti, ki trepetajo pred njo, so kot nevedni igralec, ki od strahu umre na odru, čeprav so vanj izstrelili le slepi naboj. Moji sinovi so otroci luči, ne bodo večno spali v utvarah.«

Čeprav sem v svetih spisih bral o *maji*, nisem dobil globokega uvida, kakršnega sem dobil iz osebnih videnj, ki so jih spremljale besede tolažbe. Človekove vrednote se močno spremenijo, ko končno spozna, da je stvarstvo le velikanski film in da njegova lastna resničnost ne leži v filmu, ampak onkraj njega.

Ko sem zaključil s pisanjem tega poglavja, sem sedel na posteljo v lotosov položaj. Moja soba* je bila šibko osvetljena z dvema

* V ašramu Self-Realization Fellowshipa v Encinitasu v Kaliforniji. (*Opomba založnika*)

zasenčenima svetilkama. Dvignil sem pogled in na stropu opazil drobne lučke gorčične barve, ki so se iskrile in drgetale v lesku radija. Nešteto pramenastih žarkov, ki so bili kot dežne zavese, se je zbralo v prosojni snop in se tiho vlilo name.

Moje fizično telo je v trenutku izgubilo svojo trdnost in se preobrazilo v astralno obliko. Začutil sem, da lebdim, komajda sem se dotikal postelje, moje breztežno telo se je začelo rahlo premikati levo in desno. Pogledal sem po sobi. Pohištvo in zidovi so bili ravno takšni kot ponavadi, a neznatna svetloba se je tako povečala, da stropa ni bilo več videti. Čudil sem se.

»To je mehanizem vesoljnega filma,« je, kot bi prihajal iz luči, rekel neki glas. »Svoje žarke meče na beli zaslon tvoje posteljnine in ustvarja sliko tvojega telesa. Glej, tvoje telo ni nič drugega kot svetloba!«

Pogledal sem svoje roke, jih premikal sem in tja, a njihove teže nisem čutil. Napolnila me je ekstatična radost. Kozmično steblo svetlobe, ki je cvetelo kot moje telo, se je zdelo kot božanski dvojnik svetlobnih žarkov, ki prihajajo iz projekcijske kabine v kinodvorani in prikazujejo slike na zaslonu.

V šibko osvetljeni kinodvorani lastne sobe sem si dolgo ogledoval ta film svojega telesa. Čeprav sem do tistega trenutka imel že veliko videnj, nobeno ni bilo tako edinstveno. Ko se je moja utvara o trdnem telesu popolnoma razblinila in ko se je poglobilo moje spoznanje, da je bistvo vseh predmetov svetloba, sem dvignil pogled v utripajoči tok življtronov in roteče spregovoril:

»Božja luč, prosim vzemi mojo ubogo telesno podobo k sebi, tako kot je bil Elija vzet v nebo v ognjenem vozu.«*

* 2 Kr 2,11.

‚Čudež' ponavadi razumemo kot nekaj, kar ni posledica zakona, kar je onkraj zakonov. Toda vse v našem natančno urejenem vesolju poteka v skladu z zakonom in se da z zakonom tudi razložiti. Tako imenovane čudežne moči velikega učitelja povsem naravno spremljajo njegovo natančno razumevanje subtilnih zakonov, ki delujejo v notranjem vesolju zavesti.

V resnici ničemur ne moremo reči, da je ‚čudež' – razen v globljem smislu, da je vse čudež. Je še kaj bolj običajnega in hkrati čudežnega kot dejstvo, da je vsak

Ta molitev je bila očitno presenetljiva, kajti žarek je izginil. Moje telo je bilo znova težko kot običajno in se je pogreznilo na posteljo. Roj bleščeče svetlobe na stropu je zamigotal in izginil. Očitno še ni napočil čas, da bi odšel s te zemlje.

»Poleg tega pa,« sem pomislil stoično, »Elija morda ne bi bil navdušen nad mojo predrznostjo!«

človek obdan z zapleteno organiziranim telesom in postavljen na Zemljo, ki drvi po vesolju med zvezdami?

Veliki preroki, kot sta Kristus in Lahiri Mahašaja, običajno napravijo veliko čudežev. Takšni učitelji imajo veliko in težavno duhovno poslanstvo do človeštva, in čudežna pomoč tistim, ki so v stiski, je očitno del tega poslanstva. (Glej op. na str. 239.) Pri neozdravljivih boleznih in nerešljivih človeških težavah je potrebno Božje posredovanje. Ko je Kristusa v Kafarnaumu kraljevi uradnik prosil, naj ozdravi njegovega umirajočega sina, mu je Jezus odgovoril s suhim humorjem: »Če ne vidite znamenj in čudežev, ne verujete.« A dodal je še: »Pojdi, tvoj sin živi« (Jn 4,46–54).

V tem poglavju sem podal vedsko razlago *maje*, čarobne moči utvare, ki je osnova pojavnih svetov. Zahodna znanost je že odkrila, da atomsko ‚snov' prežema ‚čarobnost' neresničnosti. A ne le narava, tudi človek (v svojem umrljivem vidiku) je podvržen *maji*: načelu relativnosti, kontrastov, dvojnosti, preobratov, nasprotujočih si stanj.

Ne smemo si domišljati, da so resnico *maje* razumeli le rišiji. Starozavezni preroki so *majo* imenovali Satan (dobesedno v hebrejščini 'nasprotnik'). Grška zaveza za Satana uporablja ustreznico *diabolos* oziroma hudič. Satan ali *Maja* je vesoljni čarodej, ki proizvaja raznolike oblike, da bi zakril eno resnico, ki je brez oblike. V Božjem načrtu in igri (*lili*) je edina naloga Satana ali *Maje*, da skuša človeka speljati od Duha k materiji, od Resničnosti k neresničnosti.

Kristus *majo* slikovito opisuje kot hudiča, morilca in lažnivca. »[Hudič] je bil od začetka morilec ljudi in ni obstal v resnici, ker v njem ni resnice. Kadar govori laž, govori iz svojega, ker je lažnivec in oče laži« (Jn 8,44).

»Hudič greši že od začetka. Božji Sin pa se je razodel prav zato, da bi uničil hudičeva dela« (1 Jn 3,8). To je, pojavitev Kristusove Zavesti v človekovem bitju samo po sebi uniči utvare oziroma »hudičeva dela«.

Maja je »od začetka« zaradi svoje strukturne navzočnosti v pojavnih svetovih. Ti so vedno v toku sprememb – kot nasprotje Božji nespremenljivosti.

31. POGLAVJE

Pogovor s sveto materjo

»Spoštovana mati, v otroštvu me je krstil vaš preroški mož, ki je bil guru mojih staršev in tudi guru mojega guruja Šri Juktešvardžija. Ali mi boste torej izkazali čast in mi zaupali kakšen dogodek iz svojega svetega življenja?«

Tako sem nagovoril Šrimati Kaši Moni, življenjsko sopotnico Lahirija Mahašaje. Ko sem za kratek čas prišel v Benares, sem izpolnil svojo dolgoletno željo in obiskal častitljivo gospo.

Ljubeznivo me je sprejela na domu družine Lahiri v četrti Garudeswar Mohulla v Benaresu. Čeprav je bila že v letih, je cvetela kot lotos in dehtela od duhovnosti. Bila je srednje postave, svetlopolta, vitkega vratu in velikih, sijočih oči.

»Sin, dobrodošel tukaj. Pridi z menoj.«

Kaši Moni me je peljala v majčkeno sobico v zgornjem nadstropju, kjer je nekaj časa živela z možem. Počaščen sem bil, da sem lahko uzrl sveti kraj, na katerem je edinstveni učitelj blagovolil igrati človeško dramo zakona. Prijazna gospa mi je pomignila, naj sedem na blazino poleg nje.

»Mnogo let je preteklo, preden sem spoznala, da je moj mož velik svetnik,« je začela pripovedovati. »Neke noči, prav v tej sobici, sem imela žive sanje. Čudoviti angeli so z nepredstavljivo milino plavali nad menoj. Prizor je bil tako stvaren, da sem se v trenutku zbudila. Začuda je bila soba polna močne svetlobe.

Moj mož je v položaju lotosa lebdel sredi sobe, obdan z angeli, ki so ga dostojanstveno in ponižno častili s sklenjenimi dlanmi.

Nadvse osupla sem mislila, da še vedno sanjam.

„Žena," je rekel Lahiri Mahašaja, „ne sanjaš. Za vse večne čase opusti spanje." Ko se je počasi spustil na tla, sem se vrgla k njegovim stopalom.

„Učitelj," sem vzkliknila, „znova in znova se ti klanjam! Mi oprostiš, ker sem te imela za svojega moža? Umiram od sramu ob spoznanju, da sem spala v nevednosti ob človeku, ki je prebujen v Bogu. Od danes nisi več moj mož, ampak moj guru. Boš sprejel to nepomembnico za svojo učenko?"*

Učitelj se me je nežno dotaknil. „Sveta duša, vstani. Sprejmem te." Pokazal je na angele. „Prosim, pokloni se vsakemu od teh svetnikov."

Ko sem končala s ponižnim klanjanjem, so se, kot pri kakšnem zboru iz starodavnih svetih spisov, skupaj zaslišali glasovi angelov:

„Soproga Božanskega, bodi blagoslovljena. Pozdravljamo te." Priklonili so se ob mojih stopalih in, glej!, njihove žareče postave so izginile. Soba se je zavila v temo.

Guru me je prosil, naj prejmem posvetitev v *krija jogo.*

„Seveda," sem odvrnila. „Žal mi je, da tega blagoslova nisem prejela že prej."

„Čas še ni dozorel." Lahiri Mahašaja se je tolažeče smehljal. „Velik del tvoje karme sem ti molče pomagal odslužiti. Zdaj pa si voljna in pripravljena."

Dotaknil se je mojega čela in pojavile so se gmote vrteče se svetlobe. Luč se je postopoma izoblikovala v opalno modro duhovno oko, obrobljeno z zlato barvo, v središču katerega je bila bela peterokraka zvezda.

„Skozi zvezdo prodri s svojo zavestjo v kraljestvo Neskončnega," je rekel guru, čigar glas je imel zdaj nov, nežen prizvok, kot bi poslušala glasbo v daljavi.

Videnje za videnjem je udarilo kot valovi oceana ob obalo moje duše. Panoramske podobe so se nazadnje stopile v morje blaženosti. Izgubila sem se v večnem valovanju nebeške sreče. Ko sem se čez več ur spet ovedla tega sveta, mi je učitelj predal tehniko *krija joge.*

* »On samo za Boga, ona za Boga v njem.« – *Milton.*

Od tiste noči ni Lahiri Mahašaja nikoli več spal v moji sobi, niti ni od tedaj sploh več spal. Noč in dan je ostajal v prednji sobi v pritličju v družbi učencev.«

Izjemna gospa je tedaj umolknila. Ko sem se zavedel, kako edinstven odnos je imela z vzvišenim jogijem, sem si jo drznil prositi še za kakšen spomin.

»Sin, ti si pa lakomen. Vseeno pa ti bom povedala še eno zgodbo.« Sramežljivo se je nasmehnila. »Zaupala ti bom, kaj sem zagrešila proti svojemu možu-guruju. Nekaj mesecev zatem, ko me je posvetil v *krija jogo*, sem se počutila izgubljeno in zapostavljeno. Nekega jutra je prišel v to sobico nekaj iskat, jaz pa sem urno šla za njim. Močno zaslepljena sem ga nagovorila z neprizanesljivimi besedami:

„Ves čas si z učenci. Kaj pa tvoje odgovornosti do žene in otrok? Želim si, da bi zaslužil še kaj več denarja za družino."

Učitelj me je za trenutek pogledal, nato pa izginil! Osupla in prestrašena sem zaslišala glas, ki je prihajal z vseh kotičkov sobice:

„Vse je nič, mar ne vidiš? Kako bi ti lahko nič, kakršen sem jaz, nudil bogastvo?"

„Gurudži," sem zavpila, „rotim te, oprosti mi! Moje grešne oči te ne vidijo več, prosim, pokaži se mi v svoji sveti podobi."

„Tukaj sem," sem zaslišala iznad sebe. Dvignila sem pogled in zagledala učitelja, kako se je materializiral v zraku, z glavo se je dotikal stropa. Njegove oči so bile kot zaslepljujoči plameni. Ko se je tiho spustil na tla, sem vsa iz sebe od strahu legla na tla in ihtela ob njegovih stopalih.

„Ženska," je rekel, „išči Božje bogastvo, ne ničvrednega zemeljskega blišča. Ko boš našla notranji zaklad, boš spoznala, da zunanje stvari vedno pridejo." Dodal je še: „Eden od mojih duhovnih sinov bo poskrbel zate."

Besede guruja so se seveda uresničile, neki njegov učenec je naši družini res zapustil znatno vsoto.«

Kaši Moni sem se zahvalil, ker mi je zaupala svoja čudežna izkustva.* Naslednji dan sem se znova oglasil na njenem domu

* Častita mati je preminila v Benaresu 25. marca 1930.

in več ur užival v filozofski razpravi s Tinkorijem in Dukorijem Lahirijem. Ta svetniška sinova vélikega indijskega jogija sta zvesto hodila po očetovih vzornih stopinjah. Oba sta bila staromodno očarljiva, s svetlo poltjo, z visoko, krepko postavo, dolgo brado in nežnim glasom.

Žena Lahirija Mahašaje ni bila njegova edina ženska učenka. Poleg nje jih je bilo še na stotine, vključno z mojo materjo. Nekoč je ena od njih prosila guruja za njegovo fotografijo. Dal ji jo je z besedami: »Če jo boš imela za zaščito, potem to tudi bo, drugače pa bo le slika.«

Nekaj dni zatem sta tista ženska in snaha Lahirija Mahašaje preučevali Bhagavad gito za mizo, poleg katere je na steni visela gurujeva fotografija. Tedaj je izbruhnila silna nevihta.

»Lahiri Mahašaja, varuj naju!« sta vzkliknili ženski in se priklonili njegovi podobi. Strela je udarila v knjigo na mizi, vernici pa sta jo odnesli brez poškodb.

»Zdelo se mi je, kot bi me ovila plast ledu, da bi me obvarovala pred žgočo vročino,« je povedala učenka.

Lahiri Mahašaja je napravil dva čudeža, povezana z učenko Abhojo. Nekega dne sta se z možem, ki je bil odvetnik v Kalkuti, odpravila proti Benaresu na obisk h guruju. Zaradi gostega prometa je njuna kočija zamujala. Ko sta prispela na glavno železniško postajo Howrah v Kalkuti, sta že slišala, kako vlak, namenjen v Benares, piska za odhod.

Abhoja je mirno obstala blizu okenca, kjer so prodajali karte.

»Lahiri Mahašaja, rotim vas, ustavite vlak!« je tiho molila. »Ne morem prenesti bolečine, da bi vas še en dan ne videla.«

Kolesa puhajočega vlaka so se še naprej vrtela, a vlak je obstal na mestu. Strojevodja in potniki so stopili na peron, da bi videli, kaj se dogaja. Angleški železniški čuvaj je stopil k Abhoji in njenemu možu. Popolnoma nepričakovano jima je ponudil pomoč. »Babu,« je rekel, »dajte mi denar. Kupil vama bom vozovnici, vidva pa se vkrcajta.«

Takoj ko sta mož in žena sedla in imela v roki vozovnici, se je vlak počasi premaknil naprej. Strojevodja in potniki so se mrzlično vrnili na svoja mesta, ne da bi vedeli, zakaj se je vlak zdaj premaknil, niti tega, zakaj se je sploh ustavil.

Ko sta prispela na dom Lahirija Mahašaje v Benares, se je Abhoja pred učiteljem molče spustila k tlom in se skušala dotakniti njegovih stopal.

»Zberi se, Abhoja,« je rekel. »Kako rada me nadleguješ! Kot da ne bi mogla priti sem z naslednjim vlakom!«

Abhoja je Lahirija Mahašajo obiskala tudi ob neki drugi nepozabni priložnosti. Tokrat ga ni prosila za posredovanje pri vlaku, ampak pri štorklji.

»Prosim za blagoslov, da bi moj deveti otrok preživel,« je rekla. »Rodila sem osem otrok, vsi so umrli kmalu po rojstvu.«

Učitelj se ji je sočutno nasmehnil. »Otrok, ki ga pričakuješ, bo živel. Skrbno se drži mojih navodil. Deklica se bo rodila ponoči. Pazi, da bo oljenka gorela vse do zore. Nikar ne zaspi, da plamen ne bo ugasnil.«

Abhoja je res ponoči rodila deklico, kot je napovedal vsevedni guru. Mati je naročila strežnici, naj poskrbi, da bo v svetilki dovolj olja. Bedeli sta do zgodnjih jutranjih ur, nazadnje pa sta obe zaspali. Olja je v svetilki skoraj že zmanjkalo in plamenček je le še šibko migetal. Tedaj se je zapah na vratih spalnice dvignil in vrata so se z glasnim zvokom odprla. Ženski sta se v hipu prebudili. Njune osuple oči so zagledale postavo Lahirija Mahašaje.

»Abhoja, poglej, plamen je že skoraj ugasnil!« je rekel in pokazal na svetilko, ki jo je strežnica urno napolnila z oljem. Takoj ko je plamen znova zagorel na vso moč, je učitelj izginil. Vrata so se zaprla in zapah je bil spet na svojem mestu, ne da bi bilo jasno, kdo ga je dal nazaj.

Abhojin deveti otrok, deklica, je preživela, in leta 1935, ko sem povprašal po njej, je bila še vedno živa.

Eden od učencev Lahirija Mahašaje, častiti Kali Kumar Roj, mi je povedal mnogo navdušujočih podrobnosti iz življenja z učiteljem.

»Pogosto sem bil po več tednov skupaj gost na njegovem domu v Benaresu,« mi je povedal. »Opazil sem, da je v tišini noči h gurujevim stopalom prihajalo sedet mnogo svetniških oseb, *dandi* svamijev.* Včasih so razpravljali o meditaciji in filozofiji. Ob zori so vzvišeni gostje odšli. Med svojimi obiski sem opazil, da Lahiri Mahašaja nikoli ni legel k spancu.

V prvem obdobju druženja z učiteljem sem se moral ukvarjati z nasprotovanjem svojega delodajalca,« je nadaljeval Roj, »ki je bil velik materialist.

„Med svojimi zaposlenimi ne želim imeti verskih fanatikov," se je rogal. „Če bom kdaj srečal tvojega šarlatanskega guruja, mu jih bom napel, da si bo zapomnil."

Zaradi njegove grožnje nisem spreminjal svoje navade, da sem skoraj vsak večer preživel v družbi guruja. Nekega večera mi je delodajalec sledil in neolikano vdrl v sprejemnico. Nedvomno je hotel povedati tisto, kar je obljubil. Takoj ko je sedel, je Lahiri Mahašaja nagovoril skupino približno dvanajstih učencev.

„Bi radi videli neko podobo?"

Ko smo pokimali, nas je prosil, naj zatemnimo sobo. „V krogu sédite drug drugemu za hrbet," je naročil, "in z dlanmi prekrijte oči tistemu, ki sedi pred vami."

Ni me presenetilo, ko sem videl, da tudi moj delodajalec sledi njegovim napotkom, čeprav nerad. Čez nekaj minut nas je Lahiri Mahašaja vprašal, kaj vidimo.

„Učitelj," sem odvrnil, „prikazala se je čudovita ženska. Na sebi ima rdeče obrobljen *sari* in stoji ob rastlini slonovo uho." Tudi vsi drugi učenci so podali enak opis. Učitelj se je tedaj obrnil k mojemu delodajalcu. „Poznate to žensko?"

„Da," je odvrnil mož, ki se je vidno boril s čustvi, ki so mu bila nova. „Nespametno sem trošil denar zanjo, čeprav imam dobro ženo. Sramujem se razlogov, ki so me privedli sem. Mi oprostite in me sprejmete za svojega učenca?"

„Če boste šest mesecev živeli spodobno življenje, vas bom sprejel za učenca." Učitelj je še dodal: „Sicer mi tega ne bo treba storiti."

* Člani reda menihov, ki obredno nosijo *dande* (palice iz bambusa) kot simbol *Brahma dande* ('Brahmove palice'), ki je pri človeku hrbtenica. Prebujenje sedmih cerebrospinalnih središč je resnična pot k Neskončnemu.

Moj delodajalec se je tri mesece upiral skušnjavi, nato pa je znova stopil v zvezo s tisto žensko. Dva meseca zatem je umrl. Tedaj sem razumel gurujevo prikrito napoved, da ni verjetno, da bo prejel posvetitev.«

Lahiri Mahašaja je imel slavnega prijatelja, Svamija Trailango, o katerem je šel glas, da je star več kot tristo let. Jogija sta pogosto skupaj meditirala. Trailangov sloves sega tako daleč, da zgodbam o njegovih osupljivih čudežih priznavajo resničnost skoraj vsi hindujci. Če bi se Kristus vrnil na zemljo in hodil po newyorških ulicah ter razkazoval svojo božansko moč, bi povzročil enako čudenje med ljudmi, kot ga je pred desetletji povzročil Trailanga, ko je hodil po nabito polnih ulicah Benaresa. Bil je *siddha* (popolno bitje), eden tistih, ki varujejo Indijo pred zobom časa.

Ob mnogih priložnostih so ljudje videli, da je svami popil smrtonosen strup, ki nanj ni škodljivo vplival. Na tisoče ljudi, med drugim tudi nekaj danes še živečih ljudi, je videlo, kako je Trailanga lebdel na Gangesu. Po več dni je sedel na vodni gladini ali pa se dolgo časa skrival pod valovi. Svamijevo negibno telo so pogosto videvali na *ghatu* Manikarnika na razbeljenih kamnitih ploščah, kjer je bilo popolnoma izpostavljeno neusmiljenemu indijskemu soncu.

S temi podvigi je Trailanga želel naučiti ljudi, da človeško življenje ni nujno odvisno od kisika ali od določenih pogojev in previdnostnih ukrepov. Naj je bil veliki učitelj nad vodno gladino ali pod njo, in naj je bilo njegovo telo izpostavljeno žgočim sončnim žarkom ali ne, je dokazal, da živi v božanski zavesti – smrt mu ni mogla priti do živega.

Jogi ni bil velik le duhovno, ampak tudi telesno. Tehtal je čez sto trideset kilogramov. Ker je zelo redko jedel, je bila njegova teža še toliko večja uganka. Vendar pa učitelj, če tako želi, iz posebnega razloga, pogosto subtilnega, za katerega ve le on sam, z lahkoto prezre vsa običajna pravila glede zdravja.

Veliki svetniki, ki so se prebudili iz kozmičnih sanj *maje* in spoznali, da je ta svet le ideja v Božjem umu, lahko s telesom počno, kar želijo, ker vedo, da je le vodljiva oblika zgoščene oziroma zamrznjene energije. Čeprav fiziki danes razumejo, da je snov le strjena energija, so razsvetljeni učitelji na področju nadzora nad snovjo zmagovito prešli iz teorije v prakso.

Trailanga je bil vedno popolnoma gol. Zaskrbljena benareška policija ga je imela za pokoro, ki je niso mogli razumeti. Naravni svami se kot Adam v rajskem vrtu ni zavedal svoje golote. Policija pa se je je dobro zavedala in ga na hitro poslala v zapor. Sledila je velika zadrega: Trailangovo postavo so kmalu zagledali v vsej njeni veličini na strehi zapora. Njegova celica, ki je bila še vedno varno zaklenjena, ni dala odgovora na to, kako je pobegnil iz nje.

Obupani policisti so znova opravili svojo dolžnost. Tokrat so pred svamijevo celico postavili stražnika. Moč se je znova uklonila pravičnosti: vélikega učitelja so kmalu spet zagledali, kako se nonšalantno sprehaja po strehi.

Pravica ima zavezane oči in v primeru Trailange je tudi prelisičena policija sklenila, da bo sledila njenemu zgledu.

Veliki jogi se je običajno držal molka.* Čeprav je imel okrogel obraz in velik trebuh, ki je spominjal na sod, je jedel le občasno. Po več tednih brez hrane je prekinil post z več lonci kislega mleka, ki so mu ga ponudili verniki. Neki dvomljivec je nekoč skušal dokazati, da je Trailanga slepar. Predenj je postavil veliko vedro mešanice vode in apna, ki se uporablja za beljenje zidov.

»Učitelj,« je rekel tisti materialist z narejenim spoštovanjem, »prinesel sem vam kislo mleko. Prosim, popijte ga.«

Trailanga je brez oklevanja do zadnje kaplje spil žgoče apno. Čez nekaj minut je zlobnež v hudih bolečinah padel na tla.

»Pomagajte, Svami, pomagajte!« je klical. »Gorim! Oprostite mi, ker sem vas hudobno preizkušal!«

Veliki jogi je prekinil svoj molk. »Posmehljivec,« je rekel, »ko si mi ponudil strup, nisi vedel, da je moje življenje eno s tvojim. Če jaz ne bi vedel, da je Bog navzoč v mojem želodcu tako kot v vsakem atomu stvarstva, bi me apno ubilo. Zdaj, ko veš, kaj pomeni Božji bumerang, nikoli več ne skušaj koga zavesti.«

* Bil je *muni* oziroma menih, ki se drži *maune*, duhovnega molka. Sanskrtski *muni* je soroden grškemu *monos*, ki pomeni 'sam, edini', iz katerega izvirajo slovenske besede, kot sta *menih* in *monizem*.

Jogini (ženska oblika besede jogi) Šankari Mai Džju, edina še živeča učenka Svamija Trailange. Tu jo vidimo (skupaj s tremi predstavniki šole YSS iz Rančija) na *kumbha meli* v Hardwarju leta 1938. *Jogini* je bila tedaj stara 112 let.

Grešnik, ki so ga ozdravile Trailangove besede, se je slabotno odplazil.

Zamenjava bolečine ni bila posledica učiteljeve volje, ampak delovanja zakona pravičnosti,* ki vzdržuje tudi najbolj oddaljena nebesna telesa. Za može z Božjim spoznanjem, kot je bil Trailanga, božanski zakon deluje takoj. Takšni ljudje so za vedno odpravili vse moteče tokove ega.

Zaupanje v samodejne naravnave pravičnosti (ki so pogosto popolnoma nepričakovane, kot je bilo v primeru Trailange in nesojenega morilca) ublaži naglo ogorčenje ob človeški krivičnosti.

* Prim. 2 Kr 2,19–24. Potem, ko je Elizej čudežno »ozdravil vodo« v Jerihi, se je skupina fantičev norčevala iz njega. »Iz gozda sta prišli dve medvedki in raztrgali dvainštirideset dečkov.«

»Moje je maščevanje, jaz bom povrnil, pravi Gospod.«* Zakaj bi se ubogi človek sploh trudil? Vesolje se primerno zaroti in kaznuje.

Nedovzetni umi dvomijo o možnosti božanske pravičnosti, ljubezni, vsevednosti in nesmrtnosti. »Prazne domneve svetih knjig!« Ljudje s takšnim neobčutljivim pogledom, brez spoštovanja do veličastne vesoljne predstave, v svojem življenju spravijo v tek neharmoničen tok dogodkov, ki jih nazadnje primora, da začnejo iskati modrost.

O vsemogočnosti duhovnega zakona je govoril Jezus, ko je slovesno vstopil v Jeruzalem. Ko so učenci in množica klicali od veselja in vzklikali: »V nebesih mir in slava na višavah,« so se nekateri farizeji pritoževali zaradi pomanjkanja dostojanstvenosti. »Učitelj,« so ugovarjali, »pograjaj svoje učence.«

Jezus pa jim je odgovoril: »Povem vam, če ti umolknejo, bodo kamni vpili.«†

V tej zavrnitvi farizejev je Kristus izpostavil, da božanska pravičnost ni nekaj metaforično abstraktnega in da bi človek miru, četudi bi mu iztrgali jezik, našel svoj govor in svojo obrambo v temeljih stvarstva, v samem vesoljnem redu.

»Ali mislite,« je želel povedati Jezus, »da boste utišali ljudi miru? Ravno tako bi lahko upali, da boste utišali glas Boga, ki mu kamni pojejo slavo in vsemogočnost. Boste zahtevali, da ljudje ne praznujejo v čast miru v nebesih, temveč naj se množično zbirajo in izrazijo svojo enost le, ko je na zemlji vojna? Tedaj se pripravite, o farizeji, da boste preobrnili temelje sveta, kajti blagi ljudje tako kot kamni oziroma zemlja, voda, ogenj in zrak bodo vstali proti vam in bodo priče Božji harmoniji v stvarstvu.«

Tudi moj *šedžo mama* (ujec) je bil nekoč deležen milosti Kristusu podobnega jogija Trailange. Nekega dne je ujec med množico vernikov na benareškem *ghatu* zagledal učitelja. Uspelo se mu je prebiti do njega in se ponižno dotakniti njegovih stopal. Stric

* Rim 12,19.

† Lk 19,37–40.

je osupel spoznal, da je njegova boleča kronična bolezen v hipu izginila.*

Edini znani še živeči učenec vélikega jogija je ženska, Šankari Mai Džju.† Hči enega od Trailangovih učencev je bila deležna svamijevega usposabljanja že v otroštvu. Štirideset let je živela v več odmaknjenih himalajskih votlinah blizu Badrinatha, Kedarnatha, Amarnatha in Pasupatinatha. *Brahmačarini* (asketka), rojena leta 1826, jih ima zdaj že precej čez sto, na videz pa se ni postarala, še vedno ima črne lase, svetleče zobe in neverjetno energijo. Iz svoje osame pride vsakih nekaj let, da bi se udeležila rednih *mel* ali verskih praznovanj.

Ta svetnica je pogosto obiskovala Lahirija Mahašajo. Povedala je, da je nekega dne v okraju Barrackpore blizu Kalkute, ko je sedela ob Lahiriju Mahašaji, v sobo tiho vstopil njegov veliki guru Babadži in se začel pogovarjati z njima. »Nesmrtni učitelj je imel na sebi mokra oblačila,« se je spominjala, »kot bi ravnokar prišel iz reke. Blagoslovil me je z duhovnim nasvetom.«

Trailanga je ob neki priložnosti v Benaresu prekinil svoj običajni molk, da se je javno poklonil Lahiriju Mahašaji. Eden od Trailangovih učencev je ugovarjal.

»Učitelj,« je rekel, »zakaj izkazujete takšno spoštovanje poročenemu človeku vi, ki ste svami in asket?«

»Sin moj,« mu je Trailanga odgovoril, »Lahiri Mahašaja je kot božanski mucek, ki ostane tam, kamor ga Vesoljna Mati postavi. Medtem ko je vestno igral vlogo posvetnega človeka, je prejel tisto popolno samospoznanje, ki sem ga jaz skušal doseči z odpovedjo vsemu – celo svojemu opasniku!«

* Življenje Trailange in drugih velikih učiteljev nas spominja na Jezusove besede: »Tiste pa, ki bodo sprejeli vero, bodo spremljala ta znamenja: v mojem imenu (Kristusovi Zavesti) bodo izganjali demone, govorili nove jezike, z rokami dvigali kače, in če bodo kaj strupenega izpili, jim ne bo škodovalo. Na bolnike bodo polagali roke in ti bodo ozdraveli« (Mr 16,17–18).

† Bengalska različica pripone *dži,* ki označuje spoštovanje.

32. POGLAVJE

Rama vstane od mrtvih

»Bil pa je neki bolnik, Lazar … Ko je Jezus to slišal, je rekel: Ta bolezen ni za smrt, ampak v Božje veličastvo, da bo po njej poveličan Božji Sin.«*

Šri Juktešvar je nekega sončnega jutra na balkonu svojega ašrama v Seramporju razlagal krščansko Sveto pismo. Poleg nekaj njegovih drugih učencev sem bil tam tudi jaz s šolarji z Rančija.

»V tem odlomku Jezus pravi, da je Božji Sin. Čeprav je bil resnično eno z Bogom, imajo te njegove besede globok neosebni pomen,« je razložil guru. »Božji Sin je Kristusova oziroma Božanska Zavest v človeku. Ni *umrljivega* človeka, ki bi lahko poveličeval Boga. Edina čast, ki jo lahko človek izkaže svojemu Stvarniku, je, da ga išče. Človek ne more poveličevati abstrakcije, ki je ne pozna. ‚Glorija' oziroma svetniški sij okrog glave svetnikov simbolizira njihovo *sposobnost*, da izkazujejo čast Bogu.«

Šri Juktešvar je nato do konca prebral sijajno zgodbo o Lazarjevem vstajenju. Ko je zaključil, je dolgo molčal, z odprto sveto knjigo na kolenu.

»Tudi jaz sem imel čast videti podoben čudež,« je guru nazadnje slovesno spregovoril. »Lahiri Mahašaja je od mrtvih oživil enega od mojih prijateljev.«

Dečki ob meni so se nasmehnili, besede so v njih vzbudile veliko zanimanje. Tudi v meni je bilo še dovolj dečka, da nisem užival le v filozofiji, ampak še posebej v zgodbah Šri Juktešvarja o čudežnih izkušnjah z njegovim gurujem.

* Jn 11,1–4.

»S prijateljem Ramo sva bila neločljiva,« je začel pripovedovati učitelj. »Ker je bil sramežljiv in samotarski, je na obisk k Lahiriju Mahašaji prihajal le od polnoči do zore, ko ni bilo množice dnevnih učencev. Ker sem bil Ramov najtesnejši prijatelj, mi je zaupal mnogo globokih duhovnih doživetij. Njegovo popolno prijateljstvo je bilo moj navdih,« je povedal guru in njegov obraz se je raznežil ob spominih na Ramo.

»Ramo je nenadoma zadela huda preizkušnja,« je nadaljeval Šri Juktešvar. »Zbolel je za kolero. Ker najin učitelj nikoli ni nasprotoval zdravniški pomoči, ko je šlo za hudo bolezen, so poklicali dva specialista. Medtem ko sem mrzlično skrbel za bolnika, sem molil k Lahiriju Mahašaji za pomoč. Pohitel sem na njegov dom in mu med ihtenjem povedal zgodbo.

„Zdravnika skrbita za Ramo. Ozdravel bo," je rekel moj guru in se veselo smehljal.

Z lahkim srcem sem se vrnil k prijatelju, ki pa sem ga našel na smrtni postelji.

„Nima več kot uro ali dve," mi je povedal eden od zdravnikov in obupano zamahnil z roko. Znova sem pohitel k Lahiriju Mahašaji.

„Zdravniki so vestni. Prepričan sem, da bo Rama ozdravel," je rekel učitelj in me dobro razpoložen odslovil.

Ko sem prišel k Rami, sem ugotovil, da sta zdravnika že odšla. Eden od njiju mi je napisal: „Naredila sva, kar sva lahko, vendar je brezupno."

Moj prijatelj je bil res videti, kot da umira. Nisem razumel, kako se besede Lahirija Mahašaje niso uresničile, a ob pogledu na Ramo, ki je vidno ugašal, se mi je vedno znova porajala misel: Vsega je konec. Ko me je tako premetavalo po izmeničnih valovih vere in dvomov, sem po svojih najboljših močeh skrbel za prijatelja. Rama se je predramil in vzkliknil:

„Juktešvar, pohiti k učitelju in mu povej, da sem umrl. Prosi ga, naj blagoslovi moje telo, preden ga upepelijo." Po teh besedah je Rama močno zavzdihnil in umrl.*

* Žrtve kolere so pogosto razumne in pri polni zavesti vse do smrti.

Celo uro sem jokal ob njegovi postelji. Vedno je ljubil tišino, zdaj pa ga je objel popoln mir smrti. Vstopil je drug učenec. Prosil sem ga, naj ostane v hiši, dokler se ne vrnem. Napol omotičen sem se odvlekel nazaj h guruju.

„Kako je zdaj Rama?" me je vprašal Lahiri Mahašaja in na obrazu mu je igral nasmešek.

„Učitelj, kmalu boste videli, kako je z njim," sem bleknil prizadeto. „Čez nekaj ur boste videli njegovo telo, preden ga bodo odnesli na upepelitev." Zlomil sem se in glasno zastokal.

„Juktešvar, spravi se k sebi. Mirno sedi in meditiraj," mi je rekel guru in se umaknil v *samadhi*. V neprekinjeni tišini sta minila popoldan in noč. Neuspešno sem si skušal povrniti notranje ravnovesje.

Ob zori me je Lahiri Mahašaja tolažeče pogledal. „Vidim, da si še vedno vznemirjen. Zakaj mi včeraj nisi povedal, da od mene pričakuješ oprijemljivo pomoč v obliki zdravila za Ramo?" Učitelj je pomignil proti svetilki v obliki skodelice, v kateri je bilo surovo ricinusovo olje. „Z oljem iz svetilke napolni stekleničko. Rami v usta kapni sedem kapljic."

„Učitelj," sem ugovarjal, „mrtev je že od poldneva včeraj. Kaj mu bo to zdaj koristilo?"

„Nič hudega. Naredi, kot sem ti rekel." Nisem razumel, kako je lahko guru tako dobre volje, jaz sem namreč še vedno čutil nezmanjšano bolečino izgube. Iz svetilke sem zlil nekaj olja in odšel proti Ramovi hiši.

Prijateljevo telo sem našel trdo v objemu smrti. Nisem se zmenil za njegov mrtvaški videz. Z desnim kazalcem sem mu razprl ustnice in mu z levo roko in s pomočjo zamaška na stisnjene zobe nakapal olje. Ko se je sedma kapljica dotaknila njegovih hladnih ustnic, se je Rama silno stresel. Vse mišice od glave do peta so mu drgetale, ko je z začudenim izrazom na obrazu sedel.

„Lahirija Mahašajo sem videl v soju svetlobe!" je vzkliknil. „Sijal je kot sonce. ‚Vstani, zbudi se,' mi je velel. ‚Z Juktešvarjem me obiščita.'"

Komaj sem verjel svojim očem, ko se je Rama oblekel in bil po tisti usodni bolezni tako močan, da je lahko šel peš do doma najinega guruja. Tam se je s solzami v očeh hvaležno do tal priklonil pred Lahirijem Mahašajo.

Učitelj je žarel od veselja. Oči so se mu nagajivo lesketale, ko me je pogledal.

„Juktešvar," je rekel, „gotovo boš odslej vedno imel pri sebi stekleničko ricinusovega olja. Ko boš zagledal truplo, ga uporabi, kajti sedem kapljic olja bo gotovo kos moči Jame!"*

„Gurudži, posmehujete se mi. Ne razumem. Prosim, povejte mi, kaj sem storil narobe."

„Dvakrat sem ti rekel, da bo Rama ozdravel, a mi nisi popolnoma verjel," mi je razložil Lahiri Mahašaja. „Nisem želel reči, da ga bosta zdravnika lahko ozdravila, pripomnil sem le, da sta ob njem. Nisem se hotel vmešavati, tudi zdravniki morajo živeti." Z glasom, polnim veselja, je guru dodal: „Védi, da lahko vsemogočni Paramatman† ozdravi vsakogar, preko zdravnika ali brez njega."

„Vidim, kaj sem storil narobe," sem skesano priznal. „Zdaj vem, da je vaša preprosta beseda zavezujoča za celotno vesolje."«

Ko je Šri Juktešvar končal svojo sijajno zgodbo, mu je eden od dečkov z Rančija zastavil vprašanje, ki ga je bilo iz ust otroka še toliko bolj pričakovati.

»Gospod,« je rekel, »zakaj vas je guru poslal tja z ricinusovim oljem?«

»Otrok, olje ni imelo posebnega pomena. Ker sem pričakoval nekaj materialnega, je Lahiri Mahašaja izbral olje, ki je bilo pri roki, kot stvarni simbol, s katerim je okrepil mojo vero. Učitelj je dopustil, da je Rama umrl, ker sem nekoliko podvomil o njem. A božanski guru je vedel, da glede na to, da je rekel, da bo učenec ozdravljen, do ozdravitve mora priti. Pa čeprav ga bo moral ozdraviti smrti, bolezni, od katere običajno ni okrevanja!«

Šri Juktešvar je skupinico odslovil in mi pomignil, naj sedem na odejo ob njegovih stopalih.

* Jama, bog smrti.

† Dobesedno – 'najvišja Duša'.

»Jogananda,« je rekel nenavadno resno, »že od rojstva te obdajajo neposredni učenci Lahirija Mahašaje. Veliki učitelj je svoje čudovito življenje preživel v delni osami in odločno odklanjal, da bi njegovi učenci ustanovili kakršnokoli organizacijo na podlagi njegovega učenja. Napovedal pa je tudi nekaj pomembnega.

„Približno petdeset let po moji smrti," je rekel, „bo zgodba mojega življenja zapisana, ker se bo na Zahodu pojavilo veliko zanimanje za jogo. Sporočilo joge, ki bo obkrožilo svet, bo pripomoglo k vzpostavljanju bratstva med ljudmi, enotnosti, ki bo temeljila na neposrednem zaznavanju Enega Očeta."

Jogananda, sin moj,« je nadaljeval Šri Juktešvar, »pri širjenju tega sporočila in pri zapisu tega svetega življenja moraš prispevati svoj delež.«

Ko sem leta 1945 dokončal to knjigo, je minilo ravno petdeset let od smrti Lahirija Mahašaje – leta 1895. Prevzet sem ob naključju, da je leto 1945 tudi začetek nove dobe – ere revolucionarne atomske energije. Vsi preudarni umi se bolj kot kadarkoli prej posvečajo perečima problemoma miru in bratstva, da ne bi nadaljnja uporaba fizične sile z obličja zemlje izbrisala vseh ljudi skupaj z njihovimi problemi.

Čeprav lahko čas ali bomba brez sledu izbrišeta delo človeške rase, sonce ne spreminja svoje poti in zvezde še naprej nespremenjeno bedijo. Vesoljnega zakona se ne da zadržati ali ga spremeniti, in dobro bi bilo, če bi človek deloval v skladu z njim. Če je vesolje proti uporabi moči, če se sonce na nebu ne bojuje z zvezdami, ampak se jim umakne in jim pusti njihovo drobno vladavino, ko je čas za to, kaj nam koristi stisnjena pest? Ali nam bo to prineslo mir? Temeljev vesolja ne ohranja krutost, ampak dobra volja. Človeštvo, ki bo živelo v miru, bo poznalo neskončne sadove zmage, slajše od tistih, ki zrastejo na zemlji, prepojeni s krvjo.

Učinkovito Društvo narodov bo naravno, brezimno društvo človeških src. Široka empatija in jasen vpogled, ki sta potrebna za zdravljenje človeških tegob, ne moreta izvirati zgolj iz intelektualnega razmisleka o človeški raznolikosti, ampak iz zavedanja o najglobljі enotnosti ljudi – njihovi sorodnosti z Bogom. Na poti k uresničenju najvišjega svetovnega ideala – miru skozi bratstvo – naj se joga, znanost osebne združitve z Bogom, sčasoma razširi k vsem ljudem v vseh deželah.

Čeprav je indijska civilizacija starejša od vseh drugih, so le redki zgodovinarji opazili, da njeno preživetje ni nikakršno naključje, ampak logična posledica vdanosti večnim resnicam, ki jo Indija izpričuje v svojih največjih posameznikih v vsaki generaciji. Že z neprekinjenim obstojem, s trajnostjo skozi veke (nam lahko zaprašeni učenjaki resnično povedo, koliko jih je preživela?), je Indija od vseh dežel dala najbolj častivreden odgovor na izziv časa.

Svetopisemska zgodba o Abrahamovi prošnji Gospodu,* naj prizanese Sodomi, če bo v njej našel deset pravičnih, in Božji odgovor: »Ne bom je uničil zaradi teh desetih,« dobi nov pomen v luči dejstva, da je Indija ušla pogubi. Izginila so cesarstva mogočnih narodov, ki so bili vešči umetnosti vojskovanja, nekoč sodobnikov Indije: stari Egipt, Babilonija, Grčija, Rim.

Gospodov odgovor jasno kaže, da dežela ne živi v materialnih dosežkih, ampak v velikih ljudeh.

Naj se Božja beseda znova zasliši v tem 20. stoletju, dvakrat omočenem v krvi, še preden ga je minila polovica: narod, ki lahko da deset ljudi, velikih v očeh Nepodkupljivega Sodnika, ne bo izumrl.

Indija je upoštevala ta nagovor in dokazala svojo modrost ob tisočih zvijačah časa. Učitelji s samospoznanjem so iz stoletja v stoletje posvečevali njeno zemljo. Sodobni modreci, podobni Kristusu, kot sta bila Lahiri Mahašaja in Šri Juktešvar, razglašajo, da je poznavanje joge, znanosti spoznanja Boga, ključno za človekovo srečo in dolgoživost naroda.

O življenju Lahirija Mahašaje in njegovem univerzalnem nauku je natisnjenega bore malo.† V treh desetletjih v Indiji, Ameriki in Evropi sem odkril močno in iskreno zanimanje za njegovo sporočilo osvobajajoče joge. Kot je napovedal, je zdaj na Zahodu, kjer

* 1 Mz 18,23–32.

† Kratek življenjepis v bengalščini, *Šri Šri Šjama Čaran Lahiri Mahašaja,* ki ga je napisal Svami Satjananda, je bil izdan leta 1941. Iz njega sem za ta odlomek o Lahiriju Mahašaji prevedel nekaj odstavkov.

LAHIRI MAHAŠAJA

»Duh sem. Lahko tvoj fotoaparat odseva vsenavzoče Nevidno?« Po več neuspešnih osvetlitvah filma, na katerega ni bilo mogoče zajeti podobe Lahirija Mahašaje, je Jogavatar nazadnje le dovolil fotografiranje svojega ‚telesnega templja'. »Učitelj ni nikoli več poziral za fotografijo; vsaj jaz nisem videl nobene,« je zapisal Paramahansadži. (Glej stran 11.)

življenja velikih sodobnih jogijev niso dobro poznana, potreba po pisni pripovedi o učiteljevem življenju.

Lahiri Mahašaja se je rodil 30. septembra 1828 v pobožni starodavni družini *brahminov*. Njegov rojstni kraj je bila vasica Ghurni v okraju Nadia v bližini Krišnanagarja v Bengaliji. Bil je edini sin Muktakaši, druge žene spoštovanega Gora Mohana Lahirija (čigar prva žena, s katero je imel tri sinove, je umrla na romanju). Dečku je mati umrla že v otroštvu. O njej je zelo malo znanega, zgovorno pa je dejstvo, da je bila goreča častilka Gospoda Šive,* ki ga sveti spisi imenujejo »Kralj jogijev«.

Dečkovo polno ime je bilo Šjama Čaran Lahiri. Prva leta je preživel na domu svojih prednikov v Ghurniju. Pri treh ali štirih so ga pogosto videli v jogijskem položaju zakopanega v pesek, iz katerega mu je gledala le glava.

Pozimi 1833 je posestvo družine Lahiri uničila bližnja reka Jalangi, ki je spremenila svoj tok in se izgubila v globinah Gangesa. Skupaj z družinskim domom je v reki izginil tudi eden od Šivovih templjev, ki so ga postavili Lahiriji. Neki vernik je rešil kamnito podobo Gospoda Šive iz vodnih vrtincev in ga postavil v novi tempelj, ki je danes dobro znan kot Šivov hram v Ghurniju.

Gor Mohan Lahiri in njegova družina so se iz Ghurnija preselili v Benares, kjer je oče takoj postavil tempelj Šivi. Svoje gospodinjstvo je vodil po načelih vedske discipline, redno so izvajali obredno čaščenje, se dobrodelno udejstvovali in prebirali sveta besedila. Zaradi pravičnosti in širokega duha pa je upošteval tudi koristni tok modernih idej.

* Eden od Božje trojice Brahma, Višnu, Šiva, katerih univerzalno delo je ustvarjanje, ohranjanje in razkroj-obnova, v tem vrstnem redu. Šiva je v mitologiji predstavljen kot Gospod tistih, ki so se odrekli posvetnemu življenju, in se v videnjih prikazuje svojim častilcem pod različnimi podobami, kot sta Asket Mahadeva z zavozlanimi lasmi in Kozmični Plesalec Nataradža.

Gospod kot Šiva oziroma Uničevalec je za mnoge težko razumljiv pojem. V *Mahimnastavi*, hvalnici, ki jo je napisal Pušpadanta, Šivov častilec, ta otožno vpraša: »Zakaj si ustvaril svetove, če pa jih zatem uničiš?« Kitica iz *Mahimnastave* (slovenjeno po prevodu Arthurja Avalona) se glasi:

»Ko si z nogami udarjal po zemlji, je bila nenadoma v nevarnosti.
Ko si mahal z rokami, močnejšimi od železnih palic,
so se zvezde v etru razkropile.
Ko so opletali tvoji razpuščeni lasje, se je nebo vznemirilo.
Zares odlično si plesal!
A da vznemirjaš svet zato, da bi ga rešil –
kakšna skrivnost je to?«
A starodavni pesnik zaključuje:
»Velika je razlika med mojim umom,
ki razume le malo in ga pestijo bridkosti,
in tvojo večno slavo, ki presega vse lastnosti!«

Deček Lahiri se je v benareških učnih skupinah učil hindijščine in urdujščine. Hodil je v šolo, ki jo je vodil Džoj Narajan Ghošal, kjer se je učil sanskrta, bengalščine, francoščine in angleščine. Mladi jogi se je lotil natančnega preučevanja Ved in zavzeto poslušal, kako so učeni *brahmini* razpravljali o svetih spisih, med drugim tudi mahratijski pandit z imenom Nag-Bhatta.

Šjama Čaran je bil prijazen, blag in pogumen mladenič, priljubljen pri vseh tovariših. Bil je skladnega, zdravega in močnega telesa, odlikoval se je v plavanju in ročni spretnosti.

Leta 1846 se je Šjama Čaran Lahiri poročil s Šrimati Kaši Moni, hčerko Šri Debnarajana Sanjala. Zgledna indijska gospodinja je vedro opravljala svoja hišna dela in dolžnosti poročenega človeka – streči gostom in revežem. Njun zakon so blagoslovili dva svetniška sinova, Tinkori in Dukori, in dve hčerki. Pri triindvajsetih je Lahiri Mahašaja leta 1851 sprejel mesto računovodje na Oddelku vojaškega inženirstva britanske vlade. V času zaposlitve je velikokrat napredoval. Tako ni bil le učitelj v Božjih očeh, ampak je bil uspešen tudi v mali človeški drami, v kateri je imel ponižno vlogo pisarniškega uslužbenca.

Oddelek je Lahirija Mahašajo večkrat premestil v druge pisarne v Gazipurju, Mirjapurju, Naini Talu, Danapurju in Benaresu. Po smrti očeta je mladenič prevzel odgovornost za vse družinske člane. Kupil jim je dom v odmaknjeni soseski Garudeswar Mohulla v Benaresu.

V triintridesetem letu življenja je Lahiri Mahašaja* doživel izpolnitev namena, zaradi katerega se je reinkarniral na zemlji. Blizu Ranikheta v Himalaji je srečal svojega velikega guruja, Babadžija, ki ga je posvetil v *krija jogo*.

Ta srečni dogodek ni bil pomemben le za Lahirija Mahašajo, ampak za vse človeštvo. Pozabljena, davno izginula najvišja umetnost joge je znova prihajala na dan.

* Verski naziv *mahašaja* v sanskrtu pomeni 'širokega duha'.

Tako kot je v zgodbi iz *Puran* reka Ganges* prišla iz nebes na zemljo in ponudila božanski požirek žejnemu verniku Bhagirathu, tako je leta 1861 začela teči nebeška reka *krija joge* iz skrivnih zatočišč Himalaje v zaprašena človeška shajališča.

* Vode matere Gange, svete reke hindujcev, imajo izvor v ledeni jami v Himalaji sredi večnega snega in tišine. Tisoči svetnikov skozi stoletja so radi živeli ob reki; na njenih obrežjih so pustili avro blagoslova. (Glej op. na str. 211.)

Izredna, morda edinstvena lastnost reke Ganges je, da se je ne da onesnažiti. V njeni nespremenljivi sterilnosti ne živi nobena bakterija. Milijoni Indijcev brez škode uporabljajo njeno vodo za kopanje in pitje. To dejstvo bega sodobne znanstvenike. Eden od njih, dr. John Howard Northrop, prejemnik Nobelove nagrade za kemijo leta 1946, je nedavno dejal: »Vemo, da je Ganges izredno umazana reka, Indijci pa pijejo iz nje, plavajo v njej, in očitno jim to ne škoduje.« Upajoče je še dodal: »Morda reko sterilizira bakteriofag (virus, ki uničuje bakterije).«

Vede človeku privzgojijo spoštovanje do vseh naravnih pojavov. Verni hindujec dobro razume hvalnico svetega Frančiška Asiškega: »Hvaljen, moj Gospod, v naši sestri vodi, tako je koristna, ponižna, dragocena in čista.«

33. POGLAVJE

Babadži, jogi-Kristus sodobne Indije

Babadži, guru Lahirija Mahašaje, s svojo telesno navzočnostjo še vedno blagoslavlja pečine blizu Badrinarajana v severni Himalaji. Odmaknjeni učitelj že stoletja, morda tisočletja ohranja svojo telesno obliko. Nesmrtni Babadži je *avatara*. Ta sanskrtska beseda pomeni 'sestop'. Korena besede sta *ava*, ki pomeni 'dol', in *tri*, ki pomeni 'prečiti'. V hindujskih svetih spisih *avatara* pomeni sestop Božanskega v telo.

»Babadžijevega duhovnega stanja človek ne more razumeti,« mi je razložil Šri Juktešvar. »Pritlikav človeški pogled ne more prodreti do njegove transcendentne zvezde. Človek si zaman skuša že samo predstavljati avatarjev dosežek. Nepojmljiv je.«

V *Upanišadah* so podrobno razvrščene vse stopnje duhovnega napredka. *Siddha* ('popolno bitje') je napredoval iz *dživanmukte* ('osvobojen v času življenja') v *paramukto* ('izredno svoboden' – obvladuje smrt). Slednji se je popolnoma osvobodil suženjstva *maje* in kroga ponovnega rojevanja. *Paramukta* se torej redko vrne v fizično telo. Če se vrne, je avatar, Božji poslanec, ki na zemljo prinese nebeški blagoslov. Avatar ni podvržen vesoljni ureditvi, njegovo čisto telo, ki je vidno kot svetlobna podoba, je prosto dolgov naravi.

Bežen pogled na avatarjevi postavi morda ne bi zaznal ničesar izrednega, a ta včasih ne meče sence na tla niti na njih ne pušča stopinj. To so zunanji simbolični dokazi notranje osvobojenosti od teme in od zasužnjenosti z materialnim. Le takšen Božji človek pozna Resnico onkraj relativnosti življenja in smrti. Omar Hajam, ki ga zelo pogosto napačno razlagajo, je o takšnem osvobojenem človeku pel v nesmrtnem *Rubaijatu*:

Ah, Luna moje slasti, ki ne poznaš mlaja,
glej – nebesna luna, ki znova vzhaja!
Kol'kokrat poslej bo vzšla in po tem istem vrtu iskala
njega, ki se tam več ne nahaja!

»Luna moje slasti, ki ne poznaš mlaja«, je Bog, večna Severnica, ki nikoli ne zastari. »Nebesna luna, ki znova vzhaja«, je zunanje vesolje, vklenjeno v zakon periodičnega vračanja. Po samospoznanju se je perzijski modrec za vedno osvobodil prisilnih vračanj na zemljo: »vrt« narave oziroma *maje*. »Kol'kokrat poslej bo vzšla in iskala njega, ki se tam več ne nahaja!«* Kako veliko je razočaranje začudenega vesolja, ko išče popolnoma izostalega!

Kristus je svojo svobodo opisal drugače: »Tedaj je pristopil neki pismouk in mu rekel: „Učitelj, za teboj bom hodil, kamorkoli pojdeš." Jezus mu je dejal: „Lisice imajo brloge in ptice neba gnezda, Sin človekov pa nima, kamor bi glavo naslonil."«†

Mar za Kristusom, ki je vsenavzoč, sploh lahko hodimo drugače kot v vseobsegajočem Duhu?

Krišna, Rama, Buda in Patanjdžali so bili starodavni indijski avatarji. Obsežna pesniška literatura v tamilščini je posvečena Agastji, avatarju iz južne Indije, ki je v stoletjih pred Kristusom in po njem naredil mnogo čudežev in ki naj bi svoje fizično telo ohranil vse do današnjih dni.

Babadžijevo poslanstvo v Indiji je pomagati prerokom pri opravljanju njihovih posebnih nalog, zato ustreza pogojem, ki jih sveti spisi določajo za *mahavatarja* (velikega avatarja). Povedal je, da je v jogo uvedel Šankaro,‡ prenovitelja reda svamijev, in Kabirja, slavnega srednjeveškega učitelja. Njegov glavni učenec 19. stoletja je bil, kot vemo, Lahiri Mahašaja, ki je oživil izgubljeno veščino *krije*.

* Slovenjeno po prevodu Edwarda FitzGeralda v angleščino.

† Mt 8,19–20.

‡ Šankaro, čigar zgodovinsko izpričani guru je bil Govinda Džati, je Babadži posvetil v *krija jogo* v Benaresu. Babadži, ki je to zgodbo povedal Lahiriju Mahašaji in Svamiju Kebalanandi, je o svojem srečanju z vélikim monistom navedel vrsto zanimivih podrobnosti.

Babadži je v nenehnem stiku s Kristusom, s katerim družno oddajata vibracije odrešenja in s katerim sta zasnovala duhovno tehniko odrešitve za današnji čas. Delo teh dveh v polnosti razsvetljenih učiteljev – enega s telesom in enega brez telesa – je navdihniti narode, da bi opustili vojne, medsebojno sovraštvo, versko sektaštvo in zlo materializma, ki se vrne kot bumerang. Babadži se dobro zaveda sodobnih trendov, še zlasti vpliva in zapletenosti zahodne civilizacije, in razume potrebo po širjenju osvobajajoče joge v enaki meri na Zahodu in na Vzhodu.

Dejstvo, da ni zgodovinskega zapisa o Babadžiju, naj nas ne preseneča. V stoletjih se veliki guru nikoli ni odkrito pojavil. Pozornost javnosti, nagnjene k napačnemu razumevanju, nima mesta v njegovem tisočletnem načrtu. Tako kot Stvarnik, edina in molčeča Moč, tudi Babadži deluje v ponižni skritosti.

Veliki preroki, kot sta Kristus in Krišna, pridejo na zemljo s posebnim, sijajnim ciljem, in odidejo takoj, ko ga dosežejo. Drugi avatarji, kot je Babadži, prevzamejo delo, ki je bolj povezano s počasnim razvojem človeka v stoletjih, kot pa z določenim izjemnim dogodkom v zgodovini. Takšni učitelji se robatim očem javnosti vedno skrijejo in imajo moč, da po želji postanejo nevidni. Zaradi tega in ker običajno naročijo svojim učencem, naj o njih ne govorijo, številne mogočne duhovne osebnosti ostajajo svetu neznane. Na teh straneh bom življenje Babadžija zgolj nakazal – podal bom le nekaj dejstev, za katera meni, da so primerna in koristna za objavo.

Zamejujoči podatki o Babadžijevi družini oziroma njegovem rojstnem kraju, ki jih imajo kronisti tako radi, nikoli niso prišli na dan. Običajno govori v hindijščini, z lahkoto pa se pogovarja v kateremkoli jeziku. Nadel si je preprosto ime Babadži (Spoštovani oče), drugi nazivi, ki so mu jih dali učenci Lahirija Mahašaje, pa so še Mahamuni Babadži Maharadž (Najvišji ekstatični učitelj), Maha Jogi (Veliki jogi) in Trambak Baba oziroma Šiva Baba (naziva Šivovih avatarjev). Ali je sploh pomembno poznati družinsko ime v polnosti osvobojenega učitelja?

»Kadarkoli vernik spoštljivo izgovori Babadžijevo ime,« je rekel Lahiri Mahašaja, »v trenutku pritegne duhovni blagoslov.«

Nesmrtni guru na svojem telesu ne kaže nikakršnih znamenj staranja, videti je kot petindvajsetletni mladenič. Babadži je svetle polti, srednje grajenosti in višine. Njegovo lepo, močno telo oddaja opazen žar. Njegove oči so temne, mirne in nežne. Njegovi dolgi bleščeči lasje imajo barvo bakra. Včasih je njegov obraz podoben obrazu Lahirija Mahašaje. Ob nekaterih priložnostih je bila podobnost med njima tako osupljiva, da bi lahko Lahirija Mahašajo v poznejših letih imeli za očeta mladostnega Babadžija.

Svami Kebalananda, moj svetniški učitelj sanskrta, je nekaj časa preživel z Babadžijem* v Himalaji.

»Edinstveni učitelj se v gorah s svojo skupinico seli z lokacije na lokacijo,« mi je povedal Kebalananda. »V njej sta dva zelo napredna ameriška učenca. Potem, ko je bil Babadži že nekaj časa na določenem mestu, reče: „*Dera danda uthao.*" ('Pospravimo tabor in dvignimo palico.') V rokah nosi *dando* (palico iz bambusa). S svojimi besedami daje skupinici vedeti, da se bodo v hipu premaknili na drugo mesto. Te metode astralnega potovanja ne uporabi vedno. Včasih gre tudi peš z vrha na vrh.

Babadžija lahko drugi vidijo oziroma prepoznajo le, ko sam tako želi. Znan je po tem, da se različnim vernikom pokaže v nekoliko različnih podobah – včasih z brado in brki, včasih pa brez njih. Njegovo telo, ki ni podvrženo propadanju, ne potrebuje hrane, zato učitelj le redko jé. Iz vljudnosti do učencev na obisku občasno sprejme sadje ali riž, kuhan na mleku in prečiščenem maslu.

Poznam dva izjemna dogodka iz življenja Babadžija,« je nadaljeval Kebalananda. »Njegovi učenci so nekega večera sedeli ob ogromnem kresu, ki je gorel za sveto vedsko slovesnost. Guru je nenadoma zgrabil goreče poleno in po rami nalahno udaril učenca, ki je sedel blizu ognja.

„Učitelj, kako kruto!" je ugovarjal Lahiri Mahašaja, ki je bil tam.

„Bi raje videl, da zaradi svoje pretekle karme pred tvojimi očmi zgori in od njega ostane le pepel?"

* Babadži (spoštovani oče) je razširjen naziv. Mnoge pomembne učitelje v Indiji kličejo ‚Babadži'. Nihče od njih pa ni Babadži, guru Lahirija Mahašaje. Za obstoj Mahavatarja je javnost prvič izvedela leta 1946 v *Avtobiografiji jogija*.

S temi besedami je Babadži položil svojo zdravilno roko na *čelovo* opečeno ramo. „Danes sem te rešil pred bolečo smrtjo. Ker te je ogenj nekoliko opekel, je bilo zadoščeno zakonu karme."

Ob neki drugi priložnosti je Babadžijevo sveto družbo zmotil prihod tujca. Izredno spretno je splezal na skoraj nedostopno polico v bližini gurujevega tabora.

„Gospod, vi ste gotovo veliki Babadži," je rekel tisti človek in obraz mu je žarel od nepopisnega občudovanja. „Več mesecev vas že neprestano iščem med temi neprehodnimi pečinami. Rotim vas, sprejmite me za svojega učenca."

Ker mu guru ni odgovoril, je tisti človek pokazal na skalni prepad pod polico. „Če me boste zavrnili, bom skočil s te gore. Življenje nima več smisla, če me ne boste vodili k Bogu."

„Potem pa skoči," je Babadži rekel brezbrižno. „V tvojem trenutnem stanju razvoja te ne morem sprejeti za učenca."

Tisti človek se je takoj vrgel s pečine. Babadži je naročil pretresenim učencem, naj prinesejo tujčevo truplo. Ko so se vrnili z izmaličenim telesom, je učitelj nanj položil roko. In glej! Človek je odprl oči in se ponižno do tal priklonil pred vsemogočnim gurujem.

„Zdaj si pripravljen postati moj učenec," je rekel Babadži in ljubeče pogledal vstalega *čelo*. „Pogumno si prestal težko preizkušnjo.* Smrt se te ne bo več dotaknila, zdaj si del naše skupine nesmrtnih." Nato je izrekel običajne besede, ki so nakazovale odhod: „*Dera danda uthao.*" Celotna skupina je izginila z gore.«

Avatar živi v vsenavzočem Duhu, zanj ne obstaja obratno sorazmerni kvadrat razdalje. Le nekaj žene Babadžija, da iz stoletja v stoletje ohranja fizično obliko: želja, da bi človeštvu dal konkreten zgled možnosti, ki jih to ima. Če človek nikoli ne bi imel priložnosti vsaj bežno uzreti utelešenega Boga, bi ga še naprej tlačila težka zabloda *maje*, da ne more preseči svoje umrljivosti.

* Preizkušnja se je nanašala na pokorščino. Ko je razsvetljeni učitelj rekel: »Skoči,« je mož ubogal. Če bi okleval, bi zanikal svojo trditev, da njegovo življenje nima smisla brez Babadžijevega vodstva. Če bi okleval, bi pokazal, da nima popolnega zaupanja v guruja. Čeprav je bila preizkušnja drastična in nenavadna, je bila v danih okoliščinah popolna.

Jezus je že od začetka vedel, kako se bo odvijalo njegovo življenje. Skozi vsak dogodek ni šel zaradi samega sebe, niti zaradi karmične prisile, ampak zgolj zato, da bi dal spodbudo razmišljajočemu človeku. Štirje evangelisti – Matej, Marko, Luka in Janez – so nepopisno dramo zapisali v dobro kasnejših generacij.

Tudi za Babadžija ne obstaja relativnost preteklosti, sedanjosti in prihodnosti. Že od začetka je poznal vse stopnje svojega življenja. Prilagodil se je omejenemu razumevanju človeka ter v navzočnosti ene ali več prič odigral mnogo dejanj svojega božanskega življenja. Tako se je zgodilo, da je bil učenec Lahirija Mahašaje navzoč, ko je Babadži presodil, da je prišel čas za oznanjenje telesne neumrljivosti. To obljubo je izrekel pred Ramom Gopalom Muzumdarjem, da bi naposled postala znana v navdih drugim iščočim srcem. Véliki govorijo in sodelujejo v na videz naravnem teku dogodkov izključno v dobro človeka. Kot je rekel Kristus: »Oče … jaz sem vedel, da me vselej uslišiš, toda *zaradi množice, ki stoji okrog mene, sem rekel,* da bi verovali, da si me ti poslal.«*

Ko sem šel na obisk v Ranbadžpur k Ramu Gopalu, ‚svetniku brez sna',† mi je povedal čudežno zgodbo o svojem prvem srečanju z Babadžijem.

»Včasih sem zapustil svojo odmaknjeno votlino, da bi sedel ob stopalih Lahirija Mahašaje v Benaresu,« mi je povedal Ram Gopal. »Nekoč sem opolnoči v tišini meditiral v skupini njegovih učencev, ko me je učitelj presenetil s prošnjo.

„Ram Gopal," je rekel, „takoj pojdi na kopalni *ghat* Dašašvamedh."

Kmalu sem prišel do samotnega kraja. Noč je razsvetljevala luna in nebo se je lesketalo od zvezd. Ko sem nekaj časa potrpežljivo molče sedel, je mojo pozornost pritegnila velika kamnita plošča ob

* Jn 11,41–42.

† Vsenavzoči jogi, ki je opazil, da se nisem priklonil v svetišču v Tarakešvarju (13. poglavje).

mojih nogah. Počasi se je dvignila in razkrila podzemno votlino pod seboj. Ko je kamen obmiroval, ne vem, kaj ga je držalo pokonci, je iz votline prišla ogrnjena postava izjemno lepe mladenke in lebdela visoko v zraku. Obdana z nežnim sijem se je počasi spustila predme in negibno obstala, zamaknjena v ekstazo. Nazadnje se je le premaknila in tiho spregovorila.

„Ime mi je Matadži,* Babadžijeva sestra sem. Njega in Lahirija Mahašajo sem prosila, naj danes zvečer prideta k moji votlini, da se pogovorimo o nečem zelo pomembnem."

Tedaj sem nad Gangesom zagledal meglico svetlobe, ki se nama je bližala. Nenavadno svetlikanje je odsevalo v temni vodi. Vse bolj se je približevalo, dokler se ni z zaslepljujočim bliskom pojavilo ob Matadži in se v trenutku zgostilo v človeško postavo Lahirija Mahašaje. Ponižno se je priklonil k stopalom svetnice.

Preden sem si lahko opomogel od osuplosti, sem znova onemel, ko sem zagledal vrtečo se maso skrivnostne svetlobe, ki je potovala po nebu. Vrtinec plamenov se je hitro spustil, prišel do nas in se materializiral v telo prelepega mladeniča. Takoj mi je bilo jasno, da je to Babadži. Videti je bil kot Lahiri Mahašaja, vendar je Babadži izgledal veliko mlajši od svojega učenca in je imel dolge, svetleče lase.

Lahiri Mahašaja, Matadži in jaz smo pokleknili k stopalom vélikega guruja. Duhovno občutje nebesne slave je preželo vse moje bitje, ko sem se dotaknil njegovega božanskega telesa.

„Blažena sestra," je rekel Babadži, „odvreči nameravam svojo obliko in se potopiti v Neskončni Tok."

„Opazila sem že tvoj načrt, ljubljeni učitelj, zato sem se nocoj želela o tem pogovoriti s teboj. Zakaj bi zapuščal svoje telo?" ga je vprašala čudovita ženska in ga roteče gledala.

„Ali ni vseeno, ali nosim vidni ali nevidni val morja svojega Duha?"

* 'Sveta mati'. Tudi Matadži živi že stoletja in je na skoraj tako visoki stopnji duhovnega razvoja kot njen brat. Še naprej ostaja v zamaknjenju v skrivni podzemni votlini blizu *ghata* Dašašvamedh.

Matadži mu je odgovorila očarljivo bistroumno: „Neumrljivi guru, če je vseeno, potem se, prosim, nikoli ne odpovej svoji podobi."*

„Naj bo tako," je Babadži rekel slovesno. „Nikoli ne bom zapustil svojega fizičnega telesa. Vedno bo vidno vsaj majhnemu številu ljudi na tej zemlji. Gospod je po tvojih besedah izrazil svojo željo."

Ko sem presunjen poslušal pogovor med temi vzvišenimi bitji, se je veliki guru obrnil k meni z dobrohotno kretnjo.

„Ne boj se, Ram Gopal," je rekel, „blagoslovljen si, da si lahko priča prizoru te nesmrtne obljube."

Ko je prijetna melodija Babadžijevega glasu zbledela, sta se njegova postava in postava Lahirija Mahašaje počasi dvignili v zrak in se premaknili vzvratno nad Ganges. Sij bleščeče svetlobe je obdajal njuni telesi, ko sta izginila v nočno nebo. Matadžijina postava je odplavala do votline in se spustila, kamnita plošča se je premaknila navzdol in zaprla votlino, kot bi jo premikale nevidne roke.

Neskončno navdahnjen sem se počasi vrnil v hišo Lahirija Mahašaje. Ko sem se priklonil pred njim v jutranji zarji, se mi je razumevajoče nasmehnil.

„Vesel sem zate, Ram Gopal," je rekel. „Tvoja želja, da bi srečal Babadžija in Matadži, ki si mi jo pogosto izrazil, je doživela čudovito izpolnitev."

Drugi učenci so mi povedali, da se Lahiri Mahašaja od mojega odhoda opolnoči ni premaknil s svojega mesta.

„Po tvojem odhodu na *ghat* Dašašvamedh je imel čudovit govor o neumrljivosti," mi je povedal eden od učencev. Prvič sem v polnosti spoznal resnico v svetih verzih, ki pravijo, da se lahko človek samospoznanja hkrati pojavi na različnih mestih v dveh ali več telesih.

Lahiri Mahašaja mi je kasneje razložil mnogo metafizičnih podrobnosti glede tajnega Božjega načrta za to zemljo,« je zaključil

* Ta pripetljaj spominja na Talesa, velikega grškega filozofa, ki je učil, da ni razlike med življenjem in smrtjo.

»Zakaj pa potem ne umreš,« ga je vprašal kritik.

»Ker,« je odvrnil Tales, »je vseeno.«

Ram Gopal. »Babadžija je Bog izbral, da ostane v svojem telesu celotno obdobje sedanjega svetovnega kroga. Veki bodo prihajali in odhajali – neumrljivi učitelj* pa bo ostajal na tem zemeljskem odru in zrl dramo stoletij.«

* »Kdor se drži moje besede (ostane nenehno v Kristusovi Zavesti), vekomaj ne bo videl smrti« (Jn 8,51).

S temi besedami Jezus ni imel v mislih neumrljivega življenja v fizičnem telesu – enolični priklenjenosti, ki bi jo komajda dodelili grešniku, kaj šele svetniku! Razsvetljeni človek, o katerem je govoril Kristus, je tisti, ki se je prebudil iz mrliškega transa nevednosti v Večno Življenje. (Glej 43. poglavje.)

Bistvo človekove narave je vsenavzoči Duh brez oblike. Prisilno oziroma karmično utelešenje je posledica *avidje*, nevednosti. Hindujski sveti spisi učijo, da sta rojstvo in smrt manifestaciji *maje*, vesoljne utvare. Rojstvo in smrt imata pomen le v svetu relativnosti.

Babadži ni omejen na fizično telo ali na ta planet, a na Božjo željo izpolnjuje posebno nalogo v dobro zemlje.

Veliki učitelji, kot je Svami Pranabananda (glej str. 277), ki se vrnejo na zemljo v novih telesih, to storijo zaradi razlogov, ki jih najbolje poznajo sami. Njihovo utelešenje na tem planetu ni predmet togih omejitev karme. Takšne prostovoljne vrnitve se imenujejo *vjutthana* ali vrnitev v zemeljsko življenje, potem ko *maja* ne slepi več.

Ne glede na to, ali je umrl na običajen ali izjemen način, lahko učitelj s popolnim Božjim spoznanjem obudi svoje telo in se v njem pojavi pred očmi prebivalcev Zemlje. Materializiranje atomov fizičnega telesa ne iztroši moči nekoga, ki je eno z Gospodom – z njim, čigar osončja se izmikajo izračunom!

»Dam svoje življenje, da ga spet prejmem,« je oznanil Kristus. »Nihče mi ga ne jemlje, ampak ga dajem sam od sebe. Oblast imam, da ga dam, in oblast imam, da ga spet prejmem« (Jn 10,17–18).

BABADŽI
Mahavatar, 'Božje utelešenje'
Guru Lahirija Mahašaje
Joganandadži je pomagal umetniku narisati to resnično podobo vélikega jogi-Kristusa sodobne Indije.

Mahavatar Babadži svojim učencem ni želel razkriti zamejujočih dejstev o kraju in datumu svojega rojstva. Že veliko stoletij živi v Himalaji.

»Kadarkoli vernik spoštljivo izgovori Babadžijevo ime,« je povedal Lahiri Mahašaja, »v trenutku pritegne duhovni blagoslov.«

34. POGLAVJE

Materializacija palače v Himalaji

»O Babadžijevem prvem srečanju z Lahirijem Mahašajo govori dih jemajoča zgodba, ena redkih, ki nam daje podrobno sliko o neumrljivem guruju.«

Te besede so bile uvod Svamija Kebalanande v čudes polno zgodbo. Ko jo je prvič povedal, sem bil dobesedno uročen. Ob mnogih priložnostih sem pregovoril svojega blagega učitelja sanskrta, da je ponovil pripoved, ki mi jo je kasneje z bolj ali manj enakimi besedami povedal tudi Šri Juktešvar. Oba učenca Lahirija Mahašaje sta sijajno zgodbo slišala neposredno iz ust svojega guruja.

»Babadžija sem prvič srečal, ko sem bil star triintrideset let,« je povedal Lahiri Mahašaja. »Jeseni leta 1861 sem kot računovodja delal na vladnem Oddelku vojaškega inženirstva v Danapurju. Nekega jutra me je nadrejeni poklical k sebi.

„Lahiri," je rekel, „pravkar je prišel telegram iz glavne pisarne. Premeščen si v Ranikhet, kjer se ustanavlja vojaška postojanka."*

S služabnikom sem se odpravil na osemsto kilometrov dolgo pot. S konjsko vprego sva v himalajsko mesto Ranikhet† prispela čez trideset dni.

Moje službene dolžnosti niso bile zahtevne. Imel sem veliko prostega časa, ki sem ga izkoristil za pohajkovanje po veličastnem hribovju. Na uho mi je prišla govorica, da pokrajino s svojo navzočnostjo blagoslavljajo veliki svetniki. Začutil sem veliko željo, da bi jih srečal. Ko sem se nekega zgodnjega popoldneva sprehajal,

* Kasneje vojaški sanatorij. Do leta 1861 je britanska vlada v Indiji že vzpostavila telegrafski sistem.

† Ranikhet v okraju Almora stoji ob vznožju Nande Devija, enega od najvišjih himalajskih vrhov (7816 m).

sem presenečen v daljavi zaslišal glas, ki me je klical po imenu. Odločno sem nadaljeval vzpon na goro Drongiri. Ob misli, da se morda ne bom mogel vrniti, preden bo tema zajela džunglo, me je obšlo rahlo nelagodje.

Končno sem prišel do majhne jase, ob kateri so stale votline. Na eni od skalnatih polic je stal mladenič, ki se mi je smehljal in v pozdrav iztegoval roko. Osuplo sem opazil, da je nenavadno podoben meni, le njegovi lasje so bili bakrene barve.

„Lahiri,* prišel si!" me je svetnik nagovoril prisrčno v hindijščini. „Počivaj v tej votlini. Jaz sem te poklical."

Vstopil sem v lepo urejeno majhno votlino, v kateri je bilo več volnenih odej in nekaj *kamandalujev* (posod za vodo).

„Lahiri, se spomniš tega sedeža?" me je vprašal jogi in mi pokazal zloženo odejo v kotu.

„Ne, gospod," sem odvrnil nekoliko zmeden, ker je bila moja prigoda tako zelo nenavadna, in še dodal: „Iti moram, preden se znoči. Zjutraj me v pisarni čaka delo."

Skrivnostni svetnik mi je odgovoril v angleščini: „Pisarna je bila ustvarjena zate in ne ti zaradi pisarne."

Osupnilo me ni le to, da je gozdni asket znal angleško, ampak da je tudi parafraziral Kristusove† besede.

„Vidim, da je moj telegram deloval," je pripomnil jogi. Ker nisem razumel njegovih besed, sem ga prosil za razlago.

„Govorim o telegramu, ki te je poklical v te odmaknjene kraje. V mislih sem tiho nagovoril tvojega nadrejenega, da te prestavi v Ranikhet. Ko čutiš enost s človeštvom, vsi umi postanejo oddajne postaje, skozi katere lahko deluješ, kot te je volja." Dodal je še: „Lahiri, ta votlina ti je gotovo znana, kajne?"

* Babadži je dejansko izrekel »Gangadhar«, ime, po katerem je bil Lahiri Mahašaja poznan v prejšnji inkarnaciji. Gangadhar (dobesedno 'on, ki drži Gango, reko Ganges') je eno od imen Gospoda Šive. Po puranski legendi je sveta reka Ganga prišla iz nebes. Da bi zemlja lahko prenesla pritisk njenega silnega spusta, je Gospod Šiva ujel vodo Gange v vozle svojih las, od koder jo je spustil kot umirjen tok. Metafizični pomen besede Gangadhar je 'tisti, ki ima nadzor nad ‚reko' življenjskega toka v hrbtenici'.

† »Sobota je ustvarjena zaradi človeka in ne človek zaradi sobote« (Mr 2,27).

Ko sem od zbeganosti molčal, je svetnik stopil k meni in me nežno počil po čelu. Ob njegovem magnetnem dotiku je moje možgane preplavil čudežen tok, ki je sprostil spomine na prejšnje življenje.

„Spomnim se!" sem komaj izdavil od radostnega ihtenja. „Vi ste moj guru Babadži, ki je že od nekdaj moj! V mojih mislih so jasno oživeli prizori iz preteklosti. Tukaj v tej votlini sem preživel mnogo let v svoji prejšnji inkarnaciji!" Prevzeli so me nepopisni spomini in v solzah sem objel učiteljeva stopala.

„Več kot tri desetletja sem čakal, da se vrneš k meni," je rekel Babadži, čigar glas je odzvanjal z nebeško ljubeznijo.

„Odkradel si se in izginil v razburkane valove življenja po smrti. Čarobna paličica tvoje karme se te je dotaknila in že te ni bilo več! Čeprav si me izgubil izpred oči, te jaz nisem nikoli! Sledil sem ti prek svetlikajočega astralnega morja, kjer letajo veličastni angeli. Sledil sem ti skozi temo, nevihto, pretrese in svetlobo kot ptica, ki varuje svoje mlade. Ko je minil tvoj čas v človeški maternici in si prišel na svet kot dojenček, sem te ves čas pozorno opazoval. Ko si v vasici Ghurni svoje telesce v lotosovem položaju zakopal v pesek, sem bil nevidno ob tebi. Potrpežljivo sem pazil nate mesec za mesecem, leto za letom, in čakal na ta popolni dan. Zdaj si z menoj! Tukaj je tvoja votlina, ki jo ljubiš že od vekomaj. Ohranjal sem jo čisto in pripravljeno zate. Tukaj je tvoja sveta *asana* – odeja, na kateri si vsak dan sedel, da bi svoje vedno širše srce napolnil z Bogom. Tukaj je tvoja skodelica, iz katere si pogosto pil sok, ki sem ti ga pripravljal. Vidiš, kako sem zloščil medenino, da boš nekega dne znova pil iz nje? Moj dragi, zdaj razumeš?"

„Kaj naj rečem, guru moj?" sem zamrmral s tresočim glasom. „Kdo je že slišal za takšno neumrljivo ljubezen?" sem rekel in dolgo zamaknjeno zrl v svoj večni zaklad, svojega guruja v življenju in smrti.

„Lahiri, čiščenje potrebuješ. Spij olje, ki je v tej posodici in lezi k reki." Babadži je bil vedno zagovornik praktične modrosti, sem se spomnil in se nasmehnil.

Ubogal sem ga. Čeprav se je spuščala ledeno mrzla himalajska noč, sem v svojem telesu začutil toplo, pomirjujoče sevanje. Čudil sem se. Je bila v neznanem olju kozmična toplota?

V temi je zavijal strupen veter in me bičal. Ledeno mrzla voda reke Gogaš je sem in tja zalila moje telo, razprostrto na kamnitem obrežju. V bližini so rjoveli tigri, a v mojem srcu ni bilo strahu. Žareča moč, ki se je porodila v meni, mi je zagotavljala, da se me ne bodo dotaknili. Kot blisk je minilo več ur, obledeli spomini na neko drugo življenje so se prepletli z živobarvnim vzorcem ponovnega srečanja z mojim božanskim gurujem.

Moje samotno razglabljanje je prekinil zvok prihajajočih korakov. V temi mi je moška roka nežno pomagala na noge in mi dala suha oblačila.

„Pridi, brat," je rekel moj tovariš. „Učitelj te čaka." Vodil me je skozi gozd. Ko sva prišla do ovinka na poti, je temno noč nenadoma razsvetlila enakomerna svetloba v daljavi.

„Bi to lahko bil že sončni vzhod?" sem ga vprašal. „Saj ni mogla miniti že cela noč?"

„Ura je polnoč," je odvrnil moj vodič in se tiho zasmejal. „Luč v daljavi je sij zlate palače, ki jo je tu nocoj materializiral edinstveni Babadži. Nekoč v megleni preteklosti si izrazil željo, da bi rad užival v lepotah palače. Naš učitelj bo zdaj izpolnil tvojo željo in te tako osvobodil zadnje vezi tvoje karme."* Dodal je še: „Ta sijajna palača bo nocoj prizorišče tvoje posvetitve v *krija jogo*. Vsi tvoji bratje tu ti pojemo dobrodošlico, veseli, da je konec tvojega izgnanstva. Poglej!"

Pred nama je stala velika palača iz bleščečega zlata, okrašena z neštetimi dragulji. Obkrožena je bila z urejenimi vrtovi, njena podoba pa je odsevala v mirnih ribnikih. Kakšno neprekosljivo veličastje! Mogočni obokani prehodi so bili umetelno okrašeni z velikimi diamanti, s safirji in smaragdi. Možje, ki so spominjali na angele, so stali ob vratih, ki so bila razkošno rdeča od rubinov.

* Zakon karme zahteva, da vsaka človekova želja najde svojo končno izpolnitev. Neduhovne želje so tako veriga, ki veže človeka na kolo reinkarnacij.

OBISK BABADŽIJEVE VOTLINE V HIMALAJI
Pri Ranikhetu je votlina, ki jo občasno uporablja Mahavatar Babadži. Sveti kraj so obiskali vnuk Lahirija Mahašaje, Ananda Mohan Lahiri (*v belih oblačilih*), in še trije drugi verniki.

Tovarišu sem sledil v prostorno sprejemnico. Po zraku so se širile vonjave kadila in vrtnic, šibke svetilke so sijale v številnih barvah. Skupinice učencev – nekateri so bili svetlejše, drugi temnejše polti – so nežno popevale ali pa molče sedele v meditaciji, zatopljene v notranji mir. Ozračje je prevevala živa radost.

„Napasi si oči, uživaj v umetelnem sijaju te palače, kajti ustvarjena je bila zgolj tebi v čast," je pripomnil moj vodič in se mi naklonjeno nasmehnil, ko sem vzkliknil od občudovanja.

„Brat," sem rekel, „lepota te zgradbe presega meje človeške domišljije. Prosim, razloži mi skrivnost njenega izvora."

„Z veseljem te bom razsvetlil," je odvrnil moj tovariš in njegove temne oči so se svetlikale od modrosti. „Pri tej materializaciji ni ničesar nerazložljivega. Celotno vesolje je projicirana Stvarnikova misel. Težka kepa Zemlja, ki lebdi v vesolju, je Božji sen. On je ustvaril vse iz svojega uma, tako kot človek v svoji sanjski zavesti poustvari in oživi stvarstvo in bitja v njem.

Gospod je Zemljo najprej ustvaril kot idejo. Obudil jo je, nastala je atomska energija in nato je nastala snov. Uskladil je atome Zemlje, da je nastala trdna krogla. Vse njene molekule drži skupaj Božja volja. Ko bo umaknil svojo voljo, se bodo vsi atomi na Zemlji spremenili v energijo. Atomska energija se bo vrnila k svojemu viru: zavesti. Ideja Zemlje bo izginila iz objektivne resničnosti.

Podzavestna misel tistega, ki sanja, ohranja sanjsko snov v pojavni obliki. Ko ta povezovalna misel v stanju budnosti izostane, sanje in njeni elementi izginejo. Človek zapre oči in zgradi sanjsko stvaritev, ki jo ob prebujenju zlahka dematerializira. To počne po božanskem arhetipskem vzorcu. Podobno tedaj, ko se zbudi v kozmični zavesti, zlahka razblini utvaro vesolja – kozmičnih sanj.

Ker je Babadži uglašen z neskončno vsemogočno Voljo, lahko ukaže osnovnim atomom, da se združijo in pojavijo v kakršni koli obliki. Zlata palača, ki je nastala v hipu, je resnična v istem smislu, kot je resnična Zemlja. Babadži je ta prekrasni dvorec ustvaril iz svojega uma in z močjo svoje volje drži njegove atome skupaj, ravno tako, kot je Božja misel ustvarila Zemljo in jo Njegova volja ohranja.“ Dodal je še: „Ko bo ta zgradba odslužila svojemu namenu, jo bo Babadži dematerializiral.“

Medtem ko sem ves prevzet molčal, je moj vodič z roko pokazal na palačo: „Te svetleče palače, ki jo krasijo dragulji, niso ustvarili človeški napori, njenega zlata in dragih kamnov ni bilo treba trudoma izkopati. Trdno stoji – kot velikanski izziv človeku.* Kdor spozna, da je Božji sin, kot je uspelo Babadžiju, lahko z neskončno močjo, ki se skriva v njem, doseže vsak cilj. Že navaden kamen v sebi

* »Kaj je čudež? To je očitek, to je posredna satira na račun človeštva.« – *Edward Young, Nočne misli (Night Thoughts).*

skriva ogromne atomske energije* in ravno tako je tudi najskromnejši smrtnik močan generator božjega."

Modrec je z bližnje mize vzel elegantno vazo, katere ročaj se je svetlikal od diamantov. „Naš veliki guru je ustvaril to palačo tako, da je strdil množico prostih kozmičnih žarkov," je nadaljeval. „Dotakni se te vaze in njenih diamantov. Prestala bo vse preizkuse čutov."

Ogledal sem si vazo. Njeni dragulji so bili vredni kraljeve zbirke. Z roko sem pogladil zidove v sobi, ki so bili debelo obloženi z bleščečim zlatom. Obšlo me je globoko zadovoljstvo. Želja, ki se je iz preteklih življenj skrivala v moji podzavesti, je bila potešena in je izginila.

Moj dostojanstveni tovariš me je pod bogato okrašenimi oboki vodil v vrsto soban, bogato opremljenih, kot bi šlo za cesarsko palačo. Vstopila sva v velikansko dvorano. V središču je stal zlat prestol, obložen z dragulji, ki so oddajali bleščečo mešanico barv. Tam je v položaju lotosa sedel izjemni Babadži. Na svetlečih tleh sem pokleknil predenj.

„Lahiri, se še vedno naslajaš v svojih sanjskih željah po zlati palači?" Oči mojega guruja so se svetlikale kot safirji. „Zbudi se! Vse tvoje posvetne želje bodo kmalu za vedno potešene." Zamrmral je nekaj mističnih besed in me blagoslovil. „Sin moj, vstani. Prejel boš posvetitev v Božje kraljestvo s *krija jogo*."

Babadži je iztegnil roko, pojavil se je ogenj *home* (žrtvenega obreda), obdan s sadjem in rožami. Pred tem gorečim oltarjem sem prejel osvobajajočo jogijsko tehniko.

Obredov je bilo konec ob zori. V ekstatičnem stanju, v katerem sem se nahajal, nisem čutil potrebe po spanju. Sprehajal sem se po sobanah, polnih zakladov in umetelnih izdelkov. Šel sem na vrt. V bližini sem opazil votline in puste gorske police, ki sem jih videl prejšnji dan, vendar takrat niso bile poleg velike zgradbe in teras, polnih rož.

* Teorijo atomske zgradbe snovi podajajo starodavne indijske razprave iz *vaišešike* in *njaje*. »Prostrani svetovi ležijo v praznini vsakega atoma, raznoliki kot delci prahu v sončnem žarku.« – *Joga vasištha*.

Vrnil sem se v palačo, ki je sijala v hladnem himalajskem soncu, in poiskal učitelja. Še vedno je sedel na prestolu, obdan z mnogimi molčečimi učenci.

„Lahiri, lačen si." Babadži je še dodal: „Zapri oči."

Ko sem jih znova odprl, prekrasne palače z vrtom ni bilo več. Babadži, njegovi učenci in jaz smo zdaj sedeli na golih tleh na točno tistem mestu, kjer je stala izginula palača, nedaleč od vhodov v skalnate votline, osvetljene s soncem. Spomnil sem se, da mi je spremljevalec rekel, da se bo palača dematerializirala in se bodo njeni ujeti atomi sprostili v miselne esence, iz katerih so prišli. Čeprav sem bil osupel, sem zaupljivo pogledal svojega guruja. Nisem vedel, kaj naj še pričakujem v dnevu, polnem čudežev.

„Namenu, za katerega je bila palača ustvarjena, je bilo zadoščeno," mi je razložil Babadži. S tal je dvignil lončeno posodo. „Položi nanjo dlan in prejel boš hrano po svoji želji."

Dotaknil sem se široke, prazne posode in pojavili so se vroči masleni *lučiji*, kari in slaščice. Ko sem jedel, sem opazil, da je posoda vedno enako polna. Ko sem bil sit, sem se ozrl okrog, da bi poiskal vodo. Guru mi je pokazal posodo pred menoj. Hrane ni bilo več, na njenem mestu je bila voda.

„Redki smrtniki vedo, da Božje kraljestvo vključuje tudi kraljestvo vsakdanjih izpolnitev," je pripomnil Babadži. „Božje kraljestvo se razprostira tudi na zemeljsko, a to, ki je po naravi utvara, ne vsebuje bistva Resničnosti."

„Ljubljeni guru, sinoči ste mi prikazali povezavo med lepoto v nebesih in na zemlji!" Nasmehnil sem se ob spominu na izginulo palačo. Gotovo še ni bilo preprostega jogija, ki bi bil v veličastnejšem razkošju posvečen v mogočne skrivnosti Duha! Spokojno sem zrl v veliko nasprotje, ki ga je nudil trenutni prizor. Gola zemlja, nebesna streha, votline, ki so ponujale le osnovno zavetje – vse se je zdelo kot prijazno naravno ozadje za angelske svetnike okrog mene.

Tistega popoldneva sem sedel na svoji odeji, ki so jo posvetila spoznanja preteklega življenja. Božji guru se mi je približal in šel z roko prek moje glave. Vstopil sem v *nirbikalpa samadhi* in v njegovi blaženosti neprekinjeno vztrajal sedem dni. Prečkal sem več plasti samospoznanja in prodrl v nesmrtne svetove Resničnosti. Vse varljive omejitve so odpadle, moja duša se je popolnoma ustalila na oltarju Vesoljnega Duha.

Osmega dne sem padel h gurujevim stopalom in ga rotil, naj mi dovoli za vedno ostati ob njem v tej sveti pušči.

„Sin moj," je rekel Babadži in me objel, „svojo vlogo v tej inkarnaciji moraš odigrati pred očmi množice. Blagoslovljen si bil z mnogimi življenji meditacije v samoti, zdaj pa se moraš pomešati v svet ljudi.

Dejstvo, da me tokrat nisi srečal, dokler se nisi poročil in dobil zmernih družinskih in poklicnih dolžnosti, ima globok namen. Na stran moraš postaviti misli na to, da bi se pridružil naši tajni skupini v Himalaji. Tvoje življenje je sredi mestnih množic, služiti moraš kot zgled idealnega jogija-družinskega človeka.

Klici mnogih tavajočih posvetnih mož in žena niso naleteli na gluha ušesa vélikih," je nadaljeval. „Izbran si bil, da boš številnim vnetim iskalcem s *krija jogo* prinesel duhovno tolažbo. Milijoni, ki jih težijo družinske vezi in posvetne dolžnosti, bodo dobili nov pogum ob tebi, poročenem človeku, kot so sami. Vodi jih, da bodo razumeli, da so najvišji dosežki joge dosegljivi tudi človeku z družino. Jogi, ki zvesto opravlja svoje dolžnosti, brez osebnega motiva ali navezanosti, tudi sredi sveta hodi po zanesljivi poti razsvetljenja.

Nič nujnega te ne sili, da bi zapustil svet, kajti navznoter si že pretrgal vse njegove karmične vezi. Nisi od tega sveta, a moraš ostati v njem. Mnogo let ti je še ostalo za vestno izpolnjevanje družinskih, poklicnih, državljanskih in duhovnih dolžnosti. Nov, prijeten dih božanskega upanja bo zavel v izsušenih srcih posvetnih ljudi. Iz tvojega uravnoteženega življenja bodo razumeli, da je osvoboditev odvisna od notranjega in ne od zunanjega odpovedovanja."

Kako daleč so se mi tedaj zdeli družina, pisarna in svet, ko sem v visoki himalajski odmaknjenosti poslušal svojega guruja! Pa vendar je v njegovih besedah odmevala odločna resnica. Pokorno sem soglašal s tem, da zapustim to blaženo zavetje miru. Babadži me je poučil o strogih starodavnih pravilih, ki urejajo prenos umetnosti joge z guruja na učenca.

„Ključ *krije* podeli le učencem, ki so do tega upravičeni," je rekel Babadži. „Tisti, ki se zaobljubi, da bo v iskanju Boga žrtvoval vse, je primeren, da z znanostjo meditacije razkrije še zadnje skrivnosti življenja."

„Angelski guru, ker ste že naredili uslugo človeštvu, ko ste znova oživili izgubljeno veščino *krije*, bi lahko še dodatno povečali korist s tem, da sprostite stroge zahteve za učence?" Roteče sem gledal Babadžija. „Lahko, prosim, posredujem *krijo* vsem iskrenim iskalcem, čeprav se sprva ne bodo mogli zaobljubiti popolni notranji odpovedi? Preizkušani možje in žene sveta, ki jih zasleduje trojno trpljenje,* potrebujejo posebno opogumljenje. Morda nikoli ne bodo stopili na pot k svobodi, če ne bodo deležni posvetitve v *krija jogo*."

„Naj bo tako. Bog je po tebi izrazil svojo željo. *Krijo* podeli vsem, ki te ponižno prosijo za pomoč," je odvrnil usmiljeni guru.†

* Telesno, duševno in duhovno trpljenje, ki se kaže v bolezni, v psiholoških pomanjkljivostih ali ‚kompleksih' in v nevednosti duše.

† Sprva je Babadži dal dovoljenje, da poučuje o *krija jogi* druge, le Lahiriju Mahašaji. Jogavatar je potem prosil, ali lahko tudi nekaj svojih učencev pooblasti za poučevanje *krije*. Babadži je privolil in določil, da se poučevanje *krije* v prihodnje omeji le na tiste, ki so že močno napredovali na poti *krije* in ki jim je pooblastilo podelil Lahiri Mahašaja, ali pa so ga dobili prek kanalov, ki so jih vzpostavili pooblaščeni učenci Jogavatarja. Babadži je sočutno obljubil, da bo za vsa nadaljnja življenja prevzel odgovornost za duhovno blagostanje vseh prizadevnih in zvestih *krija jogijev*, ki so jih posvetili ustrezno pooblaščeni učitelji *krije*.

Novinci, ki jih je v *krija jogo* uvedel Self-Realization Fellowship ali Yogoda Satsanga Society of India, morajo nujno podpisati prisego, da drugim ne bodo razkrili tehnike *krija*. Tako je preprosta, a natančno določena tehnika *krija* zaščitena, da je ne bi spreminjali ali popačili nepooblaščeni inštruktorji, in ohranja svojo izvirno, neizkrivljeno obliko.

Čeprav je Babadži opustil starodavne omejitve askeze in odreke, da bi lahko množice imele korist od *krija joge*, je od Lahirija Mahašaje in vseh naslednikov v njegovi duhovni veji (liniji gurujev SRF-YSS) hkrati zahteval tudi, da vsakogar, ki želi biti posvečen v *krija jogo*, podvržejo uvodnemu duhovnemu usposabljanju in ga tako pripravijo na izvajanje *krija joge*. Izvajanje tako napredne tehnike, kot je *krija*, ni združljivo s površnim duhovnim življenjem. *Krija joga* je več kot le tehnika meditacije, je tudi način življenja in od praktikanta zahteva sprejetje določenega duhovnega urjenja in napotkov. Self-Realization Fellowship in Yogoda Satsanga Society of India natančno sledita tem navodilom, ki so jih prenesli Babadži, Lahiri Mahašaja, Šri Juktešvar in Paramahansa Jogananda. Tehniki *hong-so* in *om*, ki ju učijo *Lekcije SRF-YSS*

Nekaj časa je molčal, nato pa dodal: „Vsem učencem ponovi to veličastno obljubo iz Bhagavad gite:* *Svalpamapjasja dharmasja trajate mahato bhajat.*" ['Že malo izvajanja te *dharme* (verskega obreda ali pravilnega delovanja) te bo rešilo pred mogočno bojaznijo (*mahato bhajat*)'– velikim trpljenjem, ki ga prinašata ponavljajoče se rojevanje in smrt.]

Ko sem naslednje jutro pokleknil h gurujevim stopalom, da bi me v slovo blagoslovil, je začutil, da ga zelo nerad zapuščam.

„Midva se ne bova ločila, moj ljubljeni otrok." Ljubeče se je dotaknil moje rame. „Kjerkoli boš, kadarkoli me boš poklical, bom v trenutku pri tebi."

Potolažen zaradi njegove čudovite obljube in bogatejši za novo pridobljeno zlato Božje modrosti, sem se začel spuščati po pobočju gore. V pisarni so me sprejeli sodelavci, ki so mislili, da sem se izgubil v himalajski divjini, ker me deset dni ni bilo. Kmalu je prispelo pismo iz glavne pisarne.

„Lahiri se mora vrniti v pisarno v Danapurju," je pisalo. „Njegova premestitev v Ranikhet se je zgodila po pomoti. Tja bi morali na opravljanje dolžnosti poslati nekoga drugega."

Nasmehnil sem se ob misli na tajne silnice v dogodkih, ki so me vodili v ta odmaknjeni kotiček Indije.

Preden sem se vrnil v Danapur,† sem nekaj dni preživel pri bengalski družini v Moradabadu. Zbrala se je družba šestih prijateljev, da bi me pozdravila. Ko sem pogovor usmeril k duhovnim temam, me je gostitelj otožno pogledal:

„Oh, dandanes Indija nima več svetnikov!"

„Babu," sem prijazno ugovarjal, „seveda so v tej deželi še vedno veliki učitelji!"

---

in pooblaščeni predstavniki SRF-YSS kot uvod v *krija jogo,* sta sestavni del poti *krija joge*. Ti tehniki sta izjemno učinkoviti pri dviganju zavesti v samospoznanje in pri osvobajanju duše od njenih vezi. *(Opomba založnika)*

* Poglavje II, 40.

† Mesto v bližini Benaresa.

Ker sem bil vzneseno razpoložen, sem v svoji gorečnosti čutil, da jim moram povedati o svojem čudežnem doživetju v Himalaji. Mala družba je pripoved sprejela olikano, a nejeverno.

„Lahiri," je nekdo rekel pomirjujoče, „v tistih gorah je redek zrak, kar je vplivalo na tvoj um. To, o čemer pripoveduješ, je bilo sanjarjenje."

Vznesen nad resnico sem nepremišljeno spregovoril. „Če pokličem svojega guruja, se bo pojavil v tej hiši."

Njihove oči so se tedaj zaiskrile od zanimanja. Nič čudnega ni bilo, da so želeli videti nekaj tako neverjetnega. Nekoliko sem se obotavljal, ko sem prosil za tiho sobo in dve novi volneni odeji.

„Učitelj se bo utelesil iz etra," sem povedal. „Tiho stojte pred vrati, kmalu vas bom poklical."

Potopil sem se v meditacijo in ponižno poklical svojega guruja. Temna soba se je napolnila s šibko, pomirjujočo svetlobo, nato se je prikazala svetleča Babadžijeva postava.

„Lahiri, zaradi takšne malenkosti me kličeš?" me je učitelj vprašal in me strogo gledal. „Resnica je za iskrene iskalce, ne za tiste, ki so zgolj radovedni. Lahko je verovati, ko vidiš in ni treba raziskovati globin svoje duše. Nadčutno resnico upravičeno odkrijejo tisti, ki premagajo svoje naravne materialistične dvome." Resno je še dodal: „Pusti mi oditi!"

Roteče sem padel k njegovim stopalom: „Sveti guru, priznam svojo veliko napako. Ponižno vas prosim, da mi oprostite. Dovolil sem si vas poklicati, da bi ti duhovno slepi ljudje imeli vero. Ker ste po moji molitvi velikodušno prišli, prosim, ne odidite, ne da bi blagoslovili moje prijatelje. Čeprav nimajo vere, so vsaj pripravljeni raziskati, ali je v mojih nenavadnih besedah kaj resnice."

„Dobro, nekoliko se bom zadržal tukaj. Nočem, da bi izgubil verodostojnost pred svojimi prijatelji." Babadžijev obraz se je omehčal, a je nežno dodal: „Od zdaj, moj sin, bom prišel vedno, ko me boš potreboval; ne pa vedno, ko me boš poklical."*

* Na poti k Neskončnemu lahko celo razsvetljeni učitelji, kot je Lahiri Mahašaja, trpijo zaradi prevelike gorečnosti in jih je treba disciplinirati. V Bhagavad giti je mnogo odlomkov, v katerih božanski guru Krišna ošteva princa vernikov Ardžuno.

Ko sem odprl vrata, je v skupinici mojih prijateljev vladala napeta tišina. Kot ne bi verjeli svojim čutom, so strmeli v sijočo postavo, ki je sedela na odeji.

„To je množična hipnoza," se je nekdo zasmejal brez sramu. „Nihče ni mogel vstopiti v to sobo, ne da bi mi to videli!"

Babadži je smehljaje stopil naprej in vsakemu pomignil, naj se dotakne njegovega toplega, trdnega telesa. Dvomi so se razpršili, moji presunjeni prijatelji so se skesano priklonili na tleh.

„Pripravimo *haluo*,"* je predlagal Babadži, vedel sem, da zato, da bo skupinico še bolj prepričal o svoji telesni resničnosti. Medtem ko se je kaša kuhala, je božanski guru prijazno klepetal. Velika je bila preobrazba teh nejevernih Tomažev v verne svete Pavle. Ko smo pojedli, je Babadži vsakogar posebej blagoslovil. Nenadoma se je zabliskalo, priča smo bili takojšnji razgradnji elektronskih elementov Babadžijevega telesa v razprostirajočo se plinasto svetlobo. Z Bogom uglašena volja učitelja je razrahljala svoj oprijem na atomih etra, ki so skupaj sestavljali njegovo telo. Nemudoma so bilijoni majcenih živtronskih iskric zbledeli v neskončni vir.

„Na lastne oči sem videl zavojevalca nad smrtjo," je spoštljivo spregovoril Maitra,† eden od članov skupine. Njegov obraz je popolnoma spremenilo veselje pravkaršnjega prebujenja. „Najvišji guru se je igral s časom in prostorom, kot se otrok igra z mehurčki. Priča sem bil nekomu, ki ima ključe nebes in zemlje."

Kmalu nato sem se vrnil v Danapur,« je zaključil Lahiri Mahašaja. »Trdno zasidran v Duhu sem znova prevzel številne družinske in poklicne obveznosti poročenega človeka.«

Lahiri Mahašaja je Svamiju Kebalanandi in Šri Juktešvarju povedal tudi neko drugo zgodbo o srečanju z Babadžijem. Šlo je za eno

* Gosta sladica iz pšeničnega zdroba, popečenega na maslu in kuhanega v mleku in sladkorju.

† Mož, ki so ga kasneje poznali pod imenom Maitra Mahašaja, je dosegel visoko stopnjo samospoznanja. Maitro Mahašajo sem spoznal kmalu po zaključku srednje šole. Med mojim bivanjem v Benaresu je obiskal ašram *Mahamandal*. Tedaj mi je povedal za Babadžijevo udejanjenje pred skupino v Moradabadu. »Ta čudež,« mi je razložil Maitra Mahašaja, »je zaslužen za to, da sem za vse življenje postal učenec Lahirija Mahašaje.«

od mnogih priložnosti, v katerih je najvišji guru izpolnil obljubo: »Prišel bom vedno, ko me boš potreboval.«

»Prizorišče dogodka je bila *kumbha mela* v Allahabadu,« je Lahiri Mahašaja povedal učencema. »Tja sem šel med kratkim dopustom. Ko sem pohajal med množico menihov in sadhujev, ki so prišli od daleč, da bi bili navzoči na svetem praznovanju, sem opazil s pepelom premazanega asketa, ki je držal posodico za beračenje. Obšla me je misel, da je hinavec in da nosi zunanje simbole odrekanja brez temu ustrezne notranje milosti.

Takoj ko sem šel mimo tistega asketa, se mi je oko ustavilo na Babadžiju. Klečal je pred puščavnikom z zavozlanimi lasmi.

„Gurudži!" sem vzkliknil in pohitel k njemu. „Učitelj, kaj počnete tukaj?"

„Umivam noge temu možu odpovedi, nato pa bom opral njegove pripomočke za kuhanje." Babadži se mi je smehljal kot otrok. Vedel sem, da mi sporoča, naj ne kritiziram nikogar, ampak naj vidim Gospoda, kako prebiva v vseh telesnih templjih, najsibo tistih višje razvitih ali tistih nižje razvitih ljudi.

Veliki guru je še dodal: „S služenjem modrim in nevednim sadhujem se učim največje vrline, ki je Bogu všeč bolj kot vse druge – ponižnosti."«*

* »[On] se ponižava, da vidi, karkoli je v nebesih in na zemlji« (Ps 113,6). »Kdor se bo poviševal, bo ponižan, in kdor se bo poniževal, bo povišan« (Mt 23,12).

Ko človek napravi svoj ego oziroma nepravi jaz ponižen, odkrije svojo večno identiteto.

35. POGLAVJE

Kristusu podobno življenje Lahirija Mahašaje

»Spodobi se nama, da tako izpolniva vso pravičnost.«* S temi besedami Janezu Krstniku in s tem, ko ga je prosil za krst, je Jezus priznal Božje pravice svojemu guruju.

Potem ko sem spoštljivo preučeval Sveto pismo z orientalskega stališča† in s pomočjo intuitivne zaznave, sem prišel do zaključka, da je bil Janez Krstnik v preteklih življenjih guru Jezusa Kristusa. Številni odlomki v Svetem pismu nakazujejo, da sta bila Janez in Jezus v svoji prejšnji inkarnaciji Elija in njegov učenec Elizej.

Na samem koncu Stare zaveze je zapisana prerokba o reinkarnaciji Elije in Elizeja: »Glejte, pošljem vam Elijo, preroka, preden pride Gospodov dan, veliki in strašni.«‡ Tako se je Janez (Elija), poslan, »preden pride Gospodov dan«, rodil nekoliko prej, da je služil kot Kristusov glasnik. Angel se je prikazal njegovemu očetu Zahariju, da bi pričal o tem, da njegov prihajajoči sin Janez ni nihče drug kot Elija.

»Angel pa mu je rekel: Ne boj se, Zaharija, kajti uslišana je tvoja molitev! Tvoja žena Elizabeta ti bo rodila sina. Daj mu ime Janez … Veliko Izraelovih sinov bo spreobrnil h Gospodu, njihovemu Bogu.

* Mt 3,15.

† Številni svetopisemski odlomki razkrivajo, da so pisci zakon reinkarnacije razumeli in ga sprejemali. Krog reinkarnacije je bolj smiselna razlaga za različne stopnje razvoja, na katerih se nahajajo ljudje, kot pa je običajna zahodna teorija, po kateri nekaj (zavest jaza) nastane iz nič, z različnimi stopnjami čutnosti obstaja trideset ali devetdeset let in se nato vrne v praznino, iz katere je prišlo. Srednjeveški sholastik bi se zelo razveselil problema nepojmljive narave takšne praznine.

‡ Mal 3,23.

In on sam bo hodil pred njim* *z Elijevim duhom in močjo*, da obrne srca očetov k otrokom, nepokorne k modrosti pravičnih in ustvari za Gospoda pripravljeno ljudstvo.«†

Jezus je dvakrat jasno enačil Elijo in Janeza: »Povem pa vam, da je Elija že prišel, a ga niso prepoznali … Tedaj so učenci doumeli, da jim je govoril o Janezu Krstniku.«‡ Kristus je tudi rekel: »Vsi preroki in postava so prerokovali do Janeza. On pa je, če hočete to sprejeti, Elija, ki mora priti.«§

Ko je Janez zanikal, da bi bil Elija,¶ je želel le reči, da v skromni opravi Janeza ni več prišel v obliki vzvišenega Elije, vélikega guruja. V svoji prejšnji inkarnaciji je dal »plašč« svoje slave in duhovnega bogastva učencu Elizeju. »Elizej je rekel: „Naj mi pripade, prosim, dvojni delež tvojega duha." Pa je rekel: „Težke reči prosiš. Če me boš videl, ko bom vzet od tebe, se ti bo tako zgodilo" … Vzel je Elijev *plašč*, ki je zdrknil z njega.«**

Vlogi sta se zamenjali, ker Eliji – Janezu ni bilo več treba igrati guruja Elizeju – Jezusu, ki je bil zdaj božansko izpopolnjen.

Ko se je Kristus spremenil na gori,†† je tam videl svojega guruja Elijo, skupaj z Mojzesom. V uri velike stiske na križu je Jezus zaklical: »*Elí, Elí, lemá sabahtáni?* to je: Moj Bog, moj Bog, zakaj si me zapustil? Ko so nekateri, ki so tam stali, to slišali, so govorili: Ta kliče Elijo. … Poglejmo, če ga pride Elija rešit!«‡‡

Brezčasna vez guruja in učenca med Janezom in Jezusom je bila prisotna tudi med Babadžijem in Lahirijem Mahašajo. Z nežno skrbjo je nesmrtni guru preplaval brezdanje vode, ki so se vrtinčile med dvema življenjema njegovega učenca, in je otroka, kasneje moža Lahirija Mahašajo, vodil na vsakem koraku. Šele ko je njegov učenec dopolnil triintrideset let, se je Babadžiju zdelo, da je čas, da z njim znova odkrito vzpostavi vez, ki se nikoli ni pretrgala.

* »Pred njim«, t. j. pred Gospodom.

† Lk 1,13–17.

‡ Mt 17,12–13.

§ Mt 11,13–14.

¶ Jn 1,21.

** 2 Kr 2,9–14.

†† Mt 17,3.

‡‡ Mt 27,46–49.

Nesebični guru po kratkem srečanju v bližini Ranikheta ljubljenega učenca ni obdržal ob sebi, ampak ga je odpustil v svet, kjer ga je čakalo zunanje poslanstvo. »Sin moj, prišel bom vedno, ko me boš potreboval.« Katera umrljiva ljubljena oseba lahko izpolni neskončne obveze takšne obljube?

Splošni javnosti ni znano, da se je leta 1861 v odmaknjenem kotičku Benaresa začel velik duhovni preporod. Kot se ne da prikriti vonja rož, tako tudi Lahiri Mahašaja, ki je tiho živel kot idealni poročeni človek, ni mogel skriti svojega notranjega veličastva. Učenci so kot čebele z vseh koncev Indije začeli prihajati po božanski nektar osvobojenega učitelja.

Angleški predstojnik pisarne je bil eden prvih, ki je v svojem uslužbencu, ki ga je ljubkovalno klical ‚Vzneseni babu', opazil nenavadno transcendentalno spremembo.

»Gospod predstojnik, videti ste žalostni. Kaj je narobe?« je Lahiri Mahašaja nekega jutra sočutno vprašal svojega delodajalca.

»Moja žena v Angliji je hudo zbolela. Razdvojen sem od skrbi.«

»Poizvedel bom, kako je z njo.« Lahiri Mahašaja je odšel iz sobe in nekaj časa sedel v odmaknjenem kotičku. Ko se je vrnil, je predstojnika z nasmeškom potolažil.

»Vaši ženi gre bolje, ravno zdaj vam piše pismo.« Vsevedni jogi je potem navedel nekaj delov tistega pisma.

»Vzneseni babu, vem, da niste običajen mož, vendar ne morem verjeti, da lahko po želji premagate čas in prostor!«

Obljubljeno pismo je končno prispelo. Osupli predstojnik v njem ni odkril le dobrih novic o ženinem okrevanju, ampak tudi iste povedi, kot jih je nekaj tednov prej izrekel veliki učitelj.

Nekaj mesecev pozneje je njegova žena prišla v Indijo. Ko se je srečala z Lahirijem Mahašajo, se je spoštljivo zazrla vanj.

»Gospod,« je rekla, »prav vašo postavo, obdano s sijajno svetlobo, sem zagledala pred meseci zraven svoje bolniške postelje v Londonu. V tistem trenutku sem popolnoma ozdravela! Kmalu zatem sem se lahko odpravila na dolgo plovbo v Indijo.«

Dan za dnem je vzvišeni guru v *krija jogo* uvedel po enega ali dva vernika. Poleg teh duhovnih dolžnosti in odgovornosti poslovnega in družinskega življenja se je veliki učitelj goreče zanimal za izobraževanje. Ustanovil je mnogo študijskih skupin in igral dejavno vlogo v rasti velike srednje šole v četrti Bengalitola v Benaresu. Na tedenskih srečanjih, ki so postala znana kot njegovi ‚shodi o Giti', je guru velikemu številu vnetih iskalcev resnice razlagal svete spise.

S temi mnogovrstnimi dejavnostmi je Lahiri Mahašaja skušal odgovoriti na pogosto vprašanje: »Kako po poklicnih in družbenih dolžnostih najti še čas za pobožno meditacijo?« Harmonično in uravnoteženo življenje vélikega guruja-poročenega človeka je navdihnilo tisoče mož in žena. Imel je zmeren osebni dohodek, bil je gospodaren, skromen, vsem dostopen. Naravno in srečno je vodil disciplinirano posvetno življenje.

Čeprav je sedel na sedežu Najvišjega, je Lahiri Mahašaja izkazoval spoštovanje vsem ljudem, ne glede na razlike v njihovih vrlinah. Ko ga je kdo od njegovih učencev pozdravil, se mu je priklonil tudi sam. Z otroško ponižnostjo se je pogosto dotaknil stopal drugih, a le redko je dovolil, da so mu drugi izkazali enako čast, čeprav je tak izraz spoštovanja do guruja starodaven orientalski običaj.

Pomembna značilnost življenja Lahirija Mahašaje je bila tudi ta, da je posvetitev v *krijo* podeljeval ljudem vseh verstev. Med njegovimi najpomembnejšimi učenci niso bili le hindujci, ampak tudi muslimani in kristjani. Univerzalni guru je nepristransko sprejel ter poučeval moniste in dualiste, pripadnike različnih verstev in tiste brez take pripadnosti. Eden njegovih visoko razvitih učencev je bil musliman Abdul Gafur Khan. Lahiri Mahašaja, ki je pripadal najvišji kasti *brahminov*, je pogumno skušal odpraviti toge kastne predsodke svojega časa. Pod učiteljevimi vsenavzočimi krili so zavetje dobili ljudje iz vseh družbenih slojev. Kot vsi preroki, ki jih je navdihoval Bog, je tudi Lahiri Mahašaja dal novo upanje izobčencem in zatiranim članom družbe.

»Ne pozabite, da ne pripadate nikomur in da nihče ne pripada vam. Razmišljajte o tem, da boste morali nekega dne v hipu vse pustiti za seboj – zato se že zdaj spoprijateljite z Bogom,« je veliki guru povedal svojim učencem. »Pripravite se na prihajajoče astralno potovanje smrti tako, da vsak dan plujete z balonom božanskih

LAHIRI MAHAŠAJA (1828–1895)
Jogavatar, 'utelešenje joge'
Učenec Babadžija, guru Šri Juktešvarja
V sodobni Indiji je oživil starodavno znanost *krija joge*

zaznav. Skozi utvaro nase gledate kot na skupek mesa in kosti, ki je v najboljšem primeru leglo težav.* Meditirajte brez prestanka, da se boste hitro videli kot Neskončno Bistvo, prosto vseh oblik trpljenja. Ne bodite več zapornik lastnega telesa, uporabite skrivni ključ *krije* in se naučite ubežati v Duha.«

Učitelj je spodbujal svoje raznolike učence, naj se držijo dobrih tradicionalnih praks lastne vere. Poudarjal je vsevključujočo naravo *krija joge* kot praktične tehnike osvobajanja, nato pa je svojim učencem dal svobodo, da so živeli v skladu s svojim okoljem in z vzgojo.

»Musliman naj opravlja svoj *namadž*† petkrat na dan,« je poudaril učitelj. »Hindujec naj večkrat dnevno sede k meditaciji. Kristjan naj gre večkrat na dan na kolena in moli k Bogu, nato pa naj bere Sveto pismo.«

Z modrim razločevanjem je guru vodil svoje privržence po poti *bhakti* joge (joge predanosti), *karma* joge (joge delovanja), *gjana* joge (joge modrosti) ali *radža* (kraljevske oziroma popolne) joge glede na naravno nagnjenost posameznika. Učitelj je odlašal s svojo privolitvijo, ko je vernik želel vstopiti v formalno meništvo, in vedno opozarjal, da je treba najprej dobro razmisliti o strogosti meniškega življenja.

Veliki guru je svoje učence učil, naj se izogibajo teoretičnim razpravam o svetih knjigah. »Tisti je moder, ki se posveti uresničevanju starodavnih razodetij, ne le njihovemu branju,« je rekel. »Vse težave rešíte z meditacijo.‡ Brezplodna razglabljanja zamenjajte z dejanskim stikom z Bogom.

Svoj um očistite dogmatične teološke navlake. Vanj spustite svežo, zdravilno vodo neposredne zaznave. Uglasite se na dejavno notranje vodstvo, Božji glas ima odgovor na vsako življenjsko zagato. Čeprav se zna človek izredno domiselno spraviti v težave, ni Neskončni Pomočnik nič manj iznajdljiv.«

* »Koliko vrst smrti je v naših telesih! Ničesar drugega ni v njih, razen smrti.« – *Martin Luther, Govori pri mizi.*

† Najpomembnejša molitev muslimanov, ki jo ponavljajo petkrat na dan.

‡ »Išči resnico v meditaciji, ne v razpadajočih knjigah. Luno boš našel na nebu, ne v ribniku.« – *Perzijski pregovor.*

Učiteljeva vsenavzočnost se je dobro izrazila nekega dne, ko je skupini učencev razlagal Bhagavad gito. Ko je razlagal pomen *Kutasthe Čaitanje* oziroma Kristusove Zavesti v vibracijskem stvarstvu, je nenadoma zajel zrak in vzkliknil:

»Utapljam se v telesih mnogih duš ob japonski obali!«

Naslednje jutro so učenci v časopisu prebrali brzojavljeno novico o smrti več ljudi, katerih ladja se je prejšnji dan potopila blizu Japonske.

Mnogi učenci Lahirija Mahašaje, ki so živeli daleč stran, so se zavedali, da jih objema njegova navzočnost. »Vedno sem s tistimi, ki izvajajo *krijo*,« je tolažil učence, ki niso mogli živeti v njegovi bližini. »Po vaših vedno večjih duhovnih zaznavah vas bom vodil v Vesoljni Dom.«

Ugledni učenec vélikega guruja, Šri Bhupendra Nath Sanjal,* je povedal, da je leta 1892 še kot mladenič, ko nekoč ni mogel iti v Benares, molil k učitelju za duhovno vodstvo. Lahiri Mahašaja se je pojavil pred njim v sanjah in mu dal *dikšo* (posvetitev). Kasneje je fant šel v Benares in prosil guruja za *dikšo*. »Saj sem te že posvetil, v sanjah,« je odvrnil Lahiri Mahašaja.

Če je učenec zanemarjal katero od posvetnih dolžnosti, ga je učitelj blago popravil in discipliniral.

»Besede Lahirija Mahašaje so bile mehke in zdravilne, tudi tedaj, ko je bil prisiljen odkrito spregovoriti o napakah učencev,« mi je nekoč povedal Šri Juktešvar. Potarnal je še: »Noben učenec ni bežal pred kritikami našega učitelja.« Nisem si mogel kaj, da se ne bi zasmejal, a sem odkrito zagotovil svojemu guruju, da je vsaka njegova beseda, pa čeprav ostra, balzam za moja ušesa.

Lahiri Mahašaja je *krijo* skrbno razdelil na štiri zaporedne posvetitve.† Tri višje tehnike je podelil učencu šele tedaj, ko je ta izkazal jasen duhovni napredek. Nekega dne je neki učenec, ki je bil prepričan, da njegova vrednost ni bila primerno ocenjena, izrazil nezadovoljstvo.

* Šri Sanjal je umrl leta 1962. (*Opomba založnika*)

† *Krija joga* se deli na veliko vej. Lahiri Mahašaja je razločeval štiri bistvene korake, tiste, ki imajo najvišjo praktično vrednost.

»Učitelj,« je rekel, »gotovo sem že pripravljen na drugo posvetitev.« Tedaj so se odprla vrata in vstopil je ponižni učenec Brinda Bhagat, benareški poštar.

»Brinda, sedi k meni.« Veliki guru se mu je naklonjeno nasmehnil. »Povej mi, si pripravljen na drugo *krijo*?«

Mali poštar je roteče sklenil roke. »Gurudeva,« je rekel vznemirjeno, »nič več iniciacij, prosim! Kako naj vsrkam še višje nauke? Danes sem prišel, da bi vas prosil za blagoslov, ker me je prva *krija* napolnila s takimi božanskimi opoji, da ne morem raznositi pisem!«

»Brinda že plava v morju Duha.« Ob teh besedah Lahirija Mahašaje je drugi učenec povesil glavo.

»Učitelj,« je rekel, »vidim, da sem slab delavec, ki išče napako na svojem orodju.«

Skromni poštar, ki ni imel izobrazbe, je kasneje s *krijo* razvil svoj uvid do tolikšne mere, da so učenjaki občasno hodili k njemu po razlage težje razumljivih delov svetih spisov. Mali Brinda, prost tako greha kot poznavanja skladnje, si je tako pridobil ugled v svetu učenih panditov.

Poleg številnih učencev, ki jih je imel Lahiri Mahašaja v Benaresu, jih je na stotine prihajalo k njemu tudi iz bolj oddaljenih delov Indije. Tudi sam je ob več priložnostih potoval v Bengalijo, kjer je obiskal tasta svojih dveh sinov. Ker je Bengalijo tako blagoslavljal s svojo navzočnostjo, so jo prepredle skupinice, ki so izvajale *krija jogo*. Še zlasti v okrožjih Krišnanagar in Bišnupur mnogo vernikov vse do danes tiho ohranja nevidni tok duhovne meditacije.

Med številnimi svetniki, ki so prejeli *krijo* od Lahirija Mahašaje, naj omenim uglednega Svamija Bhaskaranando Sarasvatija iz Benaresa in slavnega asketa iz Deogharja, Balanando Brahmačarija. Lahiri Mahašaja je bil nekaj časa zasebni učitelj sina maharadže Išvarija Narajana Sinhe Bahadurja iz Benaresa. Ko sta oče in sin prepoznala učiteljeve duhovne dosežke, sta ga prosila za posvetitev v *krijo*, zanjo pa je zaprosil tudi maharadža Džotindra Mohan Thakur.

Številni učenci Lahirija Mahašaje z vplivnim položajem v svetu so želeli narediti reklamo za *krija jogo*. Guru jim ni dal dovoljenja. Eden od učencev, kraljevi zdravnik benareškega gospoda, je začel organizirano širiti učiteljevo ime kot ‚Kaši Baba' (Vzvišeni iz Benaresa).* Tudi to je guru prepovedal.

»Naj se vonj rože *krije* širi naravno,« je rekel. »Semena *krije* bodo dobro pognala v prsti duhovno rodovitnih src.«

Čeprav veliki učitelj ni izbral sistema pridiganja po modernem mediju – organizaciji ali po mediju tiska, je vedel, da se bo moč njegovega sporočila dvignila kot neustavljiva poplava in sama preplavila obrežja človeških umov. Spremenjena in očiščena življenja vernikov so bila preprost porok nesmrtne življenjske moči *krije*.

Leta 1886, petindvajset let po tem, ko je bil Lahiri Mahašaja uveden v *krijo* pri Ranikhetu, se je upokojil.† Ker je bil odtlej dosegljiv tudi čez dan, so ga učenci iskali v vse večjem številu. Veliki guru je zdaj večino časa preživel v tišini in mirnem položaju lotosa. Redko je odšel iz svoje male sprejemnice, tudi zaradi sprehoda ali obiska drugih delov hiše ne. Tihi tok učencev je skoraj neprekinjeno prihajal po *daršan* (sveti pogled na) svojega guruja.

Navzoči so se čudili nadčloveškim značilnostim običajnega fiziološkega stanja Lahirija Mahašaje: ni dihal, ni spal, ni imel utripa, srce mu ni bílo, njegove oči so mirovale in po več ur niso pomežiknile, obdajala ga je izrazita avra miru. Ni bilo obiskovalca, ki ob odhodu ne bi bil duhovno poživljen, vsi so vedeli, da so prejeli tihi blagoslov resnično Božjega človeka.

Učitelj je zdaj dovolil učencu Pančanonu Bhattačarji, da v Kalkuti odpre center joge z imenom ‚Ustanova misijon Arja'. Center je razdeljeval jogijska zeliščna zdravila‡ in natisnil prve cenovno dostopne izvode Bhagavad gite v Bengaliji. *Gita misijona Arja* v hindijščini in bengalščini je našla pot v tisoče domov.

* Drugi nazivi, ki so jih učenci dali Lahiriju Mahašaji, so bili *jogibar* (največji med jogiji), *jogiradž* (kralj jogijev) in *munibar* (največji med svetniki). Jaz sem dodal še *jogavatar* (inkarnacija joge).

† Skupaj je v enem samem vladnem oddelku služboval petintrideset let.

‡ Hindujske medicinske razprave se imenujejo *ajurveda*. Vedski zdravniki so uporabljali fine kirurške instrumente, izvajali so plastično kirurgijo, razumeli so, kako izničiti posledice strupenih plinov, opravljali carske reze in možganske operacije, bili so vešči dinamizacije zdravil. Hipokrat (4. st. pr. Kr.) si je veliko svoje *materije medike* izposodil iz hindujskih virov.

V skladu s starodavnim običajem je učitelj za zdravljenje različnih bolezni ljudem navadno dajal *nimovo** olje. Ko je guru prosil učenca, naj destilira olje, je ta z lahkoto opravil nalogo. Če je to skušal narediti kdo drug, je naletel na nenavadne težave. Odkril je, da je potem, ko je olje šlo skozi zahtevan proces destilacije, tekočina skoraj popolnoma izhlapela. Očitno je bil učiteljev blagoslov nujno potrebna sestavina.

Na zadnji strani tega poglavja sta prikazana bengalska pisava in podpis Lahirija Mahašaje. Besede so vzete iz pisma nekemu učencu. Veliki učitelj razlaga sanskrtski verz takole: »Tisti, ki je dosegel stanje miru, v katerem se mu veke ne premikajo, je obvladal *sambhabi mudro.*«†

Kot številni drugi veliki preroki tudi Lahiri Mahašaja ni napisal nobene knjige, ampak je več učencev poučil o svoji razlagi svetih besedil. Moj dragi prijatelj Šri Ananda Mohan Lahiri, pokojni učiteljev vnuk, je zapisal naslednje besede:

»V Bhagavad giti in drugih delih epa *Mahabharata* je več ključnih točk (*vjas-kut*). Če se o teh točkah ne sprašujemo, bomo našli le nenavadne bajke, ki jih lahko mimogrede napačno razumemo. Če si teh ključnih točk ne razložimo pravilno, bomo spregledali znanost, ki jo je Indija z nadčloveško potrpežljivostjo ohranjala po tisočletjih eksperimentalnega iskanja.‡

* Drevo indijska melija. Njegovo medicinsko vrednost zdaj priznavajo tudi na Zahodu, kjer grenko lubje *nima* uporabljajo v obliki tonika, z oljem njegovih semen in plodov pa zdravijo gobavost in druge bolezni.

† *Sambhabi mudra* pomeni usmeriti pogled na mesto med obrvmi. Ko jogi doseže določeno stopnjo duševnega miru, se njegove veke ne premikajo, zatopljen je v notranji svet.

Mudra ('simbol') ponavadi pomeni obredno kretnjo prstov in dlani. Številne *mudre* z vplivanjem na določene živce povzročijo umiritev. Starodavne hindujske razprave podrobno razvrščajo *nadije* (72.000 živčnih kanalov v telesu) in njihov odnos z umom. *Mudre*, ki se uporabljajo pri čaščenju in v jogi, imajo tako znanstveno osnovo. Razdelan jezik *muder* lahko najdemo tudi v indijski ikonografiji in obrednih plesih.

‡ »Nekaj pečatov, ki so jih pred kratkim izkopali na arheoloških najdiščih v dolini reke Ind, in ki jih datirajo v 3. tisočletje pr. Kr., prikazuje figure, ki sedijo v meditativnih položajih, ki se danes uporabljajo v jogijskem sistemu. Lahko sklepamo, da so že celo tedaj obstajali zametki joge. Ni nerazumno zaključiti, da se v Indiji že

Lahiri Mahašaja je brez pomoči alegorij osvetlil znanost religije, ki je bila bistro skrita v ugankah simbolike svetih besedil. Dokazal je, da obrazci vedskega čaščenja niso nerazumljivo žongliranje z besedami, ampak so polni znanstvenega pomena.

Vemo, da je človek v boju s kvarnimi strastmi običajno nemočen, a ko s *krija jogo* doseže vzvišeno, trajno blaženost, te izgubijo vso moč in človek nima več nagibov, da bi se jim vdajal. Tukaj se odrekanje in zanikanje nižje narave združi s sprejemanjem, z doživljanjem blaženosti. Brez tega so moralna načela zgolj v obliki prepovedi za nas neuporabna.

Za vsemi pojavnimi oblikami leži Neskončno, Ocean Moči. Želja po opravljanju posvetnih dejavnosti v nas ubije občutek duhovne presunjenosti. Ker nam moderna znanost pove, kako uporabljati moči narave, se ne zavemo Velikega Življenja, ki stoji za vsemi imeni in oblikami. Zaradi domačnosti z naravo ne spoštujemo več njenih največjih skrivnosti. Naš odnos z njo je praktičen in posloven. Tako rekoč dražimo jo, da bi odkrili, kako jo prisiliti, da bi služila našim ciljem. Izrabljamo njeno energijo, katere Vir ostaja neznan. V znanosti je naš odnos z naravo kot odnos med nadutim človekom in njegovim služabnikom. V filozofskem smislu je narava kot ujetnica na prostoru za priče. Navzkrižno jo zaslišujemo, jo izzivamo in natančno tehtamo njene dokaze s človeškimi merili, s katerimi ne moremo oceniti njenih skritih vrednot.

Po drugi strani pa, ko je jaz v stiku z višjo močjo, narava samodejno upošteva človekovo voljo brez naprezanja ali pritiska. To lahkotno obvladovanje narave zmedeni materialist imenuje ‚čudežno'.

Lahiri Mahašaja je s svojim življenjem dal zgled, ki je spremenil zmotno prepričanje, da je joga nekakšna skrivnostna dejavnost. Kljub stvarni naravi naravoslovnih znanosti lahko vsak človek po *krija jogi* spozna svoj pravi odnos z naravo in začuti duhovno spoštovanje do

---

pet tisoč let izvaja sistematično samoopazovanje s pomočjo premišljenih metod.« – Profesor W. Norman Brown v *Bulletin of the American Council of Learned Societies,* Washington, D. C.

Hindujski sveti spisi po drugi strani pričajo, da v Indiji znanost joge poznajo že nepreštevna tisočletja.

PANČANON BHATTAČARJA
Učenec Lahirija Mahašaje

vseh pojavov,* naj bodo skrivnostni ali vsakdanji. Vedeti moramo, da lahko danes razložimo veliko stvari, ki so bile pred tisoč leti še nerazložljive, in da bo morda tisto, kar je skrivnostno danes, že čez nekaj let popolnoma razumljivo.

Znanost *krija joge* je večna, resnična kot matematika, kot preprosta pravila seštevanja in odštevanja; zakona *krije* ni mogoče

* »Človek, ki se ne zna čuditi, ki nima navade čuditi se (in častiti), pa naj bo predsednik neštetih Kraljevih društev in naj ima … v svoji glavi povzetek vseh laboratorijev, observatorijev in njihovih rezultatov, je le par očal, za katerimi ni oči.« – *Carlyle, Sartor resartus.*

uničiti. Če bi zgorele vse knjige o matematiki, bi tisti, ki znajo logično razmišljati, vedno znova odkrili iste resnice. Če bi uničili vse knjige o jogi, bi se njene prvine znova razgrnile, ko bi se pojavil modrec s čisto pobožnostjo in posledično s čistim znanjem.«

Kot je Babadži eden največjih avatarjev, *mahavatar*, in Šri Juktešvarja upravičeno imenujemo *gjanavatar* ali inkarnacija modrosti, tako je bil Lahiri Mahašaja *jogavatar* ali inkarnacija joge.*

Po merilih tako kakovosti kot količini dobrega je veliki učitelj dvignil duhovno raven družbe. Po svoji moči povzdigovanja najtesnejših učencev do ravni, na kakršni je bil Kristus, in s svojim obsežnim širjenjem resnice med množice, se Lahiri Mahašaja uvršča med odrešitelje človeštva.

Kot prerok je bil edinstven zato, ker je poudarjal praktično metodo, *krija jogo*, in tako prvič odprl vrata osvobajanja preko joge vsem ljudem. Če pustimo ob strani čudeže njegovega lastnega življenja, je Jogavatar zanesljivo dosegel vrhunec vseh čudes, ko je starodavno zapleteno jogo poenostavil, da je učinkovita ter tako preprosta, da jo lahko razume vsak.

V zvezi s čudeži je Lahiri Mahašaja pogosto rekel: »O delovanju subtilnih zakonov, ki jih splošna javnost ne pozna, ne bi smeli javno razpravljati ali jih objavljati brez ustrezne previdnosti.« Če se na teh straneh na videz nisem držal njegovega opozorila, sem to storil zato, ker mi je dal notranje zagotovilo. Pri zapisovanju življenj Babadžija, Lahirija Mahašaje in Šri Juktešvarja pa se mi je zdelo smiselno izpustiti določene čudežne zgodbe. Ne bi jih mogel vključiti, ne da bi za njihovo razlago napisal še dodatne knjige s težko razumljivo filozofijo.

Kot jogi-hišni gospodar je Lahiri Mahašaja prinesel praktično sporočilo, primerno za potrebe današnjega sveta. Izvrstnih ekonomskih in verskih pogojev starodavne Indije ni več. Veliki učitelj zato ni spodbujal starega ideala jogija kot potujočega asketa s posodico

* Šri Juktešvar je o svojem učencu Paramahansi Joganandi govoril kot o inkarnaciji Božje ljubezni. Potem ko je Paramahansadži preminil, mu je njegov glavni učenec in duhovni naslednik Radžarši Džanakananda (James J. Lynn) uradno podelil naziv *premavatar* ali inkarnacija ljubezni. *(Opomba založnika)*

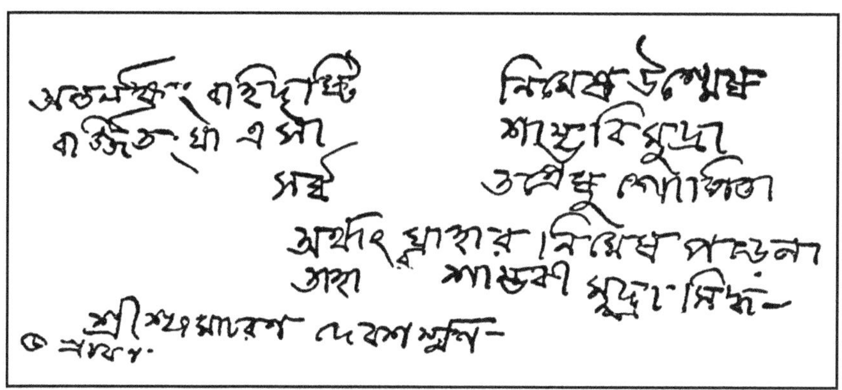

[*podpisan, spodaj levo*] Šri Šjama Čaran Deva Šarman

za beračenje. Raje je poudaril prednosti za jogija, če se preživlja sam in ni odvisen od podpore preobremenjene družbe ter izvaja jogo v zasebnosti svojega doma. Temu nasvetu je Lahiri Mahašaja dodal spodbudno moč lastnega zgleda. Bil je sodoben, ‚optimiziran' model jogija. Njegov način življenja, kot ga je načrtoval Babadži, je bil mišljen kot vodnik ambicioznim jogijem na vseh koncih sveta.

Novo upanje za novega človeka! »Združitev z Bogom,« je izjavil Jogavatar, »je mogoča z osebnim prizadevanjem in ni odvisna od teoloških prepričanj ali od samovolje vesoljnega diktatorja.«

Z uporabo ključa *krije* bodo ljudje, ki se ne morejo pripraviti do tega, da bi verjeli v božanskost kateregakoli človeka, končno uzrli polno božanskost samih sebe.

36. POGLAVJE

Babadžijevo zanimanje za Zahod

»Učitelj, ste kdaj srečali Babadžija?«

Bil je miren poletni večer v Seramporju. Velike tropske zvezde so se lesketale nad najinima glavama, ko sem sedel ob Šri Juktešvarju na balkonu v prvem nadstropju ašrama.

»Ja.« Učitelj se je nasmehnil ob mojem neposrednem vprašanju, oči so mu zažarele od spoštovanja. »Trikrat sem bil blagoslovljen s pogledom na nesmrtnega guruja. Prvič sva se srečala v Allahabadu na *kumbha meli.*«

Verski festivali, ki jih prirejajo v Indiji že od nekdaj, so znani pod imenom *kumbha mele.* Po zaslugi teh praznikov so množice ohranjale pred očmi duhovne cilje. Milijoni vernih hindujcev se zberejo vsakih dvanajst let, da bi se srečali s tisoči sadhujev, jogijev, svamijev in asketov vseh vrst. Mnogi so puščavniki, ki nikoli ne zapustijo svojih odmaknjenih lokacij, razen ko obiščejo *mele** in tam blagoslavljajo posvetne može in žene.

»Ko sem srečal Babadžija, še nisem bil svami,« je nadaljeval Šri Juktešvar. »Me je pa Lahiri Mahašaja že uvedel v *krija jogo.* Spodbudil me je, da sem se udeležil *mele,* ki je bila januarja 1894 v Allahabadu. To je bila moja prva *kumbha.* Hrup in pritisk množice sta me nekoliko zmedla. S pogledom sem iskal naokrog, a nisem uzrl razsvetljenega obraza učitelja. Ko sem prečkal most čez Ganges, sem blizu videl stati znanca, ki je v roki držal posodico za beračenje.

„Oh, ta festival ni nič drugega kot zmeda trušča in beračev," sem pomislil razočarano. „Zanima me, ali niso zahodni znanstveniki, ki potrpežljivo širijo področja znanja v praktično dobro vsega

* Glej op. na str. 439.

človeštva, bolj pogodu Bogu, kot pa ti postopači, ki imajo na ustih vero, gre pa jim le za miloščino."

Moje nejevoljno razmišljanje o družbenih reformah je prekinil glas visokega *sannjasija*, ki se je ustavil pred menoj.

„Gospod," je rekel, „svetnik vas kliče."

„Kdo pa je?"

„Pridite in se prepričajte sami."

Neodločno sem sledil temu redkobesednemu človeku in se kmalu znašel v bližini drevesa, katerega veje so nudile zavetje guruju in privlačni skupini učencev. Učitelj, vedra, nenavadna pojava s svetlikajočimi se temnimi očmi, je ob mojem prihodu vstal in me objel.

„Dobrodošel, svamidži," je rekel prisrčno.

„Gospod," sem mu odločno odvrnil, „nisem svami."

„Tisti, za katere mi Bog naroči, naj jim podelim naziv *svamija*, tega nikoli ne odklonijo." Svetnik me je nagovoril preprosto, a v njegovih besedah je odzvanjalo globoko prepričanje o resnici. V trenutku me je preplavil val duhovnega blagoslova. Z nasmeškom na obrazu, ker sem bil iznenada povišan v člana starodavnega meniškega reda,* sem se priklonil ob stopalih očitno velikega, angelskega bitja v človeški obliki, ki me je tako počastilo.

Babadži, kajti v resnici je to bil on, mi je pokazal, naj sedem v njegovo bližino pod drevo. Bil je mlad, močan in zelo podoben Lahiriju Mahašaji. Kljub temu pa ta podobnost ni vzbudila moje pozornosti, čeprav sem že velikokrat slišal o tem, kako nenavadno podobna sta si učitelja. Babadži ima moč, s katero lahko prepreči, da bi v glavi človeka vzniknila določena misel. Očitno je veliki guru želel, da bi bil v njegovi navzočnosti popolnoma naraven in ne pretirano poln strahospoštovanja zaradi njegove osebe.

„Kaj misliš o *kumbha meli*?"

„Zelo sem bil razočaran nad njo, gospod," sem odvrnil in hitro še dodal, „vse do tega trenutka, ko sem spoznal vas. Svetniki in ves ta direndaj mi nekako ne gredo skupaj."

* Šri Juktešvar je bil kasneje uradno sprejet v red svamijev. Sprejel ga je *mahant* (vodja samostana) Buddh Gaje v Biharju.

„Otrok," je rekel učitelj, čeprav sem bil očitno skoraj dvakrat starejši od njega, „za napake mnogih ne smeš kriviti vseh. Vse na zemlji je mešanega značaja, kot bi zmešal pesek in sladkor. Bodi kot modra mravlja, ki zgrabi le sladkor, ne dotakne pa se peska. Čeprav mnogi sadhuji tukaj še vedno tavajo v utvari, je *mela* blagoslovljena z nekaj možmi Božjega spoznanja."

Hitro sem se strinjal z njim, ker sem sam dobil priložnost srečati se s tem vzvišenim učiteljem.

„Gospod," sem pripomnil, „razmišljal sem o vodilnih znanstvenikih na Zahodu, ki so po inteligenci daleč nad večino ljudi, zbranih tukaj, ki živijo v oddaljeni Evropi in Ameriki, imajo drugačno vero in ne vedo ničesar o resničnih vrednotah *mel,* kot je ta. Veliko bi lahko pridobili, če bi se srečali z indijskimi učitelji. A čeprav so v intelektualnih dosežkih prišli zelo daleč, so mnogi zahodnjaki zavezani čistemu materializmu. Slavni znanstveniki in filozofi ne prepoznajo osnovne enosti v veri. Njihova prepričanja predstavljajo nepremostljive ovire, ki grozijo, da jih bodo za vedno ločile od nas."

„Vidim, da te Zahod enako zanima kot Vzhod," je rekel Babadži in njegov obraz je žarel od odobravanja. „Začutil sem tesnobo tvojega srca, ki je dovolj veliko za vse ljudi. Zato sem te poklical sem."

„Vzhod in Zahod morata stopiti na pot zlate sredine, ki združuje dejavnost in duhovnost," je nadaljeval. „Indija se lahko veliko nauči od Zahoda o materialnem razvoju, v zameno pa lahko Zahod nauči univerzalnih metod, s katerimi bodo zahodnjaki utemeljili svoja verska prepričanja na trdnih temeljih jogijske znanosti.

Ti, svamidži, boš igral vlogo v prihajajoči harmonični izmenjavi med Orientom in Okcidentom. Čez nekaj let ti bom poslal učenca, ki ga lahko usposobiš za to, da bo razširil jogo na Zahodu, od koder k meni kot poplava prihajajo vibracije mnogih iskalcev duhovnosti. Čutim, da so v Ameriki in Evropi potencialni svetniki, ki čakajo na prebujenje."«

Tedaj je Šri Juktešvar prekinil pripovedovanje in se mi zazrl naravnost v oči.

»Sin moj,« je rekel smehljaje v svetli mesečini, »ti si tisti učenec, ki mi ga je pred leti obljubil Babadži.«

Čeprav sem bil vesel, ko sem izvedel, da je Babadži usmeril moje korake k Šri Juktešvarju, sem si težko predstavljal sebe na oddaljenem Zahodu, daleč od ljubljenega guruja in preprostega miru ašrama.

»Babadži je nato spregovoril o Bhagavad giti,« je nadaljeval Šri Juktešvar. »Presenečen sem bil, ko je z nekaj besedami pohvale pokazal, da ve, da sem zapisal razlago več poglavij Bhagavad gite.

„Prosim te, svamidži, da se lotiš še ene naloge," je rekel veliki učitelj. „Bi napisal knjižico o temeljni skladnosti med krščanskimi in hindujskimi svetimi knjigami? Njihovo temeljno enotnost je zasenčilo človekovo sektaško razlikovanje. Z vzporednimi citati pokaži, da so navdihnjeni Božji sinovi govorili iste resnice."

„Maharadž,"* sem odgovoril negotovo, „kakšno naročilo! Ga bom lahko izpolnil?"

Babadži se je nežno zahahljal. „Sin moj, zakaj dvomiš?" je rekel pomirjujoče. „Resnično, čigavo delo je vse to in kdo je Izvrševalec vseh dejanj? Kar mi je Gospod položil v usta, se bo udejanjilo kot resnica."

Blagoslov svetnika mi je dal moč in privolil sem, da bom napisal knjigo. Začutil sem, da je prišla ura slovesa in nerad sem vstal s sedeža iz listja.

„Ali poznaš Lahirija?" me je vprašal učitelj. „Velika duša je, kajne? Povej mu za najino srečanje." Potem mi je dal sporočilo zanj.

Ko sem se svetniku ponižno priklonil v slovo, se mi je dobrohotno nasmehnil. „Ko boš končal knjigo, te bom obiskal," mi je obljubil. „Zdaj pa zbogom."

Allahabad sem zapustil naslednji dan in se vkrcal na vlak za Benares. Ko sem prispel do gurujevega doma, sem mu povedal zgodbo o čudovitem svetniku na *kumbha meli.*

„Oh, ga nisi prepoznal?" Oči Lahirija Mahašaje so plesale od smeha. „Vidim, da ga nisi mogel, ker ti je to preprečil. On je moj edinstveni guru, nebeški Babadži!"

* 'Velik kralj' – spoštljiv naziv.

„Babadži!" sem ponovil ves iz sebe. „Jogi-Kristus Babadži! Nevidni-vidni odrešenik Babadži! Oh, ko bi se le lahko vrnil v preteklost in bil znova ob njem, da bi mu ob njegovih lotosovih stopalih izkazal naklonjenost!"

„Nič hudega," je Lahiri Mahašaja rekel v tolažbo. „Obljubil je, da te bo znova obiskal."

„Gurudeva, božanski učitelj me je prosil, naj vam posredujem sporočilo. ‚Reci Lahiriju,' je rekel, ‚da gre zaloga energije za to življenje že precej h koncu, skoraj je že izčrpana.'"

Ko sem izgovoril te skrivnostne besede, je postava Lahirija Mahašaje zadrgetala, kot bi ga zadela strela. V trenutku je vse na njem obnemelo. Njegov nasmešek se je spremenil v strog izraz na obrazu. Njegovo telo je izgubilo vso barvo, postalo je temno in negibno kot lesen kip. Vznemiril in začudil sem se. Še nikoli nisem videl, da bi ta duša pokazala tako grozno resnost. Drugi učenci, ki so bili poleg, so strahoma zrli vanj.

Tri ure so minile v tišini, potem pa se je Lahiri Mahašaja spet vrnil k svojemu naravnemu, veselemu vedenju in je ljubeče govoril z vsakim od učencev. Vsi so zavzdihnili od olajšanja.

Po učiteljevem odzivu sem spoznal, da je bilo Babadžijevo sporočilo nezmotljivo znamenje Lahiriju Mahašaji, da bo kmalu zapustil svoje telo. Njegova mogočna tihota je bila dokaz za to, da je v trenutku obvladal svoje bitje, presekal še zadnjo nit navezanosti na materialni svet in pobegnil k svoji vedno živeči identiteti v Duhu. Sporočilo je bilo Babadžijev način, da mu pove: „Vedno bom s teboj."

Čeprav sta bila Babadži in Lahiri Mahašaja vsevedna in ni bilo potrebe po tem, da bi komunicirala prek mene ali drugega posrednika, so véliki pogosto pripravljeni igrati vlogo v človeški drami. Občasno posredujejo svoje prerokbe na navaden način po slih, da bi kasneje širši krog ljudi, ki slišijo zgodbo, izpolnitev njihovih besed navdala z večjo vero v Boga.

Kmalu sem odšel iz Benaresa in se v Seramporju lotil pisanja o religiji, za katero me je prosil Babadži,« je nadaljeval Šri Juktešvar. »Takoj ko sem začel delati, sem dobil navdih za pesem, posvečeno neumrljivemu guruju. Melodične vrstice so zlahka prihajale iz mojega pisala, čeprav se nikoli prej nisem poskusil v sanskrtski poeziji.

V tišini noči sem delal primerjavo Svetega pisma in besedil *sanatan dharme.** Z navajanjem blaženega Gospoda Jezusa sem pokazal, da so njegovi nauki v bistvu enaki razodetjem v Vedah. Po milosti mojega *paramguruja*† sem knjigo *Sveta znanost*‡ končal v zelo kratkem času.

Naslednje jutro po tistem, ko sem končal s svojimi literarnimi prizadevanji,« je nadaljeval učitelj, »sem šel na tukajšnji *ghat* Rai, da bi se okopal v Gangesu. *Ghat* je bil popolnoma prazen. Nekaj časa sem stal tam in se predajal soncu in tišini. Ko sem se okopal, sem se začel odpravljati domov. Edini zvok sredi tišine je bilo moje oblačilo, prepojeno z vodo iz reke, ki je šuštelo ob vsakem mojem koraku. Ko sem šel mimo velikega banjanovca v bližini obrežja, mi je nekaj reklo, naj se ozrem čez ramo. Tam, v senci banjanovca in obkrožen z nekaj učenci, je sedel veliki Babadži!

„Pozdravljen, svamidži!“ Zazvenel je čudoviti glas učitelja in mi zagotovil, da ne sanjam. „Vidim, da si uspešno zaključil pisanje knjige. Kot sem obljubil, sem prišel, da se ti zahvalim.“

* Dobesedno 'večna religija', ime, ki so ga dobili vedski nauki. *Sanatan dharmo* so sčasoma poimenovali *hinduizem*, ker so Grki, ki so vpadli v severozahodno Indijo pod Aleksandrom Velikim, označili ljudi na obrežjih reke Ind kot *Indijce* oziroma *Hindujce*. Beseda *hindujci* se dejansko nanaša le na privržence *sanatan dharme* oziroma hinduizma. Izraz *Indijci* se uporablja tako za hindujce kot za muslimane in druge *prebivalce* ozemlja Indije (izraz *Indijanci* pa zaradi zavajajoče Kolumbove geografske zmote za mongolidne staroselce v Ameriki).

Starodavno ime za Indijo je *Arjavarta*, dobesedno 'prebivališče Arijcev'. Sanskrtski koren besede *arja* ima pomen 'vreden, svet, plemenit'. Kasnejša etnološka napačna raba pridevnika *arijski* v pomenu ne duhovnih, ampak fizičnih značilnosti, je vodila velikega orientalista Maxa Müllerja k zanimivemu komentarju: »Zame je etnolog, ki govori o arijski rasi, arijski krvi, arijskih očeh in laseh, tako velik grešnik, kot bi bil jezikoslovec, če bi govoril o dolihokefalnem slovarju ali o brahikefalni slovnici.«

† Beseda *paramguru* se nanaša na guruja lastnega guruja. Tako je Babadži, *guru* Lahirija Mahašaje, *paramguru* Šri Juktešvarja.

Mahavatar Babadži je najvišji guru v indijski liniji učiteljev, ki prevzemajo odgovornost za duhovno blagostanje vseh članov SRF-YSS, ki zvesto izvajajo *krija jogo*.

‡ *The Holy Science*. Zdaj jo izdaja Self-Realization Fellowship, Los Angeles, Kalifornija.

Srce mi je razbijalo, ko sem legel predenj na tla. „Paramgurudži," sem rekel roteče, „bi skupaj z učenci obiskali moj dom, ki je v bližini?"

Najvišji guru je smehljaje zavrnil ponudbo. „Ne, otrok," je rekel, „mi smo ljudje, ki imamo radi zavetje dreves. Tukaj je kar udobno."

„Prosim, zadržite se še za trenutek, učitelj," sem ga prosil in ga roteče gledal. „Takoj se bom vrnil s posebnimi slaščicami."*

Ko sem se čez nekaj minut vrnil s pladnjem sladkarij, gosposki banjan ni več nudil sence nebeški družbi. Pregledal sem naokrog po *ghatu*, a v srcu sem vedel, da je skupinica že odletela na duhovnih krilih.

To me je močno prizadelo. „Če se bova kdaj spet srečala, ne bom hotel govoriti z Babadžijem," sem si govoril. „Neprijazen je bil, da me je tako nenadoma zapustil." To je bil seveda srd ljubezni in nič več. Nekaj mesecev kasneje sem obiskal Lahirija Mahašajo v Benaresu. Ko sem vstopil v njegovo sprejemnico, se mi je guru nasmehnil v pozdrav.

„Dobrodošel, Juktešvar," je rekel. „Si ravno srečal Babadžija na pragu moje sobe?"

„Nisem," sem odvrnil presenečeno.

„Pridi sem." Lahiri Mahašaja se je nežno dotaknil mojega čela in takoj sem v bližini vrat zagledal Babadžijevo postavo, ki se je razcvetala kot popoln lotosov cvet.

Spomnil sem se na svojo užaljenost in se mu nisem priklonil. Lahiri Mahašaja me je osuplo pogledal.

Božji guru me je gledal s svojimi globokimi očmi. „Jezen si name."

„Zakaj bi ne bil?" sem odvrnil. „S svojo čarobno skupinico ste prišli iz zraka in v zrak ste tudi izginili."

„Rekel sem ti, da se bova videla, nisem pa povedal, kako dolgo bom ostal," se je nežno zasmejal Babadži. „Zelo vznemirjen si bil. Zagotavljam ti, da me je vetrič tvojega nemira tako rekoč odpihnil nazaj v eter."

* V Indiji je neolikano, če guruju ne ponudiš okrepčila.

V trenutku sem bil zadovoljen z njegovo razlago, ki mi ni bila v ponos. Pokleknil sem k stopalom najvišjega guruja, ki me je prijazno potrepljal po rami.

„Otrok, več moraš meditirati," je rekel. "Tvoj pogled še ni brez napak – nisi me videl, ko sem se skrival za sončno svetlobo." S temi besedami, ki so zvenele kot nebeška flavta, je Babadži izginil v skriti soj.

Ta obisk pri guruju v Benaresu je bil eden mojih zadnjih,« je zaključil Juktešvar. »Kot je napovedal Babadži na *kumbha meli*, se je čas utelešenja Lahirija Mahašaje bližal koncu. Poleti leta 1895 je na hrbtu njegovega krepkega telesa zrastel majhen tur. Ni želel, da bi mu ga predirali, ker je na svojem telesu razreševal zlo karmo nekaj svojih učencev. Nazadnje je nekaj učencev zelo vztrajno pristopilo k njemu. Učitelj jim je zagonetno odgovoril:

„Telo mora najti vzrok, da gre. Sprejel bom vse, kar želite storiti."

Kmalu potem se je edinstveni guru v Benaresu odpovedal svojemu telesu. Nič več ga ne iščem v njegovi mali sprejemnici, zdaj je vsak dan mojega življenja blagoslovljen z njegovim vsenavzočim vodstvom.«

Mnogo let kasneje sem iz ust Svamija Kešabanande,* zelo razvitega učenca, izvedel veliko čudežnih podrobnosti o smrti Lahirija Mahašaje.

»Nekaj dni, preden se je moj guru odpovedal svojemu telesu,« mi je povedal Kešabananda, »se je udejanjil pred menoj, ko sem sedel v svojem ašramu v Hardwarju.

„Takoj pridi v Benares," je rekel in izginil.

Takoj sem se vkrcal na vlak za Benares. Na njegovem domu se je že zbralo veliko učencev. Tistega dne je učitelj več ur† podrobno razlagal Bhagavad gito, nato pa nam je preprosto rekel:

„Zdaj grem domov."

Neustavljivo smo planili v jok.

* Moj obisk v Kešabanandovem ašramu je opisan na straneh 444–47.

† Lahiri Mahašaja je zapustil svoje telo 26. septembra 1895. Nekaj dni kasneje bi dopolnil 67 let.

„Naj vam bo v tolažbo, znova bom vstal.“ Po teh besedah se je Lahiri Mahašaja dvignil s sedeža, se trikrat zavrtel v krogu, sedel v položaj lotosa proti severu in v vsem sijaju vstopil v *mahasamadhi.**

Čudovito telo Lahirija Mahašaje, ki je bilo tako ljubo njegovim učencem, so upepelili s svečanim obredom na *ghatu* Manikarnika ob svetem Gangesu,« je nadaljeval Kešabananda. »Naslednji dan ob desetih zjutraj, ko sem bil še v Benaresu, je mojo sobo preplavila močna svetloba. In glej! Pred menoj je stal Lahiri Mahašaja s telesom iz mesa in krvi. Videti je bilo točno takšno kot njegovo nekdanje telo, vendar mlajše in bolj sijoče. Božanski guru me je nagovoril.

„Kešabananda,“ je rekel, „jaz sem. Iz razpadlih atomov svojega upepeljenega telesa sem oživil preoblikovano telo. Moja naloga poročenega človeka v svetu je končana, a zemlje ne bom popolnoma zapustil. Zdaj bom nekaj časa preživel z Babadžijem v Himalaji in z Babadžijem v kozmosu.“

Transcendentni učitelj mi je naklonil še nekaj besed blagoslova, nato pa izginil. Moje srce je napolnjeval čudovit navdih, poživljen sem bil v Duhu kakor Kristusovi in Kabirjevi† učenci, ki so videli svojega guruja živega po njegovi telesni smrti.

* Trikratni obrat telesa in pogled proti severu sta del vedskega obreda, ki ga uporabljajo učitelji, ki že vnaprej vedo, kdaj bo prišla zadnja ura za njihovo telo. Zadnja meditacija, v kateri se učitelj združi z Vesoljnim *Omom*, se imenuje *maha* ali veliki *samadhi.*

† Kabir je bil velik svetnik iz 16. stoletja. Med njegovimi številnimi privrženci so bili tako hindujci kot muslimani. Ob Kabirjevi smrti so se njegovi učenci prepirali o tem, kako bi morali opraviti pogrebne slovesnosti. Ogorčeni učitelj se je prebudil iz zadnjega spanca in jim naročil: »Pol mojih ostankov zakopljite z muslimanskimi obredi, drugo polovico pa upepelite po hindujsko.« Nato je izginil. Ko so njegovi učenci odmaknili mrtvaški prt, ki je prekrival njegovo telo, so tam našli le čudovite rože. Pol teh so v Magharju ubogljivo pokopali muslimani, ki še danes častijo njegov grob. Drugo polovico pa so upepelili s hindujskimi obredi v Benaresu. Tempelj *Kabir čora*, ki so ga zgradili na tistem mestu, obiskuje veliko število romarjev.

V njegovi mladosti sta h Kabirju prišla dva učenca, ki sta želela dobiti natančna razumska navodila, kako hoditi po mistični poti. Učitelj jima je preprosto odgovoril:

Pot predpostavlja razdaljo.
Če je On blizu, sploh ne potrebuješ poti.
Resnično me spravi v smeh,
če slišim, da je riba v vodi žejna!

Ko sem se vrnil v svoj odmaknjeni ašram v Hardwarju,« je Kešabananda nadaljeval, »sem imel s seboj nekaj svetega pepela Lahirija Mahašaje. Čeprav sem vedel, da je ušel iz kletke prostora in časa, in je svobodno poletel kot vsenavzoča ptica, mi je bilo v uteho, da sem njegov sveti pepel lahko položil v grobnico.«

Drugi učenec, ki je bil blagoslovljen s pogledom na svojega vstalega guruja, je bil svetniški Pančanon Bhattačarja.* Obiskal sem ga na njegovem domu v Kalkuti in z veseljem poslušal, ko mi je pripovedoval o letih življenja z učiteljem. Ob koncu mi je povedal za najbolj sijajen dogodek v svojem življenju.

»Tukaj v Kalkuti,« je povedal Pančanon, »ob desetih, jutro po njegovi upepelitvi, se je Lahiri Mahašaja živ pojavil pred menoj v vsej svoji slavi.«

Tudi Svami Pranabananda, ‚svetnik z dvema telesoma', mi je zaupal podrobnosti svojega nadnaravnega doživetja. Ko me je obiskal v moji šoli v Rančiju, mi je povedal:

»Nekaj dni preden je Lahiri Mahašaja zapustil svoje telo, sem od njega prejel pismo, v katerem me je prosil, naj takoj pridem v Benares. Nisem mogel takoj na pot, ker sem bil neodložljivo zadržan. Ravno ko sem se pripravljal na odhod v Benares, okrog desetih zjutraj, sem ves prevzet od veselja v svoji sobi zagledal svetlečo postavo svojega guruja.

„Zakaj bi hitel v Benares?" je smehljaje rekel Lahiri Mahašaja. „Ne boš me več našel tam."

Ko sem dojel njegove besede, sem strtega srca zajokal, ker sem mislil, da sem mu priča zgolj v videnju.

Učitelj se mi je približal, da bi me potolažil. „Potipaj moje telo," je rekel. „Živ sem, kot vedno. Ne žaluj, mar nisem vedno s teboj?"«

Iz ust teh treh velikih učencev je torej prišla čudovita resnica: zjutraj ob desetih, dan po tem, ko so telo Lahirija Mahašaje prepustili plamenom, se je vstali učitelj v resničnem, a spremenjenem telesu pojavil pred tremi učenci, ki so bili v različnih mestih.

* Glej str. 354 in 357. Pančanon je v Deogharju v Džharkhandu na vrtu velikosti blizu sedmih hektarjev postavil tempelj, posvečen Šivi, v katerem je shranjena oljna slika Lahirija Mahašaje. *(Opomba založnika)*

»Ko pa si bo to, kar je propadljivo, obleklo nepropadljivost, in to, kar je umrljivo, obleklo neumrljivost, tedaj se bo izpolnila beseda, ki je zapisana: Smrt je použita v zmagi. Smrt, kje je tvoja zmaga? Smrt, kje je tvoje želo?«*

* 1 Kor 15,54–55. »Zakaj se vam zdi neverjetno, da Bog obuja mrtve?« – Apd 26,8.

37. POGLAVJE

Odidem v Ameriko

»Amerika! Ti ljudje so gotovo Američani!« sem pomislil, ko se je množica zahodnjaških obrazov* zvrstila pred mojim notranjim pogledom.

Zatopljen v meditacijo sem sedel za prašnimi škatlami v skladiščnem prostoru šole v Rančiju.† V tistih dejavnih letih z mladostniki je bilo težko najti kotiček z malo zasebnosti!

Videnje se je nadaljevalo. Velika množica ljudi, ki so zavzeto zrli vame, se je, kot bi gledal igralce, sprehajala po odru moje zavesti.

Vrata skladiščnega prostora so se odprla. Kot običajno je nekdo od dečkov našel moje skrivališče.

»Pridi sem, Bimal,« sem vzkliknil veselo. »Novico imam zate: Gospod me kliče v Ameriko!«

»V Ameriko?« je deček ponovil moje besede, v takem tonu, kot bi rekel, da grem na Luno.

»Ja! Kakor Kolumb bom šel odkrivat Ameriko. On je mislil, da je našel Indijo, gotovo je med tema deželama nekakšna karmična vez!«

Bimal je odskakljal in kot bi bil časopis na dveh nogah, o tem obvestil vso šolo.

Sklical sem presenečen učiteljski zbor in jim predal vodenje šole.

»Vem, da boste vedno imeli v ospredju jogijske izobraževalne ideale Lahirija Mahašaje,« sem rekel. »Pogosto vam bom pisal, in če bo Bog dal, se bom nekega dne vrnil.«

* Veliko teh obrazov sem kasneje videl na Zahodu in jih takoj prepoznal.

† Leta 1995, ob petinsedemdeseti obletnici prihoda Paramahanse Joganande v Ameriko, je bil posvečen prelep *smriti mandir* (spominski tempelj) na mestu nekdanjega skladiščnega prostora v Rančiju, kjer je imel Paramahansadži videnje. (*Opomba založnika*)

Solze so mi zalile oči, ko sem še zadnjikrat pogledal dečke in sončno posestvo Rančija. Z gotovostjo sem vedel, da sem obrnil nov list v knjigi življenja. Od zdaj naprej bom bival v oddaljenih deželah. Nekaj ur po svojem videnju sem se vkrcal na vlak za Kalkuto. Naslednji dan sem prejel povabilo, naj se kot indijski delegat udeležim Mednarodnega kongresa verskih liberalcev v Ameriki. Tistega leta naj bi bil v Bostonu, pod okriljem Ameriške zveze unitaristov.

V glavi se mi je vrtelo, zato sem v Seramporju poiskal Šri Juktešvarja.

»Gurudži, ravno sem dobil vabilo za govor na verskem kongresu v Ameriki. Naj grem?«

»Vsa vrata so ti odprta,« mi je učitelj preprosto odgovoril. »Pojdi zdaj ali nikoli.«

»Ampak,« sem rekel obupano, »saj ničesar ne vem o nastopanju v javnosti. Redko imam kakšno predavanje, pa še to ne v angleščini.«

»Angleščina gor ali dol, tvoj nauk o jogi bodo zahodnjaki vsekakor slišali.«

Zasmejal sem se. »No, gurudži, mislim, da se Američani ne bodo učili bengalščine! Prosim, naklonite mi blagoslov, da bom lahko preskočil oviro angleščine.«*

Ko sem novico o svojih načrtih povedal očetu, ga je kar vrglo. Amerika se mu je zdela neverjetno oddaljena. Bal se je, da me nikoli več ne bo videl.

»Kako lahko sploh greš?« je vprašal strogo. »Kdo te bo financiral?« Ker je z ljubeznijo kril stroške mojega izobraževanja in mojega življenja nasploh, je nedvomno upal, da bom ob njegovih besedah v zadregi spoznal, da je mojega projekta konec.

»Gospod me bo nedvomno financiral,« sem rekel in se spomnil podobnih besed, ki sem jih pred leti izrekel bratu Ananti v Agri. Odkritosrčno sem še dodal: »Oče, morda bo Bog nagovoril tebe, da mi pomagaš.«

»Ne. Nikoli!« je vzkliknil in me pomilovalno pogledal.

* S Šri Jukteševarjem sva se običajno pogovarjala v bengalščini.

Naslednji dan mi je zato vzelo dih, ko mi je oče izročil ček, na katerem je bila zapisana velika vsota.

»Tega denarja,« je rekel, »ti ne dajem kot oče, ampak kot zvesti učenec Lahirija Mahašaje. Pojdi torej v tisto daljno zahodno deželo, razširi nedoktrinarno učenje *krija joge.*«

Neznansko me je ganila nesebičnost, s katero je oče znal osebne želje tako hitro postaviti na stran. Prejšnji večer je prišel do pravičnega spoznanja, da me k mojim načrtom ne žene običajna želja po potovanju v tujini.

»Morda se v tem življenju ne bova več srečala,« je žalostno rekel oče, ki je bil tedaj star sedeminšestdeset let.

Intuitivno sem začutil nasprotno: »Gospod naju bo gotovo še enkrat združil.«

Ko sem se pripravljal na odhod od učitelja in iz rodne dežele proti neznanim obalam Amerike, mi je bilo pri srcu tesno, slišal sem namreč veliko zgodb o ‚materialističnem Zahodu' – delu sveta, zelo drugačnem od Indije, skozi stoletja prežete z navzočnostjo svetnikov.

»Vzhodni učitelj, ki si drzne iti na Zahod,« sem pomislil, »mora biti še bolj trdoživ od tistega, ki se preizkusi v himalajskem mrazu!«

Nekega zgodnjega jutra sem začel moliti, neomajno odločen, da bom molil toliko časa, da bom zaslišal Božji glas, tudi če bom moral moliti do zadnjega diha. Želel sem si Njegovega blagoslova in zagotovila, da se ne bom izgubil v meglicah modernega utilitarizma. Odločen sem bil, da grem v Ameriko, še bolj pa sem bil odločen slišati tolažbo Božjega dovoljenja.

Molil in molil sem in se trudil pridušiti svoje ihtenje. Odgovora ni bilo. Opoldne sem dosegel vrhunec. V glavi se mi je vrtelo od pritiska moje agonije. Zdelo se mi je, da mi bo razneslo možgane, če bom samo še enkrat planil v jok in poglobil svojo notranjo vnemo.

Tedaj je na vrata mojega doma na ulici Garpar nekdo potrkal. Odprl sem vrata in zagledal mladeniča v skromnih puščavniških oblačilih. Vstopil je v hišo.

»Gotovo je Babadži!« sem pomislil osuplo, kajti mož, ki je stal pred menoj, je bil videti kot mladi Lahiri Mahašaja. Odgovoril je na mojo misel. »Ja, Babadži sem,« je spevno spregovoril v hindijščini.

»Naš Nebeški Oče je slišal tvojo molitev. Naročil mi je, naj ti povem naslednje: izpolni prošnjo svojega guruja in pojdi v Ameriko. Ne boj se, varovan boš.«

Po vznemirljivem premolku me je Babadži znova nagovoril. »Tebe sem izbral, da boš na Zahodu razširil sporočilo *krija joge*. Pred veliko leti sem na *kumbha meli* srečal tvojega guruja Juktešvarja in mu povedal, da te mu bom poslal v uk.«

Ostal sem brez besed, s cmokom v grlu od pobožne presunjenosti ob njegovi navzočnosti. Ganilo me je, da sem iz njegovih ust slišal, da me je vodil k Šri Juktešvarju. Pred nesmrtnim gurujem sem legel na tla. Ljubeznivo mi je pomagal na noge. Potem ko mi je povedal mnogo stvari o mojem življenju, mi je dal nekaj osebnih navodil in izrekel nekaj tajnih prerokb.

»*Krija joga*, znanstvena metoda za Božje spoznanje,« je nazadnje slovesno rekel, »se bo razširila po vseh deželah in bo skozi osebno, presežno zaznavanje Neskončnega Očeta pomagala doseči harmonijo med vsemi narodi.«

V učiteljevem veličastno močnem pogledu sem bežno uzrl njegovo vesoljno zavest, ki me je naelektrila.

> »Če vzšlo nenadoma bi
> tisoč sonc na nebu
> in z žarki nepojmljivimi
> zemljo obsijalo,
> takrat morda bi si lahko predstavljali
> veličastje in bleščavo Svete Osebe!«*

Kmalu je Babadži stopil proti vratom in rekel: »Ne hodi za menoj. Ne boš mogel.«

»Prosim, Babadži, ne odhajajte,« sem začel vzklikati. »Vzemite me s seboj!« Odvrnil je: »Ne danes. Drugič.«

Ker so me preplavljala močna čustva, nisem upošteval opozorila. Ko sem skušal iti za njim, sem ugotovil, da nog nikakor ne morem odlepiti od tal. S praga me je še zadnjikrat ljubeče pogledal.

* Bhagavad gita XI,12 (slovenjeno po Arnoldovem prevodu).

PARAMAHANSA JOGANANDA
Fotografija iz potnega lista, posneta v Kalkuti, Indija, 1920

Nekaj delegatov na Mednarodnem kongresu verskih liberalcev oktobra 1920 v Bostonu v Massachusettsu, na katerem je imel Joganandadži svoj prvi govor v Ameriki. (*Od leve proti desni*) Častiti T. R. Williams, prof. S. Ušigasaki, častiti Jabez T. Sunderland, Šri Jogananda in častiti C. W. Wendte.

Hrepeneče sem upiral oči vanj, on pa je dvignil roko, me blagoslovil in odšel.

Čez nekaj minut sem spet lahko premikal noge. Sédel sem in se zatopil v globoko meditacijo, v kateri sem se hitel zahvaljevati Bogu, da je odgovoril na mojo molitev in mi naklonil srečanje z Babadžijem. Vse moje telo se mi je zdelo posvečeno, ker se me je dotaknil starodavni, večno mladi učitelj. Izpolnila se mi je dolgoletna, goreča želja, da ga uzrem.

Do tega trenutka še nikomur nisem povedal zgodbe o srečanju z Babadžijem. Skrival sem jo v svojem srcu, ker je bila moje najsvetejše človeško doživetje. Zdaj pa me je prešinilo, da bodo bralci tega življenjepisa lažje verjeli v resničnost odmaknjenega Babadžija z njegovimi zanimanji za svet, če jim povem, da sem ga videl na lastne oči. Za to knjigo sem pomagal slikarju narisati pravo podobo jogi-Kristusa sodobne Indije.

Joganandadži v svoji kajuti na parniku na poti na Aljasko med čezcelinsko turnejo predavanj, 1924

Predvečer mojega odhoda v Združene države me je našel v sveti navzočnosti Šri Juktešvarja. »Pozabi, da si se rodil med hindujci in ne prevzemi vseh navad Američanov. Vzemi najboljše od obeh ljudstev,« je rekel na svoj umirjeno moder način. »Bodi svoj pravi jaz, Božji otrok. Išči in sprejmi vase najboljše lastnosti svojih bratov, ki so v različnih narodih razpršeni po vsej zemlji.«

Nato me je blagoslovil: »Vsi iskalci Boga, ki bodo prišli k tebi z vero, bodo dobili pomoč. Ko jih boš pogledal, bo duhovni tok, ki teče skozi tvoje oči, vstopil v njihove možgane in spremenil njihove materialne navade, tako da se bodo v večji meri zavedali Boga.« Z nasmeškom na obrazu je še dodal: »Imaš izrazito sposobnost, da

MED 32-LETNIM BIVANJEM NA ZAHODU JE VELIKI GURU V JOGO UVEDEL VEČ KOT 100.000 UČENCEV

Joganandadži na odru v Denverju v Koloradu leta 1924 predava o jogi. V stotinah mest je priredil najbolj obiskane tečaje joge na svetu. S svojimi knjigami, z zbirko za študij na domu in z ustanavljanjem redovniških središč za usposabljanje učiteljev je Paramahansa Jogananda zagotovil nadaljevanje svetovnega poslanstva, ki mu ga je zaupal Mahavatar Babadži.

PARAMAHANSA JOGANANDA, AVDITORIJ FILHARMONIJE, LOS ANGELES

Los Angeles Times je 28. januarja 1925 poročal: »Avditorij filharmonije je bil priča izrednemu dogodku. Tisoče ljudi so zavrnili uro pred začetkom predavanja v dvorani s tri tisoč sedeži, ki so jo obiskovalci napolnili do zadnjega kotička. Ljudi je tja privabil Svami Jogananda, hindujec, ki je prišel v Združene države, da bi v krščansko skupnost prinesel Boga, in ki pridiga bistvo krščanskega nauka.«

S pomočjo velikodušnih učencev je Šri Jogananda leta 1925 kupil posestvo Mount Washington. Še preden je bil nakup zaključen, je pripravil prvo srečanje, velikonočni obred ob sončnem vzhodu na kraju, ki je postajal sedež njegovega društva.

privlačiš iskrene duše. Kamorkoli boš šel, boš našel prijatelje, celo v divjini.«

Oba Šri Juktešvarjeva blagoslova sta se obilno uresničila. V Ameriko, kjer nisem imel niti enega prijatelja, sem prišel sam; a tam sem našel na tisoče ljudi, ki so bili pripravljeni sprejeti brezčasne duhovne nauke.

Indijo sem zapustil avgusta 1920 na *The City of Sparta*, prvi potniški ladji, ki je odplula v Ameriko po koncu svetovne vojne. Vozovnico sem si lahko rezerviral šele potem, ko so se precej čudežno odstranile mnoge birokratske ovire glede odobritve mojega potnega lista.

Med dvomesečno plovbo je nekdo od mojih sopotnikov ugotovil, da sem indijski delegat, ki gre na bostonski kongres.

»Svami Jogananda,« je rekel z nenavadno izgovarjavo, prvo od mnogih, s katerimi sem kasneje slišal Američane izgovarjati moje ime, »prosim, naredite uslugo svojim sopotnikom in nam v četrtek

Paramahansa Jogananda polaga rože na grob Georgea Washingtona, Mt. Vernon, Virginija, 22. februar 1927

zvečer predavajte. Mislim, da bi vsem prav prišel govor na temo ‚Bitka življenja in kako jo izbojevati'.«

Ojej! V sredo sem ugotovil, da tudi sam bijem bitko svojega življenja. Obupno sem skušal organizirati svoje zamisli v predavanje v angleščini in nazadnje opustil kakršnokoli pripravo. Moje misli so zavrnile vsakršno sodelovanje s pravili angleške slovnice kot divji žrebiček ob pogledu na sedlo. V popolnem zaupanju v učiteljeva pretekla zagotovila pa sem se v četrtek prikazal pred občinstvom v salonu parnika. Z mojih ustnic ni bilo nagovora, brez besed sem stal pred zbranimi. Potem, ko smo drug drugega deset minut preizkušali

PARAMAHANSA JOGANANDA V BELI HIŠI

Paramahansa Jogananda in g. John Balfour odhajata iz Bele hiše po obisku predsednika Calvina Coolidgea, ki gleda skozi okno.

The Washington Herald je 25. januarja 1927 poročal: »Svamija Jogananda je … g. Coolidge pozdravil z očitnim navdušenjem, in mu povedal, da je o njem že veliko prebral. Prvič v zgodovini Indije se je zgodilo, da je ameriški predsednik uradno sprejel svamija.«

v potrpežljivosti, je občinstvo razbralo mojo zadrego, in planilo v smeh.

Meni pa ni bilo prav nič do smeha. Učitelju sem ogorčeno poslal tiho molitev.

»Saj *znaš*! Govori!« sem v mislih zaslišal njegov takojšen odgovor.

V trenutku sem se spoprijateljil z angleškim jezikom. Petinštirideset minut kasneje me je občinstvo še vedno pozorno poslušalo. Po govoru sem dobil nekaj vabil za predavanja pred različnimi skupinami v Ameriki.

Pozneje se nikakor nisem mogel spomniti niti besede od tega, kar sem govoril. Z opreznim povpraševanjem pa sem od več potnikov izvedel: »Imeli ste navdihujoče predavanje v navdušujoči, pravilni angleščini.« Ob tej razveseljivi novici sem se ponižno zahvalil svojemu guruju za pravočasno pomoč in znova spoznal, da je vedno z menoj, saj zanj ni ovir prostora in časa.

Med preostankom plovbe me je vsake toliko stisnilo pri srcu ob misli na prihajajočo preizkušnjo, govor v angleščini na bostonskem kongresu.

»Gospod,« sem prosil goreče, »ti bodi moj edini navdih.«

The City of Sparta se je v bližini Bostona zasidrala konec septembra. 6. oktobra 1920 sem imel pred udeleženci kongresa svoj krstni govor v Ameriki. Olajšano sem zavzdihnil, ko so ga dobro sprejeli. Velikodušni tajnik Ameriške zveze unitaristov je v poročilu* o kongresu zapisal naslednje:

»Svami Jogananda, delegat ašrama Brahmačarja v Rančiju, je kongresu prenesel pozdrave svojega združenja. V tekoči angleščini in s prepričljivo izvedbo je imel nagovor filozofske narave o ‚znanosti religije', ki je za širše občinstvo izšel v obliki brošure. Po njegovih besedah je religija univerzalna in ena. Določenih običajev in praks nikakor ne moremo posplošiti, skupni element v religiji pa lahko posplošimo in vse enako prosimo, da mu sledijo in ga spoštujejo.«

Zaradi očetovega velikodušnega čeka sem lahko ostal v Ameriki tudi potem, ko je bilo kongresa konec. Tri srečna leta sem preživel v skromnih razmerah v Bostonu. Imel sem javna predavanja, vodil sem tečaje in napisal zbirko *Songs of the Soul (Pesmi duše)*, za katero je uvod prispeval dr. Frederick B. Robinson, dekan Kolidža mesta New York.†

Leta 1924 sem se podal na čezcelinsko turo in v številnih pomembnejših mestih govoril pred tisoči ljudmi. Ko sem bil v Seattlu, sem šel na počitnice na prelepo Aljasko.

S pomočjo velikodušnih učencev sem do konca leta 1925 ustanovil sedež v Ameriki na posestvu Mount Washington v Los Angelesu. Ta zgradba je tista, ki se mi je prikazala veliko let prej v

* *New Pilgrimages of the Spirit* (Boston: Beacon Press, 1921).

† Izšla pri Self-Realization Fellowshipu. Dr. in ga. Robinson sta leta 1939 obiskala Indijo in bila častna gosta na srečanju Jogode Satsange.

mojem videnju v Kašmirju. Šri Juktešvarju sem hitro poslal fotografije svojih oddaljenih ameriških dejavnosti. Odgovoril mi je z dopisnico v bengalščini, ki jo tukaj prevajam:

11. avgust 1926

Otrok mojega srca, o, Jogananda!

Ko gledam fotografije tvoje šole in učencev, ne najdem besed, s katerimi bi izrazil veselje, ki napolnjuje moje srce. Topim se od radosti, ko vidim učence joge iz različnih mest.

Ko berem o tvojih metodah prepevanja afirmacij, o zdravilnih vibracijah in o božanskih zdravilnih molitvah, ne morem, da se ti ne bi iz vsega srca zahvalil.

Ob pogledu na vrata, na pot, ki se vije po pobočju in na prelepo pokrajino, ki se razprostira pod posestvom Mount Washington, hrepenim po tem, da bi vse to videl na lastne oči.

Tukaj je vse v najlepšem redu. Ostani skozi Božjo milost vedno v blaženosti.

ŠRI JUKTEŠVAR GIRI

Leta so minevala. Predaval sem v vseh delih svoje nove dežele in nagovoril na stotine klubov, kolidžev, cerkva in skupin vseh veroizpovedi. V desetletju od 1920 do 1930 je moje tečaje joge obiskalo na deset tisoče Američanov. Njim vsem sem posvetil svojo novo knjigo molitev in duhovnih misli, *Whispers from Eternity* (*Šepet iz večnosti),** ki ji je uvod napisala Amelita Galli-Curci.

Včasih (ponavadi prvega v mesecu, ko so prihajali računi za vzdrževanje centra Mount Washington, sedeža Self-Realization Fellowshipa) sem zahrepenel po preprostem miru v Indiji. A dnevno sem bil priča poglabljanju razumevanja med Zahodom in Vzhodom, kar je mojo dušo polnilo z veseljem.

George Washington, ‚oče svoje dežele', ki je ob mnogih priložnostih čutil Božje vodstvo, je izrekel (v svojem ‚Poslovilnem nagovoru') naslednje besede duhovnega navdiha za Ameriko:

* Izšla pri Self-Realization Fellowshipu.

Paramahansadži meditira v čolnu na jezeru Xochimilco, Mehika, 1929

Njegova ekscelenca Emilio Portes Gil, predsednik Mehike, je gostil Šri Jogananda, ko je ta leta 1929 obiskal Mexico City.

»Svobodnega, razsvetljenega in v ne tako daljni prihodnosti velikega naroda vredno bo dati človeštvu plemenit in še preveč nov zgled ljudstva, ki ga vedno vodita vzvišena pravica in dobrohotnost. Kdo lahko dvomi o tem, da bodo sadovi takšnega načrta sčasoma bogato poplačali minljive prednosti, ki bi jih lahko izgubili s stalnim vztrajanjem pri njem? Je mogoče, da Previdnost ni povezala trajne sreče naroda z njegovo vrlostjo?«

‚HVALOSPEV AMERIKI' WALTA WHITMANA
(iz *Ti, mati, s svojim enakopravnim zarodom – Thou mother with thy equal brood*)

Ti v svoji bodočnosti,
ti v svojem večjem, preudarnejšem zarodu ženske, moškega – ti v svojih atletih, moralnih, duhovnih; na jugu, severu, zahodu, vzhodu.
Ti v svojem moralnem bogastvu in civilizaciji (do vznika katerih je tvoja najimenitnejša materialna civilizacija zaman),
ti v svojem čaščenju, ki zadosti vsem in zaobjame vse – ti, ne zgolj v eni bibliji, odrešeniku,
tvoji odrešeniki so nepreštevni, skriti v tebi, enačijo se lahko z vsakim, božanski so kot katerikoli drugi …
Te! Te v tebi (gotovo pridejo) danes prerokujem.

38. POGLAVJE

Luther Burbank – svetnik med vrtnicami

»Skrivnost vzgoje izboljšanih rastlin je, poleg znanstvenega znanja, ljubezen,« je modro rekel Luther Burbank, ko sva se sprehajala po njegovem vrtu v Santa Rosi v Kaliforniji. Ustavila sva se ob gredi užitnega kaktusa.

»Ko sem izvajal eksperimente, da bi vzgojil kaktus brez trnov,« je nadaljeval, »sem se z rastlinami pogosto pogovarjal, da bi začutile vibracijo ljubezni. „Ničesar se ne bojte," sem jim govoril. „Ne potrebujete trnov, da bi se branile, jaz vas bom varoval." Postopoma je ta koristna puščavska rastlina zrasla brez trnov.«

Nad tem čudežem sem bil popolnoma očaran. »Prosim, dragi Luther, daj mi nekaj kaktusovih listov, da jih posadim na svojem vrtu na Mount Washingtonu.«

Delavec, ki je stal v bližini, je hotel odtrgati nekaj listov, a mu Burbank ni dovolil.

»Sam jih bom natrgal za svamija.« Podal mi je tri liste, ki sem jih kasneje posadil in se veselil, ko so zrasli v mogočne rastline.

Veliki hortikulturnik mi je povedal, da je bil njegov prvi pomembnejši uspeh velik krompir, ki danes nosi njegovo ime. Neutrudni genij je kasneje svetu predstavil na stotine križanih izboljšav narave – svoje različice paradižnika, koruze, jedilne buče, češenj, sliv, nektarin, jagod, maka, lilij in vrtnic.

Pripravil sem svoj fotoaparat, ko me je Luther peljal k slavnemu orehu, s katerim je dokazal, da lahko naravno evolucijo močno pospešimo.

»V pičlih šestnajstih letih,« je rekel, »je ta oreh zrastel do stopnje, ko bogato obrodi. Narava bi brez pomoči za to potrebovala dvakrat več časa.«

Na vrt je tedaj skupaj s svojim psom razposajeno pritekla Burbankova posvojena hčerkica.

»To je moja človeška rastlina.« Luther ji je ljubeče pomahal. »Zdaj gledam na človeštvo kot na eno samo velikansko rastlino, ki za svojo končno izpolnitev potrebuje le ljubezen, naravni blagoslov prostrane narave in inteligentno križanje in selekcijo. V času svojega življenja sem opazoval tako čudovit napredek v razvoju rastlin, da se z optimizmom veselim zdravega, srečnega sveta, kakor hitro se bodo otroci naučili načel preprostega in racionalnega življenja. Vrniti se moramo k naravi in njenemu Bogu.«

»Luther, navdušen bi bil nad mojo šolo v Rančiju, kjer se pouk odvija zunaj in kjer vladata radost in preprostost.«

S temi besedami sem se dotaknil teme, ki je bila Burbankovemu srcu najdražja – izobraževanja otrok. Zasul me je z vprašanji, iz njegovih globokih, spokojnih oči je sijalo zanimanje.

»Svamidži,« je rekel na koncu, »šole, kot je tvoja, so edino upanje za naslednje tisočletje. Današnji izobraževalni sistem, ki je ločen od narave in zatre vsakršno individualnost, me odbija. S srcem in z dušo podpiram tvoje praktične izobraževalne ideale.«

Ko sem se poslavljal od blagega modreca, je podpisal knjižico in mi jo podaril.* »To je moja knjiga *The Training of the Human Plant (Vzgoja človeške rastline),*«† je rekel. »Potrebujemo nove vrste usposabljanja – neustrašne eksperimente. Najdrznejše preizkušanje je včasih prineslo najboljše sadje in rože. Tudi izobraževalne novosti za otroke bi morale postati številčnejše in pogumnejše.«

* Burbank mi je dal tudi svojo podpisano sliko. Cenim jo, kot je indijski trgovec nekoč cenil sliko Lincolna. Indijec, ki je bil v Ameriki v času državljanske vojne, je tako zelo občudoval Lincolna, da se ni hotel vrniti v Indijo, dokler ni dobil portreta Velikega osvoboditelja. Trgovec se je postavil na Lincolnov prag in ni hotel oditi, dokler mu osupli predsednik ni dovolil najeti slavnega newyorškega slikarja Daniela Huntingtona. Ko je bil portret končan, ga je Indijec zmagoslavno odnesel v Kalkuto.

† New York: Century Co., 1922.

Njegovo knjižico sem z velikim zanimanjem prebral še istega večera. V njej je bila za človeka predvidena sijajna prihodnost z besedami: »Najbolj kljubovalno živo bitje na tem svetu, bitje, ki ga je najtežje spremeniti, je rastlina, ki je utrjena v določenih navadah … Ne pozabimo, da je ta rastlina ohranjala svojskost skozi dolge dobe, morda bi jo lahko zasledili skozi veke v samih kamninah, in se v tem dolgem času ni veliko spremenila. Mislite, da rastlina po vsem tem času ponavljanja ne pridobi izjemno trdne volje, če jo lahko tako imenujemo? Imamo rastline, kot so določene vrste palm, ki so tako trdovratne, da jih človek s svojo močjo doslej ni mogel spremeniti. Človeška volja je v primerjavi z voljo rastlin šibka. Toda – poglejte, kako lahko to dolgotrajno trmo preprosto prekinemo s tem, da rastlini pridružimo novo življenje in s križanjem v njenem življenju dosežemo popolno in močno spremembo. Ko dobimo spremembo, jo je treba še utrditi, več generacij rastline je treba potrpežljivo nadzorovati in jih podvreči selekciji. Nova rastlina tako krene na novo pot in se nikoli več ne vrne na staro, njeno trdno voljo smo končno zlomili in spremenili.

Ko pa govorimo o nečem tako občutljivem in prilagodljivem, kot je otroška narava, je težava veliko manjša.«

Veliki Američan me je tako magnetično pritegnil, da sem ga znova in znova obiskoval. Nekega jutra sem tja prišel hkrati s poštarjem, ki je v Burbankovo delovno sobo dostavil okrog tisoč pisem. Pisali so mu hortikulturniki z vseh koncev sveta.

»Svamidži, tvoj prihod bom izkoristil kot izgovor, da grem na vrt,« je veselo rekel Luther. Odprl je velik predal pisalne mize, v katerem je bilo na stotine prospektov o potovanjih.

»Vidiš,« je rekel, »tako potujem jaz. Ker sem priklenjen na rastline in dopisovanje, svojemu hrepenenju po potovanju v tuje dežele zadostim s tem, da sem in tja pogledam te fotografije.«

Pred njegovim vhodom sem imel parkiran avtomobil, z Luthrom sva se zapeljala po ulicah malega mesta, katerega vrtovi so sijali od njegovih sort vrtnic Santa Rosa, Peachblow in Burbank.

Vélikega znanstvenika sem med enim svojih prejšnjih obiskov posvetil v *krija jogo*. »Tehniko predano izvajam, Svamidži,«

LUTHER BURBANK
SANTA ROSA, KALIFORNIJA
ZDA

22. december 1924

Preučil sem sistem jogoda Svamija Joganande in menim, da je popoln za urjenje in usklajevanje človekove telesne, umske in duhovne narave. Svamijev cilj je po vsem svetu ustanoviti ‚šole življenja', v katerih se izobraževanje ne bo omejevalo zgolj na intelektualni razvoj, ampak tudi na urjenje telesa, volje in čustev.

Sistem jogoda omogoča telesni, mentalni in duhovni razvoj preko uporabe preprostih in znanstvenih metod koncentracije in meditacije. Z njim lahko rešimo večino zapletenih življenjskih težav, na zemljo pa pripeljemo mir ter dobro voljo. Če Svamijeva zamisel prave izobrazbe ne bi bila preprosta zdrava pamet brez vsakršnega misticizma in nepraktičnosti, ne bi dobila moje podpore.

Vesel sem, da imam priložnost, z vsem srcem pridružiti se Svamiju v njegovem pozivu k ustanavljanju mednarodnih šol umetnosti življenja, ki nas bodo popeljale v zlato dobo bolj gotovo kot karkoli drugega.

LUTHER BURBANK IN PARAMAHANSA JOGANANDA
Santa Rosa, Kalifornija, 1924

je povedal. Potem ko mi je zastavil veliko preudarnih vprašanj o različnih vidikih joge, je počasi pripomnil:

»Na Vzhodu so resnično veliki zakladi znanja, ki jih je Zahod šele začel raziskovati.«*

Zaradi osebnega stika z naravo, ki mu je odklenila veliko svojih skrivnosti, ki jih je prej ljubosumno čuvala, je Burbank dobil neizmerno duhovno spoštovanje.

»Včasih se čutim zelo blizu Neskončni Moči,« mi je sramežljivo zaupal, in njegov občutljivi, lepo oblikovani obraz je zažarel ob

* Dr. Julian Huxley, slavni angleški biolog in direktor organizacije UNESCO, je pred kratkim dejal, da bi se zahodni znanstveniki morali »naučiti orientalskih tehnik« za vstopanje v zamaknjenje in za nadzorovanje dihanja. »*Kaj* se zgodi? *Kako* je to mogoče?« se je vprašal. V novici *Associated Pressa* iz Londona z dne 21. avgusta 1948 je pisalo: »Dr. Huxley je priporočil novi Svetovni federaciji za duševno zdravje, naj razišče mistično izročilo Vzhoda. Če bi lahko to izročilo znanstveno raziskali, je svetoval duševnim specialistom, „potem mislim, da bi lahko na vašem področju naredili velikanski korak naprej".«

spominih. »Tedaj sem lahko zdravil bolne v svoji bližini in številne bolne rastline.«

Pripovedoval mi je o svoji materi, ki je bila pristna kristjanka. »Velikokrat po svoji smrti,« je rekel Luther, »me je blagoslovila s svojo navzočnostjo v videnjih, v katerih je govorila z menoj.«

Nerada sva se odpeljala nazaj proti njegovemu domu in h kupu pisem, ki so ga čakala.

»Luther,« sem pripomnil, »naslednji mesec začnem izdajati revijo, v kateri bodo predstavljene resnice, ki jih ponujata Vzhod in Zahod. Prosim, pomagaj mi izbrati dobro ime zanjo.«

Nekaj časa sva premlevala naslove, nazadnje pa se strinjala o naslovu *East-West (Vzhod-Zahod).** Ko sva se vrnila v njegovo delovno sobo, mi je Burbank dal članek, ki ga je napisal na temo znanost in civilizacija.

»To bomo objavili v prvi številki revije,« sem rekel hvaležno.

Ko se je najino prijateljstvo poglabljalo, sem Burbanka imenoval svojega ‚ameriškega svetnika'. »Le poglejte,« sem parafraziral, »človek, v katerem ni zvijače.«† Njegovo srce je bilo brezmejno globoko, v njem so domovali ponižnost, potrpežljivost in žrtvovanje. Njegov mali dom med vrtnicami je bil asketsko preprost, vedel je, da je razkošje odveč in da je veselje v skromni lastnini. Skromnost, s katero je nosil svojo znanstveno slavo, me je vedno znova spominjala na drevesa, ki se globoko priklanjajo zaradi zrelih plodov. Jalovo drevo je tisto, ki svojo glavo visoko dviga v praznem bahanju.

Ko je leta 1926 moj dragi prijatelj preminil, sem bil v New Yorku. V solzah sem pomislil: »Z veseljem bi šel peš od tu do Santa Rose, da bi ga še enkrat uzrl!« Zaprl sem se pred tajniki in obiskovalci in naslednjih štiriindvajset ur preživel v samoti.

Naslednji dan sem pred veliko podobo Luthra opravil vedski spominski obred. Skupina mojih ameriških učencev, oblečenih v hindujska obredna oblačila, je popevala starodavne hvalnice, darovali

* Leta 1948 preimenovana v *Self-Realization (Samospoznanje).*

† Jn 1,47.

smo cvetje, vodo in ogenj – simbole telesnih elementov in njihove vrnitve v Neskončni Vir.

Čeprav Burbankovo telo leži v Santa Rosi pod libanonsko cedro, ki jo je pred mnogimi leti posadil na svojem vrtu, njegova duša v mojih očeh živi v vsaki nedolžni cvetlici, ki cveti ob poti. Ali ni Luther, ki je za nekaj časa odšel v prostranega duha narave, tisti, ki šepeta v njenem vetru, mar se ne sprehaja skozi njene zore?

Njegovo ime je zdaj postalo del splošnega besednjaka. Webstrov Novi mednarodni slovar besedo ‚burbank' kot prehodni glagol opredeljuje tako: »Križati ali cepiti (rastlino), v prenesenem pomenu izboljšati (karkoli, npr. proces ali institucijo) s selekcijo dobrih lastnosti in zavračanjem slabih ali z dodajanjem dobrih lastnosti.«

»Ljubi Burbank,« sem vzkliknil, potem ko sem prebral razlago, »tvoje ime sámo je zdaj sopomenka za dobroto!«

39. POGLAVJE

Terezija Neumann, katoliška stigmatikinja

»Vrni se v Indijo. Potrpežljivo sem te čakal petnajst let. Kmalu bom izplaval iz telesa in šel naprej v sijoči dom. Pridi, Jogananda!« Šri Juktešvarjev glas je zadonel v mojem notranjem ušesu in me presenetil, ko sem meditiral v svojih prostorih na Mount Washingtonu. Njegovo sporočilo, ki je v delčku sekunde prepotovalo deset tisoč kilometrov, je prodrlo v moje bitje, kot bi me zadela strela.

Petnajst let! Da, sem se zavedel, zdaj je leto 1935. Že petnajst let širim gurujeve nauke v Ameriki, zdaj pa me kliče nazaj.

Nedolgo zatem sem svoje doživetje opisal dragemu prijatelju, Jamesu J. Lynnu. Njegov duhovni razvoj ob vsakodnevni vaji *krija joge* je bil tako izreden, da mu pogosto rečem ‚sveti Lynn'. Radosti me, ko v njem in v številnih drugih zahodnjakih vidim izpolnitev Babadžijeve prerokbe, da bo tudi Zahod imel svetnike, ki bodo dosegli resnično samospoznanje po starodavni jogijski poti.

G. Lynn je velikodušno vztrajal, da prispeva denar za moje potovanje. Finančna težava je bila s tem rešena, zato sem uredil vse potrebno za to, da bi prek Evrope odplul v Indijo. Marca 1935 sem Self-Realization Fellowship v skladu z zakoni zvezne države Kalifornija registriral kot neodvisno, neprofitno ustanovo, osnovano za vse čase. Daroval sem mu vso svojo lastnino, vključno s pravicami vseh mojih avtorskih del. Kot večino drugih verskih in vzgojno-izobraževalnih ustanov tudi Self-Realization Fellowship podpirajo donacije njegovih članov in javnosti.

»Vrnil se bom,« sem obljubil svojim učencem. »Nikoli ne bom pozabil Amerike.«

Na poslovilni pogostitvi, ki so jo moji ljubeči prijatelji pripravili zame v Los Angelesu, sem dolgo opazoval njihove obraze in hvaležno pomislil: »Gospod, tistemu, ki se spominja tebe kot Edinega Darovalca, med smrtniki nikoli ne bo manjkalo sladkosti prijateljstva.«

Iz New Yorka sem na ladji *Europa* odplul 9. junija 1935. Z menoj sta šla dva učenca: moj tajnik C. Richard Wright in starejša gospa iz Cincinnatija, Ettie Bletsch. Dneve in dneve smo uživali v morskem miru, ki nam je dobro del po preteklih tednih, polnih naglice. Brezskrbnosti pa je bilo hitro konec, hitrost sodobnih ladij ima tudi nekaj slabih plati!

Kot vsaka skupina zvedavih turistov smo se sprehajali po velikem, starodavnem Londonu. Dan po prihodu sem na povabilo nagovoril večjo skupino v Caxton Hallu, kjer me je londonskemu občinstvu predstavil sir Francis Younghusband.

Naša družba je preživela prijeten dan v gosteh pri siru Harryju Lauderju na njegovem posestvu na Škotskem. Nekaj dni kasneje smo prečkali Rokavski preliv in prišli na celino, ker sem želel poromati na Bavarsko. Zdelo se mi je, da je to moja edina priložnost, da obiščem véliko katoliško mistikinjo Terezijo Neumann iz Konnersreutha.

Nekaj let prej sem prebral osupljivo poročilo o njej. Članek je vseboval naslednje podatke:

1. Terezija, ki se je rodila na veliki petek leta 1898, se je pri dvajsetih poškodovala v nesreči. Oslepela in ohromela je.
2. Vid se ji je čudežno povrnil leta 1923, ko je molila k sv. Tereziji Deteta Jezusa, ‚Mali cvetki'. Nekoliko kasneje pa je bila v trenutku ozdravljena tudi hromosti.
3. Od leta 1923 Terezija ni zaužila nobene hrane ali pijače razen ene male posvečene hostije* na dan.
4. Stigme, svete Kristusove rane, so se Tereziji pojavile leta 1926 na glavi, prsih, dlaneh in stopalih. Vsak petek† podoživlja

* Evharistični oblat iz moke.

† Od vojne Terezija ne doživlja trpljenja vsak petek, ampak samo ob določenih verskih praznikih v letu. Knjige o njenem življenju so: *Terezija Neumann iz Konnersreutha* avtorja Johannesa Steinerja, Slomškova založba, Maribor, 1998; *Therese Neumann:*

Kristusovo trpljenje, v svojem telesu trpi vse njegove davne muke.

5. Čeprav Terezija govori le preprosto podeželsko nemščino, med petkovimi zamaknjenji izgovarja besede, za katere so izvedenci ugotovili, da so v starodavni aramejščini. Na primernih mestih v svojem videnju govori hebrejsko in grško.
6. Z dovoljenjem Cerkve je bila Terezija večkrat podvržena natančnemu znanstvenemu opazovanju. Dr. Fritz Gerlich, urednik nemškega protestantskega časopisa, je šel v Konnersreuth, da bi »razkrinkal katoliško prevaro«, a je nazadnje z velikim spoštovanjem napisal njen življenjepis.

Naj sem živel na Vzhodu ali na Zahodu, vedno sem imel željo spoznati svetnike. Veselil sem se, ko je naša skupinica 16. julija prispela v slikovito vasico Konnersreuth. Bavarski kmetje so pokazali živo zanimanje za naš Fordov avtomobil (pripeljali smo ga iz Amerike) in člane raznolike skupinice – mladeniča iz Amerike, starejšo gospo in orientalca olivne polti z dolgimi lasmi, pospravljenimi za ovratnik plašča.

Terezijina hiška, čista in urejena, s cvetočimi geranijami ob preprostem vodnjaku, je bila, ojoj, zaklenjena in prazna! Sosedje in celo vaški poštar, ki je šel mimo, nam niso mogli pomagati. Začelo je deževati, moja tovariša sta predlagala, naj odidemo.

»Ne,« sem odvrnil trmasto, »tukaj bom, dokler ne bom našel kakšne sledi do Terezije.«

Dve uri zatem smo sredi turobnega dežja še vedno sedeli v avtomobilu. »Gospod,« sem zavzdihnil tožeče, »zakaj si me vodil sem, če je Terezija izginila?«

Angleško govoreči mož se je ustavil ob našem avtomobilu in nam vljudno ponudil pomoč.

A Stigmatist of Our Day in *Further Chronicles of Therese Neumann*, ki ju je napisal Friedrich Ritter von Lama in *The Story of Therese Neumann* avtorja A. P. Schimberga (1947), vse tri je izdala založba Bruce Pub. Co., Milwaukee, Wisconsin.

»Ne vem točno, kje je Terezija,« je rekel, »pogosto pa gre na obisk na dom profesorja Franza Wutza, učitelja tujih jezikov na Univerzi v Eichstättu, sto trideset kilometrov stran.«

Naslednje jutro smo se z avtomobilom odpeljali v mirno mestece Eichstätt. Dr. Wutz nas je prisrčno sprejel na svojem domu. »Da, Terezija je tukaj.« K njej je poslal nekoga, da bi ji povedal za obiskovalce. Kmalu se je vrnil z njenim odgovorom:

»Čeprav me je škof prosil, naj brez njegovega dovoljenja ne sprejmem nikogar, bom sprejela Božjega človeka iz Indije.«

Globoko ganjen ob njenih besedah sem sledil dr. Wutzu po stopnicah navzgor v dnevno sobo. Takoj zatem je v sobo stopila tudi Terezija. Izžarevala je mir in radost. Nosila je črno obleko in brezhibno čisto belo ruto. Čeprav je bila tedaj stara sedemintrideset let, je bila videti veliko mlajša zaradi prav otroške svežine in očarljivosti. Svetnica, ki ni jedla, je bila zdrava, skladne postave, rožnatih lic in živahna!

V pozdrav mi je zelo nežno stisnila roko. Oba sva tiho žarela v povezanosti, vedela sva, da oba ljubiva Boga.

Dr. Wutz se je ponudil za tolmača. Ko sva sedla, sem opazil, da me je Terezija pogledovala s preprosto radovednostjo. Na Bavarskem so bili Indijci očitno redki.

»Res nič ne jeste?« Želel sem slišati odgovor iz njenih ust.

»Res, razen hostije vsako jutro ob šestih.«

»Kako velika pa je hostija?«

»Tanka je kot papir, velika kot majhen kovanec.« Dodala je še: »Pojem jo iz zakramentalnih razlogov. Če ni posvečena, je ne morem pogoltniti.«

»Samo s tem gotovo niste mogli živeti celih dvanajst let?«

»Živim od Božje luči.«

Kako preprost odgovor, kako einsteinovski!

»Vidim, da razumete, da energija teče v vaše telo iz etra, sonca in zraka.«

Takoj se ji je na obrazu izrisal nasmešek. »Zelo sem vesela, da razumete, kako živim.«

»S svojim svetim življenjem vsak dan dokazujete resnico, ki jo je izrekel Kristus: „Človek naj ne živi samo od kruha, ampak od vsake besede, ki prihaja iz Božjih ust.“«*

Znova se je razveselila moje razlage. »Tako je. Eden od razlogov mojega bivanja na zemlji je dokazati, da lahko človek živi od nevidne Božje luči in ne le od hrane.«

»Lahko še druge naučite, kako živeti brez hrane?«

Moje vprašanje jo je rahlo osupnilo. »Ne morem, Bog tega ne želi.«

Ko sem pogled uprl v njene močne, lepe roke, mi je na hrbtni strani vsake dlani pokazala kvadratno, sveže zaceljeno rano. Na notranji strani vsake od dlani pa mi je razkrila manjši rani v obliki srpa, ravno tako sveže zaceljeni. Obe rani sta potekali naravnost skozi dlan. Ob pogledu nanju sem se razločno spomnil na velike kvadratne železne žeblje s konicami v obliki srpa, ki jih še vedno uporabljajo na Vzhodu, ne spomnim pa se, da bi jih kdaj videl na Zahodu.

Svetnica mi je nato pripovedovala o svojih tedenskih zamaknjenjih. »Nemočno opazujem celotno Kristusovo trpljenje.« Vsak teden od četrtka opolnoči do petka ob enih popoldne so njene rane odprte in krvavijo, izgubi štiri od svojih običajnih petinpetdesetih kilogramov. V svoji sočutni ljubezni silno trpi, a se veseli teh tedenskih videnj svojega Gospoda.

Takoj sem spoznal, da želi Bog z njenim nenavadnim življenjem vsem kristjanom zagotoviti zgodovinsko pristnost Jezusovega

* Mt 4,4. Baterije človeškega telesa ne ohranja le hrana (kruh), ampak tudi vibracijska vesoljna energija (Beseda ali *Om*). Nevidna moč teče v človeško telo skozi podaljšano hrbtenjačo. Šesto telesno središče je na tilniku, na vrhu petih hrbteničnih *čaker* (sanskrtsko za 'kolesa' oziroma središča sevajoče življenjske sile).

Podaljšana hrbtenjača, glavni vhod za oskrbo telesa z univerzalno življenjsko energijo (z *Omom*), je s polarnostjo neposredno povezana s središčem Kristusove Zavesti (*kutastho*) v enojnem očesu med obrvmi, ki je središče človekove volje. Vesoljna energija se nato shrani v sedmem središču, v možganih, kot zajetju neskončnih možnosti (omenjenem v Vedah kot »tisočlistni lotos luči«). Sveto pismo govori o *Omu* kot o Svetem Duhu oziroma nevidni življenjski sili, ki na božanski način ohranja vse stvarstvo. »Mar ne veste, da je vaše telo tempelj Svetega Duha, ki je v vas in ki ga imate od Boga? Ne pripadate sebi« (1 Kor 6,19).

življenja in križanja, kot sta opisana v Novi zavezi, in dramatično pokazati vedno živo vez med galilejskim učiteljem in njegovimi častilci.

Profesor Wutz mi je zaupal nekaj svojih doživetij s svetnico.

»Nekaj nas v družbi Terezije pogosto potuje na večdnevne oglede znamenitosti po Nemčiji,« mi je povedal. »Razlika med nami je osupljiva – Terezija ničesar ne jé, drugi pa pojemo tri obroke na dan. Vedno je sveža kot rožica, utrujenost se je ne dotakne. Ko drugi postanemo lačni in iščemo kakšno gostilno ob poti, se nam Terezija veselo smeji.«

Profesor je dodal še nekaj zanimivih fizioloških podrobnosti: »Ker Terezija ne uživa hrane, se ji je želodec skrčil. Nima izločkov, a njene žleze znojnice delujejo. Njena koža je vedno gladka in čvrsta.«

Ko je napočil čas odhoda, sem Tereziji povedal, da bi želel biti ob njej v času njenega zamaknjenja.

»Da, prosim, pridite v petek v Konnersreuth,« je rekla prijazno. »Škof vam bo dal dovoljenje. Zelo sem vesela, da ste me poiskali tukaj v Eichstättu.«

Terezija mi je večkrat nežno stresla roko in nas pospremila do vhoda. Gospod Wright je v avtomobilu prižgal radio in svetnica ga je premerila z očmi ter se ob tem navdušeno hihitala. Zbralo se je toliko mladine, da se je Terezija umaknila v hišo. Videli smo jo ob oknu, skozi katerega nas je gledala in nam navdušeno mahala kot otrok.

Naslednji dan smo se pogovarjali s Terezijinima bratoma, ki sta bila zelo prijazna in prijetna. Povedala sta nam, da svetnica spi le eno ali dve uri na noč. Kljub mnogim ranam na telesu je dejavna in polna energije. Rada ima ptice, skrbi za akvarij z ribicami in pogosto dela na vrtu. Dopisuje si z veliko ljudmi, katoličani ji pišejo prošnje za molitev in blagoslov za ozdravljenje. Mnogi iskalci so prek nje ozdraveli od težkih bolezni.

Njen brat Ferdinand, ki jih je imel kakšnih triindvajset, nam je razložil, da ima Terezija moč v molitvi na svojem telesu odpraviti bolezni drugih. Svetničino odrekanje hrani se je začelo, ko je molila, naj se bolezen na grlu nekega mladeniča iz njene župnije, ki se je tedaj pripravljal na mašniško posvečenje, prenese na njeno grlo.

V četrtek popoldne smo se odpeljali na dom škofa, ki je nemalo presenečen pogledal moje valovite kodre. Takoj nam je bil pripravljen napisati potrebno dovoljenje. Nič nam ni zaračunal, kajti pravilo, ki ga je postavila Cerkev, je bilo izključno zato, da bi Terezijo zavarovali pred navalom običajnih turistov, ki so se v preteklih letih ob petkih množično zgrinjali v Konnersreuth.

V vas smo prispeli v petek zjutraj okrog pol desetih. Opazil sem, da je bil del Terezijine hiške pokrit s steklom, da ji zagotovi obilico svetlobe. Razveselilo nas je, da vrata niso bila več zaklenjena, ampak na široko odprta in so gostoljubno vabila. Stopili smo v vrsto, v kateri je čakalo kakšnih dvajset obiskovalcev, vsi so v rokah držali dovoljenje. Mnogi so prišli od zelo daleč, da bi videli mistični trans.

Terezija je prestala moj prvi preizkus že v profesorjevi hiši, ker je intuitivno vedela, da se hočem srečati z njo iz duhovnih razlogov, ne zato, da bi zadostil bežni radovednosti.

Moj drugi preizkus je bil povezan z dejstvom, da sem tik pred odhodom v prvo nadstropje, kjer je bila njena soba, vstopil v jogijsko zamaknjenje, da bi se z njo telepatsko in televizualno povezal. Stopil sem v sobo, polno obiskovalcev, kjer je v beli obleki ležala na postelji. Z g. Wrightom tik za menoj sem se ustavil takoj, ko sem prestopil prag, ker me je presenetil nenavaden in strašljiv prizor.

Tereziji je kri v tankem, dva centimetra širokem curku enakomerno tekla izpod spodnjih vek. Pogled je upirala navzgor, proti duhovnemu očesu v sredini čela. Prt, ki ji je ovijal glavo, je bil prepojen s krvjo iz stigem trnove krone. Belo oblačilo je bilo nad srcem rdeče obarvano zaradi rane na njeni strani, na mestu, kjer je Kristusovo telo pred davnimi časi utrpelo še zadnjo žalitev z vbodom sulice vojaka.

Terezijine dlani so bile iztegnjene v materinski, proseči gesti, na njenem obrazu je bil hkrati mučeniški in božanski izraz. Videti je bila bolj suha, rahlo spremenjena tako na znotraj kot na zunaj. Mrmrala je besede v tujem jeziku in z rahlo tresočimi ustnicami govorila osebam, ki so bile vidne njenemu nadzavestnemu vidu.

TEREZIJA NEUMANN, C. RICHARD WRIGHT, ŠRI JOGANANDA
Eichstätt, Bavarska, 17. julij 1935

Ker sem bil s Terezijo uglašen, sem tudi jaz zagledal prizore njenega videnja. Opazovala je Jezusa, ko je nosil les križa, množica pa se mu je posmehovala.* Nenadoma je zgrožena dvignila glavo: Gospod je padel pod kruto težo. Videnje je izginilo. Terezija je v silnem usmiljenju izčrpana omahnila na blazino.

Tedaj sem za seboj zaslišal glasen tresk. Za trenutek sem zasukal glavo in zagledal dva moža, ki sta iz sobe nesla nemočno telo nekoga, a ker sem prihajal iz globokega nadzavestnega stanja, nisem videl, koga sta odnesla. Oči sem znova uprl v Terezijin obraz, ki je bil mrtvaško bled pod potoki krvi, čeprav je bil zdaj miren in je izžareval čistost in svetost. Kasneje sem znova pogledal nazaj in zagledal g. Wrighta, ki se je držal za lice, iz katerega je krvavel.

»Dick,« sem vprašal zaskrbljeno, »si ti padel?«

* V urah pred mojim prihodom je Terezija že šla skozi mnogo videnj zaključnih dni Kristusovega življenja. Njeno zamaknjenje se ponavadi začne s prizori dogodkov, ki so sledili zadnji večerji, in se konča z Jezusovo smrtjo na križu, včasih pa z njegovim pokopom.

»Ja, ob groznem prizoru sem omedlel.«

»No,« sem mu rekel v tolažbo, »pogumen si, da si se vrnil in znova gledaš ta prizor.«

Ob misli na to, koliko romarjev še potrpežljivo čaka v vrsti, sva se z g. Wrightom molče poslovila od Terezije in odšla iz njene svete navzočnosti.*

Naslednji dan se je naša skupinica odpeljala proti jugu. Hvaležni smo bili, da nismo bili odvisni od vlakov, svojega forda smo lahko namreč na podeželju ustavili, kjer smo želeli. Uživali smo v vsakem trenutku poti skozi Nemčijo, Holandijo, Francijo in švicarske Alpe. V Italiji smo se namenoma ustavili tudi v Assisiju, da bi počastili apostola ponižnosti, svetega Frančiška. Naša evropska pot se je končala v Grčiji, kjer smo si ogledali atenske templje in videli zapor, v katerem je blagi Sokrat† spil smrtonosni napoj. Občudovali smo čut za umetnost, s katerim so stari Grki povsod v alabastru opredmetili svojo domišljijo.

Nato smo se po sončnem Sredozemlju z ladjo odpeljali v Palestino. Ko smo dan za dnem potovali po Sveti deželi, sem se popolnoma prepričal o vrednosti romanja. Dovzetno srce lahko v

* V novici INS iz Nemčije z dne 26. marca 1948 je pisalo: »Nemška podeželanka je ta veliki petek ležala na svoji postelji, njena glava, dlani in ramena pa so bili okrvavljeni tam, kjer je Kristusovo telo krvavelo od žebljev na križu ter trnove krone. Tisoči presunjenih Nemcev in Američanov so se v tišini vrstili mimo postelje Terezije Neumann.«

Vélika stigmatikinja je umrla v Konnersreuthu 18. septembra 1962. (*Opomba založnika*)

† Odlomek iz Evzebija pripoveduje zanimivo zgodbo o srečanju med Sokratom in hindujskim modrecem. Takole gre: »Glasbenik Aristoksen je povedal naslednjo zgodbo o Indijcih. Eden teh mož je v Atenah srečal Sokrata in ga vprašal, kakšno področje obsega njegova filozofija. „Raziskovanje človeških pojavov," je odvrnil Sokrat. Ob njegovih besedah je Indijec planil v smeh. „Kako lahko človek raziskuje človeške pojave," je rekel, „ko pa ničesar ne ve o božjih?"«

Grški ideal, ki se odslikava v zahodni filozofiji, je: »Človek, spoznaj sebe.« Hindujec bi rekel: »Človek, spoznaj Sebe.« Descartesova izjava: »Mislim, torej sem,« ni filozofsko utemeljena. Razumska zmožnost ne more osvetliti človekovega temeljnega Bitja. Človeški um je – tako kot pojavni svet, ki ga spoznava – v nenehnem toku in ne more pripeljati do dokončnih odgovorov. Intelektualno zadoščenje ni najvišji cilj. *Vidjo*, nespremenljivo resnico, zares ljubi tisti, ki išče Boga, vse drugo je *avidja*, relativno vedenje.

Palestini na vsakem koraku sreča Kristusovega duha. Spoštljivo sem hodil ob njem po Betlehemu, Getsemaniju, Kalvariji, sveti Oljski gori ter ob reki Jordan in ob Galilejskem jezeru.

Naša skupinica je obiskala votlino Jezusovega rojstva, Jožefovo delavnico, Lazarjev grob, hišo Marte in Marije ter dvorano zadnje večerje. Pred našimi očmi se je odvijala starodavnost; prizor za prizorom sem gledal božansko dramo, ki jo je za vekov veke nekoč odigral Kristus.

In naprej, v Egipt s sodobnim Kairom in starodavnimi piramidami, nato pa z ladjo po dolgem Rdečem morju, preko prostranega Arabskega morja in – poglej – Indija!

40. POGLAVJE

Vrnem se v Indijo

Hvaležno sem znova dihal blagoslovljeni indijski zrak. Naša ladja *Rajputana* se je 22. avgusta 1935 zasidrala v velikanskem pristanišču v Bombaju. Že prvi dan po izkrcanju je bil napoved zelo dejavnega leta, ki je bilo pred menoj. Prijatelji so se zbrali na pomolu in nam pripravili sprejem s cvetličnimi venci. Ko smo se namestili v apartmaju v hotelu Tadž mahal, smo sprejeli več skupin novinarjev in fotografov.

Bombaj je bil zame nova izkušnja. Zdel se mi je energičen in sodoben, v njem si lahko srečal veliko zahodnih novosti. Široke bulvarje obdajajo palme in veličastne državne zgradbe tekmujejo za pozornost s starodavnimi templji. Zelo malo časa smo si vzeli za oglede, komaj sem namreč že čakal, da bom ugledal ljubljenega guruja in druge, ki so mi bili dragi. Ko smo poslali avtomobil v vagon za prtljago, smo se vkrcali na vlak, in že smo hiteli na vzhod proti Kalkuti.*

Ob prihodu na postajo Howrah nas je prišla pozdravit takšna množica, da nekaj časa sploh nismo mogli izstopiti iz vlaka. Pozdravni odbor sta vodila mladi maharadža Kasimbazarja in moj brat Bišnu. Nisem bil pripravljen na tako topel in veličasten sprejem.

Pred nami je peljala vrsta avtomobilov in motorjev in sredi veselih zvokov bobnov in školjk smo se gdč. Bletsch, g. Wright in jaz, od glave do peta ovenčani s cvetjem, počasi peljali proti domu mojega očeta.

Postarani oče me je objel, kot bi se vrnil od mrtvih, dolgo sva si zrla v oči, brez besed od veselja. Bratje in sestre, strici in tete,

* Pot smo prekinili v Osrednjih provincah, na pol poti čez celino, da bi se srečali z Mahatmo Gandhijem v Wardhi. Ti dnevi so opisani v 44. poglavju.

ŠRI JUKTEŠVAR IN JOGANANDADŽI, KALKUTA, 1935

»Mojega guruja je zaradi njegove preprostosti le nekaj sodobnikov prepoznalo kot nadčloveka,« je dejal Šri Jogananda. »Čeprav je bil po rojstvu smrtnik kot drugi, je Šri Juktešvar dosegel enost z Vladarjem časa in prostora. Pri združevanju človeškega in božanskega ni naletel na oviro, ki bi bila nepremostljiva. Spoznal sem, da takšna ovira sploh ne obstaja, razen kot pomanjkanje želje po duhovnih podvigih.«

bratranci in sestrične, učenci in prijatelji iz davno minulih let so bili zbrani okrog mene, vsem so se rosile oči. Zdaj je pospravljen v arhiv spomina, a ta prizor ljubečega ponovnega snidenja ostaja v mojem srcu živ, nepozaben. Za svoje srečanje s Šri Juktešvarjem pa nimam besed, zato naj zadošča naslednji opis mojega tajnika:

»Danes sem, poln velikega pričakovanja, peljal Joganandadžija iz Kalkute v Serampor,« je g. Wright zapisal v svoj popotni dnevnik.

»Peljala sva se mimo slikovitih lokalov – eden od njih je bil Joganandadžijeva najljubša okrepčevalnica v času študija. Nazadnje sem zapeljal v ozko ulico, obdano z zidovi. Še hiter zavoj levo in že sva bila pred učiteljevim enonadstropnim opečnatim ašramom z balkonom s kovinsko ograjo v gornji etaži. Dajal je vtis miru in samote.

V veliki ponižnosti sem za Joganandadžijem stopil na dvorišče, ki je bilo za zidovi ašrama. Srce nama je razbijalo, ko sva se vzpenjala po starih betonskih stopnicah, po katerih so nedvomno šli že nešteti iskalci resnice. Napetost se je z vsakim korakom stopnjevala. Pred seboj sva na vrhu stopnic zagledala plemenito postavo vélikega Svamija Šri Juktešvardžija.

Zaradi njegove svete navzočnosti sem bil presunjen. Solze so mi zameglile pogled, ko je Joganandadži padel na kolena pred guruja in sklonil glavo v znak pozdrava in hvaležnosti svoje duše. Z roko se je dotaknil gurujevih stopal, nato pa se jih je ponižno in pokorno dotaknil še s čelom. Nato je vstal in Šri Juktešvardži ga je privil na prsi, na eno in na drugo stran.

Sprva nista ničesar rekla, a v nemih stavkih duše so bila izražena močna čustva. Kako toplo so se jima svetile oči ob ponovnem snidenju! Nežne vibracije so valovale po tihi terasi, ko se je sonce izmaknilo primežu oblakov in dodalo še svoj sijaj.

Tudi jaz sem pokleknil pred učitelja in mu s tem izkazal ljubezen in hvaležnost. Dotaknil sem se njegovih stopal, otrdelih od časa in služenja, in prejel njegov blagoslov. Nato sem vstal in se zazrl v njegove čudovite oči, ki so bile globoke od samoopazovanja, hkrati pa so žarele od radosti.

Šli smo v dnevno sobo, katere zunanja stran se v celoti odpira na balkon, ki sem ga najprej zagledal z ulice. Učitelj je sedel na pokrito žimnico, ki je počivala na betonskih tleh, in se naslonil na obrabljen kavč. Z Joganandadžijem sva sedla h gurujevim nogam ter se naslonila na oranžne blazine, da sva se udobneje namestila na slamnati podlogi.

Brez večjega uspeha sem poskušal razumeti, o čem sta se v bengalščini pogovarjala svamidžija (ugotovil sem namreč, da za pogovor med seboj ne uporabljata angleščine, čeprav jo Svamidži Maharadž, tako so klicali vélikega guruja, obvlada in jo pogosto tudi uporablja). V prisrčnih nasmeških in iskrivih očeh pa sem z lahkoto zaznaval svetniškost vélikega svamija. Naj je bil sredi resnega ali veselega pogovora, si hitro zaznal pozitivnost v njegovih izjavah, znak modreca – nekoga, ki ve, da ve, ker pozna Boga. Vse na njem pa je odražalo njegovo veliko modrost, trdnost namena in odločenost.

Nosil je preprost *dhoti* in srajco, ki sta bila nekoč oker barve, zdaj pa sta obledela na bledo oranžno. Sem in tja sem ga spoštljivo pogledal in videl, da je velike, športne postave, s telesom, utrjenim od preizkušenj življenja v odrekanju. Njegova drža je mogočna. Premika se z dostojanstvenim korakom in vzravnano. Njegov vedri, razposajeni smeh prihaja iz globin njegovih prsi, zato se ob tem zatrese vse njegovo telo.

Ob njegovem strogem obrazu dobiš markanten vtis Božje moči. Njegovi lasje, ki so na sredi ločeni s prečo, so okrog čela beli, drugje pa prepredeni s srebrno-zlatimi in s srebrno-črnimi prameni in na ramenih prehajajo v kodre. Njegova brada in brki so skromni in redki, in zdi se, da poudarjajo njegove poteze. Njegovo čelo se nagiba, kot bi iskalo nebesa. Njegove temne oči so obrobljene z eterično modrino. Ima dokaj velik in ne posebno privlačen nos, s katerim se igra v trenutkih brezdelja, ga prestavlja in dreza kot otrok. Ko ne govori, so njegova usta stroga, a s pridihom nežnosti.

Pogledal sem naokrog in pomislil, da nekoliko nevzdrževana soba odraža lastnikovo nenavezanost na materialno udobje. Beli

V AŠRAMU ŠRI JUKTEŠVARJA
Jedilnica na balkonu Šri Juktešvarjevega ašrama v Seramporju, 1935. Šri Jogananda (*sredi fotografije*) sedi zraven guruja (*stoji na desni*).

zidovi dolge sobe s sledovi vlage imajo pasove obledelega modrega ometa. Na koncu sobe visi edinstvena slika Lahirija Mahašaje, pobožno okrašena s preprostim vencem. V sobi je tudi stara fotografija Jogananadadžija v času njegovega prihoda v Boston v družbi drugih delegatov na verskem kongresu.

Opazil sem nenavadno sovpadanje starega in novega. Velik lestenec iz rezanega stekla je prekrit s pajčevinami, ker ga že dolgo nihče ni uporabljal, in na steni visi svetleč najnovejši koledar. Soba izžareva duha miru in sreče.

Ob balkonu se nad ašramom pnejo kokosove palme, kot bi ga tiho varovale.

PARAMAHANSA JOGANANDA
Fotografija je bila posneta 18. decembra 1935 v Damodarju v Indiji med obiskom mesta njegove prve šole za dečke, ustanovljene v bližnji Dihiki leta 1917. Meditira na pragu podirajočega se stolpa, ki je bil nekoč njegov najljubši kotiček za umik.

Učitelj mora le ploskniti z rokami in k njemu takoj pride kdo od malih učencev. Eden od njih, vitek fant z imenom Prafulla,* ima dolge črne lase, svetleče črne oči in nebeški nasmešek: njegove oči se zaiskrijo, ko se kotički njegovih ustnic dvignejo, kot zvezde in lunin krajec, ki se nenadoma pojavijo ob mraku.

Očitno je, da je Svami Šri Juktešvar zelo vesel vrnitve svojega ‚izdelka' (in zdi se, da je tudi nekoliko radoveden glede mene, ki sem ‚izdelek izdelka'). A modrost, ki obvladuje naravo vélikega moža, onemogoči, da bi to čustvo izrazil na zunaj.

Joganandadži mu je izročil nekaj daril, kot je v navadi, ko se učenec vrne h guruju. Kasneje smo sedli k preprostemu, a dobro

* Prafulla je bil fant, ki je bil z učiteljem, ko se jima je približala kobra (glej str. 126).

Sprevod učiteljev in učencev šole v Rančiju marca 1938 ob letnem praznovanju ustanovitve šole.

Učenci šole za dečke Yogoda Satsanga Society, Ranči, 1970. V skladu z ideali, ki so vodili Joganandadžija pri ustanavljanju šole, se veliko pouka odvija na prostem, dečki pa so deležni tako usposabljanja v jogi kot akademskega in poklicnega izobraževanja.

Šri Jogananda (*na sredini*) in njegov tajnik C. Richard Wright (*sedi desno*) v Rančiju 17. julija 1936. Obkrožajo ju učitelji in učenke Šri Joganandove šole za deklice iz domorodnih skupnosti.

Šri Jogananda z učitelji in učenci šole za dečke Yogoda Satsanga Society, Ranči, 1936. Šola, ki jo je ustanovil Joganandadži, se je preselila v ta kraj iz Dihike v Bengaliji leta 1918 pod pokroviteljstvom maharadže Kasimbazarja.

pripravljenemu obroku iz zelenjave in riža. Šri Juktešvardži je bil zadovoljen, ker sem spoštoval več indijskih običajev, na primer hranjenje s prsti.

Po nekaj urah živahne bengalske govorice in izmenjavanju toplih nasmeškov in radostnih pogledov sva se priklonila ob njegovih stopalih, se poslovila od njega s *pranamom** in se odpravila proti Kalkuti s trajnim spominom na sveto srečanje. Čeprav pišem predvsem o zunanjih vtisih, ki jih je name naredil učitelj, sem se ves čas zavedal njegovega duhovnega veličastja. Začutil sem njegovo moč in za vedno bom ohranil ta občutek kot Božji blagoslov.«

Iz Amerike, Evrope in Palestine sem za Šri Juktešvarja prinesel veliko daril. Sprejel jih je z nasmehom, a brez komentarja. Zase sem v Nemčiji kupil dežnik, ki je bil hkrati tudi sprehajalna palica. V Indiji sem se odločil, da ga podarim učitelju.

»Za to darilo sem ti zelo hvaležen!« Šri Juktešvar je ljubeče in razumevajoče upiral oči vame, ko je izrekel nepričakovane besede. Izmed vseh daril je prav palico izbral za to, da jo je pokazal obiskovalcem.

»Učitelj, prosim, dovolite mi, da prinesem novo preprogo za dnevno sobo.« Opazil sem, da je Šri Juktešvarjeva tigrova koža ležala na strganem tepihu.

»Stori tako, če te je volja,« je nič kaj navdušeno odvrnil moj guru. »Glej, moja tigrova koža je lepa in čista. Monarh sem v svojem majhnem kraljestvu. Onkraj njega je prostran svet, ki ga zanima le zunanjost.«

Ko je izrekel te besede, se mi je zdelo, da so se leta zavrtela nazaj in sem znova mladi učenec, ki ga učitelj iz dneva v dan očiščuje v ognju svoje graje!

Takoj ko sem se lahko odtrgal od Seramporja in Kalkute, sem se z g. Wrightom odpravil v Ranči. Ganjena sva bila nad dobrodošlico, ki so nama jo pripravili! S solzami v očeh sem objemal nesebične učitelje, ki so med mojo petnajstletno odsotnostjo držali šolo pokonci.

* Dobesedno 'popoln pozdrav' iz sanskrtskega korena *nam*, pozdraviti ali prikloniti se, in predpone *pra*, popolnoma. S tem pozdravom se pozdravlja predvsem menihe in druge spoštovane osebe.

Sijoči obrazi in veseli nasmeški nastanjenih in dnevnih učencev so najbolje pričali o vrednosti skrbnega šolskega izobraževanja in pouka joge, ki so ju bili deležni.

Ustanova v Rančiju pa je bila v velikih finančnih težavah. Starega maharadže, sira Manindre Čandre Nandija, čigar palačo Kasimbazar smo spremenili v osrednjo šolsko stavbo in ki je šoli naklonil veliko bogatih donacij, ni bilo več. Zaradi nezadostne javne podpore je bilo resno ogroženih veliko brezplačnih, dobrodelnih dejavnosti šole.

V letih, ki sem jih preživel v Ameriki, sem se naučil tudi nekaj njenih praktičnih modrosti in neomajnosti pri soočanju z ovirami. Teden dni sem ostal v Rančiju in se spopadal s kritičnimi težavami. Sledili so pogovori z uglednimi voditelji in pedagogi v Kalkuti, dolg pogovor z mladim maharadžo Kasimbazarja, prošnja mojemu očetu za financiranje in – glej!, negotovi temelji šole v Rančiju so se utrdili. V hipu so veliko donacij poslali tudi moji ameriški učenci.

Nekaj mesecev po moji vrnitvi v Indijo je bila šola v Rančiju uradno registrirana. Moje življenjske sanje, da bi imeli jogijsko izobraževalno središče z zagotovljenimi finančnimi sredstvi, so se izpolnile. Stremljenje k temu me je vodilo že pri skromnih začetkih leta 1917 s skupino sedmih dečkov.

Šola Jogoda Satsanga Brahmačarja Vidjalaja izvaja osnovnošolski in srednješolski pouk na prostem. Učenci, ki tam živijo, in učenci, ki šolo le obiskujejo, na njej prejemajo tudi določeno poklicno usposabljanje.

Z avtonomnimi odbori dečki sami urejajo veliko svojih dejavnosti. Zelo zgodaj v svoji učiteljski karieri sem odkril, da dečki, ki navihano uživajo, če prelisičijo učitelja, z veseljem sprejmejo disciplinska pravila, ki jih postavijo njihovi sošolci. Sam nisem bil nikoli zgleden učenec, zato sem imel veliko razumevanja za deške potegavščine in težave.

Na šoli spodbujajo šport in igre, po travnikih je slišati dečke, ki vadijo hokej in nogomet. Na tekmovanjih učenci šole pogosto zmagajo. Dečki se učijo metode *jogoda* za polnjenje mišic z močjo volje, to je mentalnega usmerjanja življenjske energije v katerikoli del telesa. Učijo se tudi *asan* (položajev) in igre z *lathijem* (palico).

JOGODIN MATH OB REKI GANGES, DAKŠINEŠVAR, INDIJA
Sedež Yogoda Satsanga Society of India v bližini Kalkute, ki ga je leta 1939 vzpostavil Paramahansa Jogananda.

Ker so učenci Rančija usposobljeni v prvi pomoči, so v tragičnih trenutkih poplav in lakote hvalevredno služili svoji provinci. Dečki delajo tudi na vrtu in pridelujejo svojo zelenjavo.

Za pripadnike prvotnih plemen province, *Kole*, *Santale* in *Munde*, je zagotovljen osnovnošolski pouk v hindijščini. V bližnjih vaseh je organiziran pouk samo za deklice.

Edinstvena značilnost Rančija je posvetitev v *krija jogo*. Dečki vsak dan izvajajo duhovne vaje, pojejo verze iz Bhagavad gite in se

Šri Jogananda na izletu s čolnom po reki Jamuni leta 1935 v Muttri, svetem mestu, ki je povezano z rojstvom in otroštvom Bhagavana Krišne. *Od sredine proti desni sedijo:* hči Anante Lal Ghoša (starejšega brata Šri Joganande), Sananda Lal Ghoš (Joganandadžijev mlajši brat) in C. Richard Wright.

po smernicah in zgledu učijo vrlin preprostosti, samožrtvovanja, časti in resnice. Zlo jim je predstavljeno kot nekaj, kar vodi v bedo, dobro pa kot tista dejanja, ki vodijo v pravo srečo. Zlo lahko primerjamo z zastrupljenim medom, ki je vabljiv, a nosi smrt.

Premagovanje telesnega in umskega nemira z metodami koncentracije je doseglo osupljive rezultate: v Rančiju ni nič presenetljivega videti atraktivno malo postavo, staro devet ali deset let, ki neprekinjeno sedi uro ali več v določenem položaju, njen pogled pa je brez mežikanja uprt v duhovno oko.

V sadovnjaku stoji Šivov tempelj s kipom blaženega Lahirija Mahašaje. Na vrtu imajo učenci pod senco mangovcev vsakodnevne molitve in pouk o svetih spisih.

Bolnišnica Jogoda Satsanga Sevašram ('dom služenja') na posestvu Ranči nudi brezplačno kirurško in zdravniško pomoč tisočim indijskim revnim.

Ranči leži na 600 m nadmorske višine in ima blago podnebje brez ekstremov. Na desetih hektarjih površine je poleg velikega ribnika za kopanje tudi eden najodličnejših zasebnih sadovnjakov v Indiji s petsto sadnimi drevesi – mangovci, datljevimi palmami, gvajavami, ličiji in nangkami.

Knjižnica v Rančiju ima številne revije in tisoč knjig v angleščini in bengalščini, ki so jih darovali ljudje z Zahoda in Vzhoda. V knjižnici je tudi zbirka svetih besedil z vsega sveta. Dobro razdelan muzej se ponaša z dragocenimi kamni in z arheološkimi, geološkimi in antropološkimi eksponati: trofeje, ki so v veliki večini sad mojih potovanj po Gospodovi raznoliki zemlji.*

Odprli smo tudi podružnični srednji šoli, ki imata tako kot šola v Rančiju nastanitvene zmogljivosti ter pouk joge in zdaj lepo uspevata. To sta Jogoda Satsanga Vidjapith (šola) za dečke v Lakhanpurju

* Muzej na Zahodu s podobnimi predmeti, ki jih je zbral Paramahansa Jogananda, je v ašramu Self-Realization Fellowship Lake Shrine v Pacific Palisades, v Kaliforniji. *(Opomba založnika)*

v zahodni Bengaliji ter srednja šola in ašram v Ejmalichaku v Midnaporju, v Bengaliji.*

Veličastni Jogodin math (ašram) v Dakšinešvarju, ki gleda na Ganges, je bil posvečen leta 1939. Ašram stoji le nekaj kilometrov severno od Kalkute in prebivalcem mesta nudi zatočišče miru.

Math v Dakšinešvarju je indijski sedež Yogoda Satsanga Society in njenih šol, centrov in ašramov po različnih delih Indije. Yogoda Satsanga Society je pravno povezana z mednarodnim sedežem – Self-Realization Fellowshipom v Los Angelesu, v Kaliforniji, ZDA. Dejavnosti Jogode Satsange† vključujejo tudi izdajanje četrtletne revije *Yogoda Magazine* in pošiljanje lekcij po pošti vsaka dva tedna učencem v vseh delih Indije. Lekcije podajajo podrobna navodila o tehnikah polnjenja z energijo, koncentracije in meditacije društva Self-Realization Fellowship. Njihovo redno izvajanje predstavlja ključno podlago za višji pouk o *krija jogi,* ki ga prejmejo upravičeni učenci v kasnejših lekcijah.

Za izobraževalne, verske in človekoljubne dejavnosti Jogode sta potrebna služenje in predanost velikega števila učiteljev in delavcev. Tukaj jih ne bom našteval, ker jih je preveč, v mojem srcu pa ima vsak od njih posebno mesto.

* Iz tega prvotnega jedra je izšlo veliko vzgojnih ustanov YSS tako za dečke kot za deklice, ki zdaj lepo uspevajo na več lokacijah v Indiji. Njihovi kurikulumi segajo od osnovnošolske do univerzitetne stopnje.

† ‚Jogoda' je izpeljana iz besed *joga*, 'združitev, harmonija, ravnovesje' in *da*, 'tisto, kar da'. ‚Satsanga' pa je sestavljena iz besed *sat*, 'resnica' in *sanga*, 'družba'.

‚Jogoda' je beseda, ki jo je leta 1916 skoval Paramahansa Jogananda, ko je odkril načela polnjenja človeškega telesa z energijo iz vesoljnega vira (glej str. 270–71).

Šri Juktešvar je svojo organizacijo imenoval Satsanga (Druženje z resnico). Njegov učenec Paramahansadži pa je seveda želel to ime obdržati.

Yogoda Satsanga Society of India je neprofitna ustanova, ustanovljena za vse čase. Pod tem imenom je Joganandadži registriral svoje delo in ustanove v Indiji, ki jih zdaj uspešno upravlja upravni odbor v Jogodinem mathu v Dakšinešvarju v Z. Bengaliji. V različnih delih Indije danes uspeva veliko središč YSS za meditacijo.

Na Zahodu je Joganandadži svoje društvo poimenoval v angleščini, svoje delo tam je registriral kot Self-Realization Fellowship. Brat Čidananda je trenutni predsednik obeh, Yogoda Satsanga Society of India in Self-Realization Fellowshipa. (*Opomba založnika*)

Moj tajnik g. Wright je z dečki v Rančiju spletel mnoga prijateljstva, oblečen v preprost *dhoti* je nekaj časa živel z njimi. Kamorkoli je šel, v Bombaju, Rančiju, Kalkuti, Seramporju, je s svojim darom živega opisovanja v popotni dnevnik zapisal svoje prigode. Nekega večera sem ga vprašal:

»Dick, kakšna se ti zdi Indija?«

»Spokojna,« je rekel premišljeno. »Ves narod obdaja avra miru.«

41. POGLAVJE

Idila v južni Indiji

»Dick, ti si prvi zahodnjak, ki je vstopil v to svetišče. Že veliko jih je zaman skušalo vstopiti vanj.«

Ob mojih besedah je bil g. Wright videti najprej presenečen, nato pa ga je prevzelo zadovoljstvo. Ravno smo zapustili prekrasen tempelj Čamundi v hribovju nad Mysorjem v južni Indiji. Tam smo se priklonili pred zlatimi in srebrnimi oltarji boginje Čamundi, zavetnice vladarske družine v Mysorju.

»Za spomin na to edinstveno čast,« je odvrnil g. Wright in skrbno zavil nekaj cvetnih lističev vrtnice, »bom shranil te lističe, ki jih je duhovnik blagoslovil z rožno vodo.«

Z mojim spremljevalcem* sva bila novembra 1935 gosta države Mysore. Maharadžev† naslednik, njegova visokost juvaradža Šri Kanthirava Narasimharadža Vadijar, naju je povabil na obisk v svoje prosvetljeno in napredno kraljestvo.

V dveh tednih pred tem sem imel govore pred tisoči občanov in študentov v mestni hiši v mestu Mysore, na Maharadževem kolidžu, na univerzitetni medicinski šoli in na treh množičnih srečanjih v Bengalorju, na Državni srednji šoli, višji šoli in v mestni hiši Chetty, na katerih se je zbralo tri tisoč ljudi.

Ne vem, ali so navdušeni poslušalci verjeli bleščeči podobi, ki sem jim jo naslikal o Ameriki, vsekakor pa so mi vedno najglasneje ploskali, ko sem govoril o medsebojnih koristih, ki se jih lahko nadejamo ob izmenjavi najboljših značilnosti Vzhoda in Zahoda.

Z g. Wrightom sva se zdaj sproščeno predajala tropskemu miru. Njegov potopisni dnevnik vsebuje naslednje vtise iz Mysorja:

* Gdč. Bletsch je ostala pri mojih sorodnikih v Kalkuti.

† Maharadža Šri Krišna Radžendra Vadijar IV.

»Veliko je bilo navdušujočih trenutkov, ko sem napol zamišljeno opazoval nenehno spreminjajoče se platno, ki ga je Bog razprostrl prek nebesnega svoda, kajti le ob njegovem dotiku nastajajo barve, polne življenjske svežine. Te barvne svežine ni, ko ga človek skuša posnemati s pigmentnimi barvami, kajti Gospod uporablja preprostejši in učinkovitejši medij, kot so olja in pigmenti: zgolj sončne žarke. Malo svetlobe vrže sem in odseva rdeče, znova potegne s čopičem in barva postopoma preide v oranžno in zlato. Nato s čopičem sune v oblake in jih prebode s črto škrlatne barve, da je videti, kot bi iz rane polzeli kodri ali rese rdeče. In tako naprej in tako dalje se igra, zvečer in zjutraj, vedno se spreminja, vedno je nov, vedno svež, ni kopij, ni vzorcev ali barv, ki bi bili povsem enaki. Lepota prehajanja dneva v noč in noči v dan v Indiji je brez primere. Nebo je pogosto videti, kot bi Bog vzel vse barve, jih vrgel prek neba in ustvaril veličasten kalejdoskop.

Opisati moram čudovit večerni obisk velikanskega jeza Krišnaradža sagar* dvajset kilometrov iz mesta Mysore. Z Joganandadžijem sva vstopila v majhen avtobus, ki je imel namesto akumulatorja majhnega dečka, uradnega zaganjača, in po gladki makadamski cesti smo se odpeljali, ravno ko je sonce zahajalo in se stiskalo k obzorju kot prezrel paradižnik.

Pot nas je vodila mimo nepogrešljivih kvadratnih riževih polj, skozi nasad pomirjajočih banjanovcev in med kokosovimi palmami, ki so se dvigale visoko v nebo. Rastlinstvo je bilo skoraj na vsakem koraku bujno kot v džungli. Ko smo se bližali grebenu hriba, smo zagledali velikansko umetno jezero, v katerem so odsevale zvezde, palme in druga drevesa, obdajali pa so ga lepi terasasti vrtovi in vrste električnih luči.

Pod robom jezu smo tedaj zagledali osupljiv prizor: obarvani snopi so se igrali na gejzirjem podobnih fontanah, ki so spominjale na izbruhe sijajnega črnila – čudoviti modri, rdeči, zeleni in rumeni slapovi. Mogočni kamniti sloni so brizgali vodo. Jez (katerega

* Namakalni jez, zgrajen leta 1930 za področje v bližini mesta Mysore, ki je znano po svili, milu in olju sandalovine.

osvetljene fontane so me spominjale na fontane s svetovne razstave leta 1933 v Čikagu) s svojo modernostjo izstopa v tej deželi riževih polj in preprostih ljudi. Indijci so nas tako prijazno sprejeli, da bom Joganandadžija s težavo spravil nazaj v Ameriko.

Še en redek privilegij – prvič sem jezdil slona. Včeraj naju je juvaradža povabil v svojo letno palačo, da bi uživala v ježi enega njegovih slonov, velikanske živali. Po posebni lestvi sem se povzpel na *havdo* oziroma sedlo, ki je bilo obloženo s svilo in je spominjalo na zaboj, potem pa me je slon zibal, premetaval, dvigal in spuščal na poti v grapo – preveč je bilo razburljivo, da bi me lahko zaskrbelo ali da bi lahko kaj vzkliknil, le držal sem se, kot bi mi šlo za življenje!«

Južna Indija, bogata z zgodovinskimi in arheološkimi ostalinami, je dežela nesporne in obenem neopredeljive očarljivosti. Severno od Mysorja leži Hyderabad, slikovita planota, v katero si je pot vrezala mogočna reka Godavari. Široke rodovitne ravnice, ljubke Nilgiris ali 'Modre gore', drugi predeli z golim hribovjem iz apnenca in granita. Zgodovina Hyderabada je dolga in pisana, začela pa se je pred tri tisoč leti v času kraljevanja Andhrov, in se nadaljevala pod hindujskimi dinastijami do 1294 po Kr., ko je to območje prešlo pod vrsto muslimanskih vladarjev.

Najbolj dih jemajoče dosežke arhitekture, kiparstva in slikarstva v vsej Indiji najdemo prav v Hyderabadu, v starodavnih jamah, izklesanih iz kamna, v Ellori in Ajanti. V velikanskem monolitnem templju Kailaša v Ellori lahko vidimo izklesane like bogov, ljudi in živali v izjemnih proporcih, ki spominjajo na Michelangela. Ajanta je kraj s petindvajsetimi samostani in petimi katedralami, izklesanimi v skalo, ki jih podpirajo masivni poslikani stebri, na katerih so slikarji in kiparji ovekovečili svoje talente.

Mesto Hyderabad krasita Univerza Osmania in veličastna mošeja Meka Masdžid, v kateri se k molitvi zbere deset tisoč muslimanov.

Država Mysore, ki leži na 900 metrih nadmorske višine, je bogata z gostimi tropskimi gozdovi, kjer domujejo divji sloni, bizoni, medvedi, panterji in tigri. Obe najpomembnejši mesti, Bengalor in Mysore, sta snažni in privlačni, z mnogimi prekrasnimi parki in javnimi vrtovi.

Hindujska arhitektura in kiparstvo sta dosegla najvišjo dovršenost v Mysorju v času pokroviteljstva hindujskih kraljev od 11. do 15. stoletja. Tempelj v Belurju, mojstrovina iz enajstega stoletja, ki so ga zgradili v času vladanja kralja Višnuvardhana, je s svojimi prefinjenimi detajli in bogatimi podobami edinstven v svetu.

Skalni edikti, ki so jih našli na severu Mysorja, so iz 3. stoletja pr. Kr. Osvetljujejo spomin na cesarja Ašoko,* čigar prostrano cesarstvo je vključevalo Indijo, Afganistan in Beludžistan. Ašokove ‚pridige v kamnu', ki so zapisane v različnih jezikih, so dokaz splošne pismenosti v njegovem času. Skalni edikt XIII obsoja vojne: »Edina prava zmaga je verska.« Skalni edikt X razglaša, da je vladarjeva resnična slava odvisna od moralnega napredka, do katerega pomaga svojemu ljudstvu. Skalni edikt XI opredeljuje »resnični dar«, ki niso dobrine, ampak Dobro – širjenje resnice. Na skalnem ediktu VI ljubljeni vladar vabi svoje podanike, naj se posvetujejo z njim glede javnih zadev »ob katerikoli uri, podnevi ali ponoči,« in še doda, da se z vdanim izvrševanjem svojih dolžnosti »osvobaja dolga, ki ga čuti do svojih rojakov«.

Ašoka je bil vnuk mogočnega Čandragupte Maurje, ki je uničil garnizije, ki jih je v Indiji pustil Aleksander Veliki in leta 305 pr. Kr. porazil osvajalsko makedonsko vojsko s Selevkom na čelu. Čandragupta je nato na svojem dvoru v Pataliputri† sprejel grškega ambasadorja Megastena, ki nam je zapustil opis srečne in podjetne Indije svojega časa.

* Cesar Ašoka je v različnih delih Indije postavil 84.000 verskih *stup* (svetišč). Do danes se je ohranilo štirinajst skalnih ediktov in deset kamnitih stebrov. Vsak steber je zmagoslavje inženirstva, arhitekture in kiparstva. Cesar je naročil gradnjo velikega števila vodnih zbiralnikov, jezov in namakalnih zapornic; cest in poti, zasenčenih z drevesi, posejanih s počivališči za popotnike; botaničnih vrtov za medicinske namene in bolnišnic za ljudi in živali.

† Mesto Pataliputra (današnja Patna) ima sijajno zgodovino. Gospod Buda ga je obiskal v 6. stoletju pr. Kr., ko je bilo še nepomembna utrdba. Izrekel je to prerokbo: »Kakor daleč Arijci zahajajo, kakor daleč trgovci potujejo, bo Pataliputra postala zanje glavno mesto, središče izmenjave vseh vrst blaga.« (*Mahaparinirbana sutra.*) Dve stoletji zatem je Pataliputra postala prestolnica velikanskega cesarstva Čandragupte Maurje. Njegov vnuk Ašoka je metropoli prinesel še večjo blaginjo in sijaj. (Glej str. xxv.)

Leta 298 pr. Kr. je zmagoviti Čandragupta sinu predal vajeti vladanja Indiji. Odpotoval je na jug Indije in zadnjih dvanajst let svojega življenja kot reven asket iskal samospoznanje v skalnati votlini v Šravanabelagoli, ki je danes svetišče v Mysorju. To območje se ponaša z največjim monolitnim kipom na svetu, ki so ga leta 983 po Kr. iz velikanske skale izklesali džainisti v čast modreca Gomateševare.

Grški zgodovinarji in drugi, ki so spremljali Aleksandra ali prišli po njegovi odpravi v Indijo, so podrobno zapisali veliko zanimivih zgodb. Dr. J. W. McCrindle* je prevedel pripovedi Arijana, Diodorja, Plutarha in zemljepisca Strabona, da bi osvetlil starodavno Indijo. Najbolj častivredna značilnost Aleksandrovega neuspešnega vdora je bilo globoko zanimanje, ki ga je pokazal za hindujsko filozofijo ter za jogije in svete može, ki jih je občasno srečeval in katerih družbo je zavzeto iskal. Kmalu potem, ko je zahodni bojevnik prispel v Taksilo v severni Indiji, je poslal Onezikrita (učenca Diogenove helenske šole) po vélikega *sannjasija* Dandamisa iz Taksile.

»Pozdravljen, o, učitelj *brahminov*!« je rekel Onezikrit, potem ko je poiskal Dandamisa v njegovem gozdnem bivališču. »Sin mogočnega boga Zevsa, Aleksander, ki je vrhovni gospod vseh ljudi, želi, da prideš k njemu. Če mu boš ugodil, te bo nagradil z velikimi darili, če ne, te bo obglavil!«

Jogi je mirno poslušal precej prisilno vabilo in »niti glave ni dvignil s svojega listnatega ležišča«.

»Če je Aleksander Zevsov sin, sem to tudi jaz,« je odvrnil. »Ničesar Aleksandrovega nočem, kajti zadovoljen sem s tem, kar imam, vidim pa, da se on potepa s svojimi možmi prek morij in kopnega brez koristi, in njegovo potepanje se nikoli ne konča.

Pojdi in povej Aleksandru, da Bog, Najvišji Kralj, nikoli ne dela nesramnih krivic, ampak je stvarnik luči, miru, življenja, vode, človekovega telesa in duše. Sprejme vse ljudi, ki jih osvobodi smrt, in potem niso več podvrženi zlu bolezni. Le njega častim, ki mrzi pobijanje in ne neti vojn.

* Šest knjig *Ancient India* (Kalkuta: Chuckervertty, Chatterjee & Co., 15 College Square, 1879, ponatis 1927).

Aleksander ni bog, ker mora okusiti smrt,« je nadaljeval modrec s prikritim posmehom. »Kako je lahko nekdo gospodar sveta, če pa še ni sedel na prestol notranjega vesoljnega gospostva? Tudi v Had še ni stopil živ in ne pozna poti sonca prek prostranih pokrajin te zemlje. Mnogi narodi sploh še niso slišali zanj!«

Po tem karanju – gotovo najbolj jedkem, kar jih je kdaj prišlo na uho ‚gospodarju sveta' – je modrec ironično dodal: »Če Aleksandrovo sedanje gospostvo ni dovolj prostorno za njegove želje, naj prečka reko Ganges. Tam bo našel deželo, ki bo lahko vzdrževala vse njegove može.*

Darila, ki mi jih Aleksander obljublja, mi ne koristijo,« je nadaljeval Dandamis. »Stvari, ki jih cenim in imajo vrednost v mojih očeh, so drevesa, ki so moje zavetje, cvetoče rastline, ki mi vsak dan dajejo hrano, in voda, ki pogasi mojo žejo. Imetje, ki si ga ljudje neučakano kopičijo, se izkaže za uničujoče, saj povzroča le žalost in skrbi, ki prizadenejo vse nerazsvetljene ljudi.

Jaz pa ležim na gozdnem listju, ničesar mi ni treba varovati, zaprem oči in mirno zaspim. Če pa bi imel kaj s posvetno vrednostjo, bi mi to breme kratilo spanec. Zemlja mi nudi vse, kar potrebujem, tako kot mati oskrbuje otroka z mlekom. Grem, kamor mi poželi srce, materialne skrbi me ne bremenijo.

Tudi če bi me Aleksander obglavil, ne more uničiti moje duše. Moja glava, ki bo umolknila, in moje telo bosta kot strgano oblačilo ostala na zemlji, iz katere sta tudi izšla, jaz pa bom postal duh in se povzpel k Bogu. Vse nas je obdal z mesom in nas postavil na zemljo, da bi pokazali, ali bomo živeli v spoštovanju njegovih zapovedi, ko smo tu spodaj. Ko bomo odšli od tu, mu bomo morali poročati o svojem življenju. On je Sodnik vseh hudodelstev, stokanje zatiranih zapoveduje kaznovanje zatiralca.

Naj Aleksander ustrahuje s svojimi grožnjami tiste, ki si želijo bogastva in se bojijo smrti. Proti *brahminom* je njegovo orožje brez moči, kajti ne ljubimo zlata niti se ne bojimo smrti. Pojdi torej in

* Aleksander in njegovi generali niso nikoli prečkali Gangesa. Makedonska vojska je na severozahodu naletela na odločen odpor, zato so se vojaki uprli in niso želeli naprej. Aleksander je moral zapustiti Indijo in je nadaljeval z osvajanji v Perziji.

reci Aleksandru tole: Dandamis ne potrebuje ničesar tvojega, zato ne bo prišel k tebi, če pa ti kaj potrebuješ od Dandamisa, pridi ti k njemu.«

Onezikrit je prenesel sporočilo, Aleksander ga je pozorno poslušal in »še bolj kot prej želel videti Dandamisa, nagega starca in edinega nasprotnika, ki je bil kos njemu, zavojevalcu mnogih narodov«.

Aleksander je v Taksilo povabil več *brahminskih* asketov, ki so sloveli po svojem spretnem, jedrnatem in modrem odgovarjanju na filozofska vprašanja. Plutarh nam je zapustil zapis o besednem spopadu, Aleksander pa je sam zastavljal vprašanja.

»Katerih je več, živih ali mrtvih?«

»Živih, kajti mrtvih ni več.«

»Kje živijo večje živali, v morju ali na kopnem?«

»Na kopnem, kajti morje je le del kopnega.«

»Katera žival je najpametnejša?«

»Tista, ki je človek še ne pozna.« (Človek se boji neznanega.)

»Kaj je bilo prej, dan ali noč?«

»Dan je prehitel noč za en dan.« Ta odgovor je Aleksandra presenetil, zato je *brahmin* dodal: »Nemogoče vprašanje, nemogoč odgovor.«

»Kako lahko človek postane priljubljen?«

»Priljubljen bo človek, ki ima veliko moč, a v drugih ne vzbuja strahu.«

»Kako lahko človek postane bog?«*

»Tako, da počne stvari, ki jih človek ne zmore.«

»Kaj je močnejše, življenje ali smrt?«

»Življenje, ker prenese toliko zla.«

Aleksandru je uspelo iz Indije pripeljati za svojega učitelja pravega jogija. Ime mu je bilo Kaljana (Svami Sfines), Grki pa so ga imenovali Kalanos. Modrec je z Aleksandrom šel v Perzijo. Ob napovedanem dnevu se je Kalanos v perzijski Suzi odpovedal svojemu

* Iz tega vprašanja lahko sklepamo, da je ‚Zevsov sin' občasno podvomil o tem, da je že dosegel popolnost.

postaranemu telesu, pred očmi celotne makedonske vojske je stopil na pogrebno grmado. Zgodovinarji so opisali osuplost vojakov, ko so videli, da jogija ni prav nič strah bolečine ali smrti. Na grmadi se ni niti premaknil, ko so ga požirali ognjeni zublji. Preden je odšel na svojo upepelitev, je Kalanos objel mnoge tesne prijatelje, od Aleksandra pa se ni poslovil, le rekel mu je:

»Se vidiva kasneje v Babilonu.«

Aleksander je odšel iz Perzije in leto zatem umrl v Babilonu. S prerokbo je indijski guru želel povedati, da bo z Aleksandrom v življenju in smrti.

Grški zgodovinarji so nam zapustili veliko živih in navdihujočih podob indijske družbe. Hindujska postava, je zapisal Arijan, varuje ljudi in »določa, da nihče izmed njih, zaradi katerihkoli okoliščin, ne bo suženj, ampak bodo, glede na to, da sami uživajo svobodo, spoštovali enako pravico vseh ljudi do nje«.*

»Indijci,« piše v nekem drugem besedilu, »ne poznajo oderuštva ne posojanja. V nasprotju z uveljavljeno indijsko prakso bi bilo, da bi nekdo delal zlo ali trpel zlo, zato ne sklepajo pogodb niti ne zahtevajo poroštev.« Zdravljenje, tako piše, poteka s preprostimi in naravnimi sredstvi. »Ozdravljenje dosegajo bolj z uravnavanjem prehrane kot z uporabo zdravil. Najbolj cenjena zdravila so mazila in obliži. Vsa ostala veljajo za bolj ali manj škodljiva.« Vojskovanje je bilo omejeno na *kšatrije* oziroma kasto vojakov. »Sovražnik, ki naleti na poljedelca na polju, mu ne stori žalega, kajti možje tega razreda veljajo za javne dobrotnike in so varni pred napadom. Zemlje tako nihče ne opustoši, ta rodi bogat pridelek in oskrbuje prebivalce z vsem potrebnim za udobno življenje.«

* Vsi grški opazovalci pišejo o tem, da v Indiji ni bilo suženjstva, kar je čisto drugačna ureditev, kot jo je imela helenska družba.

Creative India, ki jo je napisal prof. Benoj Kumar Sarkar, ponuja izčrpno sliko indijskih starodavnih in modernih dosežkov in značilnih vrednot v ekonomiji, politologiji, literaturi, umetnosti in socialni filozofiji. (Lahore: Motilal Banarsi Dass, Publishers, 1937, 714 strani)

Druga knjiga, ki jo lahko priporočim, je *Indian Culture Through the Ages*, avtorja S. V. Venkateševare (New York: Longmans, Green & Co.).

Kapele, ki so v Mysorju na vsakem koraku, nas nenehno spominjajo na mnoge velike svetnike južne Indije. Eden teh učiteljev, Thajumanavar, nam je zapustil naslednjo pesem v izziv:

> Lahko nadzoruješ pobesnelega slona,
> zapreš žrelo medvedu in tigru,
> jahaš leva in se igraš s kobro,
> si z alkimijo služiš svoj vsakdanji kruh,
> kot neznanec potuješ po vesolju,
> si podrediš bogove, ostaneš večno mlad,
> hodiš po vodi in živiš v ognju –
> a veliko bolje in težje je nadzorovati svoj um.

V prekrasni, rodovitni državi Travancore na skrajnem jugu Indije, kjer promet poteka po rekah in kanalih, maharadža vsako leto prevzame dedno dolžnost, da se spokori za grehe, ki so jih naredili z vojnami in s priključitvijo več državic v daljni preteklosti. Šestinpetdeset dni na leto maharadža obiskuje tempelj trikrat na dan in posluša vedske hvalnice in recitacije. Spokorni obred se konča z *lakšadipamom,* razsvetlitvijo templja s sto tisoč lučmi.

V provinci Madras na jugovzhodni obali Indije leži prostorno ravninsko mesto Madras, obdano z morjem, in Conjeeveram, Zlato mesto, prestolnica dinastije Pallava, katere kralji so vladali v prvih stoletjih krščanstva. V sodobni provinci Madras so ideali nenasilja Mahatme Gandhija padli na plodna tla. Na vsakem koraku je videti značilne bele ‚Gandhijeve čepice'. Gandhi je po celotnem jugu uveljavil mnoge pomembne reforme tempeljskih predpisov za ‚nedotakljive', reformiral pa je tudi kastni sistem.

Prvotni kastni sistem, ki ga je oblikoval veliki zakonodajalec Manu, je bil občudovanja vreden. Manu je jasno videl, da naravna evolucija razdeli ljudi v štiri velike razrede: ljudi, ki lahko družbi služijo s fizičnim delom (*šudre*); ljudi, ki služijo s svojim umom, s spretnostmi, kmetovanjem, obrtjo, trgovanjem, poslovnim življenjem na splošno (*vaišije*); tiste, katerih talenti so upravljanje, vodenje in varovanje – vladarji in bojevniki (*kšatrije*); in na tiste s kontemplativno naravo, duhovno navdihnjene in navdihujoče (*brahmine*).

»Ne po rojstvu in zakramentih, ne po študiju in ne po prednikih se ne da sklepati, da je nekdo dvakrat rojen (t. j. *brahmin*),« piše v *Mahabharati*, »le značaj in ravnanje lahko odločita.«* Manu je učil družbo, naj spoštuje tiste člane, ki so modri, krepostni, stari, sorodniki ali, nazadnje, bogati. Bogastvo je bilo v vedski Indiji vedno prezirano, če si ga je nekdo kopičil ali ni bilo na voljo za dobrodelne namene. Veliki bogataši, ki niso bili velikodušni, so imeli v družbi nizko mesto.

Ko je kastni sistem v stoletjih otrdel in se začel prisilno prenašati na potomce, je nastalo veliko gorja. Indija, samostojna od leta 1947, počasi, a zagotovo obnavlja starodavne kastne vrednote, ki temeljijo izključno na naravnih sposobnostih in ne na poreklu. Vsak narod na zemlji ima svojo značilno karmo, ki povzroča trpljenje, s katero se mora spopasti in jo častno odstraniti. Tudi Indija bo s svojim

* »Vključitev v eno od teh štirih kast sprva ni bila odvisna od človekovega porekla, ampak od njegove prirojene sposobnosti, kot se je izrazila v cilju, ki ga je izbral v življenju,« piše Tara Mata v reviji *East-West* januarja 1935. »Ta cilj je lahko bil 1. *kama*, želja, aktivnost čutnega življenja (stopnja *šuder*), 2. *artha*, pridobitnost, izpolnjevanje, a nadzorovanje želja (stopnja *vaišij*), 3. *dharma*, samodisciplina, odgovorno življenje in pravilna dejanja (stopnja *kšatrij*), 4. *mokša*, osvoboditev, življenje duhovnosti in poučevanja o veri (stopnja *brahminov*). Te štiri kaste služijo človeštvu: 1. s telesom, 2. z umom, 3. z močjo volje in 4. z duhom.

Tem štirim stopnjam ustrezajo večne *gune* ali lastnosti narave, *tamas, radžas* in *sattva:* oviranje, delovanje in širjenje oziroma snov, energija in zavest. Gune zaznamujejo štiri naravne kaste kot: 1. *tamas* (nevednost), 2. *tamas-radžas* (mešanica nevednosti in delovanja), 3. *radžas-sattva* (mešanica pravilnega delovanja in razsvetljenja), 4. *sattva* (razsvetljenje). Tako je narava vsakega človeka zaznamovala z njegovo kasto s tem, da v njem prevladuje ena *guna* ali mešanica dveh. Seveda ima vsak človek v sebi v različnih razmerjih vse tri *gune*. Guru lahko pravilno določi človekovo kasto oziroma stopnjo razvoja.

V določeni meri se vsi narodi in države držijo značilnosti kast v praksi, če že ne v teoriji. Tam, kjer vlada velika stopnja razpuščenosti oziroma tako imenovana svoboda, še zlasti glede porok med skrajnostmi v naravnih kastah, se narod skrči in izumre. *Purana samhita* primerja potomce takšnih zvez z jalovimi križanci, kot so mule, ki niso zmožne nadaljevati lastne vrste. Umetno ustvarjene vrste nazadnje izumrejo. Zgodovina ponuja veliko dokazov številnih velikih narodov, ki nimajo več živih predstavnikov. V kastnem sistemu Indije njeni najglobljі misleci vidijo prepreko za razuzdanost, ki je ohranila čistost naroda in ga varno pripeljala skozi viharna tisočletja, medtem ko so številni drugi starodavni narodi popolnoma izginili.«

vsestranskim, nepremagljivim duhom dokazala, da je sposobna reformirati kastni sistem.

Južna Indija je tako očarljiva, da sva z g. Wrightom želela podaljšati idilo. A čas je neolikano zavrnil vsakršno možnost podaljška. V svojem urniku sem kmalu imel nagovor na sklepnem srečanju Indijskega filozofskega kongresa na Univerzi v Kalkuti. Na koncu obiska v Mysorju sem užival v pogovoru s sirom C. V. Ramanom, predsednikom Indijske akademije znanosti. Sijajni indijski fizik je leta 1930 dobil Nobelovo nagrado za ‚Ramanov pojav', pomembno odkritje v difuziji svetlobe.

Z g. Wrightom sva se nerada poslovila od učencev in prijateljev, zbranih v Madrasu, ter nadaljevala potovanje. Na poti sva se ustavila pred majhno kapelo, posvečeno spominu na Sadašivo Brahmana,* ki je živel v 18. stoletju in čigar življenje je gosto prepredeno s čudeži. Večje Sadašivovo svetišče v Nerurju, ki ga je dal postaviti radža Pudukkottaia, je romarski kraj, kjer so se zgodila mnoga božanska ozdravljenja. Vsi vladarji Pudukkottaia so verske napotke, ki jih je Sadašiva leta 1750 napisal za usmerjanje vladajočega princa, čuvali kot zaklad.

Med vaščani južne Indije še vedno krožijo slikovite zgodbe o prikupnem in polno razsvetljenem učitelju Sadašivi. Ko je bil nekega dne zatopljen v *samadhi* na obrežju reke Kaveri, so ljudje videli, kako ga je odnesla nenadna poplava. Več tednov kasneje so ga našli zakopanega globoko pod kupom zemlje blizu Kodumudija v okrožju Coimbatore. Ko so vaščani z lopatami zadeli njegovo telo, je svetnik vstal in urno odkorakal proč.

Sadašiva je postal *muni* (molčeči svetnik), potem ko ga je njegov guru okaral, ker je v dialektični polemiki porazil ostarelega vedantskega učenjaka. »Kdaj se boš, mladenič, naučil držati jezik za zobmi?« je pripomnil njegov guru.

* Njegovo uradno ime je bilo Svami Šri Sadašivendra Sarasvati, z njim je podpisoval svoje knjige (komentarje *Brahma suter* in Patanjdžalijevih *Suter o jogi*). Sodobni indijski filozofi ga zelo cenijo.

Šankaračarja iz Šringeri matha, njegova svetost Šri Sačidananda Šivabhinava Narasimha Bharati, je Sadašivi napisal navdihujočo *Odo*.

»Z vašim blagoslovom od tega trenutka naprej.«

Sadašivov guru je bil Svami Šri Paramašivendra Sarasvati, pisec *Daharavidja prakasike* in globokega komentarja *Uttara gite*. Nekaj posvetnih mož je bilo užaljenih, ker je od Boga opijanjeni Sadašiva pogosto ‚nespodobno' plesal po ulicah, zato so se pritožili njegovemu učenemu guruju. »Gospod,« so rekli, »Sadašiva ni nič boljši od norca.«

A Paramašivendra se je veselo nasmehnil. »Oh,« je vzkliknil, »ko bi le drugi imeli te vrste norost!«

V Sadašivovo življenje je velikokrat nenavadno in lepo posegla Nevidna Roka. Na tem svetu je veliko dozdevne nepravičnosti, a častilci Boga lahko pričajo o neštetih primerih, ko je Bog takoj pravično posredoval. Nekega večera se je Sadašiva, v *samadhiju,* ustavil v bližini kašče nekega bogatega posestnika. Trije služabniki, ki so kaščo stražili pred tatovi, so dvignili svoje palice, da bi udarili svetnika. A glej! Roke so jim otrpnile. Kot kipi so stali z dvignjenimi rokami, v edinstveni živi sliki, dokler Sadašiva ob zori ni odšel.

Ob neki drugi priložnosti je neki mimoidoči delovodja, čigar delavci so nosili kurjavo, vélikega učitelja grobo potisnil k delu. Svetnik je tiho in ponižno prenašal breme do želenega cilja, tam pa je tovor odložil na velik kup. Celoten kup kurjave je v trenutku izbruhnil v plamene.

Sadašiva tako kot Svami Trailanga ni nosil oblačil. Nekega jutra je goli jogi odsotno vstopil v šotor muslimanskega poglavarja. Dve ženski sta preplašeno zakričali. Bojevnik je po Sadašivi surovo zamahnil z mečem in mu odsekal roko. Učitelj je brezskrbno odšel. V velikem strahospoštovanju in obžalovanju je musliman pobral njegovo roko in šel za njim. Jogi je roko molče vstavil v krvavečo rano. Ko ga je poglavar ponižno prosil za duhovni pouk, je Sadašiva s prstom napisal v pesek:

»Ne počni tega, kar si želiš, pa boš lahko počel, kar boš hotel.«

Musliman je bil povzdignjen v očiščeno stanje uma in je razumel, da je paradoksalni nasvet vodilo k duhovni svobodi skozi obvladovanje ega. Te besede so imele nanj tako velik duhovni vpliv, da je postal hvalevreden učenec. Stara shajališča ga niso več videla.

Ramana Maharši in Paramahansa Jogananda v Šri Ramanovem ašramu pod Arunačalo (glej stran 432)

Vaški otroci so v navzočnosti Sadašive nekoč izrazili željo, da bi se udeležili verskega praznika v Maduri, ki je bila oddaljena 250 kilometrov. Jogi je pomignil otrokom, naj se dotaknejo njegovega telesa. In glej! V trenutku so bili vsi v Maduri. Otroci so se veselo sprehajali med tisoči romarjev. Čez nekaj ur je jogi svoje male varovance pripeljal nazaj s svojim preprostim načinom potovanja. Osupli starši so poslušali živahne pripovedi o podobah v procesiji v Maduri in opazili, da otroci nosijo v rokah vrečice sladkarij iz Madure.

Neki nejeverni mladenič se je norčeval iz svetnika in zgodbe. Ko je bil naslednji verski praznik v Srirangamu, je pristopil k Sadašivi.

»Učitelj,« je rekel prezirljivo, »bi me peljali na praznik v Srirangam, tako kot ste peljali druge otroke v Maduro?«

Sadašiva je privolil, fant se je takoj znašel med množico v oddaljenem mestu. Ampak, presneto! Kje je bil svetnik, ko je mladenič hotel domov? Utrujeni fant je prispel domov z običajno metodo pešačenja.

Pred odhodom iz južne Indije sva z g. Wrightom poromala k svetemu hribu Arunačala v bližini Tiruvannamalaia, da bi se srečala s Šri Ramano Maharšijem. Modrec naju je prisrčno sprejel v svojem ašramu. Pokazal nama je kup revij *East-West*. V času, ki sva ga prebila z njim in njegovimi učenci, je bil po večini tiho, njegov blagi obraz pa je izžareval božansko ljubezen in modrost.

Da bi trpečemu človeštvu pomagal povrniti pozabljeno stanje popolnosti, Šri Ramana uči, da bi si moral človek nenehno zastavljati véliko vprašanje: »Kdo sem?« Ko vernik strogo zavrača vse druge misli, kmalu prodre globlje in globlje v resničnega Sebe, moteča zmeda drugih misli pa se ne pojavlja več. Razsvetljeni riši iz južne Indije je zapisal:

> Dvojnosti in trojnosti na nečem slonijo,
> vedno dajejo vtis, da imajo oporo.
> Ko to oporo poiščemo, se zrahljajo in padejo.
> Tu je resnica. Kdor to vidi, je neomajen.

Svami Šri Juktešvar in Paramahansa Jogananda med versko procesijo, Kalkuta, 1935. Sanskrtska napisa na transparentu sta: (*zgoraj*) »Hodíte po poti vélikih.« (*Spodaj besede Svamija Šankare*) »Družba Božjega človeka, čeprav traja le trenutek, nas lahko reši in odreši.«

42. POGLAVJE

Zadnji dnevi z mojim gurujem

»Gurudži, vesel sem, da sem vas to jutro našel samega,« sem rekel, ko sem prišel v ašram v Seramporju z dišečim sadjem in vrtnicami v naročju. Šri Juktešvar me je krotko pogledal.

»Kaj me želiš vprašati?« Učitelj je pogledal po sobi, kot bi se skušal skriti.

»Gurudži, k vam sem prišel kot srednješolski mladenič, zdaj sem odrasel mož, imam že kakšen siv las. Čeprav ste me od prvega trenutka molče zasipali s tiho naklonjenostjo, ali veste, da ste mi le enkrat, na dan, ko sva se prvič srečala, rekli, da me imate radi?« Roteče sem ga gledal.

Učitelj je spustil pogled. »Jogananda, mar moram v hladno domeno besed privleči topla čustva, ki jih je najbolje ohraniti v nemem srcu?«

»Gurudži, vem, da me imate radi, a moja umrljiva ušesa koprnijo po tem, da bi vas to slišal reči.«

»Kot želiš. Ko sem bil poročen, sem pogosto hrepenel po sinu, ki bi ga lahko vodil po poti joge. A ko si prišel v moje življenje ti, je bilo moje hrepenenje izpolnjeno. V tebi sem našel sina.« Bistri solzi sta se zrcalili v Šri Juktešvarjevih očeh. »Jogananda, že od nekdaj te imam rad.«

»S temi besedami ste mi odprli pot v nebesa.« S srca se mi je odvalil kamen, ob njegovih besedah se je razblinil. Čeprav sem vedel, da je zadržan in ni čustven, sem se pogosto spraševal, kaj se skriva za njegovim molkom. Včasih sem se bal, da z menoj ni popolnoma zadovoljen. Bil je nenavaden človek, nikoli ga nisem do konca doumel, globok in miren značaj, nerazumljiv zunanjemu svetu, katerega vrednote je že zdavnaj presegel.

Zadnje praznovanje solsticija Svamija Šri Jukteševarja, december 1935. Avtor sedi ob svojem vélikem guruju (*na sredi*) za mizo na dvorišču ašrama v Seramporju. V tem ašramu je Paramahansa Jogananda prejel večino desetletnega duhovnega usposabljanja pri Šri Jukteševardžiju.

Šri Jogananda (*na sredi, v temnem oblačilu*) z nekaj učenci *krija joge*, ki so obiskali njegov tečaj o jogodi (samospoznanju) na domu njegovega očeta v Kalkuti leta 1935. Zaradi velikega zanimanja se je pouk odvijal na bližnjem telovadnem prostoru Joganandovega mlajšega brata, Bišnuja Ghoša, uglednega učitelja telesne kulture.

Nekaj dni kasneje sem govoril pred velikim občinstvom v Albert Hallu v Kalkuti. Šri Juktešvar je privolil, da bo sedel na govorniškem odru, skupaj z maharadžo iz Santoša in z županom Kalkute. Ničesar ni rekel, a ko sem med nagovorom od časa do časa pogledal k njemu, se mi je zdel zadovoljen.

Potem sem imel govor pred diplomanti kolidža v Seramporju. Ko sem gledal svoje nekdanje sošolce in ko so oni gledali svojega ‚Norega meniha', se nam je od sreče brez sramu orosilo oko. Pozdravit me je prišel moj profesor filozofije in odličen govornik dr. Ghošal. Vse najine pretekle nesporazume je razkrojil alkimist Čas.

Praznik zimskega solsticija smo praznovali konec decembra v ašramu v Seramporju. Kot ponavadi so se zbrali Šri Juktešvarjevi učenci od blizu in daleč. Pobožni *sankirtani*, blagoglasno solo petje Kristo-daja, gostija, ki so jo postregli mladi učenci, učiteljev globok in ganljiv govor pod zvezdami na natrpanem dvorišču ašrama – spomini, spomini! Kako veselo smo praznovali pred davnimi leti! Ta večer pa je prinesel novost.

»Jogananda, prosim, nagovori zbrane – v angleščini.« Učitelj je z iskrico v očeh izrekel to dvojno nenavadno prošnjo: Ali je imel v mislih stisko, ki sem jo doživel na ladji, ki je vodila v moje prvo predavanje v angleščini? Poslušalcem sem povedal zgodbo in končal z gorečim poklonom našemu guruju.

»Njegovega vodstva nisem čutil le na tisti plovbi s parnikom,« sem zaključil, »ampak prav vsak dan v teh petnajstih letih mojega bivanja v prostrani in gostoljubni Ameriki.«

Po odhodu gostov me je Šri Juktešvar poklical v svojo spalnico, kjer sem lahko (le enkrat po podobnem praznovanju) spal v njegovi postelji. Ta večer je moj guru tiho sedel tam, ob njegovih stopalih je nekaj učencev sedelo v polkrogu.

»Jogananda, se zdaj vračaš v Kalkuto? Prosim, vrni se jutri. Nekaj stvari ti moram povedati.«

Naslednje popoldne mi je Šri Jukteševar z nekaj preprostimi besedami blagoslova podelil nadaljnji meniški naziv *paramahansa.**

»Zdaj bo uradno nadomestil tvoj prejšnji naziv *svami*,« je rekel, ko sem klečal pred njim. Z nasmeškom sem pomislil na to, s kakšno težavo bodo moji zahodni učenci izgovarjali besedo *paramahansadži.*†

»Moje poslanstvo na zemlji je zdaj končano, ti moraš svojega nadaljevati,« je tiho spregovoril učitelj, njegove oči so bile mirne in blage. Srce mi je v strahu vztrepetalo.

»Prosim, pošlji nekoga, da bo vodil naš ašram v Puriju,« je nadaljeval Šri Jukteševar. »Vse prepuščam v tvoje roke. Uspešno boš vodil čoln svojega življenja in te organizacije do Božje obale.«

V solzah sem objemal njegova stopala. Vstal je in me ljubeče blagoslovil.

Naslednji dan sem iz Rančija poklical učenca, Svamija Sebanando, in ga poslal v Puri, da bi prevzel vodenje ašrama. Kasneje je guru govoril z menoj o pravnih podrobnostih prisoditve njegove zapuščine. Želel je preprečiti, da bi po njegovi smrti njegovi sorodniki sprožili kakšen pravni spor glede njegovih dveh ašramov in drugih posesti, saj je želel, da bi bilo vse uporabljeno izključno za dobrodelne namene.

»Pred kratkim naj bi učitelj obiskal Kidderpore, vendar ni šel,« je nekega popoldneva povedal Amulaja Babu, eden od učencev. Ob slutnji me je oblil hladen znoj. Ko sem Šri Jukteševarja vztrajno spraševal o tem, mi je odgovoril le: »V Kidderpore ne bom več šel.« Učitelj je za trenutek vztrepetal kot prestrašen otrok.

* Dobesedno, *parama*, najvišji, *hansa*, labod. Beli labod v mitologiji predstavlja prevozno sredstvo oziroma jezdno žival Brahme Stvarnika. Sveti *hansa*, ki naj bi imel moč dobiti mleko iz mešanice mleka in vode, je tako simbol za duhovno razločevanje.

Ahan-sa oziroma *'han-sa* je dobesedno 'Jaz sem On'. Tadva močna sanskrtska zloga (v različici izgovora »hông-sô«) imata vibracijsko vez z vdihom in izdihom. Tako z vsakim dihom človek nezavedno zatrjuje resnico svojega bitja: *Jaz sem On!*

† Običajno so to težavo obšli in mi rekli *gospod* (ang. *Sir*).

(»Navezanost na telesno bivališče, ki vznikne sama po sebi,* je v rahli obliki navzoča tudi pri velikih svetnikih,« je zapisal Patanjdžali. Ko je moj guru govoril o smrti, je imel navado reči: »Tako kot ptica, ki je bila dolgo v kletki in ji odprejo vratca, težko zapusti svoj dom, ki ga je vajena.«)

»Gurudži,« sem ga rotil ihte, »ne govorite tega! Nikoli mi ne govorite tega!«

Obraz Šri Juktešvarja se je sprostil v umirjen nasmeh. Čeprav se je bližal enainosemdesetemu rojstnemu dnevu, je bil videti zdrav in močan.

Ko sem se dan za dnem grel na soncu gurujeve ljubezni, ki je bila neizgovorjena, a jo je jasno občutilo moje srce, sem prepodil iz svoje zavesti različne namige, ki mi jih je dajal glede svoje prihajajoče smrti.

»Ta mesec bo v Allahabadu *kumbha mela*,« sem rekel učitelju in mu pokazal datume *mele* v bengalskem almanahu.†

»Si res želiš iti?«

Ne da bi začutil Šri Juktešvarjevo nenaklonjenost mojemu odhodu, sem nadaljeval: »Nekoč ste bili na *kumbhi* v Allahabadu blagoslovljeni s pogledom na Babadžija. Morda bom tokrat jaz imel srečo, da ga bom videl.«

»Mislim, da ga ne boš srečal tam.« Moj guru se je nato zavil v molk, saj me ni želel ovirati pri načrtih.

* To pomeni: vznikne iz starodavnih korenin, preteklih doživetij smrti. Ta odlomek se nahaja v Patanjdžalijevih *Sutrah o jogi* II,9.

† Verske *mele* so omenjene v starodavni *Mahabharati*. Kitajski popotnik Šuendzang je zapustil pripoved o ogromni *kumbha meli*, ki se je odvijala leta 644 po Kr. v Allahabadu. *Kumbha mela* se odvija vsaka tri leta, zaporedoma v Hardwaru, Allahabadu, Nasiku in Ujjainu, nato pa se vrne v Hardwar in zaključi dvanajstletni krog. Vsako mesto ima *ardha* (polovično) *kumbho* v šestem letu po svoji *kumbhi*. Tako se vsaka tri leta *kumbha* in *ardha kumbha* odvijata v različnih mestih.

Šuendzang pripoveduje o Haršu, kralju severne Indije, ki je na *kumbha meli* menihom in romarjem razdelil celotno bogastvo kraljeve zakladnice, zbrano v petih letih. Ko je Šuendzang odšel proti Kitajski, je zavrnil Harševo poslovilno darilo, dragulje in zlato, odnesel pa je, kot vrednejše, 657 rokopisov verske narave.

Ko sem se naslednji dan s skupinico spremljevalcev odpravil na pot v Allahabad, me je učitelj kot vedno tiho blagoslovil. Očitno se še vedno nisem zavedal, kaj mi Šri Juktešvar želi povedati s svojim obnašanjem, ker mi je Gospod želel prizanesti s tem, da bi moral nemočno gledati gurujevo umiranje. V mojem življenju je bilo vedno tako, da je Bog ob smrti mojih ljubljenih sočutno poskrbel, da me ni bilo poleg.*

Naša družba je prispela na *kumbha melo* 23. januarja 1936. Pogled na skoraj dvomilijonsko množico je na nas naredil izjemen vtis. Značilen dar Indijcev, prisoten tudi v najpreprostejšem kmetu, je spoštovanje Duha ter menihov in sadhujev, ki so se odpovedali posvetnim vezem, da bi poiskali božansko sidrišče. Seveda se najdejo tudi goljufi in hinavci, a Indijci spoštujejo vse zaradi tistih, ki razsvetljujejo deželo z nadnaravnimi blagoslovi. Zahodnjaki, ki so opazovali velikanski spektakel, so imeli edinstveno priložnost začutiti utrip naroda, duhovno gorečnost, zaradi katere ima Indija vitalnost, ki ji zob časa ne more do živega.

Prvi dan smo le strmeli v dogajanje. Tisoče romarjev se je kopalo v svetem Gangesu, da bi jim bili odpuščeni grehi. *Brahminski* duhovniki so opravljali svečane obrede čaščenja, drugje so ljudje k nogam molčečih *sannjasijev* pobožno polagali darove. Mimo so paradirale cele vrste slonov, bogato okrašenih konjev in počasnih radžputanskih kamel, sledil pa jim je slikovit verski sprevod golih sadhujev, ki so mahali z zlatimi in srebrnimi žezli ali z zastavami iz svilnatega žameta.

Puščavniki, ki so imeli na sebi le opasnike, so tiho sedeli v majhnih skupinah. Njihova telesa so bila posuta s pepelom, ki jih je varoval pred vročino in mrazom. Na čelih so imeli s pasto iz sandalovine narisano eno samo piko, ki je slikovito predstavljala duhovno oko. Gologlavih svamijev je bilo na tisoče, vsi so nosili oker oblačila, bambusove palice in posodico za beračenje. Ko so

* Nisem bil navzoč ob smrti matere, starejšega brata Anante, najstarejše sestre Rome, učitelja, očeta in veliko drugih ljubljenih. (Oče je preminil v Kalkuti leta 1942 v starosti 89 let.)

Svami Krišnananda na *kumbha meli* leta 1936 v Allahabadu z ukročeno, vegetarijansko levinjo, ki zna izgovoriti *om* z globokim, privlačnim renčanjem (glej stran 442).

hodili okrog ali imeli filozofske razprave s svojimi učenci, so njihovi obrazi žareli od miru, ki ga prinese odrekanje.

Sem in tja smo pod kakšnim drevesom okrog velikega kupa gorečih polen zagledali slikovite sadhuje* s prepletenimi lasmi, zvitimi vrh glave. Nekateri so imeli zelo dolge brade, skodrane in zavite v vozel. Tiho so meditirali ali z iztegnjenimi rokami blagoslavljali mimoidoče množice – berače, maharadže na slonih, ženske v živopisnih *sarijih*, z žvenketajočimi zapestnicami na rokah in nogah, *fakirje* s

* Na sto tisoče indijskih sadhujev vodi izvršni odbor sedmih voditeljev, ki predstavljajo sedem velikih delov Indije. Sedanji *mahamandalešvar* oziroma predsednik je Džojendra Puri. Ta svetniški mož je izredno zadržan, svoj govor pogosto omeji na zgolj tri besede – resnica, ljubezen in delo. Kratko in jedrnato!

suhimi rokami, groteskno dvignjenimi v zrak, *brahmačarije*, ki so nosili meditacijske opornike za komolce, ponižne modrece, katerih resnobnost je zakrivala notranjo blaženost. Visoko nad truščem so nenehno odzvanjali klici tempeljskih zvonov.

Drugi dan *mele* smo obiskali več ašramov in začasno postavljenih hišic ter se poklonili svetniškim udeležencem. Prejeli smo blagoslov voditelja veje *Giri* reda svamijev – vitkega, asketskega meniha, z očmi, v katerih se je smehljal ogenj. Nato smo obiskali ašram, katerega guru je preteklih devet let spoštoval zaobljubo molka in dosledne sadne prehrane. Na podiju v dvorani ašrama je sedel slepi sadhu, Pragja Čakšu,* ki je bil izjemen poznavalec *šaster* in so ga visoko spoštovale vse ločine.

Potem ko sem imel v hindijščini kratek govor o *vedanti*, smo odšli iz mirnega ašrama, da bi v bližini pozdravili Svamija Krišnanando, čednega plečatega meniha z rožnatimi lici. Zraven njega je poležavala ukročena levinja. Ker je podlegla menihovemu duhovnemu šarmu, prepričan sem, da ne njegovemu močnemu telesu, prebivalka džungle popolnoma odklanja meso, raje jé riž in pije mleko. Svami je rumeno-rjavo žival naučil izreči *om* z globokim, privlačnim renčanjem – pobožna mačka!

Naše naslednje srečanje, pogovor z izobraženim mladim sadhujem, je v svojem iskrivem popotnem dnevniku dobro opisal g. Wright.

»Čez zelo nizko reko Ganges smo se s fordom peljali prek škripajočega pontonskega mostu, kot kača vijugali skozi množico in po ozkih, vijočih se ulicah, ter šli mimo mesta na obrežju reke, kjer sta se po Joganandadžijevih besedah srečala Babadži in Šri Juktešvardži. Kmalu zatem smo izstopili iz avtomobila in nekaj časa hodili skozi vse gostejši dim sadhujskih ognjev in čez pesek, po katerem nam je drselo, da smo prišli do skupka majhnih, zelo skromnih kočic iz blata in slame. Ustavili smo se pred eno od teh neznatnih začasnih bivališč, ki ni imelo vrat, vhod pa je bil zelo nizek. To je bilo zavetje

* Naziv, katerega dobesedni pomen je ‚tisti, ki vidi z razumom, z inteligenco' (ker nima telesnega vida).

Kare Patrija, potujočega mladega sadhuja, ki je slovel po izjemni inteligenci. S prekrižanimi nogami je sedel na kupu slame, njegovo edino odevalo je bil kos blaga oker barve, ki se mu je ovijal čez ramena in ki je bil hkrati tudi njegova edina lastnina.

Ko smo se po vseh štirih splazili v kočo in se priklonili ob stopalih te razsvetljene duše, nas je pozdravil z resnično božanskim nasmeškom. Migetajoči plamen petrolejke ob vhodu je na stene, pokrite s slamo, metal čudne, plešoče sence. Njegov obraz in še zlasti njegove oči in popolni zobje so žareli in se lesketali. Čeprav njegove hindijščine nisem razumel, je izraz na njegovem obrazu povedal vse: izžareval je navdušenje, ljubezen in duhovni sijaj. Ni bilo dvoma o njegovi veličini.

Zamišljajte si srečno življenje človeka, ki ni navezan na materialni svet, ni mu treba skrbeti za oblačila, ne hlepi po hrani, ne berači, kuhano hrano uživa le vsak drugi dan, ne nosi beraške posodice, ne zapleta se v denarne posle, z denarjem ne rokuje, ne hrani stvari, vedno zaupa v Boga, nima skrbi s prevozom, z vozili se ne prevaža, ves čas pa hodi po obrežjih svetih rek. Nikjer ne ostane dlje kot teden dni, da bi se izognil morebitni navezanosti.

Kako skromna duša, neobičajno dobro poučena o Vedah, z magisterijem in nazivom *šastri* (učitelj svetih spisov) Univerze v Benaresu. Ko sem sedel ob njegovih nogah, me je prevzel izjemen občutek: zazdelo se mi je, da je on odgovor na mojo željo, da bi videl pravo, starodavno Indijo, kajti on je pravi predstavnik te dežele duhovnih velikanov.«

Karo Patrija sem povprašal o njegovem popotniškem življenju. »Imate za zimo še kakšno dodatno oblačilo?«

»Ne, to mi zadostuje.«

»Imate s seboj kakšno knjigo?«

»Ne, ljudi, ki bi me radi poslušali, učim po spominu.«

»Kaj še počnete?«

»Hodim ob Gangesu.«

Ob teh tihih besedah me je popolnoma prevzelo hrepenenje po njegovem preprostem življenju. Pomislil sem na Ameriko in na vse odgovornosti na mojih ramenih.

»Ne, Jogananda,« sem žalostno pomislil, »v tem življenju ti ni namenjeno vandrati ob Gangesu.«

Potem ko mi je sadhu povedal za nekaj svojih duhovnih spoznanj, je iz mene bruhnilo vprašanje.

»Ali podajate te opise iz svetih knjig ali iz notranjih izkustev?«

»Polovico iz knjig,« je odgovoril in se mi odkritosrčno smehljal, »in polovico iz izkušenj.«

Nekaj časa smo zadovoljni sedeli v tihi meditaciji. Ko smo odšli od njegove svete navzočnosti, sem rekel g. Wrightu: »Kot kralj je, ki sedi na prestolu iz zlate slame.«

Tistega večera smo večerjali na prizorišču *mele* pod zvezdami. Jedli smo z listnatih krožnikov, ki so bili speti s paličicami. V Indiji je pomivanje posode skoraj nepotrebno!

Še naslednja dva dneva smo bili na očarljivi *kumbhi*, nato pa smo se odpravili proti severozahodu ob obrežju reke Jamuna proti Agri. Znova sem uzrl Tadž Mahal, spominjal sem se Džitendre, ki je nekoč stal ob meni in strmel v sanjsko zgradbo iz marmorja. Pot smo nadaljevali v Brindaban v ašram Svamija Kešabanande.

Kešabanando sem želel poiskati v zvezi s to knjigo. Nisem pozabil Šri Juktešvarjeve prošnje, naj zapišem življenje Lahirija Mahašaje. Med svojim bivanjem v Indiji sem izkoristil vsako priložnost in navezal stik z neposrednimi učenci in sorodniki Jogavatarja. Podrobno sem si zapisal njihove besede, preveril sem podatke in datume ter zbiral fotografije, stara pisma in dokumente. Mapa s podatki o Lahiriju Mahašaji je postajala vse debelejša. S tesnobo sem se začel zavedati, da me čaka težko delo pisateljevanja. Molil sem, da bi bil kos vlogi življenjepisca titanskega guruja. Več njegovih učencev se je balo, da bi v pisni pripovedi zmanjšal pomen njihovega učitelja ali ga narobe razlagal.

»S hladnimi besedami ne moreš ustrezno opisati življenja Božje inkarnacije,« mi je nekoč rekel Pančanon Bhattačarja.

Drugi njegovi bližnji učenci so bili podobno zadovoljni s tem, da Jogavatarja še naprej ohranijo skritega v svojih srcih kot neumrljivega učitelja. Kljub temu pa sem se z mislijo na napoved Lahirija

Mahašaje o njegovi biografiji po najboljših močeh trudil pridobiti in potrditi dejstva njegovega zunanjega življenja.

Svami Kešabananda nas je toplo sprejel v Brindabanu v svojem ašramu Katjajani Pith, mogočni opečnati zgradbi z masivnimi črnimi stebri, ki je stala na prekrasnem vrtu. Takoj nas je peljal v dnevno sobo, ki jo je krasila slika Lahirija Mahašaje v nadnaravni velikosti. Svami se je bližal devetdesetemu letu življenja, a njegovo mišičasto telo je izžarevalo moč in zdravje. Z dolgimi lasmi, s snežno belo brado in z očmi, ki so se iskrile od radosti, je bil utelešen patriarh. Povedal sem mu, da bi rad v svoji knjigi o indijskih učiteljih omenil tudi njega.

»Prosim, pripovedujte mi o svoji mladosti,« sem ga prosil in se mu roteče nasmehnil, veliki jogiji so namreč pogosto molčeči.

Kešabananda je skromno zamahnil z roko. »Zunanjega dogajanja ni bilo veliko. Skoraj vse življenje sem preživel v odmaknjenosti v Himalaji, po kateri sem peš potoval od ene mirne votline do druge. Nekaj časa sem imel majhen ašram blizu Hardwarja, ki so ga z vseh strani obdajala visoka drevesa. Tam je bilo mirno, popotnikov zaradi množice kober ni bilo veliko.« Kešabananda se je zasmejal. »Kasneje je Ganges v poplavi odnesel tako ašram kot kobre. Učenci so mi pomagali zgraditi ta ašram v Brindabanu.«

Nekdo iz naše skupine je svamija vprašal, kako se je branil pred himalajskimi tigri.

Kešabananda je zmajal z glavo. »V tistih duhovnih višinah,« je rekel, »divje živali redko nadlegujejo jogije. Nekoč sem se v džungli na štiri oči srečal s tigrom. Ko sem presenečeno vzkliknil, je tiger otrpnil, kot bi se spremenil v kamen.« Svami se je znova zasmejal ob spominih.*

* Tigra se da prelisičiti na več načinov. Avstralski raziskovalec Francis Birtles je opisoval indijske džungle kot »raznolike, lepe in varne«. Varnost si je zagotavljal z lepljivim muholovcem. »Vsak večer sem okrog svojega tabora razprostrl veliko kosov lepljivega papirja in nikoli nisem imel težav,« je razlagal. »Razlog je psihološki. Tiger je žival z močnim čutom za dostojanstvo. Preži na človeka in ga izziva, dokler ne pride do muholovcev, tedaj se odplazi. Ni dostojanstvenega tigra, ki bi si upal pred človeka, potem ko je stopil na lepljivi muholovec!«

Svami Kešabananda (*stoji levo*), devetdesetletni učenec Lahirija Mahašaje, Joganandadži in C. Richard Wright, Šri Joganandov tajnik, v Kešabanandovem ašramu, Brindaban, 1936

»Občasno sem zapustil samoto in obiskal svojega guruja v Benaresu. Šalila sva se na račun mojega nenehnega potovanja po himalajski divjini.

„Imaš simptome potovalne mrzlice," mi je nekoč rekel. „Vesel sem, da je sveta Himalaja dovolj velika za tvoja popotovanja."

Velikokrat,« je nadaljeval Kešabananda, »pred smrtjo in tudi potem, se je Lahiri Mahašaja pojavil pred menoj v telesni obliki. Zanj ni vršaca v Himalaji, ki ga ne bi mogel osvojiti!«

Dve uri zatem nas je peljal na vrtno teraso, kjer smo sedli k večerji. Molče sem obupoval. Nov obrok s petnajstimi hodi! V gostoljubni Indiji sem se prej kot v enem letu zredil za dvajset kilogramov! Vendar pa bi bilo izjemno nevljudno, če bi odklonil kakšno od jedi, ki so jih pripravljali na nepreštevnih pogostitvah v mojo čast. V Indiji (na žalost nikjer drugje!) ljudje radi vidijo, če je svami lepo okrogel.

Po večerji me je Kešabananda peljal na odmaknjen kotiček.

»Tvoj prihod ni bil nepričakovan,« je rekel. »Sporočilo imam zate.«

Presenečen sem bil, nihče ni namreč vedel, da načrtujem obisk pri Kešabanandi.

»Ko sem lani hodil po severni Himalaji v bližini Badrinarajana,« je nadaljeval svami, »sem se izgubil. Zavetje sem našel v prostorni votlini, ki je bila prazna, čeprav je v luknji v tleh gorela žerjavica. Spraševal sem se, kdo živi v tem osamljenem zatočišču in se usedel blizu ognjišča. Pogled sem uprl k vhodu, ki ga je osvetljevalo sonce.

„Kešabananda, vesel sem, da si prišel," je rekel nekdo za mojim hrbtom. Presenečen sem se obrnil in ves osupel zagledal Babadžija! Veliki guru se je udejanjil v zadnjem delu votline. Presrečen, ker sem ga po veliko letih znova videl, sem se poklonil do tal pred njegovimi svetimi stopali.

„Poklical sem te," je nadaljeval Babadži. „Zato si se izgubil in našel pot v moje začasno bivališče v tej votlini. Dolgo časa je minilo od najinega zadnjega srečanja. Vesel sem, da te lahko znova pozdravim."

Neumrljivi učitelj me je blagoslovil z nekaj besedami duhovne pomoči, nato pa dodal: „Imam sporočilo za Joganando. Ko se bo vrnil v Indijo, te bo obiskal. Polno ga bodo zaposlovale mnoge stvari, povezane z njegovim gurujem in s še živimi učenci Lahirija Mahašaje. Povej mu, da se tokrat ne bova videla, kot srčno upa, ampak se bova videla ob neki drugi priložnosti."«

Globoko me je ganilo, da sem iz ust Kešabanande prejel to tolažečo Babadžijevo obljubo. Bolečina v mojem srcu je izginila. Nič več nisem žaloval, ker se Babadži ni prikazal na *kumbha meli*, kot je bil nakazal že Šri Juktešvar.

Kot gostje smo prenočili v ašramu, naslednji popoldan pa smo se odpravili proti Kalkuti. Ko smo prečkali most čez reko Jamuno, smo uživali v veličastnem razgledu na Brindaban ravno v trenutku, ko je sonce na nebu prižgalo ogenj v barvah prave talilne peči Vulkana, ki se je zrcalila v mirni vodi pod nami.

Obala reke Jamune je posvečena od spominov na otroštvo Šri Krišne. Tukaj se je z otroško nedolžnostjo šel svoje *lile* (igre) z *gopiji* (dekleti) in tako postavil zgled večne nadzemske ljubezni med Božjo inkarnacijo in njenimi častilci. Življenje Gospoda Krišne so mnogi zahodni razlagalci narobe razumeli. Ozek um se ob prispodobah v svetih spisih zmede. To lepo ponazarja zabavni spodrsljaj, ki se je pripetil prevajalcu zgodbe o srednjeveškem svetniku, čevljarju Ravidasu, ki je s preprostimi besedami svoje obrti opeval duhovni sijaj, skrit v vsem človeštvu:

> Pod prostranim modrim svodom
> živi božanstvo, odeto v usnje.

Ob branju nezadostne interpretacije, ki jo je zahodni pisec namenil Ravidasovi pesmi, človek skrije nasmešek:

> Nato je zgradil kočo, v njej postavil malika,
> ki ga je napravil iz usnja, in ga začel častiti.

Ravidas je bil součenec vélikega Kabirja. Ena od Ravidasovih izjemnih učenk je bila Rani iz Chitorja. Ta je na čast svojemu učitelju na pojedino povabila veliko število *brahminov*, vendar ti niso želeli jesti skupaj z navadnim čevljarjem. Ko so v svoji dostojanstvenosti vzvišeno sedli, da bi pojedli svojo neonesnaženo hrano, je vsak *brahmin* ob sebi zagledal Ravidasovo postavo. To množično videnje je v Chitorju sprožilo vsesplošni duhovni preporod.

Nekaj dni zatem je naša skupinica prišla v Kalkuto. Komaj sem že čakal, da znova vidim Šri Juktešvarja, zato sem bil razočaran, ko sem izvedel, da je zapustil Serampor in odšel v Puri, skoraj petsto kilometrov proti jugu.

»Nemudoma pridi v ašram v Puriju,« je pisalo v telegramu, ki ga je 8. marca poslal součenec Atulu Čandri Roju Čavdhriju, enemu od učiteljevih *čel* v Kalkuti. Ko sem izvedel za to sporočilo, sem v skrbeh zaradi njegovega pomena padel na kolena in prosil Boga, naj mojemu guruju reši življenje. Ravno ko sem hotel oditi z očetovega doma na vlak, sem v sebi zaslišal Božji glas.

»Nocoj ne hodi v Puri. Tvojih molitev ne morem uslišati.«

»Gospod,« sem rekel pobito, »ne želiš se spustiti v boj z menoj v Puriju, v katerem boš moral zavrniti moje nenehne molitve za učiteljevo življenje. Ali mora torej na tvojo zahtevo oditi višjim dolžnostim naproti?«

Ubogal sem notranji ukaz in tiste noči nisem odšel na pot v Puri. Na vlak sem se odpravil naslednji večer. Na poti tja je ob sedmi uri nebo nenadoma prekril črn astralni oblak.* Kasneje, ko je vlak že drvel proti Puriju, sem imel videnje Šri Juktešvarja. Sedel je z zelo resnim izrazom na obrazu, ob straneh je imel dve luči.

»Je vsega konec?« sem vprašal in roteče dvignil roke.

Pokimal je, nato pa počasi izginil.

Ko sem naslednje jutro stal na peronu v Puriju in še vedno upal vsemu navkljub, je k meni stopil neznanec.

»Ste slišali, da je vaš učitelj umrl?« je povedal in odšel, ne da bi še kaj rekel. Nikoli nisem izvedel, kdo je bil ali kako me je našel.

Naslonil sem se na steno perona, onemel nad spoznanjem, da mi je guru na različne načine skušal sporočiti pretresljivo novico. V moji duši je vrelo, kot bi izbruhnil vulkan. Komaj sem prišel do ašrama, mislil sem, da se bom zlomil. Notranji glas pa mi je ves čas nežno prigovarjal: »Zberi se. Pomiri se.«

Stopil sem v sobo, kjer je učiteljevo telo sedelo v lotosovem položaju, skoraj kot bi bilo še živo – prava slika zdravja in lepote. Nekaj pred smrtjo je bil moj guru rahlo bolan z vročino, a na dan, ko se je vzpel v Neskončnost, je bilo njegovo telo spet popolnoma zdravo. Ne glede na to, kolikokrat sem pogledal njegovo ljubo postavo, nisem mogel dojeti, da v njej ni več življenja. Njegova koža je bila gladka in mehka, na obrazu mu je počival prekrasen izraz blaženega miru. Ob uri mističnega klica je zavestno zapustil svoje telo.

* Šri Juktešvar je umrl ob tisti uri – ob sedmih zvečer, 9. marca 1936.

»Bengalskega leva ni več!« sem zajokal omotično.

Pogrebne obrede sem opravil 10. marca. Šri Juktešvarja smo pokopali* s starodavnimi obredi svamijev na vrtu njegovega ašrama v Puriju. Njegovi učenci so nato začeli prihajati od blizu in daleč, da bi ob spomladanskem enakonočju s spominsko slovesnostjo počastili svojega guruja. *Amrita Bazar Patrika*, vodilni časopis v Kalkuti, je objavil njegovo sliko in naslednje poročilo:

> 21. marca se je v Puriju odvijala pogrebna slovesnost *bhandara* za enainosemdesetletnim Šrimatom Svamijem Šri Juktešvarjem Girijem Maharadžem. Udeležilo se je je veliko njegovih učencev.
>
> Svami Maharadž, eden največjih razlagalcev Bhagavad gite, je bil velik učenec Jogiradže Šri Šjame Čarana Lahirija Mahašaje iz Benaresa. Svami Maharadž je bil ustanovitelj več središč Jogode Satsange (Self-Realization Fellowshipa) v Indiji in velik navdih za jogijsko gibanje, ki ga je na Zahod ponesel Svami Jogananda, njegov najpomembnejši učenec. Šri Juktešvardžijeve preroške moči in globoko spoznanje so navdihnili Svamija Jogananda, da je prečkal morja in v Ameriki začel širiti sporočilo indijskih učiteljev.
>
> Njegove razlage Bhagavad gite in drugih svetih spisov so priča Šri Juktešvardžijevega odličnega poznavanja filozofije, vzhodne in zahodne, in nam odpirajo oči glede enosti Vzhoda in Zahoda. Ker je verjel v enost vseh ver, je Šri Juktešvar Maharadž ustanovil Sadhu Sabho (Skupnost svetnikov) s sodelovanjem voditeljev različnih ločin in ver, da bi religiji vtisnili pečat znanstvenega duha. Za predsednika Skupnosti je pred smrtjo imenoval Svamija Jogananda.
>
> Z odhodom tako velikega moža je Indija danes resnično revnejša. Naj tisti, ki so imeli srečo, da so bili v njegovi bližini, privzamejo pravi duh indijske kulture in *sadhane*, katerih poosebljenje je bil.

Vrnil sem se v Kalkuto. Ker še nisem bil sposoben iti v ašram v Seramporju, poln svetih spominov, sem k sebi poklical Prafullo, Šri Juktešvarjevega malega učenca iz Seramporja, in se dogovoril, da se je odšel šolat v Ranči.

* Po hindujskih pogrebnih navadah morajo biti poročeni ljudje upepeljeni. Svamijev in menihov drugih redov pa ne upepelijo, ampak jih pokopljejo (občasno je tudi kakšna izjema). Za telesa menihov simbolično velja, da so prestala upepelitev v ognju modrosti ob sprejemu meniških zaobljub.

SPOMINSKI TEMPELJ ŠRI JUKTEŠVARJA
Na vrtu njegovega ašrama v Puriju (glej stran 450)

»Tisto jutro, ko ste odšli na *melo* v Allahabad,« mi je povedal Prafulla, »se je učitelj zgrudil na kavč.

„Jogananda je odšel!" je rekel glasno. „Jogananda je odšel!" Skrivnostno je še dodal: „Kako drugače mu bom moral povedati." Potem se je za več ur zavil v molk.«

Moji dnevi so bili polni predavanj, tečajev, intervjujev in srečanj s starimi prijatelji. Pod plitvim nasmehom in življenjem v nenehni dejavnosti pa je temni tok turobe onesnažil reko blaženosti, ki je toliko let vijugala pod peskom mojih zaznav.

»Kje je zdaj božanski modrec?« sem molče vzkliknil v globinah razrvanega duha.

Odgovora ni bilo.

»Bolje je, da je učitelj dosegel končno enost s Kozmičnim Ljubljenim,« mi je zagotavljal um. »Za vedno bo sijal v kraljestvu neumrljivosti.«

»Nikoli več ga ne boš videl v stari hiši v Seramporju,« je žalovalo moje srce. »Nič več ne boš mogel k njemu voditi svojih prijateljev, da bi ga spoznali in bi lahko ponosno rekel: „Glejte, tu sedi indijski *gjanavatar*!“«

G. Wright je uredil vse potrebno, da bi naša skupinica iz Bombaja proti Zahodu odplula v začetku junija. Po dveh majskih tednih v Kalkuti, kjer so se odvile poslovilne pogostitve in govori, smo se gdč. Bletsch, g. Wright in jaz s fordom odpeljali proti Bombaju. Ko smo prispeli tja, pa so nas pristojne službe prosile, naj odpovemo pot, ker na ladji ni bilo prostora za avtomobil, ki bi ga znova potrebovali v Evropi.

»Nič hudega,« sem otožno rekel g. Wrightu. »Rad bi se še enkrat vrnil v Puri.« Tiho sem še dodal: »Naj moje solze znova omočijo gurujev grob.«

43. POGLAVJE

Vstajenje Šri Juktešvarja

»Gospod Krišna!« sem vzkliknil v sobi hotela Regent v Bombaju, ko sem zagledal veličastno postavo avatarja v lesketajočem se soju. Gledal sem skozi visoko odprto okno v drugem nadstropju, ko je nad streho visoke zgradbe na drugi strani ceste zasijalo nepopisno videnje.

Božja postava mi je pomahala, se mi smehljala in mi v pozdrav pokimala. Ko sem razmišljal, kaj natančno mi Gospod Krišna skuša sporočiti, me je blagoslovil in izginil. Čudežno poživljen sem čutil, da me čaka nekakšen duhovni dogodek.

Vrnitev na Zahod sem začasno odpovedal. V Bombaju sem imel napovedanih več javnih nastopov, nato pa sem se nameraval vrniti v Bengalijo.

19. junija 1936 ob treh popoldan, teden dni po prikazovanju Krišne, sem sedel na hotelski postelji v Bombaju, ko me je iz meditacije vzdramila čudovita svetloba. Pred mojimi razprtimi, osuplimi očmi se je celotna soba spremenila v nenavaden svet, sončna svetloba je dobila nebeški sijaj.

Preplavilo me je ekstatično veselje, ko sem pred seboj zagledal postavo Šri Juktešvarja iz mesa in krvi!

»Sin moj!« je učitelj nežno spregovoril, na obrazu mu je igral angelsko očarljiv nasmešek.

Prvič v življenju nisem pokleknil pred njim, ampak sem mu takoj stopil naproti in se mu hrepeneče vrgel v objem. Kakšen trenutek! Bolečina preteklih mesecev se mi je ob hudourniku milosti, ki me je preplavil, zdela brez pomena.

»Učitelj moj, ljubljenec mojega srca, zakaj ste me zapustili?« sem ga vprašal zmeden od silnega veselja. »Zakaj ste mi dovolili oditi na *kumbha melo*? Kako bridko sem obžaloval, da sem vas zapustil!«

»Nisem ti želel vzeti veselega pričakovanja, da boš romal na kraj, kjer sem prvič srečal Babadžija. Le za kratek čas sem te zapustil, mar nisem znova s teboj?«

»Ampak ste to *vi*, učitelj, isti Božji lev? Je vaše telo enako kot tisto, ki je pokopano pod neusmiljenim purijskim peskom?«

»Ja, otrok moj, enak sem. To je telo iz mesa in krvi. Čeprav ga jaz vidim kot nesnovno, je za tvoje oči fizično. Iz kozmičnih atomov sem ustvaril popolnoma novo telo, točno takšno, kot je bilo moje kozmično-sanjsko telo, ki ste ga položili pod kozmično-sanjski pesek v Puriju v svojem sanjskem svetu. V resnici sem vstal – ne na zemlji, ampak na astralnem planetu. Njegovi prebivalci veliko bolje kot Zemljani izpolnjujejo moja visoka merila. Tam se mi boš nekega dne pridružil, skupaj s svojimi poveličanimi ljubljenimi.«

»Nesmrtni guru, povejte mi več!«

Učitelj se je prešerno zasmejal, a potem hitro nadaljeval: »Prosim, ljubljeni moj,« je rekel, »bi me samo malo manj močno stiskal?«

»Samo malo!« Držal sem se ga kakor hobotnica. Zavonjal sem isti blagi, dišeči naravni vonj, ki je bil značilen zanj prej. Vedno, ko se spominjam tistih sijajnih ur, na notranji strani rok in na dlaneh še vedno čutim vznemirljivi dotik njegovega božanskega telesa.

»Kot so preroki poslani na zemljo, da bi pomagali ljudem razrešiti njihovo fizično karmo, tako je meni Bog naročil, naj služim na astralnem planetu kot odrešenik,« mi je razložil Šri Juktešvar. »Imenuje se Hiranjaloka ali 'razsvetljen astralni planet'. Tam pomagam naprednim bitjem pri osvobajanju od astralne karme in doseganju osvoboditve od ponovnih astralnih rojstev. Prebivalci Hiranjaloke so duhovno visoko razviti. Vsi so v zadnji inkarnaciji na zemlji z meditacijo dobili moč, da ob smrti zavestno zapustijo svoje fizično telo. Nihče ne more priti na Hiranjaloko, če ni na zemlji presegel stanja *sabikalpa samadhija* in vstopil v višje stanje *nirbikalpa samadhija*.*

* Glej str. 261. V *sabikalpa samadhiju* je vernik dosegel spoznanje svoje enosti z Duhom, a ne more ohranjati svoje kozmične zavesti, razen v negibnem stanju zamaknjenosti. Z nenehno meditacijo doseže visoko stanje *nirbikalpa samadhi*, v katerem se lahko prosto giblje po svetu, ne da bi pri tem izgubil zaznavo Boga.

Prebivalci Hiranjaloke so že prešli običajne astralne sfere, kamor morajo po smrti oditi skoraj vsa zemeljska bitja. Tam so uničili mnogo semen karme, povezanih s preteklimi dejanji v astralnih svetovih. Takšno odrešilno delo lahko v astralnih sferah opravljajo le napredni verniki.* Da bi bile duše teh kandidatov popolnoma osvobojene vseh sledi astralne karme, jih je kozmični zakon potem potegnil v novo rojstvo v novih astralnih telesih na Hiranjaloki, astralnem soncu oziroma nebesih, kjer sem prisoten tudi jaz, da jim pomagam. Na Hiranjaloki so tudi skoraj popolna bitja, ki so prišla iz višjega kavzalnega sveta.«

V tistem trenutku sem bil že tako popolno uglašen s svojim gurujem, da mi je svoje besede-slike posredoval deloma z govorom, deloma s prenosom misli. Tako sem v zgoščeni obliki hitro dojemal, kaj si v mislih predstavlja.

»V svetih spisih,« je nadaljeval učitelj, »si prebral, da je Bog človeško dušo zaporedoma obdal s tremi telesi – z idejnim ali kavzalnim telesom, s subtilnim astralnim telesom, sedežem človekove umske in čustvene narave, in z grobim fizičnim telesom. Na zemlji je človek opremljen s fizičnimi čutili. Astralno bitje pa deluje s svojo zavestjo, z občutji in s telesom, sestavljenim iz živtronov.† Bitje s kavzalnim telesom ostaja v blaženem kraljestvu idej. Moja naloga je delati s tistimi astralnimi bitji, ki se pripravljajo na vstop v kavzalni svet.«

»Čudoviti učitelj, povejte mi še kaj o astralnem vesolju.« Čeprav Šri Juktešvarja zdaj nisem več tako močno stiskal, sem ga še vedno

---

V *nirbikalpa samadhiju* jogi razpusti še zadnje sledi svoje materialne oziroma zemeljske karme. Kljub temu pa ima morda še določeno astralno in kavzalno karmo, ki jo mora odslužiti, zato prevzema astralna in nato kavzalna utelešenja v sferah visokih vibracij.

* Ker večina ljudi, ki uživajo v lepoti astralnih svetov, ne vidi potrebe po zahtevnem duhovnem naporu.

† Šri Juktešvar je uporabljal besedo *prana*, ki jo lahko prevedemo kot živtroni. Hindujski sveti spisi ne pišejo le o *anuju*, 'atomu', in o *paramanuju*, 'onkraj atoma', finejših elektronskih energijah, ampak tudi o *prani*, 'ustvarjalni živtronski sili'. Atomi in elektroni so slepe sile, *prana* je že po naravi inteligentna. Živtroni prane v spermiju in jajčecu, na primer, vodijo razvoj zarodka v skladu z načrtom karme.

objemal. Zaklad vseh zakladov! Moj guru se je smrti smejal v brk, da bi prišel k meni!

»Astralnih planetov je veliko in so polni astralnih bitij,« je začel učitelj. »Prebivalci uporabljajo astralna letala oziroma gmote svetlobe, da potujejo z enega planeta na drugega, hitreje kot elektrika in radioaktivna energija.

Astralno vesolje, ki je sestavljeno iz različnih subtilnih vibracij svetlobe in barve, je več stokrat večje kot materialno vesolje. Celotno fizično stvarstvo kot majhna, trdna košara visi pod velikanskim bleščečim balonom astralne sfere. Tako kot je v vesolju mnogo fizičnih sonc in zvezd, tako je tudi nešteto astralnih sončnih in zvezdnih sistemov. Njihovi planeti imajo astralna sonca in lune, ki so lepši kot fizični. Svetleča astralna nebesna telesa so podobna severnemu siju – sončni astralni sij je sijajnejši od blagega luninega sija. Astralna dan in noč sta daljša od zemeljskih.

Astralni svet je neskončno lep, čist, neokrnjen in urejen. Ni mrtvih planetov ali nerodovitne zemlje. Zemeljskih nepopolnosti – plevela, bakterij, insektov, kač – ni. Za razliko od raznovrstnih podnebij in letnih časov na zemlji astralni planeti ohranjajo enakomerno temperaturo večne pomladi, občasno pa padata bleščeče bel sneg in dež mnogobarvne svetlobe. Astralni planeti so bogati z jezeri opalnih barv, s svetlečimi morji in z mavričnimi rekami.

Običajno astralno vesolje – ne subtilnejša astralna nebesa Hiranjaloke – poseljujejo milijoni astralnih bitij, ki so prišla z zemlje pred kratkim ali dalj časa nazaj, skupaj z neštetimi vilami, morskimi deklicami, ribami, živalmi, goblini, palčki, polbogovi in duhovi, vsi pa prebivajo na različnih astralnih planetih v skladu s svojimi karmičnimi lastnostmi. Za dobre in zle duhove so na voljo različne bivanjske sfere oziroma vibracijska območja. Dobri lahko svobodno potujejo, zli pa so omejeni na določena območja. Enako kot ljudje živijo na površju zemlje, črvi v prsti, ribe v vodi in ptice v zraku, so tudi astralna bitja različnih stopenj dodeljena v ustrezna vibracijska bivališča.

Med padlimi temnimi angeli, ki so bili izgnani z drugih svetov, se dogajajo trenja in vojne z življenjskimi bombami ali z mentalnimi, mantričnimi* vibracijskimi žarki. Ta bitja živijo v temačnih območjih spodnjega astralnega vesolja in predelujejo svojo zlo karmo.

V prostranih kraljestvih nad temnim astralnim zaporom je vse svetlo in lepo. Astralno vesolje je na Božjo voljo in načrt popolnosti bolj naravno uglašeno kot zemlja. Vsak astralni predmet se pojavi predvsem po Božji volji in deloma po volji astralnih bitij. Imajo moč spremeniti obliko oziroma povečati eleganco česarkoli, kar je že ustvaril Gospod. Svojim astralnim otrokom je dal svobodo in privilegij, da lahko po želji spreminjajo oziroma izboljšujejo astralno vesolje. Na zemlji se mora snov v trdnem agregatnem stanju v tekočino ali druge oblike spremeniti po naravnih oziroma kemijskih procesih, astralne trdnine pa se spremenijo v astralne tekočine, pline ali energijo takoj, zgolj zaradi volje prebivalcev.

Zemlja je temna od vojskovanja in umorov na morju, kopnem in v zraku,« je nadaljeval guru, »astralna kraljestva pa poznajo le veselje, harmonijo in enakost. Astralna bitja se po želji dematerializirajo ali materializirajo. Rože, ribe ali živali se lahko za nekaj časa preobrazijo v astralne ljudi. Vsa astralna bitja lahko prosto prevzamejo katerokoli obliko in se z lahkoto sporazumevajo. Ne utesnjuje jih noben nespremenljiv, določen naravni zakon – katerokoli astralno drevo lahko, na primer, na prošnjo rodi astralni mango ali drugo želeno sadje, rožo ali dejansko katerikoli drug predmet. Navzoče so določene karmične omejitve, a v astralnem svetu ni razlik glede zaželenosti različnih oblik. Vse je živo od Božje ustvarjalne luči.

Nihče se ne rodi iz ženske, potomce utelesijo astralna bitja s pomočjo svoje kozmične volje v astralno strjene oblike posebnih vzorcev. Nedavno fizično raztelešeno bitje pride v astralno družino na povabilo, pritegnejo ga podobne umske in duhovne težnje.

Astralno telo ni podvrženo mrazu, vročini ali drugim naravnim razmeram. Telesna zgradba vključuje astralne možgane oziroma

* Pridevnik iz besede *mantra,* ki označuje péte semenske zvoke, ki jih strelja mentalni top koncentracije. *Purane* (starodavne *šastre* ali razprave) opisujejo te mantrične vojne med *devami* in *asurami* (bogovi in demoni). *Asura* je nekoč hotel z močnim izrekom pokončati *devo.* Zaradi napačnega izgovora pa je mentalna bomba delovala kot bumerang in ubila demona.

lotos luči s tisočimi cvetnimi lističi in šest prebujenih središč v *sušumni* ali astralni cerebrospinalni osi. Srce iz astralnih možganov vleče kozmično energijo, pa tudi svetlobo, ter jo pošilja v astralno živčevje in telesne celice ali živtrone. Astralna bitja lahko uresničujejo spremembe v svojih oblikah z živtronsko silo in s svetimi mantričnimi vibracijami.

V večini primerov je astralno telo popoln dvojnik zadnje fizične oblike. Obraz in postava astralnega človeka sta podobni tistima v njegovi mladosti v njegovem prejšnjem zemeljskem bivanju. Občasno kdo kot jaz želi ohraniti svoj videz iz starosti.« Učitelj, ki je izžareval samo bistvo mladosti, se je veselo pomuzal.

»Za razliko od prostorskega, tridimenzionalnega fizičnega sveta, ki ga spoznavamo s petimi čuti, so astralne sfere vidne vseobsegajočemu šestemu čutu – intuiciji,« je nadaljeval Šri Juktešvar. »Zgolj z intuitivnim čutom vsa astralna bitja vidijo, slišijo, vohajo, okušajo in se dotikajo. Imajo troje oči, dvoje od njih sta na pol priprti. Tretje in glavno astralno oko, ki leži vertikalno na čelu, je odprto. Astralna bitja imajo vsa zunanja čutila – ušesa, oči, nos, jezik in kožo. A intuicijo uporabljajo za zaznave skozi katerikoli del telesa, vidijo lahko skozi uho, nos ali kožo. Lahko slišijo skozi oči oziroma jezik in lahko okušajo skozi ušesa ali kožo in tako naprej.*

Človekovo fizično telo je izpostavljeno neštetim nevarnostim in se z lahkoto poškoduje ali pohabi, eterično astralno telo pa se občasno sicer lahko poškoduje, a z golim hotenjem takoj ozdravi.«

»Gurudeva, so vsi astralni ljudje lepi?«

»Lepota je v astralnem svetu duhovna lastnost in ne zunanja oblika,« je odvrnil Šri Juktešvar. »Astralna bitja torej ne posvečajo veliko pozornosti obraznim potezam. Imajo pa to prednost, da si lahko po želji nadenejo nova, barvita, astralno materializirana telesa. Tako kot zemeljski ljudje oblečejo nova slovesna oblačila za gala večer, tako se astralna bitja ob posebnih priložnostih olepšajo s posebej zasnovanimi oblikami.

* Primere takšnih moči srečamo tudi na zemlji, na primer v primeru Helen Keller in drugih redkih ljudi.

Ko se bitje z duhovnim napredkom osvobodi astralnega sveta in je tako pripravljeno vstopiti v nebesa kavzalnega sveta, se na višjih astralnih planetih, kot je Hiranjaloka, odvijajo vesela astralna praznovanja. Ob takšnih priložnostih se nevidni Nebeški Oče in svetniki, ki so združeni z njim, materializirajo v telesih po lastni izbiri in se pridružijo astralnemu praznovanju. Da bi razveselil svojega ljubljenega častilca, Gospod prevzame želeno podobo. Če je vernik častil z ljubečo vdanostjo, vidi Boga kot Božansko Mater. Jezusu je bil očetovski vidik Neskončnega privlačen nad vsemi drugimi predstavami. Individualnost, s katero je Stvarnik obdaril svoja ustvarjena bitja, postavlja vse predstavljive in nepredstavljive zahteve Gospodovi vsestranskosti!« Z gurujem sva se veselo zasmejala.

»Prijatelji iz drugih življenj se v astralnem svetu z lahkoto prepoznajo,« je Šri Juktešvar nadaljeval s svojim lepim glasom, ki je spominjal na flavto. »V veselju nad nesmrtnostjo prijateljstva spoznavajo neuničljivost ljubezni, v katero pogosto podvomijo v času žalostnih, varljivih slovesov zemeljskega življenja.

Intuicija astralnih bitij predre tančico in opazuje človeške dejavnosti na zemlji, a človek ne more videti astralnega sveta, razen če ima razvit šesti čut. Tisoči prebivalcev zemlje so za trenutek že uzrli astralno bitje ali astralni svet.*

Napredna bitja na Hiranjaloki so po večini budna v ekstazi skozi ves dolgi astralni dan in noč ter pomagajo reševati zapletene težave kozmične vlade in odrešenja izgubljenih sinov, na zemljo priklenjenih duš. Ko bitja na Hiranjaloki spijo, imajo občasno astralna videnja, podobna sanjam. Njihovi umi so ponavadi zatopljeni v zavestno stanje najvišje blaženosti *nirbikalpe*.

Prebivalci v vseh delih astralnih svetov so še vedno podvrženi duševnemu trpljenju. Občutljivi umi višjih bitij na planetih, kot je Hiranjaloka, čutijo veliko bolečino, če naredijo kakšno napako v ravnanju ali zaznavanju resnice. Ta napredna bitja si prizadevajo vsako svoje dejanje in misel uglasiti s popolnostjo duhovnega zakona.

* Na zemlji otroci čistega duha včasih lahko vidijo ljubka astralna telesa vil. Tudi z uporabo mamil ali opojnih pijač, katerih uporaba je prepovedana v vseh svetih spisih, lahko človek tako zmeša svojo zavest, da zaznava grozovite podobe v astralnem peklu.

Sporazumevanje med astralnimi prebivalci se v celoti odvija z astralno telepatijo in televizijo, ni več zmede in napačnega razumevanja pisane in govorjene besede, kar morajo prenašati prebivalci zemlje. Tako kot se ljudje na filmskem zaslonu na videz premikajo in delujejo v vrsti svetlobnih slik, in v resnici ne dihajo, tako astralna bitja hodijo in delajo kot inteligentno vodene in usklajene podobe svetlobe, ne da bi jim bilo treba srkati moč iz kisika. Človek je odvisen od trdnih snovi, tekočin, plinov in energije, da preživi, astralna bitja pa se ohranjajo pri življenju v glavnem s kozmično svetlobo.«

»Učitelj moj, ali astralna bitja kaj jedo?« Njegove sijajne razlage sem srkal z vsemi svojimi zmožnostmi – z umom, srcem in dušo. Nadzavestna zaznavanja resnice so trajno resnična in nespremenljiva, medtem ko bežna čutna izkustva in vtisi nikoli niso več kot začasno oziroma relativno resnični in v spominu kmalu izgubijo vso svojo živost. Besede mojega guruja so tako močno prodrle v moje srce in se vtisnile na pergament mojega bitja, da lahko kadarkoli, če prestavim svoj um v nadzavestno stanje, jasno podoživim to božansko izkušnjo.

»Svetleče zelenjave, podobne žarkom, je v astralni prsti v izobilju,« je odgovoril. »Astralna bitja uživajo zelenjavo in pijejo nektar iz sijajnih vodnjakov svetlobe in iz astralnih potokov in rek. Tako kakor nevidne podobe ljudi na zemlji potegnemo iz etra in postanejo vidne s televizijsko napravo, kasneje pa se znova vrnejo v prostor, tako se od Boga ustvarjeni, nevidni astralni načrti zelenjave in rastlin, ki plavajo v etru, oborijo na astralnem planetu po volji njegovih prebivalcev. Enako se iz najdrznejše domišljije teh bitij materializirajo celi vrtovi dišečih cvetlic in se kasneje vrnejo v etrsko nevidnost. Čeprav so prebivalci na nebeških planetih, kot je Hiranjaloka, skoraj prosti potrebe po hranjenju, so še višje skoraj popolnoma osvobojene duše v kavzalnem svetu, katerih bivanje ni pogojeno z ničimer in ki jedo le mano blaženosti.

Zemlje osvobojeno astralno bitje sreča množico sorodnikov, očetov, mater, žena, mož in prijateljev, ki jih je dobilo v času različnih inkarnacij na zemlji,* ko se pojavijo od časa do časa v različnih delih astralnega sveta. Ne more razumeti, koga še zlasti ljubiti, in se tako nauči dajati božansko in enako ljubezen vsem kot otrokom in individualiziranim izrazom Boga. Čeprav se je zunanji videz ljubljenih morda spremenil, bolj ali manj v skladu z razvojem novih lastnosti v zadnjem življenju določene duše, astralno bitje uporabi svojo nezmotljivo intuicijo, da prepozna vse tiste, ki so mu bili dragi na drugih ravneh obstoja in da jih sprejme v njihovem novem astralnem domu. Ker je vsak atom stvarjenja neuničljivo obdarjen z individualnostjo,† bo astralnega prijatelja bitje prepoznalo ne glede na to, kakšen kostum si nadene, tako kot lahko na zemlji odkrijemo igralčevo identiteto, ko ga opazujemo od blizu, ne glede na njegovo preobleko.

Življenjska doba v astralnem svetu je veliko daljša kot na zemlji. Povprečna življenjska doba običajnega naprednega astralnega bitja je od petsto do tisoč let po zemeljskih merilih časa. Kot lahko določena vrsta sekvoje živi več tisočletij dlje od drugih dreves oziroma kot nekateri jogiji živijo več sto let, čeprav večina ljudi umre pred šestdesetim letom starosti, tako nekatera astralna bitja živijo veliko dlje od običajne dolžine astralnega obstoja. Obiskovalci astralnega sveta živijo tam daljše ali krajše obdobje glede na težo svoje fizične karme, ki jih v predpisanem času potegne nazaj na zemljo.

Ko astralno bitje zapusti svoje svetleče telo, se mu ni treba spoprijemati z bolečo smrtjo. Mnoga astralna bitja pa vseeno občutijo rahlo nervozo ob misli, da bodo odvrgla svojo astralno podobo za subtilnejšo kavzalno. Astralni svet ne pozna nehotene smrti, bolezni in starosti. Te tri grozote so prekletstvo zemlje, kjer je človek dovolil, da se je njegova zavest skoraj v celoti identificirala s krhkim fizičnim

* Gospoda Budo so nekoč vprašali, zakaj mora človek ljubiti vse ljudi enako. »Ker,« je odgovoril veliki učitelj, »mu je bilo v vseh številnih in raznolikih življenjih, ki jih ima vsak človek, prej ali slej vsako bitje drago.«

† Osem elementarnih lastnosti, ki vstopajo v vse ustvarjeno življenje, od atoma do človeka, so zemlja, voda, ogenj, zrak, eter, čutni um (*manas*), razum (*buddhi*) in individualnost ali ego (*ahamkara*). (Prim. Bhagavad gita VII,4.)

telesom, ki potrebuje nenehno pomoč zraka, hrane in spanca, da lahko sploh preživi.

Fizično smrt spremljata konec dihanja in razpad telesnih celic. Astralna smrt pa je razpršitev živtronov, tistih vidnih enot energije, ki sestavljajo življenje astralnega bitja. Ob fizični smrti bitje izgubi zavest telesa in se začne zavedati svojega subtilnega telesa v astralnem svetu. Ko bitje nazadnje doživi astralno smrt, preide iz zavesti astralnega rojstva in smrti v zavest fizičnega rojstva in smrti. Ti ponavljajoči se krogi astralnih in fizičnih utelešenj so neizbežna usoda vseh nerazsvetljenih bitij. Definicije nebes in pekla v svetih spisih včasih predramijo človekove spomine, globlje od podzavesti, na dolgo vrsto doživetij v vedrem astralnem svetu in v razočaranj polnem zemeljskem svetu.«

»Ljubljeni učitelj,« sem ga vprašal, »bi, prosim, podrobno opisali razliko med ponovnim rojevanjem na zemlji ter v astralnih in kavzalnih sferah?«

»Človek kot individualizirana duša ima v osnovi kavzalno telo,« mi je razložil guru. »To telo je matrica petintridesetih *idej*, ki jih je predpisal Bog kot osnovne oziroma vzročne miselne sile, iz katerih je kasneje oblikoval subtilno astralno telo iz devetnajstih elementov in fizično telo iz šestnajstih elementov.

Devetnajst elementov astralnega telesa je mentalnih, čustvenih in živtronskih. Devetnajst sestavin je: inteligenca; ego; čustvo; um (čutna zavest); pet instrumentov *védenja*, subtilnih ekvivalentov čutov vida, sluha, voha, okusa in tipa; pet instrumentov *delovanja*, mentalnih ustreznic za izvršne sposobnosti spočetja, izločanja, govora, hoje in izvajanja ročnih del; in pet instrumentov *življenjske sile*, ki imajo moč izvajati telesne funkcije kristaliziranja, vsrkavanja, izločanja, metabolizma in obtoka. Subtilni astralni ovoj devetnajstih elementov preživi smrt fizičnega telesa, ki je sestavljeno iz šestnajstih grobih kemičnih elementov.

Bog je v sebi razvil različne zamisli in jih nato projiciral v sanje. Tako je nastala dama Vesoljne sanje, okrašena z vsemi velikanskimi in neskončnimi okraski relativnosti.

V petintridesetih miselnih kategorijah kavzalnega telesa je Bog razdelal vse podrobnosti devetnajstih človekovih astralnih in šestnajstih fizičnih ustreznic. Z zgostitvijo vibracijskih sil, najprej subtilnih in nato grobih, je izdelal človekovo astralno telo in nazadnje njegovo fizično obliko. Po zakonu relativnosti, po katerem je Prvobitna Preprostost postala begajoča raznovrstnost, se kavzalno vesolje in kavzalno telo razlikujeta od astralnega vesolja in astralnega telesa. Fizično vesolje in fizično telo se ravno tako razlikujeta od drugih oblik stvarstva.

Meseno telo je iz trdnih, opredmetenih sanj Stvarnika. Na zemlji je vedno navzoča dvojnost: bolezen in zdravje, bolečina in užitek, izguba in pridobitev. Človeška bitja so v tridimenzionalni snovi soočena z omejitvami in uporom. Ko človekovo željo po življenju resno pretresejo bolezen ali drugi vzroki, pride smrt. Težki plašč mesa začasno odpade, duša pa ostaja obdana z astralnim in kavzalnim telesom.* Povezovalna sila, ki vsa tri telesa drži skupaj, je želja. Moč neizpolnjenih želja je vzrok vsega človekovega suženjstva.

Fizične želje so zakoreninjene v egocentričnosti in čutnih užitkih. Prisila ali skušnjava čutnih doživetij je močnejša kot sila želje pri astralnih navezanostih ali kavzalnih zaznavah.

Astralne želje se tičejo uživanja v smislu vibracij. Astralna bitja uživajo v eterični glasbi nebesnih teles in so prevzeta od pogleda na stvarstvo neizčrpnih izrazov spreminjajoče se svetlobe. Astralna bitja tudi vonjajo, okušajo in se dotikajo svetlobe. Astralne želje so potemtakem povezane z močjo astralnih bitij, da oborijo vse predmete in izkušnje kot oblike svetlobe ali kot zgoščene misli oziroma sanje.

Kavzalne želje se izpolnijo že s samim zaznavanjem. Skoraj popolnoma svobodna bitja, ki so obdana le s kavzalnim telesom, vidijo celotno vesolje kot uresničenje sanjskih idej Boga. S samo mislijo lahko materializirajo karkoli. Kavzalna bitja imajo zato uživanje v fizičnih občutkih oziroma astralnih radostih za grobo in zadušljivo za žlahtno rahločutnost duše. Kavzalna bitja svoje želje

* ‚Telo' pomeni kakršenkoli ovoj duše, naj bo grob ali subtilen. Tri telesa so kletke za rajsko ptico.

razrešijo tako, da jih v trenutku materializirajo.* Tisti, ki so prekriti le z rahlo tančico kavzalnega telesa, lahko manifestirajo vesolja celo tako kot Stvarnik. Ker je vse stvarstvo narejeno iz vesoljne sanjske snovi, ima duša, ki je tanko prekrita s kavzalnim, veliko moč.

Dušo, ki je po naravi nevidna, se lahko razloči le z navzočnostjo njenega telesa oziroma njenih teles. Že sama navzočnost telesa pomeni, da so za njegov obstoj zaslužne neizpolnjene želje.†

Dokler je človeška duša obdana z eno, dvema ali tremi telesnimi steklenicami, tesno zaprtimi z zamaški nevednosti in želja, se človek ne more združiti z morjem Duha. Ko grobo fizično steklenico uniči kladivo smrti, druga dva sloja – astralni in kavzalni – ostaneta in preprečita, da bi se duša zavestno pridružila Vsenavzočemu Življenju. Ko duša z modrostjo doseže stanje brez želja, njegova moč razkroji še dve preostali steklenici. Na plano pride drobna človeška duša, končno svobodna, zdaj je eno z Neizmernim Obiljem.«

Guruja sem prosil, naj še dodatno pojasni visoki in skrivnostni kavzalni svet.

»Kavzalni svet je neopisljivo subtilen,« je odvrnil. »Če bi ga človek želel razumeti, bi moral imeti tako silno moč koncentracije, da bi lahko zaprl oči in si predstavljal astralno vesolje in fizično vesolje v vsej njuni prostranosti – svetlobni balon s trdno košaro – kot obstoječa le v idejah. Če bi s to nadčloveško koncentracijo komu uspelo pretvoriti oziroma razgraditi obe vesolji z vsemi njunimi kompleksnostmi v čiste ideje, tedaj bi dosegel kavzalni svet in stal na meji združitve uma in snovi. Tam človek zaznava vse ustvarjeno – trdne snovi, tekočine, pline, elektriko, energijo, vsa bitja, bogove, ljudi, živali, rastline, bakterije – kot oblike zavesti, ravno tako kot lahko človek zapre oči in se zaveda, da obstaja, čeprav je njegovo telo nevidno njegovim fizičnim očem in je navzoče le kot ideja.

* Babadži je pomagal Lahiriju Mahašaji pri osvobajanju od podzavestne želje iz nekega preteklega življenja po palači, kot je opisano v 34. poglavju.

† »Rekel jim je: Kjer je truplo, tam se bodo zbrali jastrebi.« – Lk 17,37. Kjer je duša obdana s fizičnim telesom oziroma z astralnim telesom oziroma s kavzalnim telesom, tam se bodo jastrebi želja, ki prežijo na človeško čutno šibkost oziroma na astralne in kavzalne navezanosti, prav tako zbrali, da bi dušo obdržali v jetništvu.

Vse, kar človek lahko naredi v domišljiji, lahko kavzalno bitje naredi v resničnosti. Najbolj domiselna človeška pamet lahko zgolj umsko seže od ene skrajne misli do druge, mentalno preskakuje planete, ali brez konca pada v jamo večnosti ali švigne kot raketa v nebo, polno galaksij, ali žari kot žaromet prek mlečnih cest in zvezdnih prostorov. A bitja v kavzalnem svetu imajo veliko večjo svobodo in zlahka manifestirajo svoje misli v takojšnjo objektivnost, brez materialnih ali astralnih ovir ali karmičnih omejitev.

Kavzalna bitja vedo, da fizično vesolje ni prvenstveno sestavljeno iz elektronov, niti ni astralno vesolje v osnovi sestavljeno iz živtronov. Obe vesolji sta dejansko ustvarjeni iz najmanjših delcev Božjih misli, ki jih je razsekala in razdelila *maja*, zakon relativnosti, ki očitno posreduje, da loči stvarstvo od Stvarnika.

Duše v kavzalnem svetu prepoznavajo druga drugo kot individualizirane točke radostnega Duha. Njihove miselne stvari so edini predmeti, ki jih obdajajo. Kavzalna bitja vidijo razliko med svojim telesom in mislijo zgolj kot idejo. Kot si človek, ko zapre oči, lahko predstavlja osupljivo belo svetlobo ali šibko modro meglico, tako lahko kavzalna bitja le z mislijo vidijo, slišijo, vonjajo, okušajo, tipajo. Vse ustvarijo ali razblinijo z močjo kozmičnega uma.

Smrt in rojstvo v kavzalnem svetu sta v mislih. Bitja s kavzalnimi telesi se gostijo le z ambrozijo vedno novega védenja. Pijejo iz izvirov miru, pohajkujejo po brezpotjih zaznavanja, plavajo v oceanski brezkončnosti blaženosti. Poglej! Njihova svetla miselna telesa švigajo mimo trilijonov planetov, ki jih je ustvaril Duh, svežih mehurčkov vesolij, zvezd modrosti, fantomskih sanj zlatih meglic na nebesnih nedrjih Neskončnosti!

Mnoga bitja ostanejo v kavzalnem vesolju več tisoč let. Z globljo zamaknjenostjo se osvobojena duša nato umakne iz malega kavzalnega telesa in si nadene prostranost kavzalnega kozmosa. Vsi ločeni vrtinci idej, posamezni valovi moči, ljubezni, volje, veselja, miru, intuicije, mirnosti, samonadzora in koncentracije se stopijo v vedno veselo Morje Blaženosti. Duši ni nič več treba doživljati radosti kot individualiziranemu valu zavesti, ampak se združi z

Enim Vesoljnim Oceanom, z vsemi njegovimi valovi – z večnim smehom, vznesenostmi, utripanji.

Ko se duša reši zapredka treh teles, za vedno pobegne pred zakonom relativnosti in postane neizrekljivo Vedno Obstoječe.* Poglej metulja Vsenavzočnosti, njegova krila se izrisujejo z zvezdami, lunami in s sonci! Duša, ki se razširi v Duha, ostaja sama v območju brezsvetlobne luči, breztemne teme, brezmiselne misli, opita od ekstaze radosti v Božjih sanjah vesoljnega stvarstva.«

»Svobodna duša!« sem vzkliknil v občudovanju.

»Ko duša končno pride iz treh steklenic telesnih iluzij,« je nadaljeval učitelj, »postane eno z Neskončnim, ne da bi v čemerkoli izgubila svojo individualnost. Kristus je dobil to končno svobodo, še preden se je rodil kot Jezus. V treh stopnjah njegove preteklosti, ki so simbolizirane v njegovem zemeljskem življenju s tremi dnevi izkustva smrti in vstajenja, je dobil moč, da je lahko v polnosti vstal v Duhu.

Nerazviti človek mora preiti neštete zemeljske, astralne in kavzalne inkarnacije, da lahko izstopi iz vseh treh teles. Učitelj, ki doseže to končno svobodo, se lahko odloči, da se bo vrnil na zemljo kot prerok in druge ljudi pripeljal nazaj k Bogu, ali se kot jaz odloči prebivati v astralnem vesolju. Tam odrešenik prevzame nekaj bremena karme† prebivalcev in jim tako pomaga zaključiti krog ponovnega rojevanja v astralnem vesolju in za vedno oditi v kavzalne sfere. Lahko pa osvobojena duša vstopi v kavzalni svet, da pomaga njegovim prebivalcem skrajšati njihov čas v kavzalnem telesu in s tem doseči popolno svobodo.«

»Vstali, rad bi izvedel več o karmi, ki prisili duše, da se vračajo v tri svetove.« Svojega vsevednega učitelja bi lahko poslušal v

* »Kdor zmaga, ga bom naredil za steber v svetišču svojega Boga in nikoli več ne pojde iz njega (t.j. se ne bo več reinkarniral) … Kdor zmaga, mu bom dal, da sede z menoj na moj prestol, kakor sem tudi sam zmagal in sédel s svojim Očetom na njegov prestol.« – Raz 3,12–21.

† Šri Juktešvar je hotel povedati, da kakor je v svoji zemeljski inkarnaciji občasno vzel nase breme bolezni, da bi učence razbremenil karme, tako mu je v astralnem svetu njegovo poslanstvo odrešenika omogočilo, da je prevzel določeno astralno karmo prebivalcev Hiranjaloke in tako pospešil njihovo evolucijo v višji kavzalni svet.

nedogled, sem pomislil. V njegovem zemeljskem življenju nikoli nisem mogel naenkrat vsrkati toliko njegove modrosti. Zdaj sem prvič dobival jasen, nedvoumen vpogled v skrivnostne medprostore na šahovnici življenja in smrti.

»Fizično karmo oziroma človekove želje je treba popolnoma predelati, preden postane mogoče stalno bivanje v astralnih svetovih,« je pojasnil guru s svojim vznemirljivim glasom. »V astralnih sferah bivata dve vrsti bitij. Tista, ki se morajo še znebiti zemeljske karme in se morajo zato ponovno naseliti v grobo fizično telo, da bi lahko plačala karmični dolg, lahko po fizični smrti uvrstimo med začasne obiskovalce astralnega sveta in ne med stalne prebivalce.

Bitja z neporavnano zemeljsko karmo po astralni smrti ne morejo iti v visoko kavzalno sfero kozmičnih idej, ampak morajo potovati sem in tja med fizičnim in astralnim svetom, pri čemer se zaporedoma zavedajo svojega fizičnega telesa iz šestnajstih grobih elementov in svojega astralnega telesa iz devetnajstih subtilnih elementov. Po vsaki izgubi fizičnega telesa pa nerazvito bitje z zemlje v glavnem ostane v globoki otopelosti smrtnega spanca in se komaj zaveda čudovite astralne sfere. Po astralnem počitku se takšen človek vrne na materialno raven po nove lekcije in se s ponavljajočimi se potovanji postopoma privaja na svetove subtilne astralne teksture.

Običajni oziroma dolgotrajni prebivalci astralnega vesolja pa so po drugi strani tisti, ki se jim, za vedno osvobojenim vsega materialnega hrepenenja, ni več treba vrniti h grobim vibracijam zemlje. Takšna bitja morajo predelati le še astralno in kavzalno karmo. Ob astralni smrti ta bitja preidejo v neskončno bolj žlahten in pretanjen kavzalni svet. Ob koncu določenega obdobja, ki ga določa vesoljni zakon, se ta napredna bitja vrnejo na Hiranjaloko ali na podoben visok astralni planet. Ponovno se rodijo v novem astralnem telesu, da predelajo svojo neporavnano astralno karmo.

Sin moj, zdaj lahko bolje razumeš, da sem obujen po Božjem odloku,« je nadaljeval Šri Juktešvar, »kot odrešenik astralno reinkarniranih duš, in sicer v večji meri tistih, ki se vračajo iz kavzalne sfere, kot tistih, ki se dvigajo z zemlje. Tisti z zemlje, ki še vedno ohranijo ostanke materialne karme, se ne dvignejo do zelo visokih astralnih planetov, kot je Hiranjaloka.

Večina ljudi na zemlji se ne nauči ceniti višjih radosti in prednosti astralnega življenja, ker nimajo uvida, ki se ga dobi z meditacijo. Po smrti se tako želijo vrniti k omejenim, nepopolnim užitkom na zemlji. Ravno tako si mnogim astralnim bitjem med običajnim razkrojem astralnih teles ne uspe predstavljati vzvišenega stanja duhovne radosti v kavzalnem svetu. Ob vdajanju mislim na bolj grobo in načičkano astralno srečo hrepenijo po ponovnem obisku astralnega paradiža. Težko astralno karmo morajo takšna bitja odplačati, preden lahko dosežejo neprekinjeno bivanje v kavzalnem svetu misli, tako narahlo ločenem od Stvarnika, po astralni smrti.

Šele ko bitje nima več želja po doživetjih v astralnem vesolju, tako prijetnem očem, in ne podleže skušnjavi, da bi se vrnilo tja, ostane v kavzalnem svetu. Ko tam dokonča delo odplačevanja kavzalne karme oziroma semen preteklih želja, omejena duša porine ven zadnjega od treh zamaškov nevednosti, izide iz zadnje steklenice kavzalnega telesa in se združi z Večnim.

Zdaj razumeš?« me je vprašal učitelj in se tako očarljivo nasmehnil!

»Ja, po vaši milosti. Od veselja in hvaležnosti sem ostal brez besed.«

Tako navdihujočega znanja nisem dobil prej iz nobene pesmi ali zgodbe. Čeprav hindujski sveti spisi govorijo o kavzalnih in astralnih svetovih in človekovih treh telesih, kako oddaljene in brez pomena so tiste strani v primerjavi s toplo pristnostjo mojega vstalega učitelja! Zanj ni obstajala niti ena »neodkrita dežela, iz katere se ne vrne noben popotnik«!*

»Medsebojno prepletanje človekovih treh teles se izraža na mnoge načine skozi njegovo trojno naravo,« je nadaljeval moj veliki guru. »V stanju budnosti na zemlji se človeško bitje bolj ali manj zaveda svojih treh inštrumentov. Ko s čuti namerava okušati, vonjati, se dotikati, poslušati ali gledati, deluje predvsem skozi svoje

* *Hamlet* (III. dejanje, 1. prizor).

fizično telo. Ko nekaj vizualizira ali hoče, deluje predvsem skozi svoje astralno telo. Človekovo kavzalno bitje se izraža, ko misli ali se potaplja globoko v introspekcijo ali meditacijo. Kozmične misli genija pridejo k človeku, ki ima pogost stik s svojim kavzalnim telesom. V tem smislu lahko posameznika okvirno opredelimo za ‚materialnega človeka', ‚energičnega človeka' ali ‚intelektualnega človeka'.

Človek se približno šestnajst ur na dan identificira s svojim fizičnim telesom. Nato spi; če sanja, ostaja v svojem astralnem telesu in brez težav ustvari katerikoli predmet, tako kot astralna bitja. Če je človekov spanec globok in brez sanj, lahko za več ur prenese svojo zavest oziroma občutek jaza v kavzalno telo, takšen spanec poživlja. Sanjalec prihaja v stik s svojim astralnim telesom in ne s kavzalnim telesom. Njegov spanec ni popolnoma osvežujoč.«

Med njegovo čudovito razlago sem ljubeče opazoval Šri Juktešvarja.

»Angelski guru,« sem rekel, »vaše telo je videti prav takšno kot tedaj, ko sem nazadnje jokal nad njim v ašramu v Puriju.«

»Tako je, moje novo telo je popolna kopija starega. To podobo materializiram ali dematerializiram, kadar želim, veliko pogosteje, kot sem to počel na zemlji. S hitro dematerializacijo zdaj potujem v trenutku s svetlobnim ekspresom s planeta na planet ali pa iz astralnega v kavzalno ali v fizično vesolje.« Moj božanski guru se je nasmehnil. »Čeprav te dni zelo hitro potuješ okrog, sem te brez težav našel v Bombaju!«

»Oh, učitelj, kako močno sem žaloval ob vaši smrti!«

»No, v kakšnem smislu pa sem umrl? Ni tu nekakšno protislovje?« Šri Juktešvarjeve oči so se lesketale od ljubezni, zabaval se je.

»Na zemlji si le sanjal, na njej si videl moje sanjsko telo,« je nadaljeval. »Kasneje si tisto sanjsko podobo pokopal. Zdaj pa je moje žlahtnejše meseno telo – ki ga vidiš in ga celo zdaj precej tesno objemaš! – vstalo na drugem žlahtnejšem Božjem sanjskem planetu. Nekega dne bosta to žlahtnejše sanjsko telo in žlahtnejši sanjski planet prenehala obstajati. Tudi onadva nista večna. Vsi sanjski mehurčki morajo prej ali slej počiti ob zadnjem čuječem dotiku. Razlikuj, moj sin Jogananda, med sanjami in Resničnostjo!«

Ta ideja vedantskega* vstajenja me je navdala s čudenjem. Sram me je bilo, da sem pomiloval učitelja, ko sem videl njegovo mrtvo telo v Puriju. Končno sem razumel, da je bil moj guru vedno popolnoma buden v Bogu in je zaznaval svoje življenje in smrt na zemlji in svoje sedanje vstajenje zgolj kot relativnosti Božjih idej v vesoljnih sanjah.

»Zdaj sem ti povedal, Jogananda, resnice o svojem življenju, smrti in vstajenju. Ne žaluj za menoj, raje povsod oznanjaj zgodbo o mojem vstajenju z zemlje ljudi, ki jo sanja Bog, na drug planet astralno odetih duš, ki ga sanja Bog! Novo upanje bo vzklilo v srcih z bridkostjo obnorelih, smrti boječih se sanjalcev sveta.«

»Ja, učitelj!« Kako rade volje bom z drugimi delil svoje veselje nad njegovim vstajenjem!

»Na zemlji so bila moja merila neprijetno visoka, neprimerna za naravo večine ljudi. Pogosto sem te grajal bolj, kot bi te moral. Opravil si moj preizkus. Tvoja ljubezen je sijala skozi oblake vseh graj.« Nežno je še dodal: »Danes sem ti prišel povedat tudi, da si nikoli več ne bom nadel strogega pogleda. Ne bom te več ošteval.«

Kako sem pogrešal oštevanje svojega vélikega guruja! Vsako od oštevanj je bilo kot angel varuh.

»Najdražji učitelj! Pograjajte me še milijonkrat – zdaj me oštejte!«

»Nič več te ne bom karal.« Njegov božanski glas je bil resen, pa vendar mu je šlo na smeh. »Midva se bova skupaj smehljala, dokler se bosta najini dve obliki pojavljali kot različni v Božjih sanjah *maje*. Nazadnje se bova združila v eno v Kozmičnem Ljubljenem. Najina nasmeška bosta njegov nasmešek, najina enotna pesem veselja bo vibrirala po večnosti in se predvajala dušam, uglašenim z Bogom!«

Šri Jukteševar mi je osvetlil določene zadeve, ki jih tukaj ne morem razkriti. V dveh urah, ki jih je preživel z menoj v hotelski sobi v

* Življenje in smrt le kot relativni misli. *Vedanta* poudarja, da je Bog edina resničnost. Vse stvarstvo oziroma ločen obstoj je *maja* oziroma utvara. Ta filozofija monizma je dosegla svoj najvišji izraz v Šankarovih komentarjih *Upanišad*.

Bombaju, mi je odgovoril na vsa vprašanja. Več svetovnih prerokb, ki jih je izrekel tistega junijskega dne leta 1936, se je že uresničilo.

»Zdaj te bom zapustil, ljubljeni!« Ob teh besedah sem začutil, da se učitelj topi v mojem objemu.

»Otrok moj,« je odzvanjal njegov glas in vibriral globoko v mojo dušo, »kadar boš vstopil skozi vrata *nirbikalpa samadhija* in me poklical, bom prišel k tebi iz mesa in kosti, tako kot danes.«

S to nebeško obljubo je Šri Juktešvar izginil izpred mojih oči. Kot bi zagrmelo iz oblaka, je melodično ponovil: »Povej vsem! Kdor po spoznanju *nirbikalpe* ve, da je vaša Zemlja Božji sen, lahko pride do žlahtnejšega sanjskega planeta Hiranjaloka in me tam najde vstalega v telesu, ki je točno takšno, kot je bilo moje zemeljsko. Jogananda, povej vsem!«

Nič več nisem bil žalosten zaradi slovesa. Pomilovanje in bridkost zaradi njegove smrti, ki sta mi dolgo kradla mir, sta zdaj močno osramočena zbežala. Blaženost se je zlivala kot iz vodometa skozi neskončne, na novo odprte pore moje duše. Prej dolgo zamašene zaradi neuporabe so se ob poplavi ekstaze zdaj razširile in očistile. Pred mojim notranjim očesom so se mi prikazala prejšnja utelešenja kot zaporedje filmskih slik. Dobra in slaba karma preteklosti se je razkrojila v kozmični svetlobi, ki jo je okrog mene sipal učiteljev božanski obisk.

V tem poglavju svoje avtobiografije sem spoštoval gurujev napotek in razširil radostno vest, čeprav ta znova zmede ravnodušno generacijo. Plazenje po blatu človek pozna zelo dobro, obup mu je redko tuj, vendar so to sprevrženosti, ki niso del človekove prave narave. Na dan, ko se odloči, je že stopil na pot k svobodi. Predolgo je poslušal zatohli pesimizem svojih »prah si« svetovalcev, brezbrižnih do nepremagljive duše.

Ni bilo le meni dano videti vstalega guruja.

Ena od Šri Juktešvarjevih učenk je bila priletna gospa, ki so ji ljubkovalno rekli *Ma* (mati), in ki je prebivala blizu ašrama v Puriju. Učitelj se je pogosto ustavil pri njej na klepetu na svojem jutranjem sprehodu. 16. marca 1936 je na večer prišla v ašram in prosila za sprejem pri guruju.

»Učitelj je umrl pred tednom dni!« ji je odvrnil Svami Sebananda, ki je zdaj vodil ašram v Puriju, in jo žalostno pogledal.

»Nemogoče!« je ugovarjala z nasmeškom.

»Ne.« Sebananda ji je podrobno opisal pogreb. »Pridite,« ji je rekel, »peljal vas bom na vrt pred hišo, kjer je njegov grob.«

Ma je zmajala z glavo. »Zanj ni groba! Danes zjutraj ob desetih je šel kot običajno mimo mojih vrat! Z njim sem več minut govorila zunaj na soncu.

„Pridi danes zvečer v ašram," je rekel.

Tukaj sem! Blagoslovi se razlivajo na to staro, sivo glavo! Nesmrtni guru mi je hotel povedati, v kakšnem presežnem telesu me je obiskal to jutro!«

Osupli Sebananda je pokleknil pred njo.

»Ma,« je rekel, »kakšen kamen mi je padel od srca! Vstal je!«

44. POGLAVJE

Z Mahatmo Gandhijem v Wardhi

»Dobrodošli v Wardhi!« je gdč. Bletsch, g. Wrighta in mene prisrčno pozdravil Mahadev Desai, tajnik Mahatme Gandhija, in nam nadel vence iz *khaddarja* (doma spredenega bombaža). Naša skupinica je v zgodnjem avgustovskem jutru ravno prispela na postajo v Wardhi. Veseli smo bili, da smo se rešili prahu in vročine z vlaka. Prtljago smo poslali z volovsko vprego, mi pa smo sedli v odprt avtomobil h g. Desaiu in k njegovima tovarišema Babasahebu Dešmukhu in dr. Pingalu. Po kratki vožnji po blatnih podeželskih cestah smo prispeli v ‚Maganvadi', ašram indijskega političnega svetnika.

G. Desai nas je takoj peljal v delovno sobo, kjer je s prekrižanimi nogami sedel Mahatma Gandhi. V eni roki je imel pisalo, v drugi košček papirja, na obrazu pa širok, prikupen, prisrčen nasmešek!

»Dobrodošli,« je v hindijščini na hitro napisal na papir, bil je namreč ponedeljek, njegov tedenski dan molka.

Čeprav sva se tedaj srečala prvič, sva se naklonjeno nasmehnila drug drugemu. Leta 1925 je Mahatma Gandhi s svojim obiskom počastil šolo v Rančiju, kjer je v knjigo gostov zapisal nekaj naklonjenih besed.

Drobni, petinštirideset kilogramov težak svetnik je žarel od fizičnega, umskega in duhovnega zdravja. Njegove nežne rjave oči so sijale od inteligence, iskrenosti in preudarnosti. Ta državnik se je spopadel že v tisočih pravnih, družbenih in političnih bitkah, in v njih zmagal. Ni bilo voditelja na svetu, ki bi si zagotovil tako trdno mesto v srcih ljudi, kot si ga je Gandhi v srcih milijonov neizobraženih Indijcev. Ti so mu spontano nadeli slavni naziv – Mahatma, 'velika duša'.* Le zanje Gandhi nosi v karikaturah pogosto upodobljen opasnik kot simbol enosti z zatiranimi množicami, ki si ne morejo privoščiti več.

»Prebivalci ašrama so vam popolnoma na razpolago. Prosim, obrnite se nanje, če boste karkoli potrebovali,« je pisalo na sporočilu, ki mi ga je z značilno vljudnostjo urno podal Mahatma, ko nas je g. Desai vodil iz delovne sobe proti hiši za goste.

Naš vodič nas je peljal skozi sadovnjak in prek cvetočih polj k zgradbi z opečnato streho in zamreženimi okni. Vodnjak na sprednjem dvorišču, širok dobrih sedem metrov, so po besedah g. Desaia uporabljali za napajanje živine. V bližini je stalo cementno kolo za mlatenje riža. V vsaki od naših sobic je bilo le najnujnejše – ročno spletena postelja iz vrvi. Belo prepleskana kuhinja se je ponašala s pipo v enem kotu in z ognjiščem za kuhanje v drugem. Slišati je bilo preproste podeželske glasove – krakanje vran, čivkanje vrabcev, mukanje živine in zvoke dlet, ki so obdelovala kamenje.

Ko je g. Desai opazil popotni dnevnik g. Wrighta, ga je odprl in vanj zapisal zaobljube *satjagrahe*,† ki so jih izrekli vsi zavzeti Mahatmovi učenci (*satjagrahiji*):

> »Nenasilje, resnica, odpoved kraji, celibat, odpoved lastnini, fizično delo, disciplina pri hrani in pijači, neustrašnost, enako spoštovanje vseh ver, *svadeši* (uporaba domačih proizvodov), odprava nedotakljivosti. Teh enajst zaobljub je treba ponižno izpolnjevati.«

(Gandhi se je naslednji dan sam podpisal pod te besede in dodal še datum – 27. avgust 1935.)

Dve uri po našem prihodu so nas poklicali h kosilu. Mahatma je že sedel pod arkado ašramske verande, nasproti svoje delovne sobe na drugi strani dvorišča. Kakšnih petindvajset golonogih *satjagrahijev* je čepelo pred medeninastimi skodelicami in krožniki. Skupaj smo zmolili, nato je sledil obed, ki so ga postregli iz velikih

* Njegovo rojstno ime je Mohandas Karamčand Gandhi. Sam si nikoli ne pravi 'Mahatma'.

† Dobesedni prevod iz sanskrta je 'privrženost resnici'. *Satjagraha* je slavno gibanje za nenasilje, ki ga je vodil Gandhi.

medeninastih loncev, v katerih so bili *čapatiji* (polnovreden nekvašen kruh), namazani z *ghijem*, *talsari* (kuhana in na kocke narezana zelenjava) in limonin džem.

Mahatma je jedel *čapatije*, kuhano peso ter surovo zelenjavo in pomaranče. Ob strani krožnika je imel večji kupček zelo grenkega listja drevesa *nim*, ki je znan čistilec krvi. Z žlico je kupček razdelil na dva dela in enega položil na moj krožnik. Listje sem pogoltnil skupaj z vodo in se ob tem spomnil na otroštvo, ko me je mati silila, da sem užival to neokusno listje. Gandhi pa je grižljaj za grižljajem jedel *nimovo* kašo, kot bi bila okusna.

Ob tem nepomembnem pripetljaju sem opazil, da zna Mahatma po želji ločiti um od čutov. Spomnil sem se njegove operacije slepiča pred leti, o kateri so veliko pisali časopisi. Čeprav je odklonil anestetik, se je ves čas operacije vedro pogovarjal s svojimi učenci, z mirnim smehljanjem pa je dal vedeti, da sploh ne zaznava bolečine.

KOSILO V AŠRAMU MAHATME GANDHIJA V WARDHI

Jogananda bere sporočilo, ki ga je pravkar napisal Gandhi (*desno*) (bil je ponedeljek, dan, ki ga je Mahatma posvečal molku). Naslednjega dne, 27. avgusta 1935, ga je Šri Jogananda na njegovo prošnjo uvedel v *krija jogo*.

Popoldne sem imel priložnost pogovarjati se z eno pomembnejših Gandhijevih učenk, hčerko angleškega admirala, gdč. Madeleine Slade, zdaj znano pod imenom Mira Behn.* Njen močan, miren obraz je žarel od navdušenja, ko mi je v brezhibni hindijščini pripovedovala o svojih vsakodnevnih dejavnostih.

»Obnova podeželja je zelo hvaležno delo! Nekaj nas gre vsako jutro ob petih k bližnjim vaščanom in jih učimo osnovne higiene. Nikoli ne pozabimo očistiti njihovih latrin in s slamo kritih koč iz blata. Vaščani so nepismeni, zato jih ne moremo učiti drugače kot z zgledom!« je povedala in se veselo zasmejala.

Z občudovanjem sem gledal to Angležinjo plemenitega rodu, ki je s pravo krščansko ponižnostjo opravljala umazano delo, ki je bilo običajno prihranjeno za ‚nedotakljive'.

»V Indijo sem prišla leta 1925,« mi je povedala. »V tej deželi imam občutek, kot da sem se ‚vrnila domov'. Zdaj se ne bi več mogla vrniti k staremu življenju in starim zanimanjem.«

Nekaj časa sva se pogovarjala o Ameriki. »Vedno se razveselim in sem presenečena,« je rekla, »ko pri mnogih Američanih, ki obiščejo Indijo, opazim globoko zanimanje za duhovnost.«†

Kmalu zatem je sedla za *čarko* (kolovrat). Po Mahatmovi zaslugi lahko zdaj na indijskem podeželju *čarke* srečaš na vsakem koraku.

Gandhi ima tehtne gospodarske in kulturne razloge, da spodbuja oživljanje domače obrti, ne svetuje pa fanatičnega zavračanja vsega sodobnega napredka. Stroji, vlaki, avtomobili in telegraf

* Objavila je več pisem, ki jih je napisal Mahatma, ki razkrivajo, kako jo je usposabljal v samodisciplini (*Gandhi's Letters to a Disciple;* Harper & Bros., New York, 1950).

V kasnejši knjigi (*The Spirit's Pilgrimage*; Coward-McCann, N. Y., 1960) je gdč. Slade omenila veliko število ljudi, ki so obiskali Gandhija v Wardhi. Zapisala je: »Ker je minilo že veliko časa, se mnogih ne spomnim več, dva pa sta mi jasno ostala v spominu: Halide Edib Hanum, slavna pisateljica iz Turčije, in Svami Jogananda, ustanovitelj Self-Realization Fellowshipa v Ameriki.« (*Opomba založnika*)

† Gdč. Slade me je spomnila na še eno ugledno zahodnjakinjo, gdč. Margaret Woodrow Wilson, najstarejšo hčer vélikega ameriškega predsednika. Spoznal sem jo v New Yorku. Indija jo je močno zanimala. Kasneje je šla v Pondicherry, kjer je preživela zadnjih pet let svojega življenja. Srečo je našla na poti urjenja ob razsvetljenem učitelju Šri Aurobindu Ghošu.

so igrali pomembno vlogo v njegovem lastnem izjemnem življenju! Petdeset let javnega delovanja, v zaporu in izven njega, vsakodnevno ubadanje s praktičnimi podrobnostmi in s kruto resničnostjo v svetu politike je le še okrepilo njegovo uravnoteženost, širino duha, duševno zdravje in sprejemanje nenavadne človeške drame s humorjem.

Vsi trije smo bili ob šestih zvečer povabljeni na večerjo k Babasahebu Dešmukhu. V ašram Maganvadi smo se vrnili ob sedmih zvečer, ko je bil čas za molitev. Povzpeli smo se na streho, kjer je bilo v polkrogu okrog Gandhija zbranih trideset *satjagrahijev*. Gandhi je čepel na slamnati preprogi, pred njim pa je ležala starinska žepna ura. Pojemajoče sonce je metalo še zadnje žarke po palmah in banjanovcih, zaslišali so se glasovi noči in petje čričkov. Vzdušje je bilo ena sama spokojnost, bil sem popolnoma očaran.

Najprej je svečano zapel g. Desai, skupina pa mu je odgovarjala. Sledilo je branje iz Gite. Mahatma me je povabil, naj povem sklepno molitev. Kakšna božanska enost misli in želja! Meditacija na strehi v Wardhi pod prvimi večernimi zvezdami se mi je vtisnila v spomin za vse življenje.

Točno ob osmih je Gandhi prekinil svoj molk. Velikanske naloge njegovega življenja so mu narekovale, da je podrobno razporedil svoj čas.

»Dobrodošli, Svamidži!« me je Mahatma tokrat pozdravil brez pomoči papirja. Ravno smo prišli s strehe v njegovo delovno sobo, ki je bila preprosto opremljena s kvadratnimi preprogami (ni bilo stolov) ter z nizko pisalno mizo s knjigami, papirji in nekaj navadnimi pisali (ne nalivniki). V kotu je tiktakala nezanimiva ura. V zraku sta vladala mir in predanost. Gandhi nam je podaril enega svojih očarljivih, širokih, skoraj brezzobih nasmeškov.

»Pred leti,« nam je razložil, »sem se odločil, da bom enkrat na teden ves dan molčal, da bi pridobil čas za pisanje pisem, zdaj pa je teh štiriindvajset ur postalo duhovna nuja. Odločitev za redni molk ni nekaj mučnega, ampak pravi blagoslov.«

Z vsem srcem sem se strinjal z njim.* Mahatma me je spraševal o Ameriki in Evropi, pogovarjala sva se o Indiji in razmerah v svetu.

»Mahadev,« je rekel Gandhi, ko je g. Desai stopil v sobo, »prosim, uredi vse potrebno za to, da bo Svamidži v mestni hiši jutri zvečer govoril o jogi.«

Ko sem se pred spanjem poslovil od Mahatme, mi je uvidevno podal stekleničko citronelinega olja.

»Komarji v Wardhi ne vedo ničesar o *ahimsi,*† Svamidži!« je rekel smeje.

Naslednje jutro je naša skupinica zgodaj zajtrkovala polnovredno kašo z melaso in mlekom. Ob pol enajstih so nas poklicali v ašram, kjer smo na verandi kosili z Gandhijem in *satjagrahiji*. Tistega dne so bili na jedilniku rjav riž, nov izbor zelenjave in semena kardamoma.

Opoldne sem se sprehajal po posestvu ašrama in šel vse do pašnikov, kjer se je paslo nekaj krav, ki se niso pustile motiti. Varovanje krav je Gandhijeva strast.

»Meni krava pomeni celoten svet, ki je pod človekom, človekovo sočutje širi onkraj njegove lastne vrste,« mi je razložil Mahatma. »Po kravi človek spozna svojo istovetnost z vsemi živimi bitji. Popolnoma jasno mi je, zakaj so starodavni rišiji opevali ravno kravo. V Indiji je bila krava najboljša prispodoba za obilje. Ni dajala le mleka, omogočila je tudi poljedelstvo. Krava je pesem usmiljenja, v tej nežni živali razbereš usmiljenje. Milijonom ljudi je druga mati. Varovati kravo pomeni varovati vse nemo Božje stvarstvo. Klic nižjega reda stvarstva je še toliko silnejši, ker ne premore besed.«‡

* Kljub zaprepadenosti telefonskih klicateljev in tajnikov sem v Ameriki tudi sam vrsto let spoštoval obdobja molka.

† Neškodovanje, nenasilje, temeljni kamen Gandhijeve doktrine. Nanj so močno vplivali džainisti, ki *ahimso* častijo kot temeljno vrlino. Džainizem, ločino hinduizma, je v 6. st. pr. Kr. močno razširil Budov sodobnik Mahavira. Naj Mahavira ('velik junak') pogleda prek stoletij svojega junaškega sina Gandhija!

‡ Gandhi je čudovito pisal o tisočih temah. O molitvi je zapisal: »Ob njej se spomnimo na to, da smo brez Božje pomoči nemočni. Noben trud ni popoln brez molitve, brez dokončnega spoznanja, da najboljše človeško prizadevanje nima učinka, če nima Božjega blagoslova. Molitev je klic k ponižnosti, je klic k očiščevanju sebe, k raziskovanju notranjega sveta.«

Pravoverni hindujci vsak dan opravljajo določene obrede. Eden od njih je *bhuta jagja*, darovanje hrane živalskemu kraljestvu. Ta obred simbolizira človekovo spoznanje o dolžnostih do manj razvitih oblik stvarstva, ki so nagonsko vezane na identificiranje s svojim telesom (na utvaro, ki bremeni tudi človeka), a jim manjka osvobajajoče lastnosti razuma, značilnega za človeka.

Bhuta jagja tako krepi človekovo pripravljenost pomagati šibkejšim, tako kot človeku neštetokrat pomagajo višja nevidna bitja. Človek je dolžnik tudi zaradi krepčilnih darov narave, ki jih je v obilici na zemlji, v morju in na nebu. Evolucijsko oviro, nezmožnost komuniciranja med naravo, živalmi, človekom in astralnimi angeli premagamo z vsakodnevnimi *jagjami* (obredi) tihe ljubezni.

Drugi dve vsakodnevni *jagji* sta *pitri* in *nri*. *Pitri jagja* je darovanje prednikom: simbol tega, da se človek zaveda svojega dolga do preteklih generacij, katerih modrost danes razsvetljuje človeštvo. *Nri jagja* je darovanje hrane tujcem in ubogim: simbol sedanje odgovornosti človeka, njegovih dolžnosti do sodobnikov.

V zgodnjem popoldnevu sem izpolnil sosedsko *nri jagjo* s tem, ko sem obiskal Gandhijev ašram za deklice. G. Wright me je pospremil na desetminutni vožnji. Mladi obrazki, podobni cvetovom na dolgih pecljih živobarvnih *sarijev*! Na koncu kratkega govora v hindijščini,* ki sem ga imel na prostem, se je z neba nenadoma ulil dež. Z g. Wrightom sva smeje skočila v avtomobil in se skozi zavese deročega srebra hitro odpeljala nazaj v Maganvadi. Kakšna tropska intenziteta in pljuskanje!

Ko sva se vrnila v hišo za goste, so name znova naredili vtis velika preprostost in dokazi samožrtvovanja, ki so bili na vsakem koraku. Gandhi se je kmalu po poroki zaobljubil uboštvu. Odpovedal se je veliki pravni pisarni, ki mu je letno prinašala več kot 20.000 dolarjev, in vse premoženje razdelil ubogim.

* Hindijščina je indoarijski jezik, ki v glavnem temelji na sanskrtskih korenih. Je prevladujoč jezik severne Indije. Glavno narečje zahodne hindijščine je hindustanščina, ki uporablja abecedo *devanagari* (sanskrtsko abecedo) in arabsko abecedo. Njeno podnarečje, urdujščino, govorijo muslimani, pa tudi hindujci v severni Indiji.

Šri Juktešvar se je nekdaj rad pošalil na račun napačnega razumevanja odpovedovanja.

»Berač se ne more odpovedati bogastvu,« je učitelj govoril. »Če človek toži: „Moje podjetje je propadlo, žena me je zapustila, odpovedal se bom vsemu in šel v samostan," o kateri posvetni žrtvi govori? Ni se odpovedal bogastvu in ljubezni, onadva sta se odpovedala njemu!«

Svetniki, kot je Gandhi, po drugi strani niso zgolj žrtvovali konkretnega premoženja, ampak so se, kar je težje, odpovedali sebičnim motivom in osebnim ciljem, svoje najgloblje bitje so združili s celotnim človeštvom.

Mahatmova izjemna žena, Kasturba, ni ugovarjala, ko ni dal na stran ničesar od svojega bogastva zanjo in za njune otroke. Gandhi in njegova žena sta se zgodaj poročila in se zaobljubila celibatu, potem ko sta dobila štiri sinove.* Kasturba, tiha junakinja v napeti drami, kakršno je bilo njuno skupno življenje, je sledila svojemu možu v zapor, se z njim po tri tedne postila in v celoti nosila svoj delež njegovih obveznosti, ki jim ni bilo videti ne konca ne kraja. Gandhiju se je poklonila z naslednjimi besedami:

> »Hvala, ker sem lahko bila tvoja življenjska sopotnica in pomočnica. Hvala za najbolj popoln zakon na svetu, ki je utemeljen na *brahmačarji* (samonadzoru) in ne na spolnosti. Hvala, ker si me imel za enako v svojem življenjskem delu za Indijo. Hvala, ker nisi bil eden tistih mož, ki zapravljajo čas s kockanjem, tekmami, ženskami, vinom in petjem, in ki se naveličajo svoje žene in otrok, kot se deček

* Gandhi je z uničujočo iskrenostjo opisal svoje življenje v knjigi *Avtobiografija: zgodba o mojih eksperimentih z resnico* (Ljubljana: Modrijan, 2010). Ta avtobiografija je povzeta v knjigi *Mahatma Gandhi, His Own Story*, uredil C. F. Andrews, uvod napisal John Haynes Holmes (New York: Macmillan Co., 1930).

Veliko avtobiografij, ki so polne slavnih imen in barvitega dogajanja, ne pove skoraj nič o notranjem dogajanju oziroma razvoju. Takšne knjige odložimo nekoliko nezadovoljni, kot bi hoteli reči: »To je človek, ki je poznal veliko znanih ljudi, ni pa spoznal sebe.« Takšen odziv je nemogoč ob Gandhijevi avtobiografiji, v kateri razkriva svoje napake in zvijače z neosebno predanostjo resnici, ki je redka v drugih zgodovinskih zapisih.

naveliča otroških igrač. Kako hvaležna sem ti, da nisi bil eden tistih možev, ki čas posvečajo bogatenju z izkoriščanjem dela drugih.

Kako hvaležna sem, da si Boga in domovino postavil pred podkupnine, da si imel pogum vztrajati pri svojih prepričanjih, ter imel popolno in brezpogojno vero v Boga. Kako hvaležna sem za moža, ki je Boga in svojo domovino postavil pred mene. Hvaležna sem ti za strpnost do mene in mojih mladostnih hib, ko sem godrnjala in se upirala spremembam, ki si jih naredil v najinem načinu življenja, ko sva s tako velikega prešla na tako malo.

Kot deklica sem živela na domu tvojih staršev, tvoja mati je bila velika, dobra ženska. Vzgajala me je, me učila, kako biti pogumna, srčna žena in kako obdržati ljubezen in spoštovanje njenega sina, mojega bodočega moža. Ko so leta minevala in si postal najbolj priljubljen indijski voditelj, me niso obhajali strahovi, da bi me mož, ki se vzpenja po lestvici uspeha, zavrgel, kot se pogosto dogaja v drugih državah. Vedela sem, da bova ob smrti še vedno mož in žena.«

Kasturba je veliko let opravljala dolžnosti blagajničarke finančnih sredstev, ki jih je oboževani Mahatma znal zbrati v milijonih. Po indijskih domovih kroži veliko zabavnih zgodb o tem, kako se možje bojijo, da bi njihove žene na srečanja z Gandhijem šle z nakitom, Mahatma zna namreč s svojimi čarobnimi besedami, s katerimi prosi za zatirane, zvabiti zlate zapestnice in diamantne ogrlice z rok in vratov bogatih naravnost v košaro za darove!

Zakladničarka Kasturba nekega dne ni mogla upravičiti izdatka štirih rupij. Gandhi je takoj objavil revizijsko poročilo, v katerem je neizprosno poudaril, da je žena odgovorna za neujemanje v višini štirih rupij.

To zgodbo sem velikokrat povedal na tečajih pred ameriškimi študenti. Nekega večera je neka ženska v predavalnici ogorčeno zavzdihnila.

»Mahatma gor ali dol,« je vzkliknila, »če bi bil on moj mož, bi mu za takšno nepotrebno javno žalitev prisolila klofuto!«

Potem ko smo se nekaj časa dobrovoljno šalili o ameriških in hindujskih ženah, sem jim podal popolno razlago.

»Gospa Gandhi nima Mahatme za svojega moža, ampak za svojega guruja, človeka, ki ima pravico, da jo disciplinira, četudi gre za nepomembne napake,« sem poudaril. »Malo zatem, ko je Kasturbo javno okaral, so Gandhija obsodili na zapor iz političnih razlogov. Ko se je mirno poslavljal od svoje žene, je ta padla k njegovim stopalom. „Učitelj," je rekla ponižno, „prosim, oprosti mi, če sem te kdaj užalila."«

V Wardhi sem se tistega dne ob treh popoldne, kot je bilo dogovorjeno, odpravil proti delovni sobi svetnika, ki mu je iz žene uspelo narediti zavzeto učenko – pravi čudež! Gandhi je dvignil pogled, na obrazu je imel svoj nepozabni nasmešek.

»Mahatmadži,« sem rekel, ko sem počepnil k njemu na neoblazinjen tekač, »prosim, povejte mi, kaj je za vas *ahimsa.*«

»Ne škodovati drugim živim bitjem v mislih in dejanjih.«

»Kako čudovit ideal! Svet pa bo vedno vprašal naslednje: Ali ne smemo ubiti kobre, da bi obvarovali otroka ali sebe?«

»Jaz ne bi mogel ubiti kobre, ker bi s tem kršil dve svoji zaobljubi – neustrašnost in prepoved ubijanja. Kačo bi raje poskusil pomiriti z vibracijami svoje ljubezni. Nikakor ne morem znižati svojih meril, da bi ustrezala mojim okoliščinam.« Z očarljivo odkritosrčnostjo je še dodal: »Priznati pa moram, da ne bi mogel mirno nadaljevati tega pogovora, če bi zagledal kobro!«

Nato sem ga povprašal o povsem novih zahodnih knjigah o prehrani, ki so ležale na njegovi pisalni mizi.

»Ja, prehrana je zelo pomembna v gibanju *satjagraha* – kot tudi povsod drugje,« je rekel in se zasmejal. »Ker za *satjagrahije* zagovarjam popolno vzdržnost, se vedno trudim najti najboljšo hrano za celibatnike. Če želiš obvladati svoj razmnoževalni nagon, moraš najprej obvladati željo po hrani. Stradanje ali neuravnotežena prehrana nista odgovor. Potem ko *satjagrahi* premaga notranjo *slo* po hrani, mora imeti razumno vegetarijansko prehrano z vsemi potrebnimi vitamini, minerali, kalorijami in tako naprej. Z notranjo in zunanjo razsodnostjo glede hrane *satjagrahi* svojo spolno tekočino z lahkoto spremeni v življenjsko energijo, ki poživi njegovo telo.«

Z Mahatmo sva se nato pogovarjala o dobrih nadomestkih za meso. »Avokado je odličen,« sem rekel. »V bližini našega središča v Kaliforniji je dosti avokadovih nasadov.«

Gandhijev obraz je zažarel od zanimanja. »Bi uspevali tudi v Wardhi? *Satjagrahiji* bi bili veseli nove vrste hrane.«

»Iz Los Angelesa vam bom vsekakor poslal nekaj sadik avokada.« Dodal sem še: »Jajca imajo veliko beljakovin. So *satjagrahijem* prepovedana?«

»Neoplojena ne.« Mahatma se je med spominjanjem zasmejal. »Dolgo časa sem bil proti njihovi uporabi. Sam jih tudi zdaj ne jem. Ena od mojih snah pa je bila nekoč že na smrtni postelji zaradi podhranjenosti. Njen zdravnik je vztrajal, naj začne jesti jajca. Nisem privolil in mu svetoval, naj ji da kakšen nadomestek za jajca.

„Gandhidži," je rekel zdravnik, „neoplojeno jajce v sebi nima življenja, zato pri tem ne gre za ubijanje."

Tedaj sem z veseljem dovolil snahi, da jé jajca. Zdravje se ji je kmalu povrnilo.«

Večer pred tem je Gandhi izrazil željo, da bi prejel *krija jogo* Lahirija Mahašaje. Njegova odprtost in raziskovalni duh sta me ganila. V svojem iskanju Boga je kot otrok, ki kaže čisto dovzetnost, ki jo je Jezus hvalil pri otrocih: » … kajti takšnih je nebeško kraljestvo.«

Napočila je ura za pouk, ki sem ga obljubil. Več *satjagrahijev* je stopilo v sobo – g. Desai, dr. Pingale in še nekaj drugih, ki so si želeli tehnike *krija.*

Skupinico sem najprej naučil telesnih vaj jogoda. Pri tem vizualiziramo svoje telo, kot bi bilo razdeljeno na dvajset delov. Z močjo volje potem usmerimo energijo v vsak del posebej. Kmalu so vsi vibrirali pred menoj kot človeški motor. Z lahkoto sem videl valovanje Gandhijevih dvajsetih delov telesa, saj so skoraj ves čas izpostavljeni pogledu! Čeprav je zelo suh, je njegov videz prijeten. Njegova koža je mehka in gladka.*

Kasneje sem skupino uvedel v osvobajajočo tehniko *krija joge.*

* Gandhi ima za seboj že veliko kratkih in dolgih postov. Izredno dobrega zdravja je. Njegove knjige *Diet and Diet Reform, Nature Cure* in *Key to Health* so na voljo pri založbi Navajivan v Ahmedabadu v Indiji.

Mahatma je spoštljivo preučeval vse vere sveta. Džainistični sveti spisi, svetopisemska Nova zaveza in Tolstojevi* sociološki spisi so trije glavni viri njegovih prepričanj glede nenasilja. Takole je opisal svoj nazor:

> Verjamem, da je Bog navdihnil pisce Svetega pisma, Korana in Aveste† ravno tako, kot je navdihnil pisce Ved. Verjamem v institucijo gurujev, a v tej dobi mora biti veliko ljudi brez guruja, kajti redko je najti kombinacijo popolne čistosti in popolne učenosti. Ne smemo pa obupati nad tem, da bomo nekoč spoznali resnico svoje vere, ker so temelji hindujske vere, tako kot temelji vseh drugih velikih ver, nespremenljivi in lahko razumljivi.
>
> Kot vsak hindujec verujem v Boga in v njegovo enost, v ponovno rojevanje in odrešenje … Svojih čustev do hinduizma ne morem opisati nič bolje kot čustev do svoje žene. Gane me bolj kot katera koli druga ženska na tem svetu. Saj ne, da ne bi imela napak. Drznem si reči, da jih ima veliko več, kot jih vidim jaz. A med nama je neločljiva vez. Ravno tako čutim do hinduizma in vseh njegovih napak in omejitev. Nič mi ni v večje zadovoljstvo kot glasba Gite ali Tulsidasove *Ramajane*. Ko sem mislil, da je pred menoj zadnji dih, je bila Gita moja tolažba.
>
> Hinduizem ni izključujoča vera, v njem se najde prostor za čaščenje vseh prerokov sveta.‡ Ta vera ni misijonarska v običajnem pomenu besede. Nedvomno je v svoje naročje sprejela veliko plemen, vendar je imela ta vključitev evolucijski, neopazen značaj. Hinduizem uči človeka, naj časti Boga v skladu s svojo vero oziroma v skladu z *dharmo*,§ in tako živi v miru z vsemi religijami.

* Thoreau, Ruskin in Mazzini so še trije drugi zahodni pisci, katerih sociološke nazore je Gandhi skrbno preučil.

† Sveta knjiga, ki jo je okrog leta 1000 pr. Kr. Perzijcem dal Zaratustra.

‡ Edinstvena lastnost hinduizma v primerjavi z drugimi svetovnimi verami je v tem, da ne izvira od enega velikega ustanovitelja, ampak iz neosebnih svetih spisov Ved. Hinduizem je tako odprt za čaščenje prerokov vseh časov in dežel. Vedski spisi ne urejajo le verskih praks, ampak tudi pomembno področje družbenih običajev, da bi bilo vsako človekovo dejanje v harmoniji z Božjim zakonom.

§ Krovna sanskrtska beseda za zakon; upoštevanje zakona oziroma naravne pravičnosti; dolžnost, ki izhaja iz okoliščin, v katerih se znajde človek v določenem trenutku. Sveti spisi opredeljujejo *dharmo* kot »naravne univerzalne zakone, katerih spoštovanje omogoča človeku, da se reši pred pogubo in trpljenjem«.

O Kristusu je Gandhi zapisal: »Če bi zdaj živel med ljudmi, sem prepričan, da bi blagoslovil tudi življenja mnogih, ki še niso slišali zanj … tako kot je zapisano: „Ne … kdor mi pravi: ‚Gospod, Gospod', ampak kdor uresničuje voljo mojega Očeta."* S svojim življenjem je dal Jezus človeštvu veličasten smisel in edini cilj, h kateremu bi morali stremeti vsi. Mislim, da Jezus ne pripada le krščanstvu, temveč vsemu svetu, vsem deželam in narodom.«

Zadnji večer v Wardhi sem govoril na srečanju, ki ga je v mestni hiši pripravil g. Desai. Dvorana je bila nabito polna, okrog štiristo ljudi se je zbralo, da bi poslušali predavanje o jogi. Najprej sem spregovoril v hindijščini, nato pa še v angleščini. Naša skupinica se je nato vrnila v ašram, da smo za lahko noč še videli Mahatmo, ki se je v tišini posvečal svojemu dopisovanju.

Še v temi sem ob petih zjutraj vstal. Vas se je že prebujala. Mimo vrat ašrama je šla volovska vprega, nato še kmet, ki je z velikim tovorom na glavi lovil ravnotežje. Po zajtrku smo vsi trije družno poiskali Gandhija za poslovilne *praname*. Svetnik vstaja ob štirih za jutranjo molitev.

»Mahatmadži, zbogom!« Pokleknil sem, da sem se dotaknil njegovih stopal. »Indija je varna v vaših rokah.«

Od idile v Wardhi je minilo več let; zemljo, morje in nebo je zatemnila svetovna vojna. Od velikih voditeljev je le Gandhi ponudil praktično nenasilno alternativo oboroženi sili. Da bi odpravil zamere in krivice, je uporabljal nenasilna sredstva, ki so se znova in znova izkazala za učinkovita. Svoj nauk je opisal z naslednjimi besedami:

> Spoznal sem, da se tudi sredi uničenja ohranja življenje, zato gotovo obstaja neki zakon, ki je višji od zakona uničenja. Le če se bo družba držala tega zakona, bo dobro delovala in bo življenje vredno življenja.
>
> Če je to zakon življenja, ga moramo uresničiti v svojem vsakdanu. Kjer so vojne, kjer se soočamo z nasprotniki, osvajajmo z ljubeznijo. Spoznal sem, da mi je zanesljivi zakon ljubezni v življenju služil, kot mi zakon uničevanja nikoli ni.

* Mt 7,21

> Delovanje tega zakona se je v Indiji nazorno pokazalo v največjem možnem obsegu. Nočem reči, da je nenasilje sprejelo vseh 360.000.000 prebivalcev Indije, trdim pa, da je v neverjetno kratkem času nenasilje prodrlo globlje v ljudi kot katerikoli drug nauk.
>
> Za dosego duševnega stanja nenasilja je potrebno precej naporno usposabljanje. Takšno življenje je disciplinirano, podobno vojaškemu. Popolno stanje dosežemo šele, ko primerno uskladimo um, telo in govor. Vsaka težava bi dobila rešitev, če bi se odločili, da bo zakon življenja zakon resnice in nenasilja.

Pohod mračnih svetovnih političnih dogodkov neizbežno kaže na resnico, da brez duhovnega uvida ljudstvo propade. Znanost, če že ne religija, je v človeštvu obudila medel občutek za negotovost in celo za nestvarnost vsega materialnega. Zares, kam naj gre človek zdaj, če ne k svojemu Viru in Izvoru, Duhu v njem samem?

Glede na zgodovinske dokaze lahko upravičeno rečemo, da uporaba grobe sile nikoli ni rešila človekovih težav. 1. svetovna vojna je ustvarila srhljivo snežno kepo strašne karme, ki je zrasla v 2. svetovno vojno. Le toplina bratstva lahko raztopi današnjo velikansko snežno kepo karme krvoločnosti, ki bi lahko prerasla v 3. svetovno vojno. Nesveta trojica 20. stoletja! Če bomo pri reševanju sporov uporabljali logiko džungle namesto človeškega razuma, bo zemlja postala prava džungla. Če ne bratje v življenju, potem bratje v nasilni smrti. Bog ni ljubeče dovolil človeku odkriti, kako se sprosti atomske energije, da bi jih ta uporabljal tako nečastno!

Vojna in zločin se nikoli ne splačata. Milijarde dolarjev, ki so izpuhtele v dimu eksplozivnega niča, bi bile dovolj za gradnjo novega sveta, ki bi bil skoraj brez bolezni in popolnoma brez revščine. Zemlja ne bi več poznala strahu, kaosa, lakote, kužnih bolezni, mrtvaškega plesa, ampak bi bila prostrana dežela miru, obilja in vedno širšega znanja.

Gandhijev nenasilni glas nagovarja človekovo najboljšo vest. Naj narodi ne bodo več zavezniki smrti, ampak življenja, ne uničevanja, ampak gradnje, ne sovraštva, ampak ustvarjalnih čudežev ljubezni.

»Človek mora odpustiti vsako krivico,« piše v *Mahabharati*. »Rečeno je bilo, da je nadaljevanje vrste možno zaradi odpuščanja.

Odpuščanje je svetost, po odpuščanju lahko vesolje obstane. Odpuščanje je moč mogočnih, odpuščanje je žrtvovanje, odpuščanje je duševni mir. Odpuščanje in blagost sta lastnosti človeka, ki se obvladuje, sta večni vrlini.«

Nenasilje je naravna posledica zakona odpuščanja in ljubezni. »Če je v pravičnem boju izguba življenja nujno potrebna,« pravi Gandhi, »mora biti človek po Jezusovem zgledu pripravljen preliti svojo kri, ne krvi drugih. Sčasoma bi bilo tako na svetu manj prelite krvi.«

Nekega dne bodo pisali epe o indijskih *satjagrahijih*, ki so se sovraštvu zoperstavili z ljubeznijo, nasilju z nenasiljem, ki so raje pustili, da so jih brez usmiljenja pobili, kot pa da bi prijeli za orožje. Posledica tega so bili določeni zgodovinski dogodki, v katerih so nasprotniki odvrgli orožje in zbežali – osramočeni, pretreseni do dna duše ob pogledu na može, ki so življenja drugih cenili bolj kot svoja.

»Raje bi čakal stoletja, če bi bilo treba,« je rekel Gandhi, »kot pa po krvavi poti skušal doseči svobodo svoje domovine.« Sveto pismo nas svari: »Vsi, ki primejo za meč, bodo z mečem pokončani.«* Mahatma je zapisal:

> Imam se za nacionalista, a moj nacionalizem je širok kot vesolje, vključuje vse narode na zemlji.† Moj nacionalizem vključuje blagor celotnega sveta. Ne želim, da bi moja Indija vstala na pepelu drugih narodov. Ne želim, da bi Indija izkoriščala enega samega človeka. Rad bi, da bi bila Indija močna, zato da bi lahko s svojo močjo okužila tudi druge narode. V današnji Evropi ni naroda, ki bi tako razmišljal, ne krepijo drug drugega.
>
> Predsednik Wilson je omenil svojih čudovitih štirinajst točk, vendar je dodal: »Če bodo naša prizadevanja za mir propadla, imamo orožje, h kateremu se lahko zatečemo.« Rad bi obrnil to stališče in

* Mt 26,52. To je eden od številnih svetopisemskih odlomkov, ki neizogibno nakazujejo na reinkarnacijo človeka (glej op. na str. 187). Veliko zapletenih stvari v življenju lahko razložimo le z razumevanjem pravičnega zakona karme.

† »Naj se človek ne ponaša s tem, da ljubi svojo deželo,
naj se raje ponaša s tem, da ljubi svojo vrsto.«
– *Perzijski pregovor*

rekel: »Naša prizadevanja, povezana z orožjem, so že propadla. Poiščimo zdaj nekaj novega. Poskusimo z močjo ljubezni in z Bogom, ki je resnica.« Ko bomo imeli to, si ne bomo želeli ničesar drugega.

S tem ko je Gandhi izučil na tisoče pravih *satjagrahijev* (tistih, ki so se zaobljubili enajstim strogim načelom, omenjenim v prvem delu tega poglavja), ki so nato naprej širili njegovo sporočilo, s tem, ko je indijskim množicam potrpežljivo razlagal duhovne in sčasoma tudi materialne koristi nenasilja, s tem, ko je svoje ljudstvo oborožil z nenasilnim orožjem – z zavračanjem sodelovanja z nepravičnostjo, s pripravljenostjo pretrpeti ponižanja, zapor, celo smrt, ne da bi se zatekli k orožju, s pridobivanjem naklonjenosti sveta z neštetimi zgledi junaškega mučeništva med *satjagrahiji*, je Gandhi dramatično prikazal praktično naravo nenasilja, njegovo izjemno moč, da brez vojne zgladi spore.

Gandhi je s svojimi nenasilnimi sredstvi že zdaj pridobil več političnih koristi za svojo domovino, kot jih je kadarkoli pridobil kakšen državni voditelj, ki ni uporabil topov. Nenasilne metode za izkoreninjenje vseh krivic in zla uporablja ne le na političnem prizorišču, ampak tudi na občutljivem in zapletenem področju družbenih reform v Indiji. Gandhi in njegovi privrženci so rešili veliko dolgoletnih sporov med hindujci in mohamedanci, na stotisoče muslimanov ima Mahatmo za svojega voditelja. Nedotakljivi so v njem našli neustrašnega in zmagoslavnega zagovornika. »Če mi je usojeno ponovno rojstvo,« je zapisal Gandhi, »bi se rad rodil kot parija, kajti tako bi jim lahko najbolje služil.«

Mahatma je v resnici ‚velika duša', a dovoljšen uvid, da so mu nadeli ta naziv, so imeli ravno milijoni nepismenih. Ta blagi prerok ima v svoji domovini velik ugled. Zahtevni Gandhijev izziv je lahko sprejel celo najpreprostejši kmet. Mahatma z vsem srcem verjame v prirojeno plemenitost vsakega človeka. Neizogibni neuspehi ga nikoli niso odvrnili od tega prepričanja. »Četudi nasprotnik dvajsetkrat ogoljufa *satjagrahija*,« piše Gandhi, »mu je ta pripravljen

ROKOPIS MAHATME GANDHIJA V HINDIJŠČINI

Mahatma Gandhi je obiskal Jogodo Satsango Brahmačarjo Vidjalajo, srednjo šolo z učenjem joge v Rančiju. V knjigo gostov je ljubeznivo zapisal zgornje besede, v katerih pravi:

»Ta šola je name naredila velik vtis. Močno upam, da bo dodatno spodbudila uporabo kolovrata.«

17. september 1925 (podpisan) Mohandas Gandhi

zaupati še enaindvajsetič, kajti popolno zaupanje v človeško naravo je temelj te doktrine.«*

»Mahatmadži, izreden človek ste. Ne morete pričakovati, da bo svet ravnal enako kot vi,« je nekdo nekoč kritično pripomnil.

»Zanimivo je, kako se zavajamo, ko si domišljamo, da svoje telo lahko izpopolnimo, a da je nemogoče prebuditi skrite moči duše,« je odvrnil Gandhi. »Skušam pokazati, da če imam katero od teh moči, sem še vedno slaboten smrtnik kot vsi in da nikoli ni bilo nič izrednega na meni. Preprost posameznik sem, nagnjen k napakam kot vsi drugi smrtniki. Priznam pa, da imam dovolj ponižnosti, da svoje napake priznam in jih skušam popraviti. Priznam, da imam neomajno vero v Boga in njegovo dobroto ter neusahljivo gorečnost za resnico in ljubezen. Toda, ali se to ne skriva v vseh nas?« Dodal je še: »Ko prihajamo do novih odkritij in izumov v

* »Tedaj je pristopil Peter in mu rekel: „Gospod, kolikokrat naj odpustim svojemu bratu, če greši zoper mene? Do sedemkrat?“ Jezus mu je dejal: „Ne pravim ti do sedemkrat, ampak do sedemdesetkrat sedemkrat.“« – Mt 18,21–22. Močno sem molil, da bi razumel ta brezkompromisni nasvet. »Gospod,« sem ugovarjal, »je to sploh mogoče?« Ko mi je Božji glas končno odgovoril, je prinesel razlago, ki navda s ponižnostjo:

»O, človek, kolikokrat vsakemu od vas odpustim vsak dan?«

pojavnem svetu, moramo res priti na kant v duhovni sferi? Ali je nemogoče pomnožiti izjeme, da bi postale pravilo? Ali mora biti človek najprej žival in šele nato človek, če sploh?«*

Američani se lahko s ponosom spomnijo uspešnega nenasilnega poskusa Williama Penna, ki je v 17. stoletju ustanovil kolonijo v Pensilvaniji. Kolonija »ni imela utrdb, vojakov, milice, niti orožja«. Sredi okrutnih vojn v obmejnem pasu in klanja med novimi naseljenci in Indijanci so bili kvekerji v Pensilvaniji edini, ki jih ni nihče nadlegoval. »Drugi so bili pobiti, drugi so bili žrtve masakrov, kvekerji pa so bili varni. Niti ena njihova ženska ni doživela napada, niti en njihov otrok ni bil ubit, niti en njihov mož ni bil mučen.« Ko so se kvekerji nazadnje morali odpovedati vodenju države, »je izbruhnila vojna in nekaj prebivalcev Pensilvanije je bilo ubitih. A med njimi so bili le trije kvekerji, trije, ki so od svoje vere odpadli do te mere, da so za svojo obrambo nosili orožje.«

»V 1. svetovni vojni zatekanje k orožju ni prineslo miru,« je poudaril Franklin D. Roosevelt. »Tako zmaga kot poraz sta bila enako jalova. Tega nauka bi se svet moral že naučiti.«

»Več je orožja za nasilje, več je človeške bede,« je učil Laozi. »Zmagoslavje nasilja se zaključi z obredi žalovanja.«

»Borim se za mir na svetu, nič manj kot to,« je rekel Gandhi. »Če bo to indijsko gibanje, ki temelji na nenasilni *satjagrahi*, uspelo, bo na novo osmislilo patriotizem, in, če smem ponižno reči, življenje samo.«

* Charlesa P. Steinmetza, vélikega elektroinženirja, je Roger W. Babson nekoč vprašal: »Na katerem raziskovalnem področju bo v naslednjih petdesetih letih dosežen največji napredek?« »Mislim, da bo do največjih odkritij prišlo na duhovnem področju,« je odgovoril Steinmetz. »Tu gre za silo, o kateri zgodovina jasno uči, da je najmočneje vplivala na človeški razvoj, vendar smo se z njo le igrali in je nikoli nismo resno preučevali, kot to počnemo s fizičnimi silami. Nekega dne se bodo ljudje naučili, da materialne stvari ne prinašajo sreče in ne morejo veliko pripomoči k ustvarjalnosti in moči človeka. Tedaj bodo znanstveniki po svetu svoje laboratorije namenili preučevanju Boga, molitve in duhovnih sil, ki smo se jih do zdaj komaj dotaknili. Ko bo prišel ta dan, bo svet videl večji napredek v času ene generacije, kot ga je prej v štirih.«

Preden Zahod zavrne Gandhijev program kot ideje sanjača, poglejmo, kako je učitelj iz Galileje opredelil *satjagraho*:

»Slišali ste, da je bilo rečeno: Oko za oko in zob za zob. Jaz pa vam pravim: Ne upirajte se hudobnežu [s hudobnostjo], ampak če te kdo udari po desnem licu, mu nastavi še levo.«*

Gandhijeva era se je s prekrasno natančnostjo kozmične časovne usklajenosti raztegnila v stoletje, ki sta ga opustošili že dve svetovni vojni. Na granitnem zidu njegovega življenja se vidi zapis Božje roke: svarilo pred nadaljnjim prelivanjem krvi med brati.

* Mt 5,38–39.

MAHATMI GANDHIJU V SPOMIN

»V pravem pomenu besede je bil oče naroda in ubil ga je blaznež. Milijoni žalujejo, ker je ugasnila njegova luč … Luč, ki je sijala v tej deželi, nikakor ni bila običajna. Še tisoč let bomo zrli v to luč v naši državi in vanjo bo zrl tudi ves svet.« To so besede indijskega ministrskega predsednika Džavaharlala Nehruja, ki jih je izrekel kmalu potem, ko je bil na Gandhija 30. januarja 1948 izveden atentat v New Delhiju.

Pet mesecev pred tem je Indija po mirni poti dosegla državno neodvisnost. Delo 78-letnega Gandhija je bilo opravljeno, spoznal je, da se mu bliža zadnja ura. »Abha, prinesi mi vsa pomembna pisma,« je tistega tragičnega jutra rekel nečakinji. »Nanja moram odgovoriti danes. Jutrišnjega dne morda ne bom dočakal.« Tudi v svojih zapisih je Gandhi na več mestih nakazal svojo končno usodo.

Ko se je umirajoči Mahatma počasi spustil k tlom, s tremi kroglami v svojem krhkem in od posta izmučenem telesu, je dvignil roke v tradicionalni hindujski pozdrav in v gesto odpuščanja. Nedolžen umetnik, kot je bil povsod v svojem življenju, je postal izjemen umetnik v trenutku svoje smrti. Vse žrtve v njegovem nesebičnem življenju so mu omogočile to zadnje ljubeče dejanje.

»Generacije, ki prihajajo,« je Albert Einstein zapisal v poklon Mahatmi, »bodo komaj verjele, da je kdaj po tej zemlji hodil človek, kot je bil on.« V sporočilu iz Vatikana v Rimu je pisalo: »Umor je tukaj povzročil veliko žalost. Za Gandhijem žalujemo kot za apostolom krščanskih kreposti.«

Polna simbolike so življenja velikih ljudi, ki pridejo na zemljo doseči pravico določene vrste. Gandhijeva dramatična smrt v prizadevanju za indijsko enotnost je poudarila njegovo sporočilo svetu, ki ga na vseh celinah pesti neenotnost. To sporočilo je izrekel s preroškimi besedami:

»Nenasilje je prišlo med ljudi in bo med njimi živelo. Naznanja svetovni mir.«

45. POGLAVJE

Bengalska ‚Z radostjo prežeta mati'

»Prosim, ne odhajajte iz Indije, ne da bi spoznali Nirmalo Devi. Velika svetnica je. Daleč naokrog jo poznajo pod imenom Ananda Moji Ma (Z radostjo prežeta mati),« je rekla moja nečakinja Amijo Bos in me zavzeto gledala.

»Seveda! To svetnico bi zelo rad spoznal,« sem odvrnil in še dodal, »bral sem namreč o njenem visokem stanju Božjega spoznanja. V *East-Westu* je bil pred leti o njej kratek prispevek.«

»Jaz sem jo že spoznala,« je nadaljevala Amijo. »Pred kratkim je obiskala moje mestece Jamshedpur. Na prošnjo učenca je Ananda Moji Ma šla na dom obiskat nekoga, ki je umiral. Stala je ob njegovi postelji, in ko se je z rokami dotaknila njegovega čela, je nehal hropeti. Njegova bolezen je v trenutku izginila; mož je bil, vesel in osupel, zdrav.«

Nekaj dni zatem sem slišal, da je Blažena mati nastanjena na domu učenca v četrti Bhowanipur v Kalkuti. Z g. Wrightom sva se nemudoma odpravila na pot iz hiše mojega očeta v Kalkuti. Ko sva se s fordom bližala tisti hiši v Bhowanipurju, sva na ulici zagledala nenavaden prizor.

Ananda Moji Ma je stala v avtomobilu brez strehe in blagoslavljala množico kakšnih sto učencev. Videti je bilo, da ravno odhaja. G. Wright je parkiral avtomobil nekoliko pred množico in me peš pospremil proti tihi skupini ljudi. Svetnica je tedaj pogledala proti nama, stopila iz avtomobila in nama šla naproti.

»Oče, prišli ste!« je rekla navdušeno (v bengalščini), me objela okrog vratu in mi glavo položila na ramo. G. Wright, ki sem mu ravno pred tem rekel, da svetnice ne poznam, je neizmerno užival v posebni dobrodošlici. Tudi oči stotih učencev so se presenečeno upirale v prisrčni prizor.

Takoj sem videl, da je svetnica v globokem stanju *samadhija*. Ni se zmenila za to, da je imela zunanjo podobo ženske, sebe se je zavedala le kot nespremenljive duše in me s te ravni radostno pozdravljala kot še enega častilca Boga. Za roko me je peljala v svoj avtomobil.

»Ananda Moji Ma, zadržujem vas,« sem ugovarjal.

»Oče, prvič sem vas srečala v tem življenju,* po zelo dolgem času!« je odvrnila. »Prosim, ne odhajajte še.«

Skupaj sva sedla na zadnje sedeže avtomobila. Blažena mati je kmalu vstopila v zamaknjenje, v katerem je popolnoma obmirovala. Njene prekrasne oči so pogledale proti nebu in se na pol odprte nepremično zazrle v bližnje-daljni Elizij. Učenci so milo zapeli: »Zmaga Božanski Materi!«

V Indiji sem našel veliko mož z Božjim spoznanjem, še nikoli pa nisem srečal tako izpopolnjene svetnice. Njen blagi obraz je sijal od nepopisne radosti, po kateri je dobila ime Blažena mati. Z nepokrite glave so ji ohlapno padali dolgi, črni prameni. Rdeča pika iz sandalove paste na njenem čelu je simbolizirala duhovno oko, ki je bilo pri njej vedno odprto. Majhen obraz, majhne dlani, majhna stopala – pravo nasprotje njene duhovne veličine!

Medtem ko je bila Ananda Moji Ma v zamaknjenju, sem nekaj vprašanj zastavil bližnji učenki.

»Blažena mati veliko potuje po Indiji. V mnogih pokrajinah ima na stotine učencev,« mi je povedala *čela*. »Njena pogumna prizadevanja so prinesla veliko zaželenih družbenih reform. Čeprav je *brahminka*, ne priznava kastnega razlikovanja. Z njo vedno potuje skupina učencev, ki skrbi za njeno udobje. Zanjo je treba skrbeti, ker sploh ni pozorna na svoje telo. Če ji ne bi dali jesti, ne bi jedla in tudi ne bi rekla za hrano. Tudi ko jo postavimo prednjo, se je ne dotakne. Da bi jo ohranili pri življenju, jo moramo učenci hraniti

* Ananda Moji Ma se je rodila leta 1896 v vasici Kheora v okraju Tripura v vzhodnem delu Bengalije.

Srečanje Anande Moji Ma, njenega moža Bholanatha in Paramahanse Joganande, Kalkuta (glej stran 493)

z lastnimi rokami. Pogosto je po več dni skupaj v božanskem zamaknjenju, komaj diha, njene veke se ne premikajo. Eden njenih glavnih učencev je njen mož Bholanath. Pred veliko leti, kmalu po njuni poroki, se je zaobljubil molku.«

Učenka je pokazala na plečatega moža lepih potez z dolgimi lasmi in sivo brado. Molče je stal sredi množice s sklenjenimi dlanmi, v spoštljivi drži učenca.

Ko se je Ananda Moji Ma osvežila s potopom v Neskončno, je zavest znova usmerila na materialni svet.

»Oče, prosim, povejte mi, kje živite,« je rekla z jasnim in spevnim glasom.

»Trenutno v Kalkuti oziroma v Rančiju, kmalu pa se bom vrnil v Ameriko.«

»V Ameriko?«

»Ja. Tam bi duhovni iskalci resnično cenili indijsko svetnico. Bi šli z menoj?«

»Če me oče lahko pelje, bom šla.«

Ob tem odgovoru so se njeni učenci, ki so stali v bližini, vznemirili.

»Z Blaženo materjo nas vedno potuje dvajset ali več,« mi je eden od njih odločno povedal. »Ne bi mogli živeti brez nje. Kamor gre ona, gremo tudi mi.«

Nerad sem opustil načrt, pri katerem je nepraktično prišlo do spontanega povečanja!

»Prosim, potem pa s svojimi učenci pridite vsaj v Ranči,« sem rekel ob slovesu od svetnice. »Ker ste sami Božji otrok, boste gotovo veseli dečkov v moji šoli.«

»Kadarkoli me bo oče peljal, bom rada šla.«

Nedolgo zatem smo Vidjalajo v Rančiju slavnostno okrasili v pričakovanju obljubljenega svetničinega obiska. Dečki so se veselili vsakršnega praznovanja, ker tedaj ni bilo pouka, bilo pa je veliko glasbe in za konec pojedina!

»Zmaga! Ananda Moji Ma, ki džaj!« so popevala navdušena mlada grla, ko so skozi vrata šole stopili svetnica in njeni spremljevalci. Deževali so ognjičevi cvetovi, cingljale so cimbale, glasno so trobile školjke in odmevali bobni *mridange*! Blažena mati je z nasmeškom na obrazu hodila po sončnem posestvu Vidjalaje, ves čas s prenosnim rajem v svojem srcu.

»Tukaj je zelo lepo,« je prijazno rekla Ananda Moji Ma, ko sem jo peljal v glavno zgradbo. Z otroškim nasmeškom na obrazu je sedla k meni. Ob njej si se počutil kot njen najdražji prijatelj, hkrati pa je bilo na njej ves čas nekaj odmaknjenega – protislovna ločenost vsenavzočnosti.

»Prosim, povejte mi kaj o svojem življenju.«

»Vse že veste, zakaj bi ponavljala?« je odvrnila. Očitno se ji je zdelo, da stvarna zgodovina ene kratke inkarnacije ni vredna omembe.

Zasmejal sem se in obzirno ponovil prošnjo.

»Oče, ni veliko povedati,« je rekla skromno in razširila svoje elegantne roke. »Moja zavest se nikoli ni povezovala s tem začasnim telesom. Preden sem* prišla na to zemljo, oče, ‚sem bila ista‘. Kot majhna deklica ‚sem bila ista‘. Ko sem odrasla v žensko, ‚sem bila še vedno ista‘. Ko se je družina, v katero sem se rodila, dogovorila za poroko tega telesa, ‚sem bila ista‘. In oče, zdaj pred vami ‚sem ista‘. Vedno poslej, četudi se bo ples stvarstva spreminjal okrog mene v dvorani večnosti, ‚bom ista‘.«

Ananda Moji Ma se je potopila v globoko meditativno stanje. Sedela je kot kip, ubežala je v kraljestvo, ki jo je vedno klicalo. Temna tolmuna njenih oči sta bila videti brez življenja, steklena. Takšen izraz je pogost, ko svetniki odtegnejo zavest iz fizičnega telesa, ki je potem komaj kaj več kot kos gline brez duše. V zamaknjenju sva skupaj sedela celo uro. Nato se je v ta svet vrnila z veselim hihitanjem.

»Prosim, Ananda Moji Ma,« sem rekel, »pridite z menoj na vrt. G. Wright naju bo fotografiral.«

* Ananda Moji Ma o sebi ne govori z osebnim zaimkom ‚jaz‘, ampak ponižno uporablja besede »to telo« ali pa »ta deklica« ali »vaša hči«. Prav tako nikogar ne nagovarja s svojim ‚učencem‘. Z neosebno modrostjo vsem ljudem enako naklanja božansko ljubezen Vesoljne Matere.

Paramahansa Jogananda s skupino na obisku Tadž Mahala, ‚sanj v marmorju', Agra, 1936

»Seveda, oče. Vaša volja je moja volja.« Njene čudovite oči so ohranile nespremenljiv božanski sijaj, ko je pozirala za veliko fotografij.

Čas za pogostitev! Ananda Moji Ma je počepnila na svoj sedež, ob njej pa je bil učenec, ki jo je hranil. Ubogljivo kot otrok je svetnica pogoltnila vsak grižljaj hrane, ki ji jo je *čela* prinesel k ustom. Popolnoma jasno je bilo, da Blažena mati ne zazna nikakršne razlike med karijem in slaščicami!

Ko se je začelo mračiti, je svetnica s svojo skupino odšla v dežju cvetnih lističev, ob tem ko je roke dvigala v blagoslov dečkov. Njihovi obrazi so žareli od naklonjenosti, ki jo je zlahka vzbudila v njih.

»Ljubi Gospoda, svojega Boga, iz vsega srca, iz vse duše, z vsem mišljenjem in z vso močjo,«* je rekel Kristus, to je prva zapoved.

Ananda Moji Ma postavlja na stran nižje oblike navezanosti in izkazuje zvestobo edino Gospodu. Ne z dlakocepskim razločevanjem

* Mr 12,30.

kot učenjaki, ampak z zanesljivo logiko vere je otroška svetnica rešila edino težavo v človeškem življenju – vzpostavitev enosti z Bogom.

Človek je pozabil to izjemno preprostost, ki jo zdaj zamegljuje na milijone stvari. Narodi zavračajo monoteistično ljubezen do Stvarnika in skušajo zakrinkati svojo nezvestobo s pedantnim čaščenjem v pozunanjenih templjih dobrodelnosti. Takšne človekoljubne geste so krepostne, ker za trenutek odvrnejo človekovo pozornost od njega samega, ne odvežejo pa ga glavne odgovornosti v življenju, ki ji je Jezus rekel »prva zapoved«. Poživljajočo dolžnost ljubezni do Boga prevzamemo, ko prvič vdahnemo zrak, ki nam ga je velikodušno naklonil naš edini Dobrotnik.*

Po tistem, ko je obiskala šolo v Rančiju, sem Anando Moji Ma imel priložnost srečati še enkrat. S skupino je nekaj mesecev kasneje stala na peronu postaje v Seramporju in čakala na vlak.

»Oče, v Himalajo grem,« mi je povedala. »Prijazni ljudje so nam v Dehra Dunu zgradili ašram.«

Ko se je vkrcala na vlak, sem jo občudoval. Najsi je bila sredi množice, na vlaku, med jedjo ali pa ko je sedela v tišini, nikoli ni umaknila pogleda z Boga.

V sebi še vedno slišim njen glas, odmev neizmerne sladkosti: »Poglejte, zdaj in vedno sem eno z Večnim, ‚vedno sem ista'.«

* »Mnogi čutijo potrebo ustvariti nov, boljši svet. Raje kot da razmišljate o takih stvareh, se osredotočite na Tisto, ob kontemplaciji česar obstaja upanje za popolni mir. Človekova dolžnost je postati iskalec Boga ali Resnice.« – *Ananda Moji Ma.*

46. POGLAVJE

Jogijka, ki nikoli ne jé

»Joganandadži, kam se bomo podali to jutro?« je vprašal g. Wright za volanom forda. Pogled je s ceste odtegnil le toliko, da me je vprašujoče pogledal. Redkokdaj je vedel, kateri del Bengalije bo raziskoval naslednjega.

»Če bo Bog dal,« sem odvrnil pobožno, »gremo obiskat osmo čudo sveta – svetnico, ki živi le od zraka!«

»Še eno tako čudo – po Tereziji Neumann,« je pripomnil, a se vseeno navdušeno zasmejal, celo bolj je stopil na plin. Še več izredno zanimivega gradiva za njegov popotni dnevnik! Ne, ta ni bil podoben dnevniku običajnega turista!

Šolo v Rančiju smo ravno pustili za seboj. Vstali smo že pred zoro. Poleg mojega tajnika so bili z menoj še trije bengalski prijatelji. Pili smo poživljajoč zrak, to naravno jutranje vino. Naš voznik je pazljivo vozil mimo zgodnjih kmetov in dvokolesnikov, ki so jih počasi vlekli v jarem vpreženi grbasti voli, ki so neradi delili cesto s hupajočim vsiljivcem.

»Radi bi izvedeli še kaj o svetnici, ki se posti.«

»Ime ji je Giri Bala,« sem povedal tovarišem. »Pred leti sem zanjo izvedel od učenega gospoda Sthitija Lal Nundija, ki nas je pogosto obiskoval na domu v ulici Garpar, kjer je učil mojega brata Bišnuja.

„Dobro poznam Giri Balo," mi je povedal Sthiti Babu. „Izvaja neko jogijsko tehniko, ki jo ohranja pri življenju, ne da bi ji bilo treba jesti. V Navabgandžu v bližini Ičapurja* sem bil njen sosed. Zadal sem si nalogo, da jo bom pozorno opazoval in nikoli nisem kakorkoli zaznal, da bi kaj jedla ali pila. Nazadnje me je vse skupaj

* Na severu Bengalije.

začelo tako zanimati, da sem šel k maharadži Burdwana* in ga prosil, naj stvar razišče. Zgodba ga je tako osupnila, da jo je povabil v svojo palačo. Privolila je v preizkus in nato dva meseca živela zaklenjena v majhnem delu njegovega doma. Kasneje se je vrnila v palačo na dvajsetdnevni obisk in še na tretjega, ki je trajal petnajst dni. Sam maharadža mi je povedal, da je po teh treh strogih preizkusih brez sence dvoma prepričan, da svetnica ničesar ne jé."

Ta zgodba Sthitija Babuja mi je ostala v spominu več kot petindvajset let,« sem zaključil. »V Ameriki sem se včasih spraševal, ali bo reka časa pogoltnila jogini,† preden bi jo imel priložnost spoznati. Zdaj je gotovo že zelo stara. Ne vem niti, kje živi, niti ali sploh še živi. Čez nekaj ur bomo prišli v Purulio, kjer živi njen brat.«

Ob pol enajstih smo že govorili z bratom, Lambodarjem Dejem, ki je bil odvetnik v Purulii.

»Da, moja sestra še živi. Včasih stanuje pri meni, trenutno pa je na našem družinskem domu v Biurju.« Lambodar Babu je dvomeče pogledal forda. »Svamidži, mislim, da še noben avtomobil ni prodrl tako daleč v notranjost, kot leži Biur. Najbolje bi bilo, da se prepustite tresoči volovski vpregi.«

V en glas smo se odločili, da bomo ostali zvesti ponosu Detroita.

»Ford je iz Amerike,« sem povedal odvetniku. »Škoda bi ga bilo prikrajšati za priložnost, da spozna srce Bengalije!«

»Naj bo Ganeš‡ z vami!« je smeje vzkliknil Lambodar Babu. Vljudno je še dodal: »Če boste prišli tja, vas bo Giri Bala zelo vesela. Približuje se sedemdesetemu letu, a je še vedno odličnega zdravja.«

»Gospod, povejte mi, ali čisto zares ničesar ne jé?« sem ga vprašal in ga pogledal naravnost v oči, ta zgovorna okna uma.

»Čisto zares,« je odvrnil in me odkrito in častno pogledal. »V več kot petdesetih letih je nikoli nisem videl, da bi kaj pojedla. Če bi bilo sveta nenadoma konec, ne bi bil tako presenečen, kot če bi sestro videl jesti!«

* Njegova visokost sir Bidžaj Čand Mahtab, ki je že umrl. Njegova družina ima nedvomno zapise o njegovih treh poizvedovanjih o Giri Bali.

† Ženska oblika besede jogi.

‡ ‚Odstranjevalec ovir', bog srečne usode.

Zasmejali smo se, ker se nobeden od teh dveh kozmičnih dogodkov ni zdel prav verjeten.

»Giri Bala za izvajanje joge nikoli ni iskala nedostopne samote,« je nadaljeval Lambodar Babu. »Vse življenje je obdana z družinskimi člani in s prijatelji. Vsi dobro poznajo njeno nenavadno stanje. Vsak od njih bi bil osupel, če bi se nenadoma odločila jesti! Sestra je seveda zadržana, kot se spodobi za hindujsko vdovo, a naš mali krog v Purulii in v Biurju ve, da je dobesedno ‚izjemna' ženska.«

O iskrenosti njenega brata ni bilo nikakršnega dvoma. Prisrčno smo se mu zahvalili in se odpravili proti Biurju. Ustavili smo se v uličnem lokalu, da smo kupili kari in *lučije*, in privabili celo gručo otročajev, ki so se zbrali okrog g. Wrighta in ga gledali, kako po indijski navadi jé s prsti.* Krepak tek nas je spodbudil, da smo se okrepčali pred popoldnevom, ki se je izkazalo za precej naporno, čeprav v tistem trenutku tega še nismo vedeli.

Pot nas je vodila proti vzhodu mimo riževih polj, ki so se kopala v soncu, v bengalsko pokrajino Burdwan. Nadaljevali smo po cestah, ki jih je obdajalo bujno rastje. Z dreves z velikimi vejami, podobnimi dežnikom, se je razlegalo petje majn in progastih dlakavcev. Sem in tja smo srečali volovsko vprego, škrip-škrab njenih osi in z železom obitih lesenih koles je bil izrazit kontrast švis-švus šuštenju avtomobilskih koles po aristokratskem mestnem asfaltu.

»Dick, ustavi!« sem vzkliknil in ford je ob moji nenadni prošnji zaječal. »Tisti prepolni mangovec nas naravnost vabi k sebi.«

Vseh pet nas je pohitelo iz avtomobila. Kot otroci smo stekli k mangovcu, pod katerim je bilo vse polno zrelih sadežev, ki jih je drevo velikodušno odvrglo.

»Marsikateri mango se rodi, da bi obležal neopažen,« sem parafraziral, »in njegova sladkost gre v nič na kamnitih tleh.«

»Tega pa v Ameriki nimate, Svamidži, kaj?« se je smejal Sailеš Mazumdar, eden mojih bengalskih učencev.

* Šri Juktešvar je včasih govoril: »Gospod nam je dal sadove svoje dobre zemlje. Hrano radi vidimo, jo vonjamo, okušamo, Indijec pa se je rad tudi dotakne!« Ne moti nas, če jo tudi *slišimo*, če seveda obedujemo sami!

»Ne,« sem priznal, poln mangov in zadovoljstva. »Kako sem na Zahodu pogrešal ta sadež! Ne morem si zamišljati hindujskih nebes brez manga!«

Zalučal sem kamen in z najvišje veje sklatil ponosnega lepotca.

»Dick,« sem rekel med grižljajema hrane za bogove, ki jo je ogrelo tropsko sonce, »so vse kamere v avtomobilu?«

»Ja, v prostoru za prtljago so.«

»Če se bo izkazalo, da je Giri Bala res svetnica, bi na Zahodu rad kaj napisal o njej. Hindujska jogini s tako navdihujočo močjo ne bi smela živeti in umreti neznana – kot večina teh mangov.«

Pol ure zatem sem se še vedno sprehajal skozi podeželski mir.

»Joganandadži,« je rekel g. Wright, »do Giri Bale moramo priti pred sončnim zahodom, da bomo imeli dovolj svetlobe za fotografiranje.« Z nasmehom na obrazu je še dodal: »Zahodnjaki so nezaupljive sorte, ne moremo pričakovati, da bodo v gospo verjeli brez fotografij!«

Njegovi modrosti ni bilo mogoče ugovarjati, zato sem skušnjavi obrnil hrbet in sedel v avtomobil.

»Prav imaš, Dick,« sem zavzdihnil, ko smo že hiteli naprej. »Mangov raj bom žrtvoval na oltarju zahodnega realizma. Fotografije moramo dobiti!«

Cesta je postajala vse slabša: zgrbančene kolesnice, kupi trde ilovice – žalostni znaki starosti. Občasno smo izstopili, da je g. Wright lažje spravil forda naprej, mi pa smo avtomobil potiskali od zadaj. »Lambodar Babu je govoril resnico,« je priznal Saileš. »Avtomobil ne pelje nas, ampak mi peljemo njega!«

Dolgočasno plezanje v avtomobil in iz njega je kdaj pa kdaj popestril pogled na kakšno od vasi, ki so bile podoba očarljivosti in staromodne preprostosti.

»Naša pot se je vila med palmovimi nasadi skozi prastare vasi, ki so gnezdile v senci gozdov,« je g. Wright zapisal v popotni dnevnik 5. maja 1936. »Neverjetno zanimive so te gruče koč, ki so narejene iz blata in krite s slamo, in katerih vrata vedno krasi eno od Božjih imen. Na prostem se igra veliko golih, nedolžnih otrok, ki se ustavijo in strmijo ali pa hitro stečejo proč od velike, črne kočije brez volov, ki drvi skozi njihovo vas. Ženske komajda pokukajo iz senc, na videz ravnodušni, a radovedni možje pa lenobno poležavajo pod drevesi ob cesti. V neki vasici so se vsi prebivalci veselo kopali v velikem vodnem zbiralniku (v oblačilih, ki so jih zamenjali tako, da so si suha ogrnili in odvrgli mokra). Ženske so nosile vodo na svoje domove v velikanskih medeninastih vrčih.

Pot čez hribovite predele nam je delala precejšnje preglavice, premetavalo nas je in treslo, peljali smo se čez kakšen potoček, obvozili kakšen nedokončan nasip, drseli po suhih, peščenih rečnih strugah in se okrog petih popoldne končno približali cilju, Biurju. Izvedeli smo, da ta vasica v notranjosti pokrajine Bankura, ki se skriva za bujnim gozdom, popotnikom v deževnem delu leta sploh ni dostopna. Tedaj se vodovje spremeni v besneče hudournike in vijoče se poti kot kače pljuvajo blatni strup.

Skupino vernikov, ki so se vračali z molitve v templju (na samotnem polju), smo ustavili, da bi jih prosili za pomoč. Obkrožilo nas je kakšnih ducat borno oblečenih dečkov, ki so stopili na prag avtomobila in so nas bili z veseljem pripravljeni voditi do Giri Bale.

Pot nas je vodila proti nasadu datljevih palm, v zavetju katerega je stala gruča koč iz blata; a preden smo jo dosegli, se je ford za trenutek nagnil pod nevarnim kotom, obstal v zraku, nato pa se spustil nazaj na kolesa. Na ozki poti smo se vozili okoli dreves in zbiralnikov, prek izboklin, v velike luknje in globoke kolesnice. Avtomobil se je zagozdil na grmičevju, nato pa nasedel na hribčku, da smo morali odkopati kup zemlje. Počasi in pazljivo smo nato nadaljevali vožnjo. Nenadoma je pot zaprlo grmičevje sredi kolovoza, zato smo ga morali obvoziti po prepadni polici, ki je vodila v presušen zbiralnik, iz katerega smo se morali rešiti s strganjem, izsekavanjem in kopanjem. Pot se je vedno znova zdela neprehodna, a romanje smo morali nadaljevati. Ustrežljivi fantje so prinesli lopate in odstranili vse ovire (Ganešev blagoslov!), na stotine otrok in staršev pa nas je opazovalo.

Kmalu smo si utirali pot po kolesnicah iz pradavnine, ženske so nas debelo gledale s pragov svojih koč, njihovi možje so hodili ob nas in za nami, sprevod pa so še povečali otroci, ki so skakljali okrog nas. Naš avtomobil je bil morda prvi, ki se je peljal po teh poteh, ‚sindikat volovskih vpreg' je tu najbrž vsemogočen! Bili smo velika senzacija – skupina z ameriškim voznikom, z avtomobilom, ki je v pionirskem podvigu prisopihal v njihovo odročno vasico in zmotil starodavno, sveto zasebnost!

Ustavili smo se ob ozki poti, le trideset metrov od družinske hiše Giri Bale. Po dolgem boju s potjo, ki ga je kronal naporen zaključek, smo čutili veliko zadovoljstvo ob doseženem cilju. Približali smo se veliki enonadstropni opečnati hiši z ometom, ki je kraljevala nad sosednjimi hišicami iz ilovice. Hiša je bila sredi obnove, kajti okrog nje je stal oder iz bambusovega lesa, značilen za tropske kraje.

V mrzličnem pričakovanju in s prikritim veseljem smo stali pred odprtimi vrati nje, ki jo je Gospod blagoslovil s tem, da ni čutila lakote. Presenečeni vaščani, mladi in stari, goli in oblečeni, ženske, nekoliko rezervirane, a radovedne, možje in dečki, brez sramu tik ob nas, so opazovali prizor, kakršnega še niso videli.

Kmalu smo na vhodu zagledali majhno postavo – Giri Bala! Ogrnjena je bila v svilo matirano zlate barve. Kot je značilno za indijske ženske, je prišla proti nam zadržano in obotavljaje in nas gledala izpod *svadeši* ogrinjala. Oči so ji iz sence pokrivala sijale kot tleča žerjavica. Nemudoma smo se zaljubili v njen obraz, ki je žarel od dobrohotnosti in samospoznanja, prost zemeljske navezanosti.

Ponižno je pristopila in molče privolila v to, da smo jo fotografirali in posneli s kamero.* Potrpežljivo in sramežljivo je prenašala, ko smo jo prestavljali zato, da smo jo lahko posneli v najboljši svetlobi. Naposled smo za zanamce posneli dovolj fotografij edine ženske na svetu, za katero je znano, da je brez hrane in pijače živela več kot petdeset let. (Terezija Neumann se seveda posti od leta 1923.) Giri Bala je bila videti materinsko, ko je stala pred nami, popolnoma zavita v ohlapno valujoče blago, iz katerega so gledali le njen obraz z očmi, uprtimi v tla, dlani in njena majhna stopala. Obraz z izrazom miru, ki ga je redko videti, in nedolžnosti – široke,

* G. Wright je s filmsko kamero posnel tudi Šri Juktešvarja med njegovim zadnjim praznovanjem zimskega solsticija v Seramporju.

drhteče ustnice, ki so spominjale na otroške, ženstveni nos, ozke, lesketajoče se oči in premišljujoč nasmešek.«

Giri Bala je name naredila enak vtis kot na g. Wrighta: oba sva začutila, da jo duhovnost obdaja kot njena nežno lesketajoča se tančica. Pozdravila me je s *pranamom*, s katerim laik po običaju pozdravi meniha. Ob njeni preprosti očarljivosti in tihem nasmešku smo se počutili veliko bolj sprejete, kot bi se ob laskavih besedah. V trenutku smo pozabili na težko, prašno pot, ki je bila za nami.

Mala svetnica je sedla na verando in prekrižala noge. Čeprav so jo leta zaznamovala, ni bila shirana. Njena olivna koža je bila še vedno čista in zdrava.

»Mati,« sem jo nagovoril v bengalščini, »več kot petindvajset let sem goreče razmišljal o tem romanju! O vašem svetem življenju mi je pripovedoval Sthiti Lal Nundi Babu.«

Pokimala je. »Da, moj dobri sosed v Navabgandžu.«

»V teh letih sem prečkal morja, a nikoli nisem pozabil na željo, da bi vas nekega dne obiskal. O veličastni drami, ki jo tukaj tako neopazno igrate, bi bilo treba povedati svetu, ki je davno nazaj pozabil na notranjo božansko hrano.«

Svetnica je za nekaj trenutkov z zanimanjem dvignila pogled in se nasmehnila.

»Baba (častiti oče) že ve,« je skromno odvrnila.

Vesel sem bil, da ni bila užaljena, kajti nikoli ne veš, kako se bodo jogiji in jogijke odzvali na misel o publiciteti. Kot po pravilu se ji izogibajo, ker želijo v tihoti naprej raziskovati svojo dušo. Ko dozori čas za to, da odkrito predstavijo svoje življenje v dobro iščočih duš, dobijo notranje privoljenje.

»Mati,« sem nadaljeval, »oprostite mi, ker vas obremenjujem z množico vprašanj. Ni vam treba odgovarjati na vsa, le na tista, na katera želite. Razumel bom tudi, če boste molčali.«

Ljubeznivo je razprla roke. »Z veseljem odgovarjam na vprašanja, kolikor vam bom lahko v svoji nepomembnosti zadovoljivo odgovarjala.«

»Oh, ne, nikakor niste nepomembni!« sem iskreno ugovarjal. »Velika duša ste.«

»Ponižna služabnica vseh sem,« je odvrnila in povedala še nekaj zanimivega, »rada kuham in hranim ljudi.«

Kako nenavadno razvedrilo, sem pomislil, za svetnico, ki nikoli ne jé!

»Povejte mi, mati, rad bi slišal iz vaših ust – res živite brez hrane?«

»Res.« Nekaj trenutkov je pomolčala, besede, ki so sledile, pa so nam povedale, da je v mislih računala. »Od dvanajstega leta in štirih mesecev do danes, ko jih imam oseminšestdeset – več kot šestinpetdeset let – nisem jedla niti pila.«

»Vas nikoli ne mika, da bi jedli?«

»Če bi zahrepenela po hrani, bi morala jesti.« Preprosto, a dostojanstveno je izrekla to trdno resnico, ki jo še predobro pozna svet, ki se vrti okrog treh obrokov na dan!

»Nekaj pa vendarle jeste!« sem vzkliknil kot v ugovor.

»Seveda!« se je takoj nasmehnila, saj je razumela, kaj imam v mislih.

»Vaša hrana so finejše energije zraka in sončne svetlobe* in kozmična moč, ki polni vaše telo skozi podaljšano hrbtenjačo.«

»Baba ve,« je znova blago pritrdila.

* »Jemo sevanje. Naša hrana so kvanti energije,« je rekel dr. George W. Crile iz Clevelanda na srečanju zdravnikov 17. maja 1933 v Memphisu. O nekaj delih njegovega govora so poročali:

»To ključno sevanje, ki potem dobavlja električni tok za električno vezje telesa, živčni sistem, dajejo hrani sončni žarki. Atomi, je povedal dr. Crile, so osončja. Atomi so nosilci, ki se polnijo s sončnim sevanjem kot množica vzmeti. Te neštete atome, polne energije, vnesemo v telo s hrano. Ko so v telesu, se ti napeti nosilci, atomi, sprožijo v telesni protoplazmi in sevanje daje novo kemično energijo, nove električne tokove. „Vaše telo je iz takšnih atomov," je povedal dr. Crile. „So vaše mišice, možgani in čutila, kot so oči in ušesa."«

Nekega dne bodo znanstveniki odkrili, kako lahko človek živi neposredno od sončne energije. »Klorofil je edina znana snov v naravi, ki lahko deluje kot ‚sončna past',« je zapisal William L. Laurence v *New York Timesu*. »‚Ujame' sončno energijo in jo shrani v rastlini. Brez tega ne bi bilo življenja. Energijo, ki jo potrebujemo za življenje, dobivamo iz sončne energije, shranjene v rastlinski hrani ali v mesu živali, ki jedo rastline. Energija, ki jo dobivamo iz premoga ali nafte, je sončna energija, ujeta s klorofilom rastlin, ki so živele pred milijoni let. Živimo torej od sonca s pomočjo klorofila.«

GIRI BALA, SVETNICA, KI NE JÉ
Uporablja določeno jogijsko tehniko, s katero napolni svoje telo s kozmično energijo iz etra, sonca in zraka. »Nikoli nisem bila bolna,« je povedala svetnica. »Zelo malo spim, ker sta spanje in budnost zame enaka.«

»Mati, prosim, pripovedujte mi o svojem zgodnjem življenju. Zelo je pomembno za vso Indijo in celo za naše brate in sestre onkraj morja.«

Giri Bala je odmislila običajno zadržanost in začela sproščeno pripovedovati.

»Kakor želite,« je rekla z nizkim, odločnim glasom. »Rodila sem se v tej gozdnati pokrajini. Moje otroštvo ni bilo v ničemer posebno, razen v tem, da sem bila vedno lačna kot volk.

Ko sem jih imela kakšnih devet, sem se zaročila.

„Otrok," me je pogosto svarila mati, „skušaj obvladati svojo pogoltnost. Ko bo prišel čas in boš morala živeti med tujci v moževi družini, kaj si bodo mislili o tebi, če boš ves čas le jedla?"

Nesreča, ki jo je napovedala, je v resnici prišla nadme. Stara sem bila komaj dvanajst let, ko sem se pridružila moževi družini v Navabgandžu. Tašča mi je očitala požrešnost od jutra do večera. Njeno karanje pa je bilo prikrit blagoslov, ker se je zaradi njega v meni prebudila speča nagnjenost k duhovnosti. Nekega jutra je bila s svojim posmehovanjem še posebej neusmiljena.

„Kmalu vam bom dokazala," sem ji rekla globoko prizadeta, „da se ne bom več dotaknila hrane, dokler bom živa."

Tašča se mi je posmehljivo zasmejala. „Kako boš živela brez hrane, ko pa ne moreš živeti niti brez prenajedanja?" me je vprašala.

Na te besede nisem imela odgovora! V srcu pa se mi je vzbudila trdna odločenost. V odmaknjenem kotičku sem se obrnila na Nebeškega Očeta.

„Gospod," sem vztrajno molila, „prosim, pošlji mi guruja, ki me bo naučil, kako naj živim od tvoje svetlobe in ne od hrane."

Padla sem v zamaknjenje in v tem blaženem stanju sem se odpravila proti navabganškemu *ghatu* na reki Ganges. Na poti tja sem srečala duhovnika moževe družine.

„Častiti gospod," sem ga prosila zaupljivo, „bodite prijazni in mi povejte, kako naj živim brez hrane."

Brez besed me je nekaj časa gledal, nato pa me je potolažil z besedami: „Otrok, pridi danes zvečer v tempelj. Zate bom opravil poseben vedski obred."

Njegov nejasni odgovor ni bil odgovor na mojo željo, zato sem nadaljevala pot proti *ghatu*. Žarki jutranjega sonca so prebadali gladino reke. V njej sem se očistila, kot da bi se pripravljala na posvetitev. Ko sem odhajala z rečnega obrežja z mokrimi oblačili na sebi, se je pri belem dnevu pred menoj udejanjil moj učitelj!

„Draga deklica," je rekel ljubeče in sočutno, „jaz sem guru, ki ti ga je poslal Bog, da ti izpolni gorečo željo. Njena zelo nenavadna narava ga je močno ganila! Od tega trenutka naprej boš živela od astralne svetlobe, atomi tvojega telesa se bodo polnili z neskončnim tokom."«

Giri Bala je tedaj obmolknila. V roke sem vzel svinčnik in blok g. Wrighta in mu v angleščino prevedel nekaj stvari, ki mi jih je povedala.

Svetnica je nato nadaljevala pripoved, njen nežni glas smo komaj slišali. »Čeprav na *ghatu* ni bilo žive duše, je moj guru okrog naju ustvaril avro zaščitne svetlobe, da naju ne bi kasneje zmotili morebitni kopalci. Uvedel me je v tehniko *kria*, ki osvobodi telo odvisnosti od grobe hrane običajnih smrtnikov. Tehnika vključuje uporabo določene *mantre** in dihalno vajo, ki je povprečen človek ne bi zmogel izvesti. Ne gre za nikakršna zdravila ali magijo, le za *krio*.«

Kot ameriški časopisni novinar, ki me je nevede naučil tega postopka, sem nato izprašal Giri Balo o veliko temah, za katere sem menil, da bodo zanimale svet. Tukaj je povzetek njenih odgovorov:

»Nisem imela otrok, pred veliko leti sem ovdovela. Zelo malo spim, ker sta spanje in budnost zame enaka. Ponoči meditiram, čez dan se posvečam gospodinjskim opravilom. Razliko v letnih časih komaj zaznavam. Nikoli nisem bila bolna ali imela kakšnega obolenja. Če se slučajno ranim, čutim le rahlo bolečino. Nimam telesnih izločkov. Srčni utrip in dihanje lahko nadzorujem. Svojega guruja in druge velike duše pogosto srečujem v videnjih.«

»Mati,« sem jo vprašal, »bi tudi druge naučili, kako živeti brez hrane?«

Moji visokoleteči upi za milijone lačnih po svetu so se v hipu razblinili.

»Ne,« je odvrnila in zmajala z glavo. »Guru mi je strogo zabičal, naj skrivnosti nikomur ne razkrijem, ne želi namreč posegati v Božjo dramo stvarjenja. Kmetje mi ne bi bili hvaležni, če bi veliko ljudi naučila živeti brez hrane! Okusno sadje bi nekoristno ležalo na tleh. Zdi se, da so trpljenje, lakota in bolezen udarci naše karme, ki nas ženejo k iskanju pravega smisla življenja.«

* Močan vibracijski verz. Dobesedni prevod sanskrtske besede *mantra* je 'orodje misli'. Označuje »idealne, neslišne zvoke, ki predstavljajo en vidik stvarjenja. Ko *mantro* izgovarjamo v zlogih, vzpostavlja univerzalno terminologijo.« (Webstrov *New International Dictionary,* 2. izdaja). Neskončna moč zvoka izvira iz *Oma*, ‚Besede' ali ustvarjalnega brnenja Kozmičnega Motorja.

»Mati,« sem rekel počasi, »kakšen je namen tega, da le vi živite brez hrane?«

»Kot dokaz, da je človek Duh,« je odvrnila in na njenem obrazu je zažarela modrost. »Kot prikaz, da se lahko človek z božanskim napredkom počasi nauči živeti od večne luči in ne več od hrane.«*

Svetnica se je tedaj potopila v globoko meditativno stanje. Pogled je usmerila vase, njene globoke, nežne oči so postale brezizrazne. Zavzdihnila je na način, ki je značilen za začetek zamaknjenja brez diha. Za nekaj časa je pobegnila v nebesa notranje radosti, kjer ni bilo mojih vprašanj.

Zunaj se je že spustila tropska noč. Svetloba majhne petrolejke je nemirno migljala prek glav mnogih vaščanov, ki so tiho čepeli v sencah. Švigajoče kresnice in oddaljene oljne svetilke po hišah so v žametni noči tkali svetle, nenavadne vzorce. Prišla je težka ura slovesa, pred nami je bila počasna, naporna pot.

»Giri Bala,« sem rekel, ko je svetnica znova odprla oči, »prosim, podarite mi kakšen spominek na vas – trak z enega od vaših *sarijev*.«

Kmalu se je vrnila s kosom benareške svile. Ponudila mi jo je z iztegnjenimi rokami, ob tem ko se je spustila na tla predme.

»Mati,« sem rekel spoštljivo, »naj se raje jaz dotaknem vaših svetih stopal!«

* Stanje brez hranjenja, ki ga je dosegla Giri Bala, je jogijska moč, omenjena v Patanjdžalijevih *Sutrah o jogi* III:31. Svetnica uporablja določeno dihalno vajo, ki vpliva na *višuddha čakro*, peti center subtilnih energij v hrbtenici. *Višuddha čakra*, ki je nasproti grla, nadzoruje peti element, *akaš* ali eter, ki je v znotrajatomskem prostoru v telesnih celicah. Osredotočanje na to *čakro* ('kolo') omogoči verniku, da živi od energije etra.

Terezija Neumann ne živi od hrane niti od znanstvenih jogijskih tehnik, ki nadomeščajo hrano. Razlaga se skriva v zapletenosti osebne karme. Taki svetniki, kot sta Terezija Neumann in Giri Bala, imajo za seboj veliko življenj, posvečenih Bogu, a kanali njihovih zunanjih izrazov so različni. Med krščanskimi svetniki, ki so živeli brez hrane (bili so tudi stigmatiki), lahko omenimo sveto Lidvino iz Schiedama, blaženo Elizabeto iz Renta, sveto Katarino Siensko in blaženo Angelo Folinjsko, iz 19. stoletja pa še Domenico Lazzeri in Louiso Lateau. Sveti Nikolaj iz Flüa (brat Klaus, puščavnik iz 15. stoletja, čigar goreča prošnja po enotnosti je rešila Švicarsko konfederacijo) se je hrani odpovedal za dvajset let.

47. POGLAVJE

Vrnem se na Zahod

»Čeprav sem v Indiji in Ameriki veliko poučeval o jogi, moram priznati, da sem kot Indijec še posebej vesel, da lahko učim angleške študente.«

Moji londonski tečajniki so se navdušeno zasmejali, politični nemiri namreč niso nikoli zmotili našega jogijskega miru.

Indija je bila zdaj le še svet spomin. September leta 1936 je in v Angliji sem, da bi izpolnil obljubo, ki sem jo dal šestnajst mesecev pred tem, in sicer da bom znova predaval v Londonu.

Tudi Anglija je odprta za brezčasno sporočilo joge. Novinarji in snemalci filmskega obzornika so preplavili moje prostore v Grosvenor Houseu. Britanski narodni svet Svetovnega združenja verstev je 29. septembra v Whitefieldovi kongregacionistični cerkvi pripravil srečanje, na katerem sem predaval o zahtevni temi ‚Kako lahko vera v bratstvo reši civilizacijo'. Predavanja, ki sem jih imel v Caxton Hallu ob osmi uri, so privabila takšno množico, da so dva večera ljudje, ki jim ni uspelo priti noter, čakali v avditoriju Windsor Housea na moj drugi govor ob pol desetih. V naslednjih tednih so tečaji joge postali tako obiskani, da je moral g. Wright poiskati drugo dvorano.

Angleška vztrajnost se na občudovanja vreden način izraža v duhovnem odnosu. Londonski študenti joge so se po mojem odhodu sami zvesto organizirali v središče Self-Realization Fellowshipa in imeli tedenska meditacijska srečanja skozi vsa bridka leta vojne.

Čas, ki sem ga preživel v Angliji, je bil nepozaben: z g. Wrightom sva si dolge dneve ogledovala London, nato pa sva šla na prekrasno podeželje. Z zvestim fordom sva obiskovala rojstne kraje in grobove velikih pesnikov in junakov britanske zgodovine.

Konec oktobra smo iz Southamptona z ladjo *Bremen* odpluli proti Ameriki. Ob pogledu na veličastni Kip svobode v New Yorku smo bili veseli in ganjeni.

Ford, ki so ga napori v starodavnih deželah sicer nekoliko zdelali, je bil še vedno pri močeh in je bil zlahka kos čezcelinski vožnji do Kalifornije. Konec leta 1936 smo znova uzrli center Mount Washington.

V centru v Los Angelesu praznike ob koncu leta zaznamujemo z osemurno skupinsko meditacijo 24. decembra (duhovni božič),* naslednji dan pa ji sledi slavnostna pogostitev (družabni božič). Praznovanja so se letos udeležili tudi dragi prijatelji in učenci iz oddaljenih mest, ki so prišli, da bi pozdravili tri svetovne popotnike.

Na pojedini na božični dan je bilo tudi nekaj poslastic, ki so za to veselo priložnost naredile štiriindvajset tisoč kilometrov: gobe *guči* iz Kašmirja, konzervirana *rašagula* in mangova kaša, piškoti *papar* in olje indijske rože *keora*, ki smo ga za okus dodali sladoledu. Zvečer smo se zbrali okrog velikega, lesketajočega se božičnega drevesa, ob tem pa so v bližnjem kaminu prasketala polena dišeče ciprese.

Čas za obdarovanje! Imeli smo darila iz oddaljenih koncev sveta – Palestine, Egipta, Indije, Anglije, Francije in Italije. Kako skrbno je g. Wright pri vsakem prestopanju v tujini štel potovalne kovčke, da kakšna tatinska roka ne bi vzela zakladov, ki so bili namenjeni ljubljenim v Ameriki! Ploščice iz oljčnega lesa iz Svete dežele, nežne čipke in vezenine iz Belgije in Holandije, perzijske preproge, čudovito tkana kašmirska ogrinjala, trajno dišeči pladnji iz sandalovine iz Mysorja, Šivovi kamni iz Osrednjih provinc, ki spominjajo na bikovo oko, indijski kovanci davno izginulih dinastij,

* Od leta 1950 se ta celodnevna meditacija odvija 23. decembra. Tudi člani Self-Realization Fellowshipa po svetu tako obhajajo božič po svojih domovih ter templjih in centrih SRF. V božičnem času si vzamejo en dan za globoko meditacijo in molitev. Veliko ljudi je že pričalo o tem, da jim to vsakoletno obredje, ki ga je začel Paramahansa Jogananda, predstavlja veliko duhovno pomoč in blagoslov.

Paramahansadži je ustanovil tudi Molitveni svet v centru Mt. Washington (jedro Svetovnega molitvenega kroga Self-Realization Fellowshipa), katerega člani vsak dan molijo za vse, ki prosijo za pomoč pri reševanju oziroma odpravljanju svojih konkretnih težav. (*Opomba založnika*)

vaze in čaše z dragulji, miniature, tapiserije, tempeljsko kadilo in dišave, potiskan bombaž *svadeši*, lakirani izdelki, izrezljana slonovina iz Mysorja, perzijski copati z dolgim zvedavim palcem, nenavadni starinski iluminirani rokopisi, kosi žameta in brokata, Gandhijeve čepice, keramika, ploščice, izdelki iz medenine, molitvene preproge – zaklad s treh celin!

Enega za drugim sem z velikanskega kupa pod drevescem delil živobarvno zavita darila.

»Sestra Gjanamata!« sem zaklical in svetniški ameriški gospe ljubkega obraza in globokega spoznanja, ki je med mojo odsotnostjo vodila center Mt. Washington, podal dolg paket. Iz papirja je potegnila *sari* iz zlate benareške svile.

»Hvala, Paramahansadži. Pred oči mi prikliče podobo Indije.«

»G. Dickinson!« V naslednjem paketu je bilo darilo, ki sem ga kupil na bazarju v Kalkuti. »G. Dickinsonu bo to všeč,« sem takrat pomislil. Ljubljeni učenec g. E. E. Dickinson je bil navzoč na vsakem božičnem praznovanju od leta 1925, ko je bil ustanovljen center Mt. Washington.

Na tem, enajstem vsakoletnem praznovanju je stopil predme in odvezal pentljo na podolgovatem paketu.

»Srebrna čaša!« je vzkliknil in ganjeno gledal darilo, visoko čašo za pitje. Očitno osupel je sedel malo stran. Ljubeče sem se mu nasmehnil, nato pa naprej igral Božička.

Večer, poln veselih vzklikov, smo zaključili z molitvijo k Darovalcu vseh darov in s petjem božičnih pesmi.

Z g. Dickinsonom sva se nekaj zatem pogovarjala.

»Paramahansadži,« je rekel, »naj se vam zdaj zahvalim za srebrno čašo. Na božični večer sem ostal brez besed.«

»To darilo sem prinesel posebej za vas.«

»To srebrno čašo sem čakal triinštirideset let! To je dolga zgodba, ki sem jo ohranil zase.« G. Dickinson me je plaho pogledal. »Začetek je bil dramatičen: utapljal sem se. Starejši brat me je igrivo potisnil v štiri metre globok tolmun v nekem mestecu v Nebraski. Tedaj sem imel šele pet let. Ko sem bil tik pred tem, da bi drugič potonil pod gladino, se je pojavila slepeča večbarvna svetloba, ki je zapolnila prostor. Sredi nje je stala moška postava s spokojnimi očmi in s pomirjajočim nasmeškom. Že tretjič sem se potopil pod gladino, ko je eden od bratovih tovarišev tako močno upognil visoko, tanko vrbo, da sem se je lahko oklenil z rokami. Fantje so me potegnili na obrežje in mi uspešno nudili prvo pomoč.

Dvanajst let kasneje, ko sem bil sedemnajstletni mladenič, sem z materjo obiskal Čikago. Bil je september leta 1893. Zasedal je slavni Svetovni zbor religij. Z materjo sva hodila po glavni ulici, ko sem znova zagledal tisti močni blisk svetlobe. Nekaj korakov stran se je lahkotno sprehajal isti mož, ki se mi je toliko let pred tem prikazal v videnju. Približal se je velikemu avditoriju in izginil skozi vrata.

„Mati," sem vzkliknil, „to je bil mož, ki se mi je prikazal, ko sem se utapljal!"

Pohitela sva v zgradbo, kjer je na govorniškem odru sedel tisti moški. Kmalu sva izvedela, da mu je ime Svami Vivekananda* in da je iz Indije. Potem ko je imel navdihujoč govor, sem šel do odra, da bi se srečal z njim. Prijazno se mi je nasmehnil, kot bi bila stara prijatelja. Ker sem bil še zelo mlad, nisem znal izraziti čustev, a moje srce je upalo, da se mi bo ponudil za učitelja. Bral mi je misli.

„Ne, sin moj, jaz nisem tvoj guru," je rekel Vivekananda in se s svojimi lepimi, prodornimi očmi zazrl naravnost v moje. „Tvoj učitelj bo prišel kasneje. Dal ti bo srebrno čašo." Po kratkem premolku je še dodal z nasmehom: „Nate bo izlil več blagoslovov, kot jih lahko sprejmeš v tem trenutku."

Nekaj dni kasneje sem odšel iz Čikaga,« je nadaljeval g. Dickinson, »in nikoli več nisem videl vélikega Vivekanande, vse besede, ki jih je izrekel, pa so se neizbrisno vtisnile globoko v mojo zavest. Leta so minevala, mojega učitelja pa ni bilo od nikoder. Nekega večera leta 1925 sem goreče molil, da bi mi Gospod poslal guruja. Nekaj ur zatem so me iz spanja prebudili nežni, melodični zvoki. Pred očmi se mi je prikazal orkester nebeških bitij s flavtami in z drugimi glasbili. Zrak so napolnili z veličastno glasbo, nato pa počasi izginili.

* Glavni učenec Kristusu podobnega učitelja Ramakrišne Paramahanse.

Naslednji večer sem tukaj v Los Angelesu prvič poslušal eno od vaših predavanj in vedel sem, da je bila moja molitev uslišana.«

Molče sva se nasmehnila drug drugemu.

»Že enajst let sem vaš učenec *krija joge*,« je nadaljeval g. Dickinson. »Včasih sem se spraševal glede srebrne čaše in skoraj že prepričal samega sebe, da so bile Vivekanandove besede mišljene le v prenesenem smislu.

Ko pa ste mi na božični večer ob božičnem drevesu podali škatlico, sem tretjič v življenju videl isti slepeči blisk svetlobe. V naslednjem trenutku sem že zrl v darilo svojega guruja, ki mi ga je Vivekananda napovedal triinštirideset let prej* – srebrno čašo!«

* G. Dickinson je srečal Svamija Vivekanando septembra leta 1893 – istega leta, kot se je rodil Paramahansa Jogananda (5. januarja). Vivekananda je očitno vedel, da se je Jogananda znova inkarniral in da bo šel v Ameriko učit indijsko filozofijo.

Leta 1965 je g. Dickinson, ki je bil pri 89 letih še vedno čil in dejaven, v obredu na sedežu Self-Realization Fellowshipa v Los Angelesu prejel naziv jogačarja (učitelj joge).

Pogosto je imel dolge meditacije s Paramahansadžijem in nikoli ni izpustil izvajanja *krija joge* trikrat na dan.

Dve leti pred svojo smrtjo 30. junija 1967 je imel Jogačarja Dickinson govor za menihe SRF. Povedal jim je zanimivo podrobnost, ki jo je pozabil omeniti Paramahansadžiju. Jogačarja Dickinson je povedal: »Ko sem v Čikagu šel proti odru, da bi govoril s Svamijem Vivekanando, mi je, preden sem ga lahko pozdravil, rekel: „Mladenič, izogibaj se vode!"« (*Opomba založnika*)

48. POGLAVJE

V Encinitasu v Kaliforniji

»Presenečenje, Paramahansadži! Ko ste bili v tujini, smo zgradili ta ašram v Encinitasu, to je darilo ob vaši vrnitvi!« G. Lynn, sestra Gjanamata, Durga Ma in še nekaj drugih učencev me je smehljaje popeljalo skozi vhod in navzgor po poti, obdani z drevesi.

Zagledal sem veliko belo zgradbo, ki je bila na modrem ozadju videti kot čezoceanka. Ašram sem si ogledoval najprej brez besed, nato z »A«-ji in »O«-ji, in končno s človekovim nezadostnim besednjakom veselja in hvaležnosti. Imel je šestnajst nenavadno velikih sob, vse so bile očarljivo opremljene.

Mogočna glavna dvorana z velikanskimi okni, ki segajo do stropa, se odpira na oltar iz trave, morja in neba: simfonijo smaragdne, opalne in safirne barve. Na polici nad ogromnim kaminom v dvorani stojijo podobe Kristusa, Babadžija, Lahirija Mahašaje in Šri Jukteševarja, ki nedvomno naklanjajo blagoslov temu mirnemu zahodnemu ašramu.

Tik pod dvorano sta bili v pečino izklesani dve votlini za meditacijo, postavljeni pred neskončnost neba in morja. Na posestvu so kotički za sončenje, tlakovane potke, ki vodijo v mirne, senčne ute, vrtovi z vrtnicami, nasad evkaliptov in sadovnjak.

»Naj sem pridejo dobre in junaške duše svetnikov (beremo v ‚Molitvi za dom' iz Aveste, ki visi na vratih ašrama) in naj z roko v roki hodijo z nami in nam naklonijo zdravilne blagoslove svojih svetih darov, ki so tako veliki kot zemlja in segajo tako visoko kot nebesa!«

Veliko posestvo v Encinitasu v Kaliforniji je Self-Realization Fellowshipu podaril g. James J. Lynn, ki je predan *krija jogi* vse od svoje posvetitve januarja 1932. Čeprav je ameriški poslovnež

Paramahansa Jogananda in James J. Lynn, kasneje Šri Radžarši Džanakananda (glej fotografijo na strani 218). Guru in učenec meditirata na mednarodnem sedežu SRF/YSS, Los Angeles, 1933. »Nekateri pravijo: „Zahodnjak ne more meditirati.“ To ne drži,« je rekel Joganandadži. »Odkar je g. Lynn prvič prejel *krija jogo*, ga še nisem videl, da ne bi bil v notranjem občestvu z Bogom.«

Paramahansadži in Faye Wright, kasneje Šri Daja Mata (glej stran 218), v ašramu SRF v Encinitasu, 1939. Kmalu potem, ko je leta 1931 vstopila v ašram SRF, ji je guru rekel: »Ti si moje jajce za označevanje gnezda. Ko si prišla, sem vedel, da bodo na to pot stopili še drugi resnični častilci Boga.« Nekoč je ljubeče rekel: »Moja Faye, koliko dobrega bo storila! Vem, da bom lahko deloval skoznjo, ker je dovzetna.«

z neskončno veliko zadolžitvami (upravlja zajetne naložbe v naftni industriji in je direktor največje družbe za vzajemno požarno zavarovanje na svetu), vsak dan najde čas za dolgo, globoko *krija* meditacijo. Ko tako živi uravnoteženo življenje, je v *samadhiju* dosegel blagoslov trdnega miru.

Med mojim bivanjem v Indiji in Evropi (od junija 1935 do oktobra 1936) je g. Lynn* ljubeče skoval zaroto s tistimi v Kaliforniji, ki so si dopisovali z menoj, da slučajno ne bi izvedel za gradnjo ašrama v Encinitasu. Kakšno presenečenje in veselje!

V svojih prvih letih bivanja v Ameriki sem prečesal kalifornijsko obalo, da bi našel kotiček za obmorski ašram. Vedno, ko sem našel ustrezno lokacijo, se je pojavila kakšna ovira in mi prekrižala načrte. Ko sem zdaj gledal sončno posestvo v Encinitasu, sem ponižno videl, da se je izpolnila napoved, ki jo je Šri Juktešvar izrekel pred mnogimi leti: »ašram ob morju«.†

Nekaj mesecev kasneje, za veliko noč leta 1937, sem na trati novega ašrama opravljal prvega od mnogih velikonočnih obredov ob sončnem vzhodu. Kot sveti trije kralji je več sto učencev pobožno zrlo čudo, ki se odvija vsak dan: obred prebujanja sonca na vzhodu. Na zahodu je ležal Tihi ocean, ki je slovesno bučal svojo hvalnico. V daljavi drobcena bela jadrnica, na nebu osamljen galeb. »Kristus, vstal si!« Ne le v spomladanskem soncu, ampak tudi v večni zarji Duha.

Minilo je več srečnih mesecev. V popolni lepoti posestva v Encinitasu sem dokončal dolgoletni projekt, *Kozmične pesmi*.‡ Veliko indijskih pesmi sem prevedel v angleščino in jih zapisal z zahodnimi notami. Med njimi so tudi Šankarova pesem z naslovom ‚Ne rojstva, ne smrti', sanskrtska ‚Hvalnica Brahmi', Tagorjeva ‚Kdo

* Po Paramahansadžijevi smrti je g. Lynn (Radžarši Džanakananda) služil kot predsednik Self-Realization Fellowshipa in Yogoda Satsanga Society of India. O svojem guruju je povedal: »Nekaj nebeškega je družba svetnika! Od vsega, kar sem prejel v življenju, najbolj cenim blagoslove, ki mi jih je naklonil Paramahansadži.«

G. Lynn je vstopil v *mahasamadhi* leta 1955. (*Opomba založnika*)

† Glej stran 130.

‡ *Cosmic chants*. Izdal Self-Realization Fellowship. Paramahanso Jogananda so posneli med petjem številnih pesmi iz *Kozmičnih pesmi*. Tudi ti posnetki so na voljo pri Self-Realization Fellowshipu. (*Opomba založnika*)

Zračni posnetek ašrama Self-Realization Fellowshipa, ki gleda na Tihi ocean, v Encinitasu v Kaliforniji. Drugod na velikem posestvu so še bivalni objekti in stavba za duhovni oddih. V bližini je tempelj SRF.

Paramahansa Jogananda na posestvu ašrama SRF v Encinitasu, ki leži na pečini ob Tihem oceanu, 1940

je v mojem templju?' in več mojih kompozicij: ‚Vedno bom tvoj', ‚V deželi onkraj sanj', ‚Moja duša te kliče', ‚Pridi, prisluhni pesmi moje duše' in ‚V templju tišine'.

V uvodu v pesmarico sem opisal svojo prvo izredno izkušnjo z zahodnim odzivom na vzhodne pesmi. Šlo je za javno predavanje 18. aprila 1926 v Carnegie Hallu v New Yorku.

17. aprila sem ameriškemu učencu g. Alvinu Hunsickerju zaupal: »Občinstvo nameravam povabiti k petju stare hindujske pesmi ‚O, čudoviti Bog.'«*

* Besedilo pesmi Guruja Nanaka gre takole:

> O, čudoviti Bog, o čudoviti Bog!
> V gozdu si zelen,
> v gori si visok,
> v reki si nemiren,
> v morju si globok.
> Služba tistim si, ki služijo,
> ljubimcem si ljubezen,
> nesrečnim si sočutje,
> jogiju pa blaženost.
> O, čudoviti Bog, o, čudoviti Bog,
> ob tvojih stopalih, o, klanjam se ti!

G. Hunsicker je ugovarjal, da Američani zlepa ne bodo razumeli orientalskih pesmi.

»Glasba je univerzalni jezik,« sem odvrnil. »Američani bodo vsekakor začutili, po čem hrepeni duša v tej plemeniti pesmi.«

Naslednji večer je tri tisoč grl debelo uro pobožno popevalo ‚O, čudoviti Bog'. Vaša srca, dragi Newyorčani, nič več ravnodušna, so se dvignila v preprosti hvalnici radosti. Tistega večera je Bog ozdravil nekaj vernikov, ki so z ljubeznijo popevali Gospodovo blaženo ime.

Leta 1941 sem obiskal center Self-Realization Fellowshipa v Bostonu. Vodja centra dr. M. W. Lewis me je namestil v privlačno opremljenem apartmaju. »Paramahansadži,« je rekel dr. Lewis z nasmehom, »v prvih letih svojega bivanja v Ameriki ste živeli v tem mestu v preprosti sobici brez kadi. Želel sem, da vidite, da ima Boston tudi razkošna stanovanja!«

Srečna, dejavnosti polna leta v Kaliforniji so hitro tekla. Leta 1937 je bila v Encinitasu ustanovljena kolonija Self-Realization Fellowshipa.* Učenci so v številnih dejavnostih v koloniji deležni raznovrstnega usposabljanja v skladu z ideali Self-Realization Fellowshipa. Za prebivalce središč v Encinitasu in Los Angelesu tudi pridelujejo sadje in zelenjavo.

»Iz ene krvi je ustvaril ves človeški rod.«† ‚Svetovno bratstvo' je širok pojem, a človek mora razširiti svojo naklonjenost in se videti v luči državljana sveta. Tisti, ki resnično razume, da gre za ‚mojo Ameriko, mojo Indijo, moje Filipine, mojo Evropo, mojo Afriko' in tako naprej, mu nikoli ne bo manjkalo priložnosti za koristno in srečno življenje.

Čeprav telo Šri Juktešvarja nikoli ni bivalo drugje kot na indijski zemlji, je poznal to resnico o bratstvu:

»Svet je moja domovina.«

* Zdaj cvetoče ašramsko središče, ki vključuje prvotno glavno zgradbo ašrama, ašrama za menihe in nune, jedilnice in privlačno bivališče za duhovni oddih članov in prijateljev. Vrsta belih stebrov, ki gledajo na prostorni del zemljišča ob hitri cesti, je ovenčanih z lotosi iz pozlačene kovine. V indijski umetnosti je lotos simbol središča kozmične zavesti (*sahasrare*) v možganih, 'tisočlistnega lotosa svetlobe'.

† Apd 17,26.

49. POGLAVJE

Med letoma 1940 in 1951

»Resnično smo odkrili vrednost meditacije in spoznali, da nič ne more zmotiti našega notranjega miru. V zadnjih tednih smo med srečanji poslušali alarme za zračni napad in eksplozije bomb z zapoznelim delovanjem, a učenci se še vedno zbirajo in nemoteno uživajo v našem čudovitem obredju.«

To pogumno sporočilo, ki ga je napisal vodja londonskega centra Self-Realization Fellowshipa, je bilo eno od mnogih, ki sem jih prejel iz Anglije in Evrope, opustošenih od vojne, v letih, preden je tudi Amerika stopila v 2. svetovno vojno.

Dr. L. Cranmer-Byng iz Londona, znani urednik zbirke knjig *The Wisdom of the East (Modrost Vzhoda)*, mi je leta 1942 napisal:

»Ko sem bral *East-West*,* sem se zavedel, kako daleč narazen smo, kot bi živeli v dveh različnih svetovih. Lepota, red, spokojnost in mir prihajajo k meni iz Los Angelesa kot ladja, natovorjena z blagoslovi in tolažbo svetega grala, ki zapluje v pristanišče obleganega mesta.

Kot v sanjah vidim vaš palmov nasad in tempelj v Encinitasu s prostranstvom oceana in s pogledom na gore, predvsem pa z bratstvom duhovno naravnanih mož in žena – s povezano skupnostjo, zatopljeno v ustvarjalno delo, ki jo poživlja kontemplacija … Pozdravljam celotno Društvo – navaden vojak, na stražnem stolpu, v pričakovanju zore.«

Delavci Self-Realization Fellowshipa so v Hollywoodu v Kaliforniji zgradili Cerkev vseh religij, ki je bila posvečena leta 1942.

* Revija se danes imenuje *Self-Realization.*

PARAMAHANSA JOGANANDA
Fotografija, posneta 20. avgusta 1950 ob odprtju svetišča SRF Lake Shrine, Pacific Palisades, Kalifornija

SVETIŠČE OB JEZERU SRF IN SPOMENIK SVETOVNEMU MIRU MAHATME GANDHIJA

Štiri hektarje velik Lake Shrine, ki leži v Pacific Palisades v Los Angelesu v Kaliforniji, je 20. avgusta 1950 odprl Paramahansa Jogananda. Ko je Paramahansadži leta 1949 nadzoroval sajenje in gradbena dela, je občasno prebival v plavajoči hiški, prikazani na levi sliki. Med glavnima stebroma na drugi fotografiji je viden izklesan sarkofag, v katerem je shranjen del pepela Mahatme Gandhija. Na drugi strani jezera je kapela v mlinu na veter, vidna na levi sliki. Self-Realization Fellowship v Svetišču ob jezeru, ki je odprto za javnost, vsak teden pripravlja bogoslužja, meditacije in predavanja.

Leto zatem smo v San Diegu v Kaliforniji ustanovili še en tempelj in leta 1947 še enega v Long Beachu v Kaliforniji.*

Leta 1949 je Self-Realization Fellowship prejel v dar eno najlepših posestev na svetu, cvetočo pravljično deželo v delu Los Angelesa, ki se imenuje Pacific Palisades. Štiri hektarje veliko zemljišče je naravni amfiteater, obdan z zelenim hribovjem. Po velikem naravnem jezeru, modrem dragulju sredi gorske krone, je posestvo tudi dobilo ime: Lake Shrine (Svetišče ob jezeru). V slikoviti hiši v slogu nizozemskega mlina na veter je mirna kapela. V bližini vrta, ki je nekoliko spuščen, stoji vodno kolo, po katerem lagodno žubori voda. Kraj krasita dva marmorna kipa s Kitajske – kip Gospoda Bude in kip Guan Jin (kitajske poosebitve Božanske Matere). Kristusov kip v naravni velikosti, katerega spokojen obraz in valovita oblačila pridejo ob nočni osvetlitvi še posebej do izraza, stoji na hribu nad slapom.

Spomenik svetovnemu miru Mahatme Gandhija v Lake Shrineu je bil posvečen leta 1950, istega leta, kot smo praznovali trideseto obletnico† Self-Realization Fellowshipa v Ameriki. Del Mahatmovega pepela, ki so nam ga poslali iz Indije, smo shranili v tisoč let star kamniti sarkofag.

‚Indijski center'‡ Self-Realization Fellowshipa v Hollywoodu smo ustanovili leta 1951. G. Goodwin J. Knight, viceguverner Kalifornije, in g. M. R. Ahudža, generalni konzul Indije, sta se mi pridružila na slovesnosti ob njegovem odprtju. Poleg njega stoji tudi avditorij India Hall za 250 ljudi.

Novinci v teh centrih pogosto želijo izvedeti še več o jogi. Vprašanje, ki ga včasih slišim, je naslednje: »Ali je res, kot trdijo nekatere

* Kapela v Long Beachu je do leta 1967 postala premajhna, zato se je takrat skupnost preselila v prostorni tempelj Self-Realization Fellowshipa v Fullertonu v Kaliforniji. *(Opomba založnika)*

† Med praznovanjem te obletnice sem 27. avgusta 1950 v Los Angelesu vodil sveti obred, med katerim sem v *krija jogo* posvetil petsto učencev.

‡ Jedro (skupaj s templjem zraven) velikega ašramskega središča, s katerim upravljajo verniki, ki so se v svojem življenju posvetili služenju človeštvu in uresničevanju idealov Paramahanse Joganande. *(Opomba založnika)*

Goodwin J. Knight, viceguverner Kalifornije (*na sredi*), z Joganandadžijem in g. A. B. Roseom na odprtju Indijskega centra Self-Realization Fellowshipa, ki stoji ob templju SRF, prikazanem na sliki spodaj, Hollywood, Kalifornija, 8. april 1951

Tempelj Self-Realization Fellowshipa (Cerkev vseh religij), Hollywood

organizacije, da se joge ne moreš uspešno učiti iz tiskanega gradiva, ampak zanjo potrebuješ vodstvo učitelja, ki je blizu?«

V atomski dobi je treba jogo poučevati z metodo, kot so *Lekcije Self-Realization Fellowshipa,** sicer bo znova prišlo do tega, da bo osvobajajoča znanost omejena na redke izbrance. Resnično dragoceno bi bilo, če bi lahko vsak učenec ob sebi imel guruja, ki bi bil izpopolnjen v Božji modrosti, a naš svet je sestavljen iz mnogo ‚grešnikov' in malo svetnikov. Kako naj potem joga pomaga množicam, če ne tako, da doma preučujejo navodila, ki so jih napisali pravi jogiji?

Edina druga možnost je, da se ‚običajnega človeka' pozabi in da ostane brez znanja o jogi, vendar Božji načrt za novo dobo ni takšen. Babadži je obljubil, da bo varoval in vodil vse iskrene *krija jogije* na njihovi poti k Cilju.† Sto tisoče, ne le desetine *krija jogijev* je potrebnih, da bi ustvarili svet miru in izobilja, ki čaka ljudi, ko bodo ti vložili primeren trud za ponovno vzpostavitev svojega statusa sinov Božjega Očeta.

Ustanovitev organizacije Self-Realization Fellowship na Zahodu, ‚panja duhovnega medu', je bila dolžnost, ki sta mi jo naložila Šri Juktešvar in Mahavatar Babadži. Izpolnitev te svete naloge ni bila brez težav.

»Povejte mi po pravici, Paramahansadži, se je splačalo?« me je nekega večera lakonično vprašal dr. Lloyd Kennell, vodja templja v San Diegu. Razumel sem, da me želi vprašati: »Ste srečni v Ameriki? Kaj pa neresnice, ki jih širijo zavedeni ljudje, ki želijo preprečiti,

* *Self-Realization Fellowship Lessons.* Ta obširna zbirka za študij na domu je na voljo prek mednarodnega sedeža Self-Realization Fellowshipa, društva, ki ga je ustanovil Paramahansa Jogananda z namenom širiti *krija jogo*, znanost meditacije in duhovnega življenja. (Glej str. 548.) *(Opomba založnika)*

† Tudi Paramahansa Jogananda je povedal svojim učencem na Vzhodu in Zahodu, da bo po tem življenju še naprej bedel nad duhovnim napredkom vseh *krijabanov* (študentov *Lekcij Self-Realization Fellowshipa*, ki so prejeli posvetitev v *krijo*; glej op. na str. 341). Njegova čudovita obljuba se je izkazala za resnično, potem ko so mnogi *krija jogiji* po njegovem *mahasamadhiju* zaznali njegovo vsenavzoče vodstvo in to opisali v svojih pismih. *(Opomba založnika)*

da bi se joga razširila? Kaj pa razočaranja, srčna bolečina, voditelji centrov, ki niso znali voditi, učenci, ki jih ni bilo mogoče učiti?«

»Srečen človek, ki ga preizkuša Gospod!« sem odvrnil. »Sem in tja se je spomnil in mi naložil kakšno breme.« Nato sem pomislil na vse, ki so bili zvesti, na ljubezen in na predanost in na razumevanje, ki razsvetljujejo srce Amerike. Počasi in s poudarki sem nadaljeval: »A moj odgovor je da, tisočkrat da! Vsekakor se *je* splačalo bolj, kot sem lahko sanjal, videti Vzhod in Zahod, kako se približujeta v edini trajni vezi – duhovni.«

Veliki indijski učitelji, ki se močno zanimajo za Zahod, dobro razumejo sodobne razmere. Vedo, da se položaj v svetu ne more izboljšati, dokler ne bodo narodi v večji meri sprejeli značilnih vzhodnih in zahodnih kreposti. Vsaka od polobel potrebuje najboljše, kar ji lahko ponudi druga.

Med potovanjem po svetu sem z žalostjo opazil veliko trpljenja:* na Orientu predvsem trpljenje na materialni ravni, na Zahodu pa predvsem stisko na mentalni in duhovni ravni. Vsi narodi čutijo boleče posledice neuravnotežene civilizacije. Indija in mnoge druge vzhodne dežele lahko veliko pridobijo s posnemanjem praktičnega razumevanja stvari, materialne učinkovitosti zahodnih narodov, kot je ameriški. Zahodnjaki po drugi strani potrebujejo boljše razumevanje duhovne osnove življenja in predvsem znanstvenih metod, ki jih je Indija že v pradavnini razvila za človekovo zavestno občestvo z Bogom.

* Ko morja šum krog mene Glas doni:
»Le-tak je torej svet,
razsut ves v črep in smet.
O, vse zapušča te, ko greš od Mene ti! ...
Vse, kar sem ti odvzel, sem ti odvzel
ne v tvoje zlo,
pač pa, da vse bi spet iz Mojih rok prejel.
Vse, kar, otrok, si za zgubljeno štel,
sem spravil zate bil doma skrbnó.
Zdaj vstani, pridi – daj roko ...«
– *Francis Thompson, Nebeški lovec*

Ideal uravnotežene civilizacije je uresničljiv. Tisočletja je bila Indija dežela tako duhovne svetlobe kot splošno razširjene materialne blaginje. Revščina zadnjih dvesto let je v dolgi indijski zgodovini le prehodno karmično obdobje. Že stoletja je v rabi reklo ,Indija Koromandija'.* Blaginja, tako materialna kot duhovna, je strukturni

* Zgodovinski zapisi predstavljajo Indijo do 18. stoletja kot najbogatejšo deželo na svetu. Mimogrede, v hindujski literaturi ali izročilu ni ničesar, kar bi podprlo teorije zahodnih zgodovinarjev, da so prvi Arijci ,vdrli' v Indijo iz nekega drugega dela Azije ali iz Evrope. Razumljivo je, da zgodovinarji ne morejo določiti začetne točke tega namišljenega potovanja. Dokazi v Vedah, ki kažejo na to, da je Indija starodavni dom hindujcev, so predstavljeni v nenavadni in zelo berljivi knjigi *Rig-Vedic India (Rigvedska Indija)*, ki jo je napisal Albinas Čandra Das, in jo je leta 1921 izdala Univerza v Kalkuti. Profesor Das trdi, da so se izseljenci iz Indije naselili po različnih delih Evrope in Azije in razširili arijski govor in običaje. Litvanski jezik je, na primer, v mnogih pogledih osupljivo podoben sanskrtu. Filozof Kant, ki sanskrta ni poznal, je bil navdušen nad znanstveno zgradbo litvanskega jezika. »Vsebuje,« je rekel, »ključ, ki bo odprl vse skrivnosti, ne le filoloških, ampak tudi zgodovinske.«

Sveto pismo omenja bogastvo Indije in nam pove (2 Kr 9,21 in 9,10), da so »taršíške ladje« kralju Salomonu prinašale »zlato, srebro, slonovino, opice in pavijane« ter »sándalov les in drage kamne« iz Ofirja (Sopare na bombajski obali). Megasten, grški ambasador (4. st. pr. Kr.), nam je zapustil podrobno sliko indijske blaginje. Plinij (1. st. po Kr.) pripoveduje o tem, da so Rimljani za uvoz iz Indije, ki je bila tedaj pomorska velesila, letno porabili petdeset milijonov sestercev (pet milijonov dolarjev).

Kitajski popotniki so slikovito opisovali bogato indijsko civilizacijo, njeno splošno izobraženost in izvrstno vlado. Kitajski duhovnik Fašien (5. st.) nam pripoveduje o tem, da so Indijci srečni, iskreni in bogati. Glej knjigo Samuela Beala *Buddhist Records of the Western World* (Indija je bila za Kitajce »Zahodni svet«!), Trubner, London, in knjigo Thomasa Wattersa *On Yuan Chwang's Travels in India, A. D. 629–45,* Royal Asiatic Society.

Kolumb, ki je v 15. st. odkril Novi svet, je v resnici iskal krajšo trgovsko pot do Indije. Dolga stoletja je Evropa navdušeno uvažala iz Indije svilo, tanko blago (tako prosojno, da si je zaslužilo opis »tkan zrak« in »nevidna meglica«), potiskan bombaž, brokat, vezenine, preproge, kuhinjski pribor, bojne oklepe, slonovino in izdelke iz slonovine, parfume, kadilo, sandalovino, lončenino, zdravila in mazila, indigo, riž, začimbe, korale, zlato, srebro, bisere, rubine, smaragde in diamante.

Portugalski in italijanski trgovci so zapisali svoje presenečenje nad veličastjem cesarstva Vidžajanagar (1336–1565). Sijaj njegove prestolnice je opisal arabski ambasador Razzak kot »takšen, da oko še ni videlo niti uho slišalo za kraj na zemlji, ki bi mu bil v njem enak«.

V 16. st. je prvič v svoji dolgi zgodovini Indija kot celota padla pod nehindujsko vladavino. Turek Babar je vdrl v deželo leta 1524 in ustanovil dinastijo muslimanskih kraljev. Ko so se novi vladarji naselili v starodavni deželi, ji niso vzeli njenega

izraz *rite*, kozmičnega zakona oziroma naravne pravičnosti. V Božjem ni skoposti, tako, kot je ni v njegovi boginji pojavov, v bujni Naravi.

Hindujski sveti spisi učijo, da človeka povleče posebej na to zemljo, da bi se v vsakem življenju v večji meri naučil neskončnih načinov, na katere se lahko Duh izraža skozi materialne razmere, in načinov, s katerimi jih lahko obvladuje. Vzhod in Zahod se učita te velike resnice po različnih poteh in bi morala z veseljem izmenjavati svoja odkritja drug z drugim. Brez dvoma je Gospodu všeč, ko skušajo njegovi zemeljski otroci zgraditi svetovno civilizacijo, v kateri ne bi bilo revščine, bolezni in nevednosti duše. Temeljni

---

bogastva, zaradi notranjih sporov pa je bogata Indija vseeno oslabela in v 17. st. postala plen več evropskih držav. Nazadnje je vladavino prevzela Anglija. Indija je dosegla neodvisnost po miroljubni poti 15. avgusta 1947.

Kot mnogi Indijci imam tudi jaz zgodbo, ‚ki jo zdaj lahko povem'. Skupina mladeničev, ki sem jih poznal na kolidžu, je med 1. sv. vojno pristopila k meni in me nagovarjala, naj vodim revolucionarno gibanje. Zavrnil sem jih z besedami: »Pobijanje angleških bratov ne more Indiji prinesti ničesar dobrega. Njena svoboda ne bo prišla s kroglami, ampak z duhovno močjo.« Potem sem prijatelje posvaril, da bodo Britanci nemške ladje, polne orožja, na katere so se zanašali, prestregli v Diamond Harbourju v Bengaliji. Mladeniči so vseeno izpeljali svoj načrt, ki se je izjalovil, kakor sem napovedal. Po nekaj letih so moji prijatelji prišli iz zapora. Opustili so svoja prepričanja glede nasilja, številni med njimi so se celo pridružili Gandhijevemu idealnemu političnemu gibanju. Na koncu so doživeli zmago Indije v ‚vojni', izbojevani na miroljuben način.

Žalostno delitev dežele na Indijo in Pakistan ter kratko, a krvavo vmesno obdobje, ki smo mu bili priča v nekaterih delih dežele, so povzročili gospodarski dejavniki in ne pretežno verski fanatizem (manjši razlog, ki se pogosto zmotno predstavlja kot glavni). Nešteti hindujci in muslimani so živeli tako v preteklosti kot danes v slogi drug ob drugem. Ljudje obeh ver so v velikem številu postali učenci Kabirja (1450–1518), ki ni pripadal nobeni veri in ki ima še danes milijone privržencev (*Kabir panthijev*). Pod muslimanskim vladarjem Akbarjem Velikim je po vsej Indiji zavladala kar največja možna svoboda veroizpovedi. Tudi danes med 95 odstotki preprostih ljudi ni nikakršnih resnih verskih nesoglasij. Prave Indije, Indije, ki je razumela Gandhija in mu sledila, ne najdemo v velikih, nemirnih mestih, ampak v mirnih sedemsto tisočih vaseh, kjer imajo že od pradavnine preproste in pravične oblike samouprave s *panjčajati* (lokalnimi sveti). Težave, ki pestijo na novo osvobojeno Indijo, bodo gotovo sčasoma rešili veliki posamezniki, ki jih je Indija vedno imela.

vzrok vseh drugih oblik trpljenja je to, da je človek pozabil na svoje božanske potenciale (posledica zlorabe svobodne volje).*

Tegobe, ki jih pripisujemo antropomorfni abstrakciji, ki ji rečemo ‚družba', lahko bolj stvarno položimo pred prag slehernika.† Utopija mora najprej vzkliti v zasebnih nedrjih, preden lahko cveti v državljanski kreposti, notranje reforme naravno vodijo k zunanjim. Človek, ki je poboljšal sebe, bo poboljšal tisoče.

Sveti spisi svetovnih religij, ki so prestali preizkus časa, so v svojem bistvu enotni in skušajo navdihniti človeka na njegovi poti k Bogu. Eno najlepših obdobij mojega življenja je bil čas, ko sem za revijo *Self-Realization Magazine* narekoval svojo razlago dela Nove zaveze.‡ Vneto sem prosil Kristusa, naj me vodi, da bom pravilno razbral pomen njegovih besed, od katerih jih je bilo dosti hudo napačno razumljenih dvajset stoletij.

Nekega večera sem tiho molil, ko se je moja soba v ašramu v Encinitasu napolnila z opalno modro svetlobo. Zagledal sem žarečo podobo blaženega Gospoda Jezusa. Videti je bil kot mladenič, star kakšnih petindvajset let, z redko brado in brki. Njegove dolge črne lase s prečo na sredini je obdajal zlat svetniški sij.

Njegove oči so bile nekaj najčudovitejšega, ko sem zrl vanje, so se nenehno spreminjale. Z vsako božansko spremembo v njihovem

* »Svobodno služimo,
ker svobodno ljubimo, v odločitvi
ljubiti ali ne, stojimo in pademo.
In nekateri padejo, v neposlušnost padejo,
iz nebes v najgloblji pekel. Oh, kakšen padec
s tako visoke blaženosti v takšno bridkost!«
- *Milton, Izgubljeni raj*

† Načrt Božje *lile* ali ‘prešerne igre', po katerem so pojavni svetovi začeli obstajati, je *recipročnost* med ustvarjenim in Stvarnikom. Edini dar, ki ga lahko človek nakloni Bogu, je ljubezen. Ta zadošča, da prikliče njegovo neizmerno velikodušnost. »Me goljufate, ves narod! Prinesite vso desetino v zakladnico, da bo zaloga v moji hiši, in preizkusite me s tem, govori Gospod nad vojskami, če vam tedaj ne odprem zapornic neba in ne izlijem na vas blagoslova do preobilja!« – Mal 3,9–10.

‡ Joganandova obširna razlaga štirih evangelijev je izšla v knjižni obliki pri Self-Realization Fellowshipu pod naslovom *The Second Coming of Christ: The Resurrection of the Christ Within You. (Opomba založnika)*

Paramahansa Jogananda v ašramu SRF, Encinitas, Kalifornija, julij 1950

izrazu sem intuitivno razumel sporočeno modrost. V njegovem veličastnem pogledu sem začutil moč, ki vzdržuje neštete svetove. Ob njegovih ustih se je pojavil sveti gral. Spustil se je k mojim ustnicam in se nato vrnil k njemu. Po nekaj trenutkih je izrekel nekaj prečudovitih besed, ki so tako osebne narave, da jih hranim v svojem srcu.

V letih 1950 in 1951 sem veliko časa preživel v mirnem bivališču v bližini puščave Mojave v Kaliforniji, kjer sem prevedel Bhagavad gito in napisal podroben komentar,* ki predstavlja različne poti joge.

Največje indijsko sveto besedilo dvakrat† izrecno omenja jogijsko metodo (edino omenjeno v Bhagavad giti in prav tisto, ki jo je Babadži preprosto poimenoval *krija joga*) in tako ponuja poleg moralnega tudi praktični nauk. V oceanu našega sanjskega sveta je dih specifični vihar utvare, ki povzroča zavest individualnih valov – podob človeka in vseh drugih materialnih predmetov. Ker je Gospod Krišna vedel, da zgolj filozofsko in etično znanje ni dovolj, da bi se človek predramil iz bolečih sanj ločenega bivanja, je razgrnil sveto znanost, s katero lahko jogi obvlada svoje telo in ga po želji pretvori v čisto energijo. Možnost tega jogijskega dosežka je v dosegu teoretičnega razumevanja sodobnih znanstvenikov, pionirjev atomske dobe. Dokazano je, da lahko vso snov zvedemo na energijo.

Hindujski sveti spisi hvalijo jogijsko znanost zato, ker jo lahko uporablja celotno človeštvo. Res je, da je skrivnost diha občasno kdo rešil brez uporabe formalne jogijske metode, kot je bilo v primeru nehindujskih mistikov, ki so imeli transcendentne moči ljubeče predanosti Gospodu. Takšne krščanske, muslimanske in druge svetnike

* *God Talks With Arjuna: The Bhagavad Gita – Royal Science of God-Realization,* ki je izšla pri Self-Realization Fellowshipu. Bhagavad gita je v Indiji najbolj priljubljen sveti spis. Vsebuje dialog med Gospodom Krišno (ki predstavlja Duha) in njegovim učencem Ardžuno (ki predstavlja dušo idealnega vernika) – brezčasne besede duhovnega vodstva, ki jih lahko uporabijo vsi iskalci resnice. Osrednje sporočilo Gite je, da lahko človek doseže osvoboditev skozi ljubezen do Boga, skozi modrost ter z izvajanjem pravilnih dejanj v duhu nenavezanosti.

† Bhagavad gita IV,29 in V,27–28.

so videli v negibnem zamaknjenju brez diha (*sabikalpa samadhiju*),* brez katerega noben človek ne vstopi v prve stopnje zaznavanja Boga. (Potem ko svetnik doseže *nirbikalpo* oziroma najvišji *samadhi*, se nepreklicno poveže z Gospodom, naj bo v stanju z dihom ali brez njega, negiben ali dejaven.)

Brat Lovrenc, krščanski mistik 17. stoletja, pripoveduje, da je doživel prvi utrinek Božjega spoznanja, ko je gledal drevo. Skoraj vsi ljudje so že videli drevo, redki pa so videli Stvarnika dreves. Večina ljudi je popolnoma nezmožnih priklicati tiste neustavljive moči pobožnosti, ki se jih z lahkoto poslužuje le nekaj *ekantinov*, svetnikov 'osredotočenih src', ki jih najdemo na vseh verskih poteh, tako na Zahodu kot na Vzhodu. Kljub temu pa ima običajni človek† prav tako možnost občestva z Bogom. Da se ponovno spomni duše, ne potrebuje drugega kot metodo *krija joge*, vsakodnevno spoštovanje moralnih načel in sposobnost iskreno zaklicati: »Gospod, želim si te poznati!«

Univerzalna privlačnost joge je tako v njenem pristopu k Bogu z vsakodnevno uporabo znanstvene metode namesto s pobožno gorečnostjo, ki ni v čustvenem dometu povprečnega človeka.

Več velikih džainističnih učiteljev Indije so poimenovali *tirthankara*, 'graditelj broda', ker razkrivajo prehod, po katerem lahko izgubljeno človeštvo prečka viharna morja *samsare* (karmičnega kolesa, ponovnega rojevanja in umiranja). *Samsara* (dobesedno 'gibanje s' tokom pojavnega) napelje človeka, da sprejme linijo najmanjšega odpora. »Kdor hoče biti prijatelj sveta, postane Božji sovražnik.«‡ Da bi postal Božji prijatelj, mora človek premagati

* Glej 26. poglavje. Med krščanskimi mistiki, ki so jih videli v *sabikalpa samadhiju*, lahko omenimo sveto Terezijo Avilsko, katere telo je postalo tako nepremično, da je osuple samostanske nune niso mogle premakniti v drug položaj ali jo vzdramiti k zunanji zavesti.

† ‚Običajni človek' mora nekoč, nekje stopiti na duhovno pot. »Pot, dolga tisoč milj, se začne s prvim korakom,« je zapisal Laozi. Prim. besede Gospoda Bude: »Naj nihče ne razmišlja lahkomiselno o dobrem in si v srcu govori: „Ne bo prišlo blizu mene." Lonec napolnijo kapljice vode. Modrec postane poln dobrega, tudi če dobro zbira čisto po malem.«

‡ Jak 4,4.

zlodeje oziroma zlo svoje karme oziroma dejanj, ki ga vedno znova spodbujajo k neznačajnemu sprejemanju utvar *maje*, ki jih ponuja svet. Poznavanje železnega zakona karme je spodbuda za zavzetega iskalca, da poišče dokončen izhod iz njegovih vezi. Ker karmično suženjstvo človeka korenini v željah uma, zatemnjenega od *maje*, se jogi ukvarja z nadzorovanjem uma.* Ko odloži različne krinke karmične nevednosti, se človek uzre v svojem naravnem bistvu.

Skrivnost življenja in smrti, katere razrešitev je edini namen človekovega bivanja na zemlji, je tesno prepletena z dihom. Življenje brez diha je življenje brez smrti. Ker so starodavni indijski rišiji spoznali to resnico, so šli zgolj po sledi diha in razvili natančno, racionalno znanost o stanju brez dihanja.

Če bi Indija ne imela drugega daru za svet, bi že zgolj *krija joga* zadostovala za kraljevsko darilo.

Iz odlomkov v Svetem pismu je razvidno, da so se hebrejski preroki zavedali, da je Bog ustvaril dih kot subtilno vez med telesom in dušo. V Prvi Mojzesovi knjigi je zapisano: »Gospod Bog je iz zemeljskega prahu izoblikoval človeka, v njegove nosnice je dahnil življenjski dih in tako je človek postal živa duša.«† Človeško telo je sestavljeno iz kemičnih snovi in kovin, ki so ravno tako v »zemeljskem prahu«. Človekovo telo ne bi moglo opravljati dejavnosti ali izražati energije in gibanja, če ne bi bilo življenjskih tokov, ki jih

* »Plamen svetilke v zavetrju ne plapola,
to je podoba jogijevega duha,
ograjen od čutnih viharjev svetlo za nebesa gori.
Ko duh je spokojen, pomirjen od svetih vaj,
ko Jaz sebe opazuje in v sebi uteho najde,
ko pozna radost brez imena
onkraj dosega čutov, razkrito duši – samo duši!
In ko ve, in ne omahuje, zvest višji resnici.
Ko ob tem nima drugega zaklada za primerljivega,
ampak ga, zasidranega, ne pretrese ali zmoti
najstrašnejša nadloga, reci temu stanju ‚mir‘,
tej srečni prekinitvi joga in takšnega človeka imenuj
popolni jogin!«
– Bhagavad gita VI,19–23 *(slovenjeno po Arnoldovem prevodu)*

† 1 Mz 2,7.

duša pošilja v telo s pomočjo – v nerazsvetljenem človeku – diha (plinaste energije). Življenjski tokovi, ki delujejo v človekovem telesu kot petčlena *prana* oziroma subtilne življenjske energije, so izraz vibracije *Om* vsenavzoče duše.

Edini vzrok človekove navezanosti na telo je prepričljivost življenja, ki sije v telesnih celicah, a je v resnici le odsev iz duše. Kepi ilovice seveda ne bi izkazoval posebne pozornosti. Človek se napačno identificira s svojo telesno obliko, ker se življenjski tokovi iz duše prek diha prenašajo v telo s tako silovitostjo, da človek zamenjuje posledico z vzrokom in si malikovalsko domišlja, da je telo živo samo po sebi.

Človekovo zavestno stanje je zavedanje telesa in diha. Za njegovo podzavestno stanje, ki se pojavi v spanju, je značilna umska, začasna ločenost od telesa in diha. Njegovo nadzavestno stanje je odsotnost slepila, da je ‚bivanje' odvisno od telesa in diha.* Bog živi brez diha; duša, narejena po njegovi podobi, se prvič zave same sebe le med stanjem brez diha.

Ko se vez diha med dušo in telesom pretrga zaradi razvojne karme, sledi nenaden prehod, ki se imenuje ‚smrt'. Telesne celice se vrnejo v naravno stanje nemoči. *Krija jogi* pa lahko z znanstveno modrostjo po želji pretrga vez diha in se izogne grobemu vmešavanju karmične nujnosti. Na podlagi dejanske izkušnje se jogi že zaveda svoje temeljne netelesnosti in ne potrebuje nekoliko robatega namiga smrti, da se ni dobro zanašati na fizično telo.

Vsak človek iz življenja v življenje napreduje (v svojem tempu, najsibo še tako neenakomeren) proti cilju svojega pobožanstvenja. Smrt na tej poti ni nobena prekinitev, ampak preprosto omogoči človeku primernejše okolje astralnega sveta, v katerem se očiščuje

* »Sveta se nikoli ne boste prav veselili, dokler se morje ne bo pretakalo po vaših žilah, dokler ne boste odeti v nebo in kronani z zvezdami in dokler se ne boste imeli za edinega dediča celotnega sveta, in še več kot to, kajti ljudje v njem so prav vsi edini dediči tako kot vi; dokler ne boste peli in se veselili in radostili v Bogu, kot se skopuhi veselijo zlata in kralji svojih žezel … dokler vam Božja pota v vseh obdobjih ne bodo tako poznana, kot vam je hoja in vaša miza, dokler se ne boste zaupno spoznali s tistim zakritim ničem, iz katerega je bil ustvarjen svet.« – *Thomas Traherne, Stoletja meditacij.*

Indijski veleposlanik v Združenih državah Binaj Randžan Sen s Šri Joganando na mednarodnem sedežu Self-Realization Fellowshipa, Los Angeles, 4. marec 1952 – tri dni pred smrtjo vélikega jogija.

V pogrebnem govoru 11. marca je ambasador Sen povedal: »Če bi danes v Združenih narodih imeli človeka, kot je bil Paramahansa Jogananda, bi bil svet veliko lepši. Ne poznam človeka, ki bi naredil več in se bolj razdajal za to, da bi povezal Indijce in Američane.«

svoje navlake. »Vaše srce naj se ne vznemirja ... V hiši mojega Očeta je veliko bivališč.«* Ni verjetno, da je Bog izčrpal svojo domiselnost ob organiziranju tega sveta, niti, da nam na drugem svetu ne bo mogel ponuditi večjega izziva, kot je igranje na harfo.

Smrt človeka ne izbriše iz bivanja, ni dokončni pobeg iz življenja. Prav tako pa smrt niso vrata v nesmrtnost. Tisti, ki je bežal od Sebe v tuzemske radosti, ne bo dobil Sebe nazaj med subtilnejšimi čari astralnega sveta. Tam zgolj zbira finejše zaznave in bolj rahločutne odzive na lepo in na dobro, ki sta eno. Na nakovalu

* Jn 14,1–2.

te trde zemlje mora človek trudoma skovati večno zlato duhovne identitete. Ko v roki drži težko pridobljeni zlati zaklad kot edini sprejemljivi dar lakomni Smrti, je končno osvobojen zaporednih telesnih reinkarniranj.

V Encinitasu in Los Angelesu sem več let predaval o Patanjdžalijevih *Sutrah o jogi* in o drugih globokih delih hindujske filozofije.

»Zakaj je Bog sploh združil dušo in telo?« me je nekega večera vprašal udeleženec tečaja. »S kakšnim namenom je spravil v tek to evolucijsko dramo stvarjenja?« Nešteto ljudi si je že zastavljalo takšna vprašanja, filozofi so zaman skušali v polnosti odgovoriti nanja.

»Pusti kakšno uganko še za večnost,« je rad rekel Šri Juktešvar z nasmeškom. »Kako naj človek s svojimi omejenimi močmi razumevanja dojame nepojmljive nagibe Neustvarjenega Absolutnega?* Razumska zmožnost v človeku, priklenjena na načelo vzroka in posledice v pojavnem svetu, je nebogljena ob skrivnosti Boga, ki nima začetka niti vzroka. A čeprav človekov razum ne more razumeti uganke stvarjenja, bo verniku na koncu Bog sam pojasnil vse skrivnosti.«

Človek, ki iskreno hrepeni po modrosti, je pripravljen začeti iskanje s ponižnim usvajanjem osnov Božjega načrta in ne zahteva predčasno natančnega matematičnega grafa ‚Einsteinove teorije' življenja.

* »Kajti moje misli niso vaše misli in vaše poti niso moje poti, govori Gospod. Kajti kakor je nebo visoko nad zemljo, tako visoko so moje poti nad vašimi potmi in moje misli nad vašimi mislimi.« – Iz 55,8–9. Dante je pričeval v *Božanski komediji*:

> Na nebu, kjer ta luč bolj izžareva,
> sem bil in videl to, kar obnoviti,
> kdor pride dol, zaman si prizadeva.
> Zakaj ko skuša se v svoj mik vtopiti,
> naš um prodre do take globočine,
> da mu spomin ne more več slediti.
> Kar pa zakladov svete kraljevine
> spomin je nakopičil v shrambe svoje,
> to naj iz mojega vam speva sine.

»*Boga ni nikoli nihče videl* (noben smrtnik, podvržen relativnosti *maje*,* ne more spoznati Neskončnega); *edinorojeni Sin, ki biva v Očetovem naročju* (odsevajoča Kristusova Zavest oziroma Popolna Inteligenca, ki se kaže navzven in vodi vse strukturne pojave z vibracijo *Om*, in ki je prišla iz »naročja« oziroma globin Neustvarjenega Božanskega, da bi izrazila raznolikost Enosti), *je pripovedoval o njem* (ga je podvrgel obliki, ga je manifestiral).«†

»Resnično, resnično, povem vam,« je razložil Jezus, »Sin ne more delati ničesar sam od sebe, ampak le to, kar vidi, da dela Oče; kar namreč dela on, dela enako tudi Sin.«‡

Trojno naravo Boga, kot se kaže v pojavnih svetovih, v hindujskih svetih spisih simbolizirajo Brahma Stvarnik, Višnu Ohranjevalec in Šiva Uničevalec-Prenovitelj. Njihove troedine dejavnosti se nenehno izražajo v vibracijskem stvarstvu. Ker je Absolutno onkraj pojmovnih moči človeka, ga hindujec časti v mogočnih utelešenjih Trojice.§

Univerzalni ustvarjalno-ohranjevalno-uničevalni vidik Boga pa ni njegova temeljna niti nujna narava (kajti stvarjenje vesolja je le njegova *lila*, ustvarjalna zabava).¶ Njegove neločljive vgrajenosti ne moremo razumeti, tudi če bi razumeli vse skrivnosti Trojice, kajti s svojo zunanjo naravo, kot se kaže v zakonitih atomskih spremembah, se le izraža, ne da bi se razkril. Končna narava Gospoda se razkrije

* Zemeljski dnevni cikel iz svetlobe v temo – in obratno – je stalni opomnik človeku, da je stvarstvo povezano z *majo* ali nasprotujočimi si stanji. (Prehodni oziroma uravnoteženi obdobji dneva, zora in mrak, zato veljata kot ugodna za meditacijo.) Ko jogi raztrga dvoslojno tančico *maje*, zazna transcendentno Enost.

† Jn 1,18.

‡ Jn 5,19.

§ Pojmovanje, ki se razlikuje od trinitarne resničnosti *Sat, Tat, Om* oziroma Oče, Sin, Sveti Duh. Brahma-Višnu-Šiva predstavlja troedini izraz Boga v vidiku *Tat* ali Sinu, Kristusovi Zavesti, prisotni v vibracijskem stvarstvu. *Šakti*, energije oziroma ‚spremljevalke' Trojice so simboli *Oma* ali Svetega Duha, edine vzročne sile, ki ohranja vesolje po vibracijah. (Glej op. na str. 160 in 211.)

¶ »Naš Gospod ... si ustvaril vse reči, po tvoji volji so bivale in bile ustvarjene.« – Raz 4,11.

šele, ko »gre Sin gor k Očetu«.* Osvobojeni človek preseže območja vibracij in vstopi v Nenihajoči Izvirnik.

Vsi veliki preroki so molčali, ko so jih prosili, naj razkrijejo največje skrivnosti. Ko je Pilat vprašal Kristusa: »Kaj je resnica?«† mu ta ni odgovoril. Velika, vpadljiva vprašanja intelektualistov, kot je bil Pilat, imajo redko svoj izvor v goreči vedoželjnosti. Takšni ljudje govorijo bolj iz prazne ošabnosti, po kateri je odsotnost prepričanj o duhovnih vrednotah‡ znak ‚širokega duha'.

»Jaz sem zato rojen in sem zato prišel na svet, da pričujem za resnico. Kdor je iz resnice, posluša moj glas.«§ S temi besedami je Kristus povedal veliko. Božji otrok »pričuje za resnico« *s svojim življenjem*. Resnico pooseblja, in če še govori o njej, je to velikodušno, a ni potrebno.

Resnica ni teorija, ni spekulativen filozofski sistem ali intelektualni vpogled. Resnica je popolno ujemanje s stvarnostjo. Za človeka je resnica neovrgljivo poznavanje svoje lastne narave, samega sebe kot duše. Jezus je z vsemi dejanji in besedami v svojem življenju dokazal, da pozna *resnico* svojega bitja – svoj izvor v Bogu. Ker se je v celoti identificiral z vsenavzočo Kristusovo Zavestjo, je lahko rekel s preprosto dokončnostjo: »Kdor je iz resnice, posluša moj glas.«

Tudi Buda ni želel pojasnjevati metafizične podstati in je suho poudaril, naj človek tistih nekaj trenutkov, ki jih preživi na zemlji, raje uporabi za izpopolnjevanje svoje moralne narave. Kitajski mistik Laozi je upravičeno učil: »Tisti, ki ve, ne pove, in tisti, ki pove, ne ve.« Končne Božje skrivnosti niso ‚stvar razprave'. Razvozlavanje

* Jn 14,12.

† Jn 18,38.

‡ »Ljubite vrlino, le ona svobodna je.
Kako se vzpeti, vas nauči,
više od rajskih zvonov.
In če vrlina zmogla ne bi,
nebesa sama sklonijo se k nji.«
– *Milton, Komus*

§ Jn 18,37.

PARAMAHANSA JOGANANDA — ‚ZADNJI NASMEH'
Fotografija, posneta uro pred njegovim *mahasamadhijem* (jogijevim zavestnim zadnjim odhodom iz telesa) na pogostitvi v čast indijskega veleposlanika Binaja R. Sena, 7. marec 1952, Los Angeles, Kalifornija.

Fotograf je ujel ljubeči nasmešek, ki je videti kot poslovilni blagoslov vsakemu od milijonov učiteljevih prijateljev in učencev. Njegove oči že zrejo v večnost, hkrati pa so polne človeške topline in razumevanja.

Smrt ni imela moči razkroja nad tem enkratnim častilcem Boga, njegovo telo je prešlo v izredno stanje nestrohljivosti. (Glej stran 545.)

Njegove skrivnostne šifre je umetnost, ki je človek ne more posredovati človeku. O tem ga lahko pouči le Bog sam.

»Imejte pokoj in spoznajte, da sem jaz Bog.«* Gospod ne razkazuje svoje vsenavzočnosti in slišimo ga lahko le v popolni tišini. Prvotni Zvok, ki odzvanja po celotnem vesolju kot ustvarjalna vibracija *Om*, se v trenutku pretvori v razumljive besede, če je vernik primerno uglašen.

Božanski namen stvarjenja, kakor ga zmore razumeti človekov razum, je podrobno razložen v Vedah. Rišiji so učili, da je vsakega človeka ustvaril Bog kot dušo, ki bo edinstveno izrazila posebni atribut Neskončnega, preden bo znova prevzela svojo Absolutno Identiteto. Vsi ljudje, tako obdarjeni z določenim vidikom Božje individualnosti, so Bogu enako ljubi.

Modrost, ki jo je zbrala Indija, najstarejši brat med narodi, je dediščina vsega človeštva. Vedska resnica – kot vsa resnica – pripada Gospodu in ne Indiji. Rišiji, katerih umi so bili čiste posode, v katere so prejemali Božje modrosti Ved, so bili člani človeške rase, rojeni na tej zemlji, ne na kakšni drugi, da bi služili celotnemu človeštvu. Razlikovanje po rasah in narodih je nesmiselno v kraljestvu resnice, kjer je edina zahteva duhovna zmožnost sprejemanja.

Bog je ljubezen, njegov načrt za stvarstvo je lahko zakoreninjen le v ljubezni. Mar ne prinese ta preprosta misel, bolj kot učeno razmišljanje, tolažbe človeškemu srcu? Vsak svetnik, ki je doumel bistvo Resničnosti, je pričal o tem, da obstaja božanski univerzalni načrt, ki je lep in poln veselja.

Preroku Izaiji je Bog svoje namene razodel s temi besedami:

> »Takó bo z mojo besedo (ustvarjalnim *Omom*), ki prihaja iz mojih ust: ne vrne se k meni brez uspeha, temveč bo storila, kar sem hotel, in uspela v tem, za kar sem jo poslal. Da, z veseljem boste odšli in v miru vas bodo vodili. Gore in griči bodo zagnali vrisk pred vami in vsa drevesa po polju bodo ploskala z rokami« (Iz 55,11–12).

* Ps 46,11. Cilj znanosti joge je priti do nujne notranje umiritve, ki je potrebna, da lahko človek resnično »spozna Boga«.

»Z veseljem boste odšli in v miru vas bodo vodili.« Preobremenjeni ljudje dvajsetega stoletja s hrepenenjem v srcu poslušajo to čudovito obljubo. Celotno resnico, ki se skriva v njej, lahko spozna vsak častilec Boga, ki se odločno potrudi znova pridobiti svojo božansko dediščino.

Dragocena vloga *krija joge* na Vzhodu in na Zahodu je šele na samem začetku. Naj vsi ljudje izvedo, da obstaja jasna, znanstvena tehnika samospoznanja, ki lahko premaga vse človeško gorje!

Ko pošiljam ljubeče miselne vibracije tisočem *krija jogijev*, ki so kot svetleči biseri razpršeni po vsem svetu, pogosto hvaležno pomislim:

»Gospod, temu menihu si dal veliko družino!«

PARAMAHANSA JOGANANDA: JOGI V ŽIVLJENJU IN SMRTI

Paramahansa Jogananda je vstopil v *mahasamadhi* (jogijev zavestni zadnji odhod iz telesa) v Los Angelesu v Kaliforniji 7. marca 1952, potem ko je zaključil govor na pogostitvi v čast njegove ekscelence Binaja R. Sena, indijskega veleposlanika.

Veliki svetovni učitelj je pokazal vrednost joge (znanstvenih tehnik za spoznanje Boga) ne le za časa življenja, ampak tudi v smrti. Še več tednov po njegovem odhodu je njegov nespremenjeni obraz žarel v božanskem sijaju nestrohljivosti.

Harry T. Rowe, vodja mrtvašnice v Forest Lawn Memorial-Parku v Los Angelesu (kjer je začasno položeno telo vélikega učitelja), je Self-Realization Fellowshipu poslal pismo, overjeno pri notarju, iz katerega sta naslednja odstavka:

»Odsotnost vidnih znakov propadanja na mrtvem telesu Paramahanse Joganande je po naših izkušnjah nekaj izrednega. … Tudi dvajset dni po smrti na njegovem telesu ni bilo opaziti fizičnega razkroja. … Na njegovi koži ni bilo plesni in na telesnih tkivih ni bilo vidne desikacije (izsušitve). To stanje popolne ohranjenosti je, kolikor nam je znano iz literature, brez primere. … Osebje mrtvašnice je ob prevzemu Jogananovega telesa pričakovalo, da bo skozi steklen pokrov krste opazovalo običajne znake napredujočega telesnega razkroja. Iz dneva v dan bolj smo bili začudeni, ko na telesu, ki smo ga opazovali, ni bilo vidnih nobenih sprememb. Joganandovo telo je bilo očitno v izjemnem stanju nespremenljivosti.

Njegovo telo nikdar ni oddajalo vonja po razpadanju. Videz Joganandovega telesa 27. marca, tik preden smo namestili bronast pokrov krste, je bil enak kot 7. marca. 27. marca je bil videti tako svež in neprizadet od razkroja kot na dan svoje smrti. 27. marca ni bilo moč trditi, da je bilo njegovo telo podvrženo fizičnemu razpadu v kakršnikoli vidni obliki. Iz teh razlogov ponovno izjavljamo, da je primer Paramahanse Joganande po naših izkušnjah edinstven.«

ZNAMKI IN KOVANCA V POČASTITEV PARAMAHANSE JOGANANDE IN LAHIRIJA MAHAŠAJE

Indijska vlada je ob dveh priložnostih izdala posebni spominski znamki, s katerima je počastila življenje in delo Paramahanse Joganande: *(levo)* leta 1977 ob petindvajsetletnici njegovega *mahasamadhija* in *(desno)* leta 2017 ob stoletnici njegove ustanovitve Yogoda Satsanga Society of India.

Leta 2019 je indijska vlada ob 125-letnici njegovega rojstva počastila Paramahanso Joganando z izdajo posebnega kovanca za 125 rupij. V spremnem vladnem letaku je med drugim pisalo: »Nesektaški in znanstveni jogijski nauki Paramahanse Joganande so univerzalno privlačni za ljudi vseh ver in družbenih slojev.«

Leta 2020 je vlada izdala tudi spominski kovanec za 125 rupij ob 125-letnici *mahasamadhija* Lahirija Mahašaje, utemeljitelja *krija joge*.

DODATNI VIRI ZA NAUKE KRIJA JOGE PARAMAHANSE JOGANANDE

Self-Realization Fellowship se posveča brezplačni pomoči iskalcem resnice po vsem svetu. Za informacije glede naših vsakoletnih serij javnih predavanj in tečajev, meditacij in navdihujočih srečanj v naših templjih in središčih po svetu, urnika duhovnih vaj in drugih dejavnosti vas vabimo, da obiščete našo spletno stran ali naš mednarodni sedež:

www.yogananda.org

Self-Realization Fellowship
3880 San Rafael Avenue
Los Angeles, CA 90065-3219
ZDA

Telefon: 00 1 323 225 2471

Lekcije
Self-Realization Fellowshipa

Osebno vodenje in navodila Paramahanse Jogananade o tehnikah jogijske meditacije in načelih duhovnega življenja

Če so vas pritegnile duhovne resnice, opisane v *Avtobiografiji jogija*, vas vabimo, da se naročite na *Self-Realization Fellowship Lessons.*

Paramahansa Joganananda je ustvaril to zbirko za študij na domu, da bi iskrenim iskalcem omogočil, da se naučijo in izvajajo starodavne tehnike jogijske meditacije, ki so predstavljene v tej knjigi – vključno z znanostjo *krija joge. Lessons* vsebujejo tudi njegove praktične napotke za doseganje ravnotežja in blaginje na telesnem, duševnem in duhovnem področju.

Self-Realization Fellowship Lessons so na voljo za simbolično ceno (za pokritje stroškov tiska in pošiljanja po pošti). Vsi učenci pri svoji praksi dobijo brezplačno osebno vodenje menihov in nun Self-Realization Fellowshipa.

Za nadaljnje informacije prosimo obiščite www.srflessons.org in naročite izčrpno brezplačno informativno gradivo o lekcijah.

KNJIGE PARAMAHANSE JOGANANDE V ANGLEŠČINI

Na voljo v knjigarnah ali neposredno pri založbi:
Self-Realization Fellowship
3880 San Rafael Avenue • Los Angeles, California 90065-3219
Telefon: 00 1 323 225 2471 • Faks: 00 1 323 225 5088
www.srfbooks.org

Autobiography of a Yogi

***The Second Coming of Christ*:**
The Resurrection of the Christ Within You
Odstiranje izvirnih Jezusovih naukov in komentar.

God Talks with Arjuna: *The Bhagavad Gita*
Nov prevod in komentar.

Man's Eternal Quest
Prva knjiga predavanj in neformalnih govorov
Paramahanse Joganande.

The Divine Romance
Druga knjiga predavanj, neformalnih govorov in esejev
Paramahanse Joganande.

Journey to Self-Realization
Tretja knjiga predavanj in neformalnih govorov
Paramahanse Joganande.

***Wine of the Mystic*:**
The Rubaiyat of Omar Khayyam – A Spiritual Interpretation
Navdihnjen komentar, ki osvetljuje mistično znanost občestva z Bogom, skrito za Rubaijatovimi skrivnostnimi prispodobami.

Where There Is Light:
Insight and Inspiration for Meeting Life's Challenges

Whispers from Eternity
Zbirka molitev in Božjih izkustev v vzvišenih stanjih meditacije Paramahanse Joganande.

The Science of Religion

The Yoga of the Bhagavad Gita:
An Introduction to India's Universal Science of God-Realization

The Yoga of Jesus:
Understanding the Hidden Teachings of the Gospels

In the Sanctuary of the Soul:
A Guide to Effective Prayer

Inner Peace:
How to Be Calmly Active and Actively Calm

To Be Victorious in Life

Why God Permits Evil and How to Rise Above It

Living Fearlessly:
Bringing Out Your Inner Soul Strength

How You Can Talk With God

Metaphysical Meditations
Več kot 300 duhovno poživljajočih meditacij, molitev in afirmacij.

Scientific Healing Affirmations
Paramahansa Jogananda tu poglobljeno razloži znanost o afirmacijah.

Sayings of Paramahansa Yogananda
Zbirka rekov in modrih nasvetov, ki posreduje iskrene in ljubeče odzive Paramahanse Joganande tistim, ki so prišli k njemu po nasvet.

Songs of the Soul
Mistična poezija Paramahanse Joganande.

The Law of Success
Razlaga dinamičnih načel za doseganje ciljev v življenju.

Cosmic Chants
Besedilo (angleško) in glasba za 60 pobožnih pesmi z uvodom, v katerem je razloženo, kako lahko duhovno petje vodi k občestvu z Bogom.

Avdioposnetki Paramahanse Joganande

Beholding the One in All

The Great Light of God

Songs of My Heart

To Make Heaven on Earth

Removing All Sorrow and Suffering

Follow the Path of Christ, Krishna, and the Masters

Awake in the Cosmic Dream

Be a Smile Millionaire

One Life Versus Reincarnation

In the Glory of the Spirit

Self-Realization: The Inner and the Outer Path

DRUGE PUBLIKACIJE SELF-REALIZATION FELLOWSHIPA

Na željo pošljemo katalog, ki opisuje vse publikacije Self-Realization Fellowshipa in avdio/video posnetke.

The Holy Science
Swami Sri Yukteswar

Only Love:
Living the Spiritual Life in a Changing World
Sri Daya Mata

Finding the Joy Within You:
Personal Counsel for God-Centered Living
Sri Daya Mata

God Alone: The Life and Letters of a Saint
Sri Gyanamata

"Mejda": The Family and the Early Life
of Paramahansa Yogananda
Sananda Lal Ghosh

Self-Realization
(revija, ki jo je leta 1925 ustanovil Paramahansa Jogananda)

DVD (DOKUMENTARNI FILM)

AWAKE: The Life of Yogananda
Nagrajeni dokumentarec o življenju in delu
Paramahanse Jogananda.

LINIJA GURUJEV

Mahavatar Babadži je najvišji guru v indijski liniji učiteljev, ki prevzamejo odgovornost za duhovno blaginjo vseh članov Self-Realization Fellowshipa in Yogoda Satsanga Society of India, ki predano izvajajo *krija jogo.* »Do konca tega svetovnega cikla,« je obljubil, »bom ostal utelešen na zemlji.« (Glej 33. in 37. poglavje.)

Leta 1920 je Mahavatar Babadži povedal Paramahansi Joganandi: »Tebe sem izbral, da boš na Zahodu razširil sporočilo *krija joge.* … Znanstvena metoda za Božje spoznanje se bo razširila po vseh deželah in bo skozi osebno, presežno zaznavanje Neskončnega Očeta pomagala doseči harmonijo med vsemi narodi.«

Mahavatar pomeni 'veliko utelešenje' oziroma 'božansko utelešenje', *jogavatar* pomeni 'utelešenje joge', *gjanavatar* pomeni 'utelešenje modrosti'.

Premavatar pomeni 'utelešenje ljubezni' – naziv, ki ga je leta 1953 Paramahansi Joganandi podelil njegov veliki učenec Radžarši Džanakananda (James J. Lynn). (Glej op. na str. 358.)

BHAGAVAN KRIŠNA

MAHAVATAR BABADŽI

JOGAVATAR LAHIRI MAHAŠAJA

GJANAVATAR SVAMI ŠRI JUKTEŠVAR

PREMAVATAR PARAMAHANSA JOGANANDA

CILJI IN IDEALI SELF-REALIZATION FELLOWSHIPA

kot jih je določil ustanovitelj, Paramahansa Jogananda
Brat Čidananda, predsednik

Med narodi širiti znanje o jasno začrtanih znanstvenih tehnikah za doseganje neposrednega osebnega izkustva Boga.

Učiti, da je namen življenja evolucija iz omejene, umrljive človeške zavesti v Božjo Zavest z osebnim prizadevanjem. S tem namenom po vsem svetu ustanavljati templje Self-Realization Fellowshipa, da bi ljudje v njih vstopali v občestvo z Bogom, in spodbujati ustanavljanje posameznih Božjih templjev v domovih in v srcih ljudi.

Razkriti popolno harmonijo in osnovno enost izvirnega krščanstva, kakor ga je učil Jezus Kristus, in izvirne joge, kakor jo je učil Bhagavan Krišna, in pokazati, da so ta načela resnice skupni znanstveni temelj vseh pravih verstev.

Predstaviti eno božansko glavno pot, do katere vodijo vse poti pravih verskih prepričanj – glavno pot vsakodnevne, znanstvene, predane meditacije, usmerjene k Bogu.

Osvoboditi človeka njegovega trojnega trpljenja: telesnih bolezni, duševnih neskladij in duhovne nevednosti.

Spodbujati ‚preprosto življenje in visoko mišljenje' in širiti bratski duh med vsemi narodi s poučevanjem večnega temelja njihove enotnosti – sorodnosti z Bogom.

Pokazati vzvišenost uma nad telesom in duše nad umom.

Premagati zlo z dobrim, žalost z radostjo, krutost s prijaznostjo, nevednost z modrostjo.

Združiti znanost in religijo s spoznanjem o ujemanju njunih temeljnih načel.

Zavzemati se za kulturno in duhovno razumevanje med Vzhodom in Zahodom in za izmenjavo njunih najboljših značilnosti.

Služiti človeštvu kot večjemu Sebi.

www.ingramcontent.com/pod-product-compliance
Lightning Source LLC
LaVergne TN
LVHW020515100826
845148LV00010B/1234

* 9 7 8 1 6 8 5 6 8 1 7 7 7 *